U0524970

本书为国家社科基金重大项目"普通话语音标准声学和感知参数数据库建设"(13&ZD134)后期成果。

普通话
语音实验录

石锋 编著

AN EXPERIMENTAL RECORD
OF MANDARIN SPEECH SOUNDS

中国社会科学出版社

图书在版编目（CIP）数据

普通话语音实验录/石锋编著.—北京：中国社会科学出版社，2023.3
ISBN 978-7-5227-0328-2

Ⅰ.①普… Ⅱ.①石… Ⅲ.①普通话—语音—研究 Ⅳ.①H116

中国版本图书馆 CIP 数据核字（2022）第 099010 号

出 版 人	赵剑英
责任编辑	喻 苗
责任校对	胡新芳
责任印制	王 超

出　　版	中国社会科学出版社
社　　址	北京鼓楼西大街甲 158 号
邮　　编	100720
网　　址	http://www.csspw.cn
发 行 部	010-84083685
门 市 部	010-84029450
经　　销	新华书店及其他书店
印　　刷	北京明恒达印务有限公司
装　　订	廊坊市广阳区广增装订厂
版　　次	2023 年 3 月第 1 版
印　　次	2023 年 3 月第 1 次印刷
开　　本	710×1000　1/16
印　　张	46.5
插　　页	2
字　　数	715 千字
定　　价	258.00 元

凡购买中国社会科学出版社图书，如有质量问题请与本社营销中心联系调换
电话：010-84083683
版权所有　侵权必究

序　　言

这本《普通话语音实验录》①的全部工作前后经过了近五年的努力。先后有30多位教师和研究生分工协作，相互配合，平行推进。现在终于有了初步结果可以呈献给学界和社会。回顾我们的工作，有三点感想，分述如下。

一　规模性的实验工作

语言学是经验科学。现代语言学者要到社会中去，到田野中去，到实验室去。这关乎学术理念，又关乎研究方法。实验分析是当代语言学方法的重要基础。本书的工作是这样一种规模性的实验工作。

只看实验语料的取样规模，一是涵盖广，分别在北京、广州、上海录制当地发音人的普通话语音，再加上外国学生的汉语发音资料；二是人数多，每类发音人都有100多位，总数达到400余人；三是种类全，包括读词表、读语句、读短文和自述谈话四种语体。这都作为实验分析提取声学参数的基本依据。这种规模性取样可以得到可靠的统计性结果，能够客观反映当代汉语的语音实际。

---

① 本书是国家社会科学基金重大项目"普通话语音标准声学和感知参数数据库建设"（13&ZD134）后期成果的精简汇集。这个项目的前期成果分别汇集在以下著作中：《汉语语音习得研究》（温宝莹、邓丹、石锋，2016），《实验语言学初探》（石锋、夏全胜、于秒、张锦玉，2017），《汉语功能语调研究》（石锋、王萍，2017），《鼻音研究》（时秀娟，2017），《汉语语音实验探索》（王萍，2018），《洋腔洋调实验录》（上、下）（石林、阎锦婷，2019），《听感格局——汉语语音感知特征初探》（石锋，2019），《韵律格局——语音跟语义、语法、语用的结合》（石锋编著，2021）。还有几篇参与重大项目研究的博士论文正在出版编辑中。

语音实验测试得到的具体数据当然不能直接作为声学参数。确定声学参数应基于语音格局的分析，找出数据归一化的敏感指标：声调的 T 值，元音的 V 值，塞音的 VOT 值和闭塞时长，擦音的谱重心和分散度，鼻音的鼻化度，语调的起伏度（或调域比）、时长比、音量比等参数。这些参数计算方法简单便捷，能够实现语际和人际间可重复、可比较、可统计的科学化进程。从书中的内容可以看到，基于这种规模性取样的各种语音实验分析结果，充分证实了上述参数的有效性和可靠性，初步建立起普通话语音标准的客观基础。

二　普通话语音标准的意义

普通话语音标准本身涉及两个问题。一是标准在哪里？二是标准是什么？首先来看标准在何处的问题。普通话以北京语音为标准音，可是北京胡同和大院的语音差异很大，所以还要再具体化才行。英语标准音 Received Pronunciation（RP）又被称为皇室口音、BBC 发音或牛津英语，一般认为是居住在伦敦和英国东南部受过教育的人所讲的话。俄语标准音同样有"受过教育"的限定语。各国语言的标准音应该都有这种共识。我们的发音人主要是大学生、研究生和青年教师这样受高等教育的人群。这应该是普通话标准音的重要基础群体。

语音标准应该是大众中客观存在的，而不是小众里主观决定的。语言是说出来的话，而不是可以说的话。没有说出来的话，别人不会知道。可以说的话是一种主观臆测。不同的人，可以有不同的结论。说出来的话是客观事实。面对客观事实，应该不会有争议。其实这是一个常识。是人照着书去说话，还是书记录人的说话？有人往往把关系颠倒。好像颠倒或为常态。看一看明人陈第：时有古今，地有南北，字有更革，音有转移，亦势所必至。例如近年的普通话异读词审音工作增加了大样本读音调查，这不仅是方法改进，更是观念革新。调查就是了解认识这种趋势。我们应该尊重这种客观大势，对语言事实要有敬畏感。是因势利导，还是逆流而上，决定工作的最终成败。

语音标准是什么呢？不只是一个个元音辅音、声母韵母的发音，也不仅是一个个音节、一个个单词的发音，而是实际说话的连续语句的发音。音段和音节的发音正确，只是最初级的水平或者不完全的标准。韵律是超音段的，也是超音节的，还是超词语的。至少要到语句的层级，才是实际语言交际的基本单位。因此我们做了语调格局和韵律格局的实验研究，就是要观察和理解实际语流中的韵律表现。

实际语言交际都是以连续语音进行产出和听辨的。如何认识和处理孤立语音跟连续语音之间的关系，既是语言观念问题，又是研究方法问题。我们的方向是：向自然话语的实验研究进军（吴宗济语）。在具体实施中总是要先易后难，从研究孤立语音开始，向连续语音逐步扩展；基于实验室语音的研究，向自然话语的实验努力靠近。为此我们在设计实验发音表和实验任务过程中，尽量接近实际的语言交际状态。例如，注重对于连读组和语句的声学和感知分析，实验任务采用真词判断，被试人不需语言学知识就能完成。这种方法类似拉波夫的隐蔽调查法，可以避免调查者的悖论，得到接近自然真实的语言状态。

三 语音格局和语音参数

我们从最初的工作开始，一直把语音格局的研究跟语音参数的提取紧密联系在一起。这其中是有道理的。语音格局是一种观念，又是一种方法。在语言系统层级的基础上，通过实验测算和统计作图，把隐性的系统转化为显性的格局，能够直接进行观察。使语言分析成为可计量、可验证、可统计和可图示的研究。

参数是研究对象的变量，也就是特征值，还可以叫敏感指标。语音格局是要作图的，作二维图、三维图就要分别选取两、三个参数。这些参数多是在数据归一化处理之后计算的百分比数值，可以显示出研究对象的有序分布和最大区别。这样的相对数据便于在语际和人际间实现可比性和可统计性，使语言研究实现量化分析。显然，语音格局的研究与语音参数的分析是一致的，只是呈现的方式有不同：语音参数是以数据表的方式，而语音格局是以统计图的方式。语音格局是语音参数的可视化呈现。

本书实验研究存在缺点和不足：（1）目前我们还是限于实验室录音取样，采用自然语言取样需要有更高水平的实验方法来分析处理语音的动态变化，这是我们正在尽力探索要解决的瓶颈问题。（2）适当注意说话人的社会背景方面的选择，以便从实验数据中离析各种因素的影响。还要注意标准参数的动态变化和滚动研究。（3）对于语音生理方面的参数也要注意提取，语音的声学表现、听感特征都跟生理机制密切联系的。语音格局也要有生理格局才算完整。这还需要继续努力。

在本书的目录中分别注明了完成各章节的实验操作和初步分析的老师和同学。在编入本书的过程中，我已经对最初的内容做了较多的删改和补充。黄靖雯和郝苗苗两位同学帮助我做了整理和校对的工作。

最后要感谢参与本书实验工作的各位老师和同学！成绩是大家的努力，缺点是我个人的局限。希望我们能够在以后的研究中继续发扬成绩，克服缺点，认清方向，不断前进。

石　锋

2019 年 9 月 8 日

目　　录

第一编　声调研究

第一章　北京普通话 ………………………………………… (3)
　第一节　声调实验统计分析 ………………………… 张　妍 (3)
　第二节　三字组连调分析 …………………………… 及转转 (73)

第二章　上海普通话 ………………………………………… (98)
　第一节　单字调与双字调实验统计分析 …………… 黄靖雯 (98)
　第二节　三字组连调分析 …………………………… 王　冲 (118)

第三章　广州普通话 ………………………………………… (156)
　第一节　单字调及双字调统计分析 ………………… 孔翠翠 (156)
　第二节　三字组连调分析 …………………………… 贾萧梦 (179)

第二编　元音研究

第四章　北京普通话 ………………………………………… (229)
　第一节　单字音元音实验统计分析 ………………… 胡会娟 (229)
　第二节　双音节元音分析 …………………………… 张利曼 (248)

第五章　上海普通话 (257)
　第一节　单字音元音实验统计分析　　张高媛 (257)
　第二节　双音节元音分析　　王云丽 (272)

第六章　广州普通话 (289)
　第一节　元音的分布模式　　温宝莹　韩亚娟 (289)
　第二节　附录 (303)

第三编　辅音研究

第七章　塞音 (309)
　第一节　北京普通话塞音格局分析　　颜季凌 (309)
　第二节　上海普通话塞音格局分析　　叶向妮 (326)

第八章　擦音 (342)
　第一节　北京普通话清擦音格局分析　　田董 (342)
　第二节　上海普通话清擦音格局分析　　马小芳 (367)
　第三节　北京普通话塞擦音实验分析　　魏怡然 (382)

第九章　鼻音 (397)
　第一节　北京普通话单字音鼻化度分析　　张婧祎 (397)
　第二节　北京普通话双音节响音鼻化度分析　　谭力超 (429)
　第三节　北京普通话语流中的鼻化度分析　　王静 (468)

第四编　语调研究

第十章　音高起伏度 (493)
　第一节　北京普通话语调音高分析　　邓芳 (493)
　第二节　上海普通话语调音高分析　　李秀婷 (530)

  第三节 广州普通话语调音高分析 …………………… 贾贺炜（562）

第十一章 时长比 …………………………………………………（586）
  第一节 北京普通话语调时长分析 …………………… 张彤彤（586）
  第二节 上海普通话语调时长分析 …………………… 商　桑（603）
  第三节 广州普通话语调时长分析 …………………… 王　李（631）

第十二章 音量比 …………………………………………………（663）
  第一节 北京普通话语调的音量分析 ………………… 谢中仁（663）
  第二节 上海普通话语调的音量分析 ………………… 陈思奇（676）
  第三节 广州普通话焦点句语调的音量分析 ………… 潘超超（707）

参考文献 ………………………………………………………………（720）

第一编

声调研究

第 一 章

北京普通话

第一节　声调实验统计分析
张　妍

一　绪论

（一）普通话单字音声调语音特征研究概况

普通话以北京语音为标准音，早在 20 世纪初就有学者（刘复，1924）对北京话单字音的音高进行测量和计算。此后又有学者对普通话单字音进行了系列实验研究，其中有声学实验，也有听觉实验，有针对孤立音节的研究，也有针对语流中单字音音高、音长变化的研究（梁之安，1963；林茂灿，1965；冯隆，1985；沈炯，1985；Howie，1974；石锋，2006a，2006b）。以上对普通话单字音音高和时长的研究成果为本节奠定了坚实的基础，并提供了方法依据。但从音高、音长、音强三方面对较大样本普通话单字音声调语音特征的研究还有待深入。

（二）普通话双字组声调语音特征研究概况

吴宗济（2004）基于对实验语句的分析认为单字音和二字组连读调的调型可以作为句调的基本单元。总结出单字音和二字连读调的基本模式和变化规则，对句调的分析会有很大帮助。此外林茂灿分别做过两项研究（林茂灿等，1980；林茂灿等，1984），研究结果发现正常重音的两字组中多数前字能量强度大于后字。梁磊、石锋（2010）利用音量比探讨了普通话孤立的两字组轻重问题，研究结果发现，两字组后字为非轻声的音量比平均值为 1.05，表明其前后字的读音轻重相差不大，后字稍大。这与林茂灿等（1984）的研究结果不尽一致。还有一些学者对汉语双字组的时长分布进行了研究（林茂灿等，1984；曹剑芬，1990；李爱军，1998；冯勇强，2001），但是由于所采用的研究方法不同，研究结果也不尽相同。

（三）普通话多字组声调语音特征研究概况

沈晓楠（1992）对三音节组/pa pa pa/全部声调组合类型的音高进行了声学分析。实验结果发现，声调协同发音仅发生在两个相邻的声调之间，不会对不相邻的声调音高产生影响。声调协同发音不仅表现在对声调起点和终点的改变，还会对声调曲线的整体高度造成上下移动的影响，但并不改变基频移动的方向。因研究语料为无意义三音节组，其实验结果还需要以正常普通话三字组声调的研究结果验证。此后，也有诸多学者对普通话多字组的声调进行过分析（王晶、王理嘉，1993；吴宗济，2004；李晓华等，2006；钱杨，2013），并得出有价值的研究成果。

邓丹（2010）从音高和音长两个方面对一名女性发音人400个句子中双音节、三音节、四音节韵律词在语句中的声学表现进行了详细考察。与沈晓楠（1992）研究发现不同，该研究发现声调协同发音主要体现在对相邻后接声调的调头或前接声调的调尾产生影响，对声调整体音高产生影响的情况仅限于后接声调起点音高对前字声调的影响。在时长方面的主要结论有：组合类型和语法类型对三音节词的时长模式都有影响，句法类型对2+2型四音节词时长模式的影响主要体现在第二音节的时长变化上。但是该研究是基于单一发音人的语料进行的研究，还有待进行多人发音的实验分析来验证和补充。

（四）以往研究中存在的问题

以上对于普通话单字和多字组的研究成果从理论和方法上都为本节的研究奠定了坚实的基础。前人主要选择数量较少的典型发音人进行声调的声学或知觉考察，虽有对较大样本单字和多字组中声调音高和音长的分析，但是对声调音强的描写还不够。本节将在较大样本声学实验基础上对单字和多字组中声调的音高、音长和音强进行深入细致的分析研究。

二　实验方法

（一）发音人

为保证语音语料的内部一致性，实验发音人共 50 名（男女各 25 人），平均年龄 20.9 岁（SD = 2.38）。发音合作人均为北京高校学生，从小生活在北京四城八区，无长时间外地生活经历，视觉或矫正视力正常，无听觉障碍，无语言发音障碍，均为右利手。

（二）实验材料

本节中单字音、双字组、三字组和四字组的录音材料均来自"普通话语音标准声学和感知参数数据库"，并根据具体实验目的进行选择，在文中相关章节有具体目录和材料选择设计说明。

（三）语料录制

录音在安静的教室或语音实验室中进行，周围没有固定噪声源。首先，在录音开始之前，实验操作员会与发音人进行简短交流，请发音人熟悉实验材料。然后，请发音人在自然状态下以平稳语速朗读实验材料。单字音，每个字读 3 遍，双字组、三字组、四字组各读一遍，词与词之间间隔 3—5 秒。使用 Praat 软件进行录音，采样频率 22050 赫兹，16 位，单声道。将发音人所发的实验材料通过得胜（TAKSTAR）PCM-5520 专业电容麦克风直接录入电脑，保存为 .wav 格式的声音文件。朗读过程中，如果出现非语言因素的干扰（如咳嗽等）或发音人出现明显错误，我们会在其朗读完毕后请发音人补录一遍出现问题的字词，但不指出错误。补录后如果情况变好，就采用较好的录音；如果情况不变，就采用第一次的录音。

（四）声学参数的提取

1. 音高 T 值的测算

我们利用"桌上语音工作室"（Mini-Speech-Lab）对基频进行提取。这个过程，去掉"弯头降尾"。弯头和降尾是声调发音过程中声带自然调节的表现。弯头和降尾的程度大小因发音人的生理机制和发音习惯具有个体差异。声调的调型段实际上主要是在韵母上负载。我们参考韵母的时长来判定调头和调尾的取舍（石锋，2009）。

Mini-Speech-Lab 语音分析软件会自动在每个音节韵母的基频曲线上取 9 点基频值，来代表音高的起伏变化。这 9 点基频值的取值方法是，先取起点、终点以及中点的基频值，共得到三个点的基频值。然后在起点跟中点之间和中点和终点之间分别各取一个中点，一共得到 5 点基频值。最后，在相邻的两点之间再分别取一个中点，得到 9 个点的基频值。

声调的音高数据和通常使用的五度值之间的对应关系采用如下的 T 值公式来计算（石锋，1986）。

$$T = [(lgx - lgmin) / (lgmax - lgmin)] \times 5 \qquad (1\text{—}1)$$

根据公式，T 值取值范围只能在 0—5 之间，T 值跟五度值之间的对应关系为：0—1 之间大体可以看作五度值的 1 度，1—2 之间看作 2 度，2—3 之间为 3 度，3—4 之间为 4 度，4—5 之间为 5 度。

对大样本声调实验数据进行统计分析时，需要在原有 T 值公式基础上做适当调整，形成 T 值（王萍、石锋，2009）公式，如下：

$$T = \{[lgx - lg(min - SDmin)] / [lg(max + SDmax) - lg(min - SDmin)]\} \times 5 \qquad (1\text{—}2)$$

跟原有 T 值公式相比，调整后的 T 值公式把最小值（min）改为（min – SDmin），即各测量点平均值中的最小值减去该点全部数据的标准差（标准差是根据一组数据中每个值跟平均值的差异量得出这组数据分布的离散程度，是数据统计特性的重要表现之一）；最大值（max）改为（max + SDmax），即各测量点平均值中的最大值加上该点全部数据的标准差。经过调整的 T 值公式消除了大样本统计分析中最大值（max）和最小值（min）受到的抑制作用。

2. 时长比（停延率）的测算

时长比的计算采用石锋等（2010）提出的时长比的公式。公式如下：

$$Dx = Sx/S\# \qquad (1\text{—}3)$$

公式中，Dx 代表某个音节 x 的时长比，Sx 代表一段音节组合中某音节 x 的时长，$S\#$ 指的是该段组合的音节平均时长。如果时长比大于 1，则被认为发生了音段延长。如果时长比小于 1，则说明该音段没有发生延长。原来还考虑音节后的停顿，可是实验中采用的都是内部无停顿的多字组，所以不用考虑停顿。因此，本实验多字组中的声调音长研究集中于音节的时长。

音节起点和终点位置的确定要结合波形图和宽带语图确定。统一的标准为：

（1）起点位置：波形图中开始有波形起伏的地方（塞音除外）；宽带图中开始有擦音乱纹、浊音横杠等（不同语音不同表现）。

（2）终点位置：波形图中振幅显著下降，趋近一条直线；宽带图中竖条（表示喉门脉冲）间距不规则，共振峰结构不清晰。

（3）波形图和宽带语图不完全符合时，以波形图为准。

实验步骤是：第一步，使用 Praat 语音分析软件，利用标注好的文件提取时长数据。第二步，把数据输入到 Excel，在 Excel 中求得音节的平均时长。根据时长比的计算公式求出每个音节的时长比。第三步，将每位发音人各个词的时长比分别进行计算、平均，进而得到总体的时长比。

3. 音量比的测算

音量比可以标示词语中每个音节的相对音强，测算原理和步骤如下：

语音软件中显示的波形图是由各个采样点测出的振幅值相连得到的。因此，我们可以计算一段时间内语音的总能量，即所选音段内随时间而变的各采样点幅度的总和，我们称之为幅度积。幅度积综合考虑了平均振幅和音长两个语音参数。音量比可以考察在语音对应关系中的相对凸显性，是研究语音问题的有效参数。

利用 Mini-Speech-Lab 测量音节序列每个音节的幅度积；然后，把全部音节幅度积相加得到整体幅度积，继而计算出单个音节的平均幅度积；幅度积受到多种因素影响，不具有可比性，语言学的意义不如相对化后的音量比。因此，分别计算各个音节的音量比，具体为某音节幅度积/音节的平均幅度积（石林，2015）。这个比值即音量比。如果音量比大于 1，我们可以认为它在时长与音强维度出现了增量。

（五）数据处理

音高方面，使用南开大学语音分析软件 Mini-Speech-Lab 对语音样本进行声学实验，提取基频数据（赫兹值），然后将提取到的数据分类汇总，进行统计分析。

音长方面，使用 Praat 语音分析软件测量语句内各个音节的时长，其中非词首的塞音和塞擦音的时长包括闭塞段的长度,词首塞音的闭塞段统一设为 50 毫秒。然后,把数据输入到 Excel,在 Excel 中求得音节的平均时长。根据时长比的计算公式,求出每个音节的时长比。最后将得到的时长比数据进行统计整理并作图。

音强方面,首先通过 Mini-Speech-Lab 语音分析软件分别提取每个音节的幅度积;然后,在 Excel 中将每个句子全部音节幅度积相加得到整体幅度积,继而计算出音节的平均幅度积,利用公式求得词中每个音节的音量比。最后,将得到的音量比数据进行统计整理并作图。

三 普通话单字音声调语音特征分析

(一) 普通话单字音声调音高分析

1. 普通话单字音音高统计分析

本实验共选取 40 个单字音的语音样本作为分析对象。实验字表如表 1—1 所示:

表 1—1　　　　　　　普通话单字音音高分析实验字表

阴平	巴	逼	扑	多	低	搭	督	居	锅	歌
阳平	拔	鼻	葡	夺	迪	达	读	局	国	革
上声	把	比	普	躲	底	打	赌	举	果	葛
去声	爸	闭	铺	舵	地	大	杜	句	过	个

实验共得到 50 个发音人,4 个声调,每个声调 10 个单字,每个字 9 个测量点的 $50 \times 4 \times 10 \times 9 = 18000$ 个 T 值数据,统计分析就是针对这 18000 个数据分别计算极大值、极小值、均值、标准差,再利用绘图软件 ORIGIN 作图。

石锋(1994)认为在声调格局中,每一声调所占据的是一条带状的声学空间。因此,我们在对语音样本进行总体统计分析时,采用平均值加减标准差的方法得到每个声调的声学空间,如图 1—1 所示。图 1—2 是石锋、王萍(2006)绘制的 52 个北京人的北京话四个声调总体分布图。

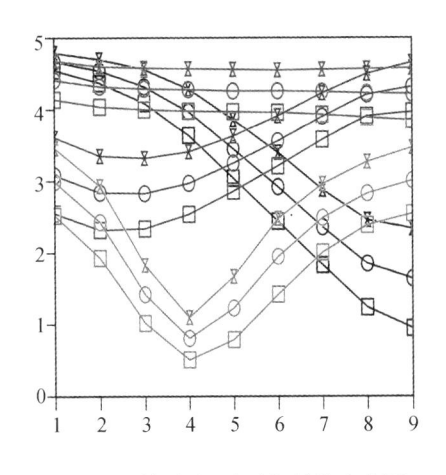

图1—1 普通话四个声调总体分布图　　图1—2 北京话四个声调总体分布图

普通话和北京话四个声调的总体分布大体一致。由于本实验中采用的适合大样本的 T 值公式，消除了对声调的最高点（去声起点）和最低点（上声折点）的抑制作用，使其特征得到更加清晰的体现。石锋、王萍（2006）把标准差的值（0.5）作为声调稳定段的指标。按照此标准，我们的实验结果中阴平较稳定各测量点标准差均小于0.5，其次是阳平的终点，上声的折点，去声的起点。不稳定的分布是阳平的起点，去声的终点。上声的起点和终点标准差分别是0.47和0.46，可近似为0.5，所以上声的起点和终点也是不稳定的。

2. 分组统计分布

（1）不同性别类型的分组统计分析

从图1—3中，我们可以看到女性和男性的声调曲线整体走势相近，且呈现规律性分布，即女性的声调曲线基本都位于男性的上方。

从图1—3可以发现，性别差异对声调有系统性的影响，女性的声调音高要整体高于男性。不同性别发音人声调音高差异小的地方都是声调的稳态段，差异大的都是声调的动态段，如阳平的起点、上声的起点或终点、去声的终点。其中，上声折点处男、女声调音高差异最小，这也体现了上声"低"的特征在不同性别中具有一致性。上声的稳态段是折

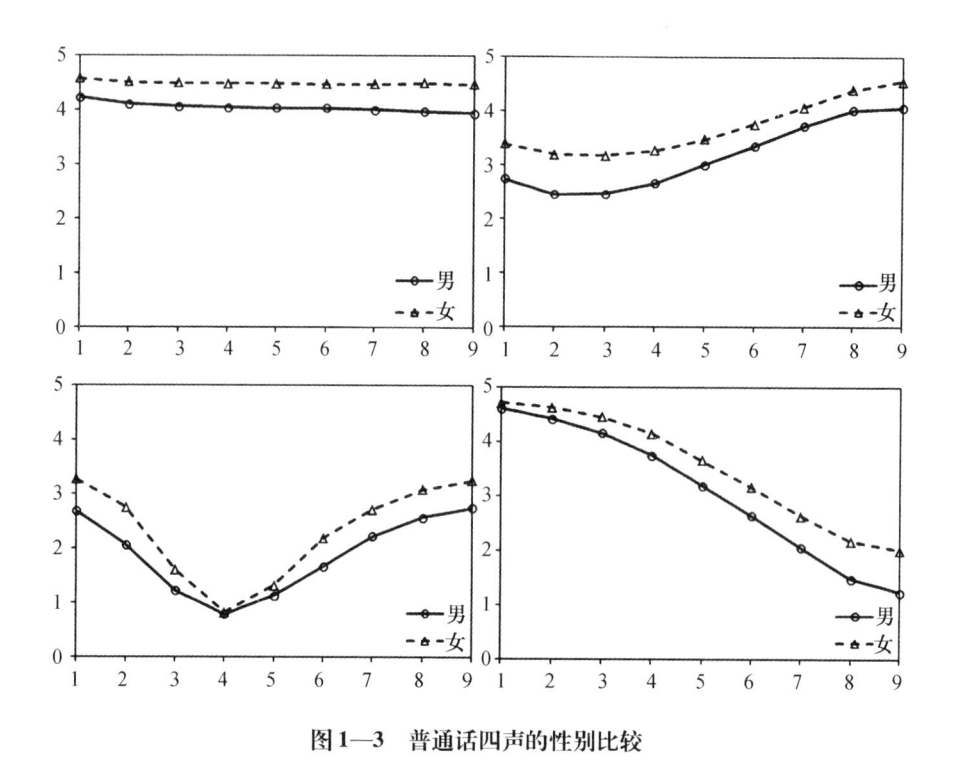

图1—3　普通话四声的性别比较

点段。

（2）新、老北京人的分组统计分析

胡明扬（2011）根据不同家庭语言背景的不同将北京人分为新北京人和老北京人（新北京人是父母有一方为非北京人，老北京人的父母双方均为北京人）。本节据此对新、老北京人的声调进行分布统计分析，结果发现，老北京人的声调音高大部分位于新北京人的上方，在去声中是新北京人位于上方。但是这种差异是非常细微的，每个声调的9个测量点的音高值非常接近，如图1—4所示。

这一结果说明家庭语言背景对年青一代新、老北京人的影响已经退化。老北京人与新北京人从声调音高走势上看，差异不明显。

对新、老北京人在声调各取值点上的离散程度进行分析发现，新北京人的普通话声调9个取值点上的标准差要普遍小于老北京人，如图1—5所示。这说明，新北京人讲普通话的内部一致性更强，彼此之间的差异

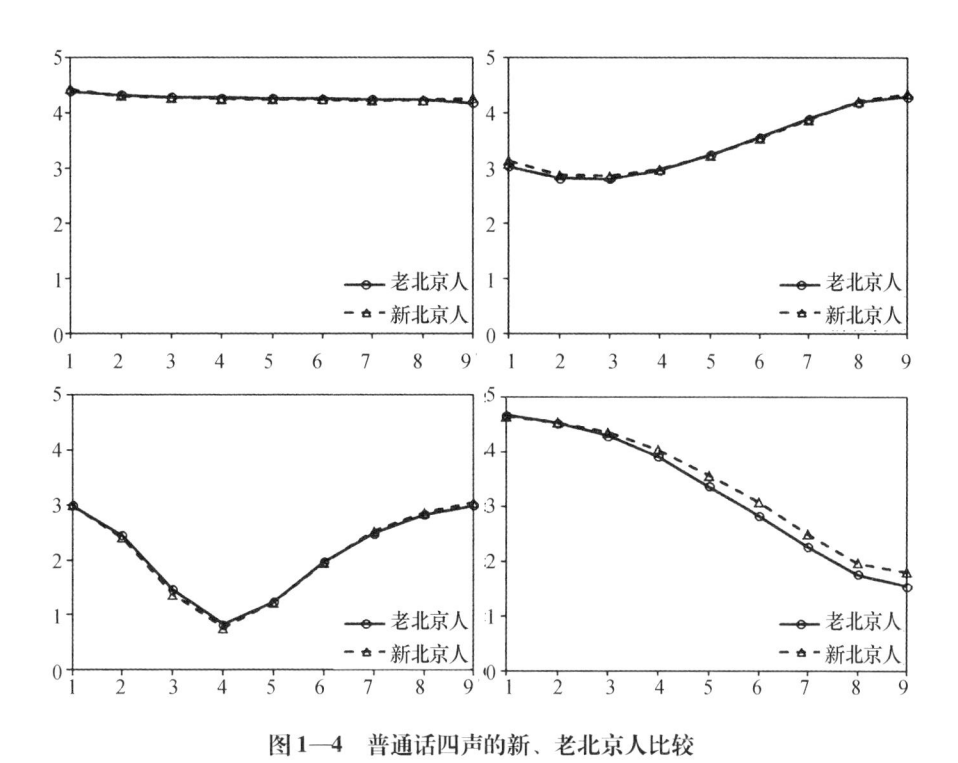

图1—4　普通话四声的新、老北京人比较

较小，而老北京人讲普通话的内部一致性较差。新北京人是把普通话作为母语之外的标准语来学习的。我们的实验统计分析表明，新、老北京人的普通话四个声调音高 T 值，没有显著性差异，但是在内部一致性方面表现不同：老北京人讲普通话的内部差异大于新北京人。本节的结果支持胡明扬（2011）的观点，家庭语言环境对语言习得具有重要的影响，其细微差异虽未达到统计显著性，但还是能够区分开。

3. 普通话元音类型对声调影响分析

本实验所选单字均为塞音开头，以排除辅音的干扰。实验字表如表1—2所示。实验共得到3（元音类型）×3（遍数）×4（声调数）×50（发音人数）=1800个语音样本。

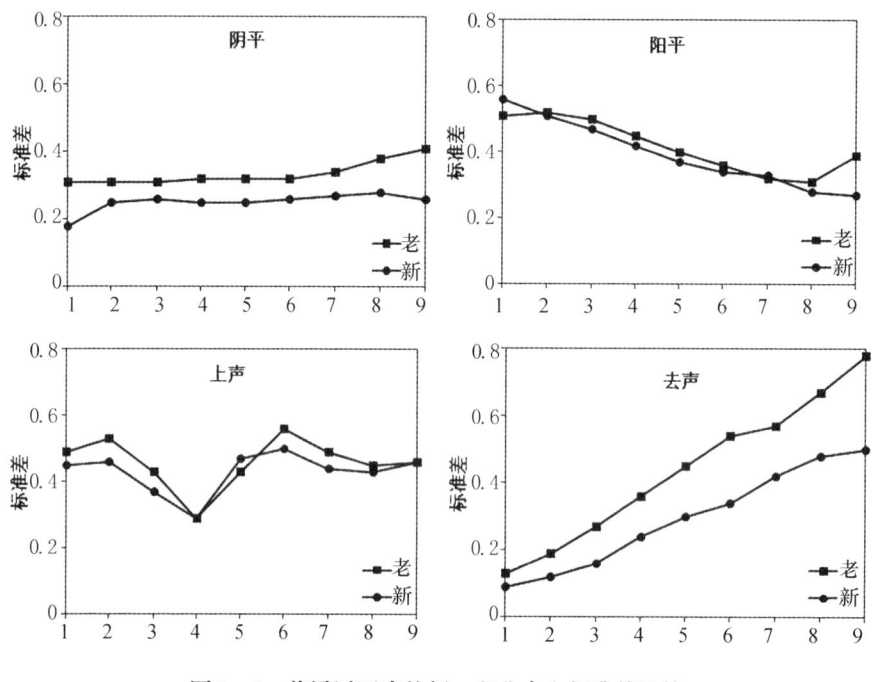

图 1—5　普通话四声的新、老北京人标准差比较

表 1—2　　　　　　　　元音对声调影响实验字表

元音 声调	/a/	/i/	/u/
阴平	巴	逼	扑
阳平	拔	鼻	葡
上声	把	比	普
去声	爸	闭	铺

汉语普通话中元音/a/、/i/、/u/分别位于元音格局三角形的中间最低、前高、后高位置且相对稳定,本实验主要考察这三个顶点元音对声调的影响。

本实验有两个主要发现:一个是关于上声折点前后的元音/a/、/i/、/u/的音高曲线之间的关系变化:在折点之前元音/a/的音高曲线要

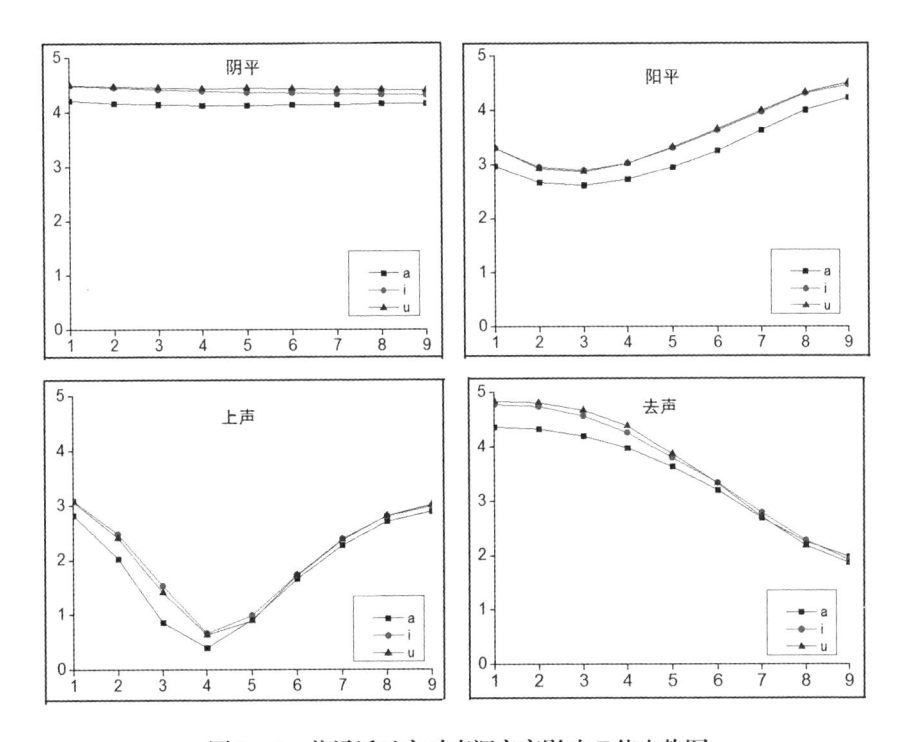

图 1—6　普通话元音对声调音高影响 T 值走势图

显著低于元音/i/、/u/的音高曲线。而折点后，元音/a/的音高曲线与元音/i/、/u/的音高曲线之间相距非常接近，并没有完全分开。另一个是关于去声结尾处元音/a/、/i/、/u/的音高曲线相混，没有明显分开。这说明，上声声调曲线的"上升"后半段和去声"下降"到终点位置的结尾处元音/a/、/i/、/u/的音高曲线规律性不强。这也从另一个方面说明上声的上升段和去声的末尾部分是声调的动态段（石锋、王萍，2006）。

（二）普通话单字音声调音长分析

1. 绝对时长分析

本实验单字音实验字表如表 1—3 所示。共得到时长数据 50（发音人）×12（单字）×3 种数据类型（音节时长、声母时长、韵母时长）=1800 个时长数据。

表1—3　　　　　　　普通话单字音时长分析实验字表

元音 声调	/a/	/i/	/u/
阴平	搭	低	督
阳平	达	迪	读
上声	打	底	赌
去声	大	地	杜

（1）普通话单字音整体音节时长结果

本实验结果显示，四个声调音节时长绝对值分别为：阴平423毫秒，阳平454毫秒，上声504毫秒，去声359毫秒，四个声调的整体平均时长为433毫秒。如图1—7所示：

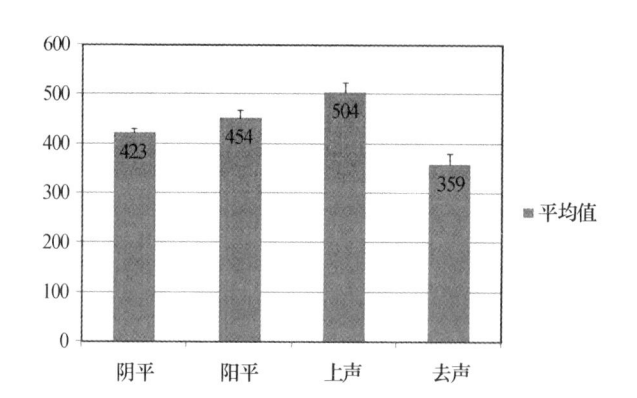

图1—7　单字音整体音节时长绝对值对比图（单位：毫秒）

（2）性别类型对普通话单字音音节绝对时长影响

表1—4　　　　不同性别发音人普通话单字音各声调绝对时长　　（单位：毫秒）

性别 声调	男 平均值	男 标准差	女 平均值	女 标准差
阴平	391	58.66	455	67.82
阳平	419	59.56	505	63.37
上声	465	64.23	560	90.84
去声	328	52.90	406	74.70
平均值	401	58.84	484	74.18

独立样本 T 检验结果表明，性别类型对普通话单字音声调时长确实有影响，男性发音人普通话单字音四个声调整体音节时长小于女性发音人（$ps<0.05$）。

2. 普通话单字音相对时长分析

由于实验中不同发音人和发音字表使得绝对时长不便于比较，所以本实验计算了单字音的相对时长。普通话单字音相对时长等于含有同一元音的单字音时长除以包含相同元音的四个单字音时长的平均值。

例如："搭"相对时长＝"搭"的时长／"搭""达""打""大"的平均时长。普通话单字音相对时长的具体测算结果如表1—5所示：

表1—5　　　　普通话单字音声调整体相对时长　　　（单位：毫秒）

时长 \ 声调	阴平	阳平	上声	去声
绝对时长	423	454	504	359
相对时长	0.93	1.04	1.16	0.83

从表1—5可以发现，整体来看，阳平和上声的音节整体相对时长值超过平均值，阴平和去声音节相对时长低于平均值。这一结果与白涤洲测量北京话的单字音声调时长结果是一致的。

（三）普通话单字音幅度积分析

1. 普通话单字音绝对幅度积分析

表1—6　　　　普通话单字音幅度积测量字表

声调 \ 元音	/a/	/i/	/u/
阴平	搭	低	督
阳平	达	迪	读
上声	打	底	赌
去声	大	地	杜

实验字表中共有12个单字。这12个单字包含位于元音格局图中顶点位置的三个元音"/a/、/i/、/u/",并且声母相同,都是塞音/t/。此外,每个音节都包括阴平、阳平、上声和去声四个声调调类。我们通过对每个音节提取的幅度积数据进行分析。

(1) 声调类型对单字音幅度积影响分析

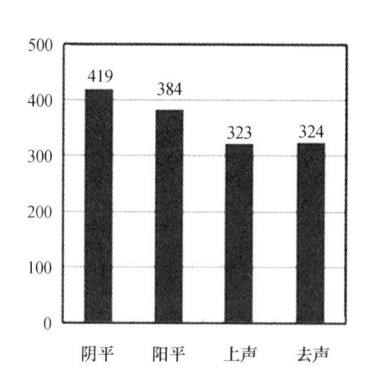

图1—8 普通话单字音四个声调幅度积平均值比较

从图1—8可以看出,阴平和阳平调单字音幅度积较高,属于一组。因为阴平调要保持高平的特征,需要更多能量;同时,要实现上升的阳平调,也需要较多能量。上声和去声调单字音幅度积较低,属于一类。上声音高下降到最低点,声带放松,因此幅度积较小;去声音高也是逐渐下降,且时长较短,幅度积较小。

(2) 元音类型对单字音幅度积影响分析

为了考察不同元音的幅度积,我们按照实验材料中元音/a/、/i/、/u/的幅度积做了进一步分类。如表1—7所示:

表1—7　　　　不同元音的普通话单字音平均幅度积比较

元音类型	平均值	标准差
/a/	377	141
/i/	309	130
/u/	349	127

从表1—7可以发现,包含元音/a/的单字音幅度积最大,包含元音/i/的单字音幅度积最小,包含元音/u/的单字音幅度积居中。

从表1—8可以发现,不同元音的四个声调幅度积存在程度不等的差异。在阴平、阳平、上声和去声四个声调中,包含元音/a/的单字音幅度积在阴平、阳平和去声中最大,包含元音/u/的单字音幅度积在上声中最大,包含元音/i/的单字音幅度积无论在阳平、上声,还是去声中都是最小。

表1—8　　　　不同元音的四个声调普通话单字音幅度积平均值

声调 元音	阴平	阳平	上声	去声
/a/	459	407	311	368
/i/	389	366	302	276
/u/	387	379	357	319

(3) 不同性别对单字音幅度积影响分析

表1—9　　　　不同性别发音人普通话单字音幅度积对比表

	男	女
平均值	291	398
标准差	114	140

不同性别对单字音的幅度积确实具有影响,女性发音人的单字音幅度积大于男性发音人。

从表1—10可以发现,在单字音中按照元音/a/、/i/、/u/的幅度积大小排序的话,/a/＞/u/＞/i/,这与前文的分析结果一致。从男、女不同性别发音人的幅度积之间比较来看,女性发音人幅度积在包含元音/a/、/i/、/u/的单字音中均大于男性发音人的幅度积。

表1—10　　不同性别发音人普通话单字音区分元音类型幅度积比较

性别 元音	男		女	
	平均值	标准差	平均值	标准差
/a/	313	117	426	142
/i/	265	116	356	143
/u/	296	113	409	127

2. 普通话单字音相对幅度积分析

相对幅度积等于含有同一元音的单字音幅度积除以包含相同元音的四个单字音的幅度积的平均值。

例如："搭"相对幅度积 = "搭"的幅度积/"搭""达""打""大"的平均幅度积。具体测算结果如表1—11所示：

表1—11　　单字音中四个声调的相对幅度积

声调 幅度积	阴平	阳平	上声	去声
幅度积	419	384	323	324
相对幅度积	1.16	1.06	0.89	0.90

从表1—11可以发现，整体来看，阴平和阳平的单字音相对幅度积超过平均值，上声和去声的单字音相对幅度积低于平均值。

四　普通话双字组声调语音特征分析

(一) 普通话双字组声调音高分析

1. 普通话双字组中四个声调的总体分析

普通话有阴平、阳平、上声和去声四个单字调。下文分别以1、2、3、4表示。双字组共有16种不同的声调组合。本实验每一种排列各选了一个例子，共16个双字组。这些例子均选自《现代汉语词典》。具体字表如下：

1＋1 星期 1＋2 光荣 1＋3 工厂 1＋4 骄傲
2＋1 平安 2＋2 重阳 2＋3 如果 2＋4 迟到
3＋1 始终 3＋2 厂房 3＋3 写稿 3＋4 考试
4＋1 唱歌 4＋2 事实 4＋3 历史 4＋4 电视

首先，我们对双字组四个声调的总体分布进行统计分析。普通话双字组中声调的总体分布如图1—9所示。3＋3组合前字因变调而不计入上声。

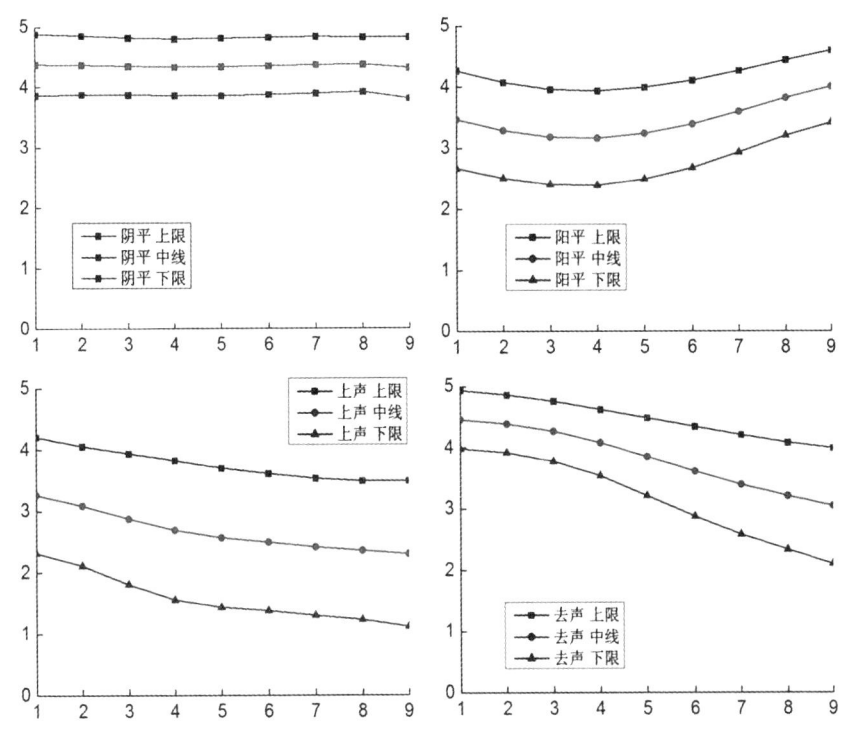

图1—9 双字组连读时四个声调的主体分布情况

从图1—9可以发现，双字组中上声和去声都是降调，上声呈现"半上"的低降调型。因此，我们进一步考察了去声与低降的上声之间的差异。因为降调起点与终点的音高可以代表整体声调的音高，另外起、终点音高差值也体现了降调的斜率。我们分别对上声和去声中起点与终点

的音高 T 值进行分析。（表1—12）

表1—12　　　　　　半上和去声起点和终点音高 T 值对比

声调 音高	半上		去声	
	平均值	标准差	平均值	标准差
起点 T 值	3.26	0.95	4.48	0.43
终点 T 值	2.30	1.19	3.05	0.95
差值	0.96		1.43	

从表1—12可知，半上的起点和终点均比去声低。此外，半上起点和终点的差异为0.96，去声起点和终点的差值为1.43。半上起点和终点的差值要小于去声起点和终点的差值。换句话说，半上的斜率要小于去声的斜率，上声更趋近于平缓。并且，半上的整体 T 值都要低于去声。

从上面的分析我们发现，在双字组中的上声为低降，其本质是"低平"。在上声中"降"并不是最根本的，"低平"才是根本的特征。这是因为虽然半上是一个降调，但是整体音高均低于去声，并且差值在一个 T 值之内，斜率相对较小，调势相对平缓。去声的降调为高降，差值将近一个半 T 值，突出的是"高起点"和"下降"的特征。

2. 相邻声调对音高的影响

（1）后接声调对前字声调的影响

我们对不同性别发音人的数据进行了单独分析。下面看不同性别发音人后接声调对前字声调音高的影响。

从图1—10和图1—11可见，男、女不同性别发音人在双字组后字对前字音高影响表现方面基本一致。后字声调起点音高对前字调尾音高有反向影响，当后接低起点的阳平和上声时，前字调尾音高较高；当后接高起点阴平和去声时，前字调尾音高较低。这一结果与邓丹（2010）对一位女性发音人语音分析的结果一致，也就是说，在连读中前字音高受到后字影响是普遍现象。

（2）前字对后接声调音高的影响

男性发音人前字对后字声调者高影响分析。（见图1—12）

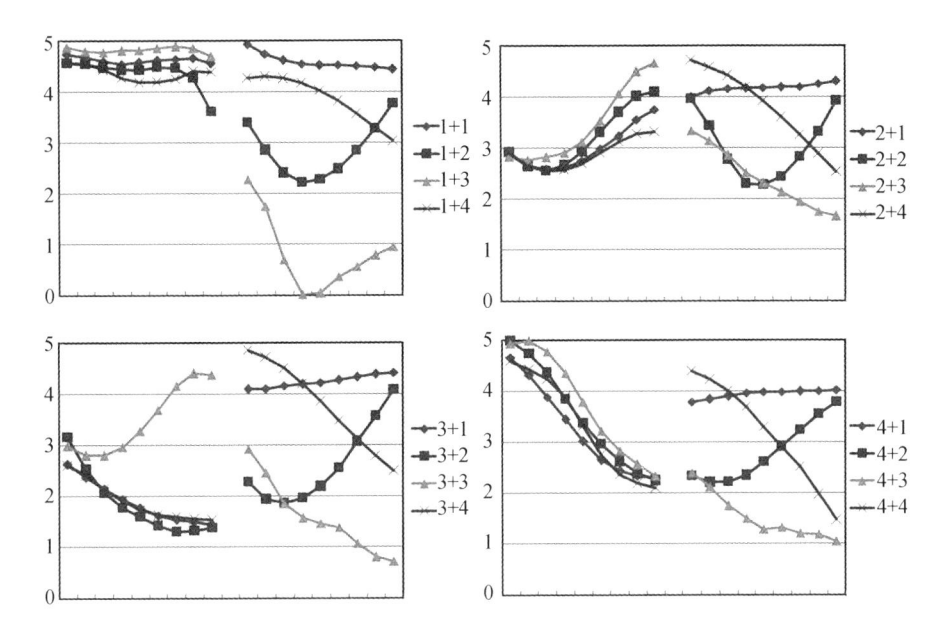

图 1—10　男性发音人双字组中前字后接不同声调时的音高表现

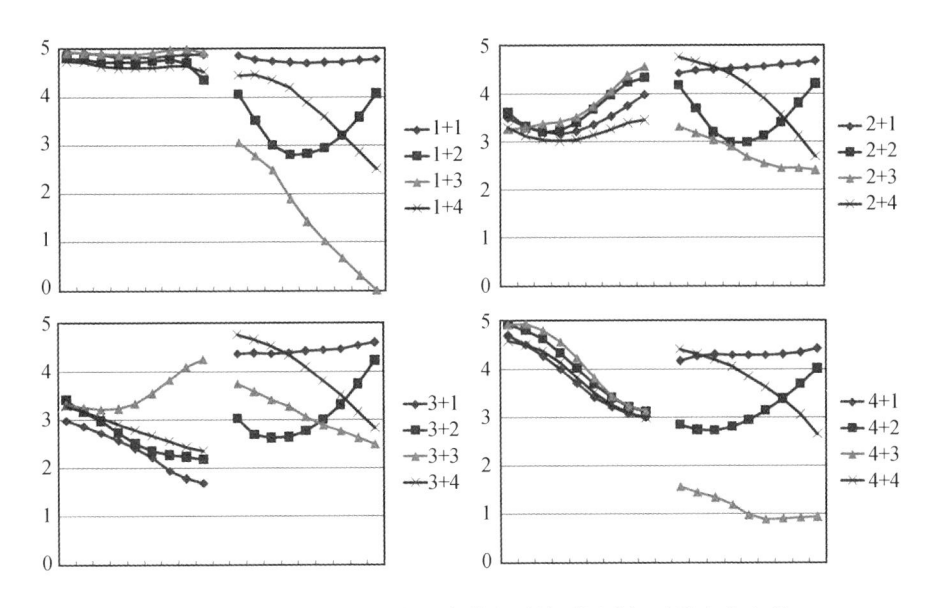

图 1—11　女性发音人双字组中前字后接不同声调时的音高表现

女性发音人前字对后字声调音高影响分析。(见图 1—13)

从图 1—12 和图 1—13 可见，男、女不同性别发音人在双字组后字声

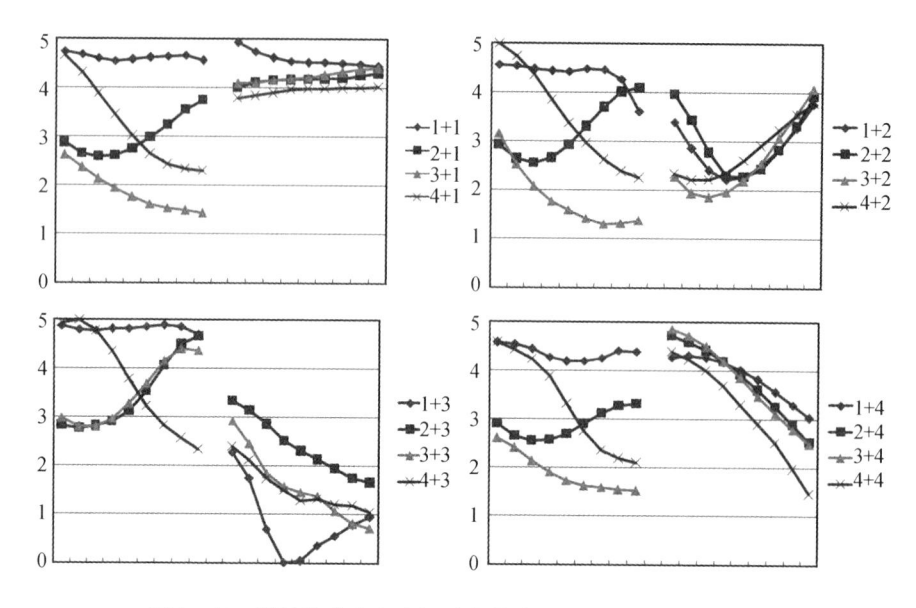

图1—12 男性发音人双字组后字前接不同声调时的音高表现

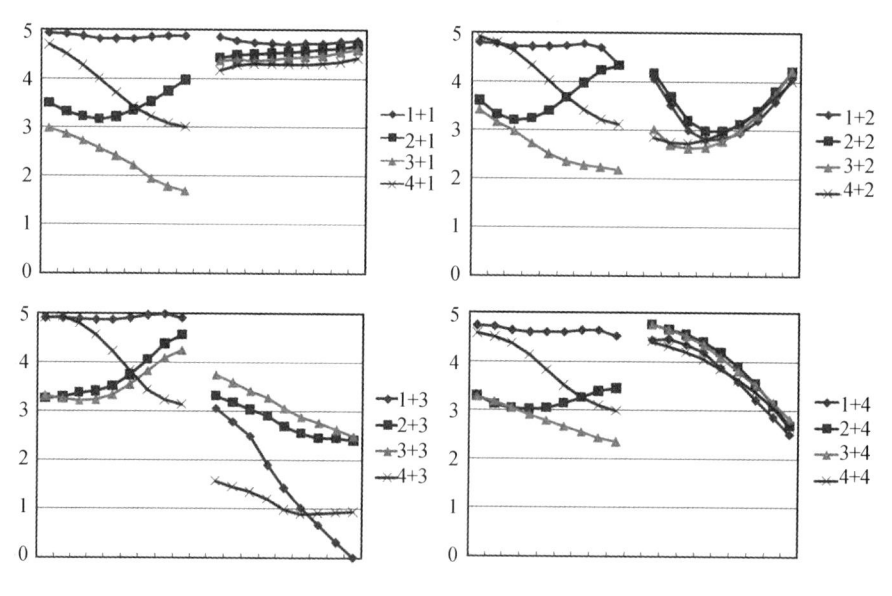

图1—13 女性发音人双字组后字前接不同声调时的音高表现

调对前字声调影响的音高表现中基本相同，主要表现为前字声调调尾音高对后接声调调头音高产生顺向影响。前字声调调尾音高较高，则后接声调调头音高较高；前字声调调尾音高较低，则后字声调调头音高也低。但是，从本次实验分析的结果来看，当双字组中的后字为去声时，并未表现出一致的规律。

3. 位置类型对声调的影响

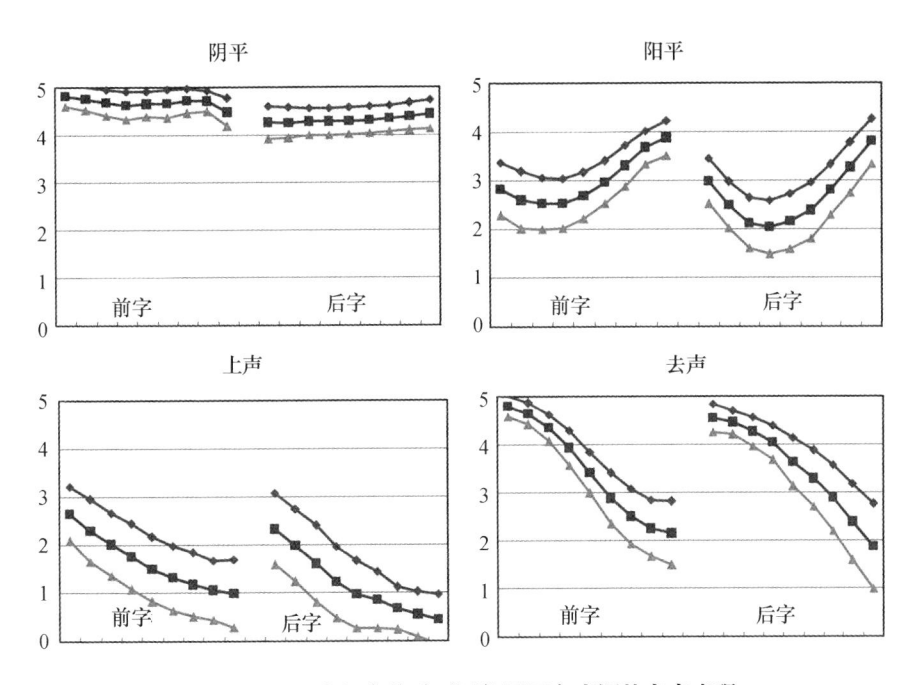

图1—14 双字组中前后不同位置四个声调的音高表现

从双字组前字和后字声调音高对比分析来看，参考中线平均值的数值，后字的音高要低于前字的音高。这表明与其他语言一样，普通话双字组内部存在音高下倾现象，下倾影响每一个字（王安红等，2004）。

从表1—13可以看到，在双字组后字位置，上声并没有全部读成低降，导致双字组中后字上声音高标准差较大。沈炯（1999）指出：上声基调还可能有中音区尾音特征，但只有在单说或停顿前它才以声调尾音形式出现。从本实验统计数字看，双字组后字上声读成带上升尾音的比例仅为14%，远低于读成低降的比例67.5%。所以，在双字组前字和后字位置，上声都更趋向于读成低降调。林茂灿（1980）对普通话二字词变调的实验研究也发现后字上声读低降，并不是一个完全的曲折调，上声的主要特征并不是"曲折"，而是"低平"（石锋、冉启斌，2011）。

表1—13　　　　　　　　上声位于后字位置调型统计

例字＼声调	半上	全上	其他
（工）厂	31	12	7
（如）果	44	2	4
（写）稿	30	7	13
（历）史	30	7	13
合计（个数）	135	28	37
合计（百分比）	67.5%	14%	18.5%

（二）普通话双字组声调音长分析

1. 普通话双字组声调绝对时长分析

（1）位置类型对双字组绝对时长的影响

表1—14　　　　双字组前、后不同位置音节时长　　　（单位：毫秒）

	前字位置	后字位置
平均值	390	413
标准差	78.74	96.85

从表1—14可以发现，双字组中音节平均时长约为402毫秒。前文我们得到孤立单字音的平均时长为433毫秒。因此，双字组中音节平均时长比孤立的单字音时长短31毫秒，约占双字组平均时长的8%。

（2）不同性别对双字组声调绝对时长的影响

从表1—15可以发现，男性发音人和女性发音人都是后字时长比前字时长更长。男性发音人后字比前字时长多8毫秒；女性发音人后字比前字时长多 40 毫秒。

表 1—15　　　　　　　不同性别发音人的双字组音节时长　　　（单位：毫秒）

| | 男 || 女 ||
	前字时长	后字时长	前字时长	后字时长
平均值	376	384	397	437
标准差	71.78	81.08	74.15	93.62

2. 普通话双字组声调时长比分析

音节时长比计算方法为：时长比 = 单个音节时长/双字组音节平均时长。

（1）位置类型对时长比的影响

从表 1—16 可以发现，双字组中后字时长比大于前字，相差 0.04。为了探讨男、女不同发音人的时长比表现，我们又做了进一步分析。

表 1—16　　　　　　　双字组不同位置时长比

	前字	后字
平均值	0.98	1.02
标准差	0.13	0.13

从表 1—17 可以发现，男性发音人的双字组后字时长比大于前字时长比，相差 0.02；女性发音人的双字组后字时长比也大于前字时长比，相差 0.08。

表 1—17　　　　　　　不同性别发音人双字组时长比

	男	女
前字	0.99	0.96
后字	1.01	1.04

(2) 声调类型对时长比的影响

由图1—15可以看出，前字中阳平的时长最长，阴平和上声次之，去声的时长最短，显示为：阳＞阴＞上＞去；后字中上声和阳平的时长大于阴平和去声，显示为：上＞阳＞阴＞去。这一结果与冯隆（1985）对北京话语流中的声韵调的时长研究结果相一致，在句末时表现为：上＞阳＞阴＞去。

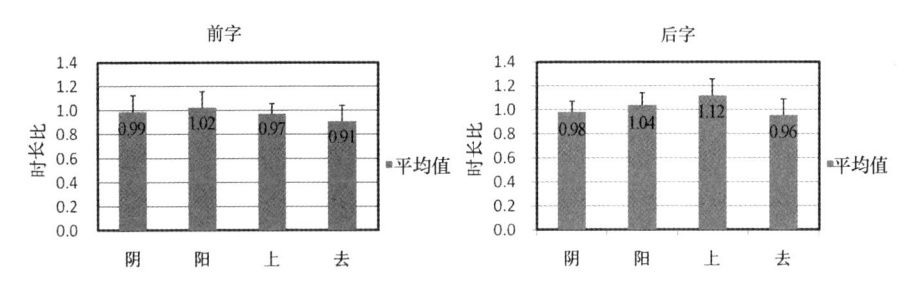

图1—15 双字组中前字和后字不同声调音节时长对比分布

(3) 语法结构对时长比的影响

本实验按照语法结构对16个双字组词进行了分类，大体分为并列、偏正、动宾三类，如下：

并列：光荣 骄傲 平安 如果 始终 考试 历史

偏正：星期 工厂 重阳 迟到 厂房 事实 电视

动宾：写稿 唱歌

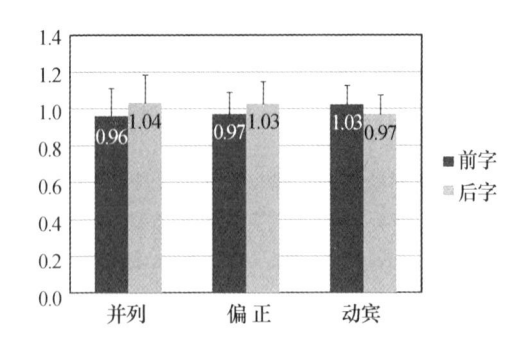

图1—16 不同语法结构双字组前、后字音节时长分布图

林茂灿等（1984）对北京话两字组正常重音的实验分析中按照语法结构进行了分类，分别是主谓、动宾、补充、偏正和并列五种。其研究结果显示，五种结构都是多数后字时长长于前字，字音全长和带音段长度都是如此。由此得出的结论是双字组中的语法结构并不会对音节长度的相对关系产生有规律的影响。然而，这个结论只是从现象上进行描述，"五种结构都是多数后字长于前字"中的"多数"并没有给出具体的数据，也没有进行进一步的统计分析。

本实验针对并列、偏正、动宾三种语法结构的双字组统计分析发现，并列结构和偏正结构的双字组中后字音节时长长于前字，但是动宾结构的双字组中后字的音节时长要比前字音节时长短，并且这种差异具有显著性。动宾结构中位于前字位置的动词时长比后字宾语时长更长。这个问题还有继续进行实验研究的空间。

（4）不同性别对时长比的影响

把表1—17转为图1—17可以发现，不同性别发音人双字组时长比均为后字大于前字。其中，女性前、后字时长比差异大于男性。

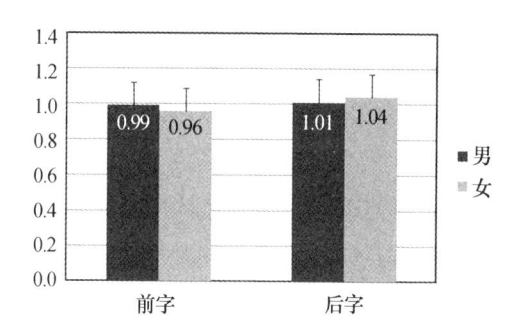

图1—17 双字组前、后不同位置上男女音节时长对比分布图

男性发音人和女性发音人在产出双字组时，都是后字音节时长要长于前字音节时长。但是女性发音人后字比男性长，男性发音人的前字比女性长，呈现互补关系。

(三) 普通话双字组声调音量比分析

1. 普通话双字组声调幅度积分析

(1) 位置类型对普通话双字组幅度积的影响

从表1—18可以发现,双字组前字和后字的幅度积平均值为345,后字幅度积大于前字。这与时长方面后字比前字稍长是相联系的。一般二字组就是一个语音单位,后字位于边界前,也会有边界调的成分。

表1—18　　　　　　双字组前、后不同位置幅度积对比

	前字位置	后字位置
平均值	339	350
标准差	173	179

(2) 不同性别对幅度积的影响

由表1—19可以发现,女性发音人的幅度积比男性发音人的幅度积大43%。此外,男性发音人的前字幅度积大于后字幅度积,差值为8;女性发音人的后字幅度积大于前字幅度积,差值为29。

表1—19　　　不同性别发音人双字组前、后不同位置幅度积对比

幅度积 \ 性别	男	女
前字幅度积	290	394
后字幅度积	282	423
平均值	286	409

2. 普通话双字组音量比分析

(1) 位置类型对音量比的影响

本实验研究结果与梁磊、石锋(2010)对普通话两字组的音量比分析结果一致。据表1—20,双字组的音量比平均值后字比前字大0.02,表

明前、后字的幅度积基本相等，后字稍大。

表1—20　　　　　　　双字组前、后不同位置音量比对比

	前字位置	后字位置
平均值	0.99	1.01
标准差	0.24	0.24

（2）声调类型对音量比的影响

从表1—21可以看出，双字组中四个声调的音节音量比由大到小的顺序排列依次为：阴平＞去声＞阳平＞上声；但是，单字音中四个声调相对幅度积由大到小的顺序排列依次为：阴平＞阳平＞去声＞上声。双字组中各个声调的音节音量比与单字音中略有不同，相同点是在四个声调的阴平音量比都是最大，上声音量比都是最小。

表1—21　　　　　　　双字组不同声调类型的音量比

	阴平	阳平	上声	去声
平均值	1.15	0.99	0.83	1.03
标准差	0.20	0.22	0.21	0.20

从表1—22可以发现，双字组中四个声调的音节音量比在前、后位置上的表现有相同点，都是阴平调的音节音量比最大，上声调的音节音量比最小；也有不同点，在前字位置，去声调的音节音量比排第二，双字组后字位置上四个声调音节音量比的排序与单字音中四个声调的相对幅度积大小排序一致。因为双字组中的后字位置处于边界位置，与独立单字音比较相近，因此双字组中后字位置的四个声调音节音量比的排序与单字音中四个声调的相对幅度积大小排序一致。

表1—22　双字组中前、后不同位置上四个声调的音节音量比

位置 声调	前字位置 平均值	前字位置 标准差	后字位置 平均值	后字位置 标准差
阴平	1.15	0.17	1.14	0.22
阳平	0.88	0.21	1.09	0.17
上声	0.86	0.24	0.81	0.19
去声	1.04	0.19	1.01	0.21

(3) 不同性别对音量比的影响

从表1—23可以发现，在双字组中，男性发音人的音节音量比在前、后不同位置上总体相等，音量比均为1，没有明显的前、后音强的差异。但是，女性发音人在双字组前、后不同位置的音节音量比上则明显不同。女性发音人的后字位置上的音节音量比要明显大于前字位置的音节音量比，差值为0.06。具体如图1—18所示：

表1—23　男、女不同性别发音人在双字组中前、后位置音节音量比

	男性 前字位置	男性 后字位置	女性 前字位置	女性 后字位置
平均值	1.00	1.00	0.97	1.03
标准差	0.24	0.24	0.23	0.23

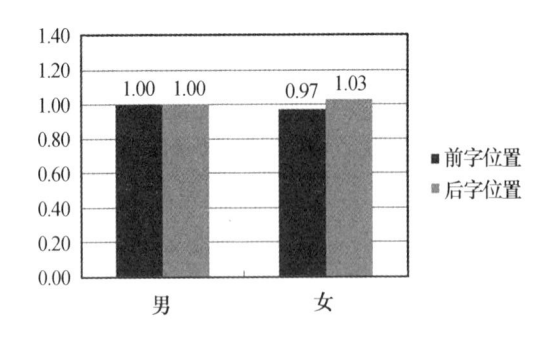

图1—18　不同性别发音人在双字组中前、后位置音节音量比对比图

（4）语法结构对音量比的影响

从表1—24可以看出，在偏正结构和并列结构的双字组中后字位置的音量比要大于前字位置的音量比。但是，动宾结构的双字组前字位置音节音量比要比后字位置音节音量比大0.08。如图1—19所示：

表1—24　　不同语法结构的双字组前、后位置音节音量比

	偏正结构		并列结构		动宾结构	
	平均值	标准差	平均值	标准差	平均值	标准差
前字位置	0.99	0.24	0.96	0.25	1.04	0.20
后字位置	1.01	0.24	1.04	0.25	0.96	0.20

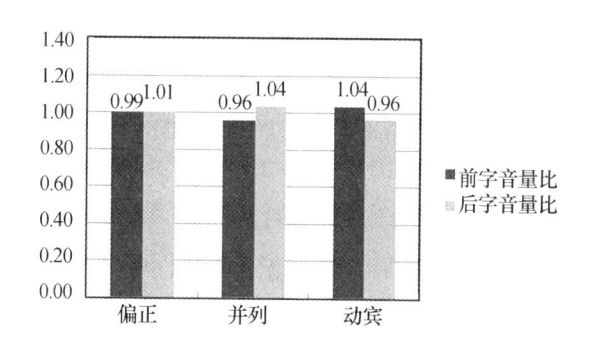

图1—19　不同语法结构的双字组前、后位置音节音量比对比图

双字组音量比的分析结果与双字组时长比的分析结果一致。双字组中后字时长比整体大于前字时长比，但是在动宾结构中前字时长比大于后字时长比。

从表1—25可以发现，在双字组前字位置上，偏正结构和并列结构的音节音量比都小于平均值，只有动宾结构的音量比大于平均值。在双字组后字位置上，偏正结构和并列结构的音节音量比都大于平均值，只有动宾结构的音量比小于平均值。如图1—20所示：

表1—25　前、后不同位置上不同语法结构的双字组音节音量比

位置类型 语法类型	前字 平均值	前字 标准差	后字 平均值	后字 标准差
偏正	0.99	0.24	1.01	0.24
并列	0.96	0.25	1.04	0.25
动宾	1.04	0.20	0.96	0.20

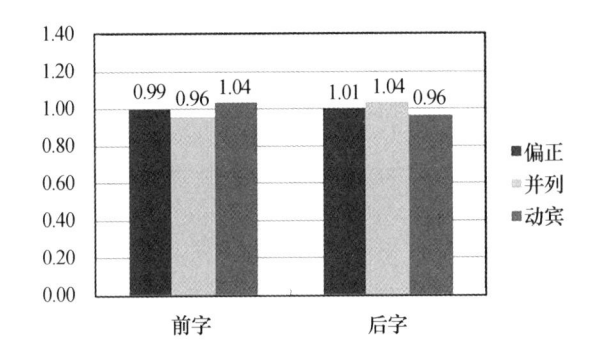

图1—20　前、后不同位置上不同语法结构的双字组音节音量比对比图

不同语法结构的双字组前字音量比由大到小排序为：动宾结构＞偏正结构＞并列结构。双字组后字音量比由大到小排序为：并列结构＞偏正结构＞动宾结构。

从表1—26可以看出，语法结构对双字组前、后音量比的影响要比性别类型对双字组前、后音量比的影响大。在动宾结构双字组中，男性发音人的动宾结构双字组前字音量比要显著大于后字音量比，但是女性发音人的动宾结构双字组前字音量比与后字音量比相差不大。

表1—26　不同性别发音人的不同语法结构双字组音量比

语法类型 性别	偏正结构 前字	偏正结构 后字	并列结构 前字	并列结构 后字	动宾结构 前字	动宾结构 后字
男	0.997	1.003	0.981	1.019	1.069	0.931
女	0.993	1.007	0.943	1.057	1.004	0.996

五 普通话三字组声调语音特征分析

（一）普通话三字组声调音高分析

1. 位置类型对音高影响的总体分析

三字组中有前、中、后三个位置，我们首先对这三个位置上阴平、阳平、上声、去声的音高走势做总体分析。

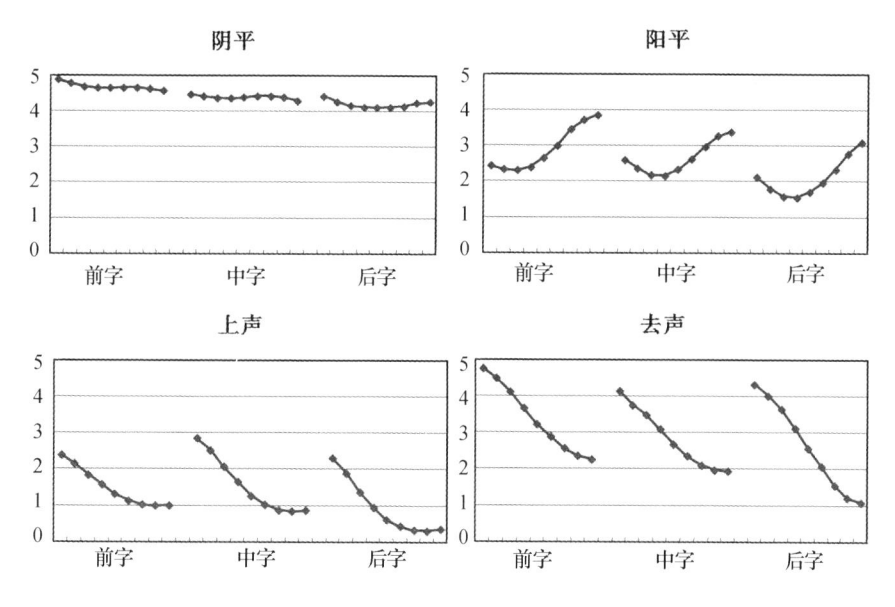

图1—21 四个声调在三字组中不同位置的音高表现

四个声调都整体呈现出在三字组中的音高下倾现象，也就是说，同一声调，在前字位置的音高比中字位置的音高更高，中字位置的音高比后字位置的音高更高。阴平、阳平、上声、去声四个声调的音高 T 值最高点出现在三字组前字阴平的起点，音高 T 值最低点出现在三字组后字位置的上声终点。

2. 声调音高变化幅度分析

我们用各个声调的最高点减去最低点的 T 值，计算得出的差值作为考察各个声调在不同位置的音高变化幅度（因为阴平是平调，其音高幅度变化不大,可以认为基本没变化。所以我们的音高变化幅度的考察只针对阳平、上声和去声),得到表1—27。

表1—27　　　　　三字组中阳平、上声和去声在不同
位置的音高变化幅度（T值）

声调＼位置	前字	中字	后字
阳平	+1.56	+1.22	+1.53
上声	-0.8	-1.31	-2.17
去声	-2.51	-2.21	-3.23

从表1—27可以看出,降调的音高变化大于升调的音高变化。此外,阳平调的最大音高变化出现在三字组的前字位置,上声和去声的最大音高变化出现在三字组的后字位置。在三字组音高下倾的影响下,上声和去声在三字组后字位置的音高变化幅度要明显大于在前字和中字位置的音高变化。

3. 语法类型对不同位置声调音高影响

汉语的动宾结构中1+2组合类型占绝大多数,2+1组合类型的相对较少(吴为善,1986)。因此,本实验主要对1+2组合类型中动宾结构和偏正结构的三字组音高表现进行考察。对阴平只测量中点为代表。

从图1—22到图1—24可以看出,语法类型对三字组前字和中字音高影响较大,对后字影响较小。在四个声调中,语法类型对阳平调的影响最小,对去声调的影响最大,尤其是去声调的起点位置影响最大,在后字中也很明显。

(二) 普通话三字组声调音长分析

1. 普通话三字组绝对时长分析

本实验数据共包括50个发音人(男、女各25人)×128个三字组×3个音节的19200个时长数据。

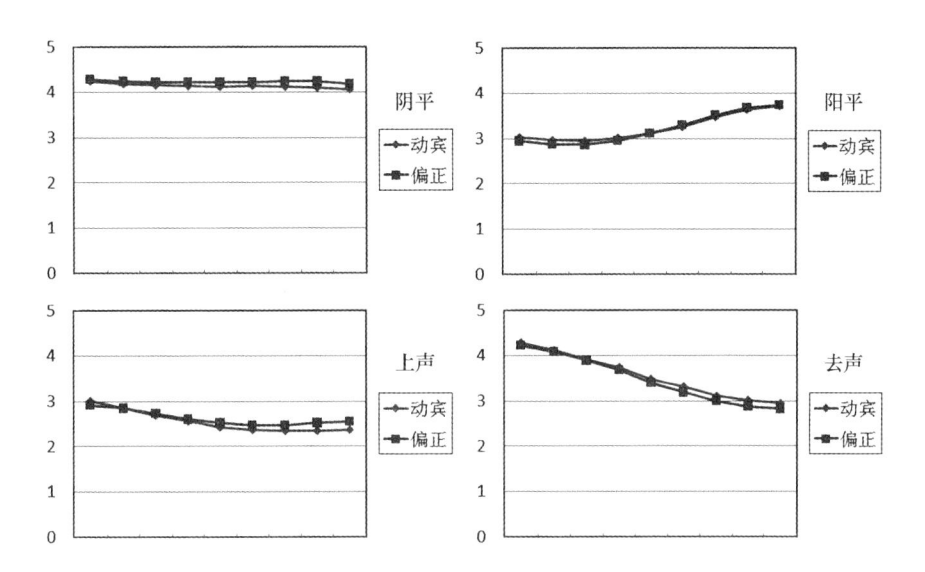

图1—22 不同语法类型三字组前字声调的音高

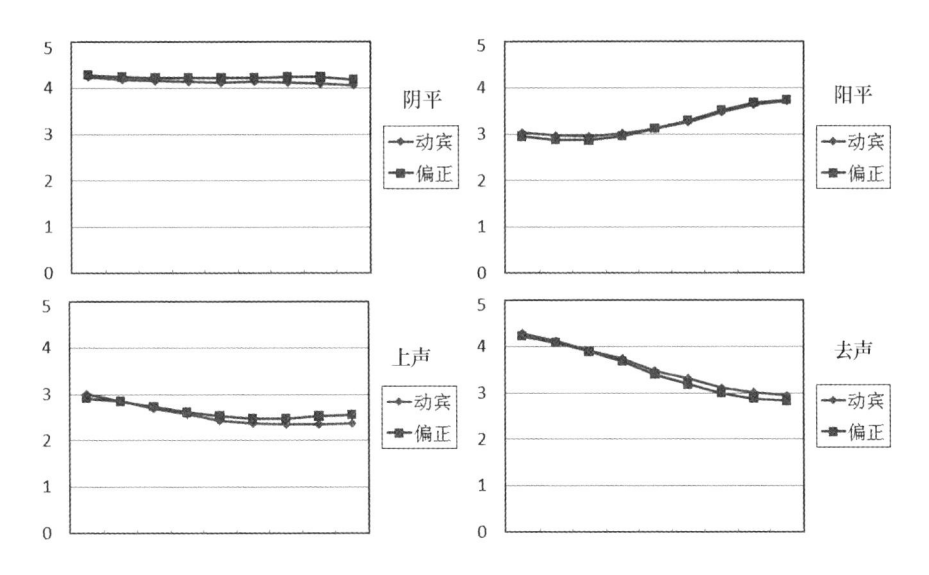

图1—23 不同语法类型三字组中字声调的音高

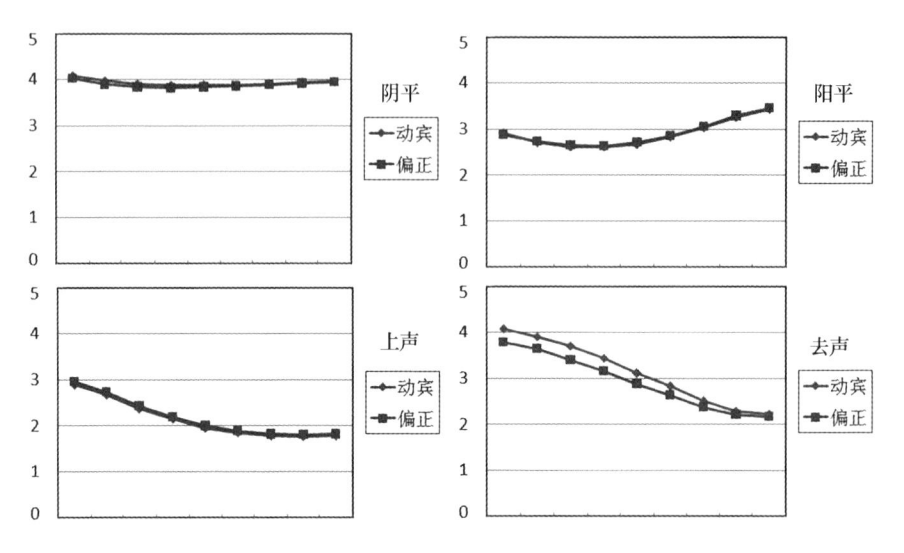

图 1—24　不同语法类型三字组后字声调的音高

表 1—28　　　　　单字音、双字组、三字组中音节平均时长　　　（单位：毫秒）

	单字音	双字组	三字组
平均时长	433	402	306
标准差	91.00	88.99	82.51

从表 1—28 可以发现，音节平均时长按照由长到短的顺序排列为：单字音＞双字组＞三字组。随着音节数目的增加，音节平均时长逐渐缩短，但是缩短的比例是不一样的，也就是说，三字组音节平均时长比双字组音节平均时长缩短得更多。

从表 1—29 可以发现，三字组中整体来看前字位置和中字位置的音节平均时长基本一致，后字位置音节平均时长最长，比前字位置和中字位置长 85 毫秒，占前字位置音节平均时长的 30%。在三字组中，后字位置音节的平均时长具有较大优势，远远比前字位置和中字位置的音节时长要长。

表1—29　　　　　　　　三字组不同位置音节平均时长　　　　（单位：毫秒）

	前字	中字	后字
平均值	278	278	363
标准差	66.51	59.26	87.62

从表1—30可以发现，男性发音人的音节时长排序为：后字位置＞前字位置＞中字位置；然而女性发音人的音节时长排序为后字位置＞中字位置＞前字位置。也就是说，男性发音人更倾向于把前字位置的音节读得稍长，而女性发音人更倾向于把中字位置读得稍长。

表1—30　　　　　　　　三字组中男、女音节时长对比　　　　（单位：毫秒）

性别 位置	男 平均值	男 标准差	女 平均值	女 标准差
前	276	66	280	66
中	270	64	285	54
后	345	90	380	80
平均值	297	66.99	315	73.58

2. 普通话三字组时长比分析

本实验共获得50个发音人（男、女各25人）产出的128个三字组的19200个时长比数据（50个发音人×128个三字组×3个音节）。

（1）位置类型对时长比的影响

从表1—31可以看出，位置类型对三字组时长比确实产生影响。前字位置和中字位置的音节未发生延长，只有后字位置的音节发生了延长。

表1—31　　　　　　　　三字组中前、中、后位置的时长比

	前	中	后
平均值	0.91	0.91	1.18
标准差	0.15	0.15	0.19

从表1—32可以发现，前字位置上，阴平的时长比最长，阳平和去声次之，上声最短；中字位置上，阴平最长，阳平次之，去声第三，上声最短；后字位置上，阴平最长，阳平次之，上声第三，去声最短。也就是说，无论是在前、中、后的哪个位置上，阴平时长比都最长。此外，后字位置上的各个声调时长比均大于1，但是前字和中字位置上各声调的时长比均小于1。

表1—32　　　　　三字组中前、中、后位置各个声调的时长比

位置 声调	前字位置		中字位置		后字位置	
	平均值	标准差	平均值	标准差	平均值	标准差
阴平	0.98	0.14	0.94	0.14	1.27	0.17
阳平	0.89	0.15	0.93	0.13	1.26	0.17
上声	0.88	0.16	0.86	0.14	1.11	0.19
去声	0.89	0.14	0.90	0.14	1.10	0.17

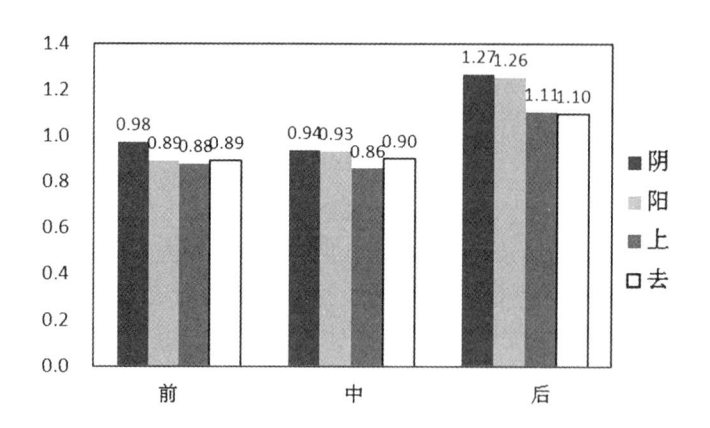

图1—25　三字组中不同位置各声调时长比分布

三字组的后字位置时长比大于1，音节时长延长。进一步分析发现，阴平和阳平时长比与上声和去声的时长比之间的差异显著，明显要比上声和去声的时长比大。在边界位置前，阴平和阳平的延长量要比上声和

去声明显。但是,在前字和中字位置,由于中间没有停顿,不属于边界位置,所以各声调时长比比后字位置时长比小,没有发生延长。

(2)组合类型对时长比的影响

本实验材料中共包含64个1+2型三字组和64个2+1型三字组。

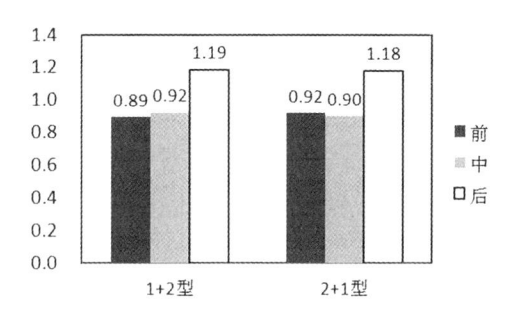

图1—26 不同组合类型三字组的时长比分布

结果显示,无论是在1+2型还是2+1型三字组中,都表现为后字时长比最长。三字组中前字和中字音节时长的变化则是受到不同组合类型的影响。在2+1型三字组中,时长比的排序为后字>前字>中字。因为,从底层结构看,2+1型三字组相当于一个双字组加上一个单字。在没有停顿的双字组中,词首的音节时长要长于词尾的音节时长(邓丹,2010)。三字组内部当然是没有停顿的,所以2+1型三字组的前字,就相当于无停顿双字组的前字,2+1型三字组的中字就相当于无停顿双字组的后字。所以表现出2+1型三字组中前字时长比比中字时长比更长的现象。这一结果与邓丹(2010)的研究发现一致。

(3)语法结构对时长比的影响

从表1—33可以发现,1+2型偏正结构三字组中音节时长由前向后逐渐变长,在后字位置发生延长。但是,在1+2型动宾结构中,虽然也是呈现出后字位置音段延长的现象,但是前字音节和中字时长比基本相等。在三音节动宾结构中,位于前字位置的动词具有较长的时长比,再次印证了之前的结果,这一现象可能与语法结构相关,音节时长的延长有加强语义的效果(吴宗济,2004)。

表1—33　　　1+2型三字组中动宾结构和偏正结构时长比对比

语法结构 位置类型	偏正 平均值	偏正 标准差	动宾 平均值	动宾 标准差
前	0.88	0.16	0.90	0.15
中	0.97	0.15	0.90	0.13
后	1.15	0.21	1.20	0.19

（4）性别差异对时长比的影响

从表1—34可以发现，男性发音人和女性发音人都在后字位置发生音段延长，女性发音人的时长比要比男性更大。

表1—34　　　三字组中不同性别发音人不同位置的时长比

性别类型 位置类型	男 平均值	男 标准差	女 平均值	女 标准差
前字位置	0.93	0.15	0.89	0.15
中字位置	0.91	0.13	0.91	0.15
后字位置	1.16	0.19	1.21	0.19

从表1—35可以看出，偏正结构1+2型三字组中男性发音人和女性发音人在前、中、后三个位置上的音节时长排序都是后字位置＞中字位置＞前字位置。此外，男性发音人和女性发音人都是在后字位置出现音节延长。这与前文中分析组合类型对时长比的影响结果相一致。在前字和后字位置上男性发音人和女性发音人之间的时长比呈此长彼短的互补关系。

表1—35　　　不同性别发音人在偏正语法结构、
1+2组合类型三字组中时长比

性别类型 位置类型	男 平均值	男 标准差	女 平均值	女 标准差
前字位置	0.90	0.15	0.85	0.16
中字位置	0.97	0.14	0.97	0.16
后字位置	1.13	0.20	1.18	0.21

从表1—36可以看出，偏正结构2+1型三字组中男性发音人和女性发音人都是在后字位置出现音节延长，这与前文中对双字组性别差异的分析结果相一致。

表1—36　不同性别发音人在偏正结构2+1型三字组中的时长比

性别类型 位置类型	男		女	
	平均值	标准差	平均值	标准差
前字位置	0.94	0.15	0.90	0.15
中字位置	0.90	0.13	0.90	0.15
后字位置	1.16	0.18	1.20	0.19

性别类型对三字组的时长比确实产生影响。从实验分析结果来看，男、女不同性别发音人都表现出在词尾的后字位置上音节出现延长现象。另外，在前字和后字位置上男性发音人和女性发音人之间的时长比呈互补的关系。

（三）普通话三字组声调音量比分析

1. 普通话三字组幅度积分析

本实验数据包括50个发音人（男、女各25人）产出的128个三字组的19200个幅度积数据（50个发音人×128个三字组×3个音节）。

（1）位置类型对幅度积的影响

从表1—37可以发现，三字组后字幅度积最大，前字居中，中字最小。这与前文中单字音和双字组的幅度积相比，显示出音节平均幅度积随音节数目的增加而逐渐变小：单字音的幅度积平均值＞双字组的幅度积平均值＞三字组的幅度积平均值。

表1—37　三字组前、中、后不同位置幅度积对比

	前字位置	中字位置	后字位置
平均值	333	315	355

（2）性别类型对幅度积的影响

从表1—38可以发现，性别类型对三字组幅度积影响不大。男性和女性发音人都呈现出相同的三字组幅度积相对关系，即后字幅度积＞前字幅度积＞中字幅度积。女性的后字幅度积显著大些。

表1—38　　三字组不同性别发音人前、中、后位置幅度积对比

	男			女		
	前字	中字	后字	前字	中字	后字
平均值	335	315	347	331	316	363

2. 普通话三字组音量比分析

（1）位置类型对音量比影响分析

由表1—39可以发现，在三字组中，后字音量比最大，比前字音量比大0.04；中字音量比最小，比前字音量比小0.06。也就是说，三字组中不同位置的音量比由大到小排序为：后字音量比＞前字音量比＞中字音量比。

表1—39　　三字组前、中、后不同位置音量比对比

	前字	中字	后字
平均值	1.00	0.94	1.04
标准差	0.29	0.30	0.33

（2）声调类型对三字组音量比影响分析

从表1—40可以看出，三字组中四个声调的音量比由大到小的顺序排列依次为：阴平＞去声＞阳平＞上声，这一结果与单字音中相对幅度积按照大小排列顺序不一致。在孤立的单字音中，阳平的音量比大于去声音量比，但是在连读的双字组和三字组中，去声的音量比大于阳平音量比。

表1—40　　　　　　三字组不同声调类型音量比对比

	阴平	阳平	上声	去声
平均值	1.13	1.02	0.75	1.07
标准差	0.28	0.26	0.26	0.28

从表1—41可以发现，三字组不同声调的前字和中字音量比排序为：去声＞阴平＞阳平＞上声。后字音量比排序为：阴平＞去声＞阳平＞上声。上声在三字组的前字、中字、后字位置上的音量比都是最小。去声在前字和中字位置上音量比最大，阴平在后字位置上音量比最大。

表1—41　　　三字组中前、中、后不同位置上四个声调的音量比

位置 声调	前字 平均值	前字 标准差	中字 平均值	中字 标准差	后字 平均值	后字 标准差
阴平	1.07	0.26	1.03	0.26	1.28	0.24
阳平	1.00	0.26	0.99	0.26	1.07	0.24
上声	0.84	0.26	0.70	0.27	0.71	0.22
去声	1.09	0.29	1.04	0.28	1.08	0.27

（3）性别差异对三字组音量比的影响

从表1—42可以发现，男性发音人的三字组前字音量比最大，而女性发音人的三字组后字音量比最大。三字组前字音量比男性发音人比女性发音人大的差值，正好是三字组后字音量比女性发音人比男性发音人大的差值。从前文对三字组时长比的分析中发现在前字和后字位置上男性发音人和女性发音人之间的时长比呈此长彼短的互补关系。在音量比数据中，也有类似情况。

表1—42　　　　　　　　不同性别发音人的三字组前、
　　　　　　　　　　　　中、后字音量比

	男			女		
	前字	中字	后字	前字	中字	后字
平均值	1.04	0.94	1.00	0.96	0.94	1.08
标准差	0.29	0.30	0.33	0.28	0.31	0.32

（4）组合类型对三字组音量比的影响

从表1—43可以看出，组合类型主要对三字组的前字和后字音量比产生影响，对中字音量比的影响不大。1+2型三字组前字音量比显著大于2+1型前字音量比，而2+1型三字组后字音量比显著大于1+2型后字音量比。

表1—43　　1+2型三字组和2+1型三字组不同位置音量比平均值

	1+2型			2+1型		
	前字	中字	后字	前字	中字	后字
平均值	0.98	0.94	1.07	0.95	0.95	1.09
标准差	0.27	0.30	0.31	0.29	0.32	0.32

（5）语法类型对三字组音量比的影响

从表1—44可以发现，语法类型对1+2型三字组的音量比的影响主要体现在前字和后字位置，对三字组中字音量比的影响较小。1+2型偏正结构三字组前字音量比大于1+2型动宾结构三字组前字音量比，1+2型动宾结构三字组后字音量比大于1+2型偏正结构三字组后字音量比。

表1—44　　　1+2型偏正结构和动宾结构三字组各字音量比

位置类型 语法类型	前字		中字		后字	
	平均值	标准差	平均值	标准差	平均值	标准差
偏正结构	1.04	0.28	0.94	0.30	1.00	0.31
动宾结构	0.94	0.25	0.94	0.29	1.10	0.30

六　普通话四字组声调语音特征分析

(一) 普通话四字组声调音高分析

1. 位置类型对声调音高影响的总体分析

从图1—27可以发现，阴平、阳平、上声、去声四个声调在四字组的四个位置中整体调型基本相同，在调值上略有差别。阴平和去声调音高在四字组中的不同位置呈现出中间两个音节音高特征点相似，但是两端的第一音节和第四音节与中间两音节音高特征点差异较大的现象。四字组中阴平和去声音高的这种表现与"浴缸效应"中凸显首、尾的结论基本一致（陆丙甫、曹琳琳，2017），但阳平和上声的音高规律不明显。此外，基于本实验声调音高数据来看，在四字组中声调音高从第一音节一直下降到第四音节。阴平的音高下降出现在第一音节与第二音节之间以及第二音节与第三音节之间。阴平音高下降两级之后，在第三音节与第四音节之间音高持平，没有明显下降。

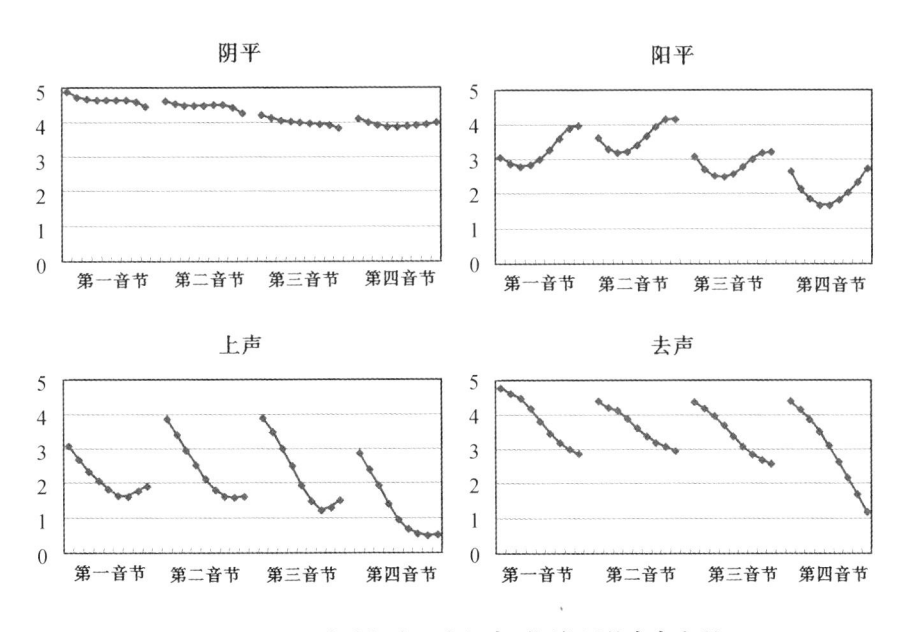

图1—27　四个声调在四字组中不同位置的音高表现

(1) 四字组中第一音节声调的音高分析

①相邻声调对第一音节音高的影响

从图1—28可以看出,四字组中第二音节声调对第一音节声调的影响和双字组后字对前字音高的影响相似。第一音节各声调的调尾受到同化作用的影响,在高起点声调前升高,在低起点声调前降低。这一规律在去声调中最明显。其中第一音节上声在33XX的组合中变成了上升调,说明四字组第一音节上声和第二音节上声相连,则第一音节的上声要发生变调。

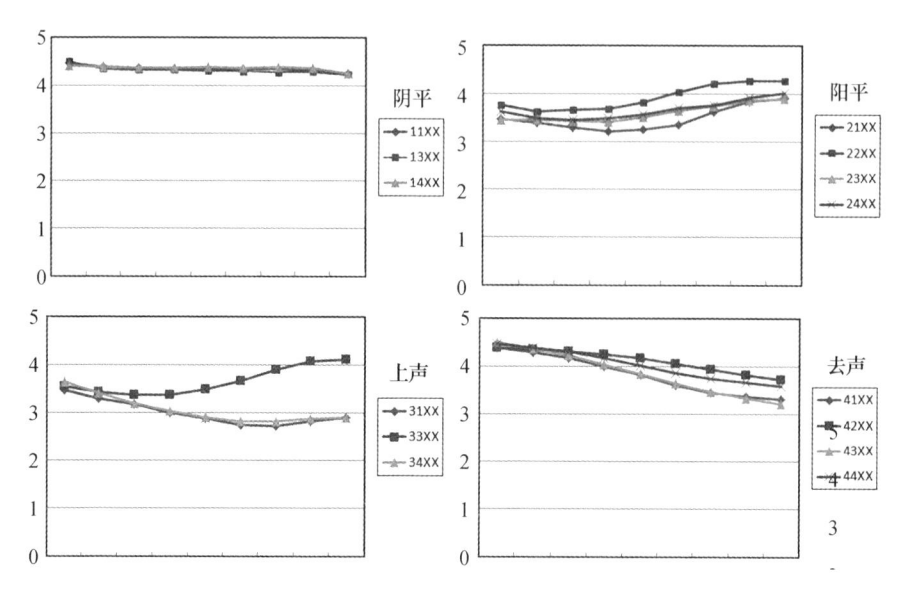

图1—28 第一音节各声调后接第二音节不同声调时的音高

②组合类型对第一音节声调音高的影响

从图1—29可以看出,四字组第一音节位置的阴平和阳平音高各种组合类型之间比较接近。四字组2+2型和3+1型组合类型的第一音节去声起点和终点处音高均高于1+3型结构。上声音高在各类结构中变化较大。

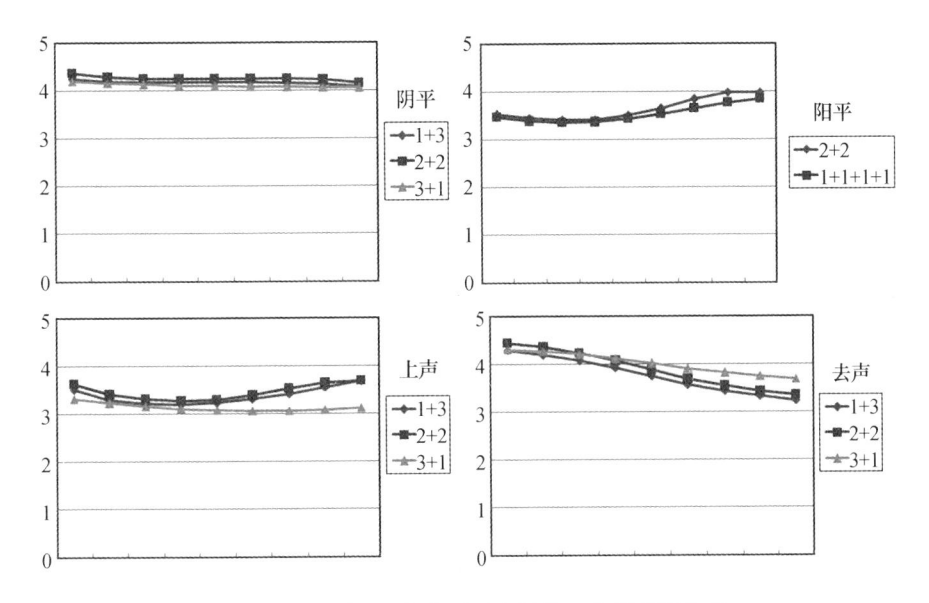

图 1—29　不同组合类型四字组第一音节声调音高

③语法类型对第一音节声调音高的影响

在我们的实验中，语法类型只对四字组第一字的去声终点音高有影响。从图 1—30 可以发现，不同语法结构四字组中第一音节去声的起点音高基本一致，终点音高则有所差别。在四字组第一音节去声终点处偏正结构音高最高，其次是并列结构，动宾结构音高最低。根据对去声终点音高的 LSD 事后检验结果表明，偏正和动宾结构之间差异显著，其他结构间的差异不显著。也就是说，偏正结构的四字组第一音节去声终点显著高于动宾结构。

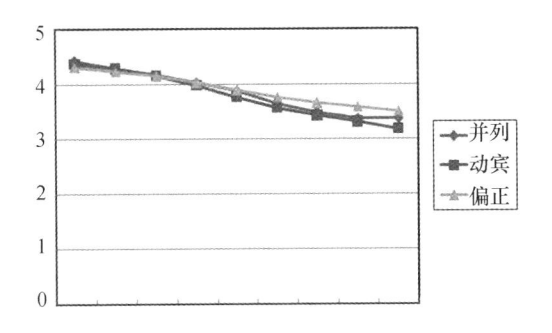

图 1—30　不同语法结构四字组中第一音节去声的音高

（2）四字组中第二音节声调的音高分析

①相邻声调对第二音节音高的影响

从图1—31可以看出，四字组中第一音节声调调尾音高主要对第二音节声调的调头音高产生影响，对调尾音高的影响较小。第二音节声调调头音高主要受到第一音节声调调尾音高的同化影响。

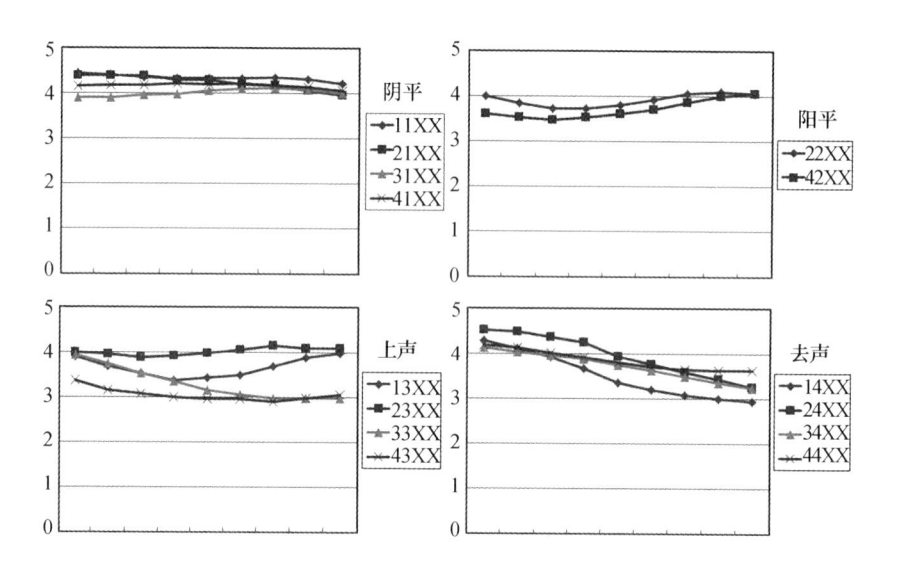

图1—31　四字组第二音节各声调前接第一音节不同声调时的音高

从图1—32可以发现，四字组中第三音节声调调头音高对第二音节声调音高的影响，主要表现为对第二音节声调调尾的影响。在高起点的第三音节声调前，第二音节各声调的调尾较高；在低起点的第三音节声调前，第二音节各声调的调尾较低。第二音节上声在第三音节同为上声的组合"X33X"中发生变调，变为升调。

②组合类型对第二音节声调音高的影响

从图1—33可以发现，四字组第二音节2+2结构阴平音高要比1+3、3+1结构中的阴平音高更高。第二音节2+2结构阳平起点音高比3+1结构中的阳平起点音高更高。第二音节上声调尾处，1+3结构音高要高于2+2结构音高。第二音节去声调尾处，3+1结构音高要高于2+2结构和1+3结构。

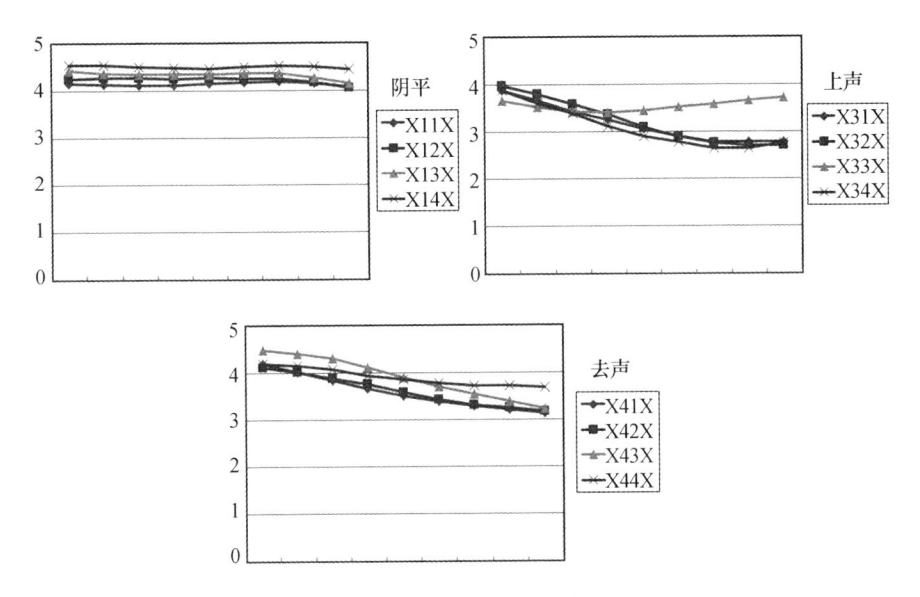

图1—32 四字组第二音节阴平、上声、去声后接第三音节不同声调时的音高

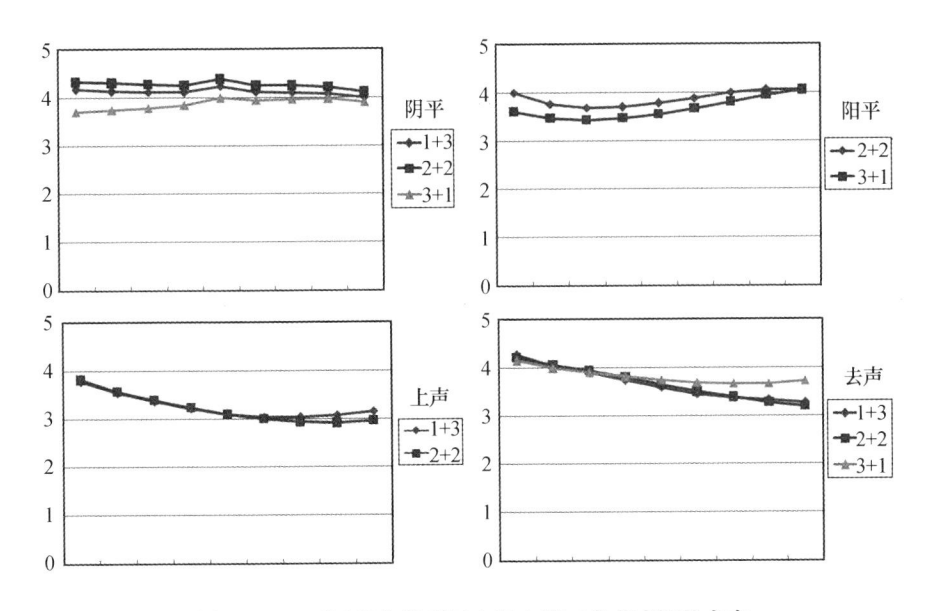

图1—33 不同组合类型四字组中第二音节声调的音高

③语法类型对第二音节声调音高的影响

从图1—34可以发现,四字组第二音节并列结构音高高于动宾结构和偏正结构。有两处例外,一是上声终点处,偏正结构音高高于并列结构和动宾结构。二是去声终点处,动宾结构和偏正结构音高高于并列结构。

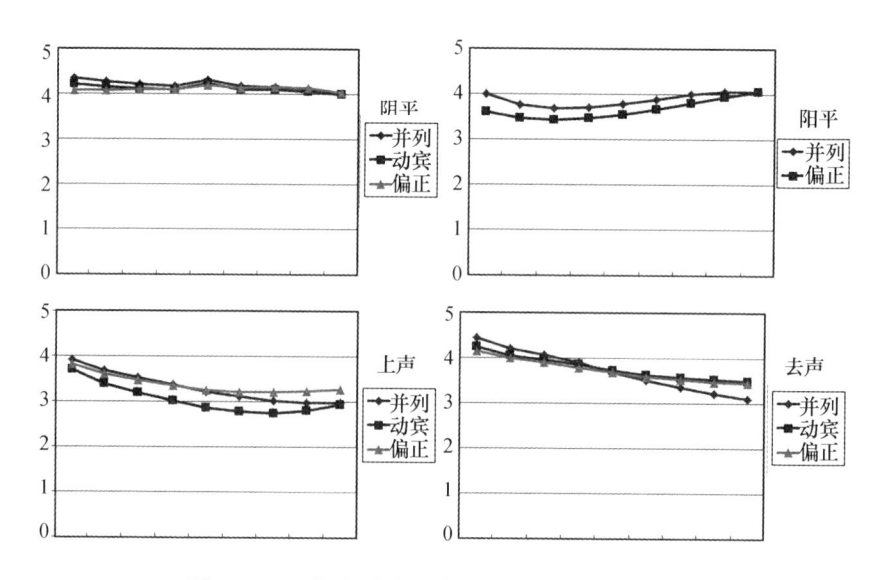

图1—34 不同语法类型中四字组第二音节的音高

(3) 四字组中第三音节声调的音高分析

①相邻声调对第三音节声调音高的影响

从图1—35可以发现,四字组中第二音节对第三音节各声调音高的影响主要体现在调头部分。第三音节各声调调头部分的音高在高终点的阴平和阳平后音高较高,在低终点的上声和去声后音高较低。

从图1—36可以发现,四字组中第四音节对第三音节各声调的音高影响主要体现在对调尾部分的影响。在高起点的声调阴平和去声前较高,在低起点的声调阳平和上声前较低。第三音节去声终点表现最明显。在"XX33"中,第三音节上声发生变调,成为升调。

②组合类型对第三音节声调音高的影响

从图1—37可以发现,总体来看,除阳平调外(四字组3+1型中没

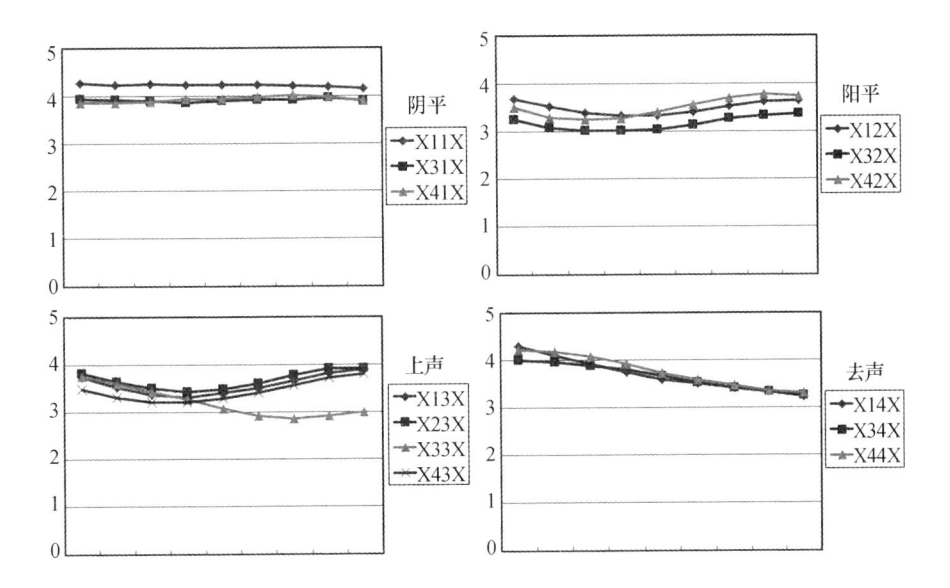

图 1—35　四字组第三音节各声调前接不同声调的音高

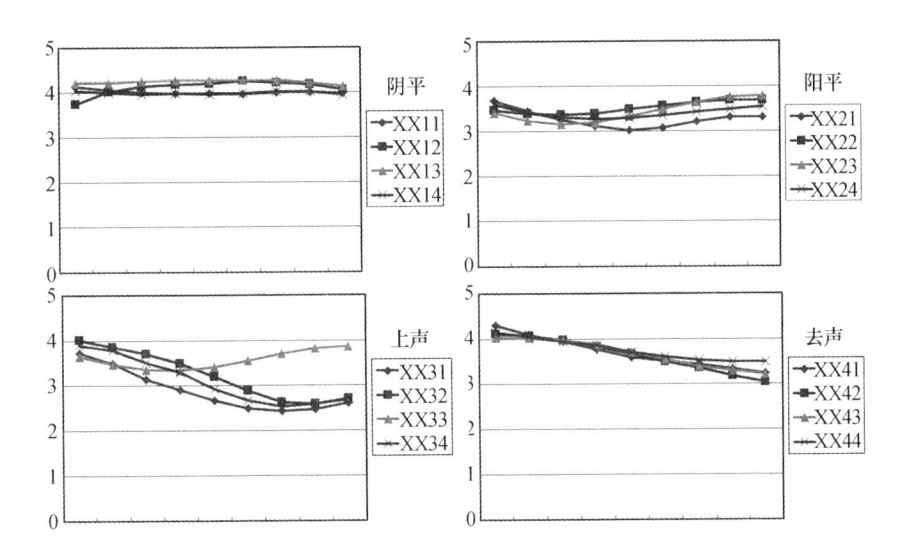

图 1—36　四字组第三音节各声调后接不同声调的音高

有第三音节阳平），在四字组第三音节位置都是 3＋1 型音高高于 1＋3 型和 2＋2 型的音高。

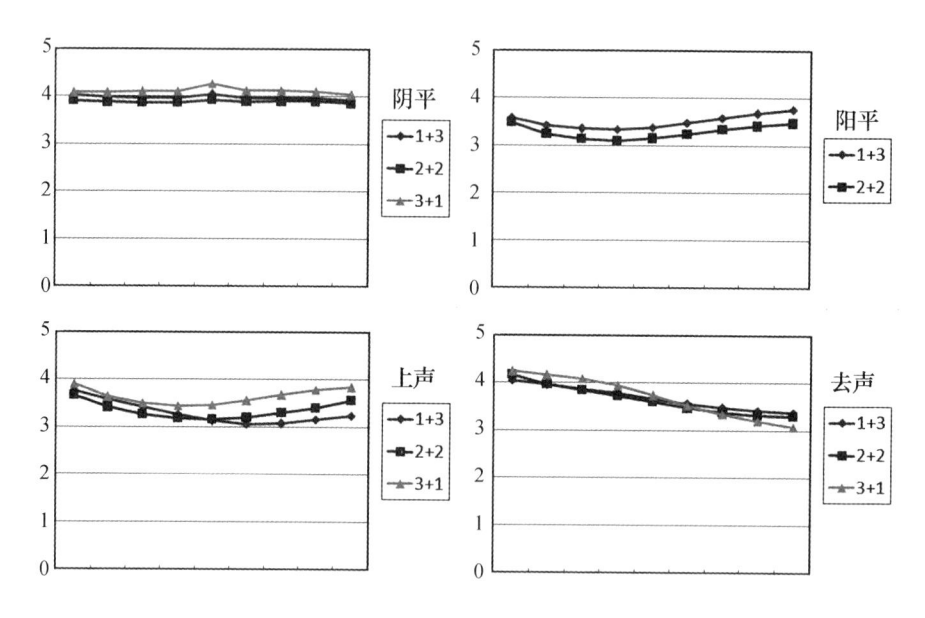

图1—37　不同组合类型四字组中第三音节声调的音高

③语法类型对第三音节声调音高的影响

从图1—38可以看出，四字组第三音节中都是动宾结构和偏正结构的阴平、阳平和去声音高比并列结构音高更高；并列结构和偏正结构的上声音高比动宾结构上声音高更高。

（4）四字组中第四音节声调的音高分析

①相邻声调对第四音节音高的影响

从图1—39可以发现，四字组中第三音节对第四音节各声调音高的影响同样主要表现在第四音节声调调头部分，第四音节声调调头部分音高差异较大。当第三音节为高终点的阴平和阳平时，第四音节声调起点音高较高；当第三音节为低终点的上声和去声时，第四音节声调终点音高较低（阴平调调头受前一音节影响较小）。

②组合类型对第四音节音高的影响

从图1—40可以发现，组合类型对四字组第四音节各声调的影响主要表现为1+3型四字组第四音节声调音高高于2+2型和3+1型声调音高（上声除外）。

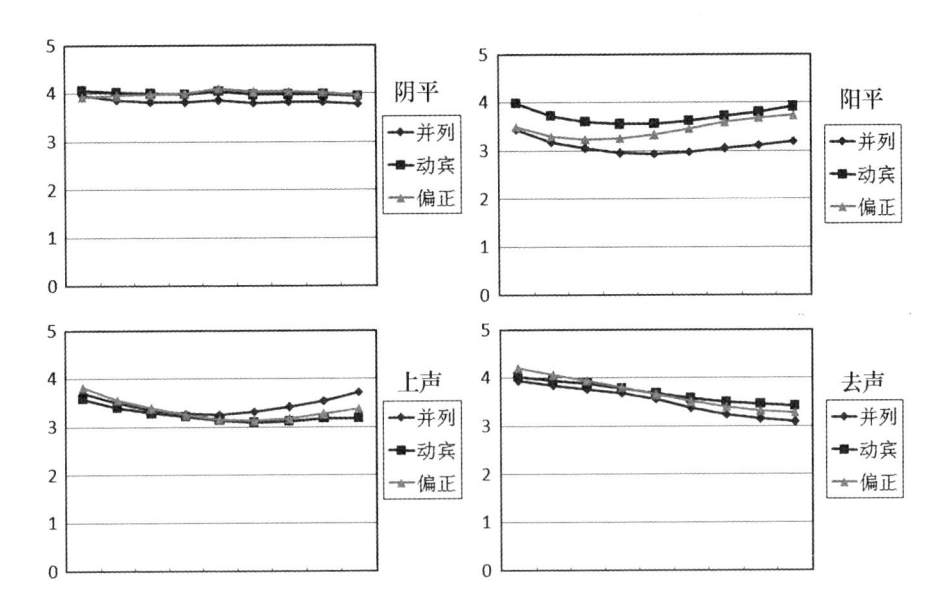

图1—38　不同语法类型四字组中第三音节的音高

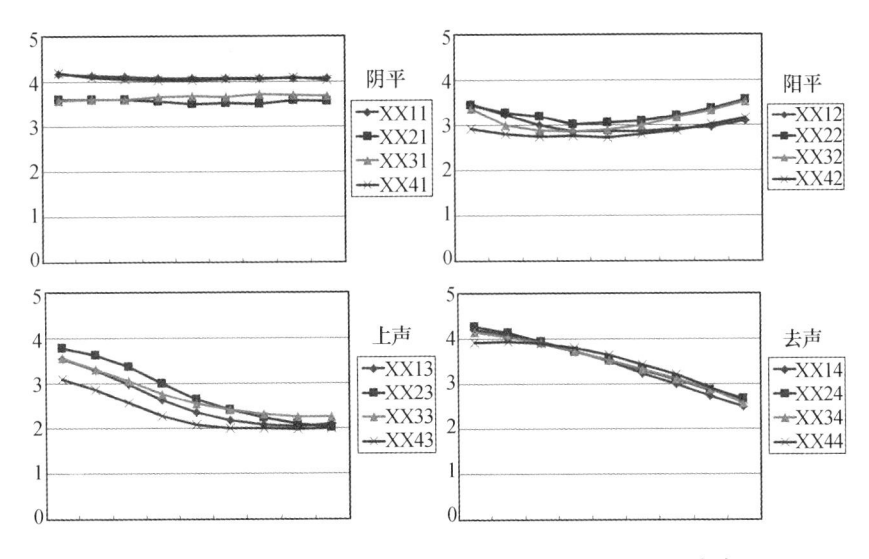

图1—39　第四音节各声调前接第三音节不同声调时的音高

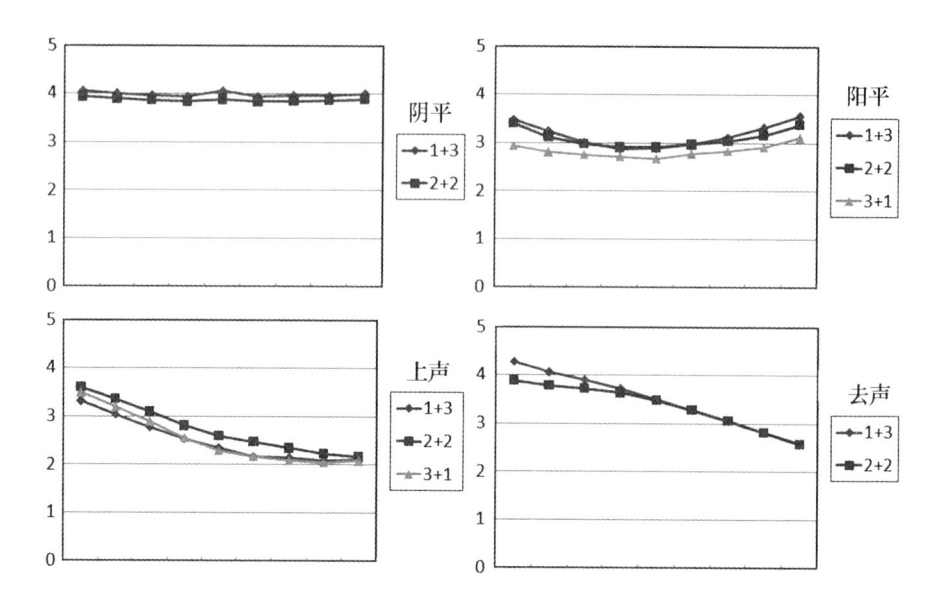

图 1—40　不同组合类型四字组第四音节各声调的音高

③语法类型对第四音节音高的影响

从图 1—41 可以发现，在四字组第四音节位置不同语法结构的声调音高都表现出偏正结构音高最低的特征。

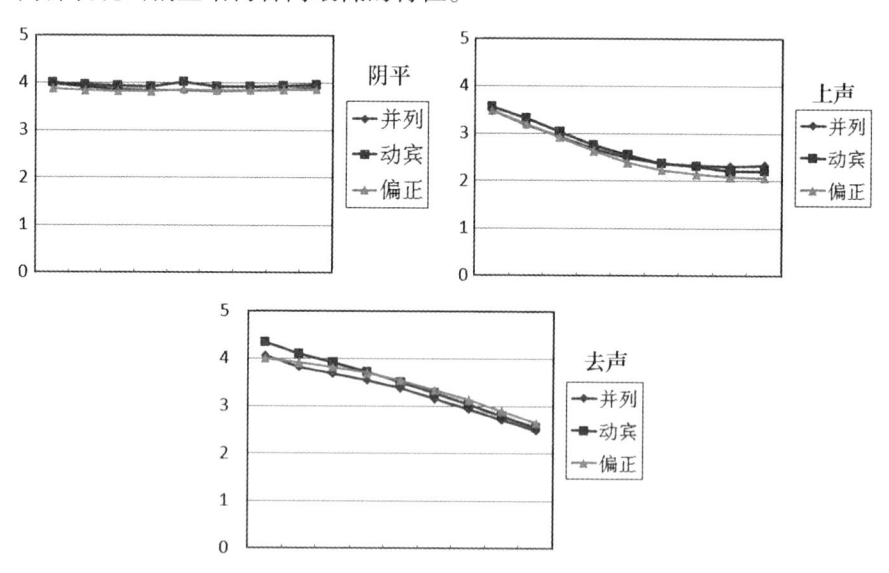

图 1—41　不同语法类型第四音节阴平、上声和去声的音高

2. 四字组中的变调

对三字组中字各声调音高的分析表明，三字组中字的变调主要发生在上声和阳平，阴平和去声比较稳定，一般不会发生调位性的改变（及转转，2016），所以本节也主要对四字组中的上声和阳平的调型表现进行分析。

（1）上声的变调

①两个上声相连的变调（表1—45）

两个上声相连可以出现在四字组中的三个位置。第一种情况是前两个音节为上声，文中用33XX来代表。其中，第一个X代表除上声外的任意声调，第二个X代表任意声调。第二种情况是中间两个音节为上声，文中用X33X来代表。其中，第一个X代表任意声调，第二个X代表除上声外的任意声调。第三种情况是后面两个音节为上声，文中用XX33来代表。其中，两个X都代表任意声调。

其中，33XX有1+3型：养小花猫、小理发所、总检察长、打手电筒、老母鸡肉、老火车站；2+2型：永久纪念、选举投票、鸟语花香。

X33X有1+3型：办展览会、好老百姓；2+2型：井井有条、擦脸手巾；1+1+1+1型：男女老少。

XX33有1+3型：不知好歹、大草稿纸；2+2型：中心广场、勤勤恳恳、早睡早起、选举厂长；3+1型：自来水厂；1+1+1+1型：德智体美。

表1—45　　　不同组合类型中两个上声相连的声调组合出现个数

位置类型 \ 组合类型	1+3型	2+2型	3+1型	1+1+1+1型
33XX	6	3	0	0
X33X	2	2	0	1
XX33	2	4	1	1

从图1—42到图1—44可以看出，在四字组所有两个上声相连的组合中，前一个上声音节的调型均发生了变化，由低降调变成了升调。

图 1—42　33XX 中两个上声相连的音高

图 1—43　X33X 中两个上声相连的音高

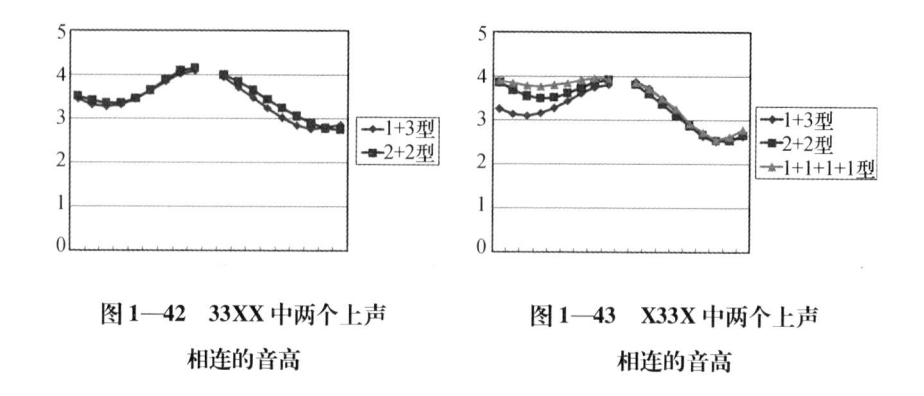

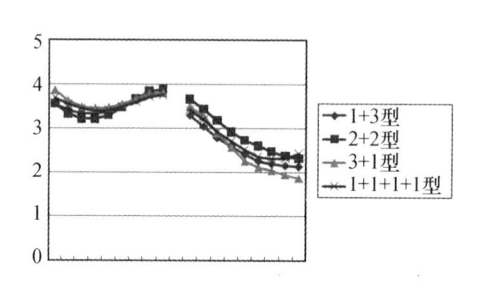

图 1—44　XX33 中两个上声相连的音高

吴宗济（2004）对普通话三字组中字变调分析发现，如果前字为阴平或者阳平的调尾高调，次字阳平就变成类似阴平的过渡调型。本实验 2+2 型和 1+1+1+1 型两种组合的四字组"井井有条、擦脸手巾、男女老少"中，第一个上声的前字都是调尾高的阴平或阳平调，所以使得后面两个上声相连，前一个上声发生变调形成的上升调，又受到前字高调尾的影响而成为略有上升的高调。这里第一个上声变调形成的升调，相当于三字组中字阳平，受到前字高调尾的影响而发生调型变化。同样，1+3 型四字组"办展览会、好老百姓"中，中间两个上声相连的第一个上声变调相当于三字词中字阳平。吴宗济（2014）研究也发现，三字组中首字的调尾如果较低（半上或者去声），则次字的阳平多保持本调，不受单双组合类型的限制，也不受后面末字调的影响。本实验 1+3 型四字组第一个上声音节前声调都是低调尾（半上和去声），所以第一个上声发生变调时受到前字低调尾的影响，形成起点较低的声调调型。也就是说，X33X 四字组中第一个上声受到前字声调调尾音高的影响，形成两种声调调型。

②三个上声相连的变调（表1—46）

四字组中三个上声相连的情况有两种情况。第一种情况是三个上声位于四字组前三个音节位置，文中用 333X 表示，X 代表除上声调之外的任意声调；第二种情况是三个上声位于四字组后三个音节位置，文中用 X333 表示，X 代表任意声调。

其中，333X 中有 1+3 型：好老百姓；2+2 型：井井有条。X333 有 1+3 型：大草稿纸；2+2 型：选举厂长。

表 1—46　　同组合类型中三个上声相连的声调组合出现个数

位置类型 \ 组合类型	1+3 型	2+2 型
333X	1	1
X333	1	1

从图 1—45 可以看出，四字组 1+3 型和 2+2 型组合类型中三个上声相连的上声音高表现不一致。1+3 组合类型中表现为"降+升+降"，而 2+2 组合类型中表现为"升+平+降"。333X 中三个上声相连音高的不同表现主要与底层组合类型相关。在 1+3 型组合类型中，后两个上声先组合，再与第一个上声组合。因此，上声的变调就出现在第二个上声音节位置。也就是说，第二个上声变为阳平，则形成"上声+阳平+上声"，也就是"降+升+降"的调型。在 2+2 型组合类型中，三个上声相连，首先前两个上声相组合，再与第三个上声组合。因此，上声的变调就出现在第一个上声音节位置，第一个上声变为升调。当第二个上声与第三个上声组合时也发生变调，第二个上声也发生变调，变为升调阳平。也就是说，形成"阳平+阳平+上声"。由于第二个上声变调形成的阳平位于中间位置，调型不太稳定。当前字为高调尾（阴平或阳平）时，中字阳平容易受到前字调尾音高的影响，形成一个过渡调型，而失去

"升"的特征（吴宗济，2004）。因此，333X在2+2型组合类型中形成"升+平+降"的调型。

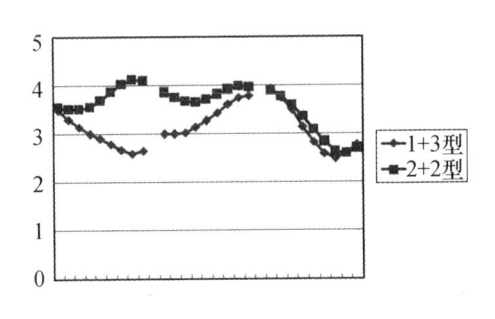

图1—45 333X中三个上声相连的音高

从图1—46可以看出，四字组1+3型和2+2型组合类型中三个上声相连的上声音高表现不一致。在1+3型结构中表现为"平+平+降"，在2+2型结构中表现为"降+升+降"。X333中三个上声相连音高的不同表现也主要与底层组合关系不同有关。在2+2型结构中的底层组合关系是后两个上声先组合，再与第一个上声组合。因此，变调发生在第二个上声音节的位置，成为"上声+阳平+上声"，也就是调型为"降+升+降"。在1+3型结构中的底层组合关系是前两个上声组合，则第一个上声变为阳平调，然后，再与第三个上声组合，第二个上声也变为阳平调。也就是说，形成"阳平+阳平+上声"。由于前文提到阳平位于四字组词中的位置，其调型不稳定。在X333中，两个阳平位于四字组的词中位置，其调型发生变化，成为过渡调（吴宗济，2004）。由于本实验中X333和333X的两个组合类型都只有一个词，因此这类四字组中三个上声音节的调型是否都表现出本实验中的结果，还需要进一步研究。

③四个上声相连的变调

本实验中只有一个四个上声相连的四字组"选举厂长"。"选举厂长"是2+2组合类型，动宾短语。图1—47是四字组"选举厂长"的音高表现。

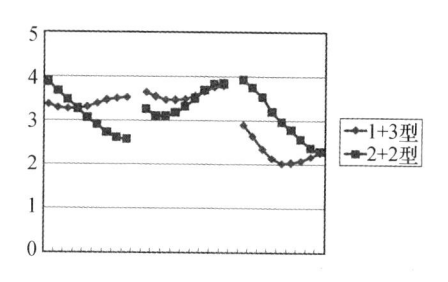

图 1—46 X333 中三个上声相连的音高

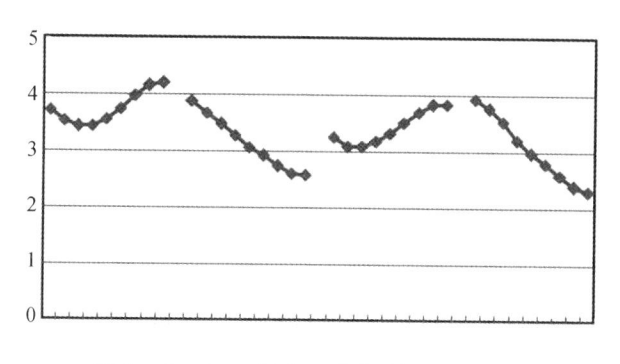

图 1—47 3333 组合"选举厂长"的音高

从图 1—47 可以看出，2+2 型四字组四个上声相连的调型为"升+降+升+降"。这一调型与底层组合结构有关。由于这个词为 2+2 结构，也就是说这四个上声音节的底层组合关系是前两个上声音节和后两个上声音节先分别组合。四个上声相连的时候，位于第一音节和第三音节位置的上声发生变调，这两个音节上的上声变为阳平。因此，四个上声音节相连的音高调型为"阳平+上声+阳平+上声"，也就是"升+降+升+降"调型。本实验中四个上声相连的四字组音高调型与邓丹（2010）对四个上声相连的四音节韵律词"我也可以"的分析结果不一致。邓丹（2010）的研究发现"我也可以"的调型为"升+降平+平+低降"。分析原因，可能主要由于语法结构和语速不同。"选举厂长"为 2+2 型并列结构，"我也可以"为 2+2 型主谓结构。此外，本实验中四字组要求发音人单独朗读,没有负载句,朗读相对较慢。因此,四个上声相连的四字组第三个音节变调形成的升调相对稳定。邓丹(2010)的实验选词来自句子,速度要比朗读的词要快。第三个音节上声变调成为阳平在句子中表现不稳定,因此成为过渡的平调。

(2)阳平的变调

四字组中间位置的阳平调可能出现在第二音节位置或第三音节位置,我们分别来进行分析。

①第二音节阳平变调

从图1—48可以发现,在四字组第二音节位置的阳平调,无论位于高调(阴平或阳平)后,还是低调(上声或去声)后,都呈现出平调的表现,音高位于3度和4度之间。受到前字高调尾的影响,位于高调后的阳平起点较高。但是,阳平整体曲折变化不大,最大值与最小值之差小于0.5度。因此可以认为,四字组第二音节位置的阳平呈现"平"的特征,调值位于中高区间。

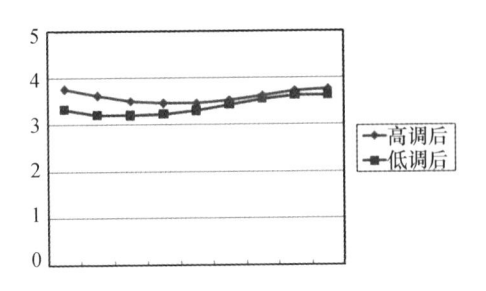

图1—48 四字组中第二音节位置阳平音高

②第三音节阳平变调

从图1—49和图1—50可以看出,无论哪种组合类型,四字组第三音节阳平音高均呈现平调的调型,音高位于3度和4度之间,整体要比第二音节阳平音高更低。受到前字高调尾的影响,位于高调后的阳平起点较高。但是,阳平整体曲折变化不大,最大值与最小值之差小于0.5度。因此可以认为,四字组第三音节位置的阳平呈现"平"的特征,调值位于中高区间。

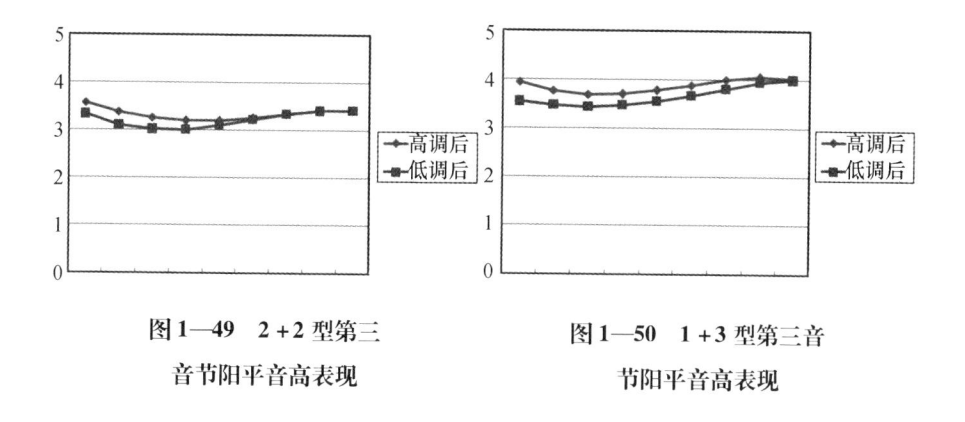

图1—49　2+2型第三音节阳平音高表现

图1—50　1+3型第三音节阳平音高表现

3. 性别差异对声调音高影响的总体分析

我们按照性别类型对阴平、阳平、上声和去声四个声调的音高进行分组统计分析，得到的 T 值平均值结果如表1—47。

从表1—47可以看出，无论阴平、阳平、上声、去声，女性的整体 T 值都要大于男性。

表1—47　　　　　不同性别发音人四个声调音高 T 值

取值点 \ 声调	阴平 男	阴平 女	阳平 男	阳平 女	上声 男	上声 女	去声 男	去声 女
1	3.90	4.33	3.21	3.73	3.32	3.86	3.94	4.39
2	3.85	4.30	3.03	3.58	3.12	3.69	3.83	4.32
3	3.83	4.28	2.95	3.50	2.94	3.53	3.69	4.23
4	3.82	4.28	2.92	3.48	2.80	3.38	3.52	4.12
5	3.82	4.28	2.98	3.50	2.72	3.27	3.33	3.99
6	3.82	4.29	3.10	3.57	2.71	3.21	3.14	3.86
7	3.82	4.30	3.24	3.66	2.75	3.21	2.97	3.74
8	3.79	4.30	3.35	3.76	2.79	3.25	2.83	3.63
9	3.73	4.26	3.40	3.83	2.82	3.30	2.69	3.52

从图1—51可以看出，女性发音人的整体声调音高比男性发音人的声调整体音高更高。在男、女不同性别发音人的四字组四个声调音高中女性发音人的整体声调音高比男性发音人的声调整体音高更高，具有规律性表现，统计上具有显著性差异。

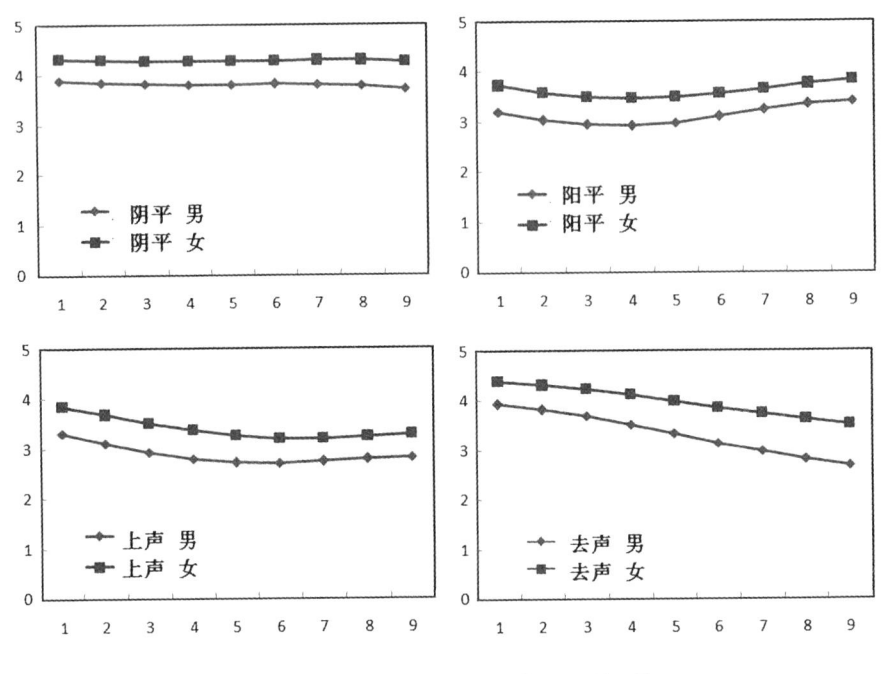

图1—51 四字组中声调音高的性别比较

(二) 普通话四字组声调音长分析

1. 绝对时长分析

本实验数据共包括 50 位发音人，46 个四字组语音样本的 9200 个绝对时长数据（50 个发音人×46 个四字组×4 个音节）。

从表1—48可以发现，四字组中不同位置的音节时长呈现出两头长（第一音节和第四音节时长较长），中间短（第二音节和第三音节时长较短）的规律。

表1—48　　　　　　四字组不同位置音节平均时长　　　（单位：毫秒）

	第一音节	第二音节	第三音节	第四音节
平均值	275	239	253	322
标准差	68	54	54	81

从表1—49可以看出,男性发音人和女性发音人整体上都表现出第四音节平均时长最长,第二音节平均时长最短,第一音节平均时长和第三音节平均时长分列第二位和第三位的现象。

表1—49　　　　　　四字组中男、女音节时长对比　　　　（单位:毫秒）

性别 位置	男		女	
	平均值	标准差	平均值	标准差
第一音节	270	66	279	69
第二音节	236	49	242	59
第三音节	245	48	262	59
第四音节	309	75	337	85
平均值	265	60	280	68

2. 时长比分析

(1) 位置类型对四字组时长比的影响

从表1—50可以发现,四字组中,位于首、尾位置的第一音节和第四音节发生了音段延长的现象。整体来看,四字组中时长比排序为:第四音节＞第一音节＞第三音节＞第二音节。

表1—50　　　　　　四字组中不同位置的时长比

	第一音节	第二音节	第三音节	第四音节
平均值	1.01	0.88	0.93	1.18
标准差	0.17	0.15	0.15	0.23

(2) 组合类型对四字组时长比的影响

四字组的组合类型包括:1+3型,如买飞机票、办展览会;2+2型,如中心广场、声东击西;3+1型,如拖拉机手、洗衣机厂;1+1+1+1型,如德智体美、男女老少等。但1+1+1+1型四字组在实际语言中出现频率较少,本实验中总共涉及3个1+1+1+1型四字组。

本实验共包含46个四字组,具体组合类型的分布为:

①1+3型（18个）：养小花猫、不知好歹、打手电筒、好老百姓、喝冬瓜汤、寄挂号信、办展览会、订飞机票、说悄悄话、老火车站、小理发所、老母鸡肉、大草稿纸、总检察长、大西红柿、西太平洋、炒西红柿、买飞机票。

②2+2型（19个）：出租汽车、选举厂长、永久纪念、禁止吸烟、中心广场、选举投票、擦脸手巾、井井有条、最后胜利、声东击西、勤勤恳恳、鸟语花香、生机勃勃、大手大脚、方便方便、研究研究、考试安排、早睡早起、海盗船长。

③3+1型（6个）：六六六粉、洗衣机厂、照相机厂、拖拉机手、自来水厂、意大利人。

④1+1+1+1型（3个）：德智体美、风霜雨雪、男女老少。

表1—51　　　　　　　　不同组合类型四字组时长比

位置类型 组合类型	第一音节 平均值	标准差	第二音节 平均值	标准差	第三音节 平均值	标准差	第四音节 平均值	标准差
1+3	<u>1.02</u>	0.17	0.88	0.14	0.91	0.15	<u>1.19</u>	0.21
2+2	<u>1.03</u>	0.14	0.86	0.14	0.96	0.16	<u>1.15</u>	0.23
3+1	0.91	0.23	0.90	0.16	0.92	0.12	<u>1.27</u>	0.22
1+1+1+1	0.94	0.15	0.96	0.17	0.88	0.16	<u>1.22</u>	0.23

注：下划线表示该音节发生了时长的延长。

组合类型对四字组在不同位置上的时长比均有影响。（见表1—51和图1—52）具体表现为，四种组合类型中，都是在词尾的第四音节位置的时长比最大，这是由于受到词尾边界效应的影响。其中3+1型四字组可以看作结构是一个三字组和一个单字音相结合。前面的三字组三个位置上的时长差异不大，但是第四音节位置时长比最大。不仅是因为处于词尾边界位置，还因为第四音节与前三个音节的关系不紧密，是一个孤立的单音节，时长相对较长。两个原因叠加在一起使得3+1型四字组的第四个音节的时长比最大。

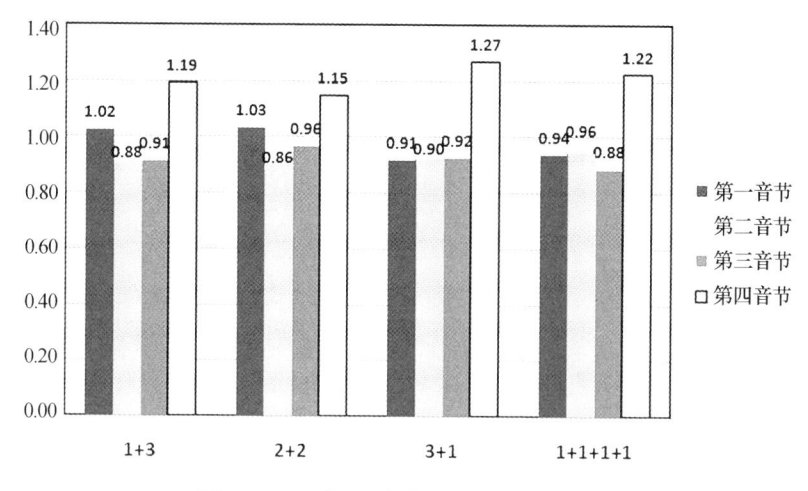

图 1—52　不同组合类型四字组的时长比

　　1+3结构中第一音节位置的音节时长略有延长,因为其位于组合结构中的单音节位置,时长相对较长。后面的三字组,位于第二和第三音节位置的两个音节时长较短,没有出现延长的现象。第四音节位于词尾边界位置,所以时长比最大。2+2型四字组的结构相当于两个双字组。那么第一音节位置就位于第一个双字组的词首位置。因为在无停顿延的边界前,双字组的词首音节时长要比词尾音节时长更长(邓丹、石锋、吕士楠,2006),所以第一音节位置的音节时长略有延长,并且要比第二音节时长更长。虽然第三音节也位于第二个双字组的词首位置,但是由于受到末尾边界的影响,第三音节位置的音节时长要比第四音节位置的音节时长短。

　　冯胜利(1998)指出汉语的自然音步为右向音步。那么1+1+1+1型四字组的底层形式由两个双字组构成。冯胜利(1998)还指出在"风霜雨雪"这类1+1+1+1型的四字组中,尽管中间没有显著的停顿,但是中间有间歇,间歇往往出现在第二音节和第三音节之间。这也就解释了1+1+1+1型四字组的第二音节的时长要比第一音节长。邓丹(2010)在其针对韵律词的研究中发现,所谓"少许停顿",实际上就是界前延长,即前面的双音节韵律词后字要比前字长。因为第四音节处于1+1+1+1型四字组中底层结构的第二个双字组词尾,同时又位于四字组的边界位置,所以其时长比位于词首的第一音节的时长更长。

(3) 语法类型对时长比的影响

本实验材料中的46个四字组可以按照语法类型进行如下分类：

主谓（1个）：生机勃勃。

偏正（23个）：永久纪念、不知好歹、中心广场、出租汽车、擦脸手巾、井井有条、最后胜利、好老百姓、老火车站、小理发所、老母鸡肉、大草稿纸、总检察长、照相机厂、拖拉机手、自来水厂、六六六粉、意大利人、大西红柿、西太平洋、海盗船长、洗衣机厂、考试安排。

动宾（11个）：选举厂长、禁止吸烟、养小花猫、打手电筒、喝冬瓜汤、寄挂号信、办展览会、订飞机票、说悄悄话、炒西红柿、买飞机票。

并列（11个）：选举投票、声东击西、勤勤恳恳、鸟语花香、大手大脚、方便方便、研究研究、德智体美、风霜雨雪、男女老少、早睡早起。

因为2+2型组合结构是四字组中最常见的组合关系（邓丹，2010），所以，我们主要考察语法类型2+2型组合结构四字组时长比的影响。

从表1—52可以看出，在主谓结构四字组中，第一音节和第四音节位置的音节都出现了延长现象，其中第四音节的时长比最大为1.20。在偏正结构中，也是第一音节和第四音节位置的音节出现延长，其中第四音节位置的时长比最大为1.17。在并列结构中，也是第一音节和第四音节位置的音节出现了延长，其中第四音节位置的时长比最大为1.15。只有动宾结构四字组中时长比的表现与其他三种语法类型不一致。在动宾结构中，第一音节和第三音节的时长出现了延长的现象，并且第三音节的时长比最大为1.17。

表1—52　　　　　　　　不同语法类型四字组的时长比

语法类型 位置类型	主谓 平均值	主谓 标准差	偏正 平均值	偏正 标准差	动宾 平均值	动宾 标准差	并列 平均值	并列 标准差
第一音节	<u>1.08</u>	0.09	<u>1.00</u>	0.11	<u>1.12</u>	0.14	<u>1.03</u>	0.15
第二音节	0.84	0.10	0.89	0.13	0.73	0.09	0.87	0.16
第三音节	0.88	0.08	0.94	0.18	<u>1.17</u>	0.12	0.95	0.12
第四音节	<u>1.20</u>	0.14	<u>1.17</u>	0.23	0.98	0.21	<u>1.15</u>	0.22

注：下划线表示该音节发生了时长上的延长。

由图 1—53 可以看出，各类语法类型四字组的第一音节时长均发生延长，第二音节时长均未发生延长。第三音节和第四音节位置各语法类型的时长比之间差异较大。

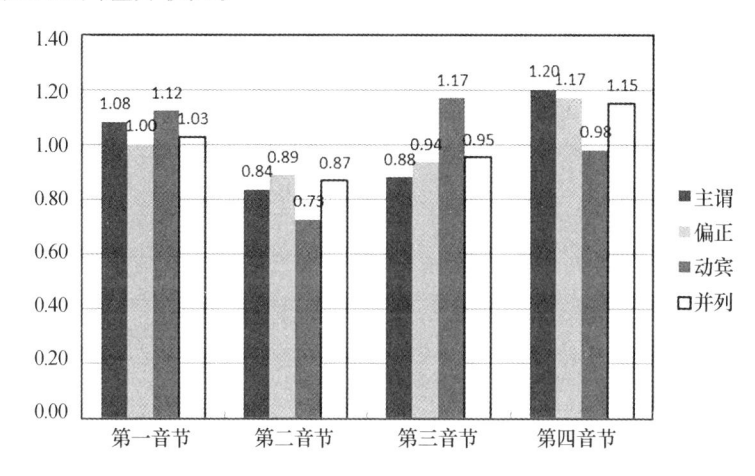

图 1—53　不同语法类型四字组的时长比分布

（4）性别差异对四字组时长比的影响

从表 1—53 可以看出，在四字组中前半部分的第一音节位置和第二音节位置，男性发音人的时长比比女性发音人更大；而在四字组后半部分的第三音节位置和第四音节位置，女性发音人的时长比比男性发音人更大。这一结果与前文对三字组的分析结果一致。在三字组中，前字位置男性发音人的时长比要比女性发音人更大，而后字位置女性发音人的时长比要比男性发音人更大。

表 1—53　　　　四字组中不同性别发音人在不同位置时长比

性别 位置	男 平均值	标准差	女 平均值	标准差
第一音节	<u>1.01</u>	0.17	<u>1.0</u>	0.18
第二音节	0.89	0.15	0.87	0.15
第三音节	0.93	0.15	0.94	0.16
第四音节	<u>1.16</u>	0.23	<u>1.20</u>	0.22

注：下划线表示该音节发生了时长上的延长。

(三) 普通话四字组声调音强分析

1. 四字组幅度积分析

从表1—54可以看出，从单字音到四字组，音节平均幅度积逐渐减小。音节平均幅度积由大到小的排序为：单字音＞双字组＞三字组＞四字组。

表1—54　单字音、双字组、三字组、四字组中音节平均幅度积

	单字音	双字组	三字组	四字组
平均时长	362	344	332	305

(1) 位置类型对四字组幅度积的影响

从表1—55可以发现，四字组中各个音节的幅度积大小呈现由前向后依次递减的趋势，这说明四字组中第一音节的幅度积占有绝对优势。前文分析中发现四字组中，第四音节的时长受到边界效应的影响，音节时长最长。然而在四字组音节幅度积的排序中，第四音节的幅度积最小。这表明时长与幅度积的表现不总是一致，时长的延长不一定伴随着音强的增强。

表1—55　　　　　　四字组不同位置音节幅度积

	第一音节	第二音节	第三音节	第四音节
平均值	357	294	290	277

(2) 性别差异对四字组幅度积的影响

从表1—56可以看出，男性发音人和女性发音人整体上都表现出第一音节幅度积最大。但是男性发音人的幅度积大小排序为：第一音节＞第二音节＞第三音节＞第四音节；女性发音人的幅度积大小排序为：第一音节＞第四音节＞第三音节＞第二音节。女性发音人产出的四字组的音节平均幅度积比男性发音人大15%。女性发音人在四字组中音节平均幅度积比男性发音人的音节平均幅度积更大的现象与单字音、双字组和三字组中平均幅度积的表现一致。

表1—56　　　　　　　四字组不同性别发音人幅度积对比

位置＼性别	男	女
第一音节	345	381
第二音节	288	304
第三音节	274	316
第四音节	254	339
平均值	290	335

2. 普通话四字组声调音量比分析

（1）位置类型对四字组音量比影响

从表1—57可以发现，位置类型对四字组音量比具有显著影响，第一音节音量比最大，与其他三个音节的音量比差异明显。但是，第三音节与第四音节音量比之间差异较小。

表1—57　　　　　　　四字组不同位置上音量比

	第一音节	第二音节	第三音节	第四音节
平均值	1.15	0.97	0.92	0.93
标准差	0.34	0.32	0.27	0.34

（2）声调类型对四字组音量比影响

首先，我们对不同声调的音量比进行统计，结果如表1—58所示：

表1—58　　　　　　　四字组不同声调类型音量比

	阴平	阳平	上声	去声
平均值	1.02	1.06	0.82	1.07
标准差	0.31	0.31	0.30	0.31

从表1—58可以看出，在四字组中四个声调的音量比由大到小排序为：去声＞阳平＞阴平＞上声。四字组中，四个声调的音量比大小与前文分析中双字组和三字组的声调音量比对比发现，四个声调无论在双字

组、三字组,还是四字组中,都是上声的音量比最小。但是双字组和三字组中四个声调音量比排序为:阴平 > 去声 > 阳平 > 上声。也就是说,在多字组中,阴平、阳平和去声之间的音量比大小差异规律性不明显。

(3)性别类型对四字组音量比的影响

从表1—59可以发现,男、女发音人都是第一音节音量比最大,但是音量比最小值男性发音人出现在第四音节位置,女性发音人出现在第三音节位置。

表1—59　　　　　　不同性别发音人的四字组各位置音量比

	男				女			
	第一音节	第二音节	第三音节	第四音节	第一音节	第二音节	第三音节	第四音节
平均值	1.18	0.99	0.91	0.89	1.13	0.95	0.92	0.97
标准差	0.33	0.32	0.26	0.34	0.34	0.32	0.28	0.34

从表1—60可以发现,男性发音人在四字组第一音节位置音量比大于女性发音人,差值为0.05。男性发音人在四字组第一音节和第二音节的音量比大于女性发音人;但是女性发音人在四字组第三音节和第四音节的音量比大于男性发音人。

表1—60　　　　　不同性别发音人在四字组不同位置上音量比

位置 性别	第一音节		第二音节		第三音节		第四音节	
	平均值	标准差	平均值	标准差	平均值	标准差	平均值	标准差
男	1.18	0.33	0.99	0.32	0.91	0.26	0.89	0.34
女	1.13	0.34	0.95	0.32	0.92	0.28	0.97	0.34

(4)组合类型对四字组音量比影响

从表1—61可以发现,在四字组中,音节最大音量比出现在四字组的靠前位置:第一音节或第二音节。

表1—61　　　　　　　　四字组不同组合类型音量比

组合类型 位置类型	1+3型 平均值	1+3型 标准差	2+2型 平均值	2+2型 标准差	3+1型 平均值	3+1型 标准差	1+1+1+1型 平均值	1+1+1+1型 标准差
第一音节	1.18	0.35	1.18	0.30	1.01	0.38	1.16	0.26
第二音节	0.87	0.25	0.91	0.31	1.36	0.31	1.17	0.30
第三音节	0.95	0.28	0.92	0.26	0.92	0.27	0.76	0.20
第四音节	0.97	0.34	0.97	0.36	0.69	0.25	0.89	0.27

（5）语法类型对四字组音量比的影响

因为2+2型组合结构是四字组中最常见的组合关系（邓丹，2010），所以，我们主要考察语法类型对2+2型组合结构四字组音量比的影响。

从表1—62可以发现，除了主谓结构，并列、动宾、偏正结构的2+2型四字组最大音量比都出现在第一音节位置。整体来看，2+2型四字组第一音节音量比最大。不同语法类型2+2型四字组音量比分布除主谓结构2+2型四字组之外，都呈现出第一音节音量比最大的现象，这也说明语法类型对四字组音量比有影响。下面我们将做进一步分析。

表1—62　　　　　　　不同语法类型2+2型四字组音量比

语法类型 位置类型	并列 平均值	并列 标准差	动宾 平均值	动宾 标准差	偏正 平均值	偏正 标准差	主谓 平均值	主谓 标准差
第一音节	1.27	0.30	1.32	0.29	1.04	0.27	1.14	0.24
第二音节	0.92	0.30	0.51	0.16	1.01	0.25	0.69	0.12
第三音节	0.93	0.25	0.96	0.19	0.90	0.31	0.92	0.16
第四音节	0.87	0.34	1.20	0.43	0.99	0.33	1.23	0.19

从表1—63可以发现，语法类型对2+2型四字组音量比确实有影响，主要体现在第一音节、第二音节和第四音节。在四字组第二音节位置偏正结构和并列结构音量比大于主谓和动宾结构；而在四字组第四音节位置主谓和动宾结构音量比大于偏正和并列结构。

表1—63　　　不同语法类型2+2型四字组不同位置上的音量比

语法类型＼位置类型	第一音节 平均值	第一音节 标准差	第二音节 平均值	第二音节 标准差	第三音节 平均值	第三音节 标准差	第四音节 平均值	第四音节 标准差
并列	1.27	0.30	0.92	0.30	0.93	0.25	0.87	0.34
动宾	1.32	0.29	0.51	0.16	0.96	0.19	1.20	0.43
偏正	1.04	0.27	1.01	0.25	0.90	0.31	0.99	0.33
主谓	1.14	0.24	0.69	0.12	0.92	0.16	1.23	0.19

七　主要结论

（1）单字音中声调音高的总体分析证实声调稳态段和动态段的存在。分组统计分析发现，性别差异对普通话声调有系统性影响，女性的音高要普遍高于男性。此外，从发音人家庭语言背景来看，老北京人比新北京人的普通话声调音高内部一致性低。

（2）元音类型对普通话声调音高曲线有系统性影响，普通话高元音/i/和/u/声调稳态段部分比低元音/ɑ/的声调曲线高，在动态段的差异不明显。

（3）普通话四个单字调在音高、音长和音强三个语音特征方面各有所长，互为补充。例如，在音高上占优势的阴平调，在音长上较短；音长上最长的上声调，音强最小。

（4）多字组中的声调协同发音主要表现在相邻的两个声调之间。声调的协同发音主要表现为同化作用，即声调调头对前接声调调尾或声调调尾对后接声调调头的音高产生同化作用。声调协同发音未发现对声调整体音高的影响。多字组音高内部存在降阶现象。

（5）在多字组音长方面，从性别类型来看，男性发音人倾向于延长多字组的前半部分音节时长，而女性发音人则更倾向于拖长后半部分音节时长。

（6）音节时长随着音节数目的增大而缩短。但是音节缩短的比例并不相同。单字音与双字组之间音节时长缩短比例较小，三字组与四字组之间音节时长缩短比例较小，但是双字组与三字组之间缩短比例较大。

（7）在多字组中，语法类型对音长和音强有影响。动宾结构的首音节无论在音长还是音强方面都要比其他语法类型的音长和音强更长、更强。

（8）时长比与音量比之间不一定同步。偏正结构三字组中时长比排序为：后字时长比＞中字时长比＞前字时长比；偏正结构三字组中音量比排序为：前字音量比＞后字音量比＞中字音量比。

（9）在多字组中声调的音高最高点出现在词首位置阴平调起点位置；声调的音高最低点出现在词尾位置上声终点位置。

第二节　三字组连调分析
及转转

一　概述

语言中的连读变调首先都是基于语音层面的表现（赵元任，1979；陈忠敏，1993等），引起连读变调的原因也有非语音层面的，由于语义、语法等原因引起的变调叫作语法语义变调。这里主要讨论受相邻语音影响而发生的同化、异化等由语音因素引发的音变现象。

连读变调在汉语方言中相当普遍，一直引起语言学家的兴趣，对其进行描写和解释（赵元任，1928；王士元，1967）。越来越多的学者开始采用实验的手段对连调现象进行分析（林茂灿等，1980；吴宗济，1982，1985；廖荣容，1983；石锋，1986）。随着各地方言双字组连读变调研究的深入，研究人员试图去寻找诸多类型背后的原因和条件（王洪君，1999；刘俐李，2004；李小凡，2004；石锋，1986）。

三字组韵律词连读变调主要讨论宏观的音高变化，着重于具有音位性的变化（罗常培、王均，1957；张志公，1982；卢甲文，1979；胡炳忠，1985）；音高的变化受到相邻声调的影响（吴宗济，1980，1985，2003），也就是声调间的协同发音，当然还有一些其他的影响因素。影响音高的因素包括前后字调的语境、语法功能或是词语组合类型，等等。许多研究表明声调语言中相邻音节的相互作用是具有普遍性的（吴宗济，1980，1985；石基琳，1985；林茂灿、颜景助，1992；沈晓楠，1992）。

一个声调对其相邻声调的影响，根据变化的方向，可以分为顺向变调、逆向变调和双向变调，如泰语、越南语、汉语中声调的协同变化都有方向性（Gandour et al., 2015；Potisuk et al., 1997；Xu, 1994），但是对于汉语连读变调中声调发生变化的方向性，研究结论不完全一致（Shen, 1992；Shih, 1985；Lin & Yan, 1992；Xu, 1994, 1997, 1999）。声调变化范围的研究结论及对调型影响的结论也不完全一致。关于变调和语法的关系，吴宗济指出汉语二字词组相连就具备了语法功能，三字组中就产生了与语法有一定关系的变调规律，分为单双格和双单格，而这两类的变调规律各不相同（吴宗济，1985）。林茂灿等（1980）对两音节词和三音节词变调的实验结果发现，连读组中后字音节的基频曲线会因为声母的不同而表现不同。

本节基于语音格局的理念（石锋，1994）研究普通话三字组连读时音高的变化，以南开大学开发的计算机语音分析系统"桌上语音工作室"MSL（Mini-Speech-Lab）为实验工具，分别对每位发音人的语音样本进行音高的测量，为排除发音人个体间差异，用 T 值对音高进行归一化计算（石锋，1986）。声调的 T 值计算公式如下：

$$T = [\lg x - \lg(\min)/\lg(\max) - \lg(\min)] \times 5 \quad (1\text{—}4)$$

采用实验语音学的声学特征分析法与较大样本统计分析的方法，对普通话三字组双单格（如"星期天、天安门"）和单双格（如"张校长、新计划"）连字调的音高进行统计分析。

二 三字组连读时声调变化的统计分析

普通话三音节词有 64 种四声的组合（不含轻声），吴宗济（1985）按照不同的组合类型（双单格式、单双格式、并列式）研究变调规律。本节延续这一研究思路，对 50 位发音人的 T 值数据进行平均计算得到声调曲线的中线，加减标准差得到每个三字词的调域上线与调域下线（见附录中的附图 1—1 至 1—16）。为了更加直观地考察三字组连读时的变化，这里只显示声学带状空间的中线。现在把三字组的首字、中字和末字在双单和单双两种结构中的变调规律分述如下。

(一) 首字变调

从调型上来说，三字组连读时，当首字为阴平、阳平、去声声调时，基本没有变化，保持了原有的调型；上声后接非上声字及单双格三上连读时，首字上声读为低降调，传统称为"半上"，与去声的高降不同，是上声在连读中的表现。如果以高平、中升、高降分别形容阴、阳、去三个调类的特点，那么半上的特征是低降或低率，都是上声的变体。上声首字后接上声字时，都要变读为中升调，这是调位性变调。

从音高差异上来说，三字组首字半上是低起点声调，并呈低缓下降趋势；上声首字变读为中升调类，与首字为阳平的组合相比较，整体音高都低于阳平，并且音高差异只有单双格组合结构中具有显著性，即单双格（非三上连读）首字上声变读的中升调整体音高比阳平低。

从组合类型对声调变化的影响来说，对非变调的调类几乎没有影响，它对变调的调类影响最大，双单格上声变调与阳平差异不具显著性，而单双格则差异显著。

(二) 中字变调

中字声调变化形式最复杂，表现出了三字组的变调特点。由于中字在三字组中是个过渡成分，起着承前启后的作用，所以不仅要考虑组合类型的影响因素，中字还和首字、末字的调型走势有着密切的关系，首字的影响主要来自前字声调终点的高低，末字影响主要来自后字起点的音高。为了方便描述首字、末字不同调类组合对中字变化形式的影响，我们对前后字语境进行了分类，把阴平的起点和终点、阳平的终点、去声的起点看作"高"，把阳平的起点、上声的起点和终点以及去声的终点看作"低"。例如，在243的组合中，前字阳平的终点特征为"高"，后字上声的起点特征为"低"，因此，中字去声所处的前后文语境即为"高低"（邓丹，2010）。现在根据中字的四种调类来描述其变化规律。

首先从调型上来说，三字组连读时中字作为过渡调，变化形式比首字要复杂，但是调类之间差异较明显。其中阴平、去声的调型最稳定，基本没有变化，分别为高平调、高降调。阳平与上声做中字时容易产生变化：(1) 当前字终点高时，阳平呈"降升"的形式，当前字终点低时，阳平呈上升调。无论何种语境，阳平核心特征都是调尾的高音，它的调位性质并未发生变化,所以本节认为如果首字是阴平或者阳平,中间的阳平字不变调,这种"降升"的形式视为阳平调的变体。(2)上声后接非上声字时读为半上,后接上声字时变为阳平,而且变调后的表现与阳平一致,在阴平、阳平后呈"降升"形式,在半上、去声后呈上升形式。

其次,中字作为过渡调,深受组合类型及前后语境的影响,尤其对容易发生变化的声调作用力最大。而对于各调类来说,最容易发生变化的是动态段(石锋、王萍,2006),动态段会随着语境或者组合类型做出相应的系统性调整,比如阳平中字的"凹"形特征就是有条件的变化。

但是当中字音节声母为零声母时,基频曲线与前字连接得很好(为方便讨论,在参数提取时人为断开),明显的过渡特征比如"弯头"等是声带运动的惯性,此时的基频曲线包括声带调节段和特征负载段。如果前后语境又不一致时,即使是稳态段也会在调型曲线上表现出明显的变化,如"广安门、洗衣粉"的阴平中字为零声母字,又处在与"低低"完全相异的语境中,所以稳态段发生了变化,呈现"凸"的形式而不是高平,又如"讲卫生"的去声中字也是零声母,前字终点与高起点语境又不同,高起点的稳态段也发生了变化。

(三)末字变调

图1—54显示,三字组连读时末字的调型基本没有变化,变化形式比中字、首字简单。总的来说,三字组连读时,末字的声调最稳定。三字组连读变调是在双字组连读变调的基础上进行的,根据三字组双单格或单双格的组合形式,前两字或者后两字符合变调条件,也就是第一个字或第二个字会发生变调,而末字不受影响。所以末字的调型没有变化,阳平调"凹"形特征只是协同发音时声带调节的作用。双单格或单双格组合形式的前字对调型的影响也不大。

(四)结论

普通话三字组连读变调的规律总结如下:三字组变调规律以双字组变调为基础,首字变调中,当33X连读时上声变为阳平,其中单双格中的变调要低于实际的阳平,其他声调相对稳定没有调型的变化。中字变调受组合类型和前后语境的影响最复杂,阴平与去声调型最稳定,当X33连读时上声要变为阳平,并且变读的阳平与中字阳平调型一致。12X和

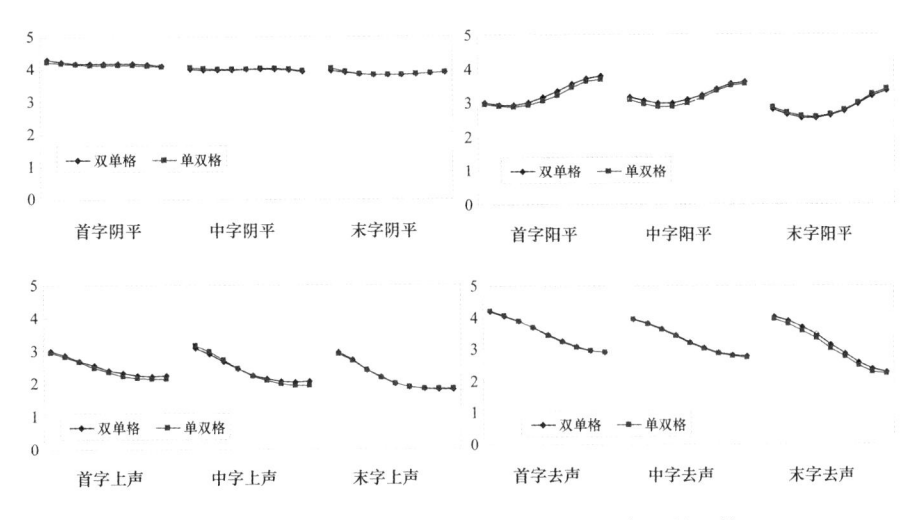

图1—54 普通话三字组连读时各声调不同位置的比较

22X的中字阳平起始处有较大的"凹"形特征。32X和42X的中字阳平起始处有平缓的过渡或较小的"凹"形特征。末字不变调,阳平的变化规律同中字位置时相同。

所以在连读调中,高平、高降、中升调中的高音特征最稳定,不易发生变化;其次是上声的低起点稳定;容易发生变化的是阳平起点和上声、去声的终点。

通过对50位发音人各128例三字组变化情况的统计分析,初步得出影响声调变化的主要因素:三上连读时组合结构的作用最大,其他声调组合中音段及前后字语境的影响比较大,组合结构的影响因素较小。

整体来看,普通话的四个声调在三字组连读时阳平与上声变化最大:(1)阳平的中升调有两个变体,一是比较典型的中升调,比如阳平首字,一是调头"凹"形特征明显的曲折高升调;(2)与上声单字调相比,连读中的上声不再是曲折调,而是中降或低降的调型,也就是"半上",所以半上是连读中常见的调位变体;上声的调位性变调就是两个上声连读时,前一个上声变读为阳平的情况,并且变调后的形式同阳平类似,有两种变体。

从连读变调的分类角度看,上声连读时前一个上声变为的中升调与阳平表现一致，属于调位性变调；而阳平的变化（含上声变读的阳平）同去声的变化一样，属于非调位性变调，阳平的区别特征即调尾的高音被保留。

三　不同位置上的声调主体分布

（一）不同位置主体分布的差异

从前文可知，声调位于不同的位置时调型变化不一致，按照首字、中字、末字的位置，观察三字组连读时声调的主体分布差异。图1—54是不同位置上各声调曲线图，图1—55按照不同组合类型双单格和单双格对各声调九个测量点的 T 值标准差进行比较。

图1—54显示的是首字、中字、末字不同位置上的各声调曲线，并按照双单格与单双格组合类型分成两组，观察发现不同组合类型中的声调曲线差异不明显。图1—55显示的是 T 值标准差的对比情况，反映了各声调在不同位置不同组合类型下的声学空间分布范围，由图中可以观察到同一位置不同组合类型下声调的离散程度差异也比较小。

阴平调：三字组连读时阴平比较稳定，位于不同位置时的调型变化不大，以中点为特征点，阴平在三字组内部呈明显的音高下倾趋势，首字＞中字＞末字。图1—55中阴平的 T 值标准差最小，从首字到末字分布范围依次增大，首字、中字不同组合类型的分布范围差异不明显，而末字的双单格声学空间大于单双格。

阳平调：三字组连读时阳平的起始位置受前字的影响有高有低，但终点特征相对稳定，以终点为特征点，阳平音高曲线在三字组连读时首字＞中字＞末字，呈明显的音高下倾特点。双单格的首字和中字的声调曲线都在单双格上方，末字差异不明显。阳平的分布范围从首字到末字依次增大，首字的变化范围最小；阳平无论位于哪个位置，调尾的分布范围都高于调头。

上声调：上声的主要特点是低降或低平，调头有缓慢的下降趋势，以低音区终点为特征点，上声音高曲线在连读调中首字＞中字＞末字。双单格首字略高于单双格，中字调头略低于单双格，调尾高于单双格，末字差异不明显。上声的分布范围从首字到末字依次变大，调头的变化

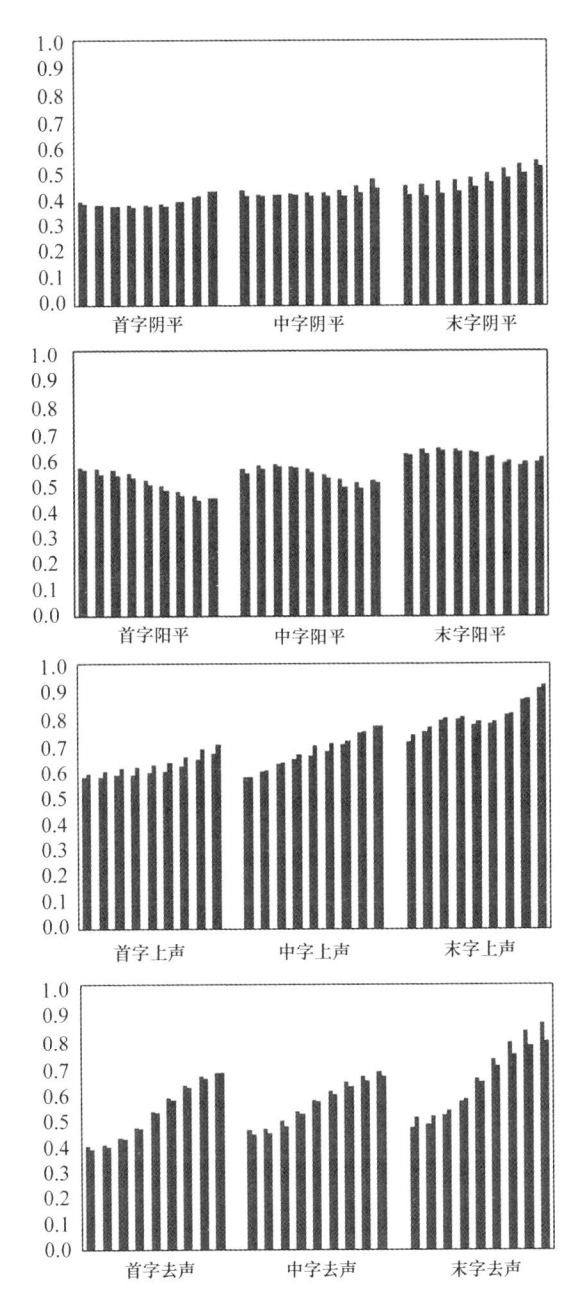

图 1—55 不同位置、不同组合类型各声调 T 值标准差的比较
（各测量点前半是双单格，后半是单双格）

范围小于调尾。

去声调：去声调的特征为高降，不同位置去声的起点呈现音高下倾的现象，终点音高从首字到末字依次降低。去声首字与中字两种组合差异不明显，末字中双单格略高于单双格。去声的分布范围从首字到末字依次增大，首字的变化范围最小；与阳平的主体分布相反，无论位于哪个位置，调头的变化范围都小于调尾；双单格中字变化范围稍大于单双格，末字双单格调头变化小于单双格，而调尾却大于单双格。

不同位置各声调的分布范围显示，三字组连读时阴平最稳定，其次是去声的调头和阳平的调尾；变化范围最大的是上声，然后是阳平的调头和去声调尾，这与各调类主体分布的情况一致。并且各调类都是位于首字时分布范围最窄，随着位置的后移逐渐增大。

(二) 三字组的调域分析

图1—56是三字组中四个声调在首、中、末字时的音高表现。图中显示，三字组连读时音高存在明显的音高下倾现象。通过计算相同位置同一声调聚合中调域上线和下线的差值观察三字组的调域，调域上线与下线从首字到末字依次降低，并且下线下降得更多。从前文可知，中字声调是前后字之间的过渡调，所以变化的范围相对较小。末字要么作为双单格中的单独节奏，要么作为单双格中双字词的后字，相对独立，并且处于边界位置，调域范围比较大。

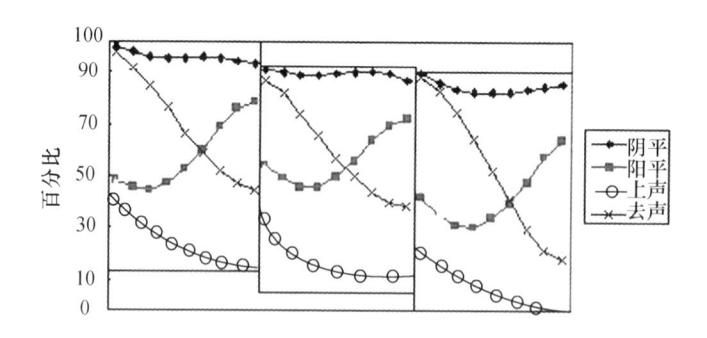

图1—56 三字组不同位置声调的调域

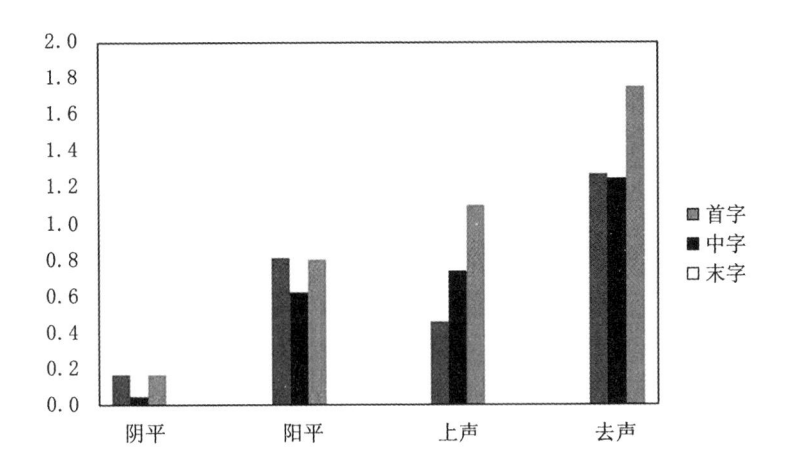

图 1—57　三字组不同位置各声调的音高变化幅度

在考察三字组各声调的音高变化幅度时，同样计算了各声调音高最高点和最低点的 T 值差值，见图1—57。从图中可以看出四声中阴平的变化最小；阳平位于中字的变化幅度最小，首字变化最大，说明首字阳平上升得最充分，末字的阳平位于韵律词边界，变化幅度也比较大；上声位于首字变化最小，末字变化最大，中字的变化也比较大；去声在四声中变化幅度最大，尤其末字去声的调型最饱满，其变化幅度明显大于其他位置的去声。

以上结果说明了调型对音高变化的影响。升调和降调这种由低到高或由高到低的动态声调，在韵律词的首字位置或末字位置时变化幅度都比较大。高平调这种稳态声调在不同位置上的音高变化不大，低平调不稳定，变化幅度也较大。

四　三字组不同位置音高的分析

（一）首字的音高分析

前文对128个例子进行了详细的描写，发现前后字语境、组合类型对音高变化都有影响，为进一步比较不同位置声调的音高变化，我们选择每个声调的特征值进行统计分析，声调的特征点分别是各自声调的最高点和最低点。其中由于阴平是高平的特征，选取中点为特征点；从前文中我们知道，阳平在连读调中有明显的"凹"形特征，尤其在中字和末字位置时最明显，所以阳平还增加了最低点 F_{0min} 作为特征点；另外上声在三字组中的表现是中降或低降调（不含上声变读为阳平的情况），所以上声也分别取最高点和最低点作为其特征点。

首先分别对三字组前字阴、阳、上、去四个声调特征点的 T 值做两因素方差分析（2×4），自变量分别为组合类型、中字声调（前文发现末字声调对首字声调变化无影响；由于 X33 类型中字变为阳平，不计入中字上声对首字的影响），其中组合类型只有双单格和单双格两种。表1—64是对前字音高方差分析的结果。

表1—64　　　　　　　　三字组前字音高方差分析结果

自变量	因变量	阴平	阳平	上声	去声
组合类型	F1	9.917*	5.785*	0.551	4.602*
	F_{0min}		8.290*		
	F9		6.967*	11.245**	0.181
中字声调	F1	17.253**	6.387**	1.508	10.43**
	F_{0min}		5.529**		
	F9		49.759**	454.205**	10.905**

注：* 表示显著性水平小于0.05，** 表示显著性水平小于0.001。

从表1—64可以看出，组合类型对阴平中点、阳平的起点、阳平最低点和终点以及上声终点、去声起点有显著影响；中字声调对阴平中点、阳平起点、阳平最低点、阳平终点以及上声终点、去声起点和终点都有显著性的影响。

1. 组合类型对首字音高的影响

组合类型的不同对三字组首字的音高有一定的影响，图1—58是不同组合类型三字组中首字的音高表现。

从图1—58可以看出，不同组合类型三字组首字四个声调的调型变化不大，主要在音高上存在一些差异。三字组首字各声调整体上双单格组合中都要高于单双格，其中阴平、去声调在不同组合中的差异比较小，阴平调的起点比终点的差异要大；阳平调、上声调在不同组合中的差异比较大，这种差异从起点到终点逐渐增大。这些结果说明，不同组合类型对首字声调具有显著影响，即双单格首字要高于单双格首字，尤其在调型容易发生变化的阳平和上声中表现更加明显，而对连读时比较稳定的高平调和高降调则影响比较小。

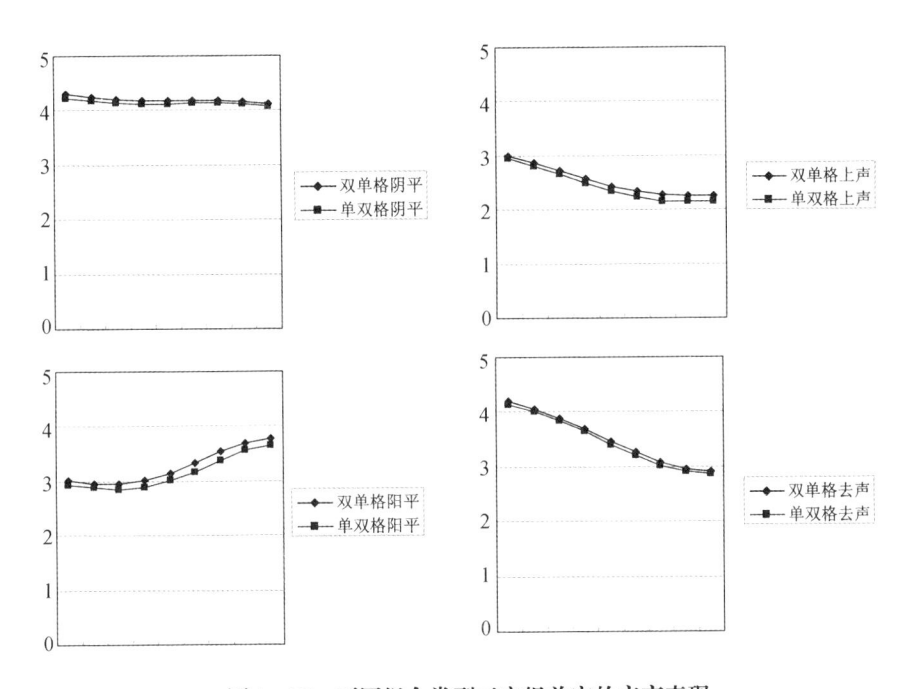

图1—58 不同组合类型三字组首字的音高表现

这些现象的主要原因是组合类型的不同使得三字组中三个音节结合的紧密程度不同，双单格三字组前面两个音节结合再与末音节结合，而单双格后面两个音节先结合再与前面的音节结合，所以对于双单格中的首字来说，它与中字的关系相比单双格更加紧密，也就是说双单格三字组首字和中字之间的相互影响作用更大，尤其是容易发生变化的声调。这主要是中字声调对首字的影响，属于逆向作用，使得双单格首字音高升高。

2. 中字声调对首字音高的影响

表1—64方差分析结果表明，中字声调对首字各声调的音高影响显著

（除去上声起点外），图1—59是首字的四个声调在后接中字不同声调时的音高表现。图中1、2、3、4分别代表阴阳上去四个声调，X代表任意声调，比如41X就是411、412、413、414四个声调组合。

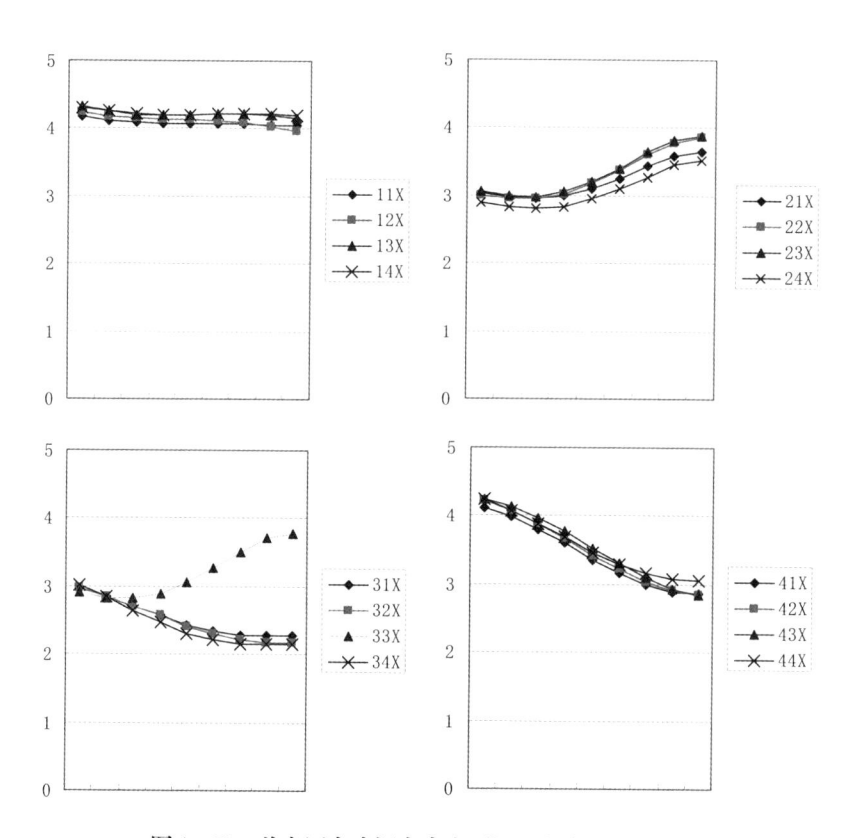

图1—59　首字四个声调在中字不同组合中的音高表现

图1—59结果说明，首字声调调尾的变化主要体现了"同化"作用。当首字终点较高时，后接低起点中字调尾有下降倾向，如12X、13X中调尾的下降；当首字终点较低时，后接高起点中字时调尾有上扬倾向，如44X中调尾的上升。而首字整体音高以及调头的变化主要受"异化"作用影响，如12X、13X、22X、23X，低起点的中字使前面声调音高抬高。

（二）中字的音高分析

分别对三字组中字阴、阳、上、去四个声调的特征点做三因素方差分析（2×4×4）。自变量分别为组合类型、首字声调、末字声调，组合类型分为双单格与单双格，首字声调与末字声调为阴、阳、上、去四个调类。表1—65是三字组中字音高方差分析的结果，不包括三上连读时组合类型对变调的影响。

表1—65　　　　　　　　三字组中字音高方差分析结果

自变量	因变量	阴平	阳平	上声	去声
组合类型	F1	0.412	3.971*	1.549	0.379
	F_{0min}		3.002		
	F9		12.888**	4.297	2.434
首字声调	F1	37.081**	327.237**	133.596**	137.936**
	F_{0min}		78.159**		
	F9		26.823**	5.371*	20.358**
末字声调	F1	17.053**	17.622**	10.140**	38.633**
	F_{0min}		21.434**		
	F9		46.416**	486.903**	24.82**

注：* 表示显著性水平小于0.05，** 表示显著性水平小于0.001。

表1—65结果说明，三字组连读时首字声调和末字声调的不同，都会对中字声调变化产生影响，而组合类型的不同只是对阳平音高的影响具有显著性。

1. 组合类型对中字音高的影响

方差分析的结果表明，组合类型的不同对中字阴平、上声、去声没有显著影响，只对阳平的起点和终点具有显著性影响，由于阳平受前字同化作用影响，调头差异比较大，所以我们按照高终点、低终点分别观察组合类型对中字阳平的影响，如图1—60所示。不同组合结构下，中字阴平的音高差异不大；当前接高终点声调（H代表前字以高终点结尾）时，中字阳平有明显的"凹"形表现，调型是降升型，不同组合结构的音高差异不明显，在前接低终点声调时（D代表前字以低终点结尾），中字阳平调头平缓，调型是中升型，双单格音高在单双格之上，并且前接高终点声调时调尾在前接低终点声调的中字之上；上声中字不变调以及变读为阳平调时，双单格音高也在单双格之上；去声双单格中字起点低于单双格,终点高于单双格,说明在单双格去声中字的调型更加突显。

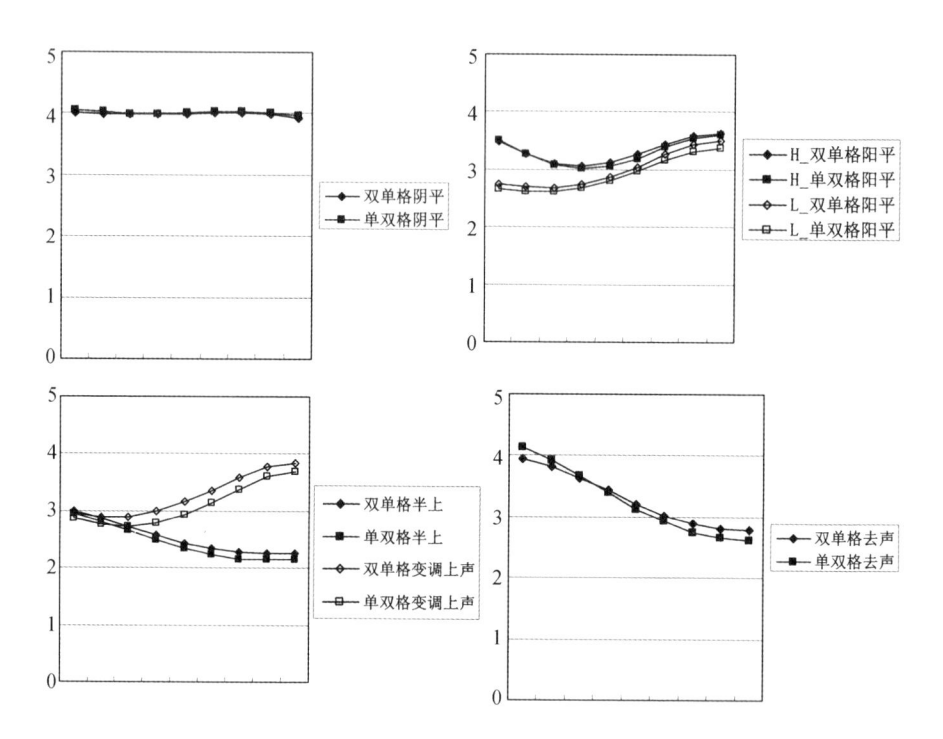

图1—60 不同组合类型三字组中字的音高表现

这些结果说明,组合类型对中字声调的变化影响比较小,只是在升调和降调音高上有细微差异,升调的双单格中字音高都在单双格中字之上;高降调的单双格中字作为后边双字组的首字,比双单格中字去声调型更加突显出降的特征。

2. 首字声调对中字音高的影响

图1—61是三字组中字前接不同声调时的音高表现,图中结果说明三字组首字声调对中字的影响主要集中在调头位置,对调尾的影响比较小,这时中字主要受到前字同化作用的影响,当前接阴平、阳平的高终点时,中字的调头音高升高;当前接上声、去声的低终点时,中字的调头音高降低。

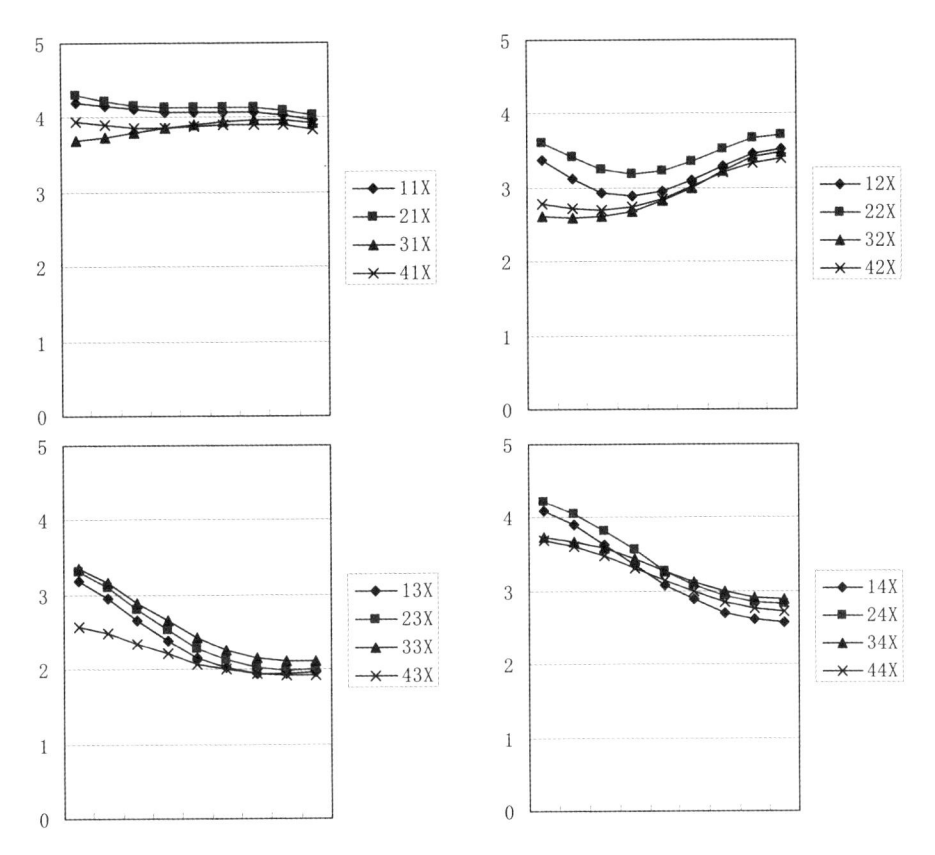

图1—61 三字组中字声调在首字不同组合中的音高表现

3. 末字声调对中字音高的影响

图1—62是三字组中字后接不同声调时的音高表现，图中显示三字组的末字对中字的影响，既有同化作用又有异化作用。受同化作用影响，中字后接高起点声调，即后接阴平或去声时，调尾会有提高倾向；当后接低起点声调，即阳平或上声时，调尾会有下降倾向。具体表现为，在X12、X13组合中，阴平后接阳平或上声时调尾下倾；在X44组合中，去声后接高起点的去声时调尾明显高于其他组合中的去声。受异化作用影响，低起点的末字声调使前字的调头音高升高，或者使整体音高抬升。具体表现为，阳平中字后接低起点声调时，整体音高略高，而后接高起点去声时，整体音高有所下降；上声后接低起点上声调时，变读为阳平；去声后接低起点的阳平和上声时，调头受异化作用影响抬升，高于其他组合。

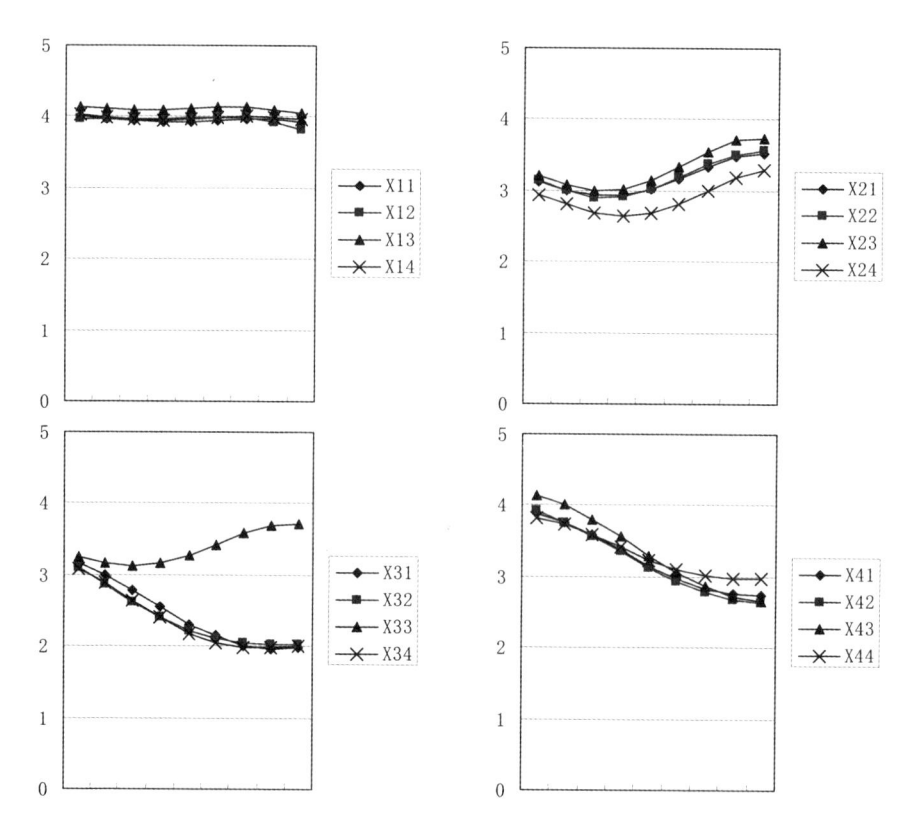

图1—62 三字组中字声调在末字不同组合中的音高表现

4. 中字在不同语境中的声调变化

从前文可知，中字的前后语境可用"高高、高低、低高、低低"进行描述，表1—65显示前后字声调对中字声调变化均有影响，基于不同语境观察中字的变化，高高语境为1X1、1X4、2X1、2X4，高低语境为1X2、1X3、2X2、2X3，低高语境为4X1、4X4、3X1、3X4，低低语境为4X2、4X3、3X2、3X3（除去中字变调X33的情况），其中上声中字变读为阳平时高低语境包括133、233、双单格的333，低高语境包括单双格的333和433。

图1—63显示的是不同前后字的语境条件下，中字阴、阳、上、去四个声调变化的表现，观察发现前字调语境的同化作用具有普遍性，前字调尾高时中字调头就高，反之则低。后字调语境对中字的逆向作用依据

声调的不同而有差异，对阴平高平调及上声低平调来说，调尾基本不受后字语境影响；对阳平中升调来说，后字调头低，那么中字调尾就会高，反之调尾低；对去声高降调来说，后字调头低中字调尾就低，后字调头高中字调尾则高。

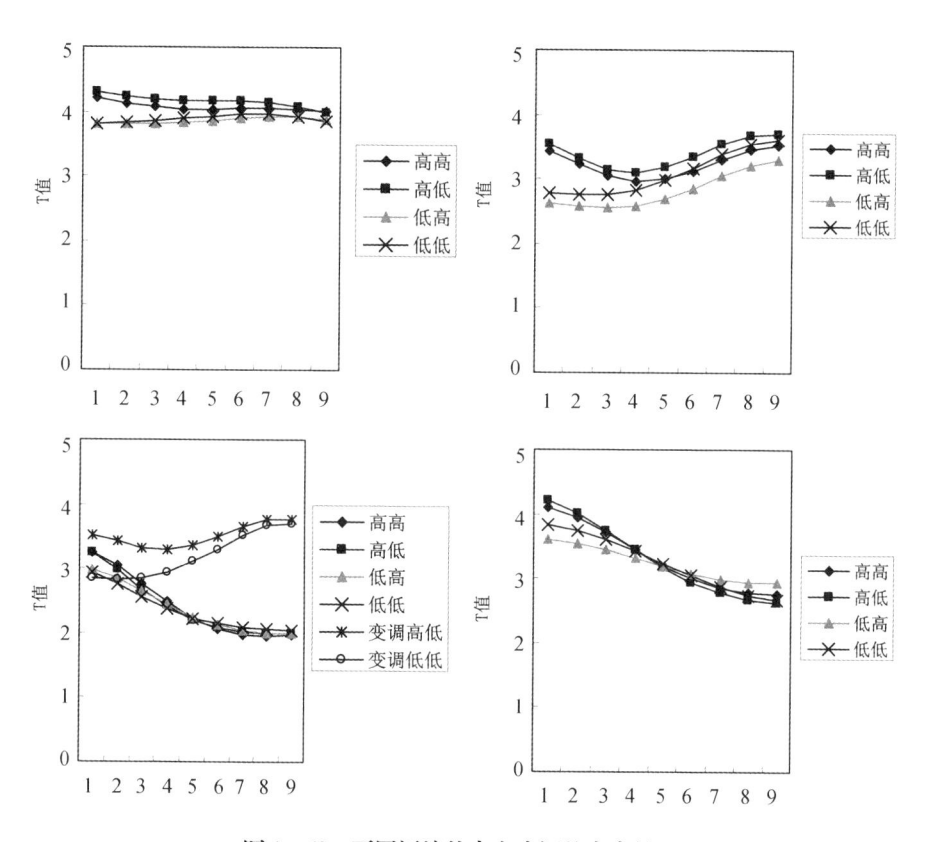

图1—63 不同语境的中字声调的音高情况

升调与降调作为有动程的声调，当去声处于与自身特征一致的"高低"语境时，斜率最大，调型最饱满，当在完全相异的"低高"语境时，斜率最小；但中字阳平并没有类似的表现，相同语境下整体音高最低，相异语境下整体音高最高，这是由于阳平中字并不是从起点到终点依次递增的声调，而是有凹形或平缓的过渡段。

（三）末字的音高分析

分别对三字组末字阴、阳、上、去四个声调特征点的 T 值做两因素方差分析（2×4），自变量分别为组合类型、中字声调（从前文发现首字声调对末字声调变化无影响），其中组合类型只有双单格和单双格两种，表1—66是对末字音高的两因素方差分析结果。

表1—66　　　　　　　　三字组末字音高的方差分析结果

自变量	因变量	阴平	阳平	上声	去声
中字声调	F1	26.721**	108.471**	54.491**	68.548**
	F_{0min}		18.368**		
	F9		0.375	4.307*	1.585
组合类型	F1	0.04	1.81	1.027	17.165*
	F_{0min}		0.93		
	F9		3.69	0.667	1.859

注：*表示显著性水平小于0.05，**表示显著性水平小于0.001。

从表1—66中可以看出，中字的声调对阴平、阳平的起点和最低点、上声的起点和终点以及去声的起点有显著的影响，对阳平终点及去声终点的影响不显著。而组合类型除了对去声起点的影响是显著的，对其他声调都没有显著性的影响。这些结果说明中字声调的不同会影响末字的音高，组合类型的不同对三字组末字基本没有影响。

图1—64是末字前接不同声调时的音高表现，图中显示，三字组末字无论前接何种声调，终点的音高相比起点来说要更集中。当前接阴平、阳平等高终点声调时，末字声调的起始处有明显的提升倾向；当前接上声、去声等低终点字时，末字调头的音高及整体音高都明显降低倾向，并且前接上声字时最低。末字为上声时，前接阴平、阳平、上声字的音高要高于前接去声调，这是因为中字上声在末字上声前发生了变调，中字的终点也比较高，所以末字的表现与前接阳平字调的表现一致，即调头和整体音高在上面。这些现象说明中字声调对末字音高的影响主要集中在调头和整体音高上，对调尾的影响比较小，末字主要受到中字同化作用的影响，前接高终点声调时调头和整体音高提高，前接低终点声调时调头和整体音高有所降低。

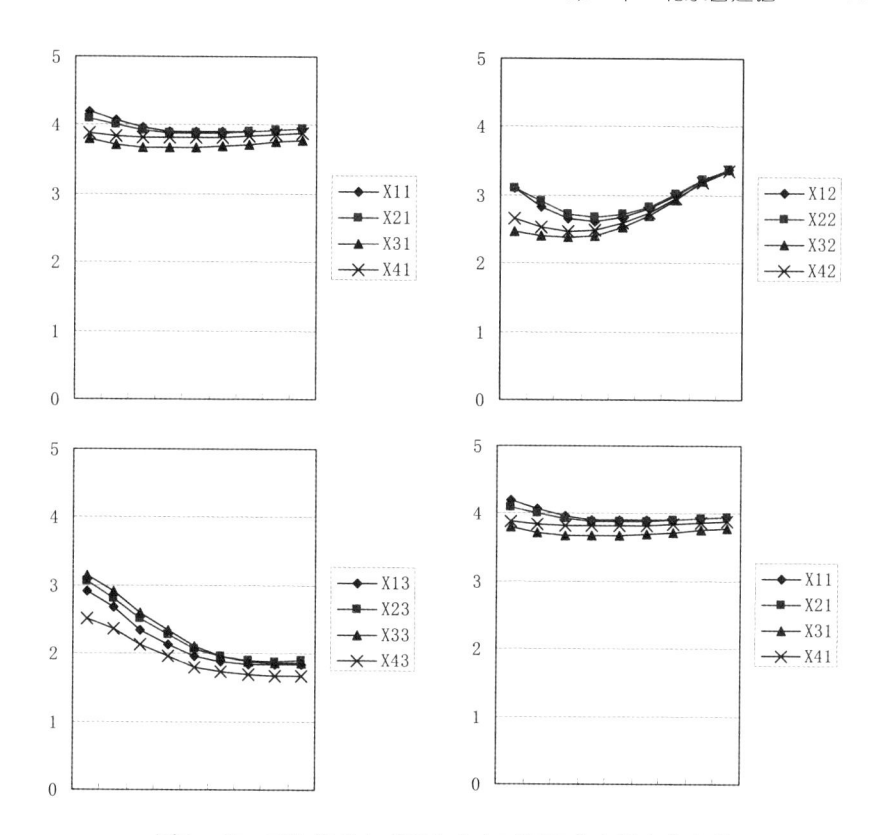

图 1—64 三字组末字声调在中字不同组合中的音高表现

（四）本节结论

根据位置的不同，通过较大样本统计分析发现，组合类型对三字组连读时的显著影响主要集中在首字音高，而对于中字和末字的音高变化影响不大。吴宗济（1985）曾阐述双单格与单双格对于三字组连读变调的影响不大，本节观察到音高的细微差别很多不具有统计学意义，与前人的观点一致。组合类型只在三上连读变调中发挥了作用，并且变调的不同主要集中在首字上，双单格三上连读首字变读为阳平，单双格三上连读首字不变调，保持连读时上声的原调。对其他三字组的影响较小。

另外前后字语境对三字组连读的影响既有同化作用，也有异化作用，对作为过渡调的中字来说，前字调的顺向作用具有普遍性，逆向作用只对某些声调有作用，并且去声在前后字语境与自身特征相同时调型最饱满，反之则斜率最小。

五 结语

本节通过实验语音学的研究方法,结合较大样本统计分析,对普通话三字组连调的表现进行详细描写:发生调位性变调,即改变调类的只有上声连读时的首字和中字,半上是上声连读时的常见变体,应视为本调;阳平的变化虽然复杂,但调尾的高音特征明确,所以仍然视为阳平的调位变体。从变调模式上来说,阳平变调模式最为复杂:(1)前字为阴平和阳平时,阳平起始处有较大的"凹"形特征;(2)前字为上声和去声时,阳平起始处有平缓的过渡或较小的"凹"形特征。

在对不同位置的声调主体分布进行的分析中,发现升调和降调这种由低到高或由高到低的动态声调,在韵律词的首字位置或末字位置时变化幅度都比较大。而高平调这种稳态声调在不同位置上的音高变化不大,低平调没有高平调稳定,变化幅度比较大。

最后根据不同位置探讨影响连读变化的因素,结果发现组合类型对首字的影响最大,如三上连读组的单双格与双单格不同,影响了首字调类的变化。前后字调对音高的影响是普遍的,中字去声对与前后字语境特征的相同或相异,最为敏感,完全相同时斜率最大,完全相异时斜率最小。

附录 三字组64种声调序列的两种组合类型的调域分布范围。

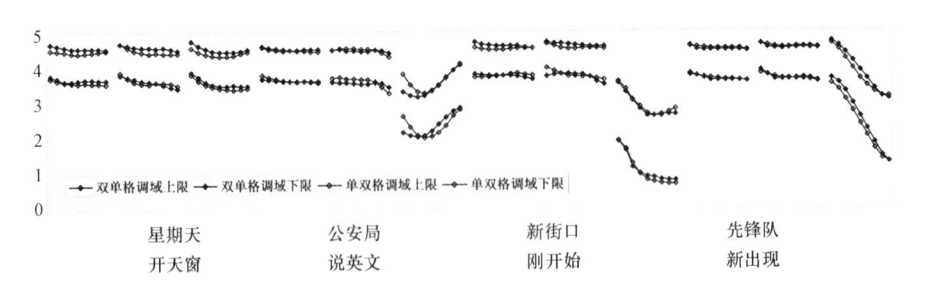

附图 1—1

第一章 北京普通话 / 93

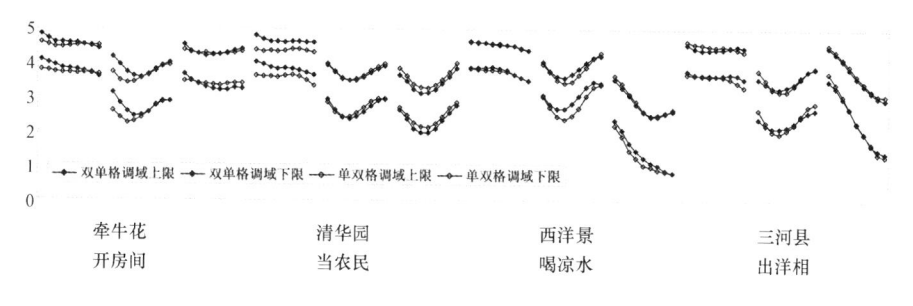

→双单格调域上限 →双单格调域下限 →单双格调域上限 →单双格调域下限

牵牛花　　　　　清华园　　　　　西洋景　　　　　三河县
开房间　　　　　当农民　　　　　喝凉水　　　　　出洋相

附图1—2

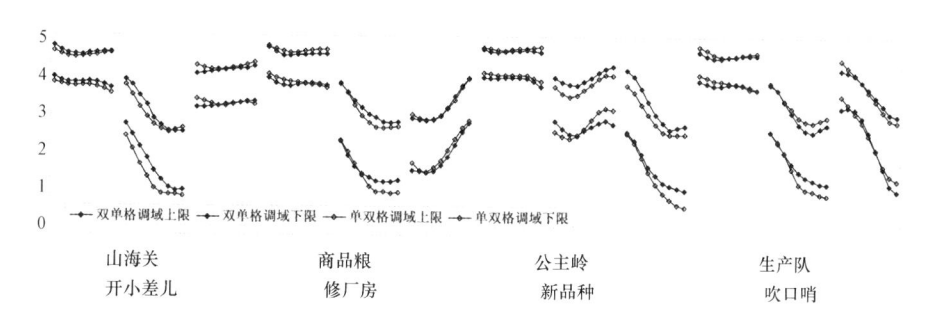

→双单格调域上限 →双单格调域下限 →单双格调域上限 →单双格调域下限

山海关　　　　　商品粮　　　　　公主岭　　　　　生产队
开小差儿　　　　修厂房　　　　　新品种　　　　　吹口哨

附图1—3

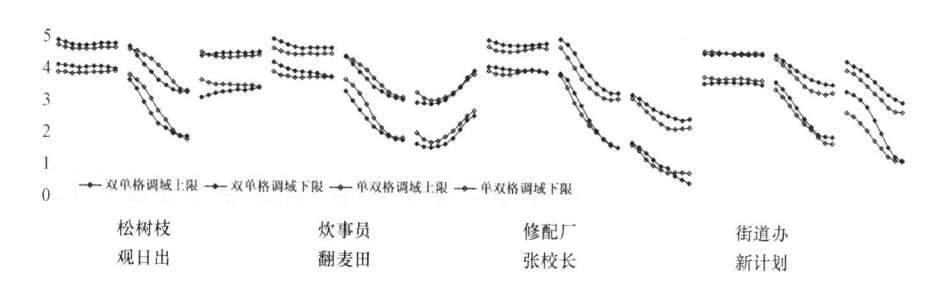

→双单格调域上限 →双单格调域下限 →单双格调域上限 →单双格调域下限

松树枝　　　　　炊事员　　　　　修配厂　　　　　街道办
观日出　　　　　翻麦田　　　　　张校长　　　　　新计划

附图1—4

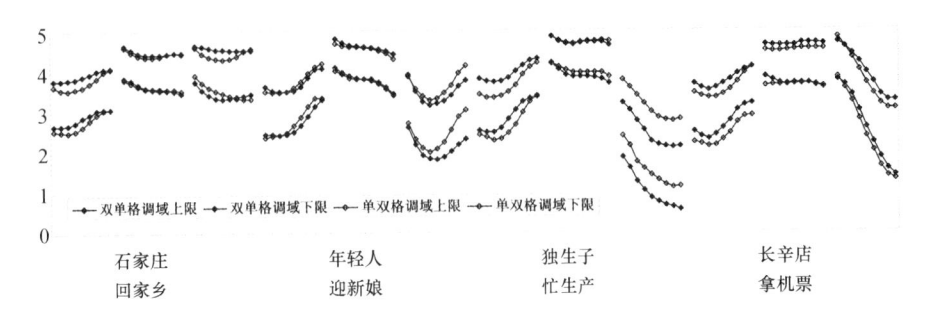

附图 1—5

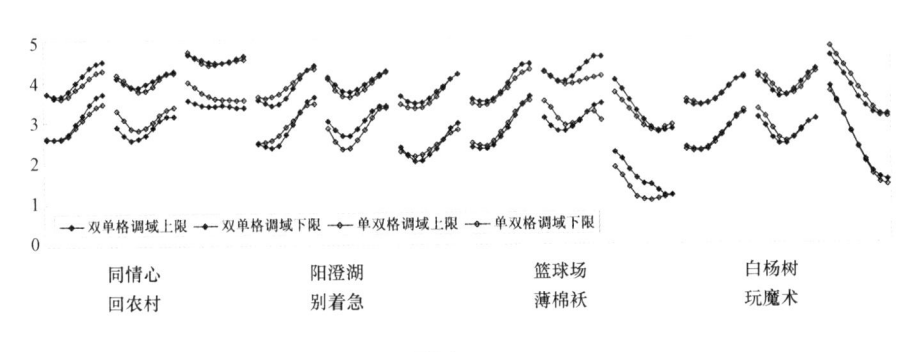

石家庄　　　　年轻人　　　　独生子　　　　长辛店
回家乡　　　　迎新娘　　　　忙生产　　　　拿机票

附图 1—6

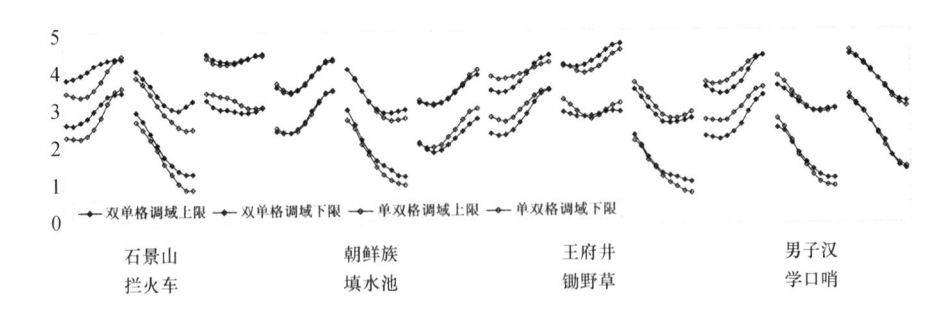

同情心　　　　阳澄湖　　　　篮球场　　　　白杨树
回农村　　　　别着急　　　　薄棉袄　　　　玩魔术

附图 1—7

石景山　　　　朝鲜族　　　　王府井　　　　男子汉
拦火车　　　　填水池　　　　锄野草　　　　学口哨

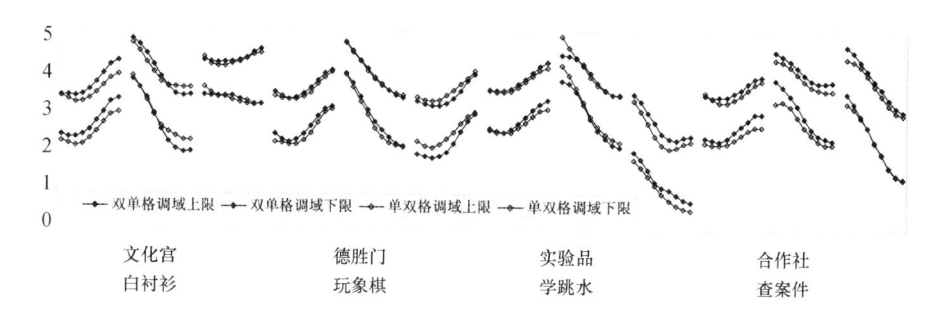

附图1—8

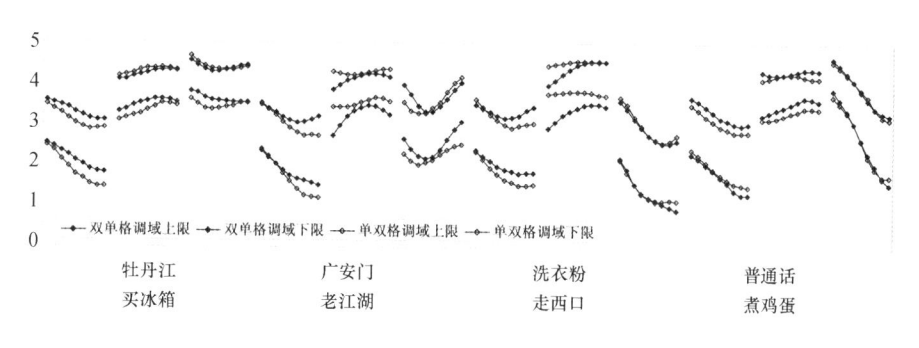

附图1—9

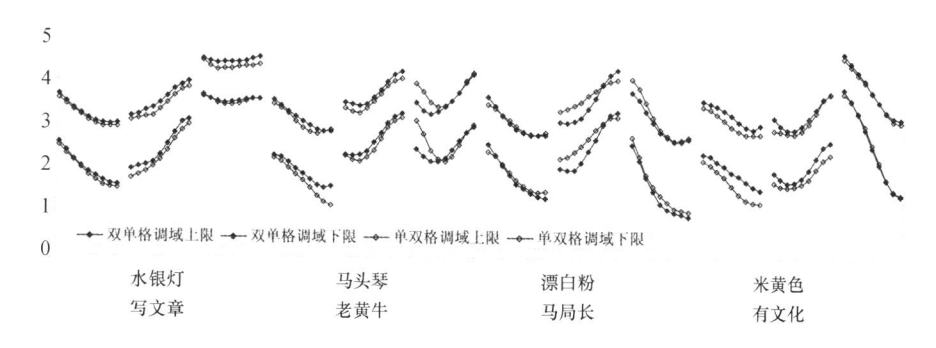

附图1—10

96 / 第一编 声调研究

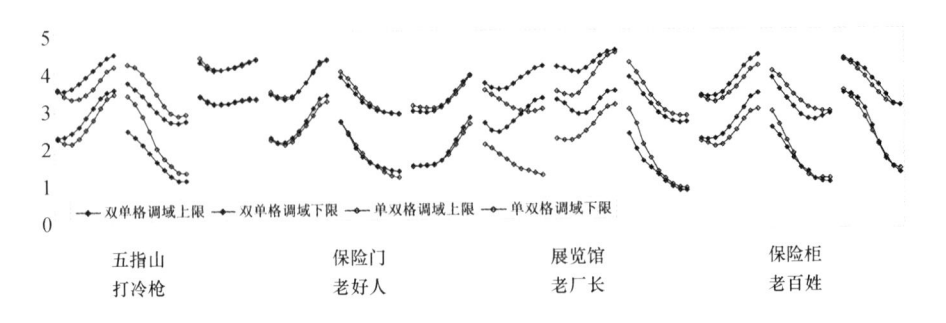

五指山　　　保险门　　　展览馆　　　保险柜
打冷枪　　　老好人　　　老厂长　　　老百姓

附图 1—11

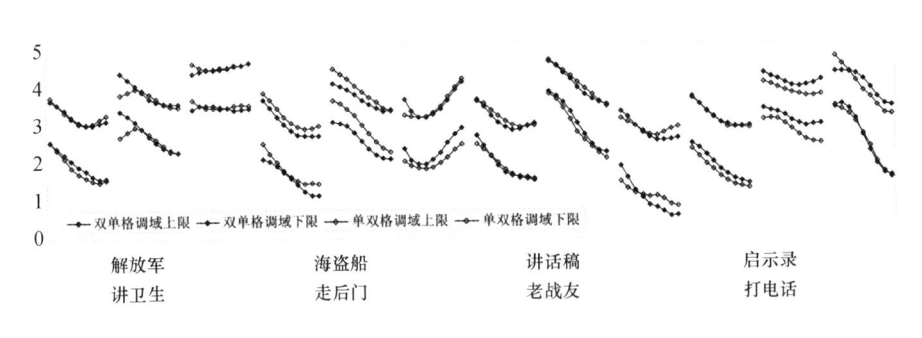

解放军　　　海盗船　　　讲话稿　　　启示录
讲卫生　　　走后门　　　老战友　　　打电话

附图 1—12

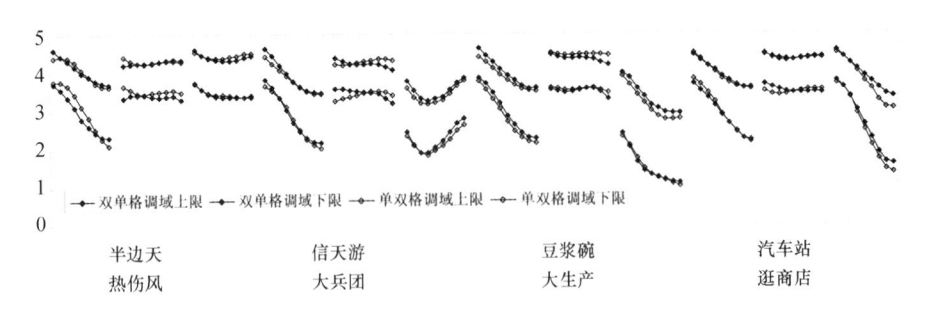

半边天　　　信天游　　　豆浆碗　　　汽车站
热伤风　　　大兵团　　　大生产　　　逛商店

附图 1—13

第一章　北京普通话 / 97

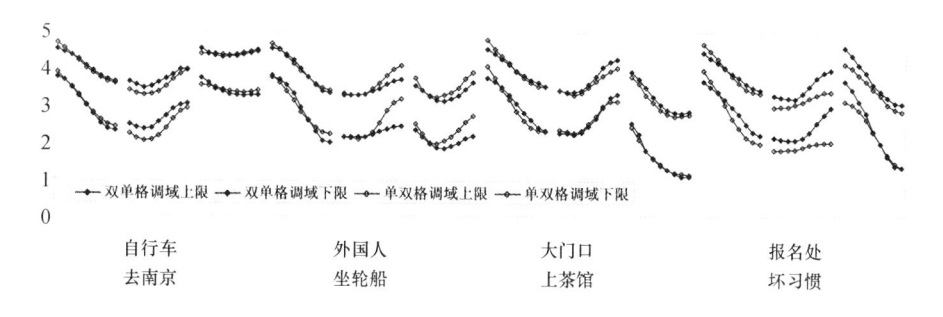

→→ 双单格调域上限 →→ 双单格调域下限 →→ 单双格调域上限 →→ 单双格调域下限

自行车　　　　外国人　　　　大门口　　　　报名处
去南京　　　　坐轮船　　　　上茶馆　　　　坏习惯

附图 1—14

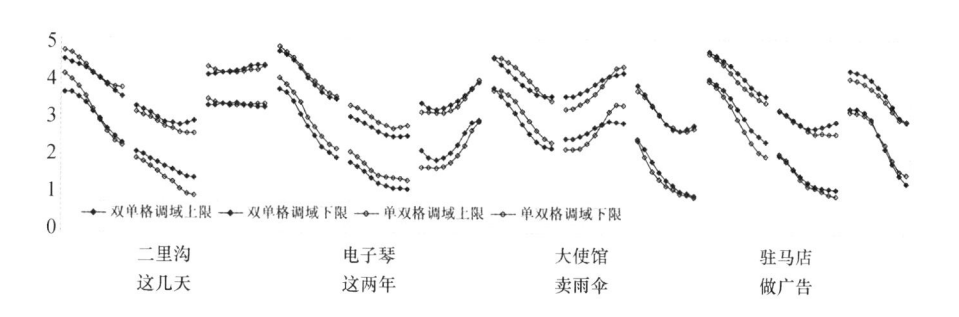

→→ 双单格调域上限 →→ 双单格调域下限 →→ 单双格调域上限 →→ 单双格调域下限

二里沟　　　　电子琴　　　　大使馆　　　　驻马店
这几天　　　　这两年　　　　卖雨伞　　　　做广告

附图 1—15

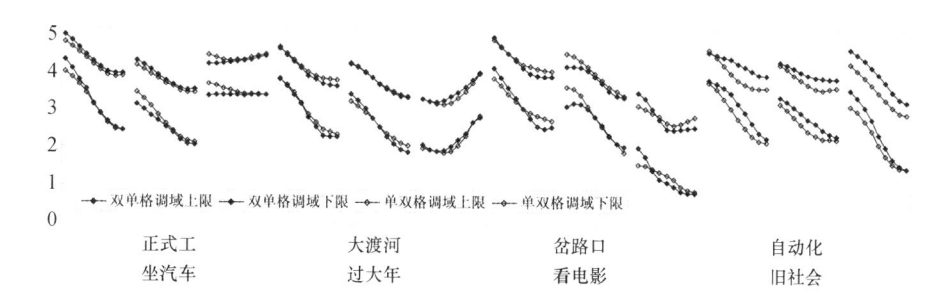

→→ 双单格调域上限 →→ 双单格调域下限 →→ 单双格调域上限 →→ 单双格调域下限

正式工　　　　大渡河　　　　岔路口　　　　自动化
坐汽车　　　　过大年　　　　看电影　　　　旧社会

附图 1—16

第二章

上海普通话

第一节 单字调与双字调实验统计分析
黄靖雯

一 引言

方言是语言的地域变体,各方言区人们在学习和使用普通话过程中,由于受母语方言影响,会使所讲普通话带有方言色彩。上海普通话作为普通话在方言区的变体,肯定会受到上海方言的影响。上海话母语者习得普通话声调时势必会受到上海方言声调系统的影响。

20世纪20年代,赵元任、刘复等从生理、物理、乐理等方面对声调进行研究,指出声调的声学本质是音高变化,声调高低是声带振动频率变化的结果。Howie(1974)认为,普通话声调的定义域,即音节里携带声调的部分在主要元音和韵尾上。

当声调连读时,就出现某些调位性和非调位性变化,这就是变调(赵元任,1979)。连读变调是声调在动态组合中的语音表现,是音节进入语音序列后出现的音变现象。普通话连读变调问题,在有关著作中已有论述(赵元任,1923;罗常培、王均,1957;董少文,1955)。后来也有文章利用语图仪、计算机等仪器探讨两个上声连读及其他变调问题(Shen et al., 1961; Shen, 1964; Wang et al., 1967; Chuang et al., 1972)。Xu(1997,1999)指出声调间顺向的作用主要表现为"同化",而逆向的作用主要表现为"异化",普通话声调间的同化作用大于异化作用。吴宗济(2004),邓丹、石锋(2008)对普通话双音节连读变调研究，发现音高主要受在韵律短语中的位置和相邻声调的影响，相邻声调主要影响邻接声调的调头和调尾。

关于上海音系，钱乃荣（1992）指出，20 世纪初，上海 40 岁以下的人一般都使用上海方言的新派音系，有五类声调，分别为阴平 52、阴去 334、阳去 223、阴入 4、阳入 12。Sherard（1972，*Shanghai Phonology*，认为上海话的连读变调是一种"声调蔓延"（tone spreading）。徐云扬（1988）、沈同（1985）、钱乃荣（2003）、平悦铃（2001）也对上海话双音节或者多音节声调进行考察，认为是后字失去原来的底层声调。近些年，学界开始从实验语音学角度入手，探讨上海普通话的语言特征（李爱军、王霞、殷治纲，2003；陈娟文、李爱军、王霞，2003a、2003b；陈娟文，2004；汪山春，2008；管韫珏；2009）。

本节采用语音格局（石锋，1994）的理念和方法，以"桌上语音工作室"（Mini-Speech-Lab）为实验工具，对 50 位发音人[①]的语音样本进行音高测量，为排除个体差异，采用 T 值大样本公式（王萍、石锋，2009）进行归一化计算。公式为：

$$T = \{[\lg x - \lg(min - SDmin)] / [\lg(max + SDmin) - \lg(min - SDmin)]\} \times 5 \qquad (2—1)$$

通过数据统计分析，考察上海普通话（简称上普）声调表现，并且与标准普通话进行对比，探索地方普通话与标准普通话之间的差异，进一步明确上海方言对上海话母语者习得标准普通话产生的影响，以期更有针对性地提出相关学习建议。

二 单字组声调音高的统计分析

对语音样本进行总体统计分析，可以通过平均值加减标准差得到每个声调所占据的声学空间。标准差表示根据一组数据中每个值与平均值的差异量而得出的这组数据分布的离散程度。在声调统计分析中，可以

[①] 发音人共 101 人，其中 40 名男性，61 名女性，18—36 岁，平均年龄为 22.15 岁。他们均出生并长期居住于上海市区，母语背景为上海话。选取其中 50 位发音人录音进行实验统计分析，男女各 25 人。发音人普通话水平在二级乙等以上，具有大学及以上学历，没有生理疾病。被试承诺并乐于完成录音任务。

基于各个测量点的 T 值标准差来考察每个声调的主体分布，这样每个声调的声学空间都由上、中、下 3 条曲线组成（石锋、王萍，2006）。

图 2—1 是上普单字音各声调的主体分布图。

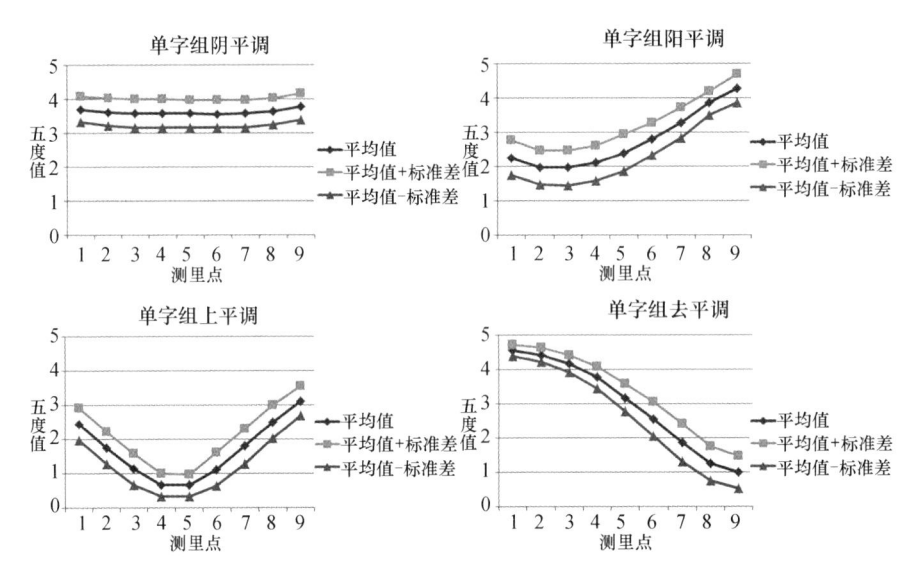

图 2—1　单字组各声调主体分布图

单字组阴平完全处于调域上部，它从左向右略有先降后升，整个曲线基本接近水平，调值为 44。阳平是从调域中部到上部的升调，开始有小的"凹"形，调值为 35。上声是位于调域下半部分的曲折调，有"低"和"凹"的特点，折点位于中点，调值为 314。阳平和上声的"凹"特征表现不同。首先，阳平折点（第三点）接近起点，上声折点（第五点）位于中点；其次，阳平折点标准差较大，上声折点标准差较小。阳平和上声的区别主要在折点的位置和高低，上声折点靠后且最低。去声从调域顶部直接降到底部，是典型的降调，调值为 51。石锋、王萍（2006）把标准差作为声调稳定段的指标。可以把标准差小于 0.5 的认为是较稳定的分布，把标准差大于 0.5 的认为是不稳定的分布。由此，上普声调稳态段是阴平起点和终点，阳平终点，上声折点，去声起点；动态段是阳平起点，上声终点，去声终点。

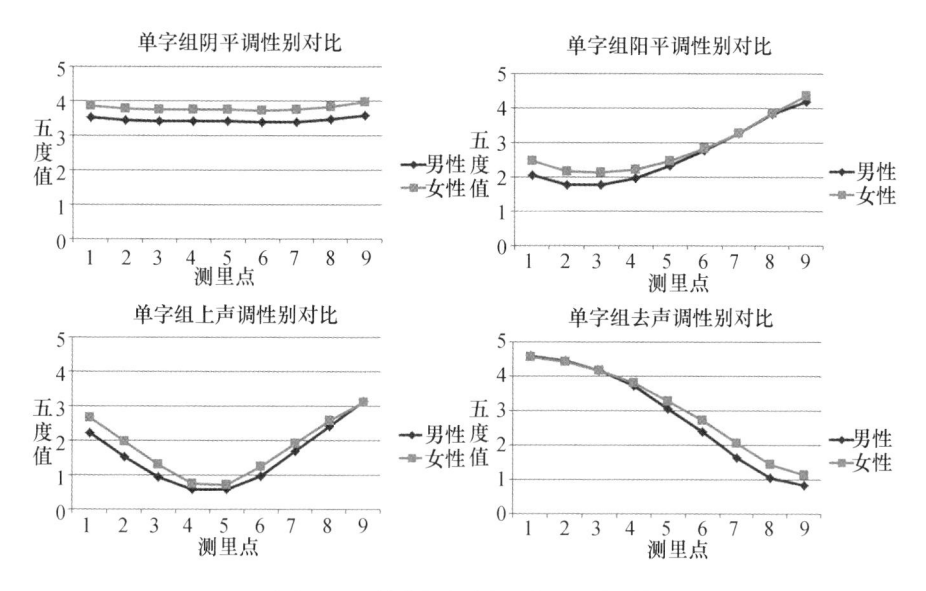

图 2—2 单字组各声调不同性别比较

男性与女性声调位置比较接近，且女性声调曲线基本都位于男性之上。单因素方差分析结果显示，性别对声调有系统性影响，女性音高整体高于男性（$ps<0.05$），且差异小的地方都是声调稳态段，差异大的基本都是声调动态段。（见图 2—2）

三　双字组声调音高的统计分析

（一）双字组不同位置声调统计分析

双字组是分析动态连读声调的起点（石锋，1990）。考察双字组声调，就必然涉及双字组中不同位置的声调表现。

前阴平音高整体高于后阴平。根据标准差，二者稳态段位置相反，前阴平位于起点，后阴平接近调尾。两者各测量点的跨度无显著差异。前字由于受后接声调影响，调尾处有微降。（见图 2—3）

前阳平音高整体高于后阳平。前后阳平稳态特征点位置一致，前阳平起始的凹形平缓调尾上升幅度小，后阳平起始的凹形明显，调尾的上升趋势较大，前阳平调尾上升趋势减缓也受后字声调影响。（见图 2—4）

实验统计了除上上连读之外其他所有前上声及包括上上连读在内的

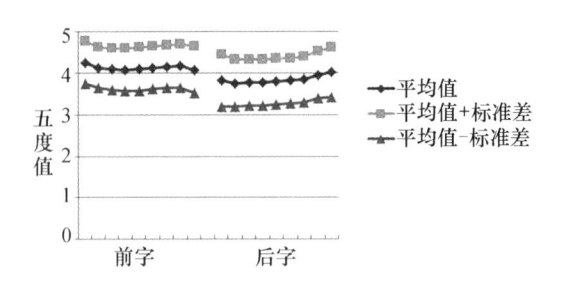

图 2—3　不同位置阴平调的主体分布图

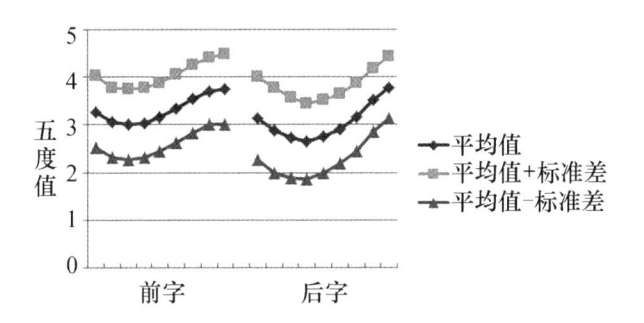

图 2—4　不同位置阳平调的主体分布图

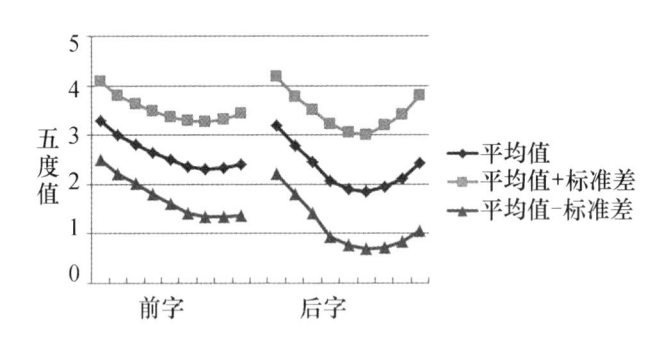

图 2—5　不同位置上声调的主体分布图

后上声。前上声变为低降调，后上声虽还有曲折调的走势，但也变为以降为主、以升为辅，折点后移，调尾低于调头。前上声虽有"凹"形，但不明显，声调最低点位于第七点。前上声各测量点的 T 值大多高于后

上声，体现了上声低降或低平的特征。（见图 2—5）

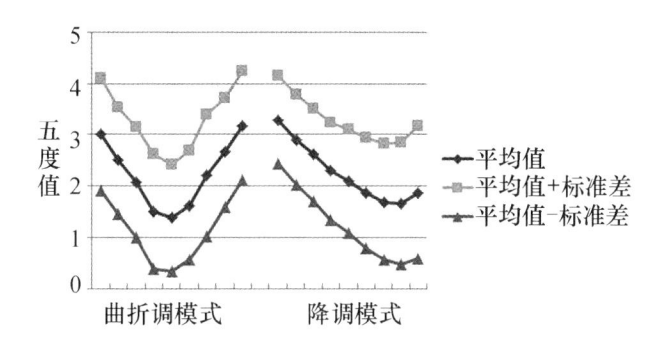

图 2—6　后字位置上声调不同发音模式的主体分布图

其实，后上声明显分为两种情况，一为曲折调模式，二为降调模式。其中曲折调样品数据有 74 个，降调的有 116 个，将后上声读为降调的接近后上声总体数据的 2/3。在实际语流中，上声倾向于表现为低降调（邓丹、石锋，2008），而部分发音人还保留了将边界前的上声读为曲折调的变体。（见图 2—6）

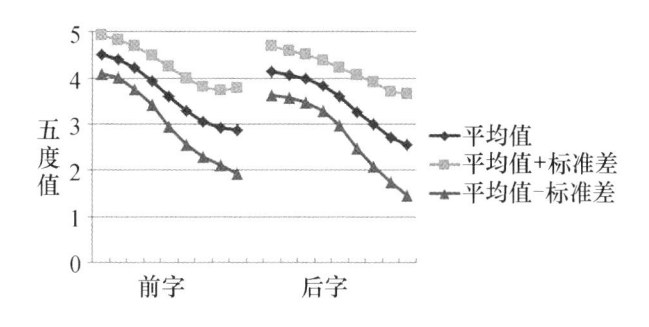

图 2—7　不同位置上去声调的主体分布图

前后去声均为高降调（53），后字调域跨度大于前字。前去声位于调域中上部，整体高于后去声。前去声的上线和中线尾部下降趋势较缓；后去声三条声调曲线都是保持下降趋势。前字调尾的表现，是受后接声调影响的结果。（见图 2—7）

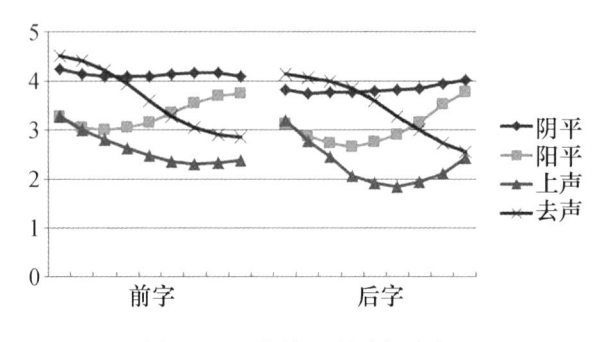

图 2—8 不同位置的声调聚合

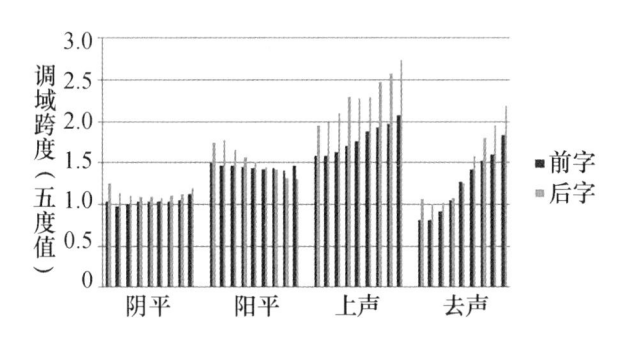

图 2—9 不同位置各声调的调域跨度

双字组前后位置对声调具有显著性影响，前后阴平和阳平整体、上声调头和调干、去声调头和调尾具有显著差异（$ps<0.05$），各声调位于前字时都是整体高于后字。王安红等（2004）指出，无强调自然语句中，汉语普通话韵律短语内部存在比较明显的音高下倾现象。邓丹、石锋（2008）指出，双音节词后字在整体调域中的位置比前字偏低。我们的研究同样如此，双字组中也存在音高下倾的现象，后字声调低于前字。从图 2—8 的声调聚合图可见，去声起点和阴平终点在声调调域中表现稳定，为调域上线；调域下线位于上声，但由于上声前后模式的差异，前字调域下线位于上声第七点，后字位于第六点。另外，同一双字组中，除阳平调尾和去声中点外，各后字声调跨度普遍比前字声调宽，这是由于双字组后字为边界位置，边界前发音会有延长，也更饱满，因而双字

组后字跨度往往大于前字。(见图2—9)

(二) 双字组相邻声调对声调音高的影响

为进一步了解造成不同位置上的声调表现不同的原因,我们考察了前接声调和后接声调对音高造成的影响。

1. 后接声调对前字声调音高的影响

图2—10是双字组前字后接不同声调时的声调音高表现。

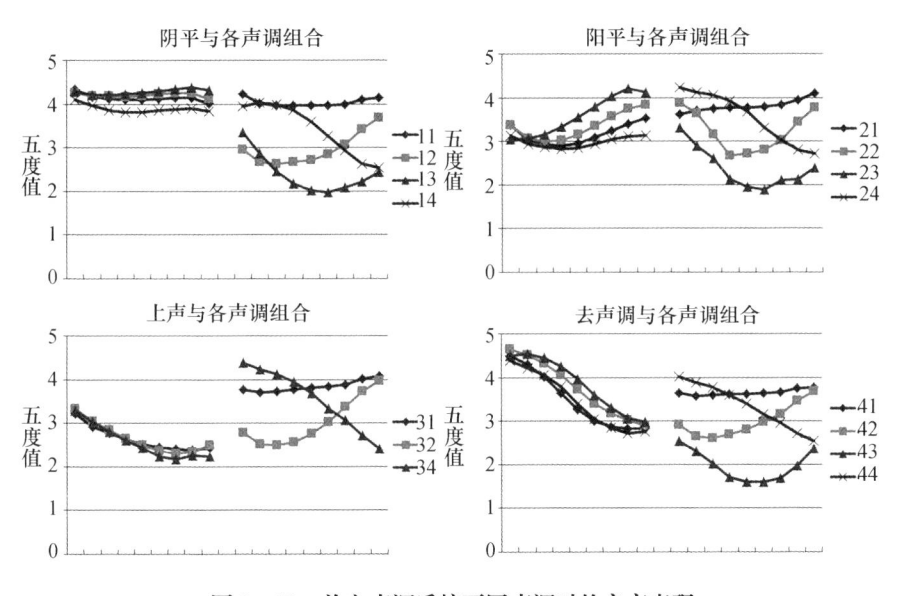

图2—10　前字声调后接不同声调时的音高表现

前阴平分为两层,一为后接去声,二为后接其他三类声调。后接去声时,前阴平整体音高明显低于后接其他三类声调,后接阴平时低于后接阳平和上声时,后接上声时最高且微升走向最明显。总体上,前阴平调尾都有轻微下降。

前阳平主要分为两种,一种为后接阴平、阳平和去声时为434,前阳平调头都有"凹"的特征。另一种为后接上声时为35,"调域"中部逐渐上升到调尾第八点。前阳平在后接阳平和上声时调尾较高,在后接阴平和去声时调尾较低。

前上声在几种组合中最稳定,受后接声调影响最小。调头和调干部分，几条曲线基本重合，到调尾终点为后接阳平时最高，后接去声时最低。

前去声分两层，一为后接阳平和上声，二为后接阴平和去声。前者总体曲线高于后者，其中后接上声时音高最高，后接阳平时次之；调尾段，后接去声时音高最低，后接阴平时次低。

总之，除前上声外，后接声调对前字整体音高产生影响（$ps < 0.05$），后接上声和阳平时，前字音高较高，后接阴平和去声时前字音高较低，这体现了后接不同音高起点的声调对前字声调异化影响，后接低起点声调时音高较高，后接高起点声调时音高较低。

2. 后接两种上声模式对前字声调音高的影响

后上声有两种模式，这里对后接两种上声时的前字音高进行分析。

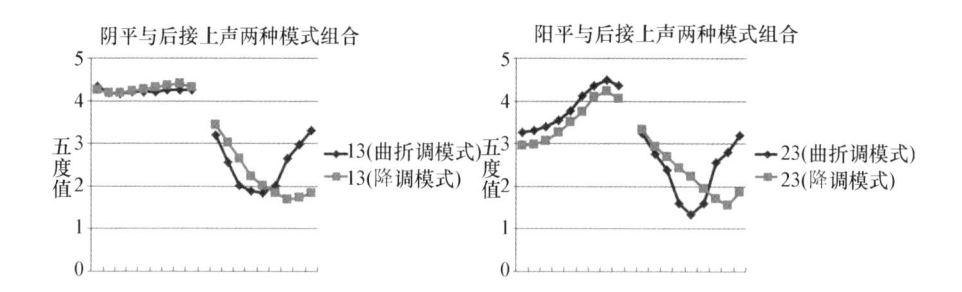

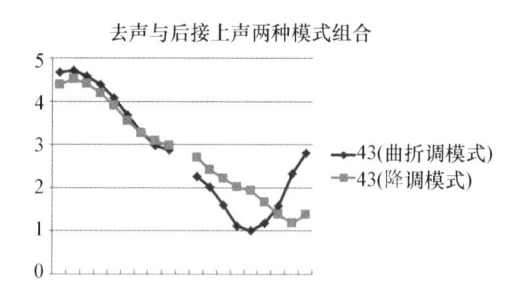

图 2—11 前字声调后接两种上声模式时的音高表现

前阴平在后接降调上声时，总体上稍高于后接曲折上声的表现。前阳平则是在后接曲折上声时，明显高于后接降调上声的表现。前去声起始部分是后接曲折上声在上，到调尾却是后接降调上声在上。

3. 前接声调对后字声调音高的影响

图 2—12 是后字在前接不同声调时的音高表现。

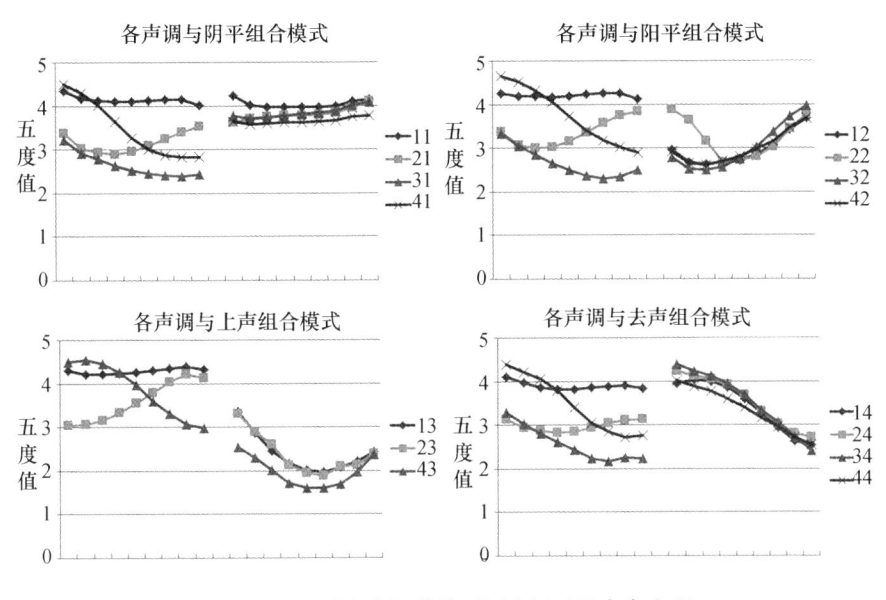

图 2—12　后字声调前接不同声调时的音高表现

后阴平前接阴平时音高最高，调头段有下倾趋势；前接去声时最低；调尾在前接四类声调时均轻微上升。

后阳平分为两类，一类是前接阳平时，另类是前接其他三类声调时。前接阳平时调头音高最高，急剧下降；前接其他三类声调时，调头略有"凹"的特征，上声后最低，去声后与阴平后大致相当。

后上声也分为两层，一层为前接阴平和阳平时，另外是前接去声时。前接三种声调时终点音高大致相当；而调头和调干有明显不同，阴平后与阳平后的上声音高比较接近，去声后的上声音高明显低于前两者。

后去声前接上声时，非调尾段高于前接其他三类声调；前接阴平时，调头轻微上升然后下降；前接去声时调干明显低于前接其他三类声调。

总之，前接声调对后字声调的音高，主要是对调头段产生影响（$ps < 0.05$），当前接声调为阴平、阳平和上声时，后字声调调头音高较高；当前接声调为去声时，后字声调调头较低。

(三) 双字组声母对声调音高的影响

实验表明,浊声母和零声母音节的音高曲线跟音节同时开始,音节F0曲线不仅有调型段(跟韵母相对应),而且有过渡段(跟声母相对应)。而清声母音节音高曲线从韵母开始,只有调型段没有过渡段。

为考察声母对声调的影响,在双字组字表中找出如下非清声母字,根据非清声母字声调及其在双字组中位置找出相应的清声母字,具体内容见表2—1:

表2—1　　　　　　　非清声母与相应清声母实验字表

实验字位置	浊声母字	零声母字	清声母字
前字阳平	如		平、重、迟
前字去声	历		唱、事、电
后字阴平		安	期、终、歌
后字去声		傲	到、试、视
后字阳平	荣	阳	房、实

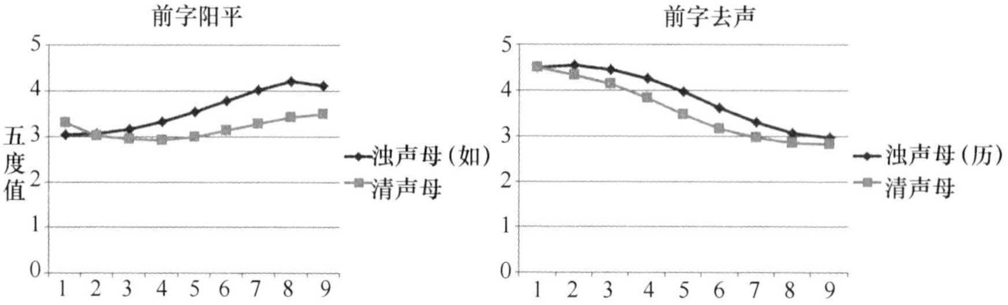

图2—13　声调受浊声母和清声母影响的音高表现

前字浊声母阳平("如"),受后接上声("果")异化影响,比同位置清声母阳平高,前字清声母阳平调头高于浊声母,清声母阳平在调头段有轻微下凹,之后声调曲线逐渐上升;浊声母阳平从起点到调尾持续上升,终点有微降。

前字浊声母去声("历"),与同位置清声母去声调值相同,但音高整体高于后者。前清声母去声从起点到终点逐渐下降,浊声母去声开头平缓,从第二点逐渐下降。

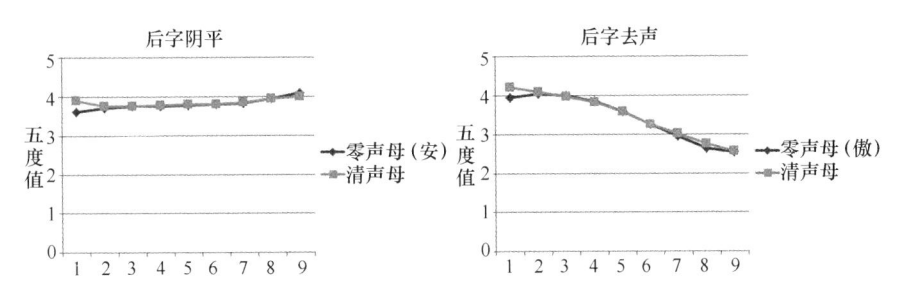

图2—14　声调受零声母和清声母影响的音高表现

后字零声母阴平("安"),与同位置清声母阴平调值相同,清声母调头有"凹"的特征,零声母字调头则为上升。

后字零声母去声("傲"),与同位置去声清声母字调值相同,调头和调尾低于清声母去声,调干音高与清声母去声大致相当。后字清声母去声一直呈下降趋势,零声母声调的调头平缓。

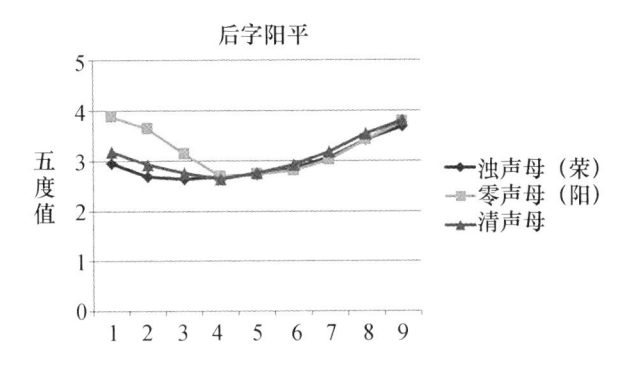

图2—15　声调受非清声母和清声母影响的音高表现

后字阳平中有浊声母字("荣"调值34)、零声母字("阳")和清声母字(调值434),三者调干和调尾音高相近,主要区别在于调头,零声母字明显高于浊声母和清声母字,这可能是由于零声母字起始元音为高元音所致。Lehiste(1970)提出"元音固有基频"(intrinsic vowel fundamental frequency,IF0),指出高元音基频比低元音高。零声母字介音为高元音/i/，而后阳平清声母字为"房""实"，浊声母字为"荣"，/i/舌位最高，所以零声母字调头音高最高。

总之，由于受后接上声低调的影响，前浊声母阳平和去声整体音高均高于前清声母阳平和去声。后字零声母阴平和去声均有过渡段。后字零声母阳平和浊声母阳平之间也在调头段有显著差异（$ps < 0.05$）。

四　单字组与双字组声调的对比分析

在单字调格局中，四声调值分别为44、35、314、51；而双字调的格局中，四声音高则有所不同。图2—16是把单字调、双音前字、双音后字和双字总体的声调曲线放在一起的对照。

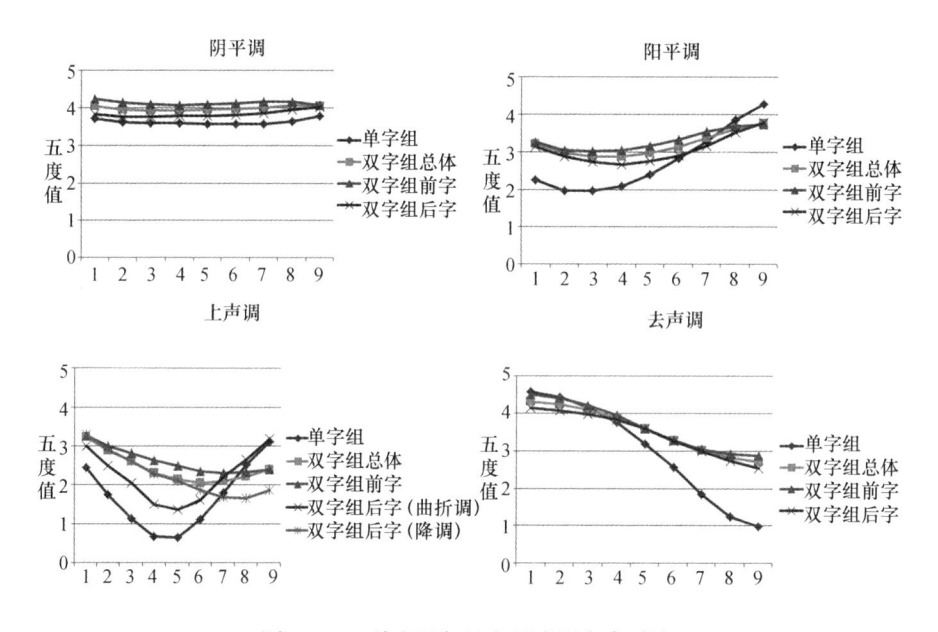

图2—16　单字组与双字组声调音高对比

注：双字组总体为双字组前字和后字声调平均值。

阴平调中是单字组最低，前字位置最高。四种情况调头均下倾，调干保持平稳，调尾在单字组和后字上升，双字组总体和前字下降。

阳平的在单字组和双字组明显分离，单字组声调曲线明显低于双字组，上升幅度最大，双字组上升较平缓。到调尾处，单字组音高比双字组高。

上声的声调曲线分为两类，一类为单字组和双字组后字的曲折调，另一类为双字组总体、前字和后字的低降调。单字组音高最低；双字组总体、前字调头相近，调尾分离，前字上声高于双字组总体；后字降调模式调尾在双字组中最低。

去声调头的几条曲线较集中，调干和调尾段单字组与双字组明显分离。调头在单字组中音高最高，下降至一度；双字组下降平缓，从五度下降至三度。前字去声在双字组中最高，后字去声较低。

方差分析结果表明，各声调在几种分离情况中都是差异显著（$ps < 0.05$）。单字组各声调延展最充分，阴平整体、阳平和上声、去声的大部分曲线低于双字组曲线，双字组前字各声调曲线位置最高。

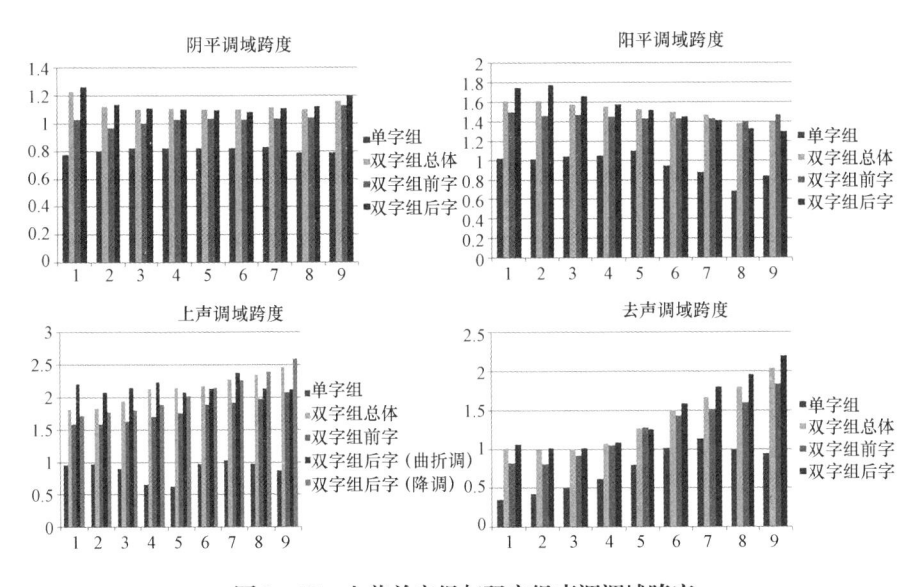

图 2—17　上普单字组与双字组声调调域跨度

从图 2—17 可以看出，单字组四声九个测量点的调域跨度明显低于双字组，双字组后字声调跨度一般最高。双字组声调稳态段位置与单字调基本一致，只是上声由于声调模式的不同而略有变化。

五　上普声调与普通话声调对比分析

上普是上海话与普通话接触的结果，其本质是普通话，与普通话一样，有阴平、阳平、上声和去声四种声调。但是上普在与标准普通话趋同的同时，还存有自身的特点，二者之间存在一些差异。本节普通话声调数据来自普通话标准声学参数语音数据库中张妍（2016）对标准普通话的数据分析①。

（一）单字组声调的对比分析

图2—18是上普与普通话四个单字组声调对比图。

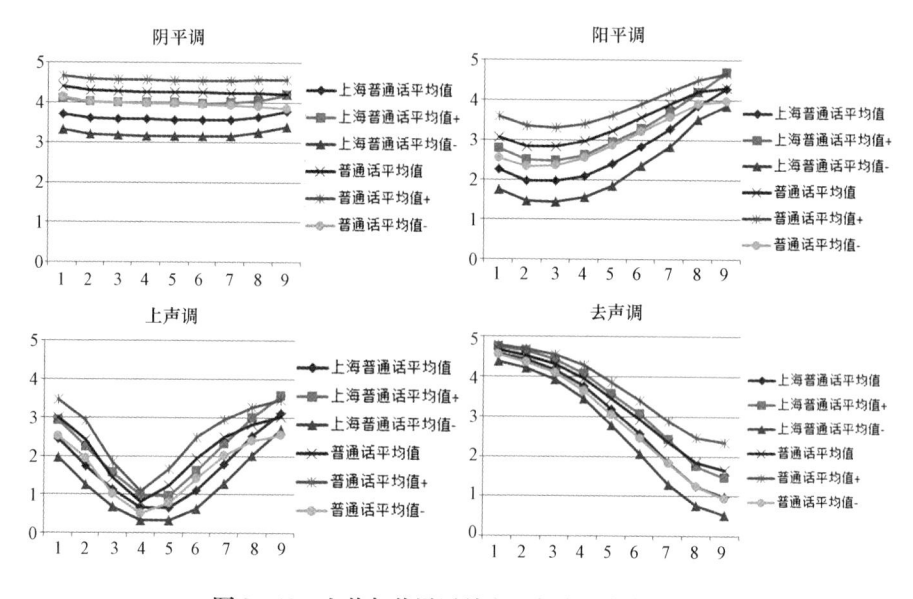

图2—18　上普与普通话单字组各声调音高对比

上普阴平是先微降后微升，普通话阴平从左向右微有下降。上普阴平整体低于普通话，调头表现最明显，调尾略有重叠。上普阴平比普通话阴平跨度大。

---

① 上普与普通话声调的语音分析材料、发音人数目和平均年龄、语音分析方法、分析软件和各方面参数设置均相同，两项研究在2015年春季同时进行，二者只在发音人的母语方言背景上有差别，上普的发音人母语方言为上海话，标准普通话的发音人母语背景为北京话或普通话。

普通话阳平调头大部分高于上普，且跨度宽于上普；普通话阳平调尾更集中，包含于上普阳平调尾范围之内。

普通话上声调头大部分高于上普；二者调尾有重合。从折点到调尾，普通话上声高于上普。另外，上普折点位于中点；普通话折点位于第四点，普通话折点略高于上普折点。

普通话去声的三条曲线均分别高于上普去声对应的曲线，调域跨度小于上普，且普通话去声的后半部分明显高于上普去声。

单因素方差分析结果为：（1）两种阴平间有显著差异（$ps<0.001$）。（2）两种阳平前八个点差异显著（$ps<0.001$）。（3）上声第一、三、四、八点差异比较显著（$ps<0.05$）。第二、五、六、七点差异非常显著（$ps<0.001$），这也表明上普与普通话上声折点的显著差异。（4）两种去声从第二点到第九点差异越来越显著（第二点 $p<0.05$，第三点到第六点 $ps<0.005$，第七点到第九点 $ps<0.001$）。（5）上普与普通话对比调域跨度只有阴平有显著性差异（$ps<0.05$）。

上普与普通话声调稳态段位置基本一致，位于阴平起点，阳平终点，上声折点，去声起点。与普通话不同的是，上普上声的折点位置比普通话靠后一个测量点。

整体上，上普四个调类遵循标准普通话的声调模式，四个调类在认读上没有区分障碍，且都表现出较一致的特征，即上普四声总体音高值偏低。关于这一点，平悦铃（1999）有论述，"上海话的音域最高值总的来说要低于普通话"，她还提到"这不是实验结果，是笔者的听感"。另外李爱军等（2003）在对比上普与普通话声调时，表明上普和普通话四声没有音系上的差异，上普调阶低0.1。

（二）双字组声调的对比分析

下面对上普与普通话的双字组声调进行对比分析。

普通话双字组阴平整体高于上普。二者都是前字调头轻微下倾，后有微升，调尾略有下倾。普通话后字平缓，上普从第二点开始轻微上升。

普通话双字组阳平高于上普。二者前字在起点处差值最小；二者后字调头差值较大，调尾差值较小。后字位置调尾音高相近，表明阳平中升特征一致。

上普后字上声有两种模式——曲折调和降调，普通话后字上声多为低降调。上普后字上声降调与普通话后字上声走向一致，音高曲线整体低于普通话。

普通话去声高于上普。普通话和上普前字去声起点差距最小，第八点差距最大。普通话与上普后字去声的声调曲线都是低于前字。

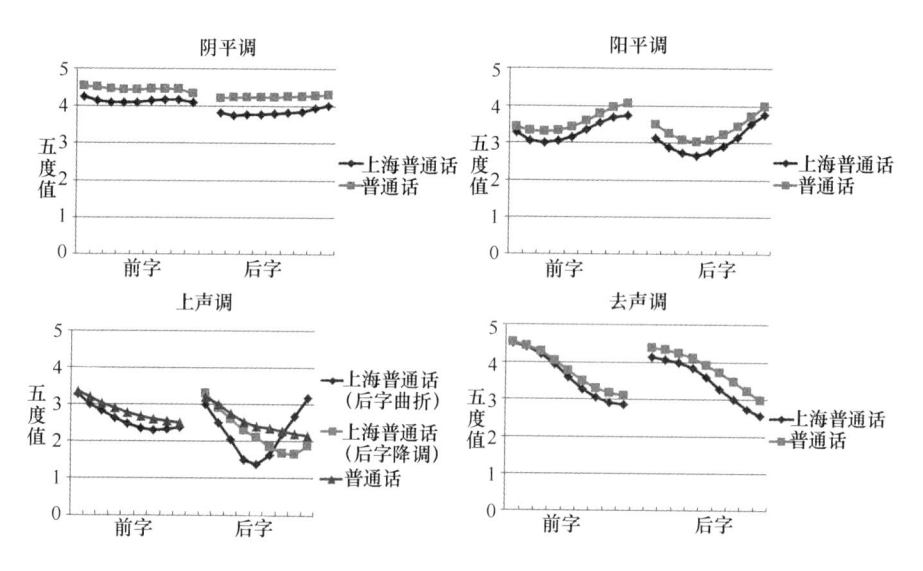

图 2—19　上普与普通话双字组各声调音高对比

经过方差分析，上普与普通话双字组阴平和阳平音高在前后字位置分别都有显著差异（$ps<0.05$）。上普与普通话之间的上声前字，除起点和终点外，有显著差异；上声后字除起点外，普通话上声与上普后字曲折调之间差异显著，且普通话上声调尾显著大于上普后字上声降调。上普与普通话双字组去声从第四点到终点的音高差异显著（$ps<0.05$）。

两种双字组前字各声调都高于后字，普通话各声调都高于上普相应声调。两种普通话中最明显的不同在于后字上声，普通话多是降调模式，上普则有曲折调和降调两种模式，即便上普上声降调也在调尾保留明显"凹"的特征，普通话上声则从起点直接降到终点。就声调跨度而言，除上声后字外，上普双字组前后各声调跨度总体大于普通话相应声调的跨度。

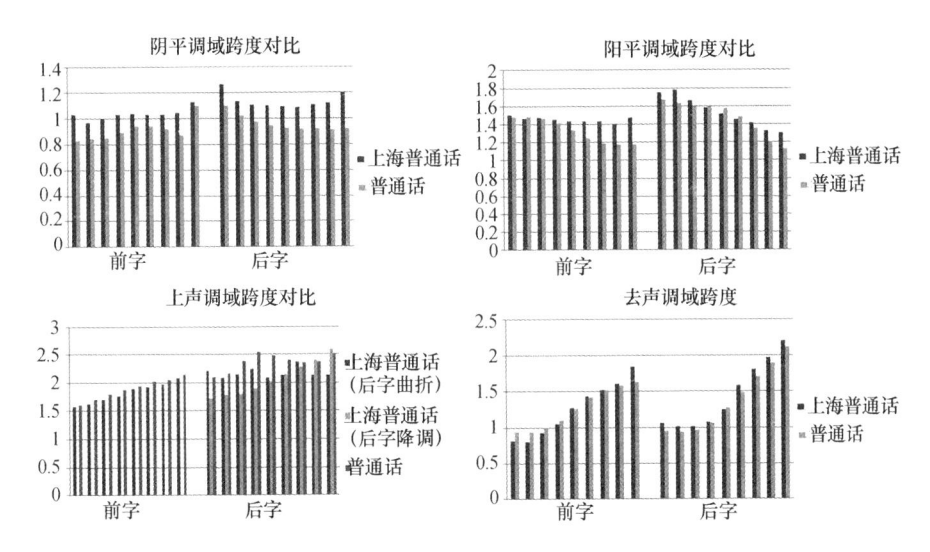

图 2—20 上普与普通话双字组各声调调域跨度对比

六 讨论与结论

（一）讨论

1. 上普与上海话声调

上普是上海话与普通话相结合的结果。从二语习得角度讲，上海话作为汉语方言的一种，与普通话在汉民族语言使用中一样都有非常重要的地位，但二者却具有不同的语音系统，上海话母语者学习普通话是在已有的语音系统之上再加入另一种语音系统，所形成的上普以标准普通话为目的语，同时也受到母语方言迁移的影响。

上普与普通话都有阴平、阳平、上声、去声，二者各声调走势基本相同，只是音高值有细微差距，上普四声音高总体低于普通话，且上普后字上声有两种声调模式。

上海话有五个声调，前人在对上海话声调进行研究时已指出上海话的声调特点，朱晓农（2005）对上海话声调的实验研究表明，上海话五个声调中，三个长调，两个短调，其中长调阴平、阳去和短调阳入各有两种调型，阴平有直降调（52）和缓降调（442），阳去有升形（14）和凹形（113），阳入与阳去一样也有两个调型，阳入（24）是阳去（223）

的短调，另外有两个声调阴去（334）和阴入（34/44/54）。朱晓农（2005）研究发现，上海话中几乎没有高调，即便声调中有高调特征，也只出现在调头或者调尾部分，这就解释了上普声调中去声调头最高，与普通话去声调头基本一致，而高平调阴平却没有这种表现的情况。受母语影响，上海话中鲜有高调，上海普通话高调的音高也低于普通话高调音高。

此外，上普双字组的后字上声分为曲折调和降调，这与朱晓农（2005）研究中上海话三个声调均有两种调型的情况形成呼应。根据前人及本实验研究，在双字组中，实际语流中最小的动态组合，上声倾向于表现为低降调。上普双字组后字上声一部分读为低降调，体现"降"的特征；另一部分读为曲折调，这可能与实验的录音方式有关。发音人在朗读双字组实验词时受朗读方式影响倾向于发音饱满，字正腔圆，后字上声位于边界位置，可能保持原有单字调的曲折模式。而由于对所使用的普通话熟悉度不如母语者，发音时不易掌握语音状况，上海话母语者在以普通话朗读实验词时相比于普通话母语者来说更易在双字组后字保留单字调模式，普通话或北京话母语者在使用普通话朗读实验词时则能够轻易把握发音状况，发音方式更接近实际交际语流。

上普的声调表现，既体现了上海话母语者学习普通话时受到的上海话的方言迁移影响，也体现了汉语方言母语者在学习汉语普通话时所取得的显著成效。

2. 影响声调音高的因素

本节介绍了上普单字组和双字组的声调表现，受上海话声调系统的影响，上海人所说普通话的声调音高都低于标准普通话。

根据上普双字组声调实验，我们发现除受母语方言影响外，影响音高的还有语音内部因素，主要包括音节在双字组中位置和相邻声调两种因素。双字组中前字位置声调明显高于后字位置，这不受语言环境影响，音高曲线在韵律单元内部从前到后下降即为音高下倾，这是一种全局性现象，影响范围涉及整个韵律单元。音节在双字组中的位置主要影响声调曲线的整体高低，而不会影响声调曲线的走势。

相邻声调对声调音高的影响主要体现在对调头和调尾的影响，一般不会涉及整个声调曲线。这与邓丹、石锋（2008）对普通话双音节韵律词的研究结果略有差异。本节的结果显示，上普双字组中后接声调对前字音高影响的方式主要为异化作用，主要体现在后接低起点声调时，前字音高曲线整体较高，后接高起点声调时，前字音高曲线整体较低。上普双字组前接声调对后字音高的影响方式比较复杂，既有同化又有异化，同化作用和异化作用均来自于前接声调的调尾。同化作用主要发生在前字阴平、阳平的高终点和去声的低终点（前字非上声），受前接声调终点影响，后字调头同样表现为较高或者较低。异化作用则主要来源于前字上声终点，前字上声为低降调，终点降低，而后字声调的调头较高。

此外，影响音高的因素还与声调调型有关。受连读变调影响，两个低调相连，前一低调变为升调，即上上相连，前字变为阳平。两个去声相连，前字调值由51读为53，终点音高提高。同样，上声在非上声字前面读为低降，只有降的部分，没有升的部分，调型改变后声调音高也发生变化。

（二）结论

上普是一种带有上海市区方言色彩的现代汉语普通话变体，从本质上讲，它是普通话，但同时又受上海话语音因素的影响，从而成为具有特色的现代汉语普通话。上普四类声调曲线呈现出与普通话大致相同的状态，单字组阴平、阳平、上声和去声调值分别为44、35、314、51；双字组前字阴平、阳平、上声、去声调值分别为55、44、433、53；后字阴平、阳平、上声、去声调值分别为44、434、424（曲折调）/422（降调）、53。总体上，双字组前字各声调音高最高，单字组各声调曲线延展最充分。而相比于普通话，上普四个声调的音高都比较低。

上普单字组四个声调稳态段的位置与普通话一致，为阴平起点，阳平终点，上声折点，去声起点，只是这些具体的特征点位置与普通话略有不同。双字组前字各声调稳态段位于阴平起点，阳平终点，上声起点，去声起点；后字稳态段位于阴平第六点，阳平终点，上声折点（曲折调）/起点（降调）、去声起点。上普单字组阴平跨度显著大于普通话，其他三类声调无显著差异，上普双字组除上声后字跨度对比表现比较复杂外，双字组前后各声调跨度总体大于普通话相应声调跨度。

上普声调音高还会受到发音人性别差异的社会性因素影响，不同于声调语音学因素的影响及母语方言的影响。性别对声调有系统性影响，女性音高整体高于男性这跟北京普通话表现一致。

通过对上普单、双字组声调统计分析，我们获得了上普的声调面貌，了解上普声调与普通话声调之间的差异，以实验数据的方式量化直观地展示了声调特征与声调之间的差异。本次只对上普单字组和双字组声调进行了调查研究，了解更多的是静态情况下上普的声调面貌，今后应该进一步开展对实际交际语流中声调的研究，在对声调和语调关系的研究中，可能会发现更多的上海话语音语调的影响。

附录　实验字表

单字组声调实验字表

阴平：巴 逼 扑 多 低 搭 督 居 锅 歌

阳平：拔 鼻 葡 夺 迪 达 读 局 国 革

上声：把 比 普 躲 底 打 赌 举 果 葛

去声：罢 闭 铺 舵 地 大 杜 句 过 个

双字组声调实验字表

前字阴平：星期 光荣 工厂 骄傲

前字阳平：平安 重阳 如果 迟到

前字上声：始终 厂房 写稿 考试

前字去声：唱歌 事实 历史 电视

第二节　三字组连调分析

王　冲

一　引言

（一）文献综述

连读变调是声调的动态组合，在汉语普通话与汉语各方言中普遍存在，连读变调往往隐含或折射着汉语语音、语义和语法的特征（沈晓楠，1990）。吴宗济、沈炯、林焘、胡炳忠、子月等先后都对普通话三字组的变调现象进行了分析和描述。一般都认为上声三字组连读的变调规律为：后字声调保持不变，中间的上声变成阳平，前字上声或者保持不变，或者变成阳平。

上海方言较普通话的语音系统更复杂。1928 年，赵元任在《现代吴语的研究》中讲道：上海"两派阳平上去单读时都不分（阳＝养＝样），但在词句中阳平与上去不同"。沈同指出，上海方言老派指的是一部分老年上海人所使用的语言，所谓新派指的是目前绝大多数青少年上海人所使用的语言（沈同，1981）。许宝华、汤珍珠、钱乃荣指出：新派上海方言三字组的连读变调分为广用式与窄用式两种（许宝华、汤珍珠、钱乃荣，1982）。

关于上海人讲普通话的研究，目前较少，且多集中在元音领域，声调方面的研究仅局限在单字调与双字组连读调，并未涉及三字组连读调的研究。前人研究主要包括：李爱军、王霞、殷治纲（2003）《汉语普通话与地方普通话的对比研究》，陈娟文、李爱军、王霞（2003）《上海普通话与普通话双音节词连读调的差异》，陈娟文（2004）《上海普通话和普通话韵律特征的对比研究》。

（二）研究目标

本实验研究的目标主要有以下四点：（1）找出上海普通话三字组中四个声调在不同位置与不同结构组合中的音高表现，考察相邻音节、结构组合以及性别因素对音高的影响；（2）对上海普通话三字组阳平调与上声变成的阳平调进行对比分析，探究造成两者区别的可能性因素；（3）观察上海普通话单字调与三字组中四个声调在不同位置上的音高表现与差异，并探讨语言学因素的作用；（4）探究上海人讲普通话三字组语音样本的主体分布空间，并与北京人普通话三字组的主体分布进行对比。

（三）研究意义

本实验可以更深入地了解上海普通话三字组的音高表现，构建三字组不同声调在不同位置与不同结构组合中的声调格局与主体分布空间，不仅能够揭示相邻声调与不同结构组合的相互影响，还可以考察方言区普通话与普通话三字组不同音高表现在语言学上的因素。此外方言区人说普通话的研究可以为语音教学,为普通话的测试、普及与推广提供理论支撑与数据参考,具有一定的理论与实践价值。

二 实验设计与说明

(一) 实验准备

本实验语料为不带轻声的三字组。普通话中的阴平、阳平、上声、去声四个调类,下文用1、2、3、4表示。三字组共有 $4 \times 4 \times 4 = 64$ 种声调组合,每种组合都包括单双格与双单格两种语法结构,下文用1+2型与2+1型表示,每种组合都选用一个实验字组,共计 $64 \times 2 = 128$ 个实验字组。发音字表参看附录A。本实验发音人共50人,男女各半,平均年龄为22岁,自幼生长于上海,都会讲流利的普通话与上海话,均无视听障碍。

(二) 实验方法

本研究利用 Cool Edit 2.0 进行录音,采样率设置为22050赫兹,16位,单声道。录音地点为上海大学安静教室内,要求发音人以平稳语速朗读实验语料,每个词读一遍,共得到 $50 \times 128 = 6400$ 个样本词。利用 Mini-Speech-Lab 提取基频数据。然后用统计软件进行大样本统计分析。首先利用茎叶图法剔除离群值,以确保数据的客观有效性,再将所得到的有效样品进一步做出统计分析,将得到的音高数据进行相对归一化的T值换算分别计算出三字组四个声调各个测量点在全部发音人中的平均值、最大值与最小值、标准差,最后依据所得数据,作出相关的统计图表。

三 实验结果与分析

(一) 上海普通话三字组的音高分析

本节首先描述前字后接不同声调,中字前接、后接不同声调,后字前接不同声调时的表现,并考察不同结构组合对三字组中不同位置各个声调音高的影响。本节声调格局图中的"X"表示普通话四个调类中的任一声调,如:11X即为111、112、113、114四种声调组合。

三字组前字在后接不同声调的中字时,受中字音高的影响,音高曲线在高低变化上呈现出一定特点,如图2—21所示:

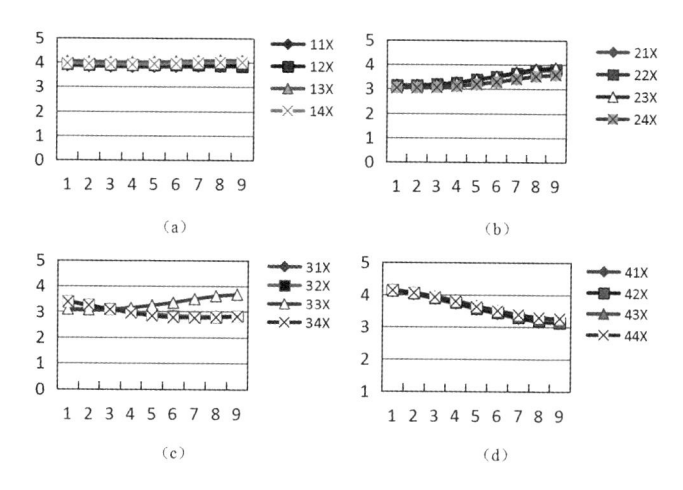

图 2—21 前字声调后接不同声调时的音高曲线

(a) 前字阴平；(b) 前字阳平；(c) 前字上声；(d) 前字去声。

前字阴平在后接不同声调时，音高曲线分布范围在 4 到 5 度以内。前字阳平在后接不同声调时，音高曲线分布范围都在 4 度以内。前字上声在后接不同声调时，音高曲线分布范围都在 3 到 4 度以内。前字去声在后接不同声调时，音高曲线分布范围都在 3 度。

图 2—22 为不同结构组合中前字声调的音高曲线，由图可知：在上海普通话三字组中，组合前字不管是什么调，后接中字为上声调时，整体音高在各种组合中都比较高，后接中字为阴平调与去声调时，整体音高曲线较低，往往位居其他组合曲线的下方；在调尾部分，高起点声调阴平与去声在后接四个不同声调时，调尾均表现为下降，低起点声调阳平与上声，后接四个不同声调时，调尾均表现为上升。

三字组中，中字的音高受到前字和后字音高的共同影响。图 2—23 为中字声调前接不同声调时的音高曲线图。由图可知：中字阴平在前接不同声调时，起点处音高相对稍有分散，终点处音高较为集中。中字阳平、上声、去声在前接不同声调时，都是表现为起点处音高较为分散，终点处音高较为集中。

图 2—24 为中字声调后接不同声调时的音高曲线图。由图可知：中

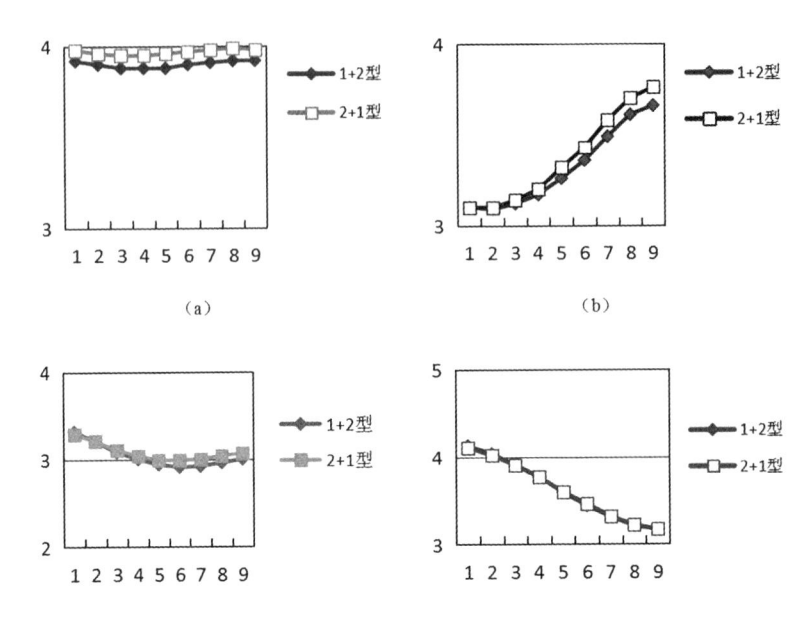

图 2—22　不同结构组合中前字声调的音高曲线

（a）前字阴平；（b）前字阳平；（c）前字上声；（d）前字去声。

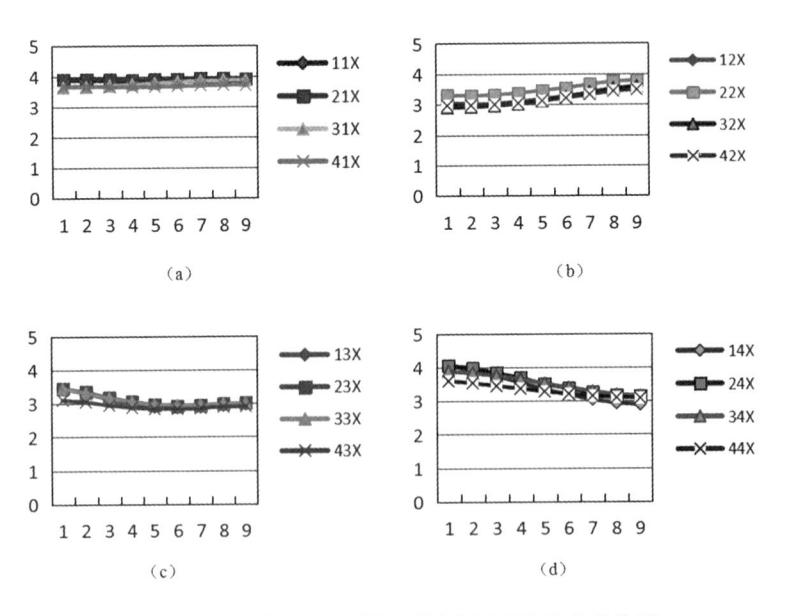

图 2—23　中字声调前接不同声调时的音高曲线图

（a）中字阴平；（b）中字阳平；（c）中字上声；（d）中字去声。

字阴平在后接不同声调的各种组合中，起点音高曲线分布在 4 到 5 度。中字阳平在后接不同声调的各种组合中，音高曲线分布在 3 到 4 度。中字上声在后接不同声调的各种组合中，音高曲线分布在 3 到 4 度。中字去声在后接不同声调时，音高曲线均分布在 4 到 5 度，起点处音高较为分散，终点处音高分布较为集中。

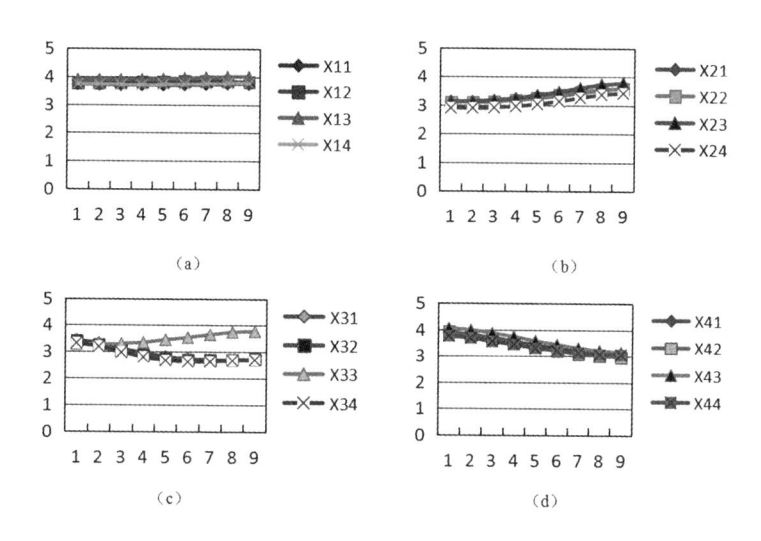

图 2—24　中字声调后接不同声调时的音高曲线图

(a) 中字阴平；(b) 中字阳平；(c) 中字上声；(d) 中字去声。

图 2—25 为中字声调后接不同声调时的音高曲线图。由图可知：中字声调在 1 + 2 和 2 + 1 两种结构组合中的音高表现差别不大。在上海普通话的三字组中，前字声调对中字音高的影响主要表现在调头，后字对中字的影响主要是表现在中字的调尾以及整体音高上。

三字组后字音高主要受到中字声调的影响，我们分别对中字四声后接不同声调时的音高表现进行归纳分析。图 2—26 为后字前接不同声调时的音高曲线图，由图可知：后字阴平在前接不同声调的各种组合中，起点处的音高分布范围略大于终点处，中字声调对后字阴平音高的影响主要集中在调头。后字阳平在前接不同声调的各种组合中，起点与终点处音高分布都很集中。后字上声在前接不同声调的各种组合中，起点与终点处的音高分布都很集中。后字去声在前接不同声调的各种组合中，起

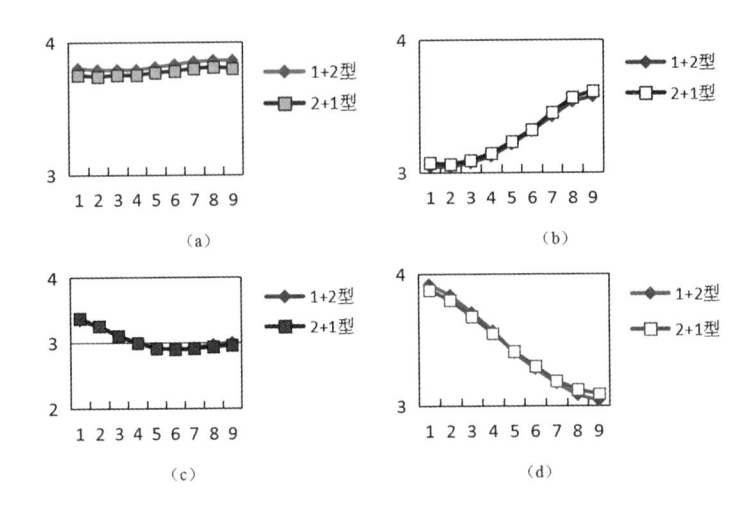

图 2—25 不同结构组合中中字声调的音高曲线

（a）中字阴平；（b）中字阳平；（c）中字上声；（d）中字去声。

点处的音高分布范围略大于终点处。

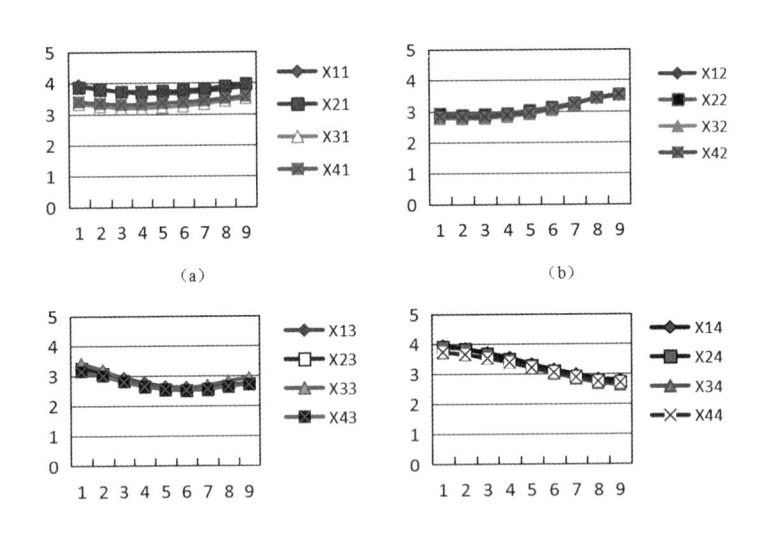

图 2—26 后字前接不同声调时的音高曲线图

（a）后字阴平；（b）后字阳平；（c）后字上声；（d）后字去声。

图 2—27 为不同结构组合中后字声调的音高曲线，由图可知：后字为四个不同声调时，后字声调除阴平 1＋2 型明显高于 2＋1 型，其他声调

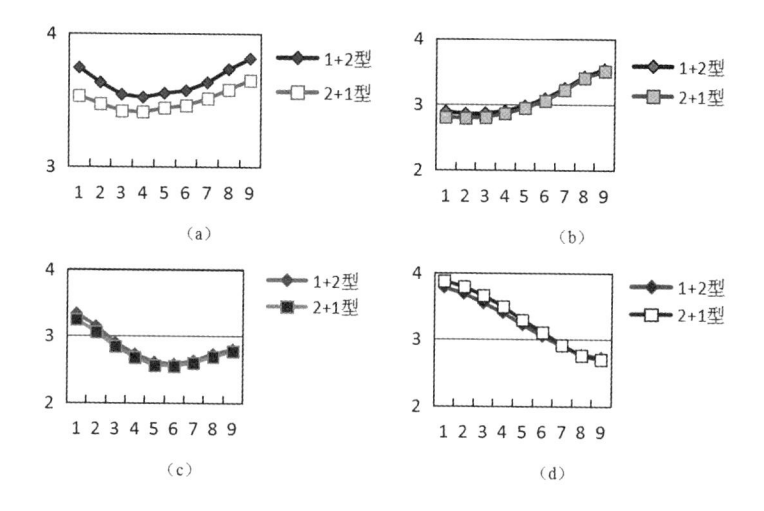

图 2—27 不同结构组合中后字声调的音高曲线

(a) 后字阴平;(b) 后字阳平;(c) 后字上声;(d) 后字去声。

在两种结构组合的调型上基本一致。在上海普通话三字组中,后字声调主要是受到中字音高同化作用的影响,这种影响主要集中在调头,对调尾的影响不大。

(二)上海普通话三字组的男女音高对比分析

本节从性别角度出发对上海普通话三字组的声调进行量化分析,观察性别差异与结构组合差异同时存在的情况下,三字组中不同位置上四个调类各自的音高表现特点。

图 2—28 为上海男女发音人在讲普通话三字组时,前字声调音高曲线。由图可知:在男女不同组合结构的三字组中,前字音调的音高曲线在调型上基本一致,只是音高的高低因性别和组合结构略有不同。多数情况下是女 2+1 在上,男 1+2 在下。

图 2—29 为上海男女发音人在讲普通话三字组时,中字声调音高曲线。由图可知:在男女不同组合结构的三字组中,中字音调的音高曲线在调型上基本一致,只是音高的高低因性别和组合结构略有不同,基本上是女生两组在上,男生两组在下。

图 2—30 为上海男女发音人在讲普通话三字组时,后字声调音高曲线。

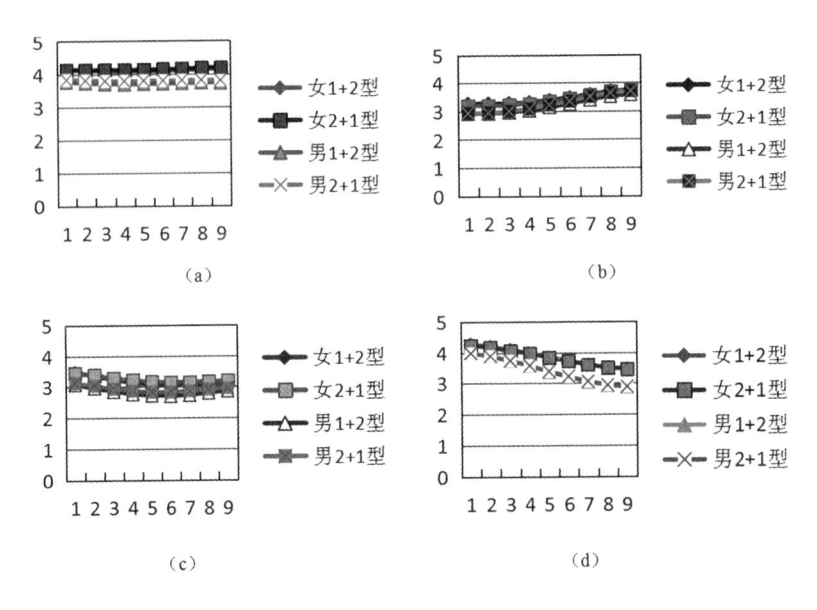

图 2—28　男女发音人前字声调音高曲线

（a）前字阴平；（b）前字阳平；（c）前字上声；（d）前字去声。

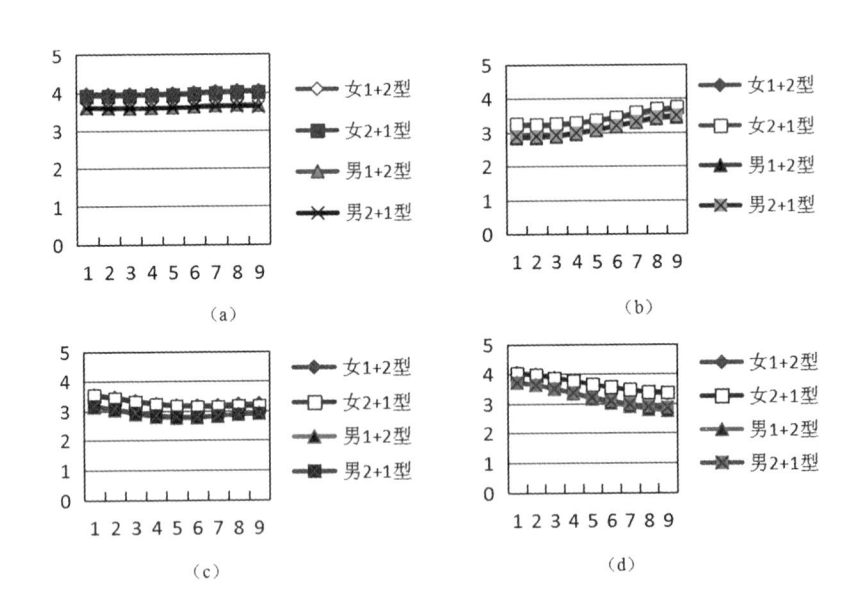

图 2—29　男女发音人中字声调音高曲线

（a）中字阴平；（b）中字阳平；（c）中字上声；（d）中字去声。

由图可知：在男女不同结构组合的三字组中，后字音调的音高曲线差别不大，仅在高低上存在一些差异。女生在上，男生在下。在上海男女发音人的普通话三字组中，组合结构在三字组中不同位置的各个声调上体现出来的差异都是系统性的，这表明性别对三字组中不同位置音高的影响不大。

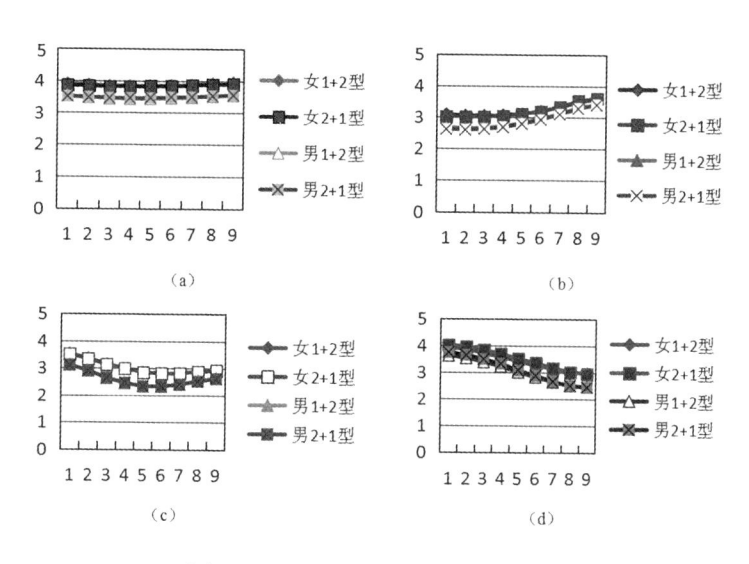

图 2—30　男女发音人后字声调音高曲线

（a）后字阴平；（b）后字阳平；（c）后字上声；（d）后字去声。

（三）上海普通话三字组与普通话三字组音高对比分析

本节将对比二者的声调曲线图，如图 2—31 所示，左图为邓丹（2007）对普通话的研究成果，右图为本节实验结果。（下同）图 2—31（a—d）是前字声调后接不同声调的音高曲线对比图。由图 2—31（a）可知，前字阴平的调尾在中字阳平与上声的组合中保持平稳了下降向，在中字阴平和去声的组合中略有的趋势。由图 2—31（b）可知，前字阳平在后接不同声调的组合中，四种音高曲线在调型上总体一致。但与北京人讲普通话相比，前字阳平在不同组合结构中的音高曲线分散程度稍小。由图 2—31（c）可知，除上声相连的变调之外，上海人讲普通话时，前字上声明显不如北京人那么低。北京人调尾在第三格下线，而上海人在第三格上线。由图 2—31（d）可知，前字去声在后接不同声调的组合中，四种音高曲线在调型上基本一致。北京人的去声起点更高，上海人的音高曲线分散程度较小，整体音高跨度较小。

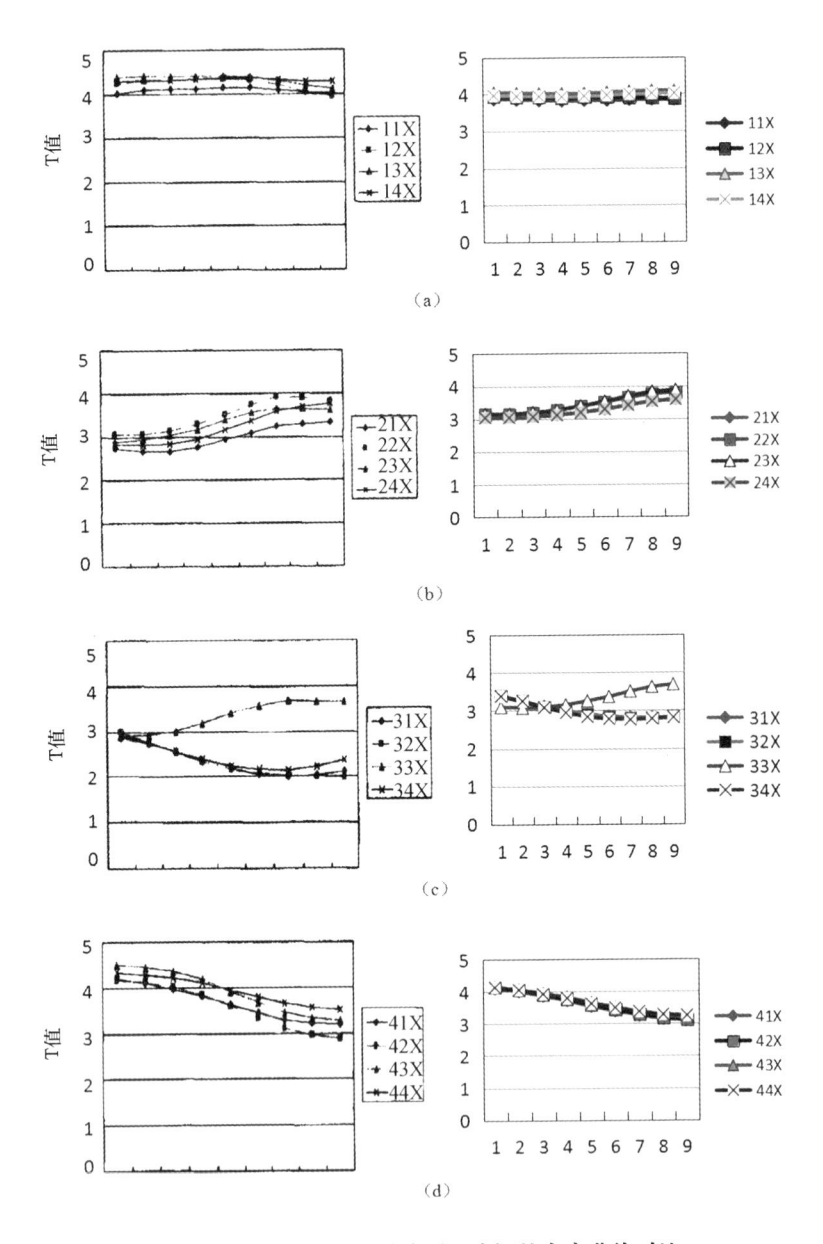

图 2—31　前字声调后接不同声调的音高曲线对比

(a) 前字阴平；(b) 前字阳平；(c) 前字上声；(d) 前字去声。

图 2—32（a—d）为不同组合结构中前字声调音高曲线对比图。上海普通话三字组中，前字各声调在两种组合结构中音高表现基本一致，只在高低上存在很小的差别。而北京普通话（邓丹2007）前字阴平在两种结构中调尾下降趋势明显；前字阳平在两种结构中的起点音高差异较小，到调尾处差距逐渐加大；前字上声在两种结构中终点处音高差距十分明显；前字去声在两种结构的起点与终点处的音高差距都十分明显。

图 2—33（a—d）是中字声调前接不同声调的音高曲线对比图。邓丹（2007）普通话三字组中字阴平前接四个声调时，起点音高差异较大，终点处音高较为聚集；而上海普通话起点和终点均较为聚集。北京人讲普通话时，中字阳平在前接不同声调的组合中，声调分布空间较大，调尾比上海普通话稍低。三字组中字上声前接阴平调与阳平调时，中字上声的调头音高较高；当前字为去声调时，中字上声的调头音高较低；上声前字则会发生变调现象，中字上声的起点音高也会变高；北京的上声比上海更低。三字组中字去声前接四个声调的组合中，调头的音高差异较大；不同的是北京人讲普通话时，中字去声在前接不同声调的组合中，四个音高曲线的跨度范围较大，调头比上海普通话稍高。

图 2—34（a—d）是中字声调后接不同声调的音高曲线对比图。北京普通话三字组中字阴平在后接阴平调时整体音高最低，而上海普通话三字组中字阴平在后接去声调时音高曲线分布在最下方。邓丹（2007）中字阳平在后接不同声调时，四条音高曲线离散分布，而上海的四条音高曲线分布较为集中。北京普通话三字组中字上声整体音高比上海普通话明显偏低。邓丹（2007）与本实验中字去声在后接低起点的阳平与上声时，都出现了调头稍高的现象。

图 2—35（a—d）是不同组合结构中字声调音高曲线对比图，由图可知，邓丹（2007）普通话与上海普通话三字组中字阴平整体音高均表现为1+2型高于2+1型。邓丹（2007）三字组中字阳平整体音高表现为2+1型略高于1+2型。邓丹（2007）普通话三字组中字上声整体音高2+1型高于1+2型，而上海普通话三字组中字阳平和中字的两种组合结

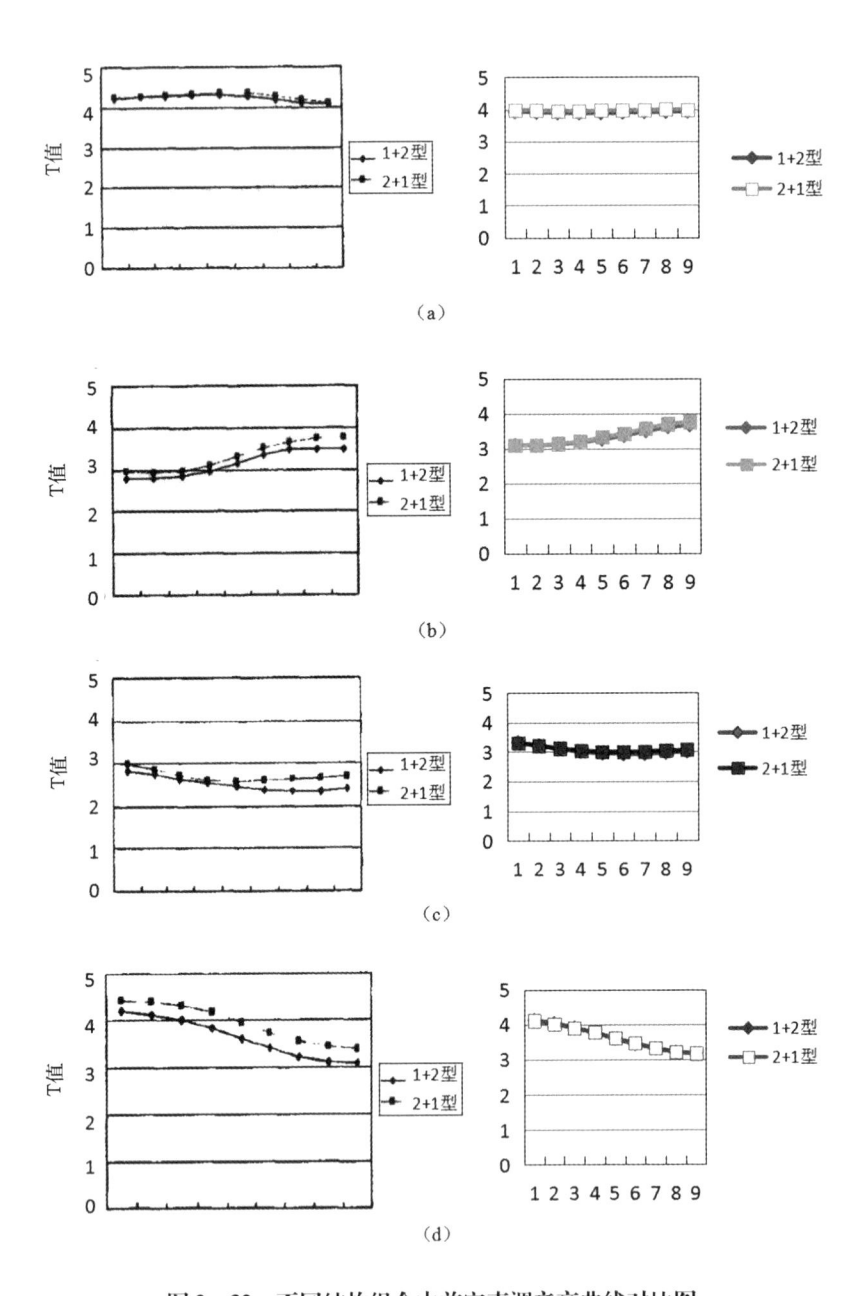

图 2—32　不同结构组合中前字声调音高曲线对比图

（a）前字阴平；（b）前字阳平；（c）前字上声；（d）前字去声。

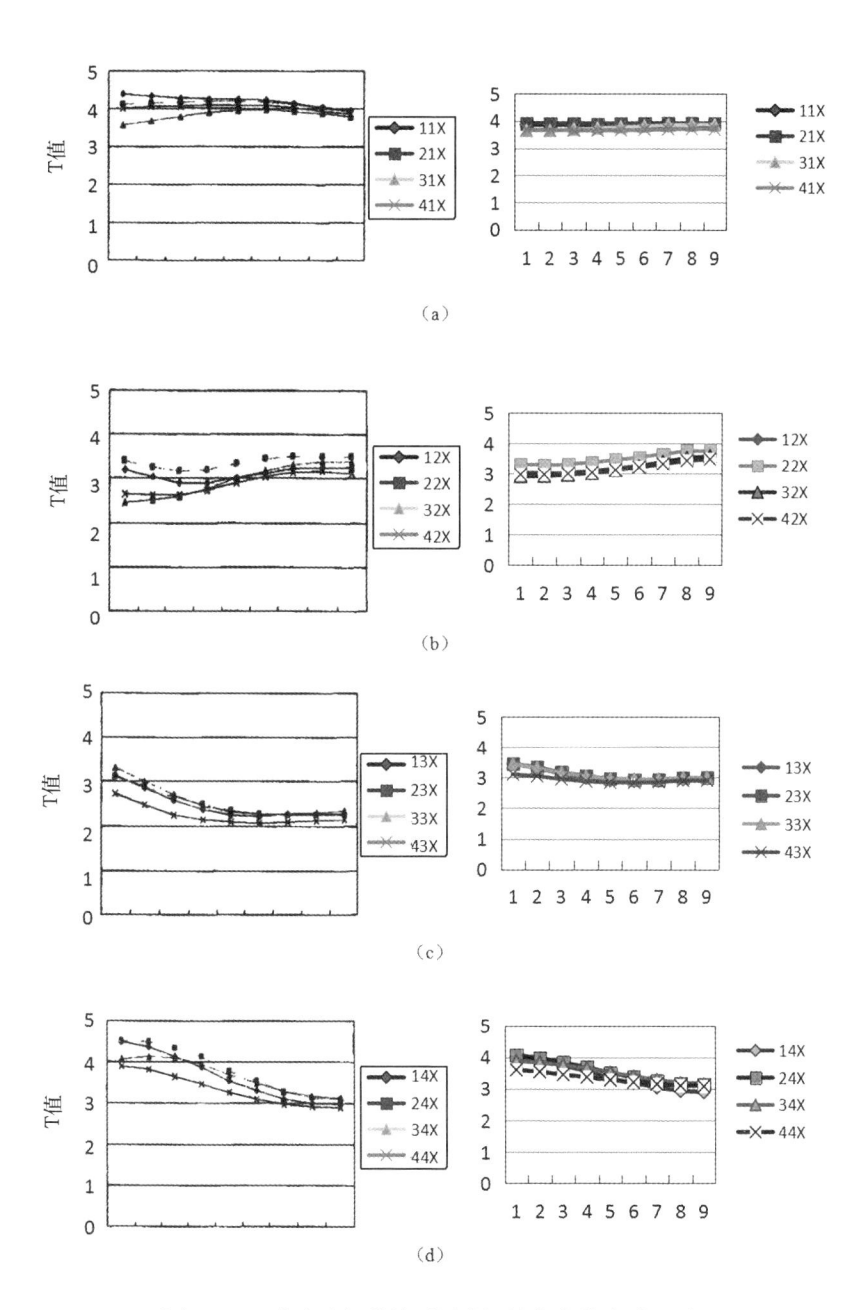

图 2—33　中字声调前接不同声调的音高曲线对比图

（a）中字阴平；（b）中字阳平；（c）中字上声；（d）中字去声。

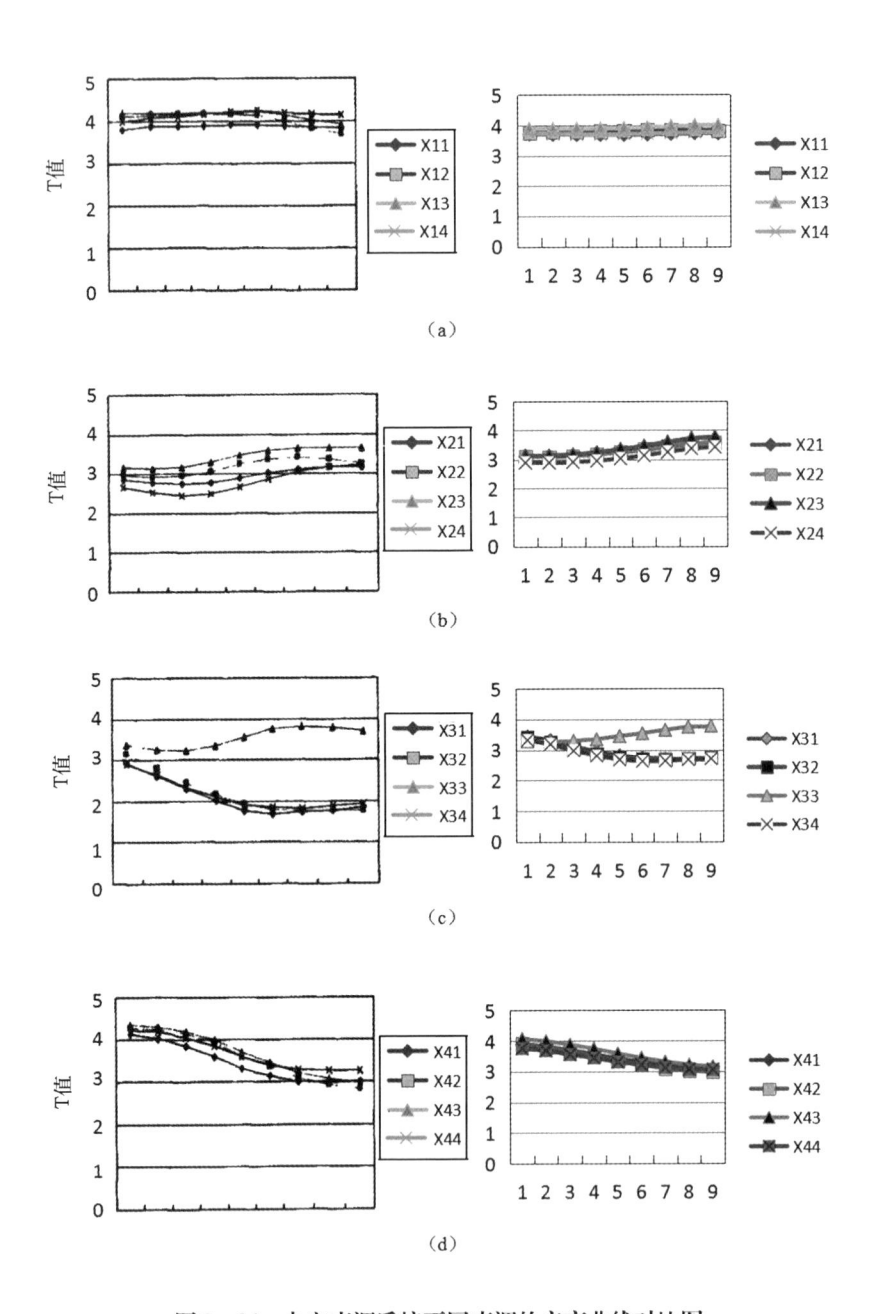

图 2—34 中字声调后接不同声调的音高曲线对比图

(a) 中字阴平；(b) 中字阳平；(c) 中字上声；(d) 中字去声。

构上声音高分别都是基本一致。邓丹（2007）普通话三字组中字去声整体音高1+2型高于2+1型；而上海普通话与之相反，但差异很小。

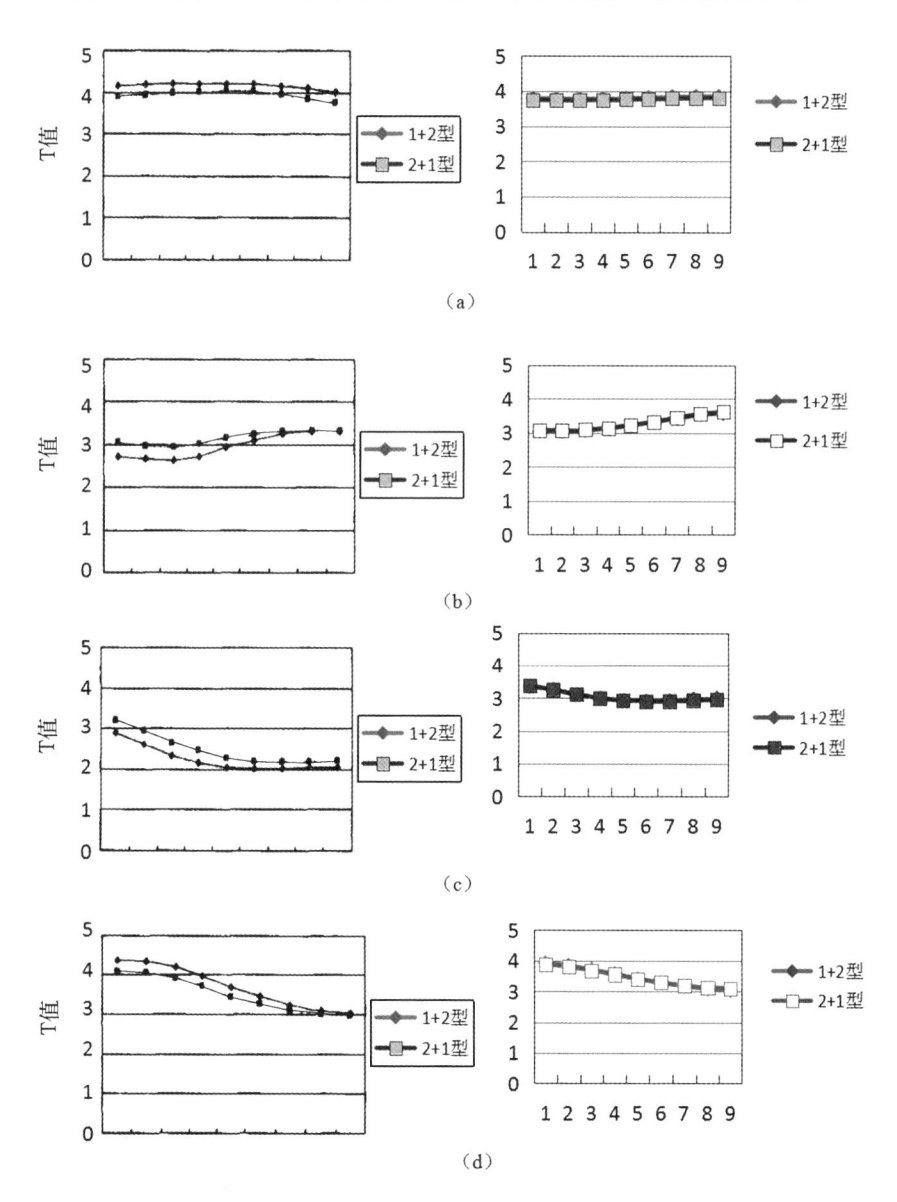

图2—35　不同组合结构中字声调音高曲线对比图
（a）中字阴平；（b）中字阳平；（c）中字上声；（d）中字去声。

图2—36（a—d）是后字声调前接不同声调的音高曲线对比图，由图可知，普通话与上海普通话三字组后字声调均受中字声调同化作用的影响。后字为阴平时，对比差异表现为普通话三字组后字调尾有下倾倾向，而上海普通话后字调尾却有小幅上升的趋势。后字为阳平时，对比差异表现为普通话三字组后字调头部分音高差异较大，整体较低，而上海普通话差异较小。后字为上声和去声时，上海普通话三字组后字的调头音高分布范围很小，而普通话分布范围较大。

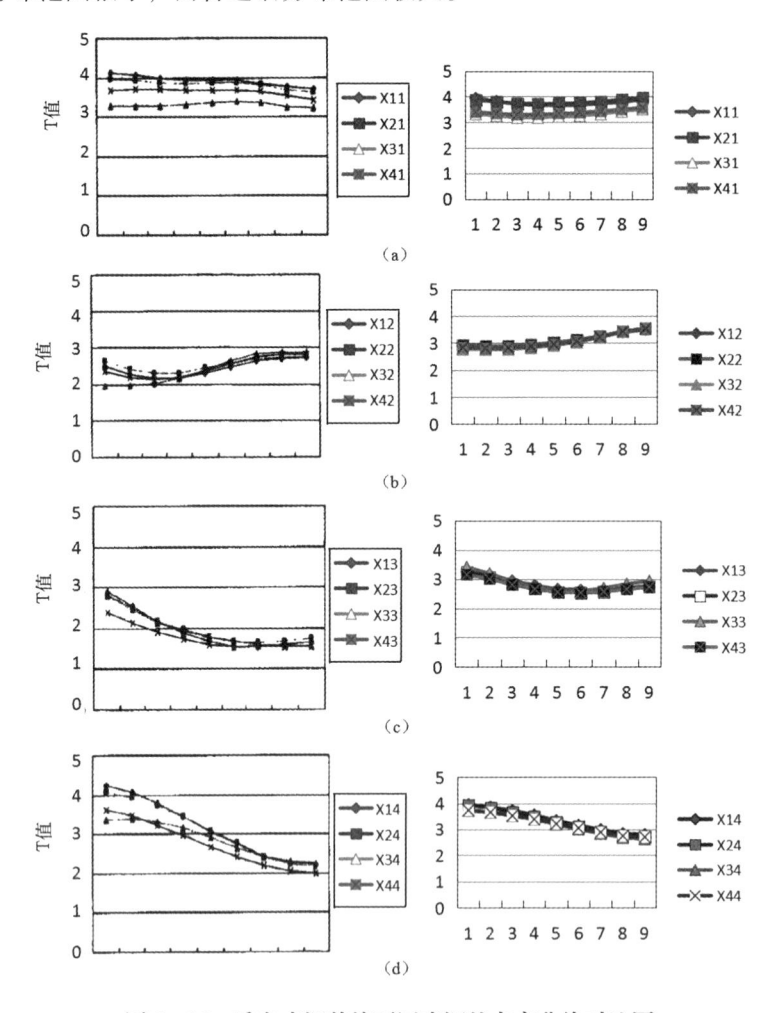

图2—36 后字声调前接不同声调的音高曲线对比图

（a）后字阴平；（b）后字阳平；（c）后字上声；（d）后字去声。

(四) 上海普通话三字组中阳平调与上声变调阳平的对比分析

三字组中上声相连产生变调的情况与两字组相似，具体的变调规则根据组合的不同而有差别，三字组的上声变调成阳平的情况有以下两种：

（1）两个上声与一个非上声相连，第一个上声变为阳平，包括阴平+上声+上声，阳平+上声+上声，去声+上声+上声，上声+上声+阴平，上声+上声+阳平，上声+上声+去声六种组合；

（2）三个上声相连时，在2+1的组合形式中，前两个上声都变为阳平；在1+2的组合形式中，只有中字上声变为阳平。

针对以上两种情况，再对上声变成阳平的所有情况进行平均化处理，得到阳平调与上声变为阳平的对比图，如图2—37所示。

表2—2　　　　　　　　阳平调与上声变阳平 *T* 值数据

阳平	3	2.99	3.02	3.07	3.16	3.26	3.4	3.54	3.61
上声变阳平	3.2	3.18	3.2	3.25	3.35	3.45	3.57	3.68	3.72

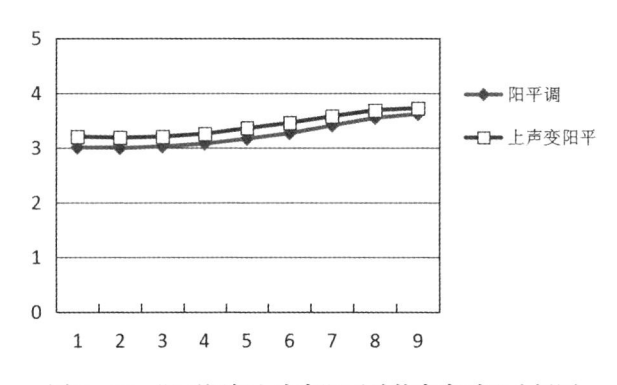

图2—37　阳平调与上声变阳平总体音高对比分析图

上海人说普通话的阳平调与上声变调的音高曲线都分布在4度以内，阳平调的整体音高都低于上声变成阳平调的音高。

对三字组不同位置的阳平调与上声变阳平对比，针对三字组阳平调出现的不同位置，按照前、中、后分别对阳平调进行点对点的平均计算。

三字组上声变成阳平调的情况只出现在前字与中字两个位置，按照不同位置分别进行平均计算，以此得到三字组不同位置上的阳平调与上声变阳平的声调对比图：

表2—3　　　　三字组不同位置上阳平调与上声变阳平 T 值数据

前字	阳平	3.1	3.1	3.13	3.19	3.29	3.4	3.54	3.66	3.71
	上声变阳平	3.05	3.05	3.1	3.18	3.31	3.44	3.61	3.75	3.81
中字	阳平	3.06	3.05	3.08	3.13	3.22	3.32	3.43	3.54	3.59
	上声变阳平	3.29	3.28	3.3	3.35	3.45	3.54	3.65	3.75	3.78
后字	阳平	2.85	2.82	2.84	2.88	2.97	3.07	3.23	3.42	3.53

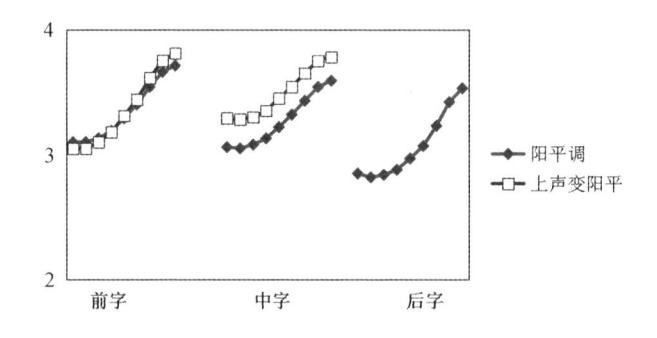

图2—38　三字组不同位置上阳平调与上声变阳平音高对比分析图

从图2—38中可以看出：中字上声变成阳平的起点音高最大，前字上声变成阳平调的终点音高最大，后字阳平起点音高与终点音高均为最低；后字阳平的整体音高最低，音高曲线在其他音高曲线之下。中字上声变阳平的整体音高最大，声调曲线处在最上方；前字位置上阳平与上声变阳平的音高差异不大，中字位置上阳平与上声变阳平的音高差异显著。后字上声最低，应该是音高下倾的作用。

（五）上海普通话单字调与三字组声调的对比分析

为进一步探寻上海人讲普通话三字组时的音高特点，我们将三字组中不同位置上的不同声调与相应的上海普通话单字调①进行详细对比,从对比单字调音高与三字组音高的差异入手,展示上海人讲普通话时的孤立发音状况与受语流影响而产生的变化。

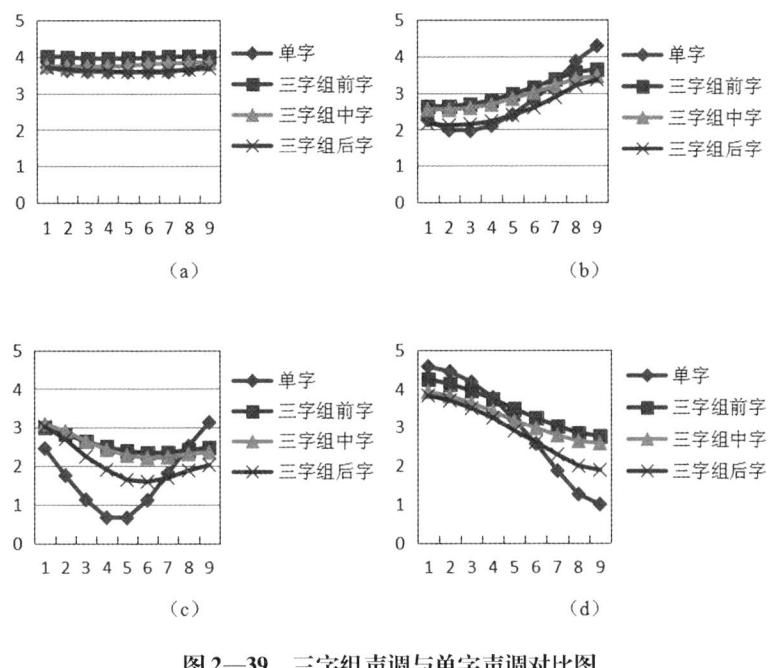

图 2—39 三字组声调与单字声调对比图

(a) 阴平;(b) 阳平;(c) 上声;(d) 去声。

(1) 在上海普通话三字组中,不同位置阴平调的整体音高表现为前字阴平最高,中字阴平次之,后字阴平最低。在四条阴平调曲线中,单字阴平调整体音高最低,前字阴平最高;单字阴平调与后字阴平的整体音高差异不大;四条音高曲线总体上都呈现出接近水平分布的趋势。

(2) 在上海普通话三字组中,不同位置阳平调的整体音高表现为前字最高,中字次之,后字最低。在四条阳平调曲线中,单字阳平调前后起伏跨度明显大于三字组不同位置上的阳平调起伏跨度。

---

① 上海普通话单字调的数据来源:黄靖雯:《上海普通话单字调与双字调的实验与研究》,硕士学位论文,北京语言大学,2017 年。

(3) 在上海普通话三字组中，不同位置上声调的整体音高表现为前字高于中字，中字高于后字。在四条上声调曲线中，前字和中字音高曲线在调型上都表现为微降后平的低平调；单字上声调折点前音高曲线的下降幅度与折点之后的上升幅度均明显区别于三字组的后字上声调音高曲线。

(4) 在上海普通话三字组中，不同位置去声调的整体音高表现为前字高于中字，中字高于后字。在四条去声调曲线中，四条音高曲线在调型上都表现为由高到低的降调，单字去声调音高曲线的起点最高，终点最低，下降幅度明显大于三字组中的去声调音高曲线。

四 上海普通话三字组语音样本的统计分析

在声调格局中，我们用平均值加减标准差来得到各个声调的主体分布空间。

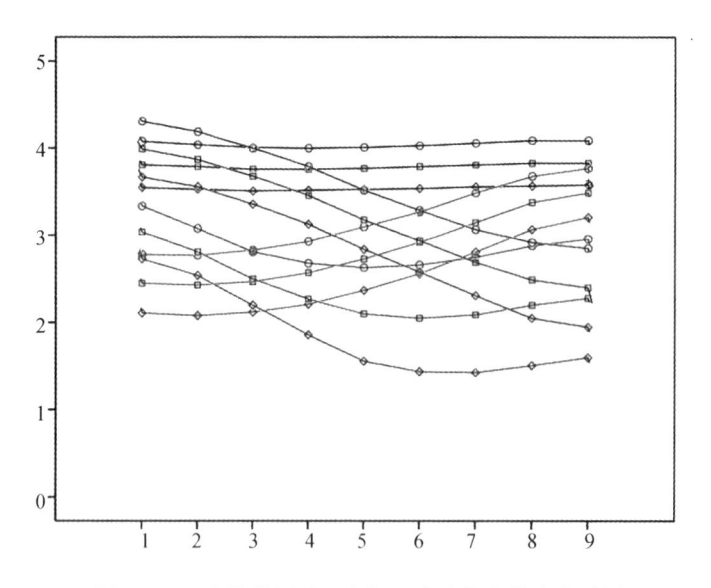

图2—40 上海普通话三字组四声总体主体分布总图

(一) 上海普通话三字组四声主体分布分析

阴平调位于调域中上部的平调。阳平调是位于调域中部的升调，具有起始为凹结尾为凸的特点。上声调是位于调域中下部的低降/平调。去声调是位于调域上中部的降调，音高曲线具有先凸后凹的特征表现。（见图2—40）

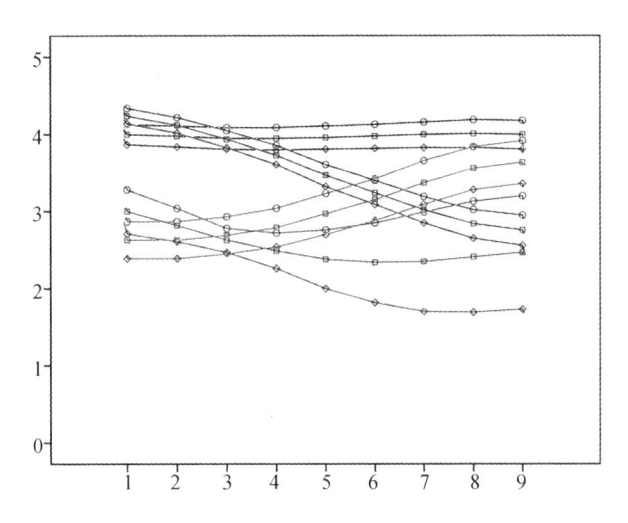

图2—41　上海普通话三字组前字四声主体分布总图

前字阴平调位于调域的中上部，调值可记作45或55。前字阳平调位于调域的中部，调值可记作34。前字上声调位于调域中部，调值可记作434或322。前字去声调位于调域中上部，调值可记作53。（见图2—41）

中字阴平调分布在调域的中上部，调值可记作44或45。中字阳平调是位于调域上中部的升调，调值可记作34。中字上声调位于调域中部，调值可记作434或322。中字去声调位于调域中上部的降调，调值可记作53或43。（见图2—42）

后字阴平调位于调域的中上部，调值可记作44。后字阳平调位于调域上中部的升调，调值可记作34或24。后字上声调位于调域中部的曲折调，调值可记作423或322。后字去声调位于调域中上部，调值可记作53或42。（见图2—43）

（二）上海普通话三字组不同位置上的四声主体分布对比分析

为了详细说明每个调类的具体情况，进一步明确上海人讲普通话时，四个声调在三字组不同位置上的主体分布表现，相对位置关系，以及各

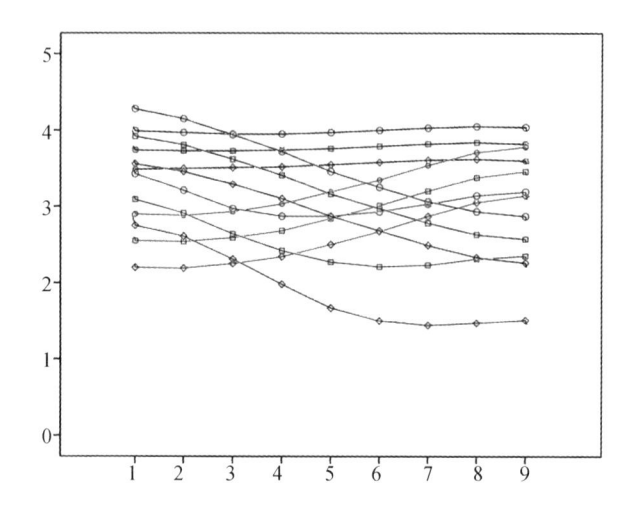

图 2—42　上海普通话三字组中字四声主体分布总图

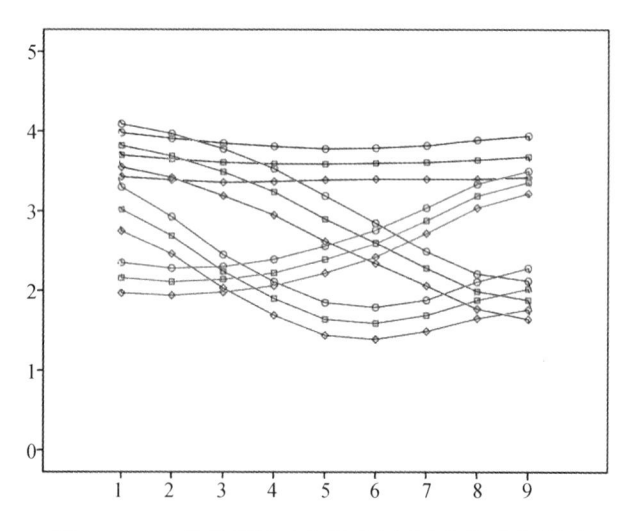

图 2—43　上海普通话三字组后字四声主体分布总图

自稳态段与动态段的分布位置,我们分别对三字组不同位置的主体分布总图进行拆分,重新按照同一调类在不同位置的表现做出对比分析。具体的主体分布情况如图 2—44 所示:

阴平调分布较为均匀,稳态段与动态段区别并不明显;阳平调的调

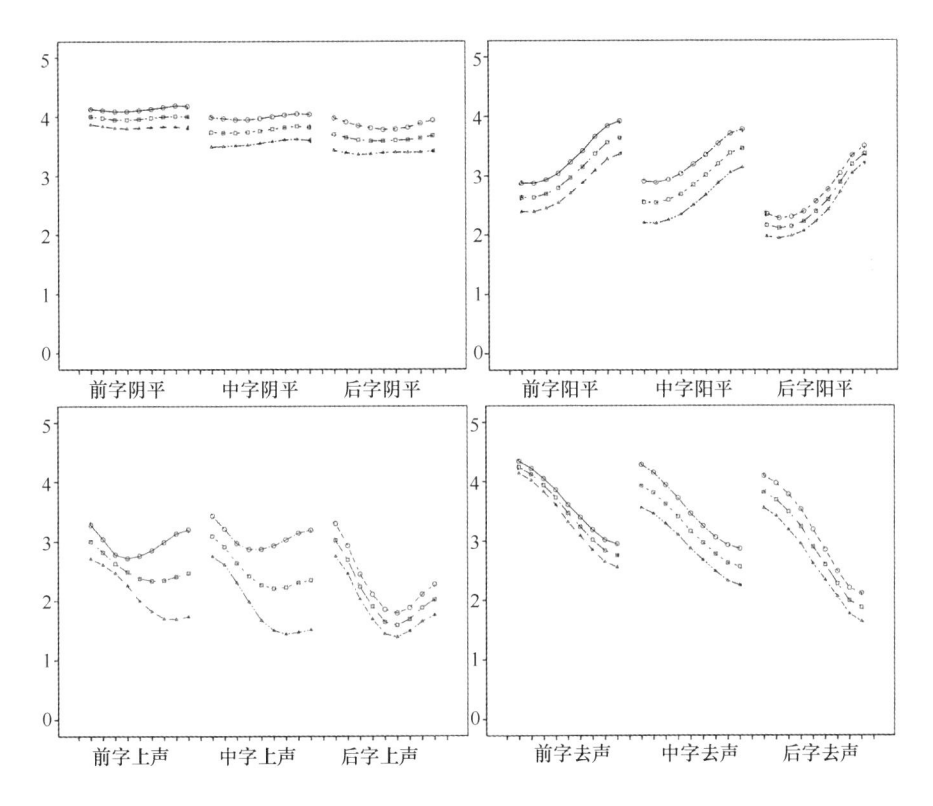

图 2—44　四个声调在三字组不同位置上的主体分布

头、调干标准差的差别稍大，为动态段，中字的离散程度最大，后字最为集中；前字上声与中字上声的分布状况与后字上声差别较大，调干与调尾 T 值数据的离散程度显著，后字上声数据的集中程度较高；去声调在三字组中不同位置上主体分布各异，前字去声调头集中，调尾分散，中字与后字则相反，表现为调头分散，调尾集中。

（三）北京普通话与上海普通话三字组四声主体分布对比分析

图 2—45 反映的是北京人与上海人讲普通话三字组时的四声总体主体分布对比情况。左侧图是北京普通话三字组声调的主体分布情况[1]，右侧

---

[1] 北京普通话三字组声调的数据来源：及转转：《普通话三字组连读变调的实验研究》，硕士学位论文，北京语言大学，2017 年。

图是上海普通话三字组声调的主体分布情况。后面的各图与此相同。

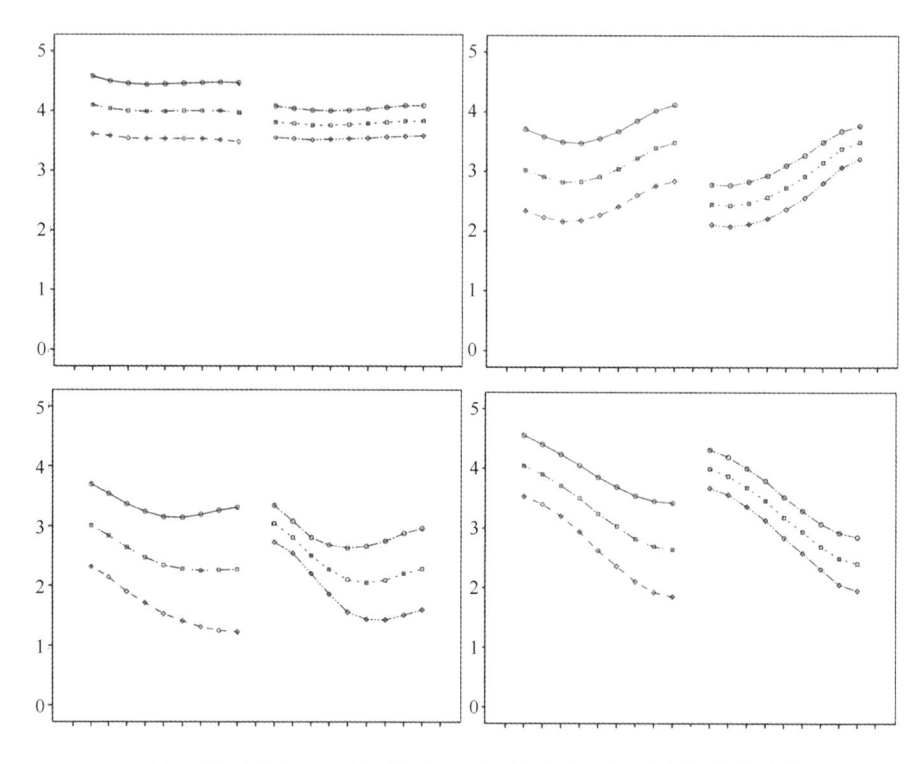

图 2—45 北京普通话与上海普通话三字组四声总体主体分布对比

阴平调：上海普通话三字组阴平调与北京普通话三字组一样，在调型上都是平调。阳平调：上海普通话三字组与北京普通话三字组阳平调在调型上均为升调。上声调：上海普通话三字组与北京普通话三字组上声调在调型上均为低降/平调。去声调：两者在调型上均表现为降调。共同的特点是：北京普通话主体分布范围较大而上海普通话则比较小。

图 2—46 反映的是北京人与上海人讲普通话三字组前字声调的主体分布对比情况：

阴平调：上海普通话三字组前字阴平调与北京普通话三字组前字阴平调一样，在调型上也不是绝对的水平。阳平调：上海普通话三字组与北京普通话三字组前字阳平调在调型上均为升调。上声调：与北京普通话三字组前字上声调相比，上海普通话三字组前字上声调的上线较低，

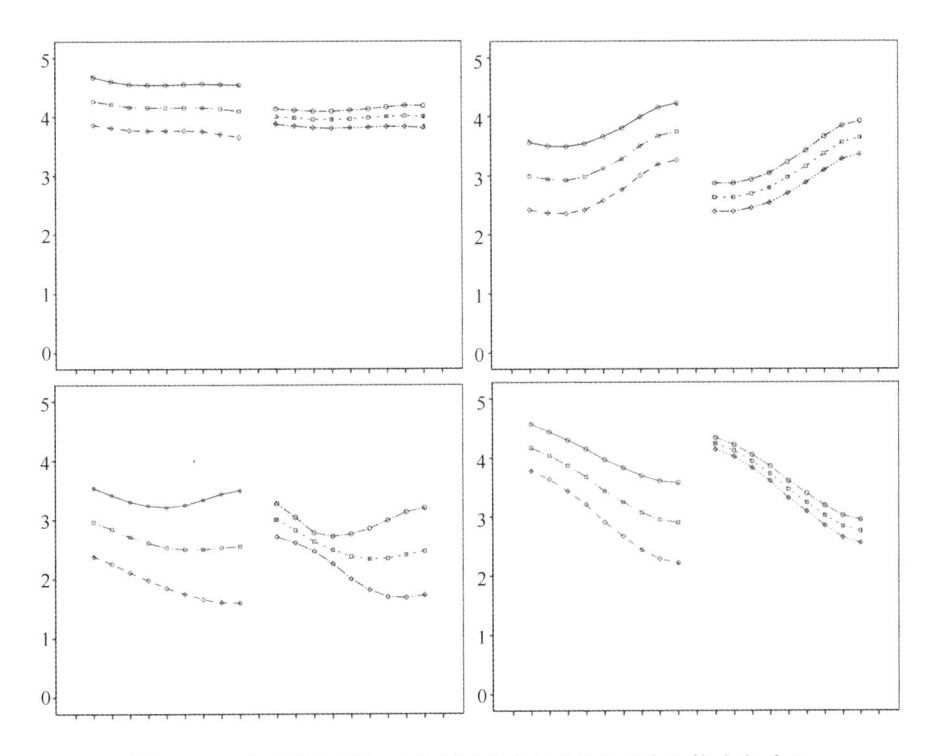

图2—46　北京普通话与上海普通话三字组前字四声主体分布对比

下线较高，北京普通话前字上声调的整体标准差要大于上海普通话三字组上声调。去声调：上海普通话三字组前字去声调的调头和调尾均高于北京普通话三字组。

图2—47反映的是北京人与上海人讲普通话三字组中字声调的主体分布对比情况：

阴平调：从调型上看，上海普通话三字组中字阴平调与北京普通话三字组中字阴平调都不是绝对的水平。阳平调：上海普通话三字组与北京普通话三字组中字阳平调在起始段有"凹"特征的升调。上声调：在调型上，两者均是位于调域中下部的曲折调。去声调：上海普通话三字组中字去声调与北京普通话三字组中字去声调的整体音高曲线均集中分布在3到5度。

图2—48反映的是北京人与上海人讲普通话三字组时的后字声调的主体分布对比情况：

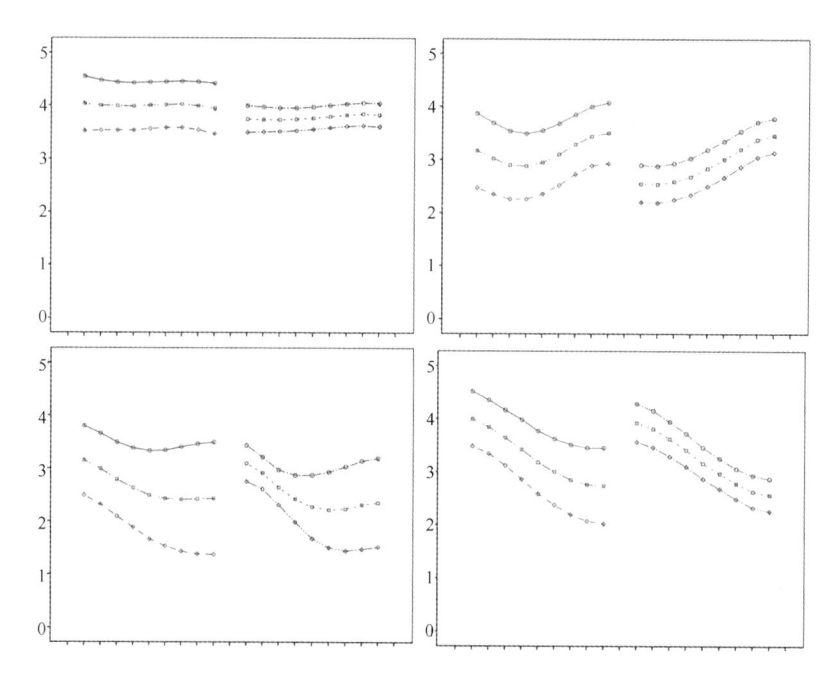

图 2—47　北京普通话与上海普通话三字组中字四声主体分布对比

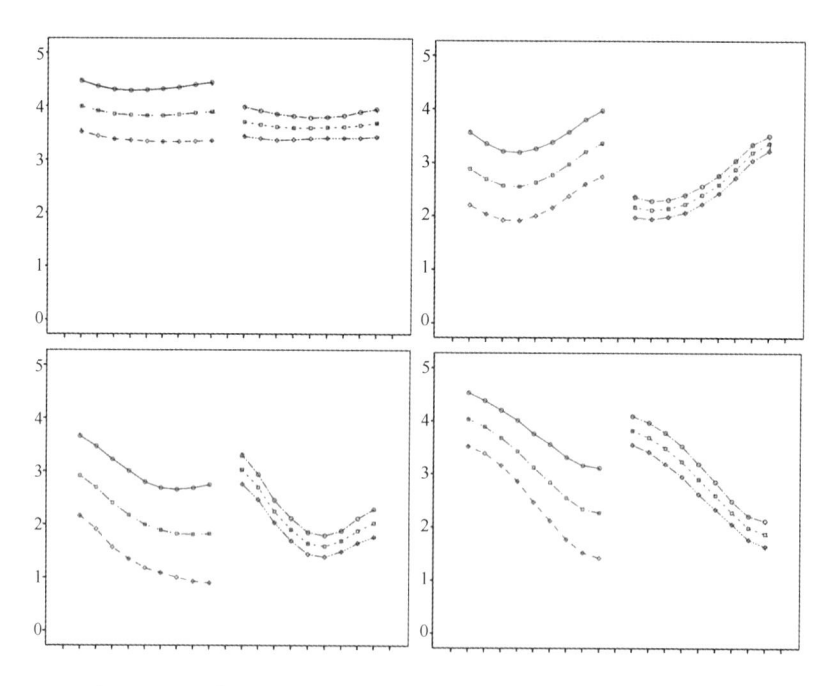

图 2—48　北京普通话与上海普通话三字组后字四声主体分布对比

阴平调：上海普通话三字组后字阴平调与北京普通话三字组后字阴平调都为高平调。阳平调：上海普通话三字组与北京普通话三字组后字阳平调都是位于调域中部的升调。上声调：在调型上均是位于调域中下部的曲折调，北京普通话后字上声调的整体标准差要大于上海普通话三字组上声调。去声调：上海普通话三字组后字去声调的调头和调尾都低于北京普通话。共同的特点是上海普通话四个声调主体分布范围都小于北京普通话。

五　结论

本文从音节位置、结构组合对音高趋势的影响、性别因素对音高表现的作用等角度出发，对上海普通话三字组声调进行了系统分析。结果表明，上海人讲普通话三字组时，不同的声调曲线在音高上有高低之分，这种高低差别是在区分相似调型、前字对后字的降阶作用、生理机制等因素的协同作用下形成的；在三字组的两种组合结构中，无论四个声调处在三字组的什么位置，女发音人的音高整体均高于男发音人。

上海普通话三字组中，前字阳平与中字阳平调型相对比较饱满，后字阳平处在发音过程的末尾，音高表现上比较低，阳平调整体音高普遍低于上声变成的阳平调；单字调的音高曲线除阴平调以外，前后起伏明显，变化幅度大于三字组不同位置上的音高曲线。

上海普通话三字组中，阴平调都表现为无明显的稳态段与动态段；阳平调的调头与调干数据分散程度相对较高，为动态段，调尾数据分布较为集中，为稳态段；上声调前字与中字音高曲线前后差别明显，调干集中程度最高，为稳态段；去声调前字调头集中，调尾分散，中字与后字则相反，表现为调头分散，调尾集中。

附录 A 上海普通话三字组声调实验的发音字表

声调组合	1+2	2+1	声调组合	1+2	2+1	声调组合	1+2	2+1	声调组合	1+2	2+1
111	开天窗	星期天	211	回家乡	石家庄	311	买冰箱	牡丹江	411	热伤风	半边天
112	说英文	公安局	212	迎新娘	年轻人	312	老江湖	广安门	412	大兵团	信天游
113	刚开始	新街口	213	忙生产	独生子	313	走西口	洗衣粉	413	大生产	豆浆碗
114	新出现	先锋队	214	拿机票	长辛店	314	煮鸡蛋	普通话	414	逛商店	汽车站
121	开房间	牵牛花	221	回农村	同情心	321	写文章	水银灯	421	去南京	自行车
122	当农民	清华园	222	别着急	阳澄湖	322	老黄牛	马头琴	422	坐轮船	外国人
123	喝凉水	西洋景	223	薄棉袄	篮球场	323	马局长	漂白粉	423	上茶馆	大门口
124	出洋相	三河县	224	玩魔术	白杨树	324	有文化	米黄色	424	坏习惯	报名处
131	开小差儿	山海关	231	拦火车	石景山	331	打冷枪	五指山	431	这几天	二里沟
132	修厂房	商品粮	232	填水池	朝鲜族	332	老好人	保险门	432	这两年	电子琴
133	新品种	公主岭	233	锄野草	王府井	333	老厂长	展览馆	433	卖雨伞	大使馆
134	吹口哨	生产队	234	学口哨	男子汉	334	老百姓	保险柜	434	做广告	驻马店
141	观日出	松树枝	241	白衬衫	文化宫	341	讲卫生	解放军	441	坐汽车	正式工
142	翻麦田	炊事员	242	玩象棋	德胜门	342	走后门	海盗船	442	过大年	大渡河
143	张校长	修配厂	243	学跳水	实验品	343	老战友	讲话稿	443	看电影	岔路口
144	新计划	街道办	244	查案件	合作社	344	打电话	启示录	444	旧社会	自动化

附录 B 上海普通话三字组声调实验数据

后接不同声调的前字声调 T 值数据

	1	2	3	4	5	6	7	8	9
11X	3.86	3.84	3.82	3.81	3.82	3.82	3.84	3.84	3.84
12X	3.94	3.92	3.91	3.9	3.91	3.91	3.9	3.89	3.86
13X	4.04	4.02	4.01	4.01	4.02	4.04	4.07	4.09	4.08
14X	3.96	3.94	3.93	3.92	3.94	3.96	3.99	4.01	4.01
21X	3.06	3.05	3.08	3.12	3.19	3.28	3.41	3.53	3.58
22X	3.14	3.14	3.19	3.26	3.38	3.5	3.64	3.75	3.8
23X	3.15	3.15	3.19	3.26	3.39	3.52	3.69	3.82	3.87
24X	3.04	3.04	3.06	3.11	3.19	3.29	3.41	3.52	3.58

续表

	1	2	3	4	5	6	7	8	9
31X	3.37	3.24	3.11	3	2.9	2.84	2.81	2.81	2.82
32X	3.4	3.26	3.1	2.99	2.89	2.83	2.8	2.8	2.83
33X	3.09	3.07	3.09	3.15	3.25	3.36	3.5	3.62	3.68
34X	3.38	3.25	3.08	2.94	2.83	2.77	2.75	2.78	2.81
41X	4.09	4	3.86	3.71	3.53	3.39	3.25	3.14	3.11
42X	4.13	4.04	3.9	3.75	3.57	3.43	3.29	3.18	3.12
43X	4.14	4.06	3.94	3.82	3.65	3.5	3.36	3.25	3.18
44X	4.13	4.05	3.92	3.79	3.62	3.49	3.37	3.28	3.25

不同结构组合中前字声调的 T 值数据

	结构组合	1	2	3	4	5	6	7	8	9
前字阴平	1+2 型	3.92	3.9	3.88	3.88	3.88	3.9	3.91	3.92	3.92
	2+1 型	3.98	3.96	3.95	3.95	3.96	3.97	3.98	3.99	3.98
前字阳平	1+2 型	3.1	3.09	3.12	3.17	3.26	3.36	3.49	3.61	3.66
	2+1 型	3.1	3.1	3.14	3.2	3.32	3.43	3.58	3.7	3.76
前字上声	1+2 型	3.32	3.21	3.08	3	2.94	2.91	2.92	2.96	3
	2+1 型	3.29	3.21	3.11	3.04	2.99	2.99	3	3.04	3.07
前字去声	1+2 型	4.13	4.04	3.91	3.77	3.59	3.44	3.31	3.21	3.17
	2+1 型	4.11	4.02	3.9	3.77	3.6	3.46	3.32	3.22	3.17

前接不同声调的中字声调的 T 值数据

	1	2	3	4	5	6	7	8	9
11X	3.87	3.86	3.84	3.83	3.82	3.83	3.84	3.85	3.84
21X	3.91	3.9	3.89	3.88	3.89	3.91	3.92	3.92	3.91
31X	3.64	3.65	3.69	3.73	3.77	3.81	3.85	3.87	3.86
41X	3.68	3.66	3.65	3.65	3.66	3.68	3.7	3.71	3.7
12X	3.04	3.02	3.04	3.09	3.18	3.27	3.37	3.47	3.52
22X	3.3	3.29	3.32	3.37	3.46	3.54	3.65	3.75	3.78
32X	2.91	2.92	2.96	3.02	3.12	3.24	3.39	3.52	3.58
42X	2.97	2.97	3	3.04	3.12	3.21	3.32	3.43	3.48

续表

	1	2	3	4	5	6	7	8	9
13X	3.44	3.31	3.13	2.99	2.9	2.88	2.89	2.94	2.97
23X	3.46	3.35	3.18	3.06	2.97	2.93	2.94	2.99	3.01
33X	3.45	3.32	3.16	3.05	2.97	2.95	2.96	3	3.02
43X	3.11	3.05	2.95	2.88	2.84	2.84	2.86	2.9	2.91
14X	4.04	3.93	3.74	3.55	3.34	3.18	3.04	2.93	2.89
24X	4.07	3.98	3.84	3.69	3.5	3.37	3.25	3.17	3.14
34X	3.88	3.83	3.75	3.65	3.52	3.4	3.29	3.19	3.15
44X	3.6	3.54	3.45	3.37	3.28	3.21	3.15	3.1	3.08

后接不同声调的中字声调的 T 值数据

	1	2	3	4	5	6	7	8	9
X11	3.71	3.7	3.69	3.69	3.69	3.7	3.72	3.74	3.73
X12	3.76	3.77	3.78	3.8	3.82	3.84	3.85	3.84	3.81
X13	3.89	3.89	3.89	3.9	3.92	3.95	3.98	4.01	4
X14	3.73	3.72	3.7	3.7	3.72	3.73	3.75	3.77	3.77
X21	3.11	3.1	3.12	3.17	3.24	3.32	3.43	3.53	3.59
X22	3.1	3.09	3.12	3.17	3.26	3.35	3.46	3.55	3.58
X23	3.13	3.13	3.17	3.24	3.35	3.46	3.6	3.72	3.77
X24	2.89	2.89	2.91	2.95	3.03	3.13	3.25	3.37	3.42
X31	3.44	3.32	3.12	2.95	2.81	2.73	2.69	2.69	2.71
X32	3.41	3.25	3.03	2.87	2.76	2.71	2.69	2.71	2.73
X33	3.29	3.28	3.3	3.35	3.45	3.54	3.65	3.75	3.78
X34	3.32	3.19	2.97	2.8	2.67	2.62	2.63	2.67	2.7
X41	3.88	3.81	3.69	3.56	3.41	3.3	3.19	3.12	3.09
X42	3.91	3.8	3.67	3.51	3.34	3.21	3.09	3.01	2.97
X43	4.06	3.99	3.87	3.74	3.58	3.44	3.31	3.21	3.15
X44	3.75	3.68	3.55	3.44	3.3	3.21	3.12	3.06	3.05

不同结构组合中中字声调的 T 值数据

结构组合		1	2	3	4	5	6	7	8	9
中字阴平	1+2 型	3.8	3.79	3.79	3.79	3.81	3.83	3.85	3.86	3.86
	2+1 型	3.75	3.74	3.75	3.75	3.77	3.78	3.8	3.81	3.8
中字阳平	1+2 型	3.04	3.04	3.07	3.12	3.21	3.31	3.42	3.53	3.57
	2+1 型	3.07	3.06	3.09	3.14	3.23	3.32	3.45	3.56	3.61
中字上声	1+2 型	3.35	3.25	3.1	2.99	2.92	2.9	2.92	2.97	3
	2+1 型	3.38	3.26	3.11	3	2.92	2.9	2.91	2.94	2.96
中字去声	1+2 型	3.92	3.84	3.71	3.57	3.4	3.28	3.17	3.08	3.04
	2+1 型	3.88	3.8	3.68	3.55	3.41	3.3	3.19	3.12	3.09

前接不同声调的后字声调的 T 值数据

	1	2	3	4	5	6	7	8	9
X11	2.87	2.84	2.85	2.89	2.98	3.08	3.23	3.4	3.5
X21	2.92	2.89	2.9	2.94	3.02	3.12	3.26	3.43	3.53
X31	2.77	2.76	2.77	2.82	2.91	3.03	3.21	3.42	3.54
X41	2.83	2.81	2.83	2.88	2.96	3.07	3.23	3.43	3.54
X12	2.87	2.84	2.85	2.89	2.98	3.08	3.23	3.4	3.5
X22	2.92	2.89	2.9	2.94	3.02	3.12	3.26	3.43	3.53
X32	2.77	2.76	2.77	2.82	2.91	3.03	3.21	3.42	3.54
X42	2.83	2.81	2.83	2.88	2.96	3.07	3.23	3.43	3.54
X13	3.33	3.16	2.94	2.78	2.65	2.62	2.63	2.7	2.75
X23	3.26	3.07	2.83	2.66	2.55	2.52	2.56	2.66	2.73
X33	3.42	3.2	2.9	2.72	2.6	2.59	2.69	2.83	2.93
X43	3.15	3	2.8	2.65	2.55	2.53	2.57	2.65	2.72
X14	3.95	3.85	3.71	3.55	3.33	3.15	2.99	2.84	2.8
X24	3.92	3.83	3.67	3.5	3.28	3.11	2.92	2.77	2.72
X34	3.72	3.65	3.53	3.39	3.2	3.01	2.84	2.69	2.63
X44	3.73	3.65	3.52	3.38	3.21	3.05	2.89	2.75	2.71

不同结构组合中后字声调的 T 值数据

调类	结构组合	1	2	3	4	5	6	7	8	9
后字阴平	1+2 型	3.74	3.63	3.54	3.52	3.55	3.57	3.63	3.73	3.81
	2+1 型	3.53	3.47	3.42	3.41	3.44	3.46	3.51	3.58	3.65
后字阳平	1+2 型	2.89	2.86	2.87	2.9	2.98	3.09	3.25	3.43	3.54
	2+1 型	2.81	2.79	2.81	2.86	2.95	3.06	3.22	3.41	3.51
后字上声	1+2 型	3.34	3.15	2.9	2.73	2.61	2.58	2.63	2.73	2.8
	2+1 型	3.24	3.06	2.84	2.68	2.56	2.55	2.6	2.69	2.77
后字去声	1+2 型	3.78	3.69	3.55	3.4	3.22	3.05	2.9	2.77	2.73
	2+1 型	3.88	3.79	3.66	3.5	3.29	3.11	2.92	2.76	2.7

男女发音人前字音高对比数据

调类	结构组合	1	2	3	4	5	6	7	8	9
前字阴平	女 1+2 型	4.1	4.09	4.07	4.08	4.08	4.1	4.12	4.14	4.14
	女 2+1 型	4.14	4.13	4.13	4.13	4.14	4.15	4.17	4.19	4.18
	男 1+2 型	3.75	3.72	3.69	3.68	3.69	3.7	3.71	3.72	3.71
	男 2+1 型	3.82	3.8	3.78	3.78	3.79	3.79	3.8	3.8	3.79
前字阳平	女 1+2 型	3.28	3.28	3.29	3.32	3.39	3.48	3.59	3.7	3.74
	女 2+1 型	3.2	3.2	3.23	3.27	3.35	3.43	3.56	3.68	3.74
	男 1+2 型	2.92	2.92	2.96	3.02	3.14	3.25	3.4	3.52	3.58
	男 2+1 型	2.94	2.95	3	3.08	3.22	3.35	3.51	3.64	3.7
前字上声	女 1+2 型	3.47	3.35	3.23	3.14	3.07	3.04	3.03	3.05	3.08
	女 2+1 型	3.46	3.38	3.28	3.22	3.16	3.15	3.15	3.18	3.2
	男 1+2 型	3.08	2.97	2.85	2.77	2.72	2.7	2.73	2.8	2.86
	男 2+1 型	3.13	3.04	2.94	2.87	2.83	2.83	2.86	2.91	2.95
前字去声	女 1+2 型	4.28	4.2	4.1	3.98	3.83	3.71	3.59	3.5	3.46
	女 2+1 型	4.24	4.17	4.07	3.97	3.83	3.72	3.6	3.5	3.46
	男 1+2 型	4	3.89	3.73	3.57	3.36	3.19	3.04	2.93	2.88
	男 2+1 型	3.98	3.88	3.73	3.57	3.38	3.22	3.06	2.94	2.89

男女发音人中字音高对比数据

调类	结构组合	1	2	3	4	5	6	7	8	9
中字阴平	女1+2型	3.97	3.96	3.96	3.97	3.98	4	4.03	4.05	4.05
	女2+1型	3.91	3.91	3.92	3.93	3.94	3.96	3.99	4.01	4
	男1+2型	3.61	3.6	3.59	3.6	3.61	3.63	3.66	3.67	3.66
	男2+1型	3.59	3.58	3.58	3.59	3.6	3.62	3.63	3.63	3.61
中字阳平	女1+2型	3.2	3.19	3.21	3.25	3.33	3.41	3.51	3.62	3.67
	女2+1型	3.25	3.24	3.26	3.29	3.36	3.45	3.58	3.68	3.73
	男1+2型	2.84	2.84	2.88	2.95	3.06	3.17	3.29	3.4	3.44
	男2+1型	2.89	2.89	2.92	2.99	3.09	3.2	3.32	3.45	3.5
中字上声	女1+2型	4.05	3.99	3.88	3.77	3.64	3.53	3.44	3.36	3.33
	女2+1型	4.01	3.95	3.86	3.76	3.64	3.55	3.46	3.39	3.37
	男1+2型	3.72	3.64	3.5	3.34	3.16	3.02	2.9	2.8	2.76
	男2+1型	3.71	3.63	3.5	3.37	3.21	3.09	2.98	2.89	2.86
中字去声	女1+2型	3.55	3.47	3.35	3.25	3.19	3.18	3.19	3.23	3.25
	女2+1型	3.52	3.42	3.3	3.21	3.13	3.13	3.15	3.16
	男1+2型	3.13	3.03	2.89	2.79	2.75	2.76	2.81	2.89	2.93
	男2+1型	3.17	3.07	2.94	2.85	2.8	2.79	2.83	2.87	2.9

男女发音人后字音高对比数据

调类	结构组合	1	2	3	4	5	6	7	8	9
后字阴平	女1+2型	3.91	3.88	3.85	3.84	3.85	3.86	3.88	3.92	3.96
	女2+1型	3.85	3.83	3.82	3.82	3.83	3.84	3.86	3.89	3.91
	男1+2型	3.53	3.48	3.44	3.43	3.44	3.46	3.48	3.52	3.55
	男2+1型	3.51	3.48	3.46	3.46	3.47	3.49	3.5	3.53	3.56
后字阳平	女1+2型	3.1	3.06	3.06	3.08	3.12	3.2	3.33	3.5	3.59
	女2+1型	3.02	3.01	3.02	3.05	3.11	3.2	3.35	3.53	3.62
	男1+2型	2.68	2.65	2.67	2.71	2.82	2.96	3.13	3.32	3.42
	男2+1型	2.61	2.59	2.62	2.68	2.79	2.92	3.1	3.29	3.41
后字上声	女1+2型	3.54	3.37	3.15	2.99	2.86	2.81	2.82	2.88	2.93
	女2+1型	3.51	3.34	3.13	2.98	2.85	2.81	2.83	2.88	2.92
	男1+2型	3.12	2.9	2.63	2.44	2.33	2.33	2.41	2.55	2.65
	男2+1型	3.11	2.9	2.64	2.46	2.34	2.33	2.41	2.52	2.62

续表

调类	结构组合	1	2	3	4	5	6	7	8	9
后字去声	女1+2型	3.93	3.84	3.71	3.57	3.41	3.26	3.13	3.01	2.97
	女2+1型	4.02	3.95	3.84	3.69	3.51	3.35	3.17	3.02	2.96
	男1+2型	3.62	3.53	3.38	3.22	3.01	2.83	2.65	2.51	2.46
	男2+1型	3.74	3.64	3.49	3.32	3.08	2.88	2.67	2.51	2.45

上海普通话单字调与三字调的对比数据

调类			1	2	3	4	5	6	7	8	9
阴平	单字		3.71	3.62	3.59	3.58	3.58	3.57	3.58	3.65	3.79
	三字组	前字	4	3.98	3.95	3.95	3.96	3.98	4	4.01	4
		中字	3.74	3.73	3.73	3.74	3.76	3.79	3.82	3.84	3.82
		后字	3.7	3.65	3.61	3.59	3.59	3.6	3.61	3.64	3.68
阳平	单字		2.26	1.98	1.96	2.1	2.4	2.82	3.28	3.86	4.28
	三字组	前字	2.63	2.63	2.69	2.79	2.97	3.15	3.37	3.56	3.64
		中字	2.55	2.54	2.59	2.68	2.84	3.01	3.2	3.38	3.46
		后字	2.16	2.11	2.14	2.22	2.39	2.59	2.88	3.19	3.36
上声	单字		2.45	1.75	1.12	0.66	0.65	1.11	1.8	2.51	3.13
	三字组	前字	3	2.82	2.63	2.49	2.38	2.34	2.35	2.41	2.47
		中字	3.09	2.91	2.64	2.42	2.27	2.21	2.23	2.31	2.35
		后字	3.02	2.69	2.24	1.9	1.64	1.59	1.69	1.88	2.02
去声	单字		4.57	4.44	4.17	3.77	3.18	2.56	1.86	1.25	0.99
	三字组	前字	4.24	4.12	3.94	3.73	3.47	3.24	3.02	2.84	2.76
		中字	3.92	3.81	3.62	3.41	3.16	2.97	2.78	2.63	2.57
		后字	3.82	3.69	3.49	3.24	2.9	2.6	2.28	1.99	1.88

上海普通话三字组总体主体分布统计数据

调类		1	2	3	4	5	6	7	8	9
阴平	平均值	3.81	3.79	3.76	3.76	3.77	3.79	3.81	3.83	3.83
	标准差	0.26	0.26	0.25	0.24	0.24	0.24	0.25	0.26	0.26
	平均值+标准差	4.07	4.05	4.01	4	4.01	4.03	4.06	4.09	4.09
	平均值-标准差	3.55	3.53	3.51	3.52	3.53	3.55	3.56	3.57	3.57

续表

调类		1	2	3	4	5	6	7	8	9
阳平	平均值	2.45	2.43	2.47	2.57	2.73	2.92	3.15	3.38	3.49
	标准差	0.34	0.34	0.35	0.36	0.37	0.36	0.34	0.3	0.28
	平均值+标准差	2.79	2.77	2.82	2.93	3.1	3.28	3.49	3.68	3.77
	平均值−标准差	2.11	2.09	2.12	2.21	2.36	2.56	2.81	3.08	3.21
上声	平均值	3.04	2.81	2.5	2.27	2.1	2.05	2.09	2.2	2.28
	标准差	0.3	0.27	0.3	0.41	0.53	0.61	0.66	0.68	0.68
	平均值+标准差	3.34	3.08	2.80	2.68	2.63	2.66	2.75	2.88	2.96
	平均值−标准差	2.74	2.54	2.2	1.86	1.57	1.44	1.43	1.52	1.6
去声	平均值	3.99	3.87	3.68	3.46	3.18	2.94	2.69	2.49	2.4
	标准差	0.32	0.32	0.32	0.33	0.34	0.36	0.38	0.43	0.45
	平均值+标准差	4.31	4.19	4	3.79	3.52	3.30	3.07	2.92	2.85
	平均值−标准差	3.67	3.55	3.36	3.13	2.84	2.58	2.31	2.06	1.95

上海普通话三字组前字主体分布统计数据

调类		1	2	3	4	5	6	7	8	9
前字 阴平	平均值	4	3.98	3.95	3.95	3.96	3.98	4	4.01	4
	标准差	0.13	0.13	0.14	0.15	0.15	0.16	0.16	0.18	0.18
	平均值+标准差	4.13	4.11	4.10	4.10	4.11	4.14	4.16	4.19	4.18
	平均值−标准差	3.87	3.85	3.81	3.8	3.81	3.82	3.84	3.83	3.82
前字 阳平	平均值	2.63	2.63	2.69	2.79	2.97	3.15	3.37	3.56	3.64
	标准差	0.24	0.24	0.24	0.25	0.27	0.27	0.28	0.28	0.28
	平均值+标准差	2.87	2.87	2.93	3.04	3.24	3.42	3.65	3.84	3.92
	平均值−标准差	2.39	2.39	2.45	2.54	2.7	2.88	3.09	3.28	3.36
前字 上声	平均值	3	2.82	2.63	2.49	2.38	2.34	2.35	2.41	2.47
	标准差	0.29	0.21	0.15	0.23	0.38	0.51	0.64	0.72	0.74
	平均值+标准差	3.29	3.03	2.78	2.72	2.76	2.85	2.99	3.13	3.21
	平均值−标准差	2.71	2.61	2.48	2.26	2	1.83	1.71	1.69	1.73
前字 去声	平均值	4.24	4.12	3.94	3.73	3.47	3.24	3.02	2.84	2.76
	标准差	0.1	0.1	0.11	0.13	0.15	0.16	0.17	0.19	0.19
	平均值+标准差	4.34	4.22	4.05	3.86	3.61	3.4	3.19	3.03	2.95
	平均值−标准差	4.14	4.02	3.83	3.60	3.32	3.08	2.85	2.65	2.57

上海普通话三字组中字主体分布统计数据

调类		1	2	3	4	5	6	7	8	9
中字阴平	平均值	3.74	3.73	3.73	3.74	3.76	3.79	3.82	3.84	3.82
	标准差	0.25	0.23	0.22	0.22	0.21	0.21	0.21	0.21	0.22
	平均值+标准差	3.99	3.96	3.95	3.96	3.97	4	4.03	4.05	4.04
	平均值−标准差	3.49	3.5	3.51	3.52	3.55	3.58	3.61	3.63	3.6
中字阳平	平均值	2.55	2.54	2.59	2.68	2.84	3.01	3.2	3.38	3.46
	标准差	0.35	0.34	0.34	0.35	0.35	0.34	0.33	0.33	0.32
	平均值+标准差	2.9	2.88	2.93	3.03	3.19	3.35	3.53	3.71	3.78
	平均值−标准差	2.2	2.20	2.25	2.33	2.49	2.67	2.87	3.05	3.14
中字上声	平均值	3.09	2.91	2.64	2.42	2.27	2.21	2.23	2.31	2.35
	标准差	0.34	0.3	0.33	0.45	0.6	0.71	0.79	0.84	0.84
	平均值+标准差	3.43	3.21	2.97	2.87	2.87	2.92	3.02	3.15	3.19
	平均值−标准差	2.75	2.61	2.31	1.97	1.67	1.5	1.44	1.47	1.51
中字去声	平均值	3.92	3.81	3.62	3.41	3.16	2.97	2.78	2.63	2.57
	标准差	0.36	0.34	0.33	0.31	0.3	0.28	0.28	0.3	0.31
	平均值+标准差	4.28	4.15	3.95	3.72	3.46	3.25	3.06	2.93	2.88
	平均值−标准差	3.56	3.47	3.29	3.1	2.86	2.69	2.50	2.33	2.26

上海普通话三字组后字主体分布统计数据

调类		1	2	3	4	5	6	7	8	9
后字阴平	平均值	3.7	3.65	3.61	3.59	3.59	3.6	3.61	3.64	3.68
	标准差	0.28	0.26	0.24	0.22	0.19	0.19	0.21	0.24	0.26
	平均值+标准差	3.98	3.91	3.85	3.81	3.78	3.79	3.82	3.88	3.94
	平均值−标准差	3.42	3.39	3.37	3.37	3.40	3.41	3.4	3.4	3.42
后字阳平	平均值	2.16	2.11	2.14	2.22	2.39	2.59	2.88	3.19	3.36
	标准差	0.19	0.17	0.16	0.17	0.17	0.17	0.16	0.15	0.14
	平均值+标准差	2.35	2.28	2.3	2.39	2.56	2.76	3.04	3.34	3.5
	平均值−标准差	1.97	1.94	1.98	2.05	2.22	2.42	2.72	3.04	3.22
后字上声	平均值	3.02	2.69	2.24	1.9	1.64	1.59	1.69	1.88	2.02
	标准差	0.27	0.24	0.21	0.21	0.21	0.2	0.19	0.23	0.26
	平均值+标准差	3.29	2.93	2.45	2.11	1.85	1.79	1.88	2.11	2.28
	平均值−标准差	2.75	2.45	2.03	1.69	1.43	1.39	1.50	1.65	1.76

续表

调类		1	2	3	4	5	6	7	8	9
后字去声	平均值	3.82	3.69	3.49	3.24	2.9	2.6	2.28	1.99	1.88
	标准差	0.27	0.28	0.29	0.29	0.28	0.25	0.22	0.22	0.24
	平均值+标准差	4.09	3.97	3.78	3.53	3.18	2.85	2.50	2.21	2.12
	平均值标准差	3.55	3.41	3.20	2.95	2.62	2.35	2.06	1.77	1.64

第 三 章

广州普通话

第一节　单字调及双字调统计分析
孔翠翠

一　引言

自从普通话推广工作展开以来，普通话已经在全国范围内得到广泛普及。但是受母语方言的影响，各方言区在习得普通话时表现出不同方面不同程度的偏误，尤其是语音偏误表现最为明显，这些语音方面的偏误可分为辅音、元音和声调方面的偏误。

研究方言区普通话与标准普通话之间的差异，以及考察不同社会因素对其系统差异的影响是语言规范研究的重要方面。方言区普通话的研究可以为了解方言区的普通话习得情况提供数据基础，使人们深入理解语言的系统性和社会性，其结果也对语言接触研究以及方言区普通话的教学具有一定的意义。

科学的实验方法和严谨的统计分析是实验语言学的重要基础。在实验语言学的研究中，石锋、冉启斌、王萍（2010）提出了"语音格局"（Sound Pattern）的概念。用语音实验的方法把系统中的各种对应一致的关系进行量化分析和统计图示，就成了语音格局，其内容包含语音的切分和定位特征，音位变体的表现和描写，不同音位的分布关系，等等。（石锋，2002）格局的观念和方法是探索语言系统性的有力工具。语音格局一般包括元音格局、辅音格局、语调格局等。汉语等声调语言还包括声调格局，这也是本节的研究重点。声调格局包括一种语言或方言中全部单字调所构成的格局，以及两字组、多字组连读声调的格局。

声调格局的可视表现就是声调格局图。声调格局图的横坐标是归一化的时长，纵坐标是相对化的音高，用 T 值表示。采用实验的方法分析汉语各方言区普通话的声调格局，可以为了解方言区普通话提供客观的量化依据，为考察汉语各方言区的方言对普通话影响的不同特点以及语言接触理论提供更加丰富、客观的材料。而且比较不同语言或方言的声调格局，可以考察语言的共性特征和类型区分，因此具有语言类型学的意义。

本节的研究对象为汉语七大方言中粤方言的代表方言广州话。100 位母语为广州话的发音人参与了实验录音。本节从中收集 50 位发音人的数据，考察了广州普通话的声调格局。本节的研究目的是描写广州普通话的单字音及双字音的声调格局，通过描写发现广州普通话与北京普通话声调格局的差异，并考察广州话对广州普通话声调系统的影响。本节基于较大样本数据采集及统计分析，目的是要对广州普通话的声调格局进行客观描写，同时利用分组统计的方法探究性别因素对广州普通话习得的影响，考察广州普通话声调共时状态下的一致性和差异性，并在此基础上分析广州普通话与北京普通话的差异，探究广州话对广州话母语者在习得普通话时可能产生的影响。

二 相关文献综述

（一）普通话声调研究

普通话单字调有阴平、阳平、上声、去声四个调类，其调值用传统的五度值标记法可分别标注为 [55]、[35]、[214]、[51]。但普通话四声的调值并非是绝对的一成不变的数值，它可以同时存在很多变体。如石锋、王萍（2006a，2006b）通过对 52 位北京发音人的语料进行声学测量和统计分析，得到北京话单字调的调值分别为阴平 [55]、阳平 [335] 或 [35]、上声 [313] 和去声 [52]。

石锋、王萍（2006a）根据数据的离散程度区分出了稳态段（离散程度小）和动态段（离散程度大），稳态段通常是声调的特征点所在。北京话四声的特征点分别是：阴平的起点和终点，阳平的终点，上声的折点以及去声的起点。相比于动态段，稳态段在调位内部变体中差异更小，承载了更多调位信息，对于调位的区分作用更大。影响语言差异的因素很多，比如性别和年龄。石锋、王萍（2006b）对北京话声调内部的性别及年龄差异做了分析，发现：性别及年龄的组间差异只是调位内部变体分布的不同，这种差异反映出性别及年龄等社会因素对于发音的影响；另外，调位变体分布的差异主要表现在声调的动态段上。

关于普通话四声的时长，Xu（1997）的测量结果为：在孤立单念情况下，阴平247毫秒，阳平273毫秒，上声349毫秒，去声214毫秒，与一般的研究结果相似，普通话四声单字调通常上声最长，去声最短。

对于两字调模式的分析，由于各种因素的影响，双字组前字或后字的声调相比于单字音的声调会发生一些变化，这些因素包括语境（语气、情感等的不同）、词在句子中的位置以及前后字的相互影响等。Xu（1997）考察了双字词在孤立以及有负载句情况下的声调变化情况，发现前字对后字主要为同化作用，即后字声调的起始段会趋同于前字声调的调尾段；后字对前字主要表现为异化作用，除前字是上声的情况外，后字低起始会使前字测量点的最大值及整体音高提升。

目前关于普通话双字组中的时长模式研究没有一致的结果。王晶、王理嘉（1993）发现句中双字组的前字要长于后字。Lai等（2010）对句中处于非边界位置的双字组的时长模式进行了研究，也发现句中双字组的时长通常表现为前字略长于后字。林茂灿等（1984）则发现孤立的双字组后字时长要长于前字。

（二）*广州话声调研究*

关于广州话单字调，本节把不同研究的研究结果整理在一起，总结为表3—1。根据前人研究结果，可以看到一般认为广州话声调有9个，包括阴平、阳平、阴上、阳上、阴去、阳去、上阴入、下阴入、阳入，但不同的研究在其调类的变体及调值上的结果则存在一些差异。（贝先明，2010）各研究的不同结果证明了广州话声调在不同发音人之间、不同时间上存在差异。

关于粤语双字音声调模式的研究很少，Lee等（2002）对香港粤语的两字组声调组合模式中前后字的音高、音强及时长进行了分析，发现：对于同一个声调，前字的音高和音强要高于后字，而音长则是后字长于前字。

（三）广州话与普通话声调对比研究

根据以往研究，本节总结了广州话与普通话声调的几点差异，大致如下：（1）粤语的声调数量要远多于普通话，粤语声调一般有 9 个，有的地方甚至最多有 14 个。（2）粤语中有入声调，而普通话的四声都是长音，没有发音短而促的入声。（3）粤语的声调都是直调，要么平，要么升，要么降，没有如普通话上声（214）这样的曲折调。（4）粤语声调的平调、升调、降调和"入声调"的数量都不止一个。平调有 3 个，包括上阴平、阴去以及阳去，相互之间调值差异较小。降调有 4 个，包括阳平、上阴入、下阴入、阳入。升调有两个，包括阳上，阴上。而普通话的平调（阴平）、升调（阳平）、降调（去声）和曲折调（上声）都各只有一个。

（四）粤方言区普通话的声调研究

从习得的角度看，习得过程中最难掌握的往往是两套语言系统中相似却又稍有差异的地方。粤方言与普通话之间调类、调值存在差异同时又具有相对较整齐的复杂对应关系，因此普通话的声调是粤语地区学习者的难点之一。到目前为止，关于广州普通话声调格局的研究还比较少。人们对粤方言区普通话的研究源于对粤方言区普通话声调习得的教学的关注。

林露（2007）采用问卷调查的方法对香港粤方言区不同学习层次的成年女性学员的普通话单字发音进行了考察，发现：四声习得难度顺序从难到易为上声＞阳平＞去声＞阴平。

林露（2007）同时还考察了香港普通话双字词的声调偏误情况，相比单字的错误率，除上声的组合外，其他各声调组合的错误率都呈现出上升模式。

金健等（2008）分别测量了广州普通话、北京普通话以及广州话的各声调调值，其中广州普通话四声调值分别为 44、24（也可描写为 224）、212、52。

唐慧丽（2013）对南宁（粤方言区）普通话的单字调进行了相应的解释：受"粤语声调的升降幅度都不大"特点的影响，发音人把普通话中原本大幅升降的调值读成了小幅升降的调值，如把去声"51"读成了

"31";受"粤语声调的调值大多在中低区徘徊"特点的影响,发音人把普通话中原本在高调域的调值做了降低处理,如把阴平"55"读成了"33",把阳平"35"读成了"13";受"粤语声调中没有曲折调"的影响,发音人把普通话中的上声"214"读成了"21",只保留了前半段的小幅降调而没有后面"升"的特征。

(五)本节研究内容

本节通过收集较大样本数据,采用声调格局的理念,运用声学实验的分析手段,希望可以得到广州普通话单字及双字音声调格局的客观结果,并在此基础上将实验结果与北京普通话以及广州话的声调格局进行对比,以期发现广州普通话声调格局与北京普通话的差异,探究广州话对广州普通话的声调习得产生的影响。

三 实验说明

(一)实验材料

发音字表包括单音字表和双字词表。

表3—1　　　　　　　　广州普通话单字发音字表

四声	例字
阴平	巴 逼 扑 多 低 搭 溜 居 锅 兵
阳平	拔 鼻 葡 夺 迪 达 留 局 国 平
上声	把 比 普 躲 底 打 柳 举 果 丙
去声	罢 闭 铺 舵 地 大 六 句 过 病

表3—2　　　　　　　　广州普通话双字组发音字表

前字＼后字	阴平	阳平	上声	去声
阴平	星期	光荣	工厂	骄傲
阳平	平安	重阳	如果	迟到
上声	始终	厂房	写稿	考试
去声	唱歌	事实	历史	电视

(二) 实验发音人

发音人随机来自于广州大学和广州城市职业学院年龄在18到22岁之间的大学生。这些发音人多来自广州市的越秀区、荔湾区、海珠区和白云区,还有少数发音人来自天河区、番禺区、黄埔区及增城区,其父母大部分祖籍广州,且在家中日常交流语言为粤语,入学以后接触普通话。本节在最初收集语音样本时,随机选取了男生、女生各50人。随后在提取基频曲线做大样本统计时又从中各选取发音良好、基频曲线清晰的男女样本各25个,因此最后得到50人的发音数据(在统计分析中,双字词的语音样本为49个)。

(三) 实验方法

1. 音高数据的收集及分析方法

录音在安静的环境中进行,录音使用的软件为 Cooledit 2.0 语音软件,采样频率为22050赫兹,16位,单声道。录音时要求发音人以正常语速和适当音量清晰地发音。

利用南开大学开发的"桌上语音工作室"(Mini-Speech-Lab),对于单字,每个声调提取9个点,每个点有10个(10个例字)基频数据,这样每个发音人共有 $10 \times 9 \times 4 = 360$ 个基频数据。根据石锋、冉启斌、王萍(2010)提出的基于大样本数据的统计分析方法(T值公式如下)计算每个发音人各声调的 T 值。

$$T = \{[\lg x - \lg(\min - SD\min)] / [\lg(\max + SD\max) - \lg(\min - SD\min)]\} \times 5 \qquad (3—1)$$

对于双字组,每个发音人共有9(测量点)×2(两个字)×16(声调组合) = 288个基频数据。与单字音不同,双字组中每种声调组合只有一个例词,所以每个发音人在每个测量点的数据上不存在平均值,因此本节采用石锋(1986)使用的 T 值计算方法(T 值公式如下)。

$$T = [(\lg x - \lg b) / (\lg a - \lg b)] \times 5 \qquad (3—2)$$

2. 音高相对化数据的统计分析

得到相对化后的 T 值数据后,本节使用 SPSS 统计分析软件对数据进行了进一步的统计分析,并将数据中的个别离群值剔除出去以保证数据的整体客观性。

石锋(1994)认为声调格局中的声调占据的不是一条线而是一条带状的声学空间,因此可以利用平均值加减标准差的办法来得到这样一条声调带状空间的分布图,其中"平均值-标准差"为声调格局带状图的下线,"平均值+标准差"为声调格局带状图的上线。标准差也反映了每个声调不同测量点上数据分布的集中程度。根据石锋、王萍(2006a)的研究,本节依据声调曲线各测量点上数据分布的集中程度划分出了声调的稳态段和动态段。稳态段的数据一般比较集中,因其较高的稳定性而往往承载着声调的主要信息。动态段的数据则相对离散,变化的可能性较大,因此承载的声调信息相对于稳态段较少。本文在广州普通话单字音的声调格局分析中还根据性别的不同进行了分组统计,考察了共时状态下声调格局内部的差异性。另外,在分析单字声调格局时,本文同时对大样本中各声调的极值进行了分析,作出了单字音声调格局的极限分布图。最后本文对广州普通话单字各声调的时长进行了简要分析。

对于广州普通话双字音的声调格局,本节只分析了16种声调组合中各声调的均值(方法同单字),通过与单念时四声的比较探究了双字组中前字对后字的影响以及后字对前字的影响,并且对双字词中前后字的时长模式进行了考察。

四 广州普通话单字的声调格局

(一) 四声调值的主体分布

经过数据提取、计算及统计分析,本文得到50位发音人广州普通话单字的平均 T 值数据,并通过平均值加减标准差作出了广州普通话单字音声调格局的带状图[图3—1(a)]。其中横坐标表示归一化后的时长,纵坐标表示相对化的 T 值。本书将广州普通话声调格局与北京普通话[1][图3—1(b),具体数据见表3—8)和广州话的声调格局图[2][图3—1(c)]进行对比,如图3—1所示。

---

[1] 标准普通话声调格局图来源于张妍、石锋(2016),其声调格局的作法与本书一致。
[2] 广州话声调格局图来源于贝先明(2010)。

(a) 广州普通话声调格局

(b) 北京普通话声调格局

(c) 广州话声调格局（舒声）

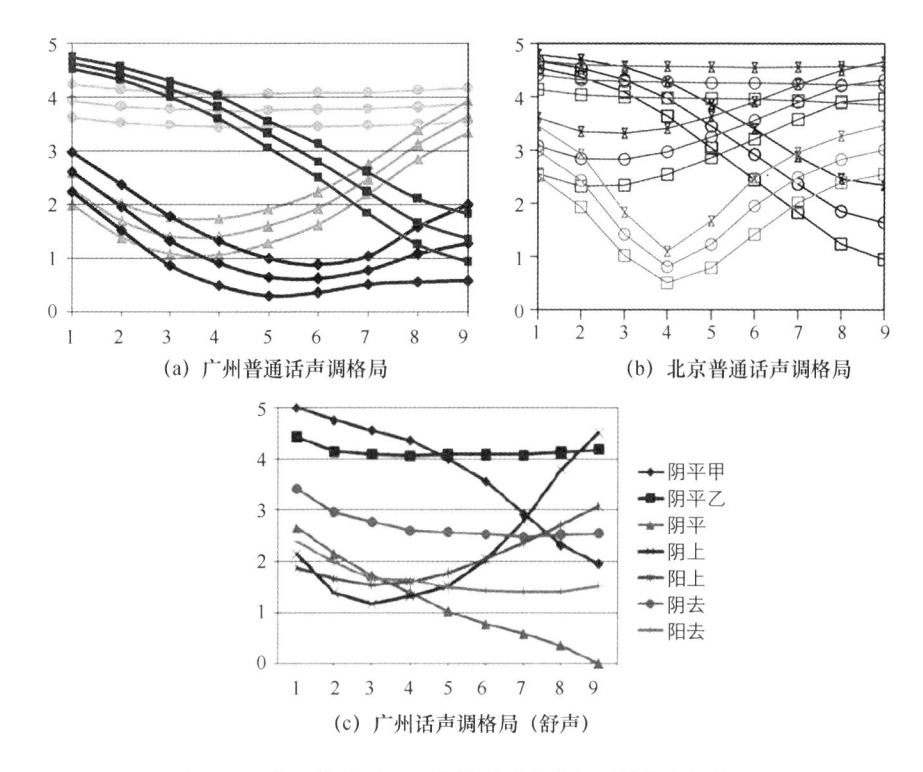

阴平甲
阴平乙
阴平
阴上
阳上
阴去
阳去

图3—1 广州普通话、北京普通话及广州话单字声调格局

阴平：总的来说，相比北京普通话，广州普通话阴平的调值稍低，调值可记为44。但二者同样都是高平调，全调处于调域的上部，各点相对稳定。

阳平：相对来说，阳平靠近终点的地方较稳定，可以看作稳态段，折点数据相对离散，可以看作动态段。其调值可以记为324。

北京普通话的阳平也是开头略降然后高升的调型。但不同的是，北京普通话阳平的起点更高，折点更靠前，降幅小于广州普通话，终点更高。虽然广州普通话的阳平与北京普通话之间存在以上不同，但二者的稳态段都是在调尾。总的来说，广州普通话阳平的调型与北京普通话基本相同，但受广州话阴上的影响，其起点更低，折点更靠后，"升"特征更明显。

上声：广州普通话的上声也是先降后升的调型，整个调型也有"凹"

的特征。上声的折点或最低点为其稳态段,终点为动态段。广州普通话上声调值可以记为312或311。广州普通话的阳平和上声都是先降后升具有"凹"特征的声调,但是二者之间有很多不同:与阳平调相比,广州普通话的上声起点更高,且上声的起点是全调的最高点,阳平的最高点则是终点;上声折点更靠后;上声的稳态段在折点或最低点附近,而阳平的稳态段在调尾,这些特点凸显了上声的"低"特征以及阳平的"升"特征。

值得注意的是,本节在提取基频数据以及测算 T 值数据时发现,广州普通话的上声有两种模式,这两种模式不仅在调型上不同,而且在时长上也存在很大的差异。一种调型是具有"凹"特征的先降后升的调型,有折点,50位发音人中有36人呈现这样的模式;另一种调型则是只降不升,下降之后呈低平的模式,几乎没有折点。本节将这两种模式单独进行了作图比较。图3—2是上声两种模式的主体分布。另外两种上声模式的时长也存在很大差异,无折点的上声的时长更短,有折点的上声因为多出"升"那部分特征,因此需要更长的时间,时长更长。

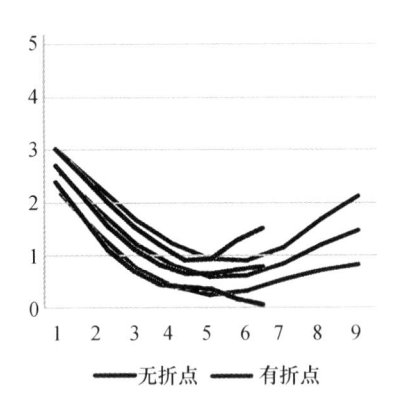

图3—2 广州普通话上声两种模式

广州普通话的上声与北京普通话之间存在很大的差异。本节认为广州普通话的上声受到广州话和北京普通话的影响:其调型要么与广州话的阳平相似,是一个低降调;要么受普通话影响在"低降"的基础上加一个"升"的特征,但受广州话没有典型曲折调的影响,其"升"的幅度要比标准普通话小很多;但无论是否有折点,与北京普通话相同,广州普通话上声"低"的特征也比较明显。

去声:与北京普通话相同,广州普通话的去声是一个高降调,起点为稳态段,终点为动态段。其调值可记为52。

(二) 四声主体分布的分组统计

本书根据发音人的性别差异对 T 值数据进行了分组统计分析。图3—3是用广州普通话男、女生四声的平均值及加减标准差作出的声调格局带状图。四声的平均值曲线相当接近,但同时呈现有规律的差异,即女生的声调曲线基本都位于男生声调曲线的上方。下文对男、女生的四声格局图进行具体分析,并与北京普通话的男女差异进行对比[①],如图3—4所示。

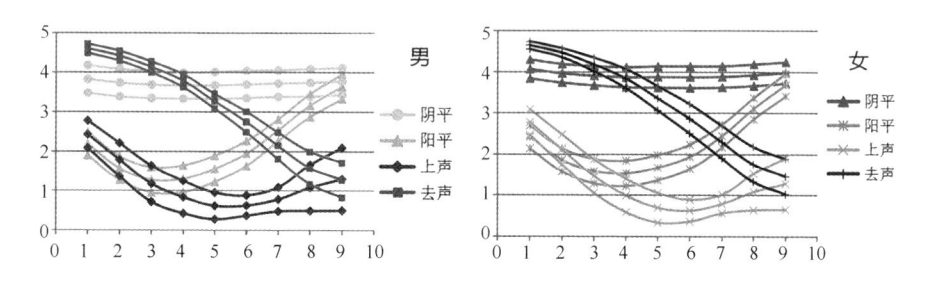

图3—3 广州普通话男女生单字声调格局

通过分析,本节的结论与北京普通话基本相同,男女生的声调调型基本一致,但存在系统性的细微差别,如女生声调曲线基本都在男生上方;一般情况下特征点所代表的稳态段差异并不明显,稍大一些的差异都出现在动态段;T 值差异较大的点都在阳平的起点和折点、上声的起点和去声的终点;标准差较大的点都是在阳平的折点、上声的终点和去声的终点。另外,四声中除去声外,男生的数据内部离散程度比女生大,女生表现比男生更稳定。

[①] 北京普通话单字四声的男女差异数据同样来源于张妍、石锋(2016)。具体数据可参见本书表3—11:北京普通话四声的性别差异数据。

166 / 第一编 声调研究

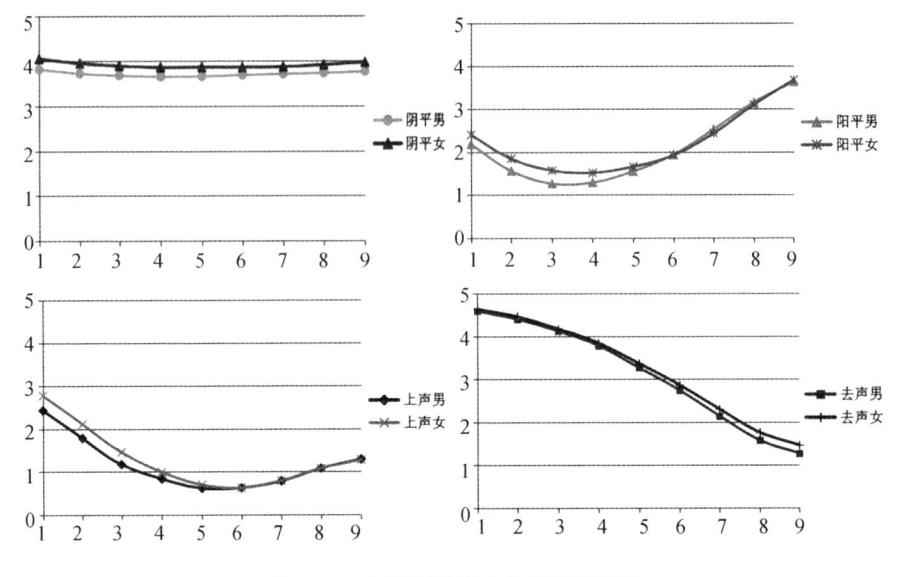

图3—4 广州普通话四声的性别差异

（三）四声调值的极值分布

本节将统计分析后 50 个发音人每个测量点的数据进行整理，找出每个测量点的最大值和最小值作图，可以得到广州普通话四声的极值分布图，并与北京普通话四声的极值分布图①做比较，如图3—5 所示。

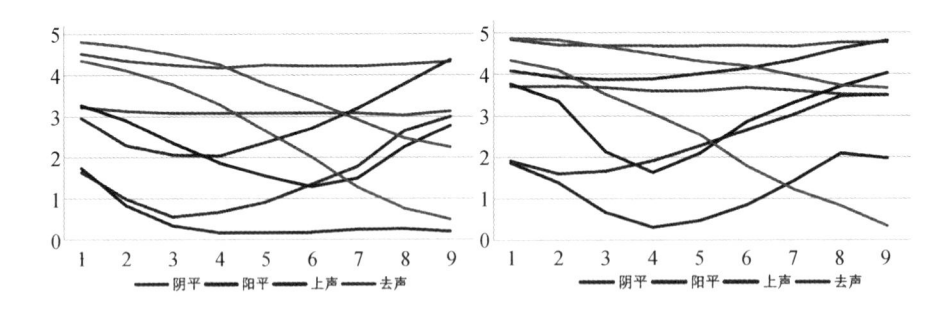

图3—5 广州普通话（左）和北京普通话（右）单字调的极值分布

---

① 北京普通话四声的极值分布图来源于张妍、石锋（2016）。具体数据见本书表3—13：北京普通话四声的极值分布数据。

为了方便比较，本节将四声调值的主体分布与极值分布放在同一图中，如图3—6所示。

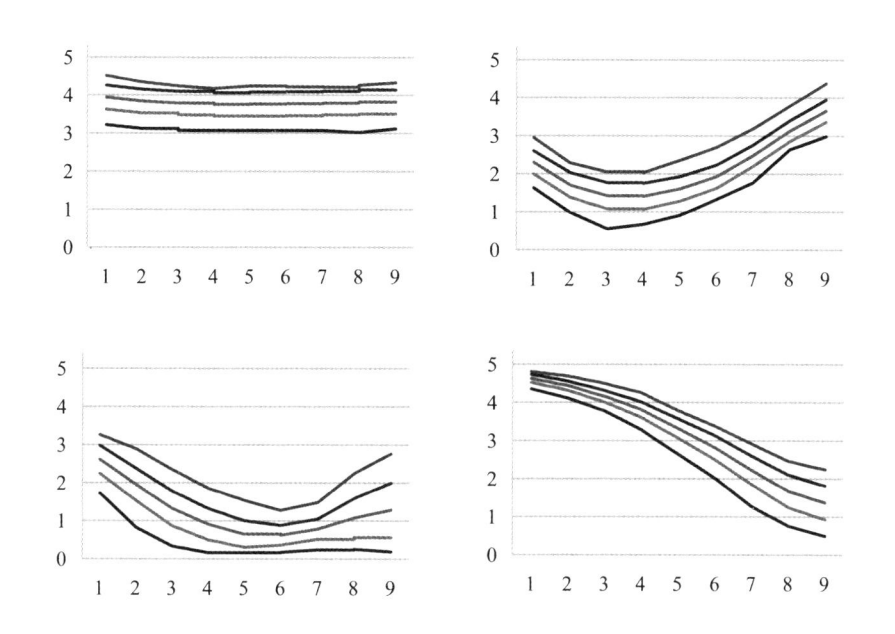

图3—6 广州普通话四声的极值分布与主体分布

（中间的曲线是平均值，靠近中间的上下两条曲线是主体分布，外侧的上下两条曲线是极值分布）

可以看到，广州普通话四声的极值分布趋势与其主体分布趋势相同：阴平具有"高平"的特点，阳平具有明显"升"的特征，上声"低"特征显著，去声具有"高降"的特点。

（四）*广州普通话单字音时长分析*

音高是声调的主要变量，时长是声调的另一个重要的声学变量。本书根据50位发音人每个声调10个例字的音长数据，即每个声调50×10＝500个样本，得到了广州普通话四声时长的平均值，如表3—3所示，并按时长比作出了广州普通话的四声曲线分布图，如图3—7所示。

表3—3　　　　　　　　　广州普通话单字调四声时长

四声	阴平	阳平	上声	去声
时长（毫秒）	330	364	307	194

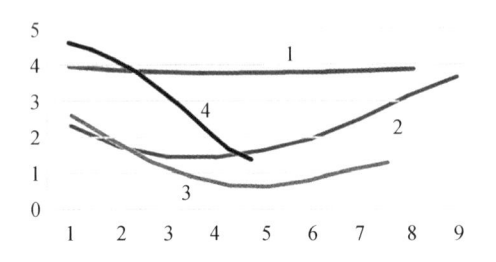

图3—7　保留时长比的广州普通话单字调格局

从图表数据可以看到，最长的是阳平调，最短的是去声调。二者相差近一倍。虽然广州普通话里的阳平具有明显"凹"的特征，但其"升"的特征所占时长较长，说明"升"的特征在广州普通话里的重要性。"升"特征是广州普通话的阳平与其他调位相区分的最重要特征。广州普通话里上声时长较短可能是由其"升"特征不明显造成的。广州普通话里的上声"升"的特征不明显，这表明"升"特征对于广州普通话上声调位区分的意义不大。对于上声与其他调位的区分，"低"特征发挥了更关键的作用。

表3—4　　　　　　　广州普通话两种模式下单字调四声的时长

模式	阴平	阳平	上声	去声
无折点	323	350	261	192
有折点	336	378	352	196

（五）小结

通过广州普通话四声的主体分布以及极值分布的分析，可以看到广州普通话四声的极值分布趋势与其主体分布趋势相同。在广州普通话四声的主体分布和极值分布中，阴平具有"高平"的特点，阳平具有明显

"升"的特征,上声"低"特征显著,去声具有"高降"的特点。主体分布和极值分布中的特征点数据离散程度较小,其调域跨度相对较小。

性别分组统计结果表明,尽管男女差异细微,多数测量点差异并不显著(36点中只有13个点存在显著差异),但这种差异却具有系统性,即女生的声调曲线几乎都在男生的上方,且四声中(除去声外)男生组各声调内部的分散程度一般大于女生。

通过与北京普通话的对比发现,广州普通话与北京普通话相同,调位内部各种调位变体之间,数据分布集中、差异较小的部分构成声调的稳态段,而数据相对离散、相差稍大的部分构成声调的动态段。相比动态段,稳态段承载了更多关于声调调位的信息,因此在区分调位时发挥的作用更大。与北京普通话四声的重要特征相同,广州普通话四声的特征点也分别是:阴平的起点和终点、阳平的终点、上声的折点和去声的起点。

五 广州普通话双字音的声调格局

(一)后字对前字的影响

我们把前字相同的声调为一组画出4组声调格局图(图3—8),以方便观察后字不同声调对前字的影响。图3—8是根据49个样本的平均值作出的广州普通话双字词的声调格局图,其中数字1、2、3、4分别代表阴平、阳平、上声、去声,11为"阴平+阴平"的组合,12为"阴平+阳平"的组合,以此类推。为了更加直观地与单念时的四声对比,把单念时的四声平均T值画入图中,其中阴平、阳平、上声、去声分别代表单念时的四声。图中的纵坐标代表T值,横坐标为归一化后的时长。

我们根据T值数据并结合声调格局图对双字组声调格局中后字对前字的影响进行了分析,发现与北京普通话相同,广州普通话双字词中的后字影响前字(尤其是阳平和上声)的整体音高,使前字的音高趋于升高。与北京普通话一致,后字起点T值的高低对前字终点的T值主要为异化作用。双字词中前字各声调特征的凸显性降低,如阳平的"升"、上声的"低"以及去声的"降"的特征性都呈现出降低的趋势。另外,高平调阴平不太容易受到后字的影响。

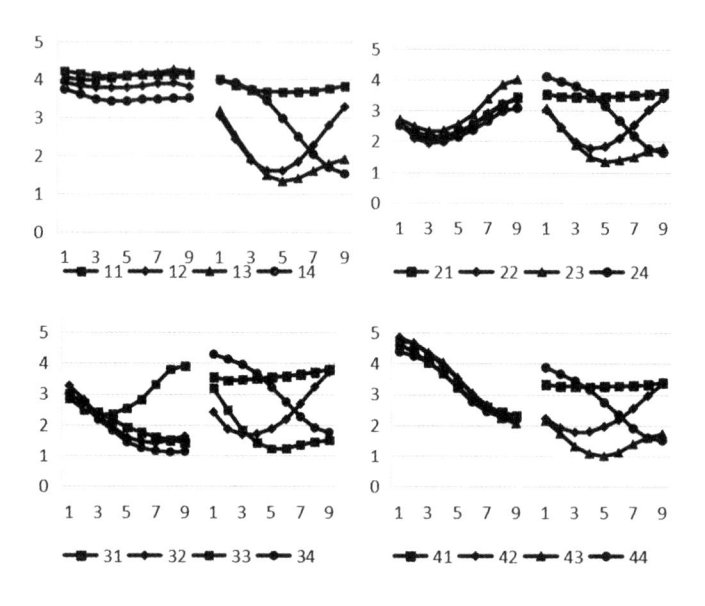

图 3—8 广州普通话双字词声调格局（前字声调相同）

（二）前字对后字的影响

本节把后字相同的声调为一组画出 4 组声调格局图（图 3—9），方法如上，以便观察前字不同声调对后字的影响。

本节根据 T 值数据以及结合声调格局图对双字组声调格局中前字对后字的影响进行了分析，发现与北京普通话相同，广州普通话前字终点 T 值的高低对后字（尤其是阳平和上声）起点 T 值的影响主要表现为同化作用。从整体来看，后字阴平和去声的音高曲线比单念时偏低，后字的阳平和上声则相比单念时偏高。另外，四声的特征凸显性似乎都呈降低的趋势，如阴平的"高"、阳平的"升"、上声的"低"以及去声的"降"特征都有程度上的略微下降。

（三）广州普通话双字调时长

本节将 49 位发音人 16 种声调组合的时长进行了平均值的计算，得到表 3—5。

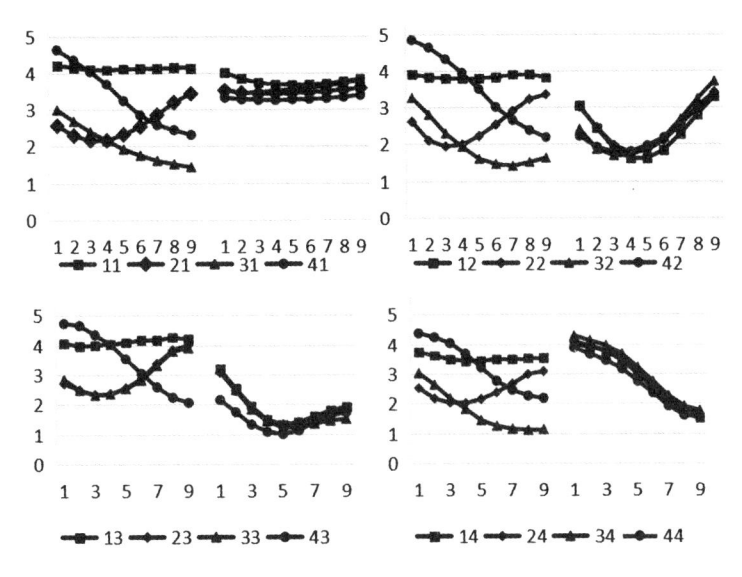

图 3—9　广州普通话双字词声调格局（后字声调相同）

表 3—5　　　　　　　　　　广州普通话双字调的时长

前字＼后字	阴平	阳平	上声	去声
阴平	250，255	335，379	202，285	256，233
阳平	258，316	294，377	248，289	205，229
上声	202，300	248，340	243，305	228，188
去声	256，278	205，271	201，263	243，165

可以看到，在孤立状态下，除去声为后字的三种组合（阴平＋去声，上声＋去声，去声＋去声）外，其他 13 种声调组合都是后字时长大于前字，其结果与林茂灿等（1984）对孤立状态下的北京普通话双字组时长的研究结果一致。

（四）小结

广州普通话二字组声调与北京普通话相同，后字起点的高低对前字终点主要为异化作用，前字终点的高低则对后字（尤其是阳平和上声）起点主要为同化作用。无论是前字还是后字，进入双字组之后，各声调特征的凸显性都略微降低。阳平和上声在双字组内部更容易受到影响，无论是作为前字还是后字，阳平和上声的音高曲线都要比单念时偏高，而阴平和去声就相对更稳定一些，同时有偏低的倾向。双字组中的时长模式通常是后字长于前字。

六 结语

通过实验语言学的方法进行录音、提取基频数据、转换为相对化的 T 值，并通过统计分析，本节获得了广州普通话单字及双字音的声调格局。在广州普通话单字声调格局的分析中，四声调值的结果为：阴平 44、阳平 324、上声 312、去声 52。我们认为广州话母语者在习得普通话四声时受到了广州话声调的影响，因而与北京普通话之间存在一些差异：受广州话中相似调型（阴平中的"高平"变体）的影响，广州普通话的阴平比标准普通话更低一些；受广州话阴上的影响，广州普通话阳平的起点更低，折点更靠后，"升"特征更明显；受广州话没有典型曲折调的影响，广州普通话上声"升"的幅度要比北京普通话小很多，但"低"特征明显。去声是广州话母语者习得情况最好的普通话声调，应该是习得中最容易的一个声调，这与林露（2007）的研究结果一致。

虽然广州普通话四声在调值上与北京普通话之间存在一些差异，但是广州话母语者基本掌握了普通话四声的重要特征，如阴平的"高平"特征、阳平"升"的特征，上声"低"的特征，以及去声"高降"的特征，这些特征所在的测量点数据相对集中，属于各声调的稳态段。四声的主体分布与极值分布趋势相同，在各调位内部，调位变体之间的差异主要体现在动态段，如阳平的起点和折点、上声的起点和终点以及去声的终点，而特征点所在的稳态段的差异则相对较小。

男女生在四声调型上表现相同，但存在系统性差异，女生的声调曲线多位于男生上方，男生内部的离散程度多大于女生，但这种差异属于调型内部变体之间的差异。

另外广州普通话四声的时长与北京普通话四声的时长模式不同，北京普通话通常是上声最长，而在广州普通话中，上声反而较短，时长最长的是阳平。

与 Xu（1997）以及邓丹、石锋（2008）的研究结果类似，广州普通话双字词中相邻声调相互影响，前字对后字主要表现为顺向同化作用，一般前字终点越高，后字起点随之越高，后字对前字则主要表现为逆向异化作用，后字起点越低一般前字终点反而越高。进入双字词的组合后，各声调特征的凸显程度都有略微的降低。广州普通话双字词中后字时长一般大于前字时长，这一点也与林茂灿等（1984）对北京普通话的研究结论一致。

以上发现和结论是在较大规模的语料采样和统计分析的基础上得来的，具有相对客观性，可以为了解广州普通话的单字及双字声调格局在共时状态下的一致性及差异性提供声学基础，具有重要的语言学意义。共时状态下的差异性是语言演变状态的表现，一些差异呈现为系统性的差异，可为进一步研究广州普通话声调的历时发展提供材料。当然，广州普通话的声调还有很多值得探讨的问题，如不同年龄组声调的情况以及差异等，有待今后的研究。

附注：

石锋（1994）曾根据刘复（1924；1 位发音人）、白涤洲（1934；5 个样本）、林茂灿（1965；2 位发音人，38 个取样）以及石锋（1994；5 位发音人，45 个取样）的实验数据统一采用 T 值公式计算并作出北京话声调的声学空间图（如图 3—10），用实验的方法证明了北京话的四声是以去声的起点为最高点，上声的折点为最低点确定的调域。从图中可以看出北京话不同的调位之间高低升降对立明显。另外北京话四个声调各个测量点的数据分布呈现一定的规律和特点：阳平的升调跟去声的降调形成对比，阳平的标准差是起点最大，逐渐降低到终点标准差最小，去声反之，起点标准差最小，逐渐增大，到终点最大；阴平和上声在一定程度上也存在对比，上声中间折点的标准差最小，向两端起点和终点逐渐升高，阴平则反之，两端较小，中间各点最大。石锋、王萍（2006）以标准差 0.5 作为界限，标准差小于 0.5 的可以看作较稳定的分布，大于 0.5 的可以看作较不稳定的分布，并据此得出结论：北京话四声中较稳定的分布包括阴平的起点和终点，阳平的终点，上声的折点以及去声的起点；不稳定的分布包括阳平的起点，上声的起点和终点以及去声的终点。

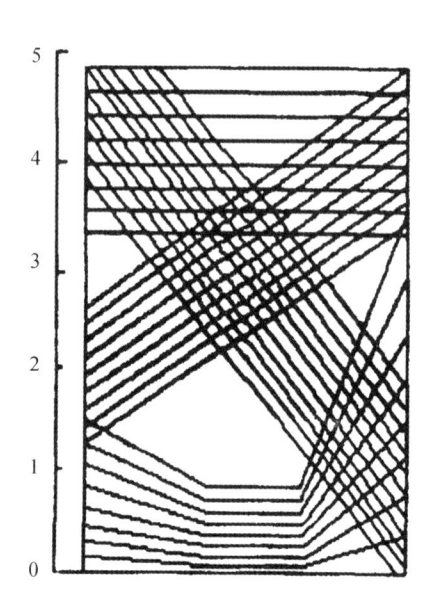

图 3—10 北京话四个声调的声学空间（石锋，1994）

表 3—6　　　　　　　　广州话声调的调类及调值的记录

	阴平	阳平	阴上	阳上	阴去	阳去	上阴入	下阴入	阳入	新入
赵元任	53	11	24	13	44	22	55	44	22	
王力	42	11	335	224	33	22	44	33	22	
石锋	51 和 54	21	224 或 24	113 或 13	32 或 33	21 或 22	5	32 或 33	21 或 22	
李新魁 等	53 和 55	11	35	13	33	22	55	33	22	35
袁家骅等	55 和 53	21	35	13	33	22	5	33	2 和 22	

续表

	阴平	阳平	阴上	阳上	阴去	阳去	上阴入	下阴入	阳入	新入
詹伯慧	55或53	21或11	35	13	33	22	55	33	22	
金健	52和44	21	25	13	33	22	5	3	2	24
贝先明	55或53	31	25	23	33	22	55	43	32	
邓门佳	55	31	215	24	33	22	54	42	41	

表3—7　　　　　广州普通话四声主体分布数据

总体声调带状图		1	2	3	4	5	6	7	8	9
阴平	平均值+标准差	4.25	4.15	4.10	4.06	4.08	4.09	4.10	4.14	4.18
	平均值	3.94	3.84	3.79	3.76	3.77	3.78	3.79	3.82	3.87
	平均值-标准差	3.63	3.53	3.48	3.45	3.45	3.46	3.49	3.51	3.56
阳平	平均值+标准差	2.60	2.03	1.77	1.75	1.93	2.24	2.76	3.40	3.95
	平均值	2.30	1.71	1.42	1.41	1.61	1.93	2.48	3.13	3.65
	平均值-标准差	1.99	1.39	1.08	1.07	1.28	1.63	2.20	2.85	3.36
上声	平均值+标准差	2.98	2.38	1.78	1.33	1.00	0.88	1.05	1.59	1.99
	平均值	2.61	1.96	1.32	0.91	0.65	0.62	0.78	1.08	1.28
	平均值-标准差	2.24	1.53	0.87	0.50	0.31	0.36	0.52	0.56	0.58
去声	平均值+标准差	4.73	4.56	4.31	4.01	3.57	3.13	2.60	2.10	1.82
	平均值	4.62	4.44	4.16	3.81	3.32	2.81	2.23	1.67	1.37
	平均值-标准差	4.52	4.32	4.00	3.61	3.07	2.49	1.85	1.25	0.93

表 3—8　　　　　　　　标准普通话四声主体分布数据

总体声调带状图		1	2	3	4	5	6	7	8	9
阴平	平均值 + 标准差	4.68	4.60	4.58	4.57	4.56	4.55	4.56	4.57	4.58
	平均值	4.41	4.32	4.29	4.28	4.26	4.26	4.25	4.23	4.22
	平均值 − 标准差	4.14	4.04	4.00	3.98	3.97	3.96	3.93	3.89	3.85
阳平	平均值 + 标准差	3.61	3.35	3.32	3.41	3.63	3.91	4.23	4.50	4.66
	平均值	3.08	2.84	2.83	2.97	3.25	3.56	3.90	4.21	4.32
	平均值 − 标准差	2.55	2.32	2.34	2.54	2.86	3.21	3.58	3.91	3.97
上声	平均值 + 标准差	3.46	2.93	1.83	1.10	1.67	2.48	2.96	3.27	3.47
	平均值	2.99	2.43	1.42	0.81	1.23	1.95	2.49	2.83	3.01
	平均值 − 标准差	2.52	1.93	1.02	0.51	0.79	1.42	2.01	2.39	2.55
去声	平均值 + 标准差	4.79	4.70	4.56	4.29	3.86	3.40	2.88	2.46	2.34
	平均值	4.67	4.54	4.32	3.97	3.45	2.92	2.36	1.85	1.64
	平均值 − 标准差	4.55	4.37	4.09	3.64	3.04	2.44	1.83	1.24	0.95

表 3—9　　　　　　　广州普通话上声两种模式的 T 值数据

		1	2	3	4	5	6	7	8	9
无折点	平均值 + 标准差	3.01	2.52	2.00	1.54	1.19	0.90	0.93	1.28	1.51
	平均值	2.70	2.14	1.55	1.12	0.81	0.64	0.64	0.72	0.78
	平均值 − 标准差	2.38	1.75	1.10	0.69	0.44	0.39	0.35	0.16	0.05
有折点	平均值 + 标准差	2.93	2.30	1.67	1.22	0.93	0.89	1.14	1.68	2.11
	平均值	2.54	1.85	1.21	0.81	0.58	0.61	0.84	1.19	1.47
	平均值 − 标准差	2.16	1.40	0.75	0.40	0.24	0.32	0.53	0.71	0.82

表 3—10　　　　　　　广州普通话四声的性别差异数据

		1	2	3	4	5	6	7	8	9
阴平	平均值 + 标准差	4.17	4.07	4.02	3.98	4.00	4.03	4.04	4.08	4.10
	平均值	3.82	3.72	3.68	3.65	3.66	3.69	3.71	3.73	3.76
	平均值 − 标准差	3.47	3.37	3.33	3.32	3.32	3.34	3.37	3.38	3.42

续表

		1	2	3	4	5	6	7	8	9
阳平	平均值+标准差	2.48	1.86	1.59	1.63	1.88	2.26	2.80	3.45	3.94
	平均值	2.18	1.56	1.27	1.29	1.55	1.94	2.53	3.16	3.63
	平均值-标准差	1.89	1.26	0.94	0.95	1.22	1.62	2.25	2.86	3.32
上声	平均值+标准差	2.78	2.21	1.63	1.24	0.95	0.88	1.08	1.66	2.09
	平均值	2.43	1.79	1.17	0.83	0.61	0.62	0.78	1.08	1.29
	平均值-标准差	2.09	1.36	0.71	0.42	0.28	0.37	0.47	0.49	0.49
去声	平均值+标准差	4.71	4.53	4.26	3.94	3.45	3.01	2.48	1.99	1.71
	平均值	4.60	4.40	4.12	3.78	3.27	2.75	2.14	1.58	1.27
	平均值-标准差	4.48	4.28	3.99	3.62	3.08	2.49	1.81	1.16	0.83

表3—11　　　　标准普通话四声的性别差异数据

	男生	1	2	3	4	5	6	7	8	9
阴平	平均值+标准差	4.17	4.07	4.02	3.98	4.00	4.03	4.04	4.08	4.10
	平均值	3.82	3.72	3.68	3.65	3.66	3.69	3.71	3.73	3.76
	平均值-标准差	3.47	3.37	3.33	3.32	3.32	3.34	3.37	3.38	3.42
阳平	平均值+标准差	2.48	1.86	1.59	1.63	1.88	2.26	2.80	3.45	3.94
	平均值	2.18	1.56	1.27	1.29	1.55	1.94	2.53	3.16	3.63
	平均值-标准差	1.89	1.26	0.94	0.95	1.22	1.62	2.25	2.86	3.32
上声	平均值+标准差	2.78	2.21	1.63	1.24	0.95	0.88	1.08	1.66	2.09
	平均值	2.43	1.79	1.17	0.83	0.61	0.62	0.78	1.08	1.29
	平均值-标准差	2.09	1.36	0.71	0.42	0.28	0.37	0.47	0.49	0.49
去声	平均值+标准差	4.71	4.53	4.26	3.94	3.45	3.01	2.48	1.99	1.71
	平均值	4.60	4.40	4.12	3.78	3.27	2.75	2.14	1.58	1.27
	平均值-标准差	4.48	4.28	3.99	3.62	3.08	2.49	1.81	1.16	0.83
	女生	1	2	3	4	5	6	7	8	9
阴平	平均值+标准差	4.28	4.18	4.13	4.10	4.12	4.12	4.13	4.17	4.23
	平均值	4.05	3.95	3.89	3.86	3.87	3.86	3.87	3.91	3.97
	平均值-标准差	3.82	3.72	3.66	3.61	3.61	3.60	3.61	3.65	3.71
阳平	平均值+标准差	2.68	2.13	1.87	1.83	1.97	2.22	2.71	3.36	3.95
	平均值	2.40	1.85	1.57	1.52	1.66	1.92	2.43	3.10	3.68
	平均值-标准差	2.12	1.56	1.27	1.21	1.35	1.63	2.16	2.84	3.40

续表

男生		1	2	3	4	5	6	7	8	9
上声	平均值+标准差	3.09	2.48	1.88	1.40	1.05	0.89	1.02	1.52	1.91
	平均值	2.78	2.11	1.46	0.99	0.69	0.62	0.79	1.08	1.28
	平均值−标准差	2.47	1.75	1.05	0.58	0.33	0.36	0.56	0.63	0.65
去声	平均值+标准差	4.74	4.58	4.35	4.07	3.66	3.23	2.70	2.19	1.90
	平均值	4.65	4.47	4.18	3.84	3.37	2.87	2.30	1.76	1.47
	平均值−标准差	4.55	4.36	4.02	3.61	3.07	2.51	1.91	1.33	1.04

表3—12　　　　广州普通话四声的极值分布数据

		1	2	3	4	5	6	7	8	9
阴平	最大值	4.52	4.34	4.24	4.18	4.24	4.22	4.21	4.26	4.33
	最小值	3.22	3.12	3.07	3.07	3.07	3.07	3.07	3.02	3.12
阳平	最大值	2.95	2.28	2.05	2.03	2.35	2.70	3.19	3.78	4.37
	最小值	1.63	0.98	0.55	0.67	0.90	1.33	1.77	2.64	2.98
上声	最大值	3.26	2.89	2.35	1.86	1.54	1.28	1.49	2.25	2.77
	最小值	1.73	0.83	0.33	0.16	0.16	0.18	0.24	0.26	0.19
去声	最大值	4.81	4.69	4.50	4.26	3.79	3.38	2.92	2.46	2.24
	最小值	4.35	4.11	3.77	3.29	2.64	2.01	1.27	0.76	0.49

表3—13　　　　标准普通话四声的极值分布数据

		1	2	3	4	5	6	7	8	9
阴平	最大值	4.83	4.70	4.68	4.67	4.68	4.68	4.66	4.76	4.76
	最小值	3.70	3.71	3.67	3.59	3.59	3.67	3.60	3.51	3.49
阳平	最大值	4.08	3.92	3.86	3.88	4.00	4.13	4.33	4.61	4.80
	最小值	1.90	1.59	1.65	1.90	2.26	2.65	3.02	3.47	3.49
上声	最大值	3.76	3.35	2.12	1.62	2.08	2.85	3.31	3.70	4.02
	最小值	1.85	1.38	0.66	0.30	0.46	0.84	1.42	2.08	1.96
去声	最大值	4.86	4.82	4.65	4.48	4.30	4.19	3.96	3.72	3.66
	最小值	4.33	4.10	3.51	3.04	2.53	1.77	1.21	0.82	0.33

表 3—14　　广州普通话双字词的四声作为前后字的 T 值数据

	1	2	3	4	5	6	7	8	9	1	2	3	4	5	6	7	8	9
11	4.21	4.15	4.09	4.08	4.11	4.12	4.13	4.15	4.13	4.01	3.84	3.73	3.68	3.67	3.68	3.70	3.76	3.83
12	3.91	3.83	3.79	3.78	3.79	3.83	3.89	3.91	3.81	3.04	2.43	1.88	1.61	1.61	1.84	2.28	2.80	3.29
13	4.06	3.98	3.99	4.04	4.09	4.17	4.17	4.26	4.20	3.18	2.53	1.94	1.48	1.32	1.40	1.60	1.79	1.91
14	3.74	3.61	3.48	3.43	3.43	3.48	3.48	3.51	3.52	3.97	3.91	3.74	3.44	2.98	2.50	2.04	1.70	1.53
21	2.56	2.29	2.16	2.16	2.32	2.53	2.85	3.19	3.43	3.52	3.45	3.43	3.43	3.45	3.47	3.49	3.53	3.57
22	2.61	2.10	1.94	1.99	2.22	2.53	2.90	3.22	3.35	3.01	2.45	1.97	1.77	1.83	2.10	2.53	3.02	3.41
23	2.70	2.48	2.33	2.36	2.55	2.87	3.38	3.83	4.00	3.07	2.46	1.88	1.49	1.33	1.39	1.49	1.68	1.80
24	2.52	2.17	2.03	2.01	2.15	2.37	2.66	2.98	3.08	4.09	3.93	3.78	3.55	3.15	2.67	2.18	1.76	1.64
31	2.99	2.68	2.39	2.16	1.92	1.75	1.61	1.51	1.43	3.55	3.44	3.47	3.50	3.54	3.58	3.63	3.71	3.79
32	3.26	2.80	2.29	1.93	1.60	1.46	1.41	1.51	1.63	2.41	1.86	1.69	1.71	1.87	2.18	2.68	3.23	3.71
33	2.84	2.48	2.31	2.35	2.53	2.81	3.30	3.79	3.90	2.48	1.83	1.43	1.21	1.24	1.38	1.45	1.50
34	3.02	2.63	2.17	1.82	1.45	1.25	1.15	1.11	1.13	4.28	4.12	3.95	3.66	3.21	2.74	2.26	1.91	1.76
41	4.63	4.35	4.04	3.69	3.24	2.84	2.58	2.44	2.31	3.32	3.27	3.25	3.25	3.27	3.28	3.30	3.33	3.38
42	4.84	4.64	4.32	3.95	3.50	3.01	2.65	2.38	2.19	2.22	1.92	1.78	1.80	1.96	2.18	2.55	2.96	3.35
43	4.73	4.66	4.35	4.03	3.54	3.04	2.58	2.23	2.06	2.15	1.74	1.32	1.08	1.00	1.12	1.40	1.61	1.73
44	4.37	4.24	4.04	3.68	3.21	2.76	2.45	2.26	2.18	3.87	3.66	3.44	3.16	2.74	2.35	1.91	1.60	1.52

第二节　　三字组连调分析

贾萧梦

一　绪论

一般认为广州话有九个声调，以广州话为母语的普通话学习者在声调习得过程中，母语会对其普通话习得过程产生"负迁移"。将它与北京普通话的表现进行对比，为语言普遍性和语言类型学的研究提供依据；帮助粤语区人克服在学习普通话中的障碍；对语言基础理论和汉语史进行下一步探索、对言语工程技术的发展、语音识别技术发展和语音教学都有一定作用。

双字组的变调规律，学术界基本上已有共识。而关于三字组的连读变调问题却一直争论不休。卢甲文[1]把普通话中三个上声连读的变调情况概括为三类："阳平+阴平+上声"（展览馆）、"半上+阳平+上声"（纸老虎）、"半上+半上+上声"（甲、乙、丙）；胡炳忠[2]得出2+1结构会变调成"阳平+阳平+上声"，1+2结构变调成"半上+阳平+上声"。调型方面：陈艳松[3]认为中间的上声是个降调，但这个降调不是个过渡调；吴宗济[4]总结出变调会受到三字组前后字的影响，当前字是一个高调尾的调，后字是低调头的调时，中字阳平会读成高降调，这种现象被概括为三字组变调中的跳板规则。

二 实验说明

（一）实验背景

分别测算 50 位发音人的声调，三字组共有 $4 \times 4 \times 4 = 64$ 种组合，每种组合一个实验词包括单双格和双单格两种语法结构，共计 $64 \times 2 = 128$ 个实验词。

（二）实验方法

发音人男女各半，平均 20 岁，来自广州各高校，生长于广州，讲粤语和普通话。采用 Cooledit 2.0 录音，采样率为 22050 赫兹，地点广州大学，读一遍，共得到 $50 \times 128 = 6400$ 个样本词。

三 实验结果与分析

（一）阴平音高分析

首先分析三字组前字阴平的音高情况：中字声调对前字阴平音高的影响主要在前字调尾，当中字为上声时，前字阴平调尾音高最高，其次是中字为去声、阳平、阴平的情况。

---

[1] 卢甲文：《关于三个上声连读变调问题的商榷》，《语言教学与研究》1979 年第 2 期。
[2] 胡炳忠：《三声三字组的变调规律》，《语言教学与研究》1985 年第 1 期。
[3] 陈艳松：《北京话上声三字组变调的实验研究》，全国现代语音学学术会议，2003 年。
[4] 吴宗济：《普通话三字组变调规律》，《中国语言学报》1985 年第 2 期。

图 3—11　中字声调影响下　　　图 3—12　中字声调影响下前字
　　　　前字阴平的音高　　　　　　　　　阴平的音高（放大）

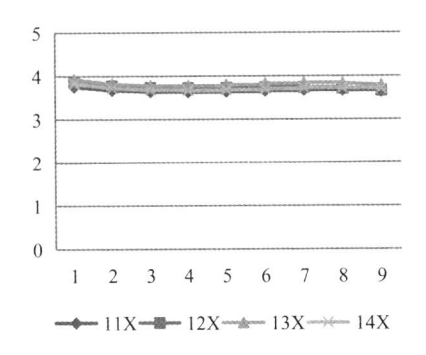

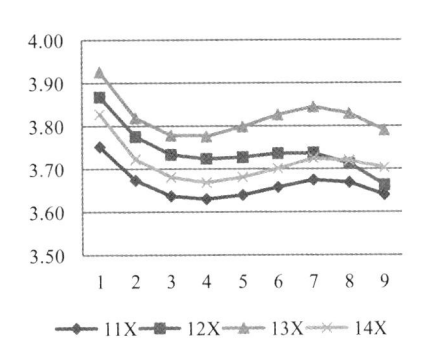

表 3—15　　　　　　中字声调影响下前字阴平的音高

11X	3.75	3.67	3.64	3.63	3.64	3.66	3.67	3.67	3.64
12X	3.87	3.78	3.73	3.72	3.73	3.74	3.74	3.71	3.66
13X	3.93	3.82	3.78	3.78	3.80	3.83	3.84	3.83	3.79
14X	3.83	3.72	3.68	3.67	3.68	3.70	3.72	3.72	3.70

组合结构对前字阴平音高的影响：两种结构的前字阴平都是一个平调，T 值为 44。2+1 结构的音高大于 1+2 结构的音高。

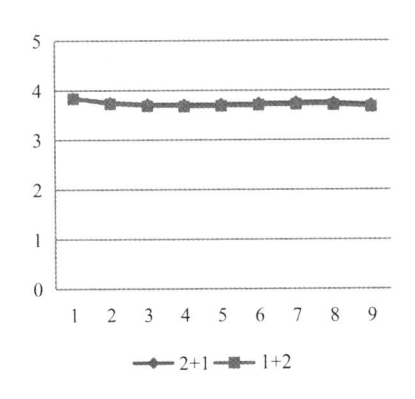

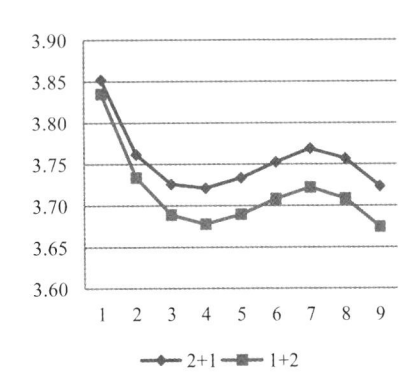

图 3—13　不同组合结构中　　　图 3—14　不同组合结构中前字
　　　　前字阴平的音高　　　　　　　　　阴平的音高（放大）

表3—16　　　　　不同组合结构中前字阴平的音高

2+1	3.85	3.76	3.73	3.72	3.73	3.75	3.77	3.76	3.72
1+2	3.83	3.73	3.69	3.68	3.69	3.71	3.72	3.71	3.67
T值差	0.02	0.03	0.04	0.04	0.04	0.04	0.05	0.05	0.05

性别对前字阴平音高的影响：女生的音高明显高于男生。

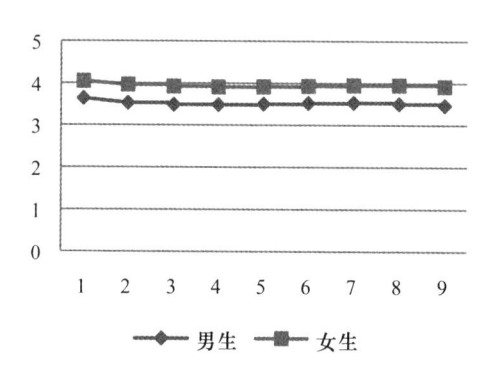

图3—15　不同性别前字阴平的音高

表3—17　　　　　不同性别前字阴平的音高

男生	3.64	3.53	3.49	3.49	3.51	3.53	3.54	3.51	3.47
女生	4.05	3.96	3.92	3.91	3.92	3.93	3.95	3.95	3.92
T值差	0.41	0.43	0.43	0.42	0.41	0.40	0.41	0.44	0.45

三字组中字阴平音高分析：首先分析前字对中字的影响，广州普通话的中字阴平是一个高平调，五度值是44。

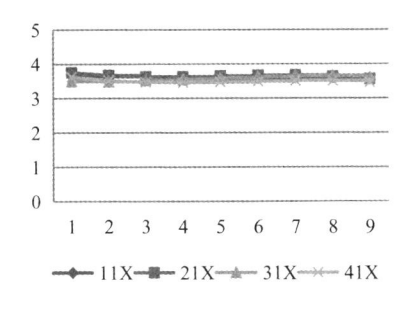

图 3—16　前字声调影响下
中字阴平的音高

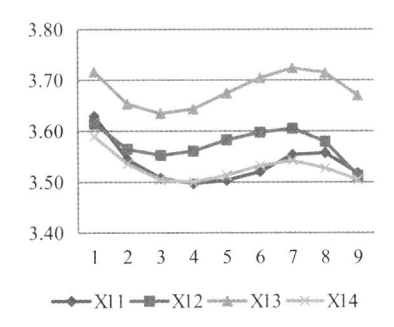

图 3—17　前字声调影响下中字
阴平的音高（放大）

表 3—18　　　　　前字声调影响下中字阴平的音高

11X	3.69	3.64	3.60	3.57	3.57	3.58	3.59	3.59	3.57
21X	3.75	3.66	3.63	3.63	3.65	3.66	3.67	3.63	3.56
31X	3.49	3.49	3.51	3.55	3.59	3.62	3.65	3.65	3.61
41X	3.62	3.51	3.46	3.46	3.47	3.49	3.51	3.50	3.46

后字声调对中字阴平音高的影响：主要在中字阴平的调尾部分。后字为上声时，中字的整体音高比较高；后字为阴平、阳平和去声时，中字的起点和终点都比较集中。

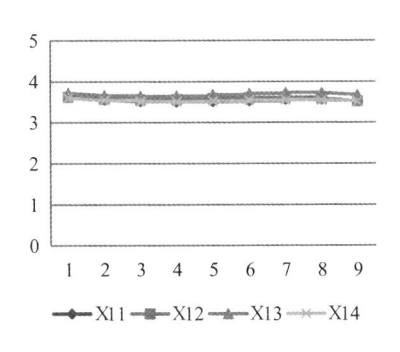

图 3—18　后字声调影响下
中字阴平的音高

图 3—19　后字声调影响下
中字阴平的音高（放大）

表 3—19　　　　　　　后字声调影响下中字阴平的音高

X11	3.63	3.54	3.51	3.50	3.50	3.52	3.55	3.56	3.52
X12	3.61	3.56	3.55	3.56	3.58	3.60	3.61	3.58	3.51
X13	3.72	3.65	3.63	3.64	3.67	3.70	3.72	3.71	3.67
X14	3.59	3.54	3.50	3.50	3.51	3.53	3.54	3.53	3.50

组合结构对中字阴平音高的影响：差异主要体现在音高曲线的两端，尤其是起点处。

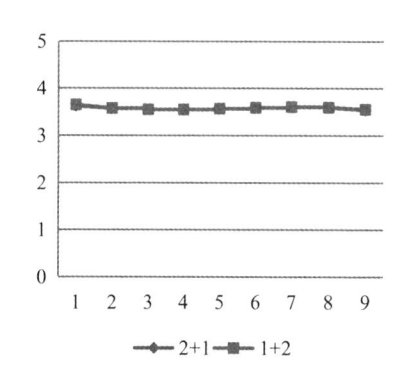

图 3—20　不同组合结构中中字阴平的音高

图 3—21　不同组合结构中中字阴平的音高（放大）

表 3—20　　　　　　不同组合结构中中字阴平的音高

2 + 1	3.62	3.57	3.55	3.55	3.57	3.59	3.60	3.59	3.55
1 + 2	3.65	3.58	3.55	3.55	3.57	3.59	3.61	3.60	3.56
T 值差	0.03	0.01	0.00	0.00	0.00	0.00	0.01	0.01	0.01

性别对中字阴平音高的影响：五度值都是 44。女生高于男生。差别小于前字阴平的男女音高差别。

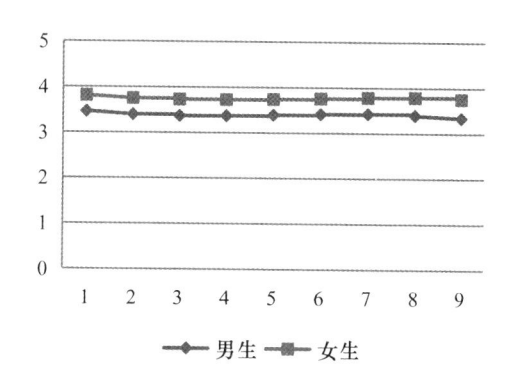

图 3—22 不同性别中字阴平的音高

表 3—21　　　　　　　　不同性别中字阴平的音高

男生	3.46	3.40	3.37	3.37	3.40	3.42	3.43	3.40	3.34
女生	3.81	3.75	3.73	3.73	3.74	3.76	3.79	3.79	3.76
T值差	0.35	0.35	0.36	0.35	0.35	0.34	0.36	0.39	0.42

三字组后字阴平的音高分析：阴平作为三字组的后字，调值为44。整体的声调曲线呈现出调头下降，调干和调尾上升的趋势。

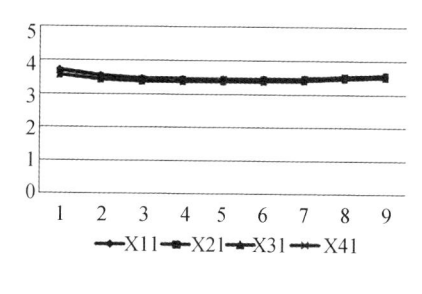

图 3—23　中字声调影响下后字阴平的音高

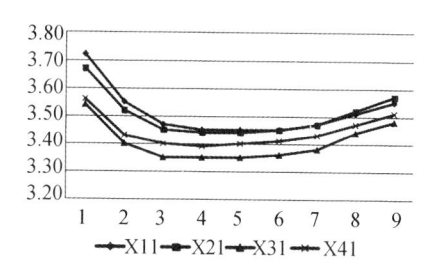

图 3—24　中字声调影响下后字阴平的音高（放大）

表3—22　　　　　中字声调影响下后字阴平的音高

X11	3.72	3.55	3.47	3.45	3.45	3.45	3.47	3.51	3.55
X21	3.67	3.52	3.45	3.44	3.44	3.45	3.47	3.52	3.57
X31	3.54	3.40	3.35	3.35	3.35	3.36	3.38	3.44	3.48
X41	3.56	3.43	3.40	3.39	3.40	3.41	3.43	3.47	3.51

组合结构对后字阴平音高的影响：影响不大。调头的音高是1+2结构高于2+1结构，调干和调尾则相反。

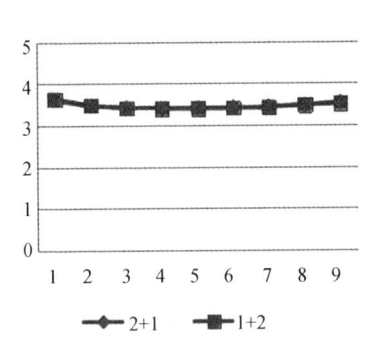

图3—25　不同组合结构中后字阴平的音高

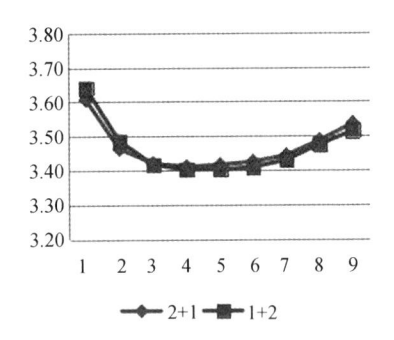

图3—26　不同组合结构中后字阴平的音高（放大）

表3—23　　　　　不同组合结构中后字阴平的音高

2+1	3.61	3.46	3.42	3.41	3.42	3.43	3.44	3.49	3.54
1+2	3.64	3.49	3.42	3.40	3.40	3.41	3.43	3.47	3.51
T值差	0.03	0.03	0.00	0.01	0.02	0.02	0.01	0.02	0.03

性别对后字阴平音高的影响：后字阴平的五度值都是44，音高最高值都出现在调头。女生的音高高于男生。

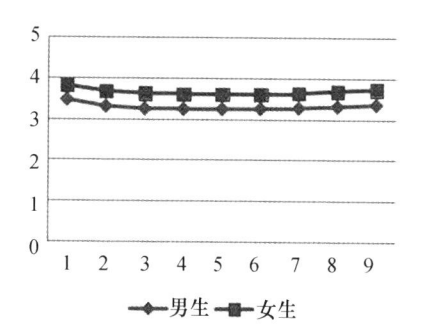

图3—27 不同性别后字阴平的音高

表3—24　　　　　　　　不同性别后字阴平的音高

男生	3.45	3.29	3.23	3.23	3.23	3.24	3.26	3.29	3.34
女生	3.80	3.66	3.60	3.59	3.59	3.59	3.62	3.67	3.71
T值差	0.35	0.37	0.37	0.36	0.36	0.35	0.36	0.38	0.37

（二）阳平音高分析

首先进行三字组前字阳平的音高分析：主要看中字声调对前字阳平音高的影响。阳平作为三字组的前字，调值34。音高曲线呈一个小小的"凹"形，整体是上升的趋势。起点处数值较为集中，终点处较为分散。四条曲线的音高最高点都在调尾最后一个点。

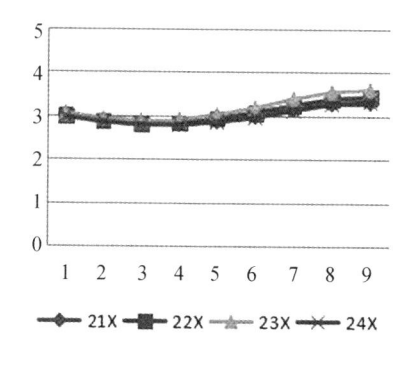

图3—28 中字声调影响下前字阳平的音高

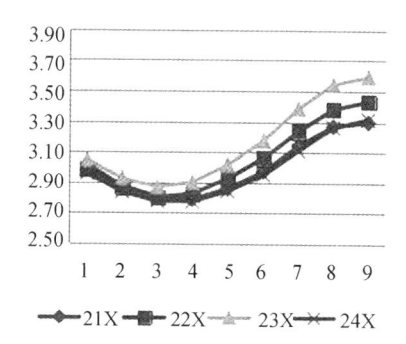

图3—29 中字声调影响下前字阳平的音高（放大）

表 3—25　　　　　　中字声调影响下前字阳平的音高

21X	3.01	2.88	2.81	2.79	2.86	2.97	3.14	3.27	3.29
22X	2.99	2.87	2.80	2.82	2.92	3.06	3.24	3.38	3.43
23X	3.05	2.93	2.87	2.90	3.02	3.18	3.38	3.54	3.59
24X	2.96	2.84	2.78	2.77	2.84	2.95	3.11	3.26	3.31

组合结构对前字阳平音高的影响：比较小，都可以用 34 表示。整体上 2+1 结构的音高要高于 1+2 结构。

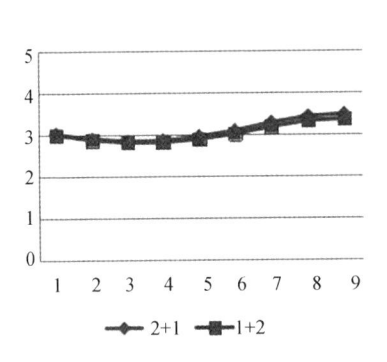

图 3—30　不同组合结构中前字阳平的音高

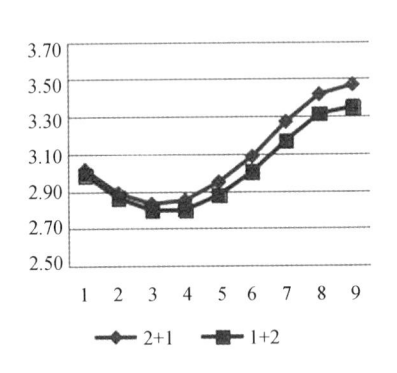

图 3—31　不同组合结构中前字阳平的音高（放大）

表 3—26　　　　　不同组合结构中前字阳平的音高

2+1	3.01	2.89	2.83	2.85	2.95	3.08	3.27	3.42	3.47
1+2	2.99	2.86	2.80	2.80	2.88	3.00	3.17	3.31	3.35
T值差	0.02	0.03	0.03	0.05	0.07	0.08	0.10	0.11	0.12

性别对前字阳平音高的影响：女生高于男生，在调头表现明显。男生的在标度 3 线之下，女生在标度 3 线之上。

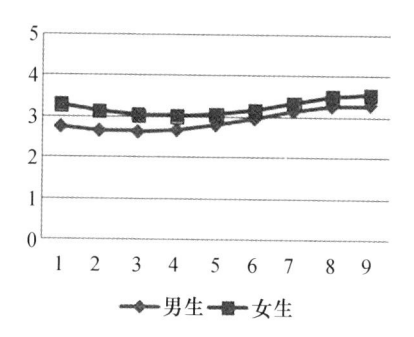

图 3—32　不同性别前字阳平的音高

表 3—27　　　　　　　不同性别前字阳平的音高

男生	2.73	2.64	2.61	2.65	2.78	2.94	3.12	3.25	3.28
女生	3.27	3.12	3.02	3.00	3.04	3.15	3.32	3.48	3.53
T 值差	0.54	0.48	0.41	0.35	0.26	0.21	0.20	0.23	0.25

三字组中字阳平音高分析。前字声调对中字阳平音高的影响：中字阳平的四条音高曲线都呈现调头下降，调尾上升的趋势；调头处分布比较分散。前字为阳平时，调头最高。

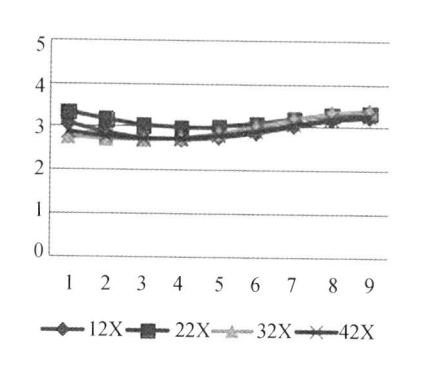

图 3—33　前字声调影响下中字阳平的音高

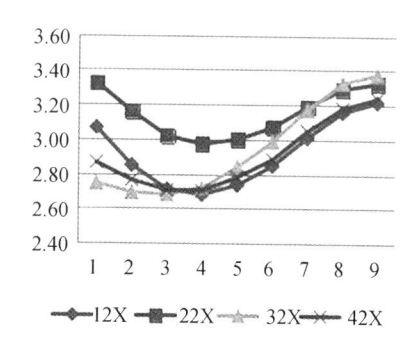

图 3—34　前字声调影响下中字阳平的音高（放大）

表3—28　　　　　　　前字声调影响下中字阳平的音高

12X	3.07	2.85	2.71	2.68	2.74	2.85	3.01	3.16	3.21
22X	3.32	3.16	3.02	2.97	3.00	3.07	3.19	3.29	3.32
32X	2.75	2.69	2.68	2.72	2.84	2.99	3.17	3.33	3.37
42X	2.86	2.76	2.71	2.70	2.78	2.88	3.05	3.18	3.24

后字声调对中字阳平音高的影响：主要在调尾，当后字为上声时，中字阳平的调尾较高，当后字为阴平、阳平、去声时，中字阳平的调尾较低，比较集中。

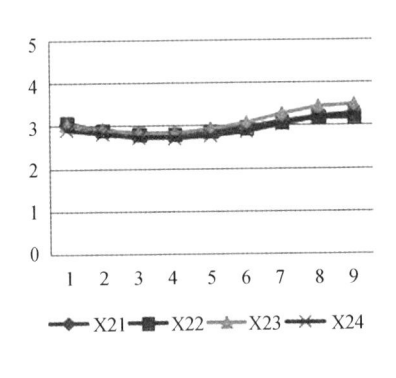

图3—35　后字声调影响下中字阳平的音高

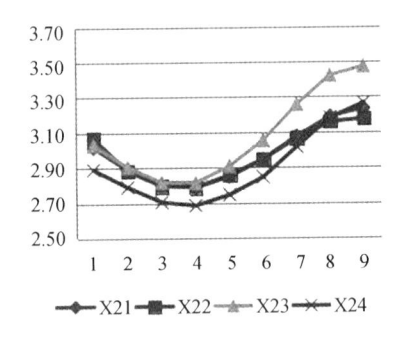

图3—36　后字声调影响下中字阳平的音高（放大）

表3—29　　　　　　　后字声调影响下中字阳平的音高

X21	3.01	2.89	2.80	2.79	2.85	2.95	3.08	3.19	3.23
X22	3.07	2.88	2.80	2.79	2.86	2.94	3.07	3.16	3.18
X23	3.03	2.90	2.82	2.81	2.91	3.05	3.26	3.42	3.47
X24	2.89	2.79	2.70	2.68	2.75	2.84	3.02	3.18	3.26

组合结构对中字阳平音高的影响：两条线基本重合，调值34。音高最高点都在最后一个点，最低点都在第四个点。

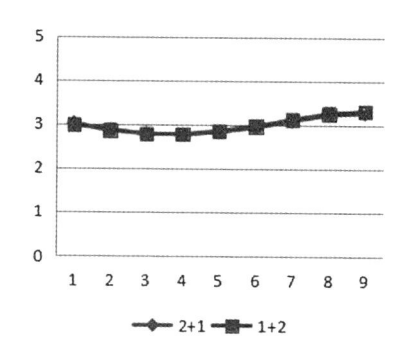

图3—37　不同组合结构的
中字阳平的音高

图3—38　不同组合结构的
中字阳平的音高（放大）

表3—30　　　　　　不同组合结构的中字阳平的音高

2+1	3.01	2.87	2.78	2.76	2.83	2.93	3.09	3.22	3.27
1+2	2.99	2.86	2.78	2.77	2.85	2.96	3.12	3.26	3.31
T值差	0.02	0.01	0.00	0.01	0.02	0.03	0.03	0.04	0.04

性别对中字阳平音高的影响：男生调值为34，女生调值为434。女生音高高于男生，与前字阳平相同，这种差异在调头表现比较明显。

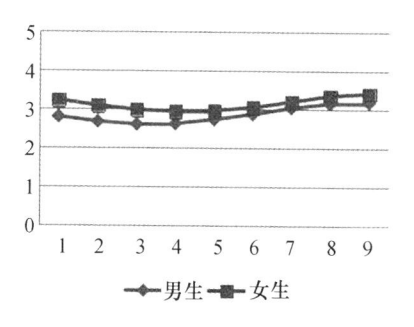

图3—39　不同性别中字阳平的音高

表 3—31　　　　　　　　不同性别中字阳平的音高

男生	2.78	2.66	2.59	2.61	2.72	2.86	3.02	3.14	3.17
女生	3.22	3.07	2.97	2.92	2.95	3.03	3.18	3.34	3.40
T 值差	0.44	0.41	0.38	0.31	0.23	0.17	0.16	0.20	0.23

三字组后字阳平音高分析：主要分析中字对后字阳平音高的影响。后字阳平的调值可以表示为 34。起点处音高曲线的分布比较分散。在阴平和阳平后的调头稍高些。

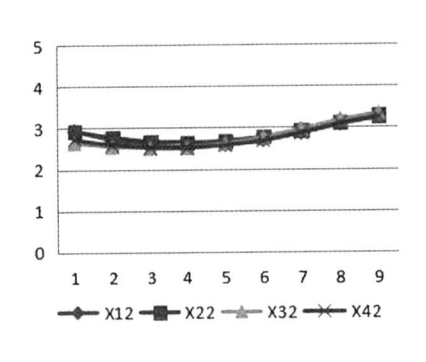

图 3—40　中字声调影响下后字阳平的音高

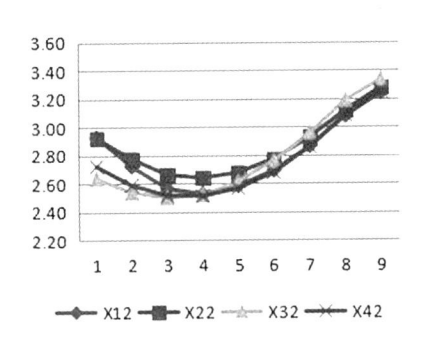

图 3—41　中字声调影响下后字阳平的音高（放大）

表 3—32　　　　　　中字声调影响下后字阳平的音高

X12	2.93	2.72	2.56	2.52	2.58	2.69	2.86	3.07	3.24
X22	2.92	2.77	2.66	2.64	2.68	2.77	2.93	3.12	3.27
X32	2.63	2.53	2.50	2.52	2.61	2.76	2.96	3.19	3.33
X42	2.72	2.58	2.51	2.51	2.56	2.67	2.86	3.08	3.25

组合结构对后字阳平音高的影响：无明显影响。

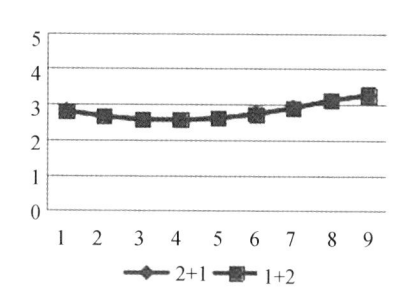

图 3—42　不同组合结构影响下后字阳平的音高

表 3—33　　　　　不同组合结构影响下后字阳平的音高

2 + 1	2.81	2.65	2.55	2.54	2.60	2.72	2.91	3.12	3.27
1 + 2	2.80	2.66	2.57	2.56	2.61	2.72	2.90	3.11	3.28
T 值差	0.01	0.01	0.02	0.02	0.01	0.00	0.01	0.01	0.01

性别对后字阳平音高的影响：都是一个调头降、调干和调尾升的小小的"凹"调。女生的整体音高高于男生。调头的差距比较大。

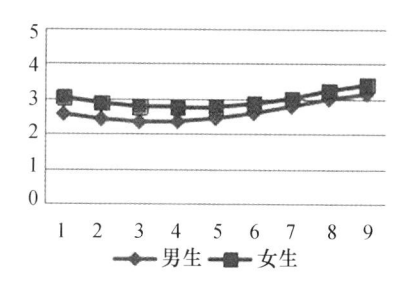

图 3—43　不同性别后字阳平的音高

表 3—34　　　　　不同性别后字阳平的音高

男生	2.56	2.42	2.34	2.35	2.44	2.59	2.79	2.99	3.14
女生	3.04	2.88	2.78	2.74	2.77	2.86	3.01	3.24	3.40
T 值差	0.48	0.46	0.44	0.39	0.33	0.27	0.22	0.25	0.26

(三) 上声音高分析

三字组前字上声音高分析情况：中字为阴平、阳平、去声时，前字上声的音高为43。中字为上声时，前字上声发生变调，由降调43变为升调34，调头处呈现下降的趋势，调干和调尾上升。调尾 T 值最高。

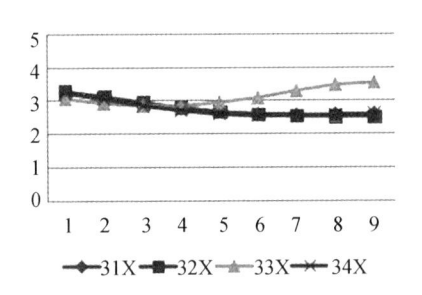

图3—44　中字声调影响下前字上声的音高

表3—35　　　　　　中字声调影响下前字上声的音高

31X	3.22	3.05	2.89	2.74	2.63	2.57	2.55	2.57	2.58
32X	3.26	3.10	2.93	2.77	2.64	2.56	2.52	2.51	2.49
33X	3.04	2.90	2.83	2.83	2.92	3.07	3.27	3.45	3.51
34X	3.22	3.04	2.83	2.68	2.57	2.52	2.52	2.55	2.59

组合结构对前字上声音高的影响：前字上声的调值为43。2+1结构都比1+2结构稍高，在声调的后半部分差距最大，前字上声是个降调/平调。

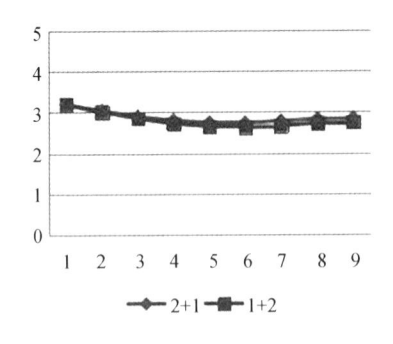

图3—45　不同结构中前字上声的音高

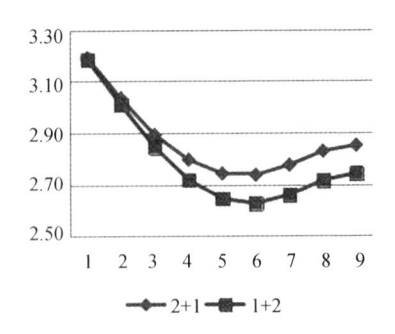

图3—46　不同结构中前字上声的音高（放大）

表3—36　　　　　　　　不同结构中前字上声的音高

2+1	3.19	3.03	2.89	2.80	2.74	2.74	2.77	2.83	2.85
1+2	3.18	3.01	2.84	2.72	2.64	2.62	2.66	2.71	2.74
T值差	0.01	0.02	0.05	0.08	0.10	0.12	0.11	0.12	0.11

性别对前字上声音高的影响：前字上声为低平调或低降调，女生的调值为43，男生的调值为33。

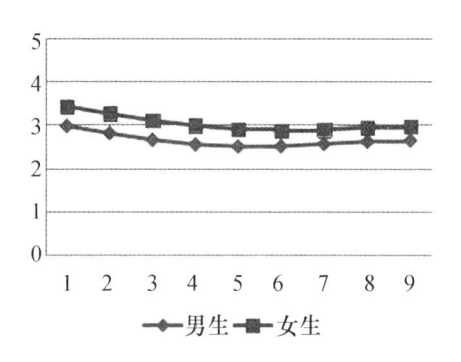

图3—47　不同性别前字上声的音高

表3—37　　　　　　　　不同性别前字上声的音高

男生	2.96	2.80	2.65	2.54	2.50	2.50	2.55	2.61	2.63
女生	3.41	3.24	3.09	2.97	2.89	2.86	2.88	2.93	2.96
T值差	0.45	0.44	0.44	0.43	0.39	0.36	0.33	0.32	0.33

三字组中字上声的音高分析情况：首先分析前字声调对中字上声音高的影响。中字上声基本是一个平调或降调。前字为阴平、阳平、上声时，中字上声调值是43；前字为去声时，调值是33。

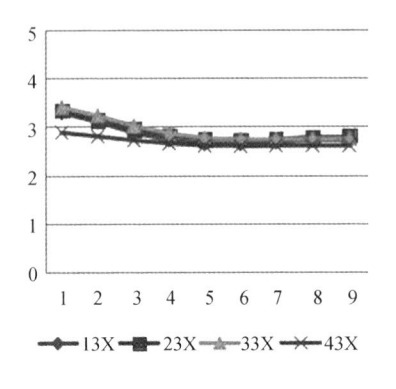

图 3—48　前字声调影响
中字上声的音高

图 3—49　前字声调影响
中字上声的音高（放大）

表 3—38　　　　　　前字声调影响中字上声的音高

13X	3.29	3.09	2.87	2.72	2.64	2.64	2.67	2.71	2.72
23X	3.32	3.14	2.94	2.81	2.73	2.72	2.74	2.77	2.80
33X	3.40	3.23	3.01	2.86	2.76	2.73	2.73	2.74	2.74
43X	2.88	2.80	2.71	2.65	2.60	2.59	2.60	2.60	2.60

后字声调对中字上声音高的影响：后字为阴平、阳平、去声时，中字上声的音高表现为降调，调值是 43。调头处有微小的差别。

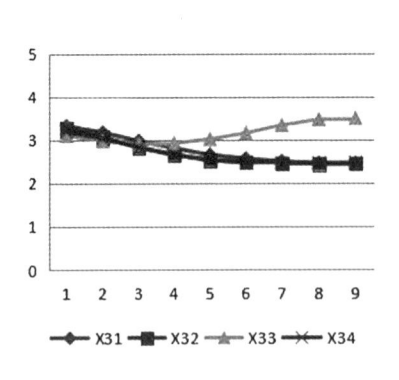

图 3—50　后字声调影响
中字上声的音高

图 3—51　后字声调影响
中字上声的音高（放大）

表3—39　　　　　　　后字声调影响中字上声的音高

X31	3.33	3.18	2.98	2.81	2.65	2.56	2.50	2.46	2.45
X32	3.27	3.06	2.83	2.66	2.53	2.48	2.45	2.44	2.45
X33	3.10	2.98	2.90	2.92	3.02	3.15	3.33	3.46	3.50
X34	3.19	3.03	2.82	2.65	2.52	2.47	2.46	2.46	2.47

组合结构对中字上声音高的影响：影响不明显，中字上声的调值都是43，是一个降调。

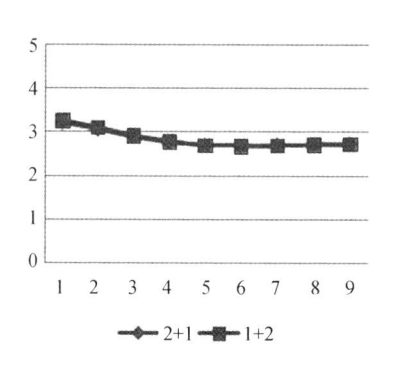

图3—52　不同结构的中字
上声的音高

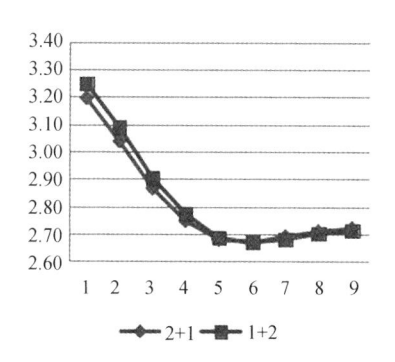

图3—53　不同结构的中字
上声的音高（放大）

表3—40　　　　　　　不同结构的中字上声的音高

2 + 1	3.20	3.04	2.86	2.75	2.68	2.67	2.69	2.71	2.72
1 + 2	3.25	3.09	2.90	2.77	2.68	2.67	2.68	2.70	2.71
T 值差	0.05	0.05	0.04	0.02	0.00	0.00	0.01	0.01	0.01

性别对中字上声音高的影响：调值都是43，女生的音高高于男生。

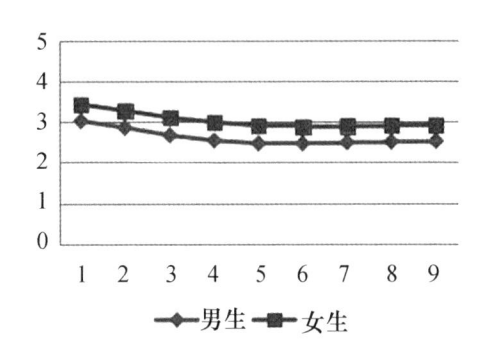

图3—54 不同性别中字上声的音高

表3—41　　　　　　　　不同性别中字上声的音高

男生	3.02	2.85	2.67	2.54	2.46	2.46	2.49	2.50	2.52
女生	3.43	3.27	3.10	2.98	2.90	2.87	2.88	2.91	2.91
T值差	0.41	0.42	0.43	0.44	0.44	0.41	0.39	0.41	0.39

三字组后字上声的音高分析：中字为上声时，后字上声的调头音高最高，中字为去声时，后字上声的调头音高最低。

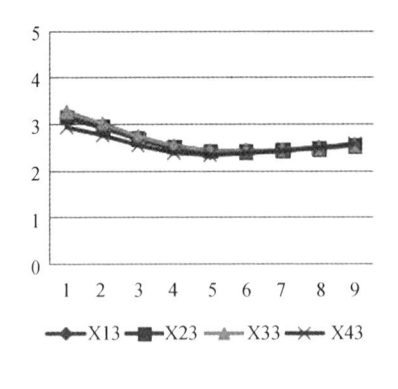

图3—55 中字声调影响后字上声的音高

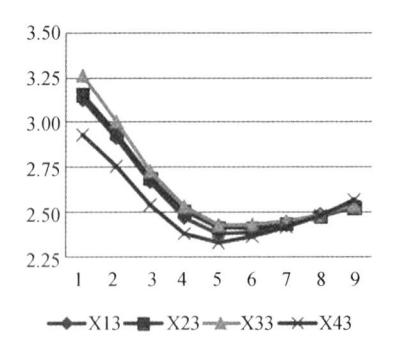

图3—56 中字声调影响后字上声的音高（放大）

表 3—42　　　　　　　中字声调影响后字上声的音高

X13	3.12	2.91	2.66	2.47	2.38	2.39	2.42	2.49	2.54
X23	3.15	2.94	2.69	2.51	2.41	2.41	2.43	2.47	2.52
X33	3.26	3.00	2.73	2.53	2.43	2.43	2.45	2.48	2.54
X43	2.93	2.75	2.54	2.38	2.33	2.36	2.41	2.48	2.56

组合结构对后字上声音高的影响非常小。

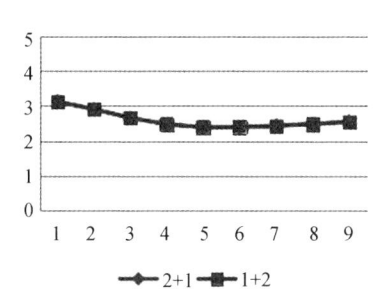

图 3—57　不同结构中后字上声的音高

表 3—43　　　　　　　不同结构中后字上声的音高

2+1	3.11	2.90	2.65	2.47	2.38	2.40	2.44	2.49	2.54
1+2	3.12	2.90	2.66	2.47	2.39	2.40	2.42	2.47	2.54
T值差	0.01	0.00	0.01	0.00	0.01	0.00	0.02	0.02	0.00

性别对后字上声音高的影响：男女生的后字上声都有中间下凹的趋势，女生的调值是43，男生的调值是33。

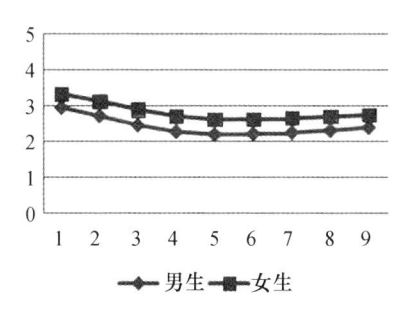

图 3—58　不同性别后字上声的音高

表 3—44　　　　　　　　不同性别后字上声的音高

男生	2.93	2.69	2.43	2.25	2.17	2.19	2.23	2.28	2.36
女生	3.30	3.11	2.87	2.69	2.60	2.60	2.63	2.68	2.72
T 值差	0.37	0.42	0.44	0.44	0.43	0.41	0.40	0.40	0.36

由上声变来的"阳平"与本来就是阳平的音高对比分析：由上声变调而来的"阳平"音高比较高，特别是中字从上声变来的"阳平"音高最高，其次是前字由上声变调来的"阳平"，二者的调值都是434。本来阳平的音高比较低，调值是34。

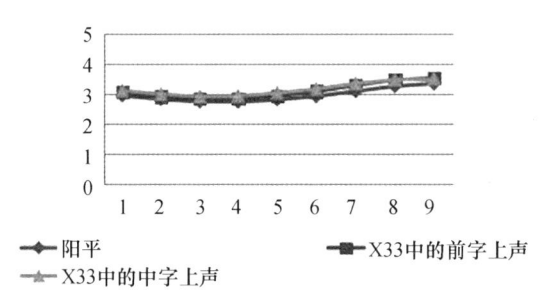

图 3—59　阳平与上声变"阳平"的音高对比

表 3—45　　　　　阳平与上声变"阳平"的音高对比数据

阳平	2.93	2.8	2.72	2.71	2.79	2.9	3.07	3.24	3.32
33X 中的前字上声	3.04	2.9	2.83	2.83	2.92	3.07	3.27	3.45	3.51
X33 中的中字上声	3.1	2.98	2.9	2.92	3.02	3.15	3.33	3.46	3.5

（四）三字组去声音高分析

三字组前字去声的音高分析：前字去声的整体走势是个降调，终点比普通话高。调值为54或53。

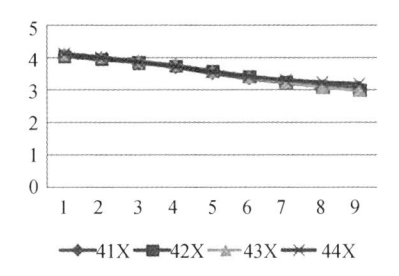

图3—60　中字声调影响前字去声的音高

表3—46　　　　　　中字声调影响前字去声的音高

41X	4.04	3.93	3.80	3.66	3.47	3.31	3.18	3.08	3.02
42X	4.02	3.91	3.83	3.71	3.55	3.38	3.2	3.06	2.97
43X	4.09	3.99	3.88	3.73	3.53	3.36	3.18	3.04	2.95
44X	4.10	3.97	3.83	3.69	3.52	3.38	3.27	3.2	3.15

组合结构对前字去声音高的影响很小，主要在调尾。2+1结构的整体音高都比1+2结构略微稍高。

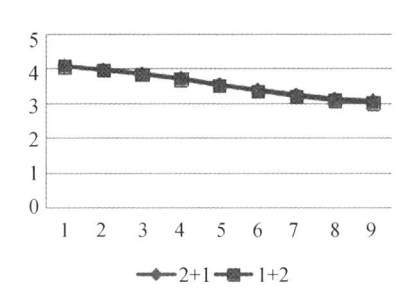

图3—61　不同结构中前字去声的音高

表3—47　　　　　　不同结构中前字去声的音高

2+1	4.07	3.96	3.85	3.72	3.54	3.38	3.24	3.12	3.06
1+2	4.05	3.94	3.82	3.68	3.50	3.34	3.18	3.06	2.99
T值差	0.02	0.02	0.03	0.04	0.04	0.04	0.06	0.06	0.07

性别对前字去声音高的影响：女生的音高高于男生。女生前字去声的调值是 54，男生的调值是 43。影响从调头到调尾差距逐渐增大。

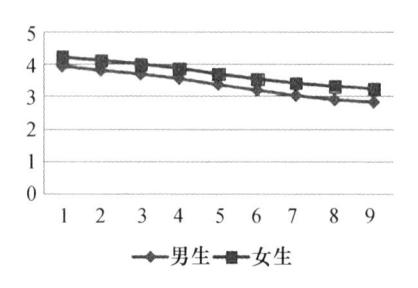

图 3—62　不同性别前字去声的音高

表 3—48　　　　　　　不同性别前字去声的音高

男生	3.92	3.80	3.68	3.54	3.35	3.18	3.01	2.88	2.81
女生	4.20	4.10	3.99	3.86	3.68	3.54	3.40	3.31	3.24
T 值差	0.28	0.30	0.31	0.32	0.33	0.36	0.39	0.43	0.43

三字组中字去声音高分析情况：首先分析前字对中字去声音高的影响，中字去声的调值为 53 或 43。前字为阴平、阳平时，调值是 53；前字为上声、去声时，调值是 43。

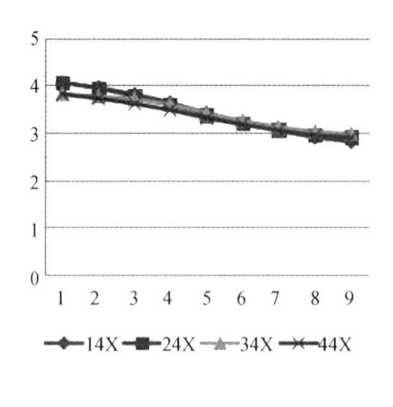

图 3—63　前字声调影响
中字去声的音高

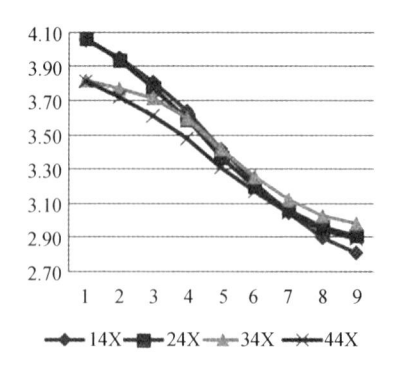

图 3—64　前字声调影响
中字去声的音高（放大）

表 3—49　　　　　　　前字声调影响中字去声的音高

14X	4.05	3.95	3.81	3.63	3.41	3.22	3.04	2.89	2.81
24X	4.06	3.93	3.77	3.59	3.37	3.19	3.06	2.95	2.91
34X	3.81	3.76	3.71	3.59	3.41	3.25	3.12	3.02	2.98
44X	3.81	3.72	3.61	3.47	3.30	3.17	3.04	2.94	2.89

后字对中字去声音高的影响很小。后字为去声时，中字去声音高起点最低，终点最高。后字为阴平、上声、去声时，起点较高，终点较低。

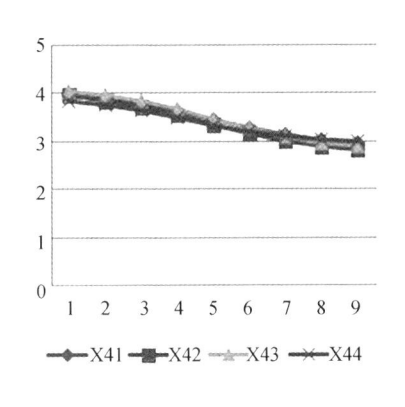

图 3—65　后字声调影响中字去声的音高

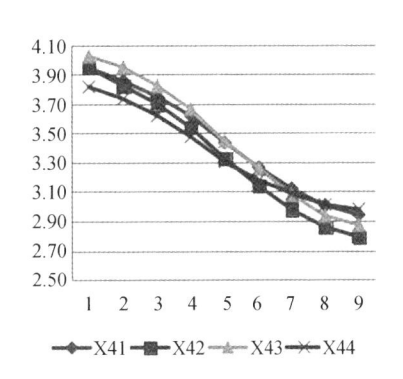

图 3—66　后字声调影响中字去声的音高（放大）

表 3—50　　　　　　　后字声调影响中字去声的音高

X41	3.94	3.86	3.75	3.62	3.43	3.26	3.12	3.00	2.94
X42	3.95	3.82	3.70	3.54	3.32	3.14	2.98	2.86	2.79
X43	4.02	3.95	3.82	3.66	3.44	3.25	3.08	2.93	2.87
X44	3.82	3.73	3.62	3.47	3.30	3.18	3.09	3.01	2.98

组合结构对中字去声音高的影响不是很大，调值是 43。差异在调头比较明显。

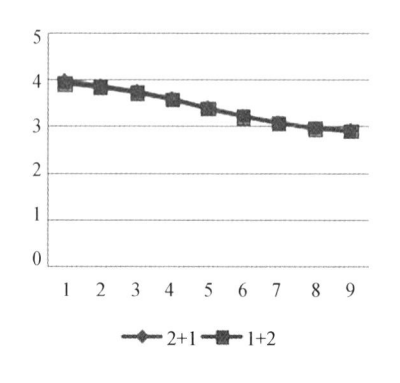

图 3—67　不同组合结构中中字去声的音高

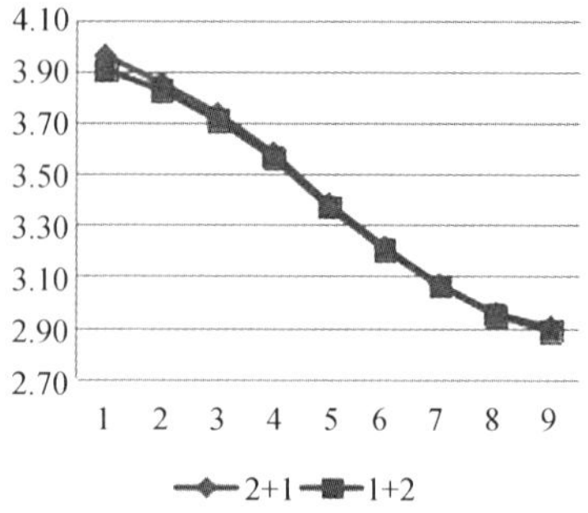

图 3—68　不同组合结构中中字去声的音高（放大）

表 3—51　　　　　不同组合结构中中字去声的音高

2 + 1	3.96	3.85	3.74	3.58	3.38	3.21	3.07	2.96	2.90
1 + 2	3.90	3.83	3.71	3.56	3.37	3.20	3.06	2.95	2.89
T 值差	0.06	0.02	0.03	0.02	0.01	0.01	0.01	0.01	0.01

性别对中字去声音高的影响：女生的中字去声音高调值为54，男生的调值为43。女生的音高高于男生，从调头到调尾差异逐渐增大。

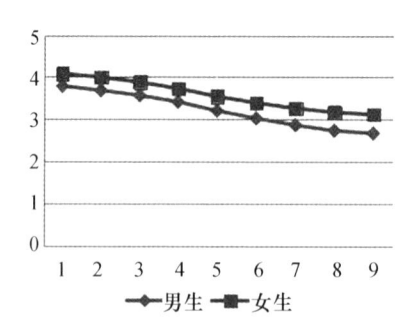

图 3—69　不同性别中字去声的音高

表 3—52　　　　　　　　不同性别中字去声的音高

男生	3.79	3.68	3.56	3.41	3.21	3.02	2.86	2.73	2.67
女生	4.08	4.00	3.88	3.73	3.54	3.39	3.27	3.17	3.12
T值差	0.29	0.32	0.32	0.33	0.33	0.37	0.41	0.44	0.45

三字组后字去声的音高分析情况：影响主要在调头。后字去声的调值为43，是个降调，调头比北京普通话去声的调头低，调尾比较高。中字为阴平和阳平时，调头稍高一些。

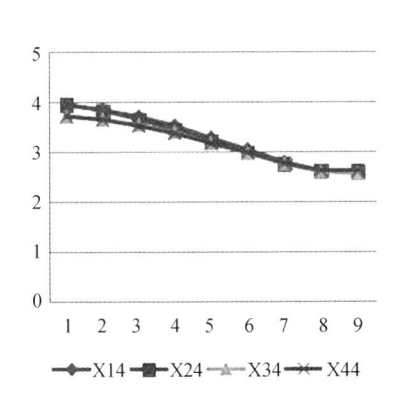

图 3—70　中字声调影响
后字去声的音高

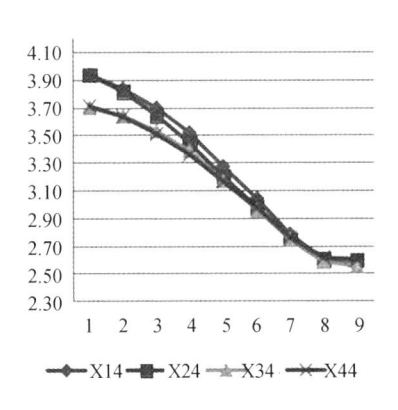

图 3—71　中字声调影响
后字去声的音高（放大）

表 3—53　　　　　　中字声调影响后字去声的音高

X14	3.93	3.83	3.69	3.52	3.27	3.04	2.78	2.60	2.54
X24	3.93	3.81	3.64	3.44	3.20	2.98	2.74	2.60	2.59
X34	3.70	3.64	3.53	3.39	3.16	2.95	2.74	2.58	2.55
X44	3.71	3.63	3.51	3.36	3.16	2.97	2.76	2.61	2.59

组合结构对后字去声音高的影响不大，调值都是43。两条曲线接近重合。

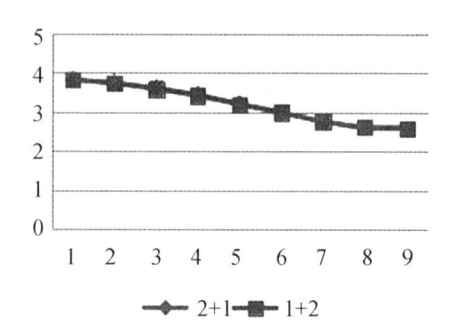

图 3—72　不同组合结构中后字去声的音高

表 3—54　　　　　　不同组合结构中后字去声的音高

2+1	3.82	3.74	3.61	3.44	3.21	2.99	2.75	2.58	2.57
1+2	3.82	3.72	3.58	3.41	3.19	2.98	2.76	2.61	2.57
T 值差	0.00	0.02	0.03	0.03	0.02	0.01	0.01	0.03	0.00

性别对后字去声音高的影响：男生和女生的后字去声音高都是 43，女生的音高曲线高于男生，差异在调尾处比较明显。

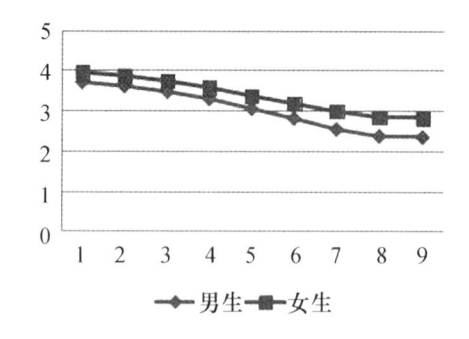

图 3—73　不同性别后字去声的音高

表 3—55　　　　　　　　　　不同性别后字去声的音高

男生	3.70	3.60	3.46	3.28	3.04	2.80	2.53	2.36	2.33
女生	3.94	3.86	3.73	3.57	3.36	3.17	2.97	2.83	2.80
T值差	0.24	0.26	0.27	0.29	0.32	0.37	0.44	0.47	0.47

四　语音样本的统计与对比分析

（一）语音样本的统计分析

广州普通话的阴平调是一个高平调，五度值为44。

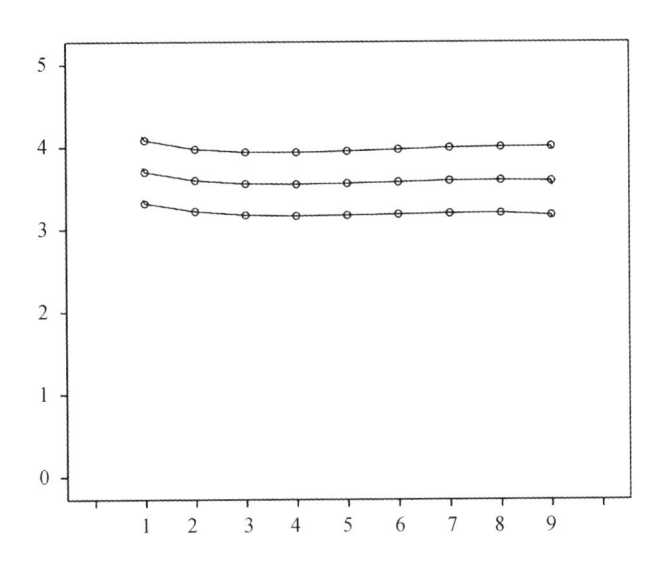

图 3—74　广州普通话三字组阴平调统计图

表 3—56　　　　　　　　广州普通话三字组阴平调统计数据

平均值＋标准差	4.08	3.98	3.94	3.94	3.95	3.97	4.00	4.00	4.01
平均值	3.70	3.60	3.56	3.55	3.56	3.58	3.60	3.60	3.59
平均值－标准差	3.32	3.22	3.18	3.17	3.17	3.18	3.20	3.20	3.17

阳平调是一个位于调域上半部分的升调，调型曲线的前半部分呈小小的"凹"形。调值可以记作34。

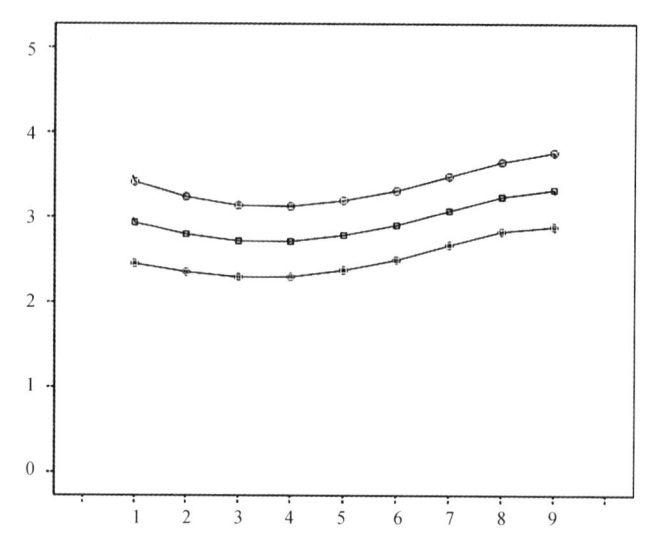

图 3—75　广州普通话三字组阳平调统计图

表 3—57　　　　　　　广州普通话三字组阳平调统计数据

平均值 + 标准差	3.42	3.24	3.14	3.13	3.20	3.31	3.48	3.65	3.76
平均值	2.93	2.80	2.72	2.71	2.79	2.90	3.07	3.24	3.32
平均值 − 标准差	2.45	2.36	2.29	2.30	2.38	2.50	2.67	2.83	2.89

广州普通话的上声是一个降调。上声曲线的中部呈一个凹形，标准差从调头到调尾基本越来越大，调值为43。

表 3—58　　　　　　　广州普通话三字组上声统计数据

平均值 + 标准差	3.65	3.46	3.28	3.16	3.10	3.10	3.18	3.28	3.35
平均值	3.17	2.99	2.80	2.66	2.59	2.58	2.61	2.65	2.68
平均值 − 标准差	2.70	2.52	2.32	2.16	2.08	2.06	2.04	2.02	2.02

广州普通话的去声是一个高降调，调值为53。

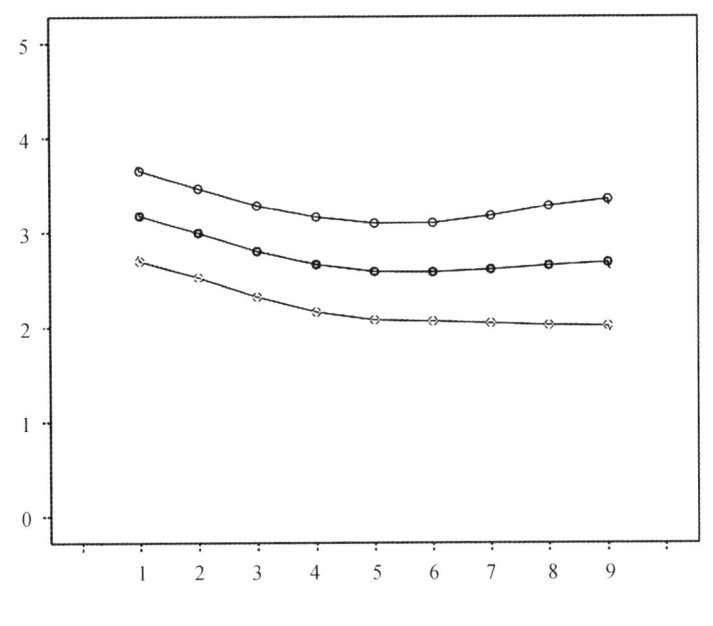

图 3—76　广州普通话三字组上声统计图

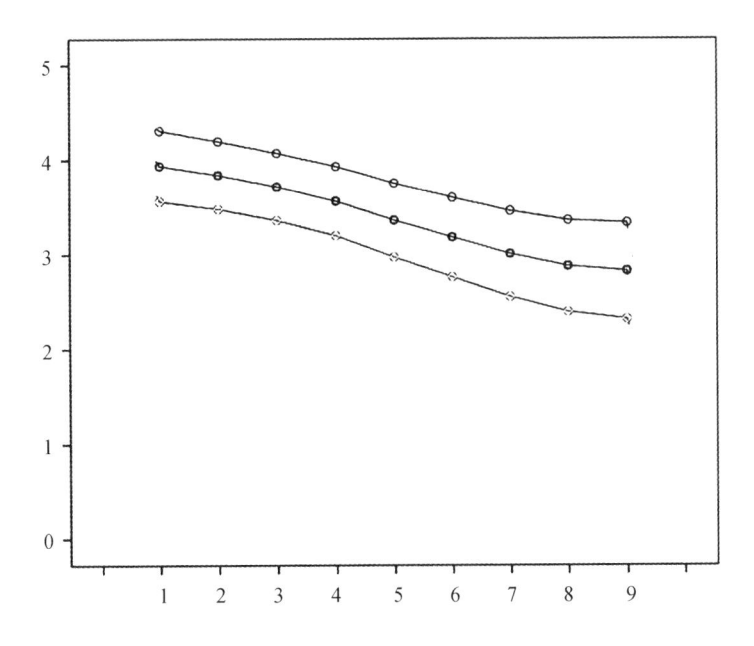

图 3—77　广州普通话三字组去声统计图

表3—59　　　　　　　广州普通话三字组去声统计数据

平均值+标准差	4.31	4.20	4.07	3.93	3.75	3.60	3.46	3.36	3.34
平均值	3.94	3.84	3.72	3.57	3.36	3.18	3.01	2.88	2.83
平均值−标准差	3.56	3.48	3.36	3.20	2.97	2.76	2.56	2.40	2.32

广州普通话三字组四个声调的统计图与北京话四个单字调的统计图对比：北京话四个声调的调域明显比广州普通话的调域要宽，这不仅与广州人受到自身母语负迁移的影响有关，也因为三字组中的各个声调容易受到前后字音高的影响。相同之处在于，四个声调的音高最高点都是在去声的起点，最低点都是在上声的折点。

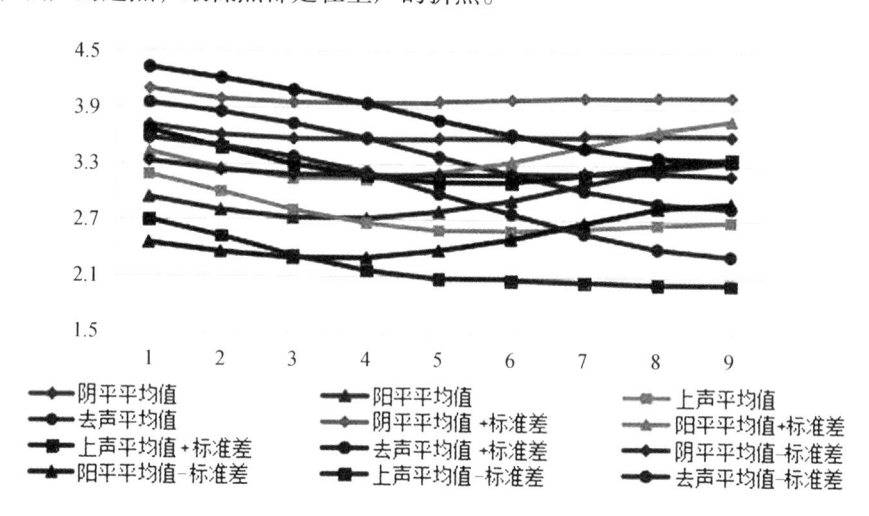

图3—78　广州普通话三字组四个声调统计总图

（二）对比分析

1. 三字组阴平与单字阴平音高对比

广州普通话单字的阴平位于整个音高曲线的上方，音高比较高。从阴平调在三字组中的位置来说，阴平前字音高较高，其次是阴平中字，阴平后字音高曲线最低。阴平音高的高低可能与发音人发音的注意程度有关。无论是单字调还是三字组，音高曲线的最高点都在起点。

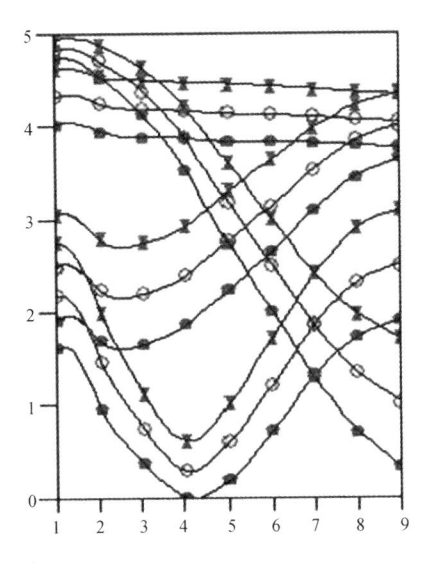

图 3—79　北京话四个声调的主体分布图

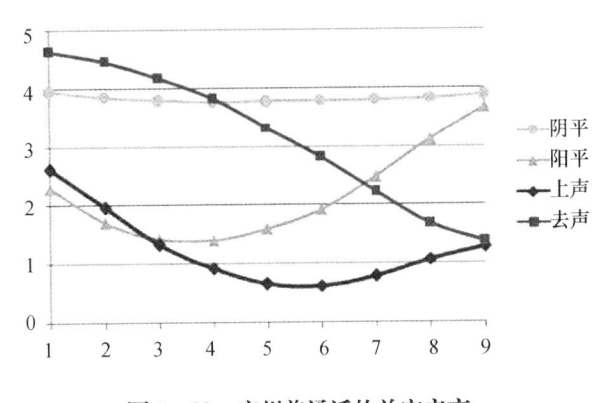

图 3—80　广州普通话的单字音高

表 3—60　　　　　广州普通话单字与三字组阴平音高对比数据

单字	3.94	3.84	3.79	3.76	3.77	3.78	3.79	3.82	3.87
三字组前字	3.84	3.75	3.71	3.70	3.71	3.73	3.75	3.73	3.70
三字组中字	3.64	3.57	3.55	3.55	3.57	3.59	3.61	3.59	3.55
三字组后字	3.62	3.47	3.42	3.41	3.41	3.42	3.44	3.48	3.53

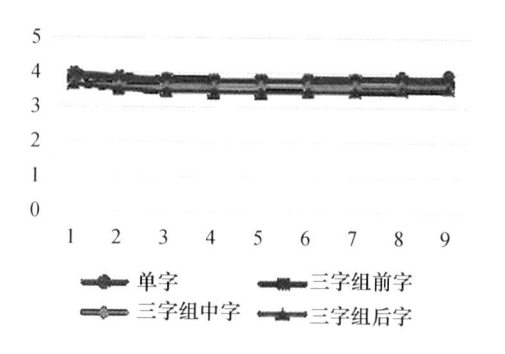

图 3—81　广州普通话单字与三字组阴平音高对比

2. 三字组阳平与单字阳平音高对比

广州普通话的单字阳平是一个升调，调头下降，呈明显的"凹"形。三字组的阳平只在调头处微有下降，调干和调尾上升，整体来看还是呈上升调势，调值为 34。

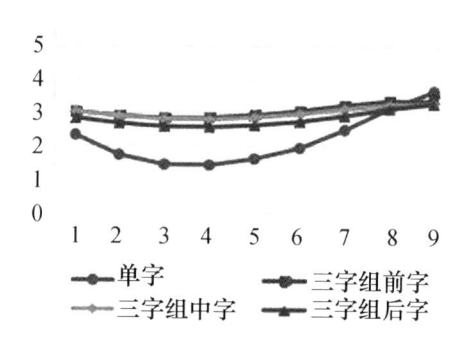

图 3—82　广州普通话单字与三字组阳平音高对比

表 3—61　　　广州普通话单字与三字组阳平音高对比数据

单字	2.30	1.71	1.42	1.41	1.61	1.93	2.48	3.13	3.65
三字组前字	3.00	2.88	2.81	2.82	2.91	3.04	3.22	3.36	3.41
三字组中字	3.00	2.87	2.78	2.77	2.84	2.95	3.10	3.24	3.29
三字组后字	2.80	2.65	2.56	2.55	2.61	2.72	2.90	3.12	3.27

3. 三字组上声与单字上声音高对比

三条音高曲线都在单字上声的上方。上声作为三字组的前字和中字时音高比较高，作为三字组后字时音高相对较低。单字音上声最低。

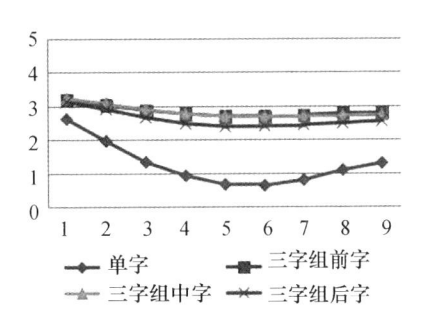

图3—83 广州普通话单字与三字组上声音高对比

表3—62　　　广州普通话单字与三字组上声音高对比数据

单字	2.61	1.96	1.32	0.91	0.65	0.62	0.78	1.08	1.28
三字组前字	3.19	3.02	2.87	2.76	2.69	2.68	2.72	2.77	2.80
三字组中字	3.22	3.06	2.88	2.76	2.68	2.67	2.68	2.70	2.72
三字组后字	3.11	2.90	2.65	2.47	2.38	2.40	2.43	2.48	2.54

4. 三字组去声与单字去声音高对比

单字音去声的起点最高，终点最低。三字组去声下降的趋势比较平缓，前字音高最高，中字音高次之，后字音高最低。

表3—63　　　广州普通话单字与三字组阳平音高对比

单字	4.62	4.44	4.16	3.81	3.32	2.81	2.23	1.67	1.37
三字组前字	4.06	3.95	3.84	3.70	3.52	3.36	3.21	3.09	3.02
三字组中字	3.93	3.84	3.72	3.57	3.37	3.21	3.06	2.95	2.89
三字组后字	3.82	3.73	3.59	3.42	3.20	2.98	2.75	2.60	2.57

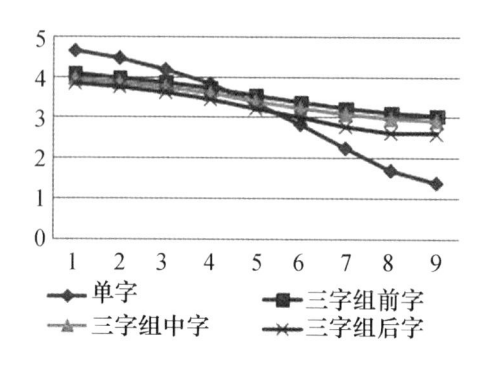

图3—84 广州普通话单字与三字组去声音高对比

5. 与广州普通话双字组结果对比分析

首先分析三字组阴平与双字组阴平音高对比。无论三字组中字是哪个声调，前字阴平的调值都是44，比双字组前字阴平的平均调值要低。

从后一个字对前字阴平的影响来看，双字组前字阴平调尾 T 值从高到低排序分别是上声、阴平、阳平、去声。三字组前字阴平调尾 T 值从高到低排序分别是上声、去声、阳平、阴平。

从前字阴平对后字的影响来看，后字阴平与单字调的调值相同；后字阳平的调值是424，调头比较高；后字上声的调值是42，最低点在上声的折点；后字去声的调值是42，是一个降调。总体来说，虽然调值与单字调相比发生了变化，但并没有调位性变调。

6. 三字组阳平与双字组阳平音高对比

前字为阳平时，双字组和三字组前字阳平的调值都是34，调头都有一个小的"凹"形。总体来看，前字为阳平时，双字组没有调位性变调。

7. 三字组上声与双字组上声音高对比

双字组中，前字为上声，后字为阴平、阳平、去声时，前字上声的调值是42；后字也是上声时，调值由降调42变调为升调34。三字组中，前字为上声，后字为阴平、阳平、去声时，前字上声的调值是43，调尾比双字组中前字上声的调尾要高；后字为上声，前字上声发生变调，变成434，调头下降，调干和调尾上升。

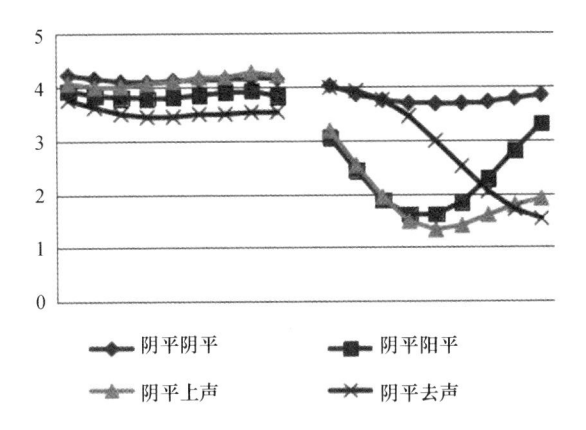

图3—85 广州普通话双字组"1X"组音高

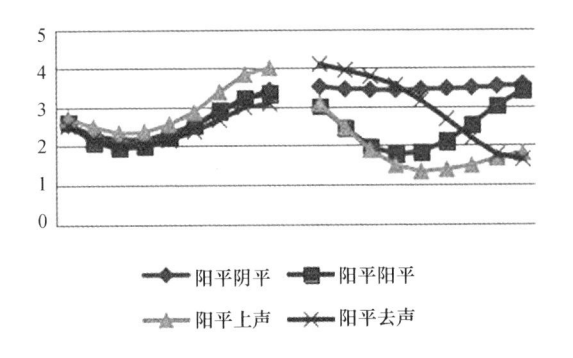

图3—86 广州普通话双字组"2X"组音高

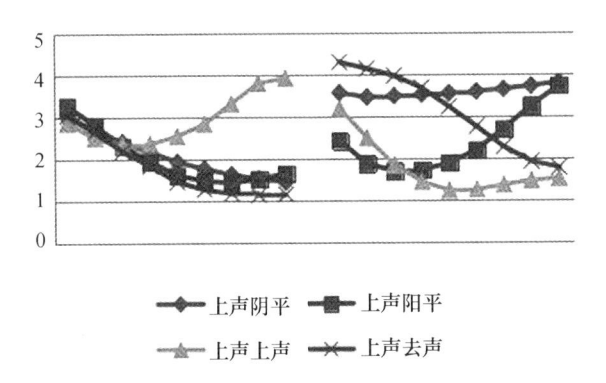

图3—87 广州普通话双字组"3X"组音高

8. 三字组去声与双字组去声音高对比

双字组中，前字去声的调值是 53，三字组中，前字去声的调值是 53 或 54。双字组前字为去声时，受到去声低调尾同化作用的影响而降低。

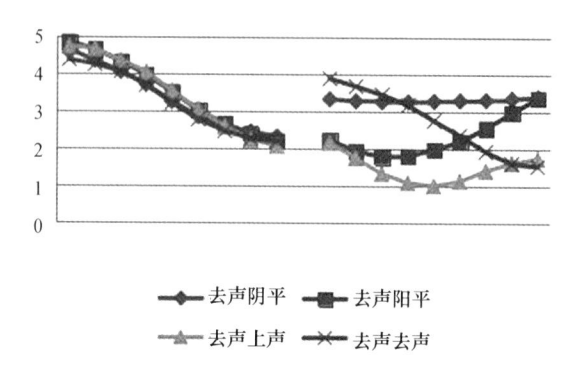

图 3—88　广州普通话双字组 "4X" 组音高

9. 与北京普通话三字组阴平音高对比

（1）中字对前字阴平音高的影响：北京普通话三字组的前字阴平是一个微小的"凸"形，而广州普通话三字组的前字阴平微呈"凹"形。相同之处在于：中字为上声、去声时，前字阴平调尾音高较高，这是由于上声、去声本质上都是降调，发音人为了更好地突出降调的调型，有意提高前一个字的调尾。

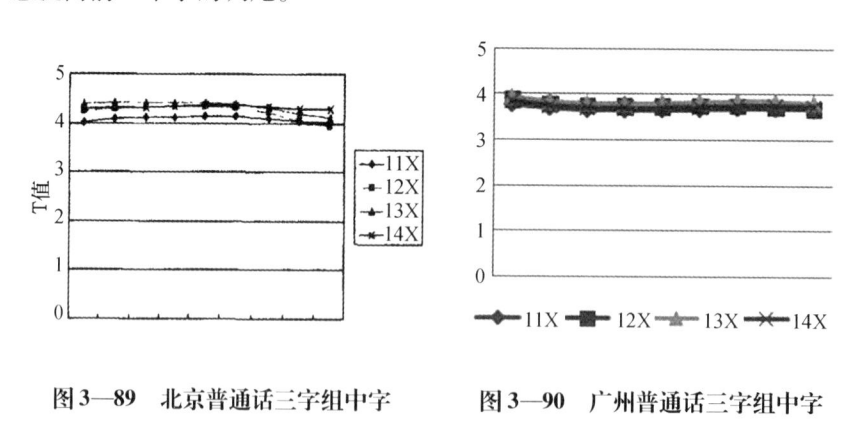

图 3—89　北京普通话三字组中字声调影响前字阴平的音高

图 3—90　广州普通话三字组中字声调影响前字阴平的音高

（2）前字声调对中字阴平音高的影响：前字为阴平时，中字阴平呈下降趋势；前字为其他三个声调时，中字阴平呈一个小"凸"形。图3—92中，广州普通话三字组中字阴平的调值都是44。前字为上声时，两幅图的音高曲线表现一致——调头和调干呈上升趋势，调尾下降。前字为其他三个声调时，图3—92的表现为调头和调尾下降，调干上升。

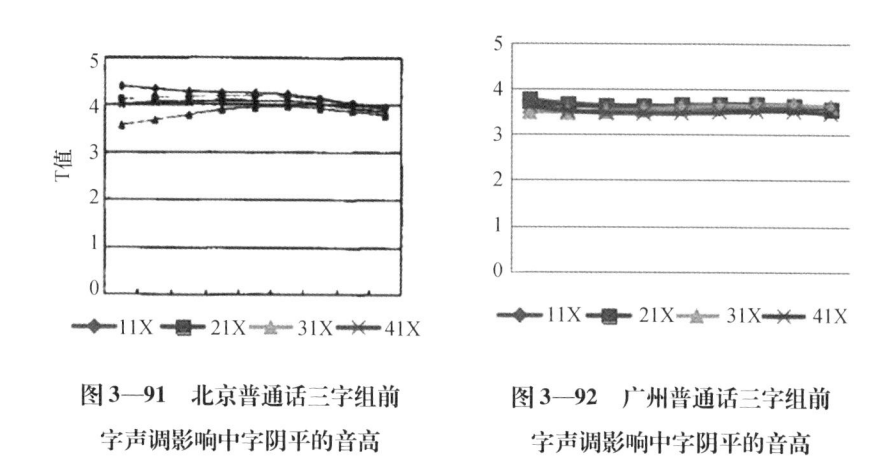

图3—91 北京普通话三字组前字声调影响中字阴平的音高

图3—92 广州普通话三字组前字声调影响中字阴平的音高

（3）后字声调对中字阴平音高的影响：主要受异化作用的影响，低起点的声调使前面声调的音高抬高。

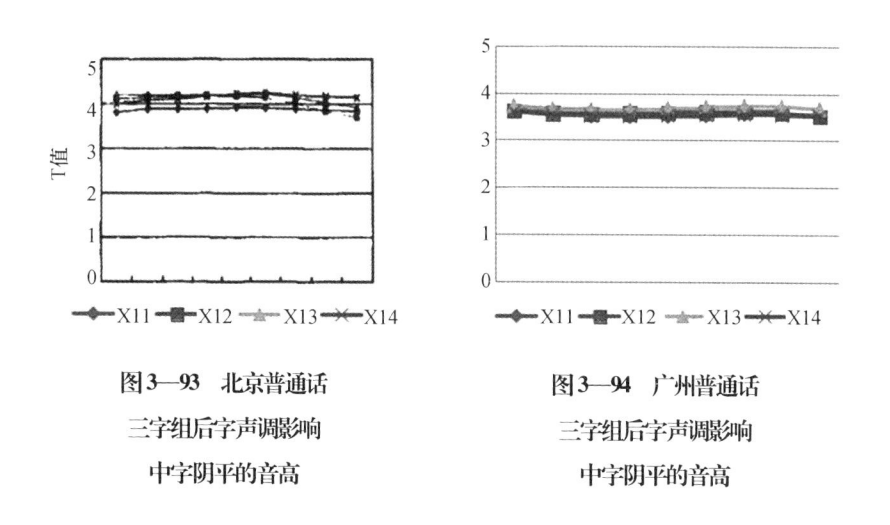

图3—93 北京普通话三字组后字声调影响中字阴平的音高

图3—94 广州普通话三字组后字声调影响中字阴平的音高

（4）中字声调对后字阴平音高的影响：二者的音高曲线基本一致。

起点处的音高差异较大。不同之处：图 3—95 的四条音高曲线呈下降的趋势，呈小小的"凸"形，图 3—96 的音高曲线呈"凹"形。

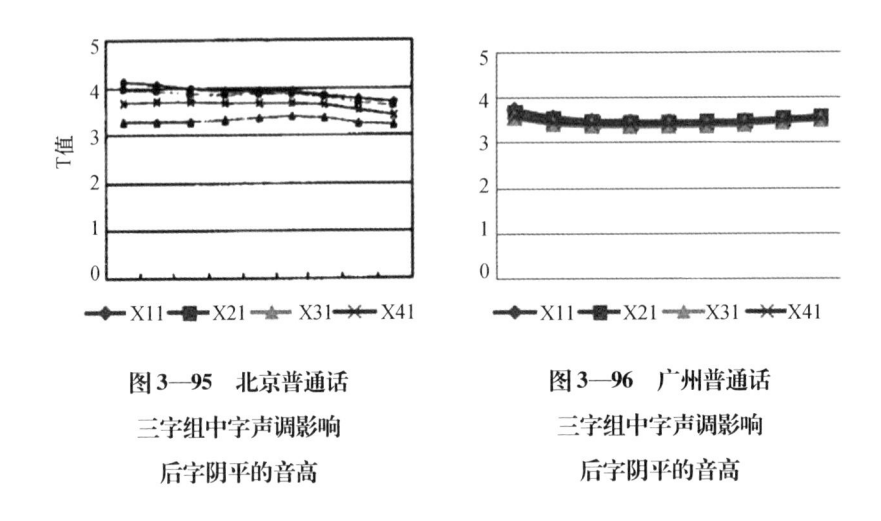

图 3—95　北京普通话三字组中字声调影响后字阴平的音高

图 3—96　广州普通话三字组中字声调影响后字阴平的音高

10. 与普通话三字组阳平音高对比

（1）前字表现比较一致，调值是 34，起点音高比较集中，终点比较分散。中字对前字阳平调尾的音高影响不大，表现出一定的异化作用。

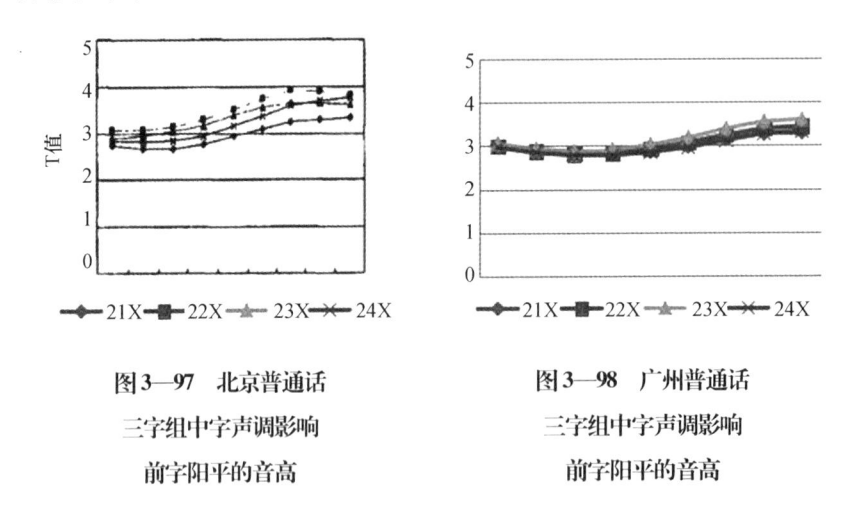

图 3—97　北京普通话三字组中字声调影响前字阳平的音高

图 3—98　广州普通话三字组中字声调影响前字阳平的音高

（2）前字声调对中字阳平音高的影响：终点比较集中。当前字为阴平、阳平时，中字阳平调值可以表示为较平缓的 34 或 44；前字为上声和去声时，调值是 34。受到前字声调同化作用的影响。

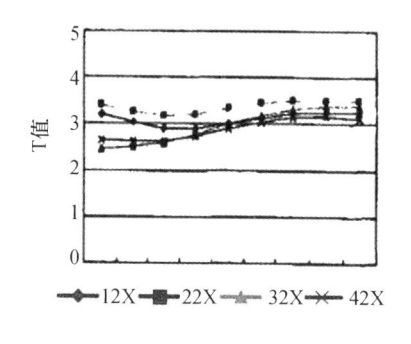

图3—99　北京普通话三字组前字声调影响中字阳平的音高

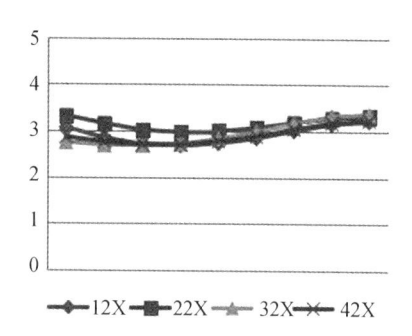

图3—100　广州普通话三字组前字声调影响中字阳平的音高

（3）后字声调对中字阳平音高的影响：北京普通话的四条音高曲线整体分布比较分散，广州普通话中字阳平的四条音高曲线最高点与最低点的分布位置与普通话相同，但相对来说跨度比较窄。相同之处在于：后字声调对中字阳平调尾的音高影响不大，但是对整体音高有异化作用。

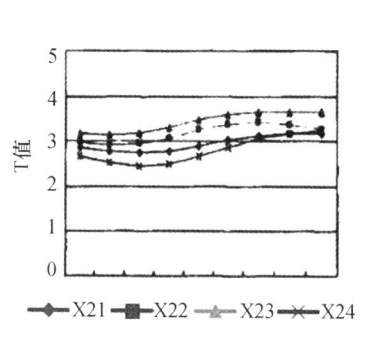

图3—101　北京普通话三字组后字声调影响中字阳平的音高

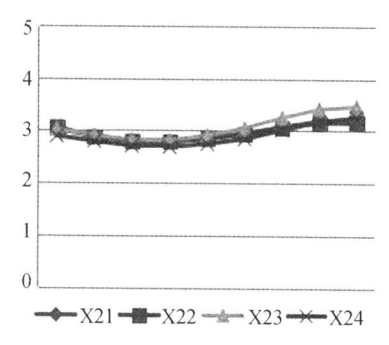

图3—102　广州普通话三字组后字声调影响中字阳平的音高

（4）中字声调对后字阳平音高的影响：北京普通话中字为上声时，后字阳平的音高跨度最大。而广州普通话的四条曲线起点处音高差异较小。二者的相同之处是，当中字为阴平、阳平时，后字阳平的起点比较高，后字阳平的终点比较集中。这也是中字调尾对后字声调的同化作用。

图 3—103　北京普通话三字组中字声调影响后字阳平的音高

图 3—104　广州普通话三字组中字声调影响后字阳平的音高

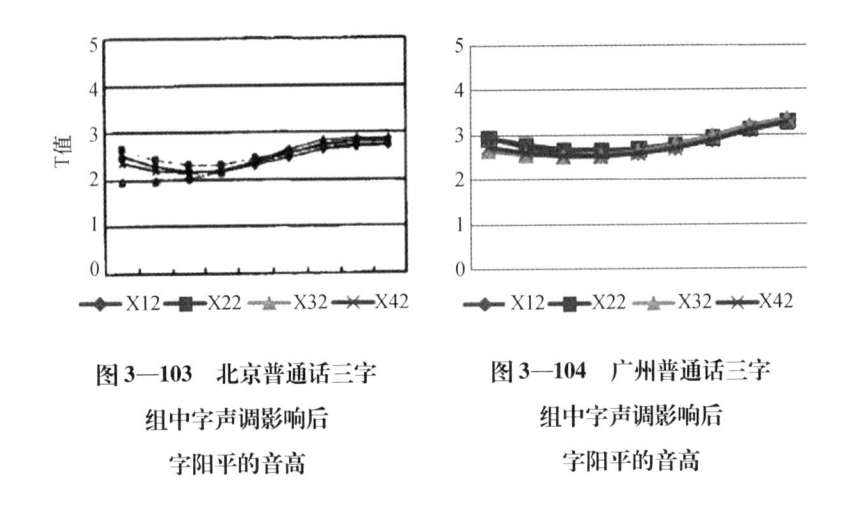

11. 与北京普通话三字组上声音高对比：

（1）中字对前字上声音高的影响：二者的相同之处在于上上连读发生了变调。不同之处是中字为上声时，图 3—105 前字上声的音高曲线呈凸形，图 3—106 基本是一个凹形；中字为其他三个声调时，图 3—105 前字上声的音高曲线呈凹形。

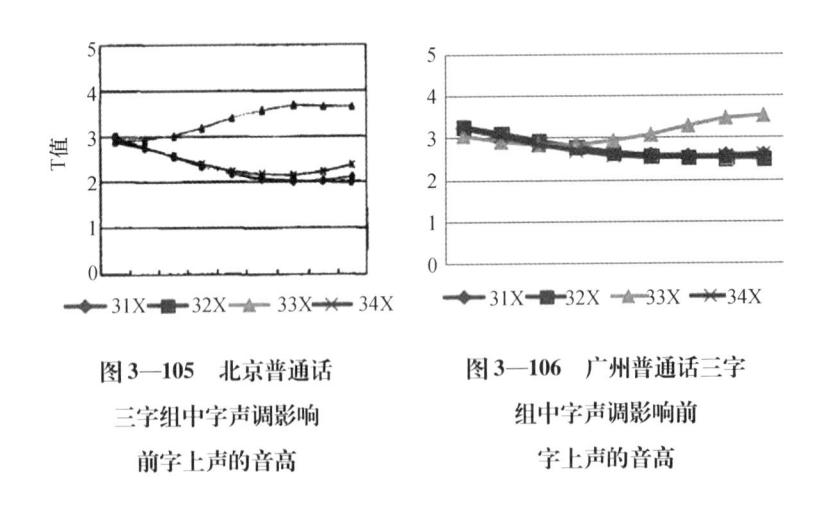

图 3—105　北京普通话三字组中字声调影响前字上声的音高

图 3—106　广州普通话三字组中字声调影响前字上声的音高

（2）前字对中字上声音高的影响：中字上声的音高曲线都是一个降调。前字为去声时，调值是33。四条曲线基本呈一个凹形。不同之处在于，北京普通话下降的幅度比较大，广州普通话降幅较小。

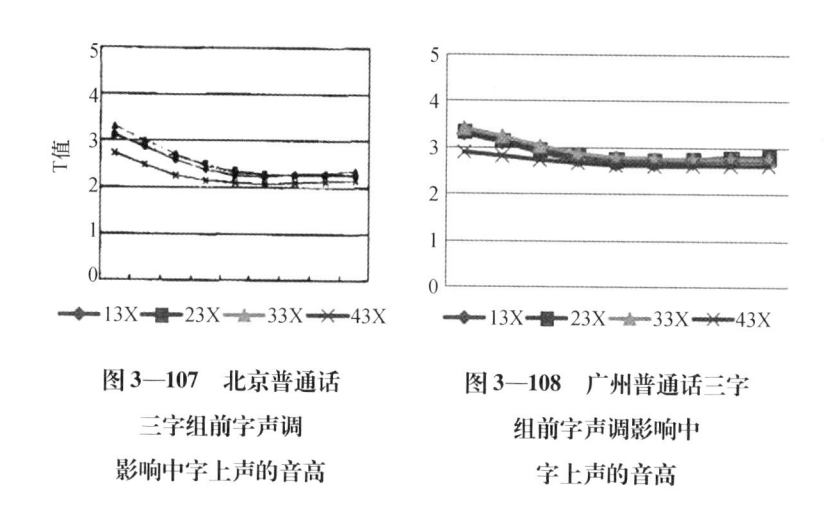

图3—107　北京普通话三字组前字声调影响中字上声的音高

图3—108　广州普通话三字组前字声调影响中字上声的音高

（3）后字对中字上声音高的影响：调值上存在差异。当后字为上声时，中字上声发生了变调，除上上连读变调之外，后字对中字上声音高的影响不是很大，后字为阴平、阳平、去声时，中字上声的调尾 T 值很集中，比调头的 T 值差距还要小。

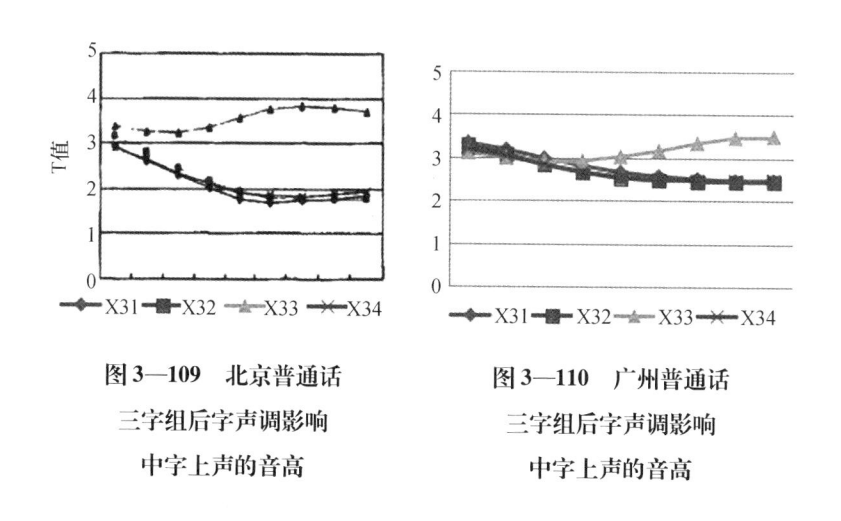

图3—109　北京普通话三字组后字声调影响中字上声的音高

图3—110　广州普通话三字组后字声调影响中字上声的音高

(4) 中字对后字上声音高的影响：二者都是起点处音高差异较大，终点处音高差异小。中字为上声时，后字上声的起点最高；中字为去声时，后字上声的起点最低；中字为阴平、阳平时，后字上声的起点居中。

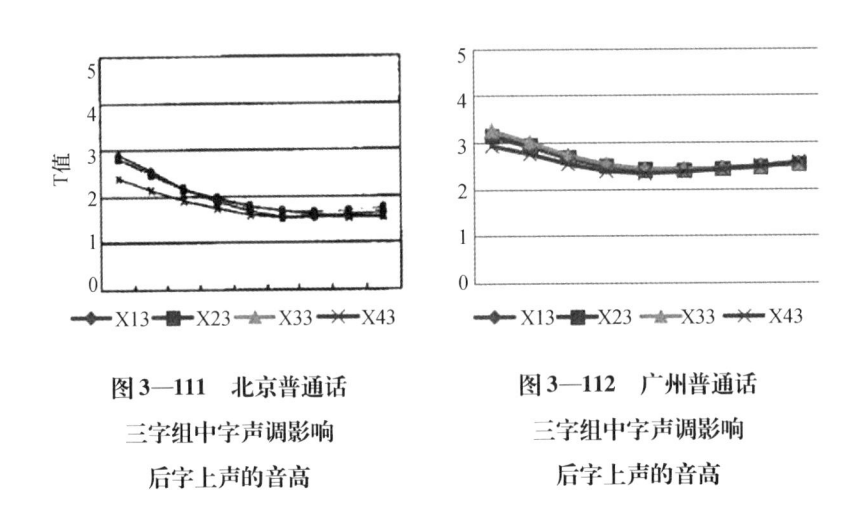

图3—111 北京普通话三字组中字声调影响后字上声的音高

图3—112 广州普通话三字组中字声调影响后字上声的音高

12. 与北京普通话三字组去声音高对比

（1）北京普通话去声四条音高曲线的整体分散度比较大；广州普通话则相反。相同之处是调头处四条曲线 T 值差异较小，调尾处差异较大。中字为去声时，前字去声调尾音高最高。

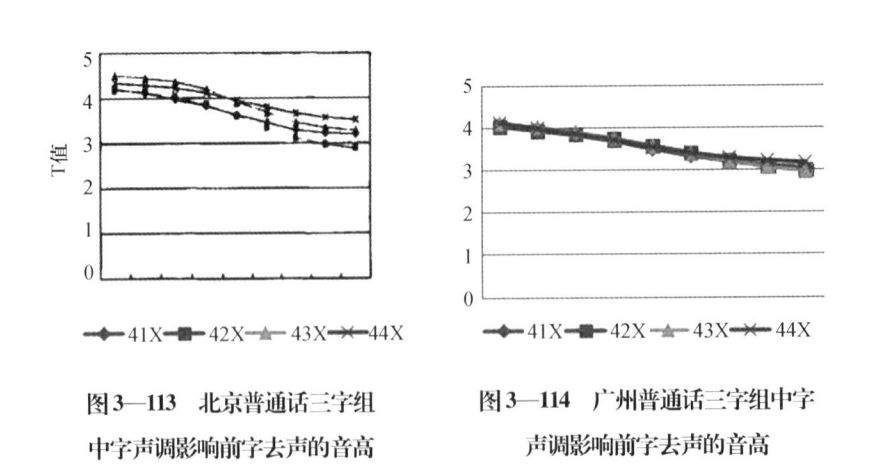

图3—113 北京普通话三字组中字声调影响前字去声的音高

图3—114 广州普通话三字组中字声调影响前字去声的音高

(2) 前字对中字去声音高的影响：二者走势基本一致。广州普通话的音高要比北京普通话的低一点。

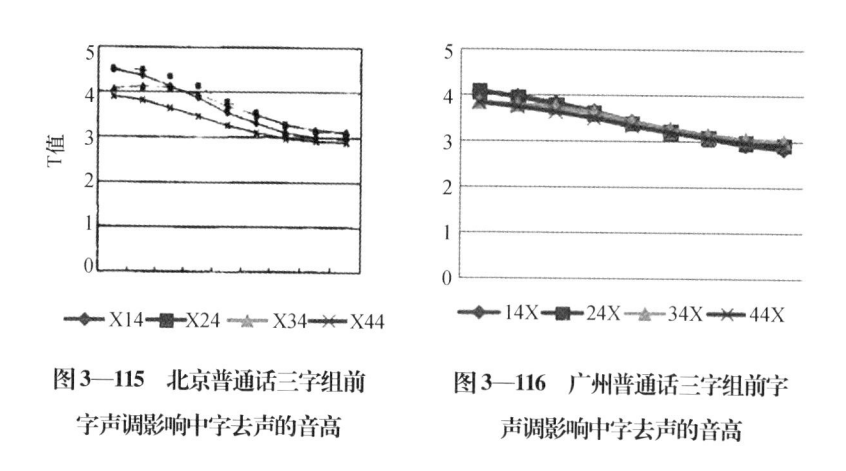

图3—115 北京普通话三字组前字声调影响中字去声的音高

图3—116 广州普通话三字组前字声调影响中字去声的音高

(3) 后字对中字去声音高的影响：广州普通话的整体音高低于普通话。相同之处为后字对中字去声音高的影响在调尾表现比较明显。

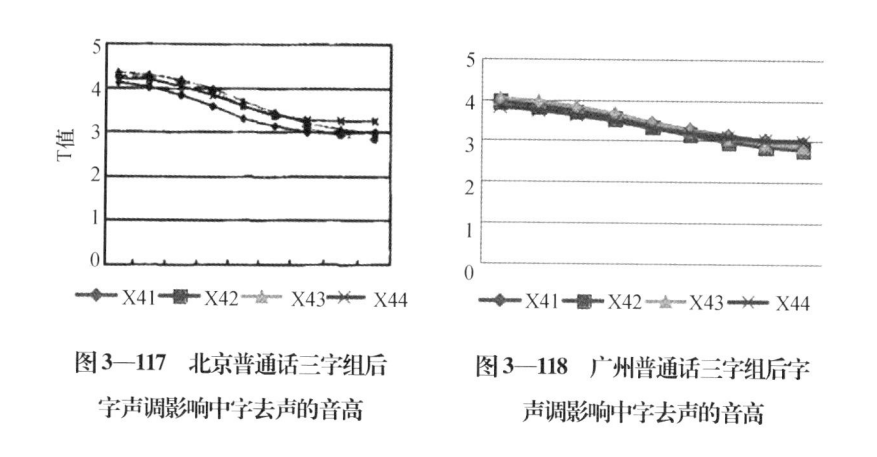

图3—117 北京普通话三字组后字声调影响中字去声的音高

图3—118 广州普通话三字组后字声调影响中字去声的音高

(4) 中字对后字去声音高的影响：后字去声都受到中字声调同化作用的影响。

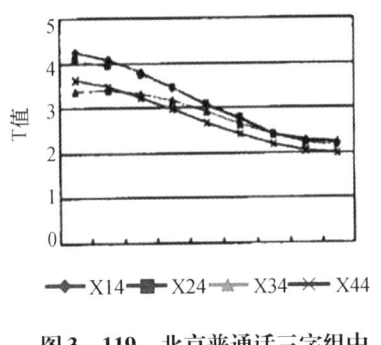

图3—119 北京普通话三字组中字声调影响后字去声的音高

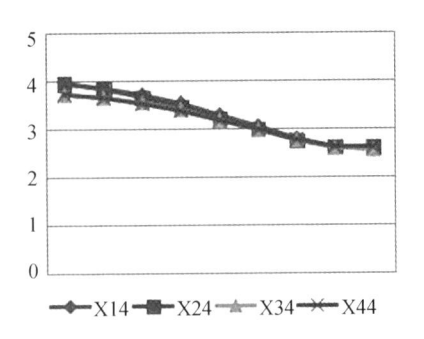

图3—120 广州普通话三字组中字声调影响后字去声的音高

五 结语

广州普通话的调域比北京普通话的调域要窄，最高点同样是在去声的起点，最低点在上声的折点。在动态段上声调参差不齐；总体上，北京普通话跨度较大，分布较分散，而广州普通话的分布较集中些。广州普通话的上声变调规则同样遵循"上上相连，前上变阳"的变调规则，由上声变调来的阳平比本来的阳平字的音高要高。

三个上声字连读，变调的情况与三字组的组合结构有关；整体音高主要是受后接声调异化作用的影响，前字的调头和后字的调尾基本都不受相邻字的影响；组合结构对三字组音高的影响不是很大，两种组合结构的音高曲线基本重合。尽管差别很小，但是呈现出一定的规律性；广州普通话的音高走势与北京普通话是基本一致的，只是在上声调值上有一些差别。

附 录

广州普通话三字组发音字表：

星期天 公安局 新街口 先锋队 开天窗 说英文 刚开始 新出现 牵牛花 清华园 西洋景 三河县 开房间 当农民 喝凉水 出洋相 山海关 商品粮 公主岭 生产队 开小差儿 修厂房 新品种 吹口哨 松树枝 炊事员 修配厂 街道办 观日出 翻麦田 张

校长　新计划

　　石家庄　年轻人　独生子　长辛店　回家乡　迎新娘　忙生产　拿机票　同情心　阳澄湖　篮球场　白杨树　回农村　别着急　薄棉袄　玩魔术　石景山　朝鲜族　王府井　男子汉　拦火车　填水池　锄野草　学口哨　文化宫　德胜门　实验品　合作社　白衬衫　玩象棋　学跳水　查案件

　　牡丹江　广安门　洗衣粉　普通话　买冰箱　老江湖　走西口　煮鸡蛋　水银灯　马头琴　漂白粉　米黄色　写文章　老黄牛　马局长　有文化　五指山　保险门　展览馆　保险柜　打冷枪　老好人　老厂长　老百姓　解放军　海盗船　讲话稿　启示录　讲卫生　走后门　老战友　打电话

　　半边天　信天游　豆浆碗　汽车站　热伤风　大兵团　大生产　逛商店　自行车　外国人　大门口　报名处　去南京　坐轮船　上茶馆　坏习惯　二里沟　电子琴　大使馆　驻马店　这几天　这两年　卖雨伞　做广告　正式工　大渡河　岔路口　自动化　坐汽车　过大年　看电影　旧社会

第二编

元音研究

第 四 章

北京普通话

第一节　单字音元音实验统计分析
胡会娟

一　引言

元音是构成一种语言语音系统的重要组成部分。普通话作为现代汉民族的共同语，是语言学家重要的研究对象，无论是定性研究还是定量研究，学界对于普通话元音的研究都较为全面。

基础元音是整个元音系统的基础，反映了元音的基本特性。周殿福、吴宗济（1963），吴宗济（1964），董少文（1964），徐焕章（1965），王力（1980），罗常培、王均（1981），鲍怀翘（1984），吴宗济（1986），李思敬（1986），冯燕（1990），孙国华（1992），徐云扬（2001），石锋（2002），石锋、时秀娟（2007），王萍（2009），孟子厚（2005，2006），王萍、石锋（2014）分别从生理和声学的层面探讨了普通话的单元音。

关于普通话的复元音，从 20 世纪 60 年代起学者们就进行过初步的声学和感知分析如杨顺安、曹剑芬（1984）；贺宁基（1985）；杨顺安（1986）；吴宗济、林茂灿（1989）；石锋（2002）；曹剑芬（1990、2007）；祖漪清（1994）；石锋（2002）；章斯宇、于水源（2007）；王萍（2009）；朱晓农（2010）；王宇靖、李敬阳、曹洪林（2015），等等。尽管学者们对复合元音的解释不一样，但存在着一个共识：复合元音不同于单元音，它是在一个音节内的元音滑移。

石锋（2002）根据主要元音跟韵母中其他成分的位次关系，把元音分成四个级别。出现在单韵母中的元音是一级元音；能够带韵头的元音是二级元音；能够带韵尾的元音是三级元音；既能够带韵头也能够带韵尾的元音是四级元音。北京普通话的一级元音有/a/、/i/、/u/、/ə/、/y/、/ɣ/、/ʅ/七个；二级元音有/a/、/i/、/u/、/y/、/ə/五个；三级元音有/a/、/i/、/u/、/ə/四个；四级元音有/a/、/i/、/u/、/ə/四个。

本研究采用元音格局的研究方法，对50位北京青年人所发单字音的一级、二级、三级、四级元音进行了声学实验和统计分析，以期发现北京普通话元音成系统的发音特点。通过声学分析，可以得到更接近语音实际的音值，对方言区的人更好地学习普通话，外国人更准确地学习汉语等方面起着参考的作用。

二 实验说明

（一）实验材料

发音表选取了包含七个一级元音、五个二级元音、四个三级元音和四个四级元音在内的73个汉语普通话单字音作为语音样品，每个单字读三遍。为了避免声母对韵母协同发音的影响，除了/əi/、/əŋ/、/uəŋ/之外，二级、三级、四级元音所取单字音都是零声母，声调都是阴平调。

本实验在安静的房间中进行录音，采用的是专业语音分析软件Praat，单声道，采样率为11025赫兹，使用电容式话筒直接将语音信息录入电脑。

（二）实验对象

本次实验共有50名来自于北京不同区县的发音人（25名男性和25名女性、21名老北京人[①]和29名新北京人），家庭背景语言均为普通话。本实验的50名发音人均为北京青年人，平均年龄为21岁，均为高校在校学生。

（三）实验方法

本实验采用专业语音分析软件Praat进行语音分析，做出语图和波形

[①] 胡明扬在《北京话社会调查（1981）》首次提出老北京人和新北京人的区分："老北京人"指的是父母双方都是北京人，本人在北京出生和长大的人；"新北京人"指的是父母双方或一方不是北京人，但本人在北京出生和长大的人。

图，我们提取 F1、F2 两种数据。具体做法如下：

首先，利用 Praat4.0 测量得出 50 个发音人所发的每个元音的第一共振峰（F1）和第二共振峰（F2）的全部频率值。

其次，为了使声学元音图的表现与人的听感更加接近，利用计算公式 Bark = 7ln｛(f/650) + [(f/650)^2 + 1]^1/2｝，把全部的 F1、F2 的数据从赫兹单位转化为巴克（Bark）单位，其中 f 为共振峰频率（Schroeder et al., 1979）。

最后，利用以下公式进行 V 值的归一化计算（孙雪、石锋，2009）：

$$V1 = \frac{B1x - (B1\min - SD1\min)}{(B1\max + SD1\max) - (B1\min - SD1\min)} \times 100$$

$$V2 = \frac{B2x - (B2\min - SD2\min)}{(B2\max + SD2\max) - (B2\min - SD2\min)} \times 100$$

我们以 SPSS18.0 为统计工具，对声学分析的 V 值数据进行了统计整理，在此过程中利用茎叶图法剔除个别离群值。本节采用平均值加减三倍标准差为规度，大于平均值加三倍标准差或小于平均值减三倍标准差的数据被剔除，以此保证数据的整体客观性。

（四）实验仪器

本实验采用专业语音分析软件 Praat、南开大学开发的电脑语音分析系统"桌上语音工作室"（Mini-Speech-Lab）和统计软件 SPSS 进行实验测算和统计作图。

三 语音样本的统计分析

我们对全部的语音样品的分析采取了声学实验和统计分析相结合的方法，在声学实验中，分别测算 50 位发音人每个元音。

（一）北京普通话一级元音的统计分析

我们测算了每个元音稳定段上的一个点两个维度的数据（F1、F2），除了舌尖前元音/ɿ/收集三组数据外，每个一级元音均选取了十组数据，并且分别测量了/ə/元音的起点、中点和终点。本次实验包含 50 名发音人，共得到 (8×10+1×3)×50 = 8300 个有效数据。经过计算得出每位发音人的每一组样品（例如/a/、/i/、/u/、/ə/起点、/ə/中点、/ə/终点、

/ɤ/、/ʅ/、/y/）的 V1 值和 V2 值，然后得出 50 个人每一组样品的平均值和标准差。最后，根据计算结果分别作出有关的元音统计图。

我们选取元音的 V1 值为 y 轴坐标，V2 值为 x 轴坐标，并把坐标的零点设在右上角，这种根据元音 V1 值和 V2 值画出来的元音分布就是元音格局标准图。如图 4—1 所示：

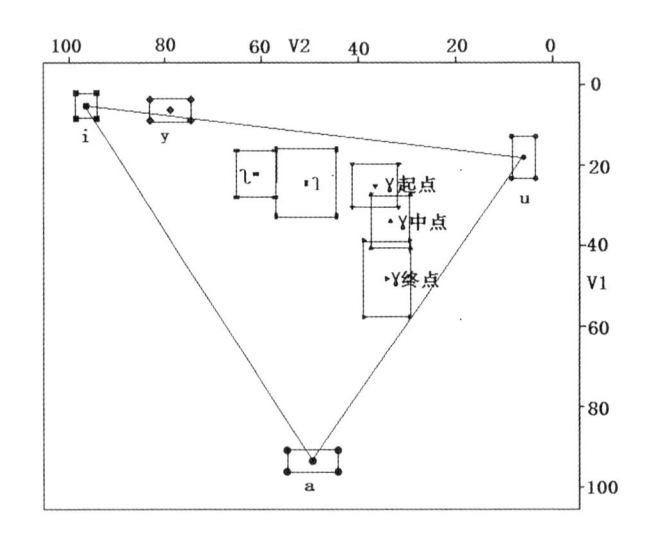

图 4—1　北京普通话单字音一级元音主体分布图

图 4—1 中每个元音的矩形分布区域都是由 5 个点组成的。其中，平均值确定中间的点；其余的四个点分别由平均值加减标准差得到。由图 4—1 可以看出，不同元音音位之间的相对位置在总体上呈现出一种有序分布的状态。为了详细说明图中每个元音的定量表现，我们将图拆解为图 4—2 至图 4—4。下面对各元音做具体的分析：

前高元音/i/是元音三角形前上方的顶点，它的平均值为 V1 = 5.24，V2 = 96.44。它在元音格局中的分布范围：高低维度（V1）的变化（标准差）是 3.21；前后维度的变化是 2.13。高低维变化幅度大于前后维。

后高元音/u/是元音三角形后上方的顶点，它的平均值为 V1 = 18.06，V2 = 6.05。它在元音格局中的分布范围：高低维度（V1）的变化（标准差）是 5.22；前后维度的变化是 2.49。高低维变化幅度明显大于前后维。

低元音/a/是元音三角形底部的一个顶点，它的平均值为 V1 = 93.48，V2 = 49.38。它在元音格局中的分布范围：高低维度（V1）的变化（标准差）是 2.65；前后维度的变化是 5.24。高低维变化幅度明显小于前后维。

元音/y/在元音三角形前上方，元音/i/、/u/之间，靠近/i/，它的平均值为 V1 = 6.27，V2 = 78.81。它在元音格局中的分布范围：高低维度（V1）的变化（标准差）是 2.60；前后维度的变化是 4.36。高低维变化幅度明显小于前后维。

舌尖后元音/ʅ/在元音格局内部前上方的位置，它的平均值为 V1 = 22.15，V2 = 61.11。它在元音格局中的分布范围：高低维度（V1）的变化（标准差）是 5.78；前后维度的变化是 4.01。高低维变化幅度大于前后维。

舌尖前元音/ɿ/也在元音格局内部前上方的位置，元音/ʅ/的后边。它的平均值为 V1 = 24.40，V2 = 50.70。它在元音格局中的分布范围：高低维度（V1）的变化（标准差）是 8.30；前后维度的变化是 6.21。高低维变化幅度大于前后维。

中元音/ə/（ɣ）在元音格局中部且略靠后的位置。与其他元音相比，它具有游移性，我们在发/ə/的时候，舌头在高低维明显有一个动程，体现在元音格局图中，就是从 [ɯ] 附近开始，一直到 [ʌ] 的滑移（石锋 2008：47）。它的起点的平均值为 V1 = 25.69，V2 = 37.98；中间段的平均值为 V1 = 34.42，V2 = 33.44；终点段的平均值为 V1 = 49.71，V2 = 33.87。它在元音格局中的分布范围：起始段、中间段、结尾段高低维度（V1）的变化（标准差）分别是：5.36、6.68、9.49；前后维度的变化分别是：4.73、4.04、4.68。高低维变化幅度都大于前后维。

根据王萍的数据设定标准，将各元音音位的标准差进行四舍五入，最终只保留数值的整数位，变化幅度大于 6 表示数据分布的较为分散，反之则表示数据分布得比较集中，可以得出：外缘性元音/a/、/i/、/u/、/y/的高低维数据和前后维数据均表现集中；元音/ɿ/的高低维数据和前后维数据均表现为分散，/ʅ/高低维数据和前后维数据均表现集中。

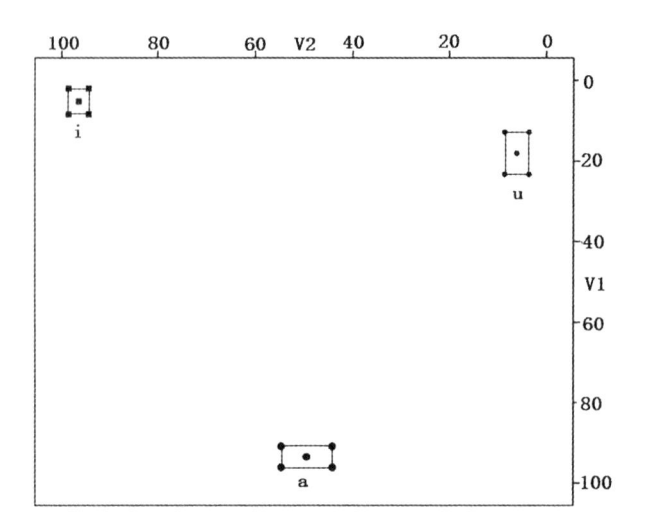

图 4—2 /a、i、u/主体分布图

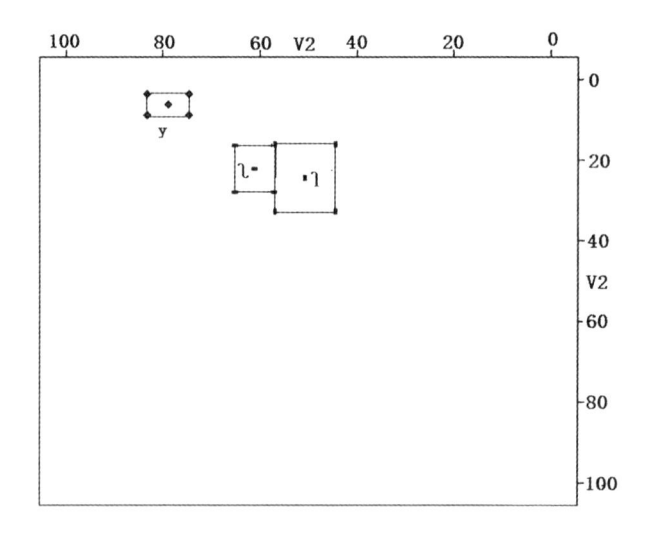

图 4—3 /y、ʅ、ɿ/主体分布图

(二) 北京普通话二级元音的统计分析

二级元音是可以带韵头的。元音格局关注音节中的主要元音。在主要元音前面或后面的元音成分只表现为滑动的方向。杨顺安、曹剑芬

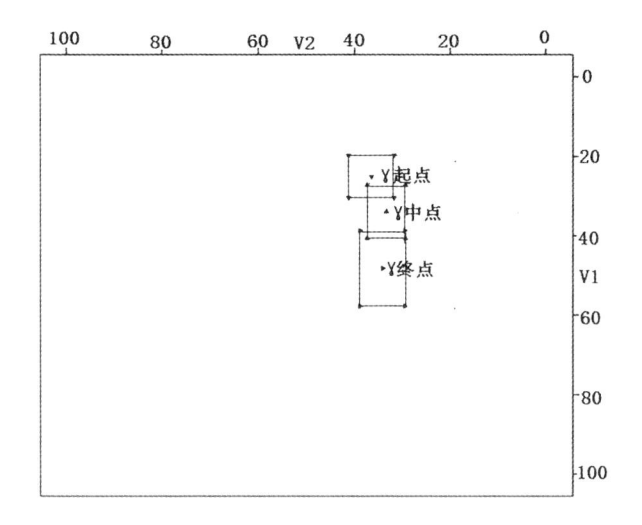

图 4—4 /ə/（ɤ）主体分布图

（1984）认为"后响二合元音除/iə/是由起点和终点连接而成的一条直线，其他元音均是由介音与主要元音之间的过渡段+主要元音的稳定段构成的"。我们在声学实验中，分别测算了 50 位发音人/ia/、/ua/、/uə/、/yə/韵腹稳态段上的点和/iə/的终点位置的 F1 和 F2 数值，本次实验包含 50 名发音人，共得到 50×5×2=500 个数据。经过计算得出每位发音人的每一组数据的 V1 值和 V2 值，最后得出 50 个人每一组数据的平均值和标准差，平均值加减各自的标准差得到每个元音的分布区域。

根据图 4—5 可以得到：1）北京普通话二级元音的相对位置呈现一种有序平衡的分布状态。具体来说，由于介音的影响，二级元音呈现出有规律的前后分布。介音为前元音/i-/和/y-/的，二级元音相应地分布在前；介音为后元音/u-/的，二级元音也相应地分布在后。2）低元音/a/的分布空间小于中元音/ə/。

为了分析和比较的方便，我们将图 4—5 拆分成图 4—6 和图 4—7。

[ia] 和 [ua] 中的/a/相比，两者都位于低元音区，高低维的变化幅度都大于前后维，两者有一定的重叠区域。[ia] 中的/a/前后维的均值大于 [ua] 中的/a/，即 [ua] 中的/a/位于 [ia] 中的/a/的后面稍靠上

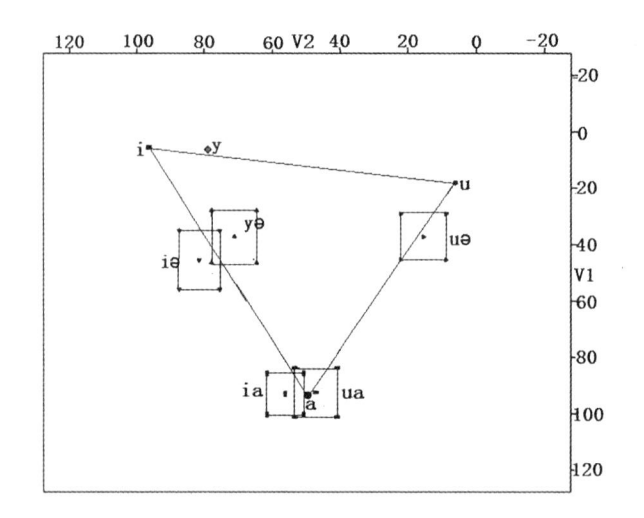

图4—5　北京普通话二级元音主体分布总图

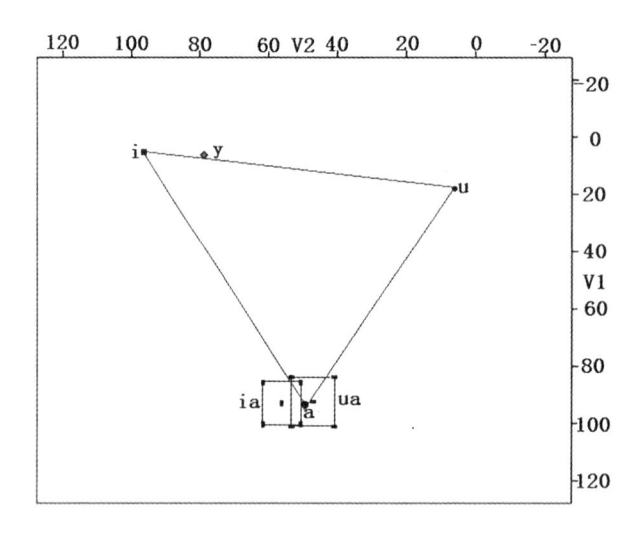

图4—6　二级元音/a/的主体分布图

的方向。

　　[ie]、[ye]和[uə]中的/ə/都位于中元音区,以介音的前后为据,三个音位变体也呈现出规律的前后分布。介音为前元音/i/和/y/的,二级元音相应地分布在前,[ie]和[ye]中的/ə/有部分的重叠区域;介音

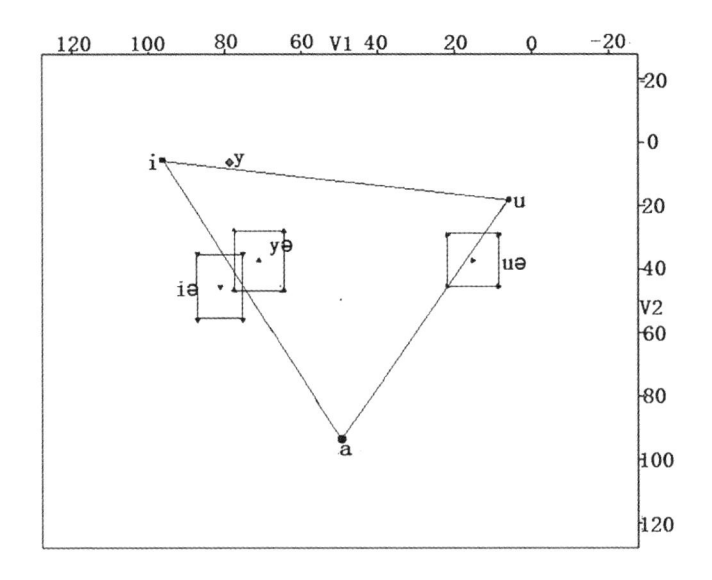

图4—7 二级元音/ə/的主体分布图

为后元音/u/的,二级元音也相应地分布在后。[ie]、[ye] 和 [uə] 中的/ə/高低维的变化幅度均大于前后维。[ie] 中的/ə/前后、高低两维的均值都大于 [ye] 中的/ə/,即 [ye] 中的/ə/位于 [ie] 中的/ə/的后上方。在高低维上,[uə] 中的/ə/的均值基本等于 [ye] 中的/ə/,即 [uə] 和 [ye] 中的/ə/在高低维度上基本处于同一水平。

从二级元音/a/和/ə/音位变体的分布位置来看,说明二级元音受到介音协同发音的影响,且对前后维度的影响程度大于高低维度。二级元音/a/音位变体的分布范围由一级元音的前后维大于高低维变为高低维大于前后维,说明受介音的影响,增加了对舌位的前后动作的制约。

统计结果表明:介音对元音/a/高低维不产生显著影响,但对其前后维产生显著影响;除了 [ye] 和 [uə] 中的/ə/在高低维上差异不显著,其他均在高低、前后维度上存在显著差异。

(三) 北京普通话三级元音的统计分析

三级元音是可以带韵尾的。韵尾有元音和鼻音。带元音韵尾的是前响二合元音。对前响二合元音共振峰模式的认识,学者们有不同的观点。Hongmo Ren(1986)把前响二合元音的动态曲线归纳成三种类型:过渡段+稳态段（部分发音人的/ai/、/au/和/əi/）；稳态段+过渡段+稳态段（部分发音人的/ai/和/au/）；只存在过渡段（/əu/）。杨顺安、曹剑芬（1984）认为"前响二合元音（除/əi/外）的动态特性曲线属于线性变化型"。另外，在鼻韵母中，鼻韵尾和前面的元音结合紧密，元音出现鼻化现象，致使鼻化元音和纯元音不易区分（林茂灿、颜助景，1992）。我们在声学实验中，为了数据测量标准的一致性，分别测算了50位发音人/ai/、/au/、/an/、/aŋ/、/əi/、/əu/、/ən/、/əŋ/、/ər/的起点的F1和F2数据，本次实验包含50名发音人，共得到50×9×2=900个数据。经过计算得出每位发音人的每一组样品的 $V1$ 值和 $V2$ 值，最后得出50个人每一组样品的平均值和标准差，再用平均值加减各自的标准差得到每个元音的分布区域。

根据图4—8可以得到：（1）北京普通话三级元音的相对位置呈现一种有序平衡的分布状态。三级元音/a/和/ə/分别位于元音三角的低元音区和中元音区。具体来说，由于韵尾的影响，三级元音呈现出有规律的前后分布。韵尾为前元音/-i/和前鼻音/-n/的，三级元音相应地分布在前；韵尾为后元音/-u/和后鼻音/-ŋ/的，三级元音也相应地分布在后。（2）三级元音/a/（除了/ai/中的a）和/ə/的分布范围均是高低维大于前后维。（3）三级元音/a/前后维的分布空间小于/ə/。/a/的音位变体之间显得拥挤，出现重叠现象；/ə/的音位变体之间（除了/ər/和/əŋ/中的ə）声学空间相对分散，彼此独立。这与人的声腔特点息息相关，在X光照相的中高元音区，舌位前移和后缩的幅度大；而在低元音区，前—央—后的位移小得多（曹剑芬，1990）。

为了分析和比较的方便，我们将图4—8拆分成图4—9和图4—10。

三级元音/a/的四个变体都位于元音三角形的低元音区。由于受韵尾协同发音的影响，韵尾为前元音/-i/和前鼻音/-n/的三级元音/a/都位于低元音区的前部，元音［ai］中的/a/比元音［an］中的/a/略靠前靠下，两者存在一定的重叠区域；韵尾为后元音/-u/和后鼻音/-ŋ/的三级元音/a/都位于低元音区的后部，元音［au］中的/a/比元音［aŋ］中的/a/略偏后偏上，两者存在大面积的重叠区域。三级元音/a/的变体（除了［ai］中的/a/）的变化幅度都呈现为高低维大于前后维。在分布

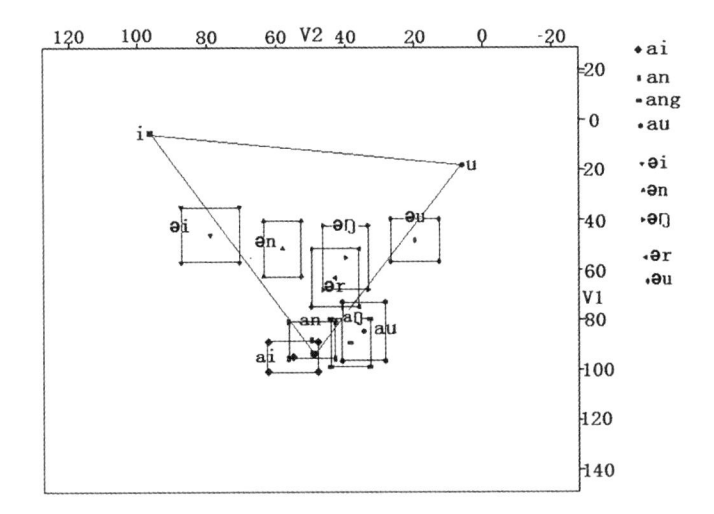

图 4—8　北京普通话三级元音主体分布总图

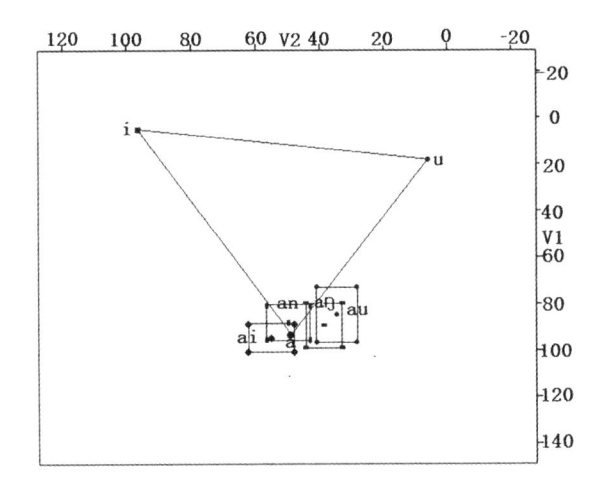

图 4—9　三级元音/a/的主体分布图

面积上，/au/＞/aŋ/＞/an/＞/ai/①（"＞"表示"比……大"，下同）。

三级元音/ə/的变体（除了［er］中的/ə/）都位于元音三角形的中

---

① 我们用/au/、/aŋ/、/an/、/ai/代表三级元音/a/的四个变体。

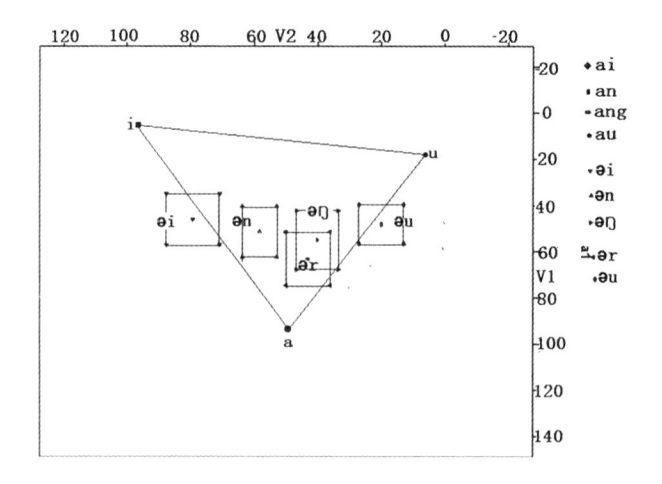

图4—10　三级元音/ə/的主体分布图

元音区。由于受韵尾协同发音的影响，韵尾为前元音/-i/和前鼻音/-n/的三级元音/ə/都位于中元音区的前部，元音［ei］中的/ə/比元音［en］中的/ə/靠前靠上；韵尾为后元音/-u/和后鼻音/-ŋ/的三级元音/ə/都位于中元音区的后部，元音［ou］中的/ə/比元音［eŋ］中的/ə/偏后偏上。［er］中的/ə/位于中元音区的中部靠后较低，这是因为"卷舌发音的舌尖向上翘起，需要主要元音的舌体低一些，可以为卷舌发音留出足够的空间"（石锋，2002：33）。三级元音/ə/的变体的变化幅度都呈现为高低维大于前后维。在分布面积上，/əi/＞/əŋ/＞/ər/＞/əu/＞/ən/[①]。

（四）北京普通话四级元音的统计分析

四级元音可以带韵头和韵尾。其中带元音韵尾的，就是三合元音。通过对数据和图形的分析，我们可以看到三合元音和带鼻音韵母的普通动态特征，如图4—11所示。

"三合元音的F1值随时间变化增长到一定的峰值后，又随时间变化下降，其第一共振峰F1和第二共振峰F2的动态变化轨迹基本平滑。鼻韵母中的元音和鼻韵尾结合紧密，难以区分。但林茂灿、颜助景（1992：12—20）指出"在（V）VN音节中，鼻辅音开始时口腔通道完全受阻，

---

① 我们用/əi/、/əŋ/、/ər/、/əu/、/ən/代表三级元音/ə/的五个变体。

/iau/

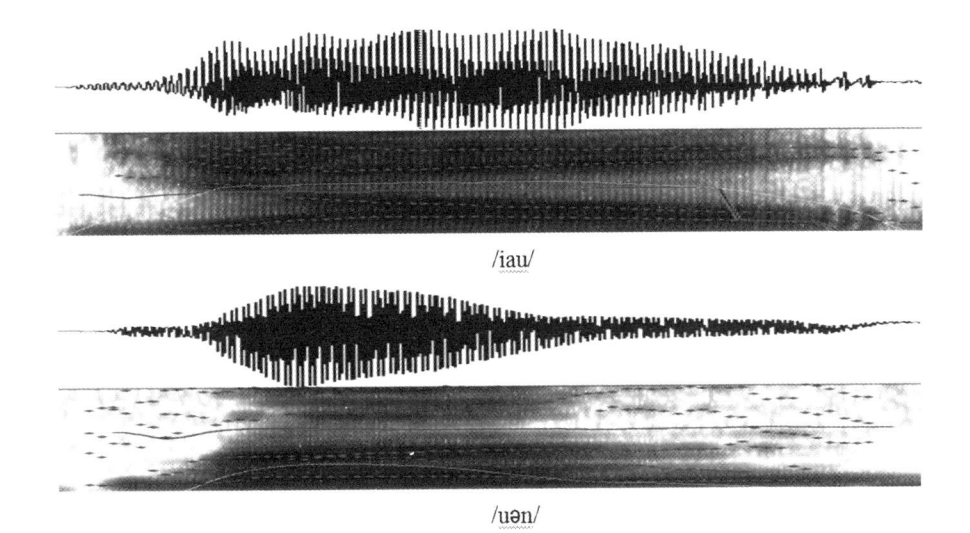

/uən/

图 4—11　三合元音/iau/和带鼻音韵尾/uən/的共振峰轨迹

在语图上表现为频谱和/或振幅的跃变,因此鼻辅音的起点通常可以确定"。为了数据测量标准的一致性,我们在声学实验中,选择三合元音共振峰轨迹中的折点和鼻韵母共振峰、振幅跃变之前的折点作为测量点(鼻韵母共振峰轨迹跃变不明显的,我们借以听音来辅助),每个点包括两个维度数据(F1、F2)。本次实验包含 50 名发音人,共得到 50×16×2 =1600 个数据。经过计算得出每位发音人的每一组样品的 $V1$ 值和 $V2$ 值,最后得出 50 个人每一组样品的平均值和标准差,用平均值加减各自的标准差得到每个元音的分布区域。

为了分析和比较的方便,我们将图 4—12 拆分成图 4—13 和图 4—14。

四级元音/a/的变体都位于元音三角形的低元音区。由于受介音和韵尾的双重影响,四级元音/a/呈现出规律性的分布,但从图 4—13 中可以看出其变体受到韵尾同化作用明显大于介音。具体来说,韵尾为前元音/−i/和前鼻音/−n/的,四级元音/a/也相应地位于低元音区的前部;韵尾为后元音/−u/和后鼻音/−ŋ/的,四级元音/a/也相应地位于低元音区的后部。然后再根据介音的前后位置(/i/、/y/、/u/)依次排列。[ian]

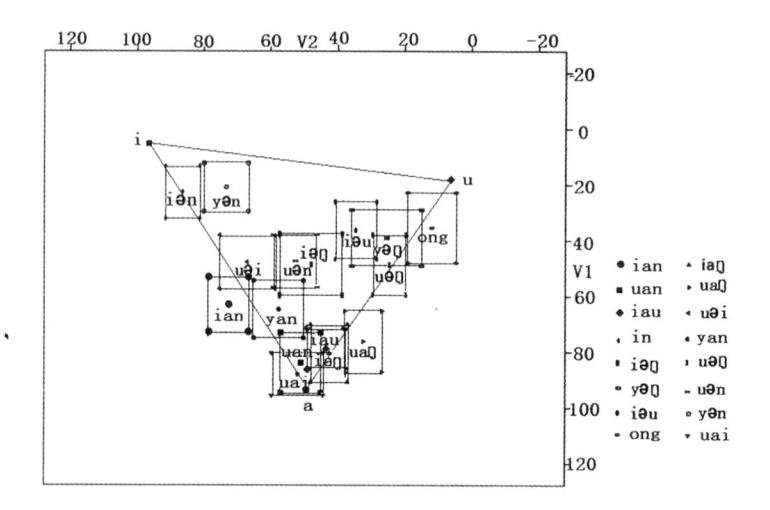

图 4—12 北京普通话四级元音主体分布总图

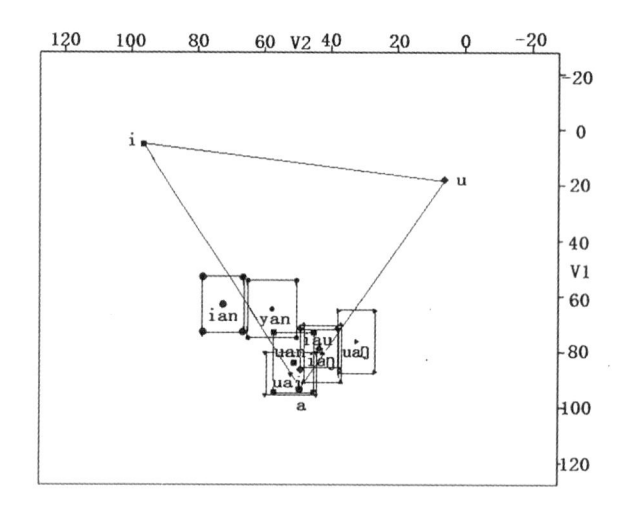

图 4—13 四级元音/a/的主体分布图

和[yan]位于前上方。四级元音/a/的变体的变化幅度都是高低维大于前后维,其主体呈长方形,纵向分布。在分布面积上,/yan/ > /uan/ >/

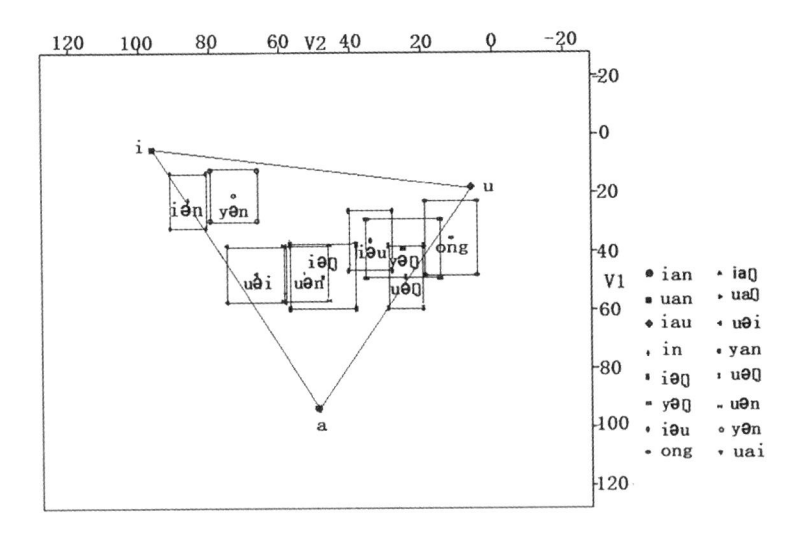

图 4—14　四级元音/ə/的主体分布图

/uaŋ/＞/ian/＞/iaŋ/＞/uai/＞/iau/[①]。

四级元音/ə/的变体都位于元音三角形的中元音区，变体［iəŋ］和［yəŋ］已经接近高元音区。由于受介音和韵尾协同发音的双重影响，四级元音/ə/呈现出规律性的分布，但从图4—14中可以看出其变体受到韵尾同化作用明显大于介音。具体来说，韵尾为前元音/-i/和前鼻音/-n/的四级元音/ə/也相应地位于中元音区的前部；韵尾为后元音/-u/和后鼻音/-ŋ/的三级元音/ə/也相应地位于中元音区的后部。四级元音/ə/总体分布较/a/更为分散。四级元音/ə/前后维的分布范围大于四级元音/a/，所以前者各变体前后维上的分布相对松散，而后者各变体前后维上的分布相对密集。四级元音/ə/的变体都呈现为高低维（除/yəŋ/）大于前后维。在分布面积上，/yəŋ/＞/iəŋ/＞/ong/＞/uəi/＞/iəu/＞/uən/＞/yən/＞/uaŋ/＞/iən/[②]。

---

① 我们用/yan/、/uan/、/uaŋ/、/ian/、/iaŋ/、/uai/、/iau/代表四级元音/a/的变体，下同。

② 我们用/yəŋ/、/iəŋ/、/ong/、/uəi/、/nəi/、/uən/、/yən/、/uəŋ/、/iən/代表四级元音/ə/的变体，下同。

四级元音/a/和/ə/（除/yəŋ/）的变体的变化幅度都呈现为高低维大于前后维，即各变体间的差异主要表现在前后维。因为韵头和韵尾主要影响四级元音的前后维，从而使得各变体在前后维上相对拥挤，所占的空间也就相对较小。

四 结论

这里运用元音格局的理论，对北京普通话的四级元音分别进行了系统的声学实验和统计分析，我们更加清楚明晰地认识了北京普通话的元音系统。研究结果表明：

（1）北京普通话四级元音的相对位置都呈现出一种有序平衡的分布状态，每一层级的元音都分别位于元音三角形的高元音、中元音和低元音区。其中，外缘性顶点元音分布集中，非外缘性元音分布较为分散。出现在不同语音环境中的元音音位/a/和/ə/的各级变体呈现出有规律的分布，相同音位的各级变体按照三、二、四的元音级别由低到高有序排列，即四级元音音位/a/和/ə/的变体在元音格局中分布最高，二级元音次之，三级元音最低。一级元音/ə/在高低维度的游移性转变为二、三、四级元音有序的前后分布。

（2）二、三、四级元音是一级元音在不同语音环境中的音位变体，由于受到介音或韵尾以及介音和韵尾的协同发音的影响，它们在前后、高低两维都会发生一定程度的位移，且位移方向和程度不尽相同。统计结果表明：介音和韵尾对韵腹的前后维的影响大于高低维；当介音和韵尾共同发挥作用时，韵腹受到韵尾同化作用明显大于介音。例如，以韵尾的前后为界，四级元音呈现出规律性的分布，韵尾为前元音/-i/和前鼻音/-n/的，四级元音/a/和/ə/相应地位于元音区域的前部，韵尾为后元音/-u/和后鼻音/-ŋ/的，四级元音/a/和/ə/也相应地位于元音区域的后部。然后再根据介音的前后位置（/i/、/y/、/u/）依次排列。

遗留问题：这里仅局限于考察了北京普通话元音在不同层级上的分布特性，没有进一步对相同音位的各级变体进行对比分析；这里的研究对象只涉及北京普通话，并没有进行跟北京话土语发音的元音对比分析，这些问题需要我们做进一步的研究。

附录：发音字表和相关数据

附录1：北京普通话一级元音实验分析发音字表

/a/：阿 擦 发 哈 他 巴 搭　　　　/i/：基 批 欺 希 衣 逼 低

/u/：初 粗 书 苏 秃 乌 督　　　　/y/：女 驴 区 迂 居 局 举

/ɿ/：吃 日 师 知 直 纸 志　　　　/ɤ/：德 鹅 喝 科 色 歌 革

/ʅ/：私

附录2　20—29岁北京人一级元音的F值（引自王萍，2009）

元音	a	i	u	y	ɤ	ɿ	ʅ
高低维	7.81	3.30	3.67	3.52	43.41	27.24	18.89
前后维	10.21	14.44	6.72	13.01	35.46	53.64	65.32

附录3　北京普通话一级元音的百分比数据（+：平均值+标准差，−：平均值−标准差）

	a		i		u		y		ɿ	
平均值	93.48	49.38	5.24	96.44	18.06	6.05	6.27	78.81	22.15	61.11
标准差	2.65	5.24	3.21	2.13	5.22	2.49	2.60	4.36	5.78	4.01
（+，+）	96.13	54.62	8.45	98.57	23.28	8.54	8.87	83.17	27.93	65.12
（+，−）	96.13	44.14	8.45	94.31	23.28	3.56	8.87	74.45	27.93	57.10
（−，+）	90.83	54.62	2.02	98.57	12.84	8.54	3.67	83.17	16.38	65.12
（−，−）	90.83	44.14	2.02	94.31	12.84	3.56	3.67	74.45	16.38	57.10

	ɤ 起点		ɤ 中点		ɤ 终点		ʅ	
平均值	25.12	36.53	33.95	33.41	48.20	34.20	24.40	50.70
标准差	5.36	4.73	6.68	4.04	9.49	4.68	8.30	6.21
（+，+）	30.48	41.26	40.63	37.45	57.69	38.88	32.70	56.91
（+，−）	30.48	31.80	40.63	29.37	57.69	29.52	32.70	44.49
（−，+）	19.76	41.26	27.27	37.45	38.71	38.88	16.10	56.91
（−，−）	19.76	31.80	27.27	29.37	38.71	29.52	16.10	44.49

附录4：北京普通话二级元音实验分析发音字表

/ia/：压　　/ua/：蛙　　/ie/：耶　　/ye/：约　　/uə/：窝

附录5：北京普通话二级元音的百分比数据（＋：平均值＋标准差，－：平均值－标准差）

	ia		ua		ie		ye		uə	
平均值	93.00	56.05	92.46	47.03	45.51	81.35	37.21	71.18	37.29	15.36
标准差	7.30	5.49	8.71	6.25	10.38	5.95	9.28	6.55	8.13	6.59
（＋，＋）	100.30	61.54	101.17	53.28	55.89	87.30	46.49	77.73	45.42	21.95
（＋，－）	100.30	50.56	101.17	40.78	55.89	75.40	46.49	64.63	45.42	8.77
（－，＋）	85.70	61.54	83.75	53.28	35.13	87.30	27.93	77.73	29.16	21.95
（－，－）	85.70	50.56	83.75	40.78	35.13	75.40	27.93	64.63	29.16	8.77

附录6：北京普通话三级元音实验分析发音字表

/ai/：哀　　/an/：安　　/au/：熬　　/aŋ/：昂
/əi/：胚　　/ən/：恩　　/əu/：欧　　/əŋ/：登　　/ər/：儿

附录7：北京普通话三级元音的百分比数据（＋：平均值＋标准差，－：平均值－标准差）

表1　　　　　　　　三级元音/a/的百分比数据

元音 a	ai		an		ang		au	
平均值	94.81	55.29	88.15	49.96	89.23	38.77	84.61	34.84
标准差	5.94	7.17	7.30	6.75	9.57	5.73	11.87	6.30
（＋，＋）	100.74	62.46	95.45	56.71	98.80	44.50	96.48	41.14
（＋，－）	100.74	48.12	95.45	43.21	98.80	33.04	96.48	28.54
（－，＋）	88.87	62.46	80.85	56.71	79.66	44.50	72.74	41.14
（－，－）	88.87	48.12	80.85	43.21	79.66	33.04	72.74	28.54

表2　　　　　　　　　三级元音/ə/的百分比数据

元音 ə	ei		en		eng		er		əu	
平均值	46.02	79.12	51.44	58.34	55.07	40.11	63.16	43.16	48.16	19.93
标准差	11.07	8.39	11.04	5.41	12.80	6.54	11.55	6.95	8.48	7.06
（＋，＋）	57.09	87.51	62.48	63.75	67.87	46.65	74.71	50.11	56.64	26.99
（＋，－）	57.09	70.73	62.48	52.93	67.87	33.57	74.71	36.21	56.64	12.87
（－，＋）	34.95	87.51	40.40	63.75	42.27	46.65	51.61	50.11	39.68	26.99
（－，－）	34.95	70.73	40.40	52.93	42.27	33.57	51.61	36.21	39.68	12.87

附录8　北京普通话四级元音实验分析发音字表

/iau/：腰　/uai/：歪　/iəu/：优　/uəi/：威　/ian/：烟　/uan/：弯　/yan/：冤　/iaŋ/：央　/uaŋ/：汪　/iən/：因　/uən/：温　/yən/：晕　/iəŋ/：英　/uəŋ/：翁　/oŋ/：东　/yəŋ/：拥

附录9　北京普通话四级元音的百分比数据（＋：平均值＋标准差，－：平均值－标准差）

	ian		uan		iau		in	
平均值	62.88	72.47	83.86	51.01	78.92	43.38	22.71	86.29
标准差	9.88	5.99	10.79	5.98	7.37	5.70	9.43	5.11
（＋，＋）	72.76	78.46	94.65	56.99	86.29	49.08	32.14	91.40
（＋，－）	72.76	66.48	94.65	45.03	86.29	37.68	32.14	81.18
（－，＋）	53.00	66.48	73.07	56.99	71.55	49.08	13.28	81.18
（－，－）	53.00	78.46	73.07	45.03	71.55	37.68	13.28	91.40

	ing		iong		iəu		ong	
平均值	48.59	47.92	39.16	25.27	36.40	34.50	35.45	11.76
标准差	11.00	9.36	10.04	10.43	10.18	6.21	12.58	7.25
（＋，＋）	59.59	57.28	49.20	35.70	46.58	40.71	48.03	19.01
（＋，－）	59.59	38.56	49.20	14.84	46.58	28.29	48.03	4.51
（－，＋）	37.59	57.28	29.12	14.84	26.22	40.71	22.87	19.01
（－，－）	37.59	38.56	29.12	35.70	26.22	28.29	22.87	4.51

	uai		iang		uang		uei	
平均值	87.97	51.99	80.51	42.49	76.24	32.20	47.73	66.94
标准差	7.62	7.63	10.30	5.58	10.99	5.48	9.58	8.30
(+, +)	95.59	59.62	90.81	48.07	87.23	37.68	57.31	75.24
(+, -)	95.59	44.36	90.81	36.92	87.23	26.72	57.31	58.64
(-, +)	80.35	59.62	70.21	48.07	65.25	26.72	38.15	75.24
(-, -)	80.35	44.36	70.21	36.92	65.25	37.68	38.15	58.64

	uen		ueng		yan		yen	
平均值	47.36	52.61	48.72	24.53	64.65	57.53	21.00	73.27
标准差	9.39	6.45	10.69	4.98	10.32	7.32	8.66	6.67
(+, +)	56.75	59.06	59.41	29.51	74.97	64.85	29.66	79.94
(+, -)	56.75	46.16	59.41	19.55	74.97	50.21	29.66	66.60
(-, +)	37.97	46.16	38.03	19.55	54.33	50.21	12.34	66.60
(-, -)	37.97	59.06	38.03	29.51	54.33	64.85	12.34	79.94

第二节 双音节元音分析

张利曼

一 引言

本节借助实验语音学的方法，以石锋（2002）的"元音格局"理论为基础和出发点，对北京普通话双音节词元音的共振峰值进行大样本声学统计分析，探索北京人在双音节词元音发音上的特征和规律，包括各元音的分布范围及相对关系，找到北京普通话元音的特征及规律。具体来说，根据石锋（2002）提出的"元音格局"理论对北京普通话的一级元音、二级元音、三级元音、四级元音分别进行声学实验和统计分析。包括对双音节词前、后字的元音进行对比分析，探索前、后字元音的差异并分析其原因。在北京普通话一级元音总体分布统计分析的基础之上，按性别因素进行分组统计，考察男性和女性之间的差异、分布特点以及相互关系。

我们用实验语音学的方法对 50 位家庭背景语言为北京普通话的北京青年产出的普通话元音做较大样本统计分析，并对双字词前、后字元音的数据进行对比分析。选取了"V"值（王萍、石锋，2014）对普通话双音节词的一、二、三、四级元音进行归一化处理。

二　北京普通话双音节词基础元音的声学分析

（一）实验语料

本节所分析的语料选自《普通话语音标准和感知参数数据库》中 50 名北京人所发的双音节词，其中，25 名男性和 25 名女性，平均年龄为 21 岁，均为在校大学生，家庭背景语言为普通话。本次实验共得到有效数据（$8 \times 10 + 1 \times 6 + 8 \times 10 + 1 \times 3$）$\times 50 = 8450$ 个。为保证研究结果的客观性和完整性，对语料较少的基础元音全部做出分析。

（二）北京普通话双音节词基础元音分析

我们对于实验结果的分析讨论按照总体前、后字元音格局，前、后字元音格局对比以及根据性别因素进行的系列对比的顺序展开。

1. 外缘性元音和非外缘性元音的分布集散程度对比分析

为了明确各个元音在元音格局中的具体分布位置和分布范围，分别计算出各元音在前后维和高低维的平均值和标准差。高低维度标准差的两倍即为高低维度的变化幅度，前后维度标准差的两倍即为前后维度的变化幅度，两者之积为元音的分布面积。用这种方法计算出声学空间的分布范围可以排除一些偶然的个别因素，更易于观察元音的主体分布表现。根据王萍（2009）[①] 的数据设定标准，"将各元音音位的标准差进行四舍五入，最终只保留数值的整数位，变化幅度大于 6 表示数据分布得较为分散，反之则表示数据分布得比较集中"。

由表 4—1 可观察到数据分布集中的分别是前字［a］的高低维、［i］的高低维和前后维、［u］的前后维、［y］的高低维，后字［i］的高低维和前后维、［u］的前后维，其他元音分布比较分散。在基础元音空间格局分布图上则表现为［a］、［i］、［u］等外缘性元音的分布空间较小，

[①]　王萍：《北京话声调和元音的实验与统计》，南开大学出版社 2009 年版，第 11 页。

[y]、[ʅ]、[ɿ]、[ə] 等非外缘性元音的分布空间比较大。其中元音 [ə] 的起点、中点、末点三个位置，中点的分布范围较小。如图 4—15、图 4—16 所示。

表 4—1　　　　前、后字基础元音 V 值平均值与分布范围（%）

	前字平均值		前字变化幅度		面积	后字平均值		后字变化幅度		面积
	V1	V2	V1	V2		V1	V2	V1	V2	
[a]	95	54	6	9	54	94	54	7	10	70
[i]	4	97	4	3	12	4	97	3	4	12
[u]	17	7	10	5	50	20	7	9	6	54
[y]	5	84	4	10	40	8	81	10	10	100
[ʅ]	22	66	9	10	90	23	63	12	12	144
[ə1]	29	38	13	10	130	25	41	13	12	156
[ə2]	43	37	12	8	96	40	35	11	9	99
[ə3]	43	43	19	8	152	51	37	18	10	180

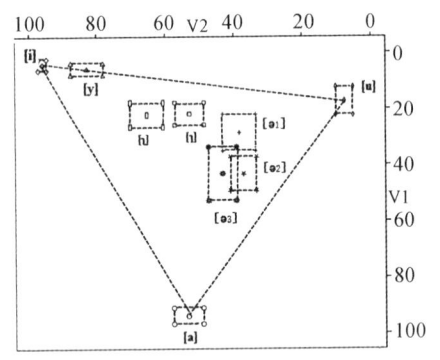

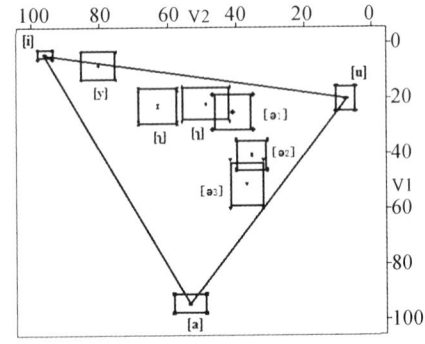

图 4—15　前字基础元音空间格局分布　　　图 4—16　后字基础元音空间格局分布

从图 4—15 和图 4—16 可以观察到：[a]、[i]、[u] 分别为顶点元音，也称为外缘性元音，所以它们在高低维和前后维的变化都会受到不同程度的抑制。[ɿ]、[ʅ]、[ə] 即为非外缘性元音。舌尖元音 [ɿ]、[ʅ] 和中元音 [ə] 分布在格局图内部，各自主体分布相对独立。[ʅ] 分布在格局图内部前上方的位置，[ɿ] 在元音 [ʅ] 的后面且略微靠上的位置，中元音［ə］分布在格局图中部靠后的位置，并因其游移性而基本贯穿于整个元音格局的高低维。双音节词前、后字外缘性元音分布比较集中，非外缘性元音分布较为分散，说明外缘性元音比非外缘性元音更稳定。

2. 双音节词前、后字基础元音的声学特性对比分析

双音节词前、后字基础元音所处音节环境不同，两者的空间格局分布是否相同，如有不同，是何差异，本小节将通过对比作出分析。

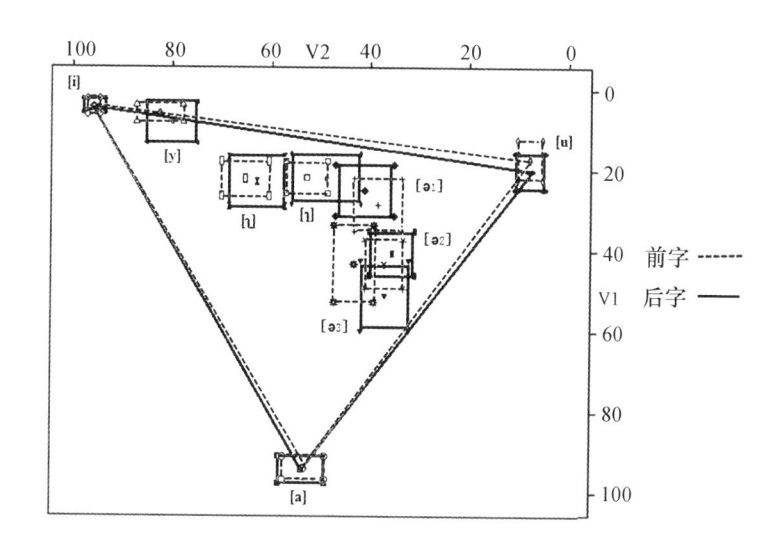

图 4—17 前、后字基础元音空间格局分布对比

从图 4—17 中可观察到，双音节词前字各基础元音的分布大多比后字更集中，更稳定，具体表现为前字各元音的主体分布空间小于后字。前、后字元音分布空间差异较大的主要是非顶点或非外缘性元音［y］、［ɿ］、［ʅ］、［ə］，具体表现为前字各非外缘性元音在高低维、前后维度上的数据变化幅度普遍小于后字，分布更为集中；说明与前字相比，后字非外缘性元音发音时舌位前后、高低的活动空间更大，更具动态性。这可能与双音节词后字的基础元音后没有别的音节对其发音形成限制有关，因而其发音更为自由，舌位活动空间更大。

前、后字元音分布空间差异较小的为外缘性元音［a］、［i］、［u］，从中可以看到，不管是前字还是后字，前高元音［i］的分布空间都是最

小且集中程度高，低元音［a］和后高元音［u］的分布空间也都较为集中，但两者的离散情况又各不相同，［a］的变化主要体现在前后维上，突出表现了其发音时"低"的特点，而［u］的变化主要体现在高低维上，突出表现了其发音时"后"的特点，这与王萍等（2014）分析北京话外缘性元音的结论一致。另外，就前、后字各外缘性元音的分布情况来看，可以发现，后字低元音［a］的位置与前字相近，而后高元音［u］较前字靠后，前高元音［i］的位置则较前字靠前靠上，因此从整体上来看，后字的总体元音空间稍大于前字，即双音节词后字元音发音时舌位的总体活动空间较前字稍大。

（三）性别对双音节词前、后字元音声学特征的影响

经过对总体的双音节词前、后字元音声学空间分析，发现前、后字的格局分布存在一定的差异。性别因素也在一定程度上对元音共振峰的声学表现产生影响，以下将结合性别因素从50位发音人中选出家庭语言环境相同（均为老北京人）的10男10女做分组统计，对北京普通话双音节词前、后字的基础元音进行进一步的声学特征分析。

1. 男性双音节词前、后字元音声学特征分析

根据性别因素把总体数据进行分类处理，得出表4—2的相关数据。

表4—2　　男性-前、后字基础元音 V 值平均值与分布范围

	前字平均值 V1	前字平均值 V2	前字变化幅度 V1	前字变化幅度 V2	面积	后字平均值 V1	后字平均值 V2	后字变化幅度 V1	后字变化幅度 V2	面积
［a］	94	52	5	10	50	95	53	5	10	50
［i］	4	97	3	2	6	3	98	3	2	6
［u］	19	9	10	15	150	22	7	8	6	48
［y］	7	85	5	8	40	8	83	7	9	63
［ɿ］	22	54	8	14	112	21	49	12	15	180
［ʅ］	22	67	8	10	80	25	65	10	11	110
［ə1］	32	40	13	8	104	28	43	10	11	110
［ə2］	46	38	10	8	80	42	37	12	9	108
［ə3］	47	43	16	10	160	53	38	17	10	170

由表4—2可观察到，和总体前、后字空间分布格局相似，大部分男性前、后字外缘性元音的 V1、V2 小于 10（前字 [u] 除外），说明外缘性元音的数据较非外缘性元音更集中。在基础元音空间格局分布图上则表现为 [a]、[i]、[u] 等外缘性元音的分布空间较小，[y]、[ʅ]、[ɿ]、[ə] 等非外缘性元音的分布空间比较大。如图4—18 所示。

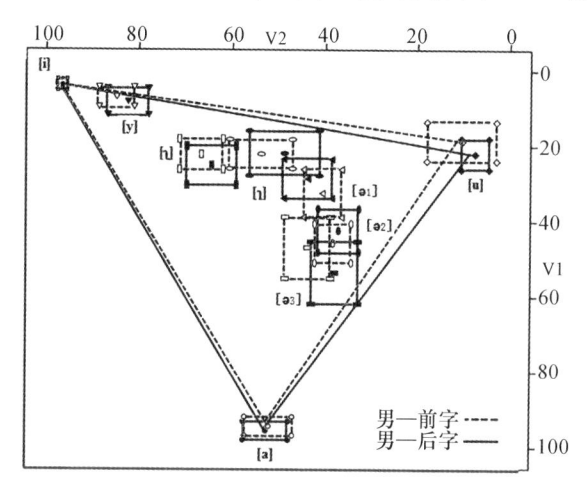

图4—18 男性-前、后字基础元音空间格局分布对比

从男性前、后字基础元音空间格局分布对比图（图4—18）中可以看到男性双音节词前字各非外缘性元音的位置普遍比后字各元音的位置靠前且偏高（除 [ə1]、[ə2]）；男性前字各元音的分布空间都相对窄，而后字各元音的分布空间都相对宽，在高低两维上表现为前字元音在高低维上的数据比后字集中，变化幅度小，前字的分布范围比后字的分布范围小，说明男性后字非外缘性元音发音时舌位高低、前后的活动较前字自由。外缘性元音前、后字 [a]、[i] 的变化幅度相同，面积均为 5×10 = 50，3×2 = 6。前字后 [u] 的变化幅度比后字大，造成这种现象的原因有可能是后字的声母影响前字 u 元音的圆唇程度，而后字的 u 元音没有这种影响。

2. 女性双音节词前、后字元音声学特征分析

经过对总体及男性的双音节词前、后字元音声学空间分析，发现前、后字的格局分布存在一定的差异。现再把女性发音提取的数据进行处理，得出表4—3 的相关数据：

表4—3　　　女性-前、后字基础元音V值平均值与分布范围

	前字平均值		前字变化幅度		面积	后字平均值		后字变化幅度		面积
	V1	V2	V1	V2		V1	V2	V1	V2	
[a]	93	56	7	9	63	93	55	8	9	72
[i]	6	97	7	3	21	5	96	3	5	15
[u]	15	7	9	5	45	18	7	8	5	40
[y]	6	82	6	10	60	8	78	13	9	117
[ɿ]	21	53	9	9	81	22	49	13	13	169
[ʅ]	21	65	12	10	120	20	61	12	11	132
[ə1]	25	36	11	10	110	21	38	10	11	110
[ə2]	40	36	11	7	77	38	33	9	8	72
[ə3]	38	43	19	7	133	48	35	17	9	153

由表4—3可观察到女性前字数据分布集中的有[a]、[y]、[ɿ]、[ʅ]、[ə3]。和总体的前、后字空间分布格局相似，女性前、后字外缘性元音的V1、V2变化幅度小于10，说明外缘性元音的数据较非外缘性元音更集中。

从女性前、后字基础元音空间格局分布对比图（图4—19所示）中可以看女性前字各元音的位置普遍比后字各元音的位置靠前（除[ə1]、[a]）；前字的分布范围普遍小于后字（[i]、[u]除外），说明与男性相似，后字元音发音时舌位高低、前后的活动较前字自由。

3. 男、女双音节词前、后字元音声学表现对比

在对男性的双音节词前、后字和女性的双音节词前、后字分别进行声学特征分析的基础上，可以对男性、女性前字和男性、女性后字所表现出的声学特征分别进行对比，来探讨性别因素对元音格局的影响。

从图4—20和图4—21可观察到前、后字男、女性的元音格局相对分布位置差异不大，说明男、女性前字的发音都是相对稳定的。[ə]有游移性，位置差别较大。中点[ə2]的位置较为稳定。男性的前、后字空间分布普遍比女性的空间分布靠前靠下（外缘性元音[a]除外）。男性和女性在分布范围的对比上并无明显的规律性。在前字中，女性[a]、[i]、[y]、[ʅ]、[ə1]的分布范围比男性大，[u]、[ɿ]、[ə2]、[ə3]

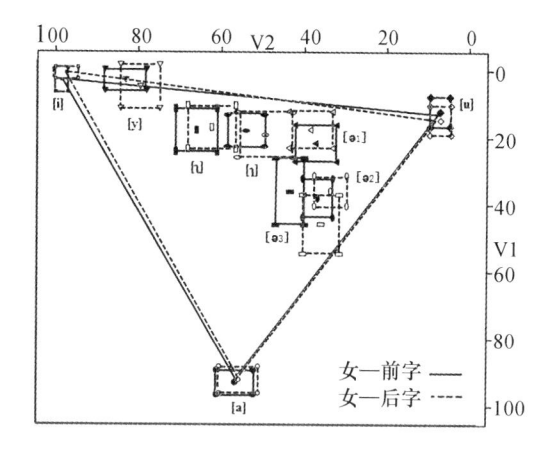

图 4—19　女性-前、后字基础元音空间格局分布对比

的分布范围比男性小；在后字中，女性 [a]、[i]、[y] 的分布范围比男性大，[u]、[ʅ]、[ə1]、[ə2]、[ə3] 的分布范围比男性小（具体数据见表 4—5、表 4—6）。

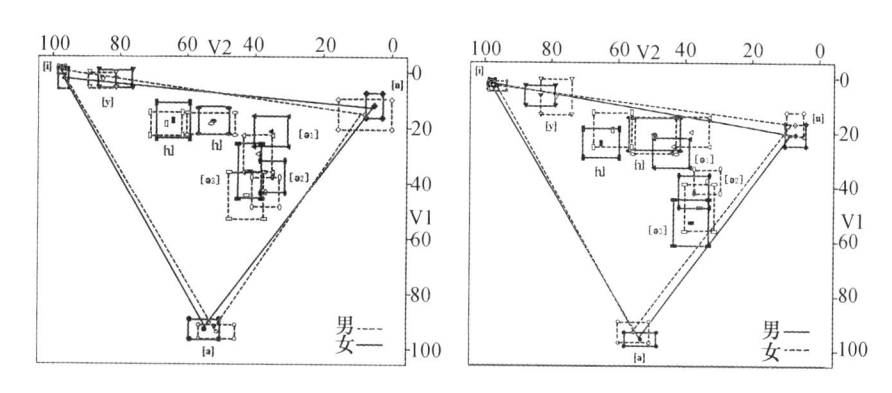

图 4—20　男、女性-前字基础元音空间格局分布对比

图 4—21　男、女性-后字基础元音空间格局分布对比

（四）小结

通过以上分析可以得出：（1）在总体的双音节词前、后字的基础元音空间格局分布图中，大部分的基础元音高低维、前后维的数据分布比较集中；[a]、[i]、[u]、[y] 等外缘性元音的分布空间较小，[ʅ]、[ɿ]、[ə] 等非外缘性元音的分布空间比较大，外缘性元音比非外缘性元音更稳定。在双音节词前、后字总体元音空间的对比中，双音节词后字空间大于前字。（2）在双音节词男性前、后字对比和女性前、后字对比中，发现男性和女性的外缘性元音普遍分布空间小，非外缘性元音分布空间大。外缘性元音普遍比非外缘性元音稳定（女性［a］除外）。男性和女性的双音节词前字普遍小于双音节词后字的分布空间，说明前字更稳定。（3）在性别对比一节中，发现男性的前、后字比女性的前、后字分布空间靠前靠下（外缘性元音［a］除外）；男性和女性在分布范围的对比上并无明显的规律性。

附录　发音字表

北京普通话双音节词一级元音：前字
［a］：发生 阿弟 麻烦 把柄 傻瓜 法庭 洒脱
［i］：溪水 依托 积分 疲惫 离散 皮肤 一旦
［u］：初步 书刊 幅度 儒生 路旁 梧桐 古朴
［y］：区分 女排 取消 旅馆 遇险 去掉
［ɿ］：姿态 私愤 磁头 自发 似乎
［ʅ］：支付 师兄
［ə］：和谐 得到 模糊 可靠 热心 策划 贺卡

北京普通话一级元音：后字
［a］：嘴巴 自发 扼杀 苏打 贺卡 恐怕 增大
［i］：星期 分析 标题 对比 年底 本地 阿弟
［u］：评估 江苏 皮肤 黄土 痛苦 古朴 初步
［y］：所需
［ɿ］：走私 巧思 生死
［ʅ］：老师 真实 当时 考试 电视
［ə］：广播 分割 唱歌 舞客 堵塞 枯涩 阿婆

第 五 章

上海普通话

第一节 单字音元音实验统计分析
张高媛

一 引言

北京话作为普通话的标准音,一直受到学界的重视,也是语言学家较为青睐的研究对象。本节采用石锋(2002)提出的元音格局的观点,把普通话的元音分为四级,其中一级元音是可以单独做韵母的元音,共七个,分别是[a、i、u、ɤ、y、ɿ、ʅ];二级元音是可以带韵头的元音,共五个,分别是[i、u、y、a、ə](i、u、ia、ua、uo、üe、ie);三级元音是可以带韵尾的元音,共四个,分别是[i、u、a、ə](i、u、ai、ao、an、ang、ei、ou、en、eng、er);四级元音是既可以带韵头又可以带韵尾的元音,共四个,分别是[i、u、a、ə](i、u、iao、uai、iou、ui、ian、uan、üan、iang、uang、in、un、ün、ing、ong、ueng[①]、iong)。

吴语是我国第二大方言区,受到了研究者较多的关注。上海话隶属于吴语区,学界对于上海话的音系描写有较大差异。由于本文的研究对象是上海青年人产出的普通话,因此选用钱乃荣(2003)提出的21世纪初上海方言新派音系作为参照,他认为上海40岁以下的人一般使用该音系。

在政府大力推广普通话的背景下,地方普通话的产生是顺理成章的。

---

① ueng 表示[uəŋ]与零声母拼合时的发音;ong 表示[uəŋ]与其他声母拼合时的发音。

学界对于地方普通话的研究兴起于 20 世纪 80 年代，21 世纪以来地方普通话的研究越来越多，其中也涌现出一批以上海普通话为研究对象的著作。李爱军等（2003）对中度口音上海人的单元音进行声学分析，发现上海普通话的元音图更边缘化；通过对上海普通话语音语料库的标注和分析，陈肖霞、郑方等（2003）认为上海普通话不仅受到方言影响，还具有方言影响与语流音变共存等特点。于珏（2004）立足于上海话与普通话的音系差别，采用实验语音学的方法分别对上海普通话与标准普通话的元音系统进行对比研究，从而总结上海发音人的共同发音特征及相关规律。

在刘复（1951）的《四声实验录》里，声调总图已经使语音格局这一概念所体现；王洪君（1999）《汉语非线性音系学》的副标题里也提到了语音格局；石锋（2002）明确提出语音格局理论并将其作为音系学和语音学的结合点应用到声调、元音、辅音等系统的实验分析中。

本节采用"元音格局"的理论和方法对 50 名以上海话为母语的上海青年人所发的单字元音进行声学实验，并对实验结果进行初步分析。在地方普通话研究中运用元音格局理论可以较好地展现不同元音在格局图中的分布情况，并为与同一框架下其他方言的元音对比研究打下基础。同时，上海普通话的语音研究可以帮助上海人更好地学习普通话；此外，较大样本分析有助于揭示上海普通话元音的普遍特点，减少个体差异对实验结果造成的影响。

二 实验材料及方法

（一）发音表与发音人

发音表共包含四个级别普通话元音在内的 73 个汉语普通话单字（发音表见附录），每个单字读三遍。一级元音中除舌尖前元音［ɿ］有三个例字外，每个元音均选取七个例字，且分别测量了［ɤ］元音的起点、中点和终点，二、三、四级元音每个元音变体选取两个例字，本次实验包含 50 名发音人，在每个点测量 F1 和 F2，得到（8×7+1×3+30×2）×50×2 = 11900 个声学数据。

50 名发音人中有 25 名男性和 25 名女性，家庭背景语言均为上海话。

上海话指的是市区方言，有老年人、中年人、青年人的差异①。本实验的50名发音人均为上海青年人，平均年龄为22.46岁，均为在校学生或老师。

（二）数据的录入与测量

本实验在安静的房间中进行录音，音频录制及分析均采用专业语音分析软件 Praat，录音模式为单声道，采样率设定为22050赫兹，使用电容式话筒直接将语音信息录入电脑，分析时根据语图和波形图提取 F1、F2 的数值。

本节选取"V"值作为单位对上海普通话一级元音进行分析。"V"值是由"Bark"值转化而来的，它可以更好地表现不同元音在格局内部的对应关系，并且使实验结果更具可比性。

"Bark"值（Traunmüller H，1990）属于一种心理声学单位，与人的听觉基本对应，由"赫兹"值转换而来，本节选择了 Schroeder（1979）提出的公式（转引自吴宗济、林茂灿等，1989）：Bark =7ln ｛(f/650) + [(f/650)^2 +1]^2 +1｝，其中 f 为频率。用以上公式进行转换，可以将单位为赫兹的声学元音图转化为更接近人类听感的，能够反映人类感知特性的 Bark 元音图。

"V"值是"Bark"值归一化后的单位，反映的是每个元音的相对坐标值，具体公式为：

$$V1 = \frac{B1x - (B1\min - SD1\min)}{(B1\max + SD1\max) - (B1\min - SD1\min)} \times 100$$

$$V2 = \frac{B2x - (B2\min - SD2\min)}{(B2\max + SD2\max) - (B2\min - SD2\min)} \times 100$$

其中，$B1$ 代表元音格局图中的高低维度，$B1\max$ 为高低维度的极大值，$B1\min$ 为高低维度的极小值，$B1x$ 为高低维度上需测量的值。$B2$ 代表元音格局图中的前后维度，$B2\max$ 为前后维度的极大值，$B2\min$ 为前后维度的极小值，$B2x$ 为前后维度上需测量的值。因此 $B1\max + SD1\max$、$B2\max + SD2\max$ 表示：两个维度中全部测量点平均值的最大值加上此组

---

① 侯精一：《上海话音档》，上海教育出版社1994年版。

数据的标准差。同理，$B1\min - SD1\min$、$B2\min - SD2\min$ 表示：两个维度中全部测量点平均值的最小值减去此组数据的标准差。得到的 $V1$ 值便是 $B1x$ 点在元音格局图中高低维度上的参考值，得到的 $V2$ 值便是 $B2x$ 在元音格局图中前后维度上的参考值。

将测得的赫兹值数据转化为 Bark 值和 V 值后，输入 SPSS19 统计软件，首先利用茎叶图法剔除离群值，保证数据的客观性；再分别计算出50 个人每个元音的平均值、标准差；最后利用平均值加减标准差得出四个值；再以第一共振峰（即高低维度）为 Y 轴，第二共振峰（即前后维度）为 X 轴得出元音图，其中确定每个元音分布范围的五点分别是由高低、前后维度的平均值及平均值加减标准差得到的。

三 数据处理与实验结果分析

（一）上海普通话与北京普通话一级元音的对比分析

图 5—1 为上海普通话与北京普通话一级元音（北京普通话数据及图表来自胡会娟，2018）的 V 值主体分布图。

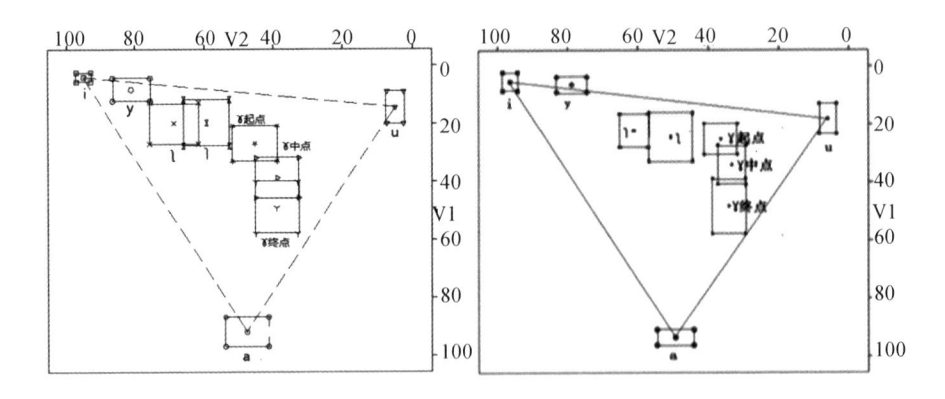

图 5—1 上海普通话（左）与北京普通话（右）一级元音的 V 值主体分布图

从图 5—1 可知，上海普通话与北京普通话一级元音的基本格局大致相同，不同一级元音之间的相对位置清晰有序地排列着。外缘性元音 [a、i、u] 位于顶点位置，与其他元音相比，其分布范围较小，有较强的集中性；位于格局框架内部的非外缘性元音 [ɤ、ɿ、ʅ] 分布范围较大，集中性较弱。其高低维度和前后维度上的分布大致与北京普通话相同。从高低维度上看，元音［y、ɿ、ʅ］分布在格局图的上方，而元音［ɤ］分布在中间，元音［a］位于下方；从前后维度上看，元音［i、y、ɿ、ʅ］分布于格局图的前方，元音［ɤ、a］位于中间，元音［u］位于最后方。元音［ɤ］比较特殊，其舌位在高低维度上有较大动程，是游移性元音。

表5—1为上海普通话与北京普通话一级元音 $V1$、$V2$ 的相关数据，其中变化幅度为标准差，分布范围的计算公式为：$V1$ 变化幅度 $\times 2 \times V2$ 变化幅度 $\times 2 =$ 分布范围。

表5—1　　　　　　　上海普通话与北京普通话一级元音数据

元音项目	V1 平均值（上海/北京）	V2 平均值（上海/北京）	V1 变化幅度（上海/北京）	V2 变化幅度（上海/北京）	分布范围（上海/北京）
［i］	4/5	96/96	2/3	2/2	13/27
［u］	15/18	5/6	6/5	2/2	54/52
［a］	92/93	47/49	4/3	6/5	104/55
［y］	8/6	82/79	4/3	6/4	86/45
［ʅ］	20/22	69/61	7/6	7/4	200/93
［ɿ］	20/24	59/51	8/8	7/6	214/206
［ɤ］起点	27/26	45/38	6/5	7/5	163/101
［ɤ］中点	39/34	39/33	7/7	6/4	164/108
［ɤ］终点	50/50	39/34	9/9	6/5	200/178

独立样本 t 检验用于分析上海普通话与北京普通话一级元音平均值的差异。结果显示，上海普通话与北京普通话元音［i］的高低维度，元音［u］的高低、前后维度，元音［a］的高低、前后维度，元音［ʅ］的前后维度，元音［ɿ］的高低、前后维度，元音［ɤ］的起点、中点的高低和前后维度以及终点的前后维度都具有显著性差异（$ps < 0.05$）。

根据图表及统计分析结果可发现：上海普通话［i、u、y］在高低维度上的分布与北京普通话有显著性差异且均比北京普通话更靠上。这是因为上海话中有高顶出位的音变现象，即舌面高元音［i、u、y］在高化到顶端后仍继续高化（朱晓农，2004）。上海母语者受到上海话的影响，其产出的普通话元音［i、u、y］也带有上海话的部分特点。

由于上海话中缺少舌尖元音［ʅ、ɿ］的对立，上海普通话［ʅ、ɿ］的分布与北京普通话有显著性差异。上海普通话中［ʅ］元音的分布范围明显大于北京普通话，表明上海人发音的不稳定性。值得注意的是，在以往的研究中（周萍，2006；于珏，2004）都发现上海普通话的［ʅ、ɿ］的分布区域有较大重叠，在本节中音位［ʅ、ɿ］虽在分布区域上有一定重叠，但上海人已可大致区分二者差异。这可能是由于本文的发音人为上海青年人，更多地受到普通话的影响。

上海普通话外缘性元音形成的三角形区域比北京普通话外缘性元音形成的区域大。这是受到上海话元音数量的影响，上海话元音较多、较复杂，要求其外缘性元音［i、u、a］形成的元音三角形更大才能更好地容纳其他元音。

北京普通话元音［ɤ］的舌位在高低维度上分布范围较大，有明显的游移性。上海话［ɤ］分布较为集中，不具有明显动程（时秀娟，2010）。与北京普通话相比，上海普通话元音［ɤ］在高低维度上有一定动程，但其游移性小于北京普通话。

（二）上海普通话与北京普通话二级元音的对比分析

图5—2为上海普通话与北京普通话二级元音（数据及图表来自王萍，2007）的V值主体分布图。

从图5—2中可知，上海普通话二级元音在格局图中的分布与北京普通话大致相同，各元音的位置分布较为均衡，二级元音变体依据不同的介音分布开来。分布在格局图前部的二级元音变体的介音为［i、y］，分布在后部的二级元音变体的介音为［u］。其中，韵腹为［ə］的二级元音变体的前后分布非常明显：［iə、yə］位于格局图前方，［uə］位于格局图后方，相距较远；而以［a］为韵腹的二级元音变体的前后分布没有那么明显：［ia、ua］甚至有少量重叠的地方。二级元音中［ə］音位不同

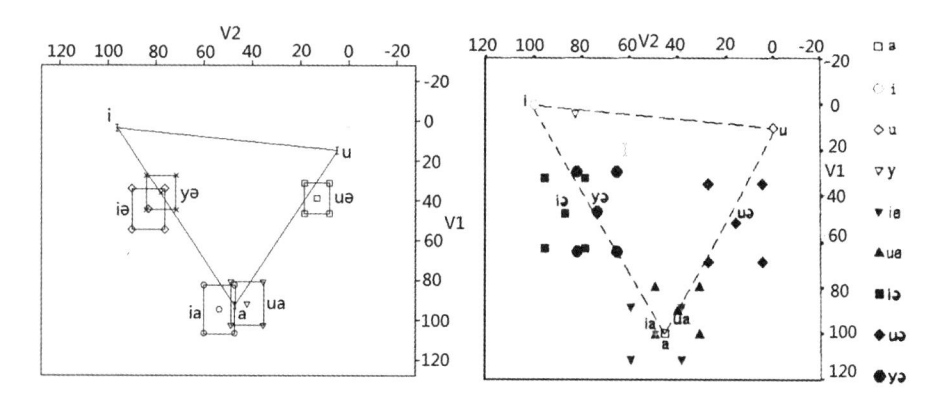

图 5—2　上海普通话（左）与北京普通话（右）二级元音的 V 值主体分布图

变体的前后分布范围大于 [a] 音位不同变体的分布范围，这是由人们的发音生理机制造成的，低元音的发音空间本身就比中元音的发音空间小。曹剑芬（1990）指出，高元音部分在大多数语言中普遍有前—央—后的对立，而在低元音部分这样的对立较小，从而出现了"元音三角形"，可以说它是人类语言中最普遍的元音系统。

表 5—2 为上海普通话与北京普通话二级元音 V1、V2 相关数据。

表 5—2　上海普通话与北京普通话二级元音数据

元音项目	V1 平均值（上海/北京）	V2 平均值（上海/北京）	V1 变化幅度（上海/北京）	V2 变化幅度（上海/北京）	分布范围（上海/北京）
[ia]	95/100	54/49	12/11	6/11	311/485
[ua]	92/91	42/41	11/10	7/9	293/371
[iə]	44/48	83/87	10/15	7/8	283/513
[yə]	36/47	78/74	9/17	6/8	216/577
[uə]	39/52	13/16	8/17	5/12	157/788

单样本 t 检验用于分析上海普通话与北京普通话二级元音平均值的差异。结果显示，上海普通话与北京普通话元音 [ia] 的高低、前后维度，

元音［iə］的高低、前后维度，元音［uə］的高低、前后维度，元音［yə］的高低、前后维度都具有显著性差异（$ps < 0.05$）。

根据图表及统计分析结果可发现：与北京普通话相比，上海普通话的［ia］更靠上、靠前，［iə］的分布更靠上、靠后，［yə］的分布更靠上，［uə］的分布更靠后、靠上。这是因为上海普通话一级元音［i、u、y］有高顶出位的趋向，元音［i、u］有向外延展的趋势，因此上海普通话二级元音变体受到了其一级元音介音的影响，以［i］为介音的二级元音变体表现出更高更前的特点，［y］为介音的二级元音变体表现出更高的特点，以［u］为介音的二级元音变体表现出更高更后的特点。

根据Flege（1987）的语音学习模型可知，两种语言中的相异成分或陌生成分相对于相似成分来说是比较容易习得的，上海话缺少普通话元音［yə］，应该能够更准确地习得，但实际上，上海普通话的［yə］与北京普通话在前后维度和高低维度上都有显著性差异。这可能是因为上海话"约"有三种不同读音，其韵母分别是［iA、io、i］，上海人在读"约"时，可能会受到上海话读音的影响，很难将其发准确，使［yə］的发音更靠前、靠上一些。

（三）上海普通话与北京普通话三级元音的对比分析

图5—3为上海普通话与北京普通话三级元音（北京普通话数据及图表来自王萍，2007）的 V 值主体分布图：

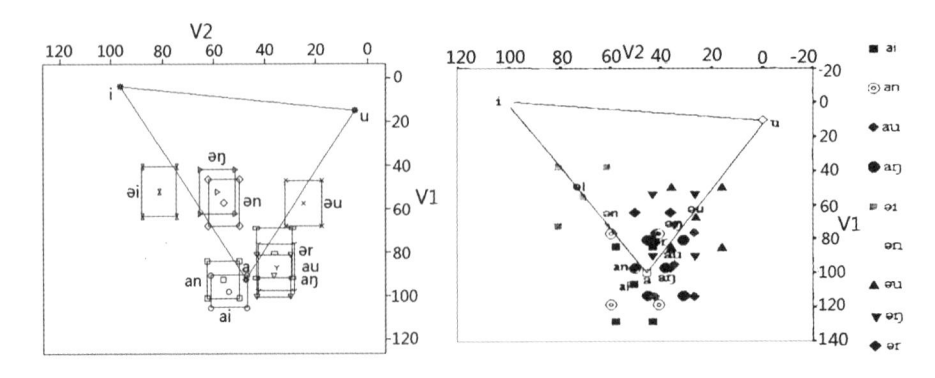

图5—3　上海普通话（左）与北京普通话（右）三级元音的 V 值主体分布图

为了更清楚地分析和比较，图 5—3 左图被拆解为图 5—4 和图 5—5，分别为三级元音 [a] 与 [ə] 音位变体的分布格局图。

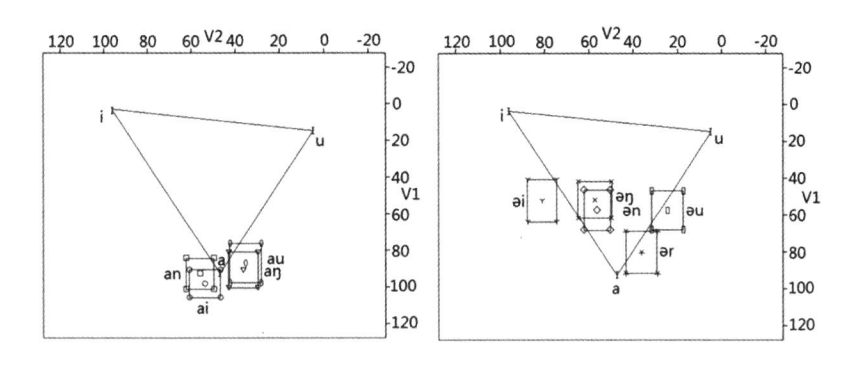

图 5—4　上海普通话三级元音 [a] 主体分布图

图 5—5　上海普通话三级元音 [ə] 主体分布图

从图 5—3、图 5—4、图 5—5 中可知，上海普通话三级元音在格局图中的分布与北京普通话大致相同，各元音的位置分布较为均衡，三级元音 [a] 与 [ə] 的不同变体分别分布在元音格局的低元音区以及中元音区，且有一定的重叠。三级元音的分布明显受到了后接韵尾的影响，根据不同的韵尾分布开来。分布在格局图前部的三级元音音位变体的韵尾为 [i]、[n]（[əŋ] 除外），分布在后部的三级元音音位变体的韵尾为 [u]、[ŋ]。与二级元音音位变体分布情况相同，元音 [ə] 不同音位变体的前后分布范围大于元音 [a] 不同音位变体的分布范围。[ər] 则位于中元音中部偏后偏下的位置，且最下面的部分与低元音 [a] 很接近，已经进入低元音区。

表 5—3 为上海普通话与北京普通话三级元音 $V1$、$V2$ 相关数据。

单样本 t 检验用于分析上海普通话与北京普通话三级元音平均值的差异。结果显示，上海普通话与北京普通话元音 [ai] 的高低、前后维度，[an] 的高低、前后维度，[au] 的高低维度，[aŋ] 的高低维度，[əi] 的前后维度，[ən] 的高低、前后维度，[əu] 的高低维度，[əŋ] 的高低、前后维度，[ər] 的前后维度都具有显著性差异（$ps < 0.05$）。

表 5—3　　　　　上海普通话与北京普通话三级元音数据

元音项目	V1 平均值（上海/北京）	V2 平均值（上海/北京）	V1 变化幅度（上海/北京）	V2 变化幅度（上海/北京）	分布范围（上海/北京）
[ai]	98/106	54/50	8/22	7/7	212/645
[an]	93/98	56/50	9/21	6/10	215/789
[au]	87/95	35/35	11/19	7/8	306/572
[aŋ]	90/97	36/38	10/16	7/7	254/456
[əi]	52/55	81/71	11/17	7/10	301/668
[ən]	57/71	56/59	11/20	6/8	262/655
[əu]	57/68	25/26	11/18	7/10	301/704
[əŋ]	52/72	57/35	10/18	8/8	302/611
[ər]	80/81	36/43	11/16	7/7	325/443

根据图表及统计分析结果可发现：与北京普通话相比，上海普通话[ai]、[əi] 的分布更高、更前，[au] 的分布更高，[əu] 的分布更高，更靠后。这与以 [i]、[u] 为介音的二级元音变体表现相同，是因为受到了上海普通话韵尾元音的影响。

上海普通话三级元音中二合元音变体的高低维度都小于与之相对应的北京普通话，说明其开口度较小。这可能是因为上海话的复合元音只有后响二合元音，而缺少前响二合元音和三合元音。王萍（2007）通过比较普通话中相对应的前响二合元音和后响二合元音 [ai] 与 [ia]，[au] 与 [ua]，[əi] 与 [iə]，[əu] 与 [uə] 的声学空间发现：后响二合元音的高低维度小于前响二合元音，除了 [ai] 与 [ia] 组在高低维度上差异不显著外，其他组在高低维度上均具有显著性差异，这与低元音区的声学空间小也有一定关系。上海话复合元音只有后响二合元音的特点影响到上海普通话的发音。大部分三级元音的分布位置都比相应的北京普通话更高。

上海普通话 [ən] 比北京普通话更靠后。这可能是因为普通话中元音［ən］的鼻音韵尾是前鼻音，上海话中元音［əɲ］的鼻音韵尾的发音部位略靠后，在硬腭的位置。不同韵尾的影响使韵腹的分布范围有所差异。上海普通话［ən］受到了上海话［əɲ］的影响，前后维度的数值比北京普通话略小。

上海人说普通话三级元音最明显的偏误是出现了元音［ən］与［əŋ］的混淆，［əŋ］的发音部位和分布范围与［ən］有大面积区域的重叠，这是因为上海话与许多吴方言相同，缺少前后鼻音韵尾的对立。上海话中以［ə］为韵腹，鼻音为韵尾的三级元音变体只有元音［əɲ］，而普通话有［ən］、［əŋ］两个变体。根据语音学习模型理论，相似因素比陌生因素更难习得，［n、ɲ、ŋ］三个鼻音韵尾很相似，只是发音部位前后存在差异，因此上海人比较容易将三者混淆。在普通话语音学习中，上海人在听感上可能很难区分普通话［ən、əŋ］的差异，把其与上海话［əɲ］归为同一范畴。

（四）上海普通话与北京普通话四级元音的对比分析

图5—6为上海通话与北京普通话四级元音（北京普通话数据及图表来自王萍，2007）的 V 值主体分布图。

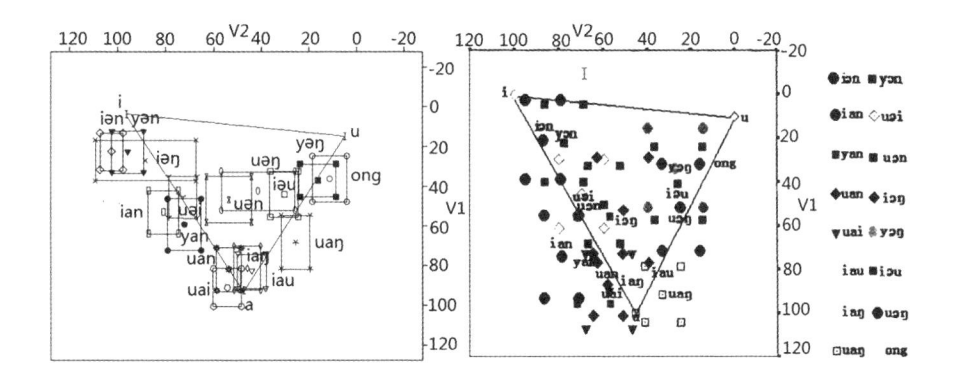

图5—6　上海普通话（左）与北京普通话（右）四级元音的 V 值主体分布图

为了更清楚地分析和比较，图5—6被拆解为图5—7和图5—8，分别为［a］与［ə］三级元音音位变体的分布格局图。

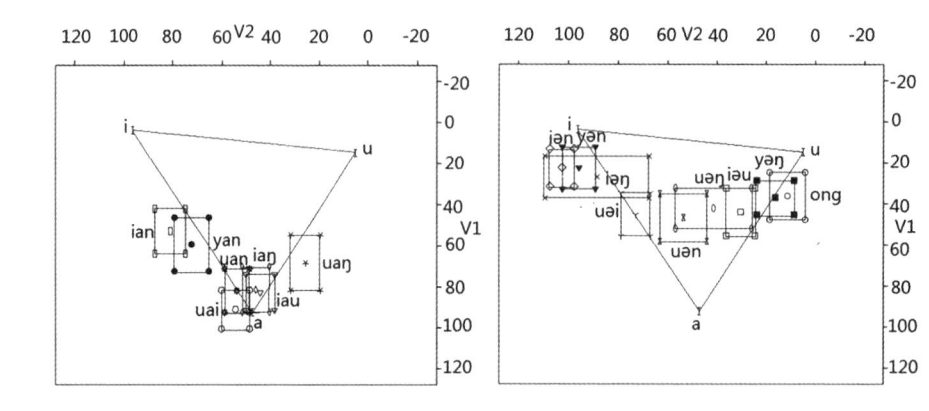

图5—7 上海普通话四级
元音［a］主体分布图

图5—8 北京普通话四级
元音［ə］主体分布图

从图5—6、图5—7、图5—8中可知，上海普通话四级元音在格局图中的分布与北京普通话大致相同，各元音的分布位置较为均衡，［a］四级元音的音位变体分布在格局图低元音区，［ə］四级元音的音位变体分布范围较大，主要位于中元音区，也有部分音位变体接近高元音区域。在介音与韵尾的双重影响下，四级元音［a］与［ə］的音位变体更多受到了韵尾的影响。具体地说，分布在格局图前部的音位变体的韵尾为前元音［i］与前鼻音［n］，分布在格局图后部的音位变体的韵尾为后元音［u］与后鼻音［ŋ］，然后再根据各自不同介音的前后位置排列。但上海普通话［iəŋ、uəŋ］的分布位置比北京普通话更靠前，分别与［iən、uən］的分布范围有大面积的重叠区域，且在前后维度上有较大跨度。此外，从［uəŋ］带有声母及零声母的分布位置及差异程度来看，有无声母对于同一元音的分布是有影响的。

表5—4为上海普通话与北京普通话四级元音 $V1$、$V2$ 相关数据。

表5—4　　　　　　上海普通话与北京普通话四级元音数据

元音项目	V1 平均值（上海/北京）	V2 平均值（上海/北京）	V1 变化幅度（上海/北京）	V2 变化幅度（上海/北京）	分布范围（上海/北京）
[iau]	83/84	44/36	9/13	6/8	204/411
[uai]	91/90	54/58	9/17	6/10	225/703
[ian]	53/74	81/79	11/19	6/8	269/594
[uan]	82/87	54/58	11/14	5/7	223/373
[yan]	59/76	72/65	13/20	7/7	359/585
[iaŋ]	81/91	46/39	11/15	6/10	251/587
[uaŋ]	68/92	26/33	13/13	6/8	327/424
[iəu]	44/41	30/26	12/17	6/11	271/721
[uəi]	45/46	73/70	11/16	6/10	247/646
[iən]	22/21	103/87	9/18	5/8	179/581
[uən]	47/51	54/60	12/18	10/7	439/522
[yən]	23/23	96/78	10/18	7/9	274/623
[iəŋ]	27/53	88/51	10/24	21/12	862/1116
[uəŋ] (ueng)	42/52	41/25	10/20	16/9	610/682
[uəŋ] (ong)	36/32	11/11	11/19	7/9	331/699
[yəŋ]	37/34	16/27	8/18	8/13	249/923

单样本 t 检验用于分析上海普通话与北京普通话四级元音平均值的差异。结果显示，上海普通话与北京普通话元音 [iau] 的前后维度，[uai] 的前后维度，[ian] 的高低、前后维度，[uan] 的高低、前后维度，[yan] 的高低、前后维度，[iaŋ] 的高低、前后维度，[uaŋ] 的高低、前后维度，[iəu] 的前后维度，[uəi] 的前后维度，[iən] 的前后维度，[uən] 的高低、前后维度，[yən] 的前后维度，[iəŋ] 的高低、前后维度，[uəŋ] ueng 的高低、前后维度，[uəŋ] ong 的高低维度，[yəŋ] 的高低、前后维度，都具有显著性差异（$ps < 0.05$）。

根据图表及统计分析结果我们可以发现：与北京普通话相比，上海普通话［iaŋ］分布在格局图靠前的位置。这可能受到了上海话［iA］的影响，导致上海人发［iaŋ］时的发音部位比北京普通话靠前。同样，上海普通话［uəŋ］前后维度的分布位置与北京普通话相比略靠后，这可能受到了上海话元音［uəɲ］的影响，鼻音韵尾［ɲ］的发音部位比［n］更靠后。除此之外，上海普通话的［iən］比相对应的北京普通话在前后维度上更靠前，这可能是受到了上海话［iɲ］（实际发音为［iɪɲ］）的影响，元音［I］比［ə］更靠前，因而普通话主要元音受其影响导致上海人发［iən］时的发音部位比北京普通话更靠前。

上海普通话的［iəŋ、uəŋ］在前后维度上都有较大的分布范围，说明它们的发音有较大的个体差异。元音［iən、iəŋ］的分布位置及范围有大量重叠，且更靠近元音格局的前部。元音［iən、iəŋ］相互混淆的原因与［ən、əŋ］混淆的原因相同，即上海话中缺少前后鼻音韵尾的对立。此外，元音［iəŋ］比较容易发为前鼻音［iən］，这可能是由于介音［i］位于发音部位前部，因此根据同化作用，人们更倾向于将前鼻音韵尾的［iəŋ］的鼻音韵尾发得更接近［iən］。元音［uən］与［uəŋ］ueng 的分布也有大面积的区域重叠，［uəŋ］前后维度跨域较大，有些上海人受普通话的影响可以将二者的对立准确分辨开来。值得注意的是，上海人在读［uəŋ］ong 的时候并没有像［uəŋ］ueng 一样与其相对应的前鼻音产生大量混淆，这说明有无辅音声母对同一元音发音的影响较大，辅音声母使得 ong 的韵腹分布更靠后。

四 总结

本节运用元音格局的理论与方法初步分析了上海普通话单音节的元音格局，实验结果表明：上海普通话与北京普通话一级元音、二级元音、三级元音与四级元音的基本格局大致相同；上海普通话外缘性元音所形成的格局范围比北京普通话边缘性元音的格局范围更大，呈向外扩散的状态；在北京普通话中，一级元音变体［ɤ］在高低维度上表现的游移性较为明显，但上海普通话元音［ɤ］的游移性比北京普通话小；上海话由于缺少前后鼻音韵尾的对立，导致上海人在说普通话三级元音变体［ən、 əŋ］时产生了大量重叠，前后鼻音韵尾的重叠还出现在四级元音变体［iəŋ］与［iəŋ］、［uən］与［uəŋ］中。总之，上海普通话元音与北京普通话元音有系统性差异，是上海人学习普通话过程中出现的过渡状态。

附录：发音字表

上海普通话一级元音：

［a］：他、发、哈、擦、阿、巴、搭　　［y］：女、驴、区、迁、居、局、句

［i］：梯、批、基、希、衣、逼、低　　［ʅ］：日、师、吃、知、直、纸、志

［u］：秃、珠、书、苏、乌、扑、督　　［ɣ］：色、德、科、喝、鹅、歌、革

［ɿ］：私

上海普通话二级元音：

［ia］：压；［ua］：蛙；［iə］：耶；［yə］：约；［uə］：窝。

上海普通话三级元音：

［ai］：哀；［an］：安；［au］：熬；［aŋ］：昂；［əi］：胚；［ən］：恩；［əu］：欧；［əŋ］：登；［ər］：儿。

上海普通话四级元音：

［uai］：歪；［ian］：烟；［yan］：冤；［uan］：弯；［iau］：腰；［iaŋ］：央；［uaŋ］：汪；［iən］：因；［yən］：晕；［iəŋ］：英；［uəi］：威；［uən］：温；［uəŋ］：翁；［yəŋ］：拥；［iəu］：优；［uəŋ］（ong）：东。

北京普通话一级元音：与上海普通话一级元音相同。

北京普通话二级元音：

［ia］：鸦；［ua］：蛙；［iə］：噎；［yə］：曰；［uə］：窝。

北京普通话三级元音：

［ai］：哀；［an］：安；[au］：熬；［aŋ］：肮；［əi］：杯；［ən］：恩；［əu］：欧；［əŋ］：鞥；［ər］：儿。

北京普通话四级元音：

［uai］：歪；［ian］：烟；［yan］：冤；［uan］：弯；［iau］：妖；［iaŋ］：央；［uaŋ］：汪；［iən］：音/引；［yən］：晕/允；［iəŋ］：英/影；［uei］：威；［uən］：温/稳；［uəŋ］：翁；［yəŋ］：拥/永；［iəu］：忧；［uəŋ］（ong）：东。

第二节 双音节元音分析

王云丽

一 引言

普通话元音系统的研究一直受到学界的关注，不同的学者都曾采用实验语音学的方法，从声学表现出发对普通话的元音进行过定量研究。吴宗济（1964）以男、女成人和儿童共 12 位发音人为研究对象，对其所发的 10 个普通话单元音的共振峰进行了测算和分析。Eric Zee（2001）以 20 位北京发音人的语料为基础，对普通话单元音、复合元音的频谱性质进行了分析。王萍等（2014）从元音格局的角度，使用 V 值算法对 52 位北京人的普通话基础元音进行了统计分析。在单音节中的元音分析的基础上，学者们也对连续语流中的元音声学特征进行了研究。如，许毅（1986）考察了不同音联位置以及不同音联层级上元、辅音的声学表现；向柠（2011）对 4 位北京人不同音联前后普通话元音的共振峰值进行了声学数据提取和统计性分析。上述的实验分析为我们全面认识普通话的元音系统提供了重要的参考依据。

普通话既包括以北京人发音的标准普通话，也包括各方言地区的地方普通话。众所周知，普通话和方言共同形成了今天的整体汉语，但汉语内部许多方言自身具有独特的语音系统，与普通话的语音系统相差甚大。受方音影响，许多方言区的人在言语交际中所说的其实是一种带有方言口音的地方普通话。这就给语音识别、普通话教学以及语言测试等带来了一定的困难。作为吴方言区的代表方言，上海话与北方方言差异较大，这在一定程度上造成了上海人普通话语音学习的困难，系统的语音研究将有助于了解上海人普通话习得的难点，深化对上海地方普通话的认识。此外，近年来上海在全国城市的地位和重要性不断提高，语言测试、语音识别等实际应用领域对上海普通话研究的需求也显得十分迫切。而目前关于上海普通话元音系统的研究仍较为欠缺，且已有的研究大多以单音节词为研究对象，对于多音节词中的元音声学特征的较大样本统计分析则较少涉及，仍有进一步探索的必要和空间。

在汉语中，出现在单韵母中的元音是一级元音，也叫基础元音，它是分析其他层级元音的基础（石锋，2002b）。本节以上海普通话双音节词中的 7 个基础元音 [a]、[u]、[i]、[y]、[ɿ]、[ʅ]、[ɤ] 为研究对象，借助实验语音学的方法对各个基础元音的共振峰值进行声学分析，从而探索上海人在双音节词元音发音上的特征和规律，为普通话教学中如何消除方言口音问题提供一定的借鉴，同时也为言语工程（如语音识别）的数据处理提供声学参数，提高识别上海人普通话的准确性。

二 语料来源和分析方法

本节所分析的语料为上海人所发的含有单韵母音节的普通话双音节词，主要考察其前、后字中 7 个基础元音的声学特征。发音材料为后字声母是塞音和擦音的双音节词，共 157 个，按音节在双音节词中所处的位置，可将发音材料分为双音节词前字和双音节词后字两大组（发音词表见附录）。发音人共 50 人，男女各 25 人，平均年龄为 23 岁，均为在校学生或老师，家庭语言基本上为上海话（其中 4 人为普通话）。

在数据采集和处理上，本文使用南开大学开发的电脑语音分析系统"桌上语音工作室"和 Praat 语音软件提取元音共振峰数据，同时使用 SPSS 和 Excel 进行数据分析和统计作图。

"V 值"是一种从整个元音系统出发的相对化、归一化的算法。在元音的大样本统计性研究中，相较于其他单位，归一化的 V 值能最大限度地消除随机性差异，使研究更具科学性、代表性（王萍、石锋，2014）。为了消除较大样本数据下不同发音人发音时的个性差异，保留元音之间相对关系的共性特征，我们将每一发音人各共振峰的赫兹值转换成 Bark 值，在此基础上，使用 V 值公式对共振峰数据进行归一化处理，以便更好地表现各元音之间的相对关系，使研究结果更具普遍意义。B 值和 V 值计算公式如下所示：

$$Bark = 7\ln\{(f/650) + [(f/650)2+1]1/2\}$$

其中，ln 是自然对数，f 为共振峰频率。

$$V1 = \frac{B1x - (B1\min - SD1\min)}{(B1\max + SD1\max) - (B1\min - SD1\min)} \times 100;$$

$$V2 = \frac{B2x - (B2\min - SD2\min)}{(B2\max + SD2\max) - (B2\min - SD2\min)} \times 100$$

其中，B1max+SD1max、B2max+SD2max 分别表示发音人 7 个元音在高低维（B1）和前后维（B2）中全部测量点平均值的最大值（B1max、B2max）加上该组数据的标准差（SD1max、SD2max）；同理，B1min-SD1min、B2min-SD2min 分别表示 7 个元音在各维度中全部测量点平均值的最小值（B1min、B2min）减去该组数据的标准差（SD1min、SD2min）。所得的 V1、V2 值分别是 B1x 和 B2x 在元音格局图中高低维度和前后维度上的参考值。

在 V 值计算的基础上，我们进一步利用茎叶图法剔除离群值，再用统计软件分别计算出 50 位发音人各元音在前、后字中 V1、V2 值的平均值以及标准差，并采用平均值加减标准差的方法画出每个元音矩形的主体分布范围（如图 5—9 所示），矩形中点是各元音的平均值，四个顶点是由各元音的 V1 和 V2 的平均值分别加减标准差所得到。

三 实验结果与分析

（一）双音节词前、后字元音声学特征分析

1. 双音节词前、后字元音声学特征对比

为考察双音节词前、后字元音声学表现的差异，我们对前、后字不同位置上 7 个基础元音的 V1 值和 V2 值分别进行配对样本 t 检验，并画出每个基础元音的主体分布范围。表 5—5 是上海普通话双音节词前字与双音节词后字各元音 V 值配对样本 t 检验的结果，表 5—6 显示的是前、后字各元音的分布范围，图 5—9 则是前、后字各元音 V 值主体分布对比图。

表5—5 双音节词前字与双音节词后字各元音 V 值配对样本 t 检验结果

元音	V1	V2
a	t = −1.549	t = 1.436
i	t = 1.838	t = −0.423
u	t = −2.178*	t = 4.598*
y	t = −1.785	t = 4.928*
ɿ	t = −0.799	t = 5.869*
ʅ	t = 0.160	t = 4.566*
ɤ1	t = 1.628	t = −0.426
ɤ2	t = −2.622*	t = 4.314*
ɤ3	t = −4.845*	t = −8.349*

注：统计分析显著水平为0.05，*表示 $p<0.05$，有显著差异，下文各表亦同。

表5—6　　双音节词前字、后字与单字音各元音分布范围
（$V1$ 变化幅度 × $V2$ 变化幅度）

元音	前字	后字	单字音
a	57.53（6.22×9.24）	54.45（5.06×10.77）	124.73（10.12×12.32）
i	9.51（3.73×2.55）	17.02（5.20×3.27）	13.78（3.20×4.30）
u	52.37（11.83×4.43）	41.46（12.37×3.35）	53.24（11.09×4.80）
y	31.20（3.47×8.99）	145.00（11.65×12.45）	87.83（7.91×11.11）
ɿ	76.96（7.53×10.23）	105.58（10.31×10.24）	201.69（14.35×14.06）
ʅ	87.00（7.61×11.43）	146.89（12.24×12.00）	215.32（16.06×13.41）
ɤ1	128.56（10.20×12.60）	111.60（10.14×11.00）	155.56（12.20×12.75）
ɤ2	125.41（12.07×10.39）	112.33（12.23×9.19）	170.77（13.74×12.43）
ɤ3	144.98（13.73×10.56）	130.64（14.52×9.00）	212.65（17.81×11.94）

注：变化幅度 = 2 * 标准差，为显示方便。该处变化幅度值四舍五入保留两位小数，但分布空间（V_1 变化幅度 × V_2 变化幅度）仍按变化幅度四舍五入前原始数据计算，并保留两位小数，以反映各元音实际的分布范围。表5—8同此。

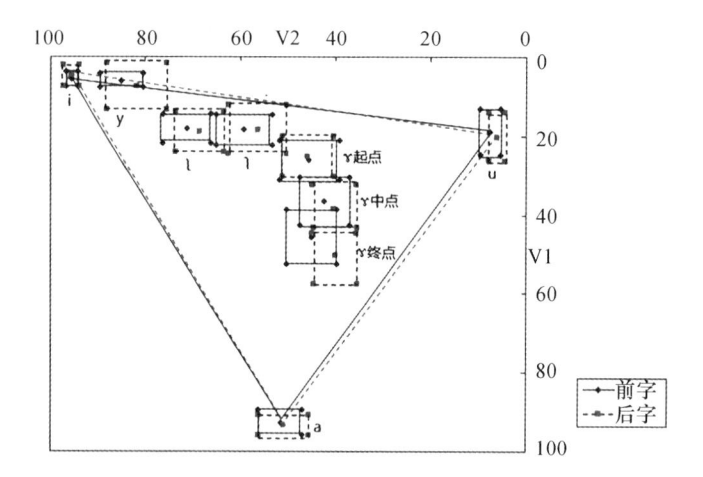

图 5—9　双音节词前、后字各元音 V 值主体分布对比图

从表 5—5 和图 5—9 中可以看到，1) 上海普通话双音节词中前字各元音的 V2 均值普遍比后字各元音的 V2 均值大。t 检验结果显示，前字与后字元音（[a]、[i]、[ɤ1] 除外）的 V2 值间具有系统显著性差异。2) 不同于 V2 的情况，上海普通话双音节词前字大部分元音，如 [a]、[u]、[y]、[ɿ]、[ɤ2]、[ɤ3] 的 V1 均值均小于后字相应元音的 V1 均值。t 检验结果则显示，前、后字元音（[u] 和 [ɤ2]、[ɤ3] 除外）在 V1 均值上的差异并不显著。反映在 V 值主体分布图上，可以看到，上海普通话双音节词前字各元音位置普遍比后字位置靠前。说明与后字相比，上海人双音节词前字各元音发音时舌位普遍比较靠前。

元音主体分布范围的大小表示该元音的集中程度，面积大，表示该元音分布比较分散，音位变体之间差异较大；面积小，表示该元音分布集中，音位变体之间差异小。从表 5—6 和 V 值主体分布图上可以看到，前字元音（[a]、[u]、[ɤ] 除外）的主体分布空间普遍小于后字，说明前字元音离散度更小，其音位变体分布大多比后字更集中，更稳定。

进一步比较前、后字不同位置上各元音分布空间的大小，可以发现，顶点元音 [a]、[i]、[u] 和非顶点元音 [ɤ] 前字的分布范围和后字分布范围之间的差异较小，它们各自前、后字间分布空间的差值介于 3.08

至16.96之间。而其余非顶点元音［y］、［ɿ］、［ʅ］前、后字间分布空间的差异则明显较大，三者分布空间的差值分别为 28.62、59.88、113.8。

再进一步分析发现，非顶点元音［y］、［ɿ］、［ʅ］的前后维在前、后字的差异较小，而高低维在前、后字的差异则较大。在 V 值主体分布图上表现为在高低维上，后字的数据变化幅度明显大于前字，分布更为松散。说明与前字相比，后字非顶点元音［y］、［ɿ］、［ʅ］发音时舌位的上下活动更自由，动态范围更大。

顶点元音［a］、［i］、［u］作为一种语言声学元音空间中的框架语音，实际上代表了口腔中舌位移动的范围（罗安源，2000：38），形成了元音舌位活动的极限位置，因此其本身的声学特征相对稳定，在前、后字中所表现出的元音分布空间大小也较为接近。值得注意的是，在顶点元音中，不管是前字还是后字，前高元音［i］的分布空间都是最小且集中程度最好的（高低维和前后维变化幅度均小于 5）。低元音［a］和后高元音［u］的分布空间也都较为集中，但两者的离散情况又各不相同，［a］的变化主要体现在前后维上（前后维变化幅度大致为高低维的 2 倍），突出表现了其发音时"低"的特点，而［u］的变化主要体现在高低维上（高低维变化幅度大致为前后维的 2 倍），突出表现了其发音时"后"的特点，这与王萍等（2014）分析北京人普通话顶点元音所得的结论一致。

［ɤ］为普通话基础元音中唯一的中元音，与其他元音相比，［ɤ］发音时舌位具有由高到低的动程变化，即游移性（王萍，2014）。就高低维来看，上海普通话双音节词中的中元音［ɤ］在前、后字中均有一定动程，但前字中点和终点的 V1 值均明显小于后字，且纵向分布空间存在部分交叠，说明前字中元音［ɤ］在高低维上的游移性不及后字。就前后维来看，元音［ɤ］在上海普通话双音节词前、后字中均位于元音格局内部中央略后的位置，但前字［ɤ］中点和终点的 V2 值均大于后字，且差异显著，说明前字中元音发音过程中表现出了明显的前移趋势。总体来看，上海普通话双音节词前字元音［ɤ］在发音过程中舌位的游移性略逊于后字，此外，其发音时舌位也较后字靠前、靠上，这与其他非顶点元音的

表现相似。

2. 讨论

（1）协同发音与双音节词基础元音的声学特征。在语流中，人们的发音会受到前后语音环境的影响，即各个相邻语音单元之间会因互相叠套、彼此渗透而产生协同发音现象。周迅溢等（2003）认为对于汉语语流中的某个音节来说，协同发音主要取决于相邻前一音节末尾的元音，以及相邻后一音节的声母辅音。关于协同发音的方向，很多研究都表明，前一语音单位更容易受到后一语音单位的影响。也就是说，协同发音中逆向作用是主要的（鲍怀翘、林茂灿，2014：431）。吴宗济等（2004：66—92）的研究也说明了这一点，他们对普通话双音节 C1V1#C2V2 音联的声学研究结果显示，C2（塞音声母）对 $V1$ 的声学目标及 F2 轨迹都有影响。

就上海普通话双音节词来看，当后字音节为塞音和擦音声母时，受逆向协同发音效应的影响，前字元音的发音态势或多或少产生了发音变化，具体表现为舌位具有趋前的倾向。

此外，协同发音也可能是上海普通话双音节词前、后字元音的分布空间存在差异的原因之一，即前字元音发音姿态由于后字发音姿态的制约，舌位活动相对受限，整体分布范围也因此较后字小。当然，协同发音现象非常复杂，后字声母不同的发音部位和发音方法会对前字元音的声学表现产生不同的影响，本书目前只是从总体上对塞音和擦音声母在逆向协同发音过程中的作用进行了粗略的分析。

（2）时长特征与双音节词基础元音的声学特征。上海普通话双音节词后字元音声学空间普遍大于前字，这可能与双音节词的时长特征有关。不少研究结果显示，在普通话双音节词中，前字音节的时长普遍小于后字。比如，林茂灿等（1984）研究发现，在两字组中，字音长度及带音段长度都是大部分（69%—79%）后字大于前字。邓丹（2007：29—80）的研究则进一步表明，随着停延等级的增大，双音节词后字的延长程度也显著增加。本节所研究的上海普通话双音节词均为孤立双音节词，反映的是双音节词在较大停延前的表现，我们推测，在自身时长特征的影响下，上海普通话双音节词前字音节的时长同样普遍小于后字。对音节带音段时长的测量结果显示,上海普通话双音节词中前字元音的平均时长约为167毫秒,而后字音节的时长则为263毫秒,后字元音的时长明显比前字的长,与此相适应,后字元音由于发音时长受限少可以相对宽松地自由活动,或高或低,声学空间也因此较前字大。

(二) 性别对双音节词前、后字元音声学特征的影响

受生理因素的影响,男、女性在元音共振峰的声学表现方面存在一定的差异。那么,在剔除发音人个人生理因素带来的语音差异后,上海男性和上海女性说普通话双音节词的基础元音又有怎样的声学表现呢?换言之,性别因素是否会对上海普通话双音节词中基础元音的声学表现产生影响呢?针对这一问题,我们结合性别因素对双音节词前、后字7个基础元音的 V 值进行独立样本 t 检验,并画出相应的元音 V 值主体分布对比图。表5—7 为男性与女性双音节词前、后字各元音 V 值独立样本 t 检验的结果,表5—8 为男性与女性前、后字各元音的分布范围,图5—10 和图5—11 则分别为男、女双音节词前字各元音 V 值主体分布对比图和男、女双音节词后字各元音 V 值主体分布对比图。

表5—7 男性与女性双音节词前、后字各元音 V 值独立样本 t 检验结果

元音	双音节词前字		双音节词后字	
	V1	V2	V1	V2
[a]	t = 0.251	t = −4.367*	t = −1.136	t = −2.630*
[i]	t = −1.290	t = 1.694	t = −1.97	t = 2.842*
[u]	t = 6.254*	t = −1.575	t = 5.316*	t = 0.676
[y]	t = −0.065	t = 6.747*	t = −0.410	t = 3.735*
[ɿ]	t = 2.658*	t = 0.492	t = 3.097*	t = 0.355
[ʅ]	t = 0.486	t = −2.300*	t = 0	t = −0.674
[ɤ1]	t = 4.203*	t = 1.819	t = 2.310*	t = 3.081*
[ɤ2]	t = 5.226*	t = 2.101*	t = 2.463*	t = 2.396*
[ɤ3]	t = 3.531*	t = 1.955	t = 0.881	t = 1.727

表5—8　　　男性与女性双音节词前、后字各元音分布范围
（*V1* 变化幅度 × *V2* 变化幅度）

元音	前字		后字	
	男	女	男	女
[a]	93.58 (8.89×10.52)	33.65 (6.76×4.98)	110.02 (7.47×14.72)	22.20 (3.84×5.78)
[i]	8.78 (3.43×2.56)	9.65 (3.98×2.43)	17.03 (4.71×3.61)	24.34 (8.01×3.04)
[u]	56.22 (11.24×5.00)	20.76 (5.70×3.64)	57.94 (12.58×4.61)	19.95 (7.91×2.52)
[y]	32.43 (5.14×6.31)	22.75 (3.38×6.74)	129.50 (12.63×10.26)	127.44 (10.80×11.80)
[ʅ]	71.40 (5.93×12.04)	70.41 (8.09×8.71)	139.59 (11.66×11.97)	66.93 (8.01×8.36)
[ɿ]	97.16 (6.44×15.09)	86.89 (9.41×9.23)	188.07 (13.50×13.93)	109.57 (11.11×9.86)
[ɤ1]	172.12 (10.39×16.57)	74.01 (8.14×9.10)	183.46 (11.78×15.57)	62.44 (9.62×6.49)
[ɤ2]	145.89 (9.77×14.94)	70.47 (9.78×7.20)	152.16 (10.80×14.09)	66.75 (12.41×5.38)
[ɤ3]	158.88 (11.66×13.62)	119.25 (15.25×7.82)	159.12 (12.32×12.91)	103.06 (16.48×6.25)

　　从表5—7和图5—10、图5—11中可以看到，性别因素确实对上海普通话双音节词中基础元音的声学表现产生了一定的影响，具体表现为：1）在顶点元音方面，双音节词前、后字的前高元音［i］男女间差异并不显著。男性前、后字的后高元音［u］在其格局中的 *V1* 值均显著大于女性，而低元音［a］的 *V2* 值则均显著小于女性。说明与女性相比，男性元音格局内的前高元音［i］大体一致，后高元音［u］靠下，低元音［a］靠后，即顶点元音表现出了斜向扩散的趋势。总体来看，男性整个元音格局的形状是一个等腰三角形，而女性则是一个等边三角形。2）在非顶点元音方面，不管是前字还是后字，男性非顶点元音的 *V1* 值和 *V2*

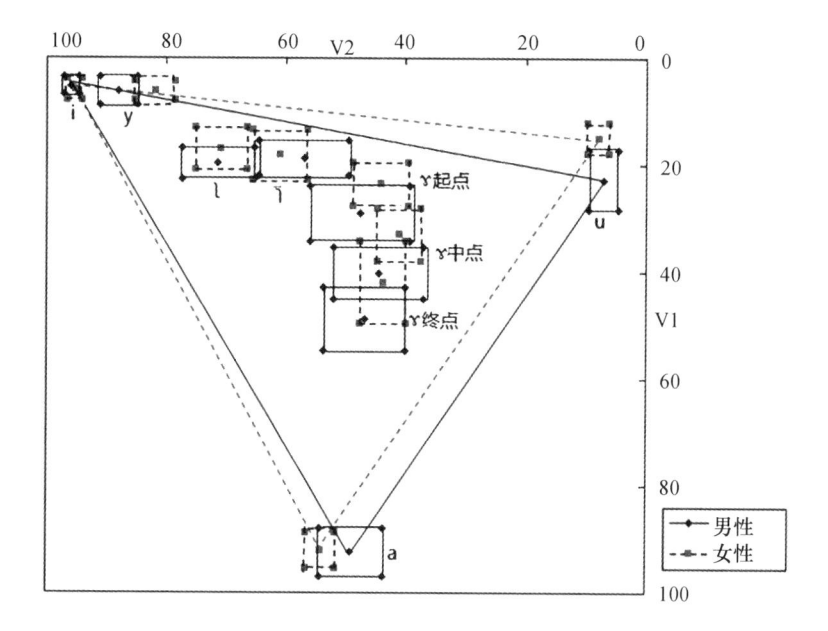

图 5—10　男、女双音节词前字各元音 V 值主体分布对比图

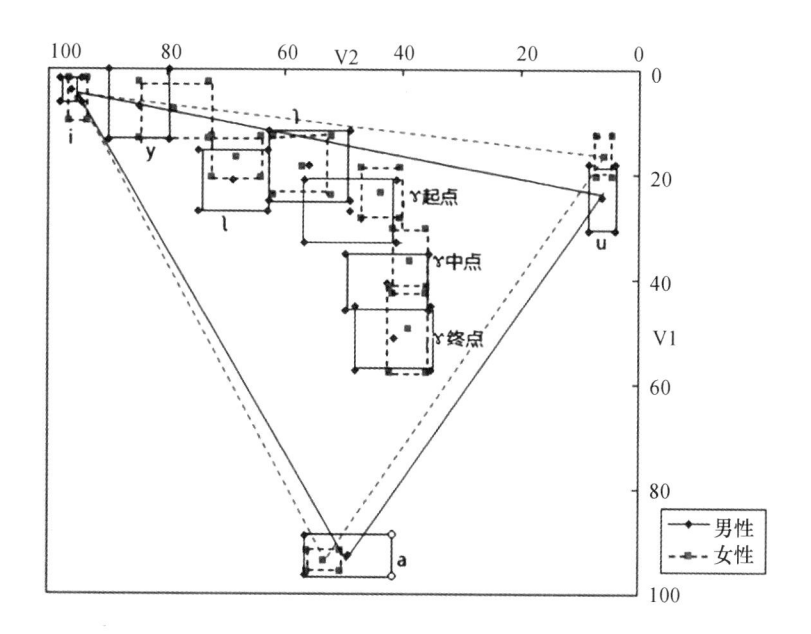

图 5—11　男、女双音节词后字各元音 V 值主体分布对比图

值普遍都大于女性。t检验结果显示，元音［y］在前、后字的前后维，［ʅ］在前、后字的高低维，［ɿ］在前字的前后维上男女间均差异显著；中元音［ɤ］在前字高低维上男、女性差异显著，前后维上差异则不太显著，但后字的元音［ɤ］在高低、前后维的差异均较为显著，尤其是起点和中点。反映到V值主体分布图上，可以看到男性大部分非顶点元音在其格局内的相对位置都比女性靠前且靠下。

另外，就各元音的分布空间来看，同样可以发现男性和女性存在一定的差异。从表5—8和V值主体分布对比图上可以看到，除了［i］外，女性前、后字各元音的分布空间均小于男性，即女性各元音的分布比男性更集中，更稳定。其中［i］元音表现出的特殊稳定性应该与发音时舌位相对靠前、靠上，接近发音极限有关。具体来看，在各元音高低维和前后维18个比较项中，男性前字有12项变化幅度更大（［i］、［ʅ］、［ɿ］、［ɤ2］、［ɤ3］的高低维，［y］的前后维除外），后字有14项变化幅度更大（［i］、［ɤ2］、［ɤ3］的高低维，［y］的前后维除外）。说明跟女性相比，男性元音的舌位更具动态性。

在元音格局图中，我们发现上海男、女性在元音的声学分布上存在显著差异。在于珏等（2004）的研究中也可以见到类似的性别差异，只是他们使用的是（C）V结构的单音节字，研究结果与本文也有所不同，在他们的实验中男性的声学元音图较女性偏高、偏后，但由于他们并未对元音数据进行归一化统计分析，我们也无从得知这种差异是否具有统计学意义上的显著性。为什么上海普通话双音节词中基础元音的声学表现会出现性别差别，应该是跟不同性别的发音器官的大小、宽窄、薄厚有一定关联。当然，也不排除我们在做归一化时方法上有一定的误差，这些都还有待于进一步的证明。

（三）单音节词[①]与双音节词元音声学特征对比

在双音节词分析的基础上，我们进一步对上海普通话单音节词与双

[①] 本节中上海普通话单音节词基础元音的声学数据来自张高媛的《上海普通话与北京普通话一级元音的对比分析》。张文与本文所分析的语料均来自同一批发音人。在数据筛选过程中，本节与张文仅6个发音人是相异的，包括4个女性和2个男性，其余44个发音人均是相同的。考虑到发音人存在一定的差异，本节在数据分析过程中采用了独立样本t检验。

音节词中基础元音的声学特征进行了比较，以便深入了解上海人不同言语形式中基础元音声学表现的差异。为此，我们对单音节词与双音节词前字、后字中 7 个基础元音的 $V1$ 值和 $V2$ 值分别进行了独立样本 t 检验。表 5—9 是单音节词与双音节词前、后字中 7 个基础元音 V 值独立样本 t 检验的结果，图 5—12 和图 5—13 则是相应的 V 值主体分布对比图。

表 5—9 单音节词与双音节词前、后字各元音 V 值独立样本 t 检验结果

	元音	$V1$ 前字	$V1$ 后字	$V2$ 前字	$V2$ 后字
单音节词	[a]	t = −0.859	t = −1.773	t = −3.701*	t = −2.975*
	[i]	t = −5.142*	t = −2.467*	t = 1.87	t = 1.520
	[u]	t = −3.818*	t = −4.898*	t = −5.397*	t = −2.502*
	[y]	t = 3.723*	t = 0.837	t = −2.958*	t = 0.206
	[ʅ]	t = 1.413	t = 0.813	t = −1.988	t = 0.206
	[ɿ]	t = 1.007	t = 0.967	t = 0.019	t = 2.29*
	[ɤ1]	t = 0.723	t = 1.649	t = −0.274	t = −0.526
	[ɤ2]	t = 1.581	t = 0.126	t = −2.478*	t = −0.680
	[ɤ3]	t = 2.141*	t = −0.85	t = −5.392*	t = −0.908

结合表 5—9 对图 5—12、图 5—13 中的单音节词和双音节词前、后字中各基础元音的 V 值进行比较，可以看到：1) 在 $V1$ 值中，单音节词顶点元音 [a]、[i]、[u] 的 $V1$ 均值均为三者最小，且与双音节词中顶点元音的 $V1$ 值差异显著（[a] 除外）；不同于顶点元音，单音节词非顶点元音的 $V1$ 值普遍为三者最大，尤其是 [y] 表现明显。2) 在 $V2$ 值中，单音节词顶点元音 [a]、[u] 的值为三者最小，而 [i] 的值为三者最大，t 检验结果显示，其与双音节词中顶点元音 $V2$ 值差异显著（[i] 除外）；相较于顶点元音，单音节词非顶点元音 $V2$ 值的表现则较为多样，与双音节词中非顶点元音 $V2$ 值的大小关系缺少一致性。反映到 V 值主体分布图上，可以看到，单音节词非顶点元音在高低与前后维上均与双音节词相差不大，而顶点元音在高低维上的位置普遍比双音节词高，在前

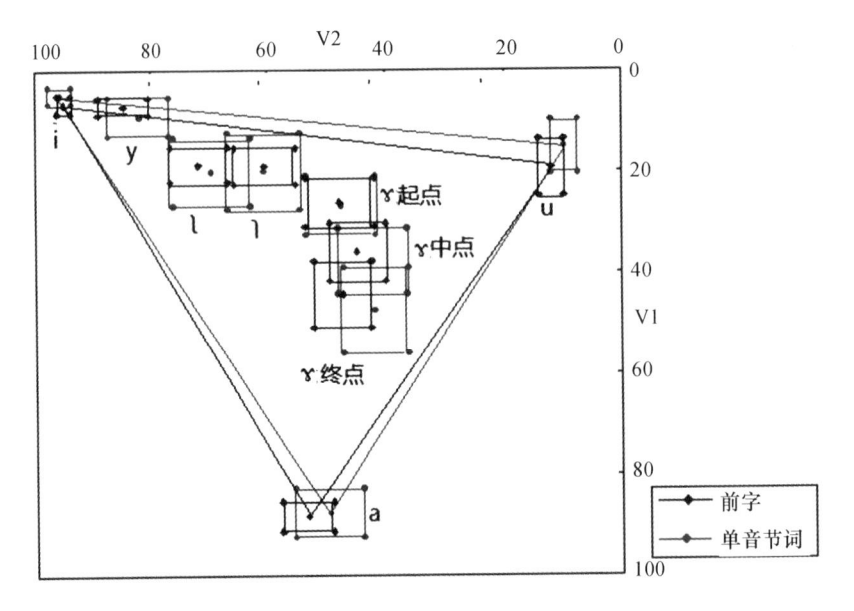

图 5—12　单音节词与双音节词前字各元音 V 值主体分布对比图

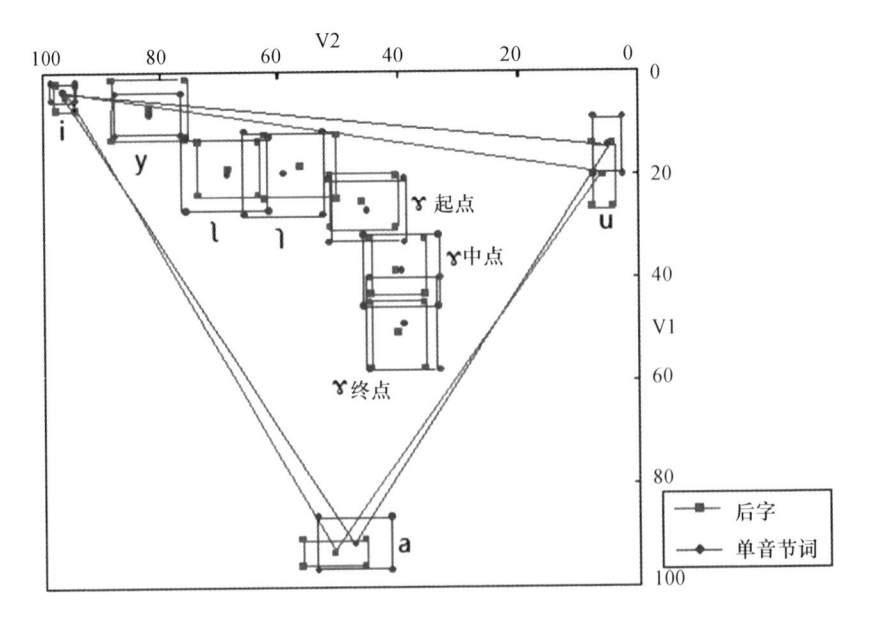

图 5—13　单音节词与双音节词后字各元音 V 值主体分布对比图

后维上［a］、［u］较双音节词明显靠后，［i］较双音节词稍微靠前。可见，上海单音节词顶点元音表现出了向外扩散的趋势，与之相对，双音节词中的顶点元音表现出了向内收缩的趋势。

上海普通话单音节词中顶点元音的向外扩散以及双音节词中顶点元音的向内收缩我们认为是多种因素共同作用的结果。一种语言的元音系统越丰富，其元音的声学表现就越趋于分散性（Butcher et al.，2003）。上海话元音系统比标准普通话元音系统复杂，就基础元音而言，上海话中就有 10 个 /i、u、y、ɿ、a、o、e、ø、ɔ、ɤ/（钱乃荣，2002：1—2）。因此，上海人在发普通话元音时，顶点元音容易表现出一定的分散性，即前高元音偏前，后高元音偏后（于珏、李爱军、王霞，2004）。而双音节词由于受相邻音节的影响，其顶点元音在发音时舌位受限相对较多，扩散性因此也不及单音节词明显，相较于单音节词呈现出了一定的收缩倾向。

从表5—6 和元音 V 值主体分布图中，我们还可以发现双音节词前、后字中各元音（［i］、［y］除外）的分布空间普遍小于单音节词，具体表现为其在高低维（［i］、［u］、［y］除外）和前后维（［y］除外）的变化幅度均小于单音节词。这很可能也是因为单音节词发音时前后没有别的音节对其舌位活动形成限制，舌头可以宽松地自由活动，随意地或高或低，或前或后，因而元音的发音空间总体偏大；而双音节词中的音节在发音时由于相邻位置上有其他音节的限制，舌头活动空间受到限制，因而元音发音空间较单音节词小。

值得注意的是，舌尖元音［ɿ］、［ʅ］在单音节词中的分布空间存在部分交叠，而在双音节词前、后字中，两者的分布空间则相对独立。考虑到上海话本身的基础元音系统中只包含舌尖前元音［ɿ］，缺乏［ɿ］、［ʅ］这两个音位的对立，上海人在说普通话时很容易将二者混淆。在单音节词中，［ɿ］、［ʅ］两者的发音更多依靠的是发音人自己心理、生理的判断，所以这两个舌尖元音的发音容易混淆，产生分布空间交叠的情况。而在双音节词中，邻近音节在双音节词前字或者后字元音发音过程中会形成参照点，因而发音人能很好地形成［ɿ］、［ʅ］舌位的对立，进而较好地区分这两个音位，使两者的分布空间相对独立。

四　结论

以上,我们考察了上海普通话双音节词前、后字中基础元音的声学特征,通过一系列实验比较,我们发现上海人在双音节词元音发音上表现出了一定的特点,结论如下:

(1) 双音节词前字中基础元音的声学表现与双音节词后字基础元音的声学表现有所差异:双音节词前字各元音发音时舌位普遍比后字各元音舌位靠前;双音节词前字各元音的数据分布普遍比后字集中,具体表现为前字各元音的主体分布空间普遍小于后字。

(2) 性别因素对双音节词中基础元音的声学表现产生了一定的影响,具体表现为:在顶点元音方面,与女性相比,男性前、后字元音表现出了一定的斜向扩散趋势;在非顶点元音方面,男性大部分非顶点元音在其格局内的相对位置普遍比女性靠前且靠下。此外,女性前、后字各元音分布空间普遍小于男性。

(3) 在不同言语形式中,基础元音的声学表现存在一定的差异,具体表现为:在顶点元音方面,与单音节词相比,双音节词中的顶点元音表现出了向内收缩的趋势;在非顶点元音方面,双音节词中非顶点元音在高低与前后维上均与单音节词相差不大。此外,双音节词中各元音的分布空间普遍小于单音节词。

(4) 不同于单音节词中的表现,上海人在普通话双音节词中能较好地区分舌尖元音 [ɿ] 和 [ʅ]。

本实验仅局限于上海普通话双音节词元音系统的研究分析,如果能将其与北京人普通话双音节词元音系统进行比较,研究可能会更全面,更具说服力。此外,本文选取的主要为后字声母是塞音和擦音的双音节词,因此未能排除可能发生的声母不同发音部位和发音方法或其他因素对元音音质的影响,我们将在以后的研究中做进一步的分析探究。

附注

i　t 检验是检验两个样本平均值与其各自所代表的总体的差异是否显著。t 值越大,p 值就越小,表示两个样本的差异越显著。

ii　由于双音节词后字元音［y］每位发音人仅有一个发音样本，数量较少，本节只列出相关数据以做参考，不做深入分析。

　　iii　考虑到［ɤ］的游移性，我们在起始段、中点段和终点段分别选取了三个测量点，ɤ1、ɤ2、ɤ3 分别代表 ɤ 起点、ɤ 中点、ɤ 终点。

　　iv　变化幅度 = 2 × 标准差。

　　v　一般认为，p 值在 0.05—0.07 之间时为边缘显著，即该统计结果接近显著性差异。

附录　　　　　　　　　　实验词表

	塞音	擦音
a 前	把柄、那边、阿爸、阿婆、杀毒、阿弟、法庭、邂逅、洒脱、傻瓜、阿哥、马克	麻烦、阿飞、阿瑟、发生、大小、大会、阿訇
a 后	嘴巴、阿爸、钉耙、恐怕、害怕、增大、苏打、人大、邂逅、践踏、贺卡	方法、自发、开发、扼杀、一霎
i 前	疲惫、匹配、一旦、依托、提高、机构、奇怪、膝盖、异国、医科	皮肤、地方、积分、衣服、离散、历史、溪水、一霎、医学、西汉
i 后	对比、本地、年底、阿弟、标题	分析
u 前	目标、初步、舞伴、扶贫、图片、路旁、古朴、幅度、苏打、舞蹈、普通、梧桐、如果、不过、诸葛、入港、误工、书刊、舞客	无缝、朴素、堵塞、住宿、武松、枯涩、宿舍、儒生、无声、五香、符号、入伙、五环
u 后	分布、初步、曲谱、古朴、卧铺、幅度、杀毒、黄土、沃土、评估、痛苦	皮肤、支付、衣服、朴素、住宿、江苏、迅速、描述、特殊、常数、模糊、南湖、似乎、客户
y 前	举办、预报、女排、曲谱、玉瓶、去掉、雨天、旅馆、愉快	区分、预防、雨伞、预审、取消、遇险、御寒
y 后	—	所需
ʅ 前	日本、迟到	支付、始终、事实、师兄
ʅ 后	—	考试、事实、历史、电视、当时、老师、措施、真实
ɿ 前	磁盘、姿态、磁头、字根	自发、私愤、似乎

续表

	塞音	擦音
ɿ 后	—	走私、生死、巧思
ɤ 前	合并、得到、特点、德干、可贵、恶棍、可靠、贺卡	合肥、特殊、扼杀、热心、和谐、策划、客户
ɤ 后	唱歌、分割、诸葛、阿哥、马克、专科、认可、舞客、医科	堵塞、染色、枯涩、阿瑟、宿舍、配合

注：有些词语前、后字同时含有基础元音，如"阿爸""杀毒"等，本节在处理语料时就分别提取这类词前字和后字的基础元音的声学数据。

第 六 章

广州普通话

第一节　元音的分布模式

温宝莹　韩亚娟

一　引言

推广普通话对于社会交流和经济发展意义重大，但是汉语有诸多方言分区，不同方言区人们的普通话经常是带有方言口音，形成具有地方特色的普通话，这无疑成为推广普通话的一个难题。研究地方普通话的特点，找出与普通话的差异至关重要。广州话是粤语的代表方言，是汉语的十大方言之一，研究广州普通话的特点具有很大的实用价值。

前人针对广州普通话韵母有过一些研究，但大多是与声母和声调，以及语法和词汇同时考察的。刘艺（2008）以粤方言区的普通话字音习得为研究对象，得出字音偏误与字音难度的对应关系。黄安蕾（2009）探讨了粤方言区学习者习得普通话语音、语法和词汇情况，指出，在韵母方面，介音脱落或介音模糊，前、后鼻韵母互相混淆，还有元音"a"和"e"的发音部位不准确是存在的主要问题。周正娟、严勤（2010）以广州、重庆、上海和厦门四地带口音的普通话为研究对象，分析了主要音段的共振峰分布差异及共振峰空间分布差异。结果表明，广州普通话舌根和舌尖音发音最为含糊，而且广州普通话共振峰空间明显下沉。柳俊琳（2010）考察了广州中、小学生在普通话韵母中的偏误，指出偏误不仅出现在单韵母中还出现在复韵母中，具体表现在 e、o 和前后鼻音韵母的发音。金梦瑶（2015）以香港大学生为研究对象进行了调查，发现他们在韵母中会出现由于忽略介音而犯的错误,此外还有普通话韵母四呼之间的混淆。

目前专门针对广州普通话韵母的实验研究还没有见到,对广州普通话元音进行系统的研究更是一片空白。本节以广州大学生的普通话为研究对象,运用元音格局的研究思路,对广州普通话的一级、二级、三级、四级元音进行系统性声学分析,并与普通话进行比较,找出广州普通话的特点以及与普通话之间的差异,以期对推广普通话和共同认识的习得表现有一定帮助。

二 实验介绍

本节运用 Cool Edit 进行录音,Praat 进行声学测量,SPSS 进行整体分析,实验介绍具体如下:

(一) 实验对象

本节选取了 50 位土生土长的广州人作为发音人,平均年龄为 20 岁,均为在校大学生,无听觉、发音障碍。

(二) 实验语料和样本

本节选取的语料一级元音为以 7 个基础元音为韵母的 41 个单字音,其中/a/7 个,/ɤ/7 个,/i/7 个,/u/7 个,/y/6 个,/ɿ/4 个,/ʅ/3 个。二级元音为以/ia、ua、uə、iə、yə/为韵母的 5 个零声母字。三级元音选为以/ai、au、an、aŋ、əi、əu、ən、əŋ、ɚ/为韵母的 9 个零声母字(/əi、əŋ/除外,/əi/无对应零声母字,/əŋ/的零声母字为生僻字)。四级元音为以/iau、uai、iəu、uəi、ian、uan、yan、iaŋ、uaŋ、iən、uən、yən、iəŋ、uəŋ、yəŋ/为韵母的 15 个零声母字。这些单字音大都为阴平字,以确保音色的稳定。

一级元音得到有效样本 $50 \times 7 \times 4 + 50 \times 6 \times 1 + 50 \times 4 \times 1 + 50 \times 3 \times 1 = 2050$ 个;二级元音有效样本 $50 \times 5 \times 1 = 250$ 个;三级元音有效样本 $50 \times 9 \times 1 = 450$ 个;四级元音有效样本 $50 \times 15 \times 1 = 750$ 个;有效样本共计 $2050 + 250 + 450 + 750 = 3500$ 个。

(三) 计算和作图

我们首先利用 Praat 4.0 测得每个元音的共振峰数据(F1、F2),然后利用计算公式①把 Hz 值转化为 Bark 值，最后，进行 V 值的归一化计算②。(孙雪、石锋，2009)。根据上述公式我们分别得到 50 个人的 V1 和 V2 的平均值和标准差，V1 和 V2 平均值是元音的分布位置，V1 和 V2 的平均值加减各自的标准差就得到每个元音的分布区域（四个点组成的矩形区域）。

三 实验分析

（一）一级元音

1. 广州普通话一级元音的分布模式

依据主要元音跟韵母中其他成分组合关系的情况可以划分出不同的级别，出现在单韵母中的元音是一级元音，也可以称为基础元音（石锋，2002）。普通话的一级元音有/a、ɤ、i、u、y、ɿ、ʅ/七个。图 6—1 是广州普通话一级元音（基础元音）的分布图，其中位于矩形中心的点是 V 的平均值，矩形的四个顶点分别是平均值加减标准差所得的结果。从图中我们可以看到广州普通话七个基础元音的分布状况。其中普通话元音的数据和图均来自王萍（2007）。

从整体来看，/i、u、a/占据元音框架的三个顶点，/ɤ/位于元音框架的中心位置，其起点、中间段和终点有一定程度的滑移，但滑移程度很小。从分布范围来看，/i、y/的分布范围最小，集中程度最强，/a、ɤ/的分布范围最大，较为分散。位于元音框架顶点的三个外缘性元音的分布范围有明显差异，其中/i/的分布范围明显小于/a、u/；位于元音框架内部的四个非顶点元音，/y、ɿ、ʅ/的分布范围明显小于/ɤ/。从相对位置来看，在前后维上，/i、y/在前，/a/处于中间，/u/位于后边；在高低

---

① Bark = 7ln (f/650) + [(f/650)^2 +1]^1/2 (转引自吴宗济、林茂灿，1989)，其中 f 为共振峰频率。

② V1 = {[B1x − (B1min − SD1min)] / [(B1max + SD1max) − (B1min − SD1min)]} × 100 V2 = {[B2x − (B2min − SD2min)] / [(B2max + SD2max) − (B2min − SD2min)]} × 100，这里的 B1max、B2max 分别指每个发音人所发元音的高低维 B1、前后维 B2 全部测量点的平均值的最大值。SD1max、SD1min 分别指每个人所发元音高低维 B1 最大值的标准差和最小值的标准差（SD2max、SD2min 同理）。

维上，/i/、/u/在高处，/ɤ/在中间，/a/在低处。

2. 广州普通话与普通话的比较

图6—2是普通话基础元音格局。从相对位置来看，广州普通话的/i/和/y/与普通话没有太大差异；广州普通话的/a/位置稍靠上；/ɤ/稍靠前，滑移现象不明显，起点、中间点和终点各段有重叠；/u/稍靠前、靠下；两个舌尖元音/ɿ/和/ʅ/的分布有大面积重叠。从离散度来看，除去/a/，其他所有广州普通话基础元音在高低维分布上都比普通话更集中，在前后维分布上都更分散，只有/a/在高低维上更分散。

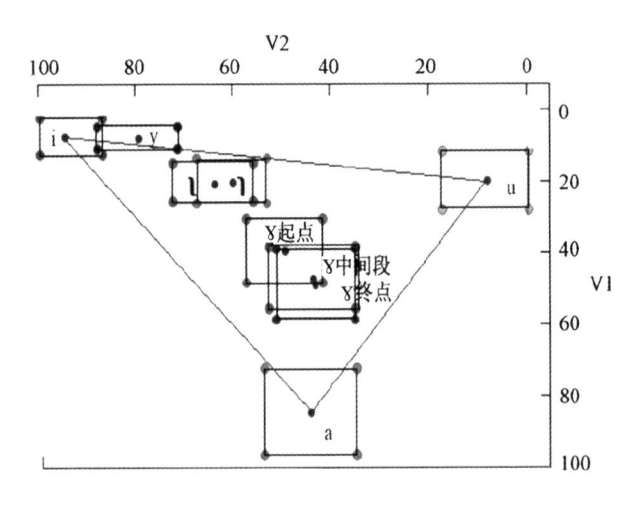

图6—1 广州普通话基础元音的主体分布图

我们进一步对广州普通话和普通话的差异做了统计分析，如附录二中的表6—1①②。

我们发现，从 V 值来看，广州普通话与普通话 $V1$ 相差最大的是/ɤ/

---

① V 值相差是广州普通话与北京普通话 V 的平均值相差情况（广州普通话值减去北京普通话值所得），对于 V1，正值表明舌位靠下，负值表明舌位靠上；对于 V2，正值则舌位靠前，负值则舌位靠后。下表同。

② 变化幅度是指 V 的平均值加减标准差所得的结果。相差（广州普通话值减去北京普通话值所得）若为负值，则表明不同人发音更集中，若为正值，则表明不同人发音更分散。下表同。

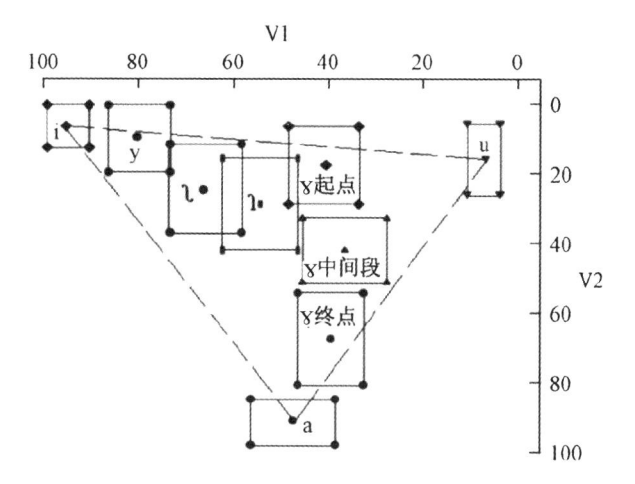

图6—2 普通话基础元音的主体分布图（王萍，2007）

的中间段（-21.47），最小的是/i/（-0.88），V2相差最大的是/ɤ/的起点（9.37），最小的是/i/（0.05）；从变化幅度来看，V1相差最大的是/ʅ/（-7.11），相差最小的是/i/（-0.68），V2相差最大的是/u/（5.39），最小的是/ɤ/的起点（0.23）。综合以上数据，广州普通话/i/与北京普通话差异最小，/ɤ/则与北京人差异最大。从整体上看，无论是V值还是变化幅度，广州普通话与北京普通话基础元音差异最大的都是舌位的高低，广州普通话基础元音的V1与普通话差别最大，绝对值的平均值为8.68，在高低维变化幅度上，绝对值的平均值为4.00。此外，无论是V值还是变化幅度，在高低维上大多为负数，在前后维上大多为正数，也就是说，广州人发普通话基础元音时更倾向于舌位靠上、靠前，且不同人在高低维上更集中，在前后维上更分散。

（二）二级元音

1. 广州普通话二级元音的分布模式

能够带韵头的元音是二级元音，普通话的二级元音有/i、u、y、a、ə/五个（石锋，2002）。图6—3是广州普通话二级元音的分布图，从图中我们可以看到广州普通话二级元音的分布状况。

广州普通话从分布位置来看，在前后维上，介音为/i/和/y/的二级元音在前，介音为/u/的在后，/iə/、/yə/在前面，/uə/在后面，/ia/、/ua/的位置相对靠中间，/ia/在/ua/前；在高低维上，/ə/在中部，/a/在底部，其中/uə/最高，/ia/最低。可见，广州普通话中，相同介音的二级元音分布位置具有共同点，以前高元音为介音的元音比以后高元音为介音的元音在分布位置上也更靠前。

2. 广州普通话与北京普通话的比较

图6—4是普通话的二级元音格局。广州普通话二级元音在整体分布上与普通话具有相似特点，不同之处在于一些元音的具体分布位置和分布范围上。首先，广州普通话/uə/的分布位置更靠近/u/，且比/iə/、/yə/更靠上，北京普通话则是/iə/、/yə/、/uə/在高低上大致相似。其次，广州普通话/ua/与/a/的分布位置更接近，/ia/则较远，更靠下、靠前，而北京普通话则是/ia/距离/a/较近，/ua/较远，且位置靠上、靠后。最后，广州普通话二级元音/ə/比北京普通话/ə/的舌位更靠上、靠后，不同人所发二级元音/ə/比北京普通话在高低维和前后维都更集中。

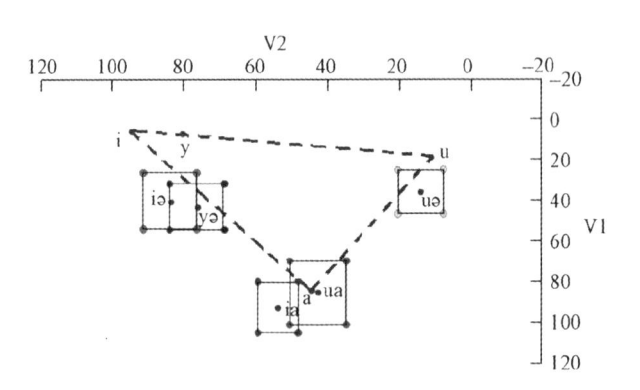

图6—3 广州普通话二级元音主体分布图

我们进一步对广州普通话和北京普通话的差异做了统计分析，如附录二中的表6—2所示。

我们发现，从 V 值来看，广州普通话与北京普通话 $V1$ 相差最大的是

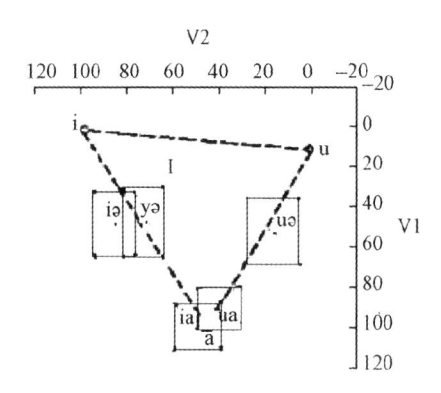

图6—4　北京普通话二级元音主体分布图（王萍，2007）

/uə/（-16.0），最小的是/yə/（-4.4），V2相差最大的是/ia/（4.4），最小的是/ua/（2.1）；在变化幅度上，V1相差最大的是/yə/（-7.3），相差最小的是/ia/（2.0），V2相差最大的是/uə/（-5.1），最小的是/yə/（-0.7）。可见，广州普通话二级元音/ə/与北京普通话差异较大，/a/元音差异相对较小。从整体上看，在V值上，广州普通话的V1与北京普通话差别最大，绝对值的平均值为8.50，在高低维变化幅度上，绝对值的平均值为4.99，也就是说广州普通话与北京普通话差异最大的是舌位的高低。此外，我们还发现，在V值上，不同介音的/a/和/ə/的V1值均为负数，在变化幅度上，V2均为负数，也就是说，广州普通话二级元音更倾向于舌位靠上，且在前后维上表现更集中。

（三）三级元音

1. 广州普通话三级元音的分布模式

能够带韵尾的元音是三级元音，普通话的三级元音有/i、u、a、ə/四个（石锋，2002）。图6—5是广州普通话三级元音的分布图，从图中我们可以看到广州普通话三级元音的分布状况。（为了更清楚，我们把/a/和/ə/分开呈现，下文中的四级元音同）

从分布位置来看，三级元音/a/和/ə/有明显的界限，/a/较为集中在下方，/ə/则位于中部较为分散。不同韵尾的三级元音的分布呈现出一定

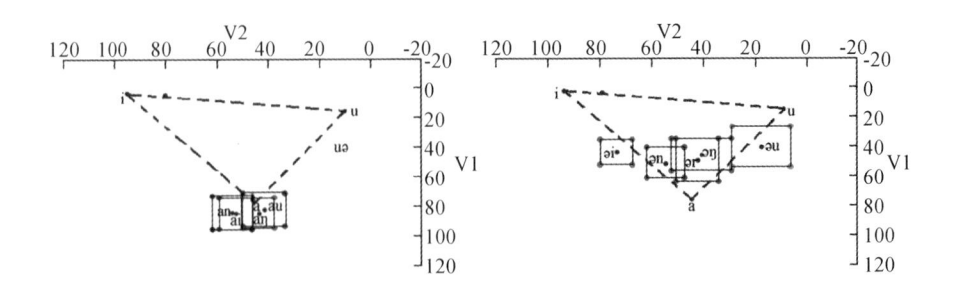

图6—5 广州普通话三级元音的主体分布图

特点，以/i/、/n/为韵尾的元音在前，以/ŋ/、/u/为韵尾的元音靠后。不同韵尾的/ə/的排列次序从前到后依次为/əi/、/ən/、/ər/、/əŋ/、/əu/，不同韵尾的/a/的排列次序从前到后依次为/an/、/ai/、/aŋ/、/au/。从每个元音的分布范围来看，/ə/的分布范围多是大于/a/的分布范围，特别是在前后维上。

2. 广州普通话和北京普通话的比较

图6—6是普通话三级元音的主体分布图，我们可以看到广州普通话和北京普通话不同韵尾的三级元音的整体分布上是一致的，都是以/i/、/n/为韵尾的元音在前，以/ŋ/、/u/为韵尾的元音靠后，以/r/为韵尾的元音在中间。不同之处有两点：首先，广州普通话/a/和/ə/的界限要更明显，即/a/更靠下，/ə/更靠上。其次，在不同韵尾/ə/的前后维分布上，广州普通话明显比北京普通话更分散。

我们进一步对广州普通话和北京普通话的差异做了统计分析，如附录二中的表6—3所示。

我们发现，在 V 值上，$V1$ 相差最大的是/ər/（-27.6），$V2$ 相差最大的是/əu/（-7.3）；在变化幅度上，$V1$ 相差最大的是/ai/（-11.3），$V2$ 相差最大的是/əi/（-3.5）。可见，广州普通话三级元音/ə/与北京普通话差异较大，/a/元音差异相对较小，这一点我们也可以从/ə/和/a/V 值的绝对值平均值得到验证，在 $V1$ 上，/ə/的绝对值平均值为19.5，大于/a/的12.7，$V2$ 则相差不多（4.4和4.8）。从整体上看，无论是 V 值

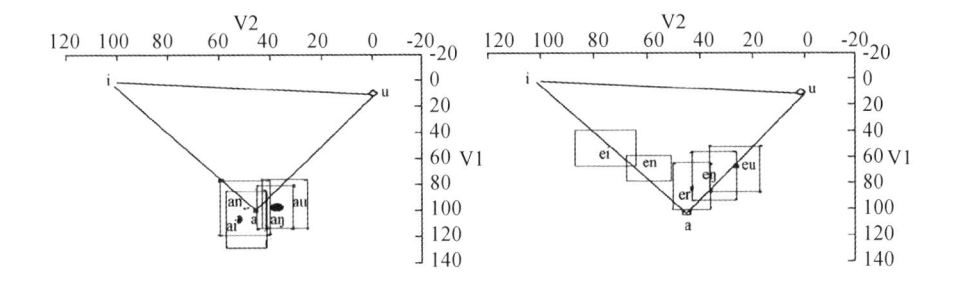

图6—6　北京普通话三级元音的主体分布图（王萍，2007）

还是变化幅度，广州普通话与北京普通话都是在高低维上差异最大，在V值上，/a/和/ə/绝对值的平均值为16.5，在变化幅度上，绝对值的平均值为7.5，也就是说，差异最大的是舌位的高低。此外，我们发现，在V值上，不同韵尾的/a/和/ə/的V1值均为负数，在变化幅度上，V1也均为负数，也就是说，广州普通话的三级元音更倾向于舌位靠上，且不同人在高低维上表现更集中。

（四）四级元音

1. 广州普通话四级元音的分布模式

既能够带韵头也能带韵尾的元音是四级元音，普通话的四级元音有/i、u、a、ə/四个（石锋，2002）。图6—7是广州普通话四级元音的分布图，从图中我们可以看到广州普通话四级元音的分布状况。

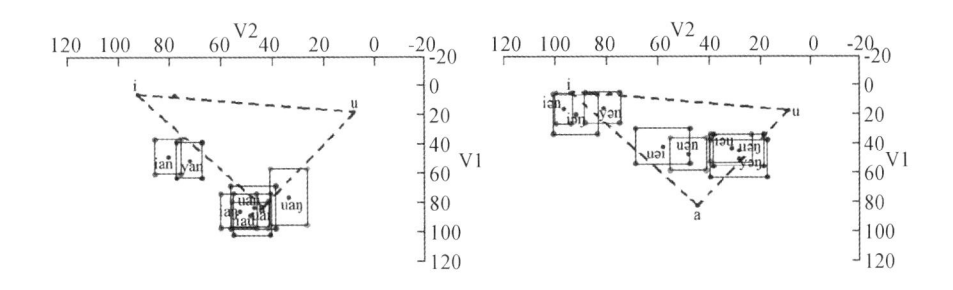

图6—7　广州普通话四级元音的主体分布图

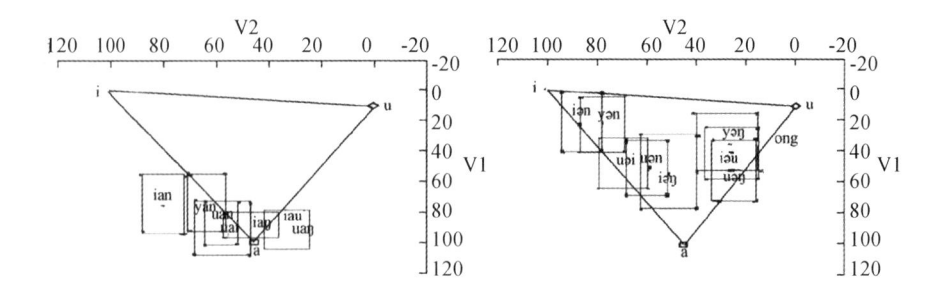

图6—8 北京普通话四级元音的主体分布图（王萍，2007）

首先，中元音/ə/的分布，除去/ieŋ/、/iəŋ/、/yəŋ/集中地分布在高处靠前位置，其他元音都分布于中部，以前鼻音/n/为韵尾的音在前，以后鼻音/ŋ/为韵尾的音在后，以前元音/i/为韵尾的音在前，以后元音/u/为韵尾的音在后，前后排列顺序为/uei/、/uen/、/ieu/、/uəŋ/、/yeŋ/。其次，/a/的分布，除去/ian/、/yan/分布在中间靠前的位置，其他元音都集中地分布在低处靠近中央的位置，前后排列次序为/iaŋ/、/uan/、/uai/、/iau/、/uaŋ/。最后，/ə/大致位于四级元音/a/的上方，在前后维上分布较分散。

2. 广州普通话和北京普通话的比较

通过对比，我们发现北京普通话四级元音/a/整体较分散地位于/ə/的下方，而广州普通话以/i, y/为韵头、以/n/为韵尾的四级元音/a/则处于中部靠前位置，与其他/a/相隔较远。其次，在/iəŋ/的分布上，广州普通话与北京普通话有很大差别，广州普通话分布在高处靠前位置，而北京普通话则分布在接近中部位置。最后，在整体分布上，北京普通话的四级元音分布分散，彼此相互交错，几乎占据整个元音格局的空间，广州普通话的四级元音分布较紧凑，彼此界限分明，在元音格局的后高位置上几乎是一片空白。

我们进一步对广州普通话和北京普通话的差异做了统计分析，如附录二中表4所示。

我们发现，在 V 值上，$V1$ 相差最大的是/iəŋ/（-30.3），$V2$ 相差最大的是/iəŋ/（41.46）；在变化幅度上，$V1$ 相差最大的是/iəŋ/（-10.7），$V2$ 相差最大的是/iəŋ/（-5.1）。可见，广州普通话的四级元音中，以/i/为韵头、以/ŋ/为韵尾的/ə/与北京普通话差异最大。从四级元音/a/和/ə/的绝对值平均值来看，/a/是 V1 与北京普通话差异最大（10.4），/ə/是 V2 与北京普通话差异最大（11.3）。从整体上看，在 V 值上，广州普通话与北京普通话四级元音差异最大的是 V2（10.0），在变化幅度上，差异较大的是 V1（5.9）。此外，我们发现，在 V 值上，/a/和/ə/的 V1 值大多为负数，V2 值大多为正数，这就验证了上文提到的广州人发普通话四级元音时更倾向于舌位靠上、靠前；在变化幅度上，V1 和 V2 大多为负数，也就是不同人在高低维和前后维上表现更集中。

四 结论与讨论

本节结合前文得到的结论，对广州普通话的元音分布模式再进行深入的探讨。为了能从整体上观察广州普通话元音的分布，我们将一到四级元音整合在一起（为了更清楚，我们把/a/和/ə/分开呈现）。

从图 6—9 和图 6—10 可以看到，/a/的二、三、四级元音的最低位置大致相当，/ə/的三级和四级元音的最低位置大致相当，二级元音的最低位置靠上。广州普通话/a/和/ə/的二、三级元音分布在四级元音分布范围内，在具体分布上，/a/和/ə/的四级元音分布范围最大，二级、三级元音的分布范围都在四级元音内，但/a/和/ə/有很大不同，对于/a/来说，二级和三级元音分布位置几乎全部重叠，并且位于下方，四级元音则除了以/i、y/为韵头、以/n/为韵尾的四级元音外，其他的分布范围和二级、三级元音相当。对于音位/ə/来说，二级和三级元音重叠部分不多，三级元音呈带状分布在整个元音格局的偏下方，而二级元音则前后离散分布，中间是空白。我们再看它与北京普通话元音分布的区别，图 6—11 和图 6—12 为北京普通话的元音分布模式（王萍，2007）。

广州普通话/a/和/ə/的二、三、四级元音格局分布与北京普通话有很大区别。整体上，北京普通话/a/和/ə/分布有相同的规律（王萍，2007），音位/a/和/ə/的二、三、四级元音格局分布有序，三级元音的空间位置最低，二级元音居中，四级元音最高。广州普通话四级元音分布范围最大，包括了二级和三级元音的分布范围，四个级别整体分布位置比北京普通话靠上。

300 / 第二编 元音研究

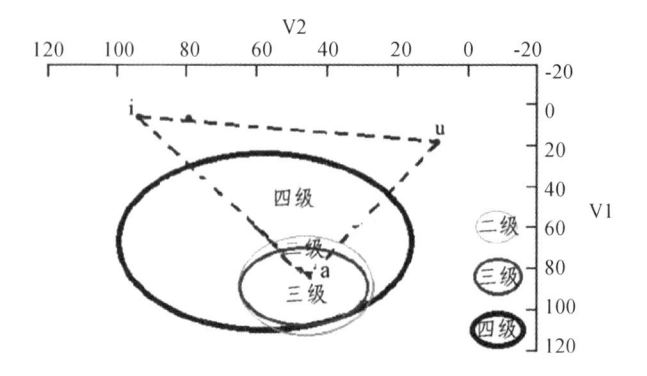

图6—9 广州普通话一到四级元音的分布模式（/a/元音）

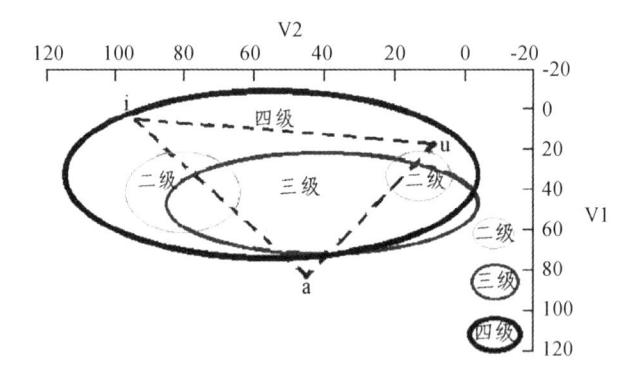

图6—10 广州普通话一到四级元音的分布模式（/ə/元音）

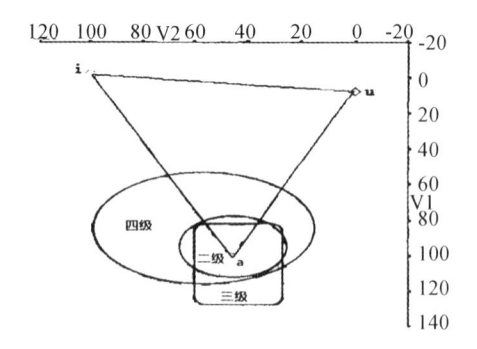

图6—11 北京普通话一到四级元音的分布模式（/a/元音）

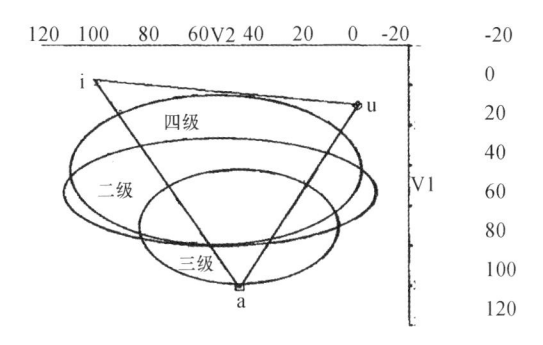

图6—12 北京普通话一到四级元音的分布模式（/ə/元音）（王萍，2007）

五 广州普通话与北京普通话元音差异的原因探究

结合前文的讨论，我们可以归纳出广州普通话和北京普通话元音的主要差异：广州普通话的一到四级元音，/ə/与北京普通话差异最大，/a/差异相对较小，/i/差异最小。与北京普通话相比，不同发音人的一到四级元音在高低维上都更集中。一到四级元音都有高化倾向。下面我们来探究产生以上差异的原因。

一、二、三、四级元音组成了一种语言的韵母系统，它们是一个整体，一级元音是基础元音，一级元音的分布会影响到二、三、四级的分布。同样地，二级、三级元音的分布也会影响到四级元音的分布。在元音格局图上，我们可以看到，韵头和韵尾把元音的分布位置或者向前拉或者向后拉，广州普通话和北京普通话都有韵头和韵尾，所以在前后的分布上，各级元音整体相差不多，只在舌位的高低和具体元音的分布上有差异。

关于广州普通话中的/ə/元音与北京普通话差异较大，/a/元音相对较小，/i/元音最小。我们可以从广州话与普通话语音系统的差异来解释，普通话一级元音的中元音只有一个音值/ɤ/，舌位从低向高升，开口度是从小到大变化的，具有游移性。广州话一级元音的中元音有/ɔ、ɛ、œ/三个音值。广州人在发/ɤ/时，很容易受到广州话三个中元音的影响，舌位基本持平，开口度基本没有变化。普通话二级元音的中元音有两个变体音值，分别是［ɤ］和［ɛ］，广州话二级元音有三个中元音音值：［ɔ、ɛ、œ］，普通话三级和四级元音的中元音变体音值也只有两个：［ə］和

[ɛ]，广州话三级和四级元音有六个中元音音值：分别是 [ɔ、ɛ、œ、e、ɵ、o]。受到广州话中元音发音的影响，广州人所发的普通话二、三、四级元音/ə/与普通话差异非常大。

广州普通话的/a/元音与北京普通话在舌位的高低上有一定差异，我们认为这是受广州话长短元音对立影响。石锋、刘艺（2005）指出，在广州话中，时长和音质是造成长 a 和短 a 元音之间对立的主要因素。张凌（2010）在广州话长短元音的实验中，发现就音质而论，长 a 比短 a 舌位稍低一些。金健、张梦翰（2013）的研究也发现长 a 和短 a 的差异除了时长外，还集中在舌位的高低。这些研究都表明了广州话的元音存在长短元音的对立，长 a 和短 a 不仅有时长的区别，也有舌位高低的区别。正是受到广州话长 a 和短 a 舌位高低不同的影响，广州人在发普通话 a 时，在舌位的高低上表现出很大不同，所以才使得广州人所发/a/比北京普通话在高低维的分布上更为分散。

广州话与普通话都有/i/这个音，且差异不大，所以广州人发普通话这个元音时，位置基本一致。

广州普通话元音在高低维上更集中，这是受到广州话元音的数量和分布情况的影响。无论是一级、二级元音，还是三级、四级元音，在数量上，广州话都是多于普通话，这些元音大多是在高低维上分级分布，这使得广州话在高低维上的分级多于普通话，因而广州话舌位在高低维度活动范围更小。广州人说普通话时，受广州话的影响，更注意舌位的高低，因此在高低维上同一个元音都更为集中。

广州普通话元音的高化倾向与广州话介音脱落趋势和韵尾发音习惯有关。在普通话中，可以充当介音的有"i、u、y"三个。广州话中的介音很少，而且原本广州话中带介音的韵母也在发生变化。施其生（1991）曾考察过广州地区的语音情况，提出虽然广州方言还有介音，但是处在渐变之中，渐变有三种类型：（1）主要元音发生变化主要是高化，从而与介音合为一体。（2）介音弱化。舌位向主要元音靠拢。最终被"吸收"。(3)介音与主要元音互相影响。最后合二为一，变成一个新的主要元音。白宛如（2003）也发现了这个变化趋势，她在《广州方言词典》前言中提到，受改革开放后人口流动的影响，广州地区中老年人与青年人在语音上有所差别，如中老年人能区分光［kuɔŋ］和刚［kɔŋ］、郭［kuɔk］和各［kɔk］，而青年人则经常把"光"读成"刚"，"郭"读成"各"，这就说明广州话存在介音脱落这一趋势，所以很多普通话中带介音的韵母，粤方言中是没有介音的。受广州话这一变化趋势的影响，广州人说普通话时也会受到影响。广州人发普通话二级元音时更倾向于舌位靠上，即二级元音具有高化倾向。

观察广州话和普通话三级元音的分布，我们可以发现，在整个格局的上方，普通话除了/i、u/，没有别的元音分布，而广州话无论是前上方还是后上方，都有元音的分布，而且相对比较对称。也就是说，广州人在发带韵尾的韵母时，舌位更加灵活，舌位活动空间很大。这也与广州话韵尾很丰富有关。广州话的韵尾有三类：（1）以高元音 i、u、y 为韵尾；（2）以鼻音收尾；（3）以塞音收尾。陈定方（1991）发现韵尾繁衍化是广州方言语音发展的一大趋势。其结果是带韵尾的音节数量增多，这一点我们也可以从广州话带韵尾韵母的数量和普通话带韵尾韵母的数量比较中得到答案。正是因为这样，受到广州话带韵尾的元音发音习惯的影响，广州普通话不同韵尾的三级元音/a/和/ə/具有高化的趋势。四级元音同时受到介音和韵尾的影响，必然也有高化趋势。

第二节　附录

附录一：发音字表

普通话一级元音发音字表：

/a/：啊、巴、趴、妈、发、搭、杂；/ɤ/：鹅、的、特、勒、哥、遮、责；

/i/：衣、批、眯、低、踢、泥、基；/u/：乌、不、扑、木、夫、姑、珠；

/y/：迁、女、驴、居、区、虚；/ɿ/：资、雌、私；

/ʅ/：知、吃、师、日。

普通话二级元音发音字表：

/ia/：压；/ua/：蛙；/uə/：窝；/iə/：耶；/yə/：约。

普通话一级元音发音字表：

/ai/：哀；/au/：熬；/an/：安；/aŋ/：昂；/əi/：杯；/əu/：欧；/ən/：恩；/əŋ/：崩；/ər/：儿。

普通话一级元音发音字表：

/iau/：腰；/uai/：歪；/iəu/：优；/uəi/：威；/ian/：烟；/uan/：弯；/yan/：冤；/iaŋ/：央；/uaŋ/：汪；/iən/：因；/uən/：温；/yən/：晕；/iəŋ/：英；/uəŋ/：翁；/yəŋ/：用。

附录二：广州普通话与普通话差异

表1　　　　　　广州与北京普通话基础元音差异

		a	ɤ 起点	ɤ 中间	ɤ 终点	i	u	y	ʅ	ɿ	绝对值的平均值
V值相差	V1	-7.3	20.4	-21.5	5.6	-0.9	2.5	-3.9	-5.7	-10.5	8.7
	V2	-2.5	9.4	5.0	7.4	0.1	2.1	0.2	-1.3	6.0	3.8
变化幅度相差	V1	5.6	-2.1	-4.5	1.1	-0.7	-1.6	-6.4	-7.1	-6.9	4.0
	V2	0.4	0.2	2.0	-0.6	3.3	5.4	1.5	0.8	-0.9	1.7

表2　　　　　　广州与北京普通话二级元音的差异

		ia	ua	uə	yə	iə	绝对值的平均值
V值相差	V1	-8.3	-6.2	-16.0	-4.4	-7.6	8.5
	V2	4.4	2.1	-2.4	2.6	-3.5	3.0
变化幅度相差	V1	2.0	6.5	-6.0	-7.3	-3.2	5.0
	V2	-5.0	-1.1	-5.1	-0.7	-1.1	2.6

表3　　　　　　广州与北京普通话三级元音的差异

三级元音 a		ai	au	an	aŋ	a绝对值平均值	a和ə绝对值的平均值
V值相差	V1	-19.4	-10.2	-10.9	-10.2	12.7	16.5
	V2	2.4	7.1	4.1	5.7	4.8	4.6

续表

三级元音 ə		əi	əu	ər	ən	əŋ	a 和 ə 绝对值的平均值
变化幅度相差	V1	-11.3	-7.7	-9.5	-6.2	8.7	7.5
	V2	-0.8	0.5	-1.8	-0.9	1.0	1.6
V 值相差	V1	-7.8	-24.0	-27.6	-15.8	-22.4	19.5
	V2	3.5	-7.3	0.3	-3.7	7.1	4.4
变化幅度相差	V1	-8.8	-4.3	-1.7	-10.0	-7.6	6.5
	V2	-3.5	1.4	1.3	-1.0	3.3	2.1

表 4　　　　　广州与北京普通话四级元音的差异

四级元音 a		iau	ian	iaŋ	uai	uan	uaŋ	yan	a 绝对值平均值	a 和 ə 绝对值的平均值
V 值相差	V1	5.9	-23.8	-3.6	-0.6	-2.2	-13.8	-23.1	10.4	9.4
	V2	14.1	2.9	15.1	-8.4	-9.4	1.8	9.1	8.7	10.0
变化幅度相差	V1	-3.5	-7.0	-3.1	-2.9	0.4	6.4	-7.7	4.4	5.9
	V2	-1.1	-2.9	-3.0	-3.2	2.2	-1.2	-2.5	2.3	2.2
V 值相差	V1	4.9	-2.4	-30.3	19.1	-1.3	-0.8	-4.7	-4.0	8.4
	V2	6.3	9.7	41.5	1.9	-11.0	-10.9	4.5	4.3	11.3
变化幅度相差	V1	-7.3	-7.7	-10.7	-5.4	-3.8	-6.8	-9.0	-7.7	7.3
	V2	-2.8	-5.1	-3.2	-1.6	0.5	-0.5	1.2	-2.2	2.1

第三编

辅音研究

第七章

塞　　音

第一节　北京普通话塞音格局分析
颜季凌

一　引言

塞音重要的声学特征包括塞音与后接元音之间的过渡音征（transition cue）、塞音的嗓音起始时间（voice onset time，VOT）以及塞音持阻的闭塞段时长（gap）[①] 等（吴宗济等，1986；冉启斌，2005）。任宏谟（1981），冯隆（1985），吴宗济、林茂灿（1989）等曾从一种或多种声学特征考察过北京话（普通话）的塞音。张家騄等（1981）以听觉混淆矩阵为基础，通过研究给出了汉语普通话辅音格局，主要是从送气/不送气、清/浊等角度展开分析。李俭、郑玉玲（2003）以动态腭位数据为基础，也得出了普通话的辅音格局，该研究是从舌腭接触的趋央性、靠前性等角度进行研究分析。塞音格局分析的维度选择并不是唯一的。石锋、冉启斌（2009）使用嗓音起始时间（VOT）和闭塞段时长（GAP）两个声学参量建立塞音的声学格局，分析了北京话、苏州话、太原话、中和水语各自塞音的特点，并讨论了塞音声学格局的意义。本节将参考这一方法。

上述研究从各个角度促进了我们对于塞音本质的理解，但是这些研

[①] "闭塞段时长"国外文献习惯称 closure duration。本节仍按石锋、冉启斌（2009）的习惯用 gap 表示（后文作为专门名词大写为 GAP）。

究存在一个普遍问题，即实验样本较小。实验证明，即使面向同一母语地区的相同研究，不同的发音人及其他各项影响因素都会导致实验结果的不同，为增加实验的可信度应该尽可能地扩大样本。此外，部分研究因为样本量小而未采用统计法进行研究对比，仅针对实验结果进行描写，也使得研究有待深入。那么较大样本视角下塞音声学格局的表现是怎样的？较大样本塞音格局分析能带给我们哪些启示？Yao（2007）考察了19名英语说话人（9男10女）的GAP和VOT；Morris、McCrea & Herring（2008）以80名发音人（男女各40名）的语料研究过英语中塞音的声学表现；Li（2013）以比较大的样本（10男10女）考察过汉语普通话塞音的VOT。本节利用国家社科基金重大项目"普通话语音标准声学和感知参数数据库建设（13&ZD134）"录制的100名北京人的发音语料，从中随机选取50名发音人进行分析，展示较大样本塞音格局的表现，并主要从男女北京人、新老北京人的差异考察塞音格局可能的变异与分化。

　　本节的研究主要得出来以下结论：不送气塞音声学表现相对稳定，送气塞音变异性比较大；塞音的嗓音起始时间（VOT）相对稳定，闭塞段（GAP）变异性比较大；女性送气塞音的VOT比男性长；女性的GAP普遍比男性短；男性GAP的变异性比女性高；新北京人的GAP比老北京人长，变异性也比老北京人高；新、老北京人的塞音格局表现分别与男、女发音人存在对应关系。

　　实验首先对发音人进行录音采样。录音选择在安静的教室或实验室中。每次录音，同一室内只保留发音人和录音人各一名。录音采用Cool Edit Pro软件进行，采样率设为22050赫兹，单声道，16位。录音结束后，通过Praat脚本对数据进行批处理，分别提取出GAP和VOT数值导入Excel。用Excel对6组辅音数据进行分组计算，得出总体平均数、标准差、性别因素差异等情况，观察并分析数据的合理性与稳定性，再根据数据作出各组实验图表。

二　单一发音人与较大样本发音人的塞音格局

　　石锋、冉启斌（2009）给出了一名说地道北京话的青年女性发音人的塞音格局。石、冉（2009）使用的是冉启斌（2005）的数据，测量的是北京话单音节中塞音的 VOT 值，样本数在 50—70 之间；测量 GAP 值使用的是每个塞音 25 个双音节的语料（见附录），测量第二个音节塞音声母的 GAP，样本数均为 50（发音语料以正常语速朗读 2 遍）。

该名发音人 VOT 和 GAP 值有关情况如表 7—1 所示（相比于石锋、冉启斌 2009，表中增加了变异系数。后文要说明）。

表 7—1　　　　　　1 名发音人北京话塞音 VOT、GAP 数据（时长单位：毫秒）

塞音 \ 声学参量	VOT 平均值	样本数	标准差	变异系数（%）	GAP 平均值	样本数	标准差	变异系数（%）
b［p］	11	55	6.94	63.1	79	50	24.86	31.5
d［t］	15	64	4.06	27.1	66	50	18.38	27.8
g［k］	34	59	7.61	22.4	68	50	19.54	28.7
p［pʰ］	87	57	18.04	20.7	60	50	22.13	36.9
t［tʰ］	87	68	16.11	18.5	51	50	17.59	34.5
k［kʰ］	101	48	14.29	14.1	41	50	16.15	39.4

以 VOT 为横坐标、以 GAP 为纵坐标建立二维平面直角坐标系，将测量得到的 VOT 值和 GAP 值绘入坐标系中，可以形成塞音的声学格局图。石锋、冉启斌（2009）按照表 7—1 数据给出该名发音人北京话 b［p］、p［pʰ］、d［t］、t［tʰ］、g［k］、k［kʰ］等 6 个塞音声母的声学格局图如图 7—1 所示。

图 7—1 显示，北京话的 6 个塞音按照不送气音 b［p］、d［t］、g［k］和送气音 p［pʰ］、t［tʰ］、k［kʰ］形成两个聚合。送气音的 GAP 值总体比不送气音的 GAP 值要低。舌根音 g［k］、k［kʰ］的 VOT 值在双唇、舌尖、舌根 3 个部位的塞音中都是最大的。石锋、冉启斌（2009）还在考察北京话、太原话、苏州话、水语（中和）等方言和语言的基础上进一步给出了塞音在声学空间中的分布模式图。我们对塞音分布模式图进一步修正如图 7—2 所示。

图 7—2 显示的是比较完整的塞音声学空间分布模式图。横轴的零点

312 / 第三编 辅音研究

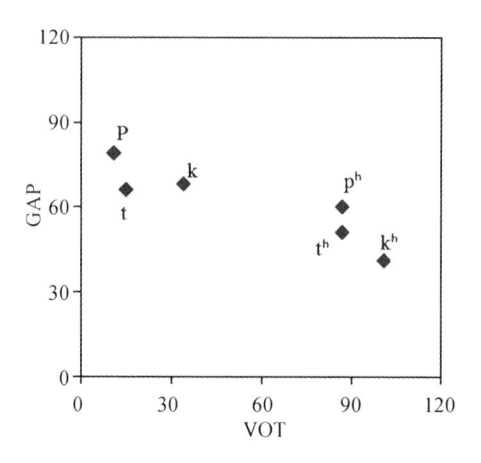

图7—1 单一发音人北京话塞音的声学格局图

（横轴、纵轴单位：毫秒。图中音标为国际音标。后同，不另标明）

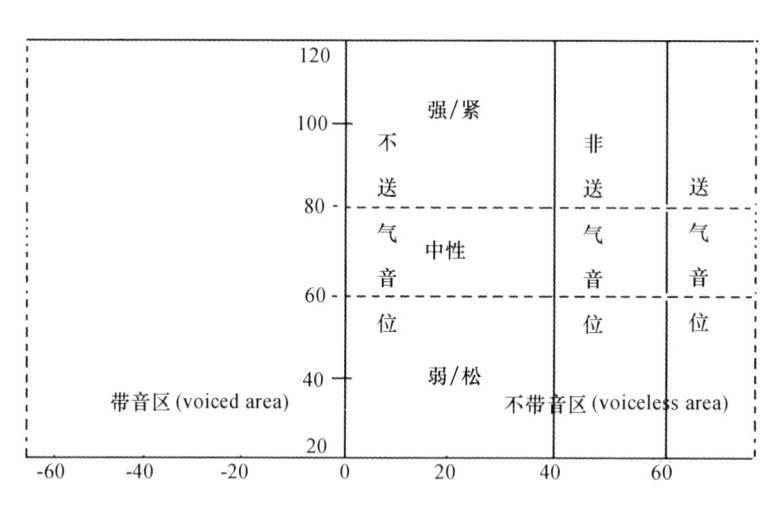

图7—2 塞音的声学空间分布模式图

右边为不带音区（voiceless area），零点左边为带音区（voiced area）。在不带音区，不送气音位的分布接近横轴的零点线位置，离横轴零点线越远送气程度越高。从纵轴来看，越靠下接近零点线发音越弱越松，越靠上离零点线越远，发音越强越紧。因此，实际上塞音格局中横轴反映的主要是塞音发音时的声门状态（带音、不带音；送气、不送气）；纵轴反映的主要是塞音发音时肌肉的松紧、强弱程度。

本节的较大样本发音人为 50 名青年北京人（男性 25 名，女性 25 名）。50 名发音人年龄均在 20—30 岁之间（限于篇幅发音人具体信息从略）。选择这一年龄段的原因在于青年人在不久的将来即将步入中年，成为社会人口的主体，因此在很大程度上可能会预示着发音变化的趋势（石锋、王萍，2006）。

较大样本塞音格局的语料均为双音节语料［与冉启斌（2005）相同，即附录 1 所示语料］。50 名发音人的语料均在 Praat 5.3 中进行标注，标注内容为第二个音节塞音声母的 VOT 和 GAP 段。标注完成后使用 Praat 脚本提取 VOT 和 GAP 值，共得到 1250 个样本数据。首先，计算出 1250 个样本的平均值和标准差，以便进一步分析和观察。其次，根据平均值在格局图中确定 6 个塞音的分布情况。以上方法能将各个塞音内在的典型数值较有效地提取出来，并能揭示各个塞音单位彼此间的相互关系，同时可以了解每个塞音的稳定性（游移情况）。

50 名发音人 VOT 和 GAP 值有关情况如表 7—2 所示。

表 7—2　　　　50 名发音人北京话塞音 VOT、GAP 数据（时长单位：毫秒）

声学参量 塞音	VOT 平均值	VOT 样本数	VOT 标准差	VOT 变异系数（%）	GAP 平均值	GAP 样本数	GAP 标准差	GAP 变异系数（%）
b [p]	17	1250	3	17.6	79	1250	35	44.3
d [t]	15	1250	4	26.7	68	1250	30	44.1
g [k]	30	1250	7	23.3	64	1250	29	45.3
p [p^h]	102	1250	18	17.6	62	1250	26	41.9
t [t^h]	102	1250	19	18.6	49	1250	23	46.9
k [k^h]	105	1250	18	17.1	48	1250	21	43.8

表 7—2 中 VOT 与 GAP 值样本数均为 1250，相比于表 7—1 的样本数

(48—68 之间），数据量平均增加了 20 倍左右（18—26 倍）。对比表 7—1 和表 7—2，可以看到塞音的如下表现。

（1）对于不送气音 b [p]、d [t]、g [k]，无论是 VOT 值还是 GAP 值，在单一发音人数据中与在较大样本数据中均差别不大。但是对于送气音 p [pʰ]、t [tʰ]、k [kʰ]，VOT 值和 GAP 值在单一发音人数据中与在较大样本数据中均有不小的差别。这种现象反映的语音实质是什么呢？它实际上表明的是，不送气音的 VOT 值和 GAP 值相对都比较稳定，受发音人数量多少的影响不大；而送气音的 VOT 值和 GAP 值却存在一定程度的变异，受发音人数量的影响大一些。对于这一问题，下文还要再讨论。

（2）从变异系数①来看，无论是单一发音人数据还是较大样本发音人数据，GAP 的变异程度都大于 VOT 的变异程度②。在单一发音人数据中，除不送气塞音 b [p] 的 VOT 变异系数较大外，GAP 的变异系数总体比 VOT 的变异系数要大。这种趋势在较大样本数据中表现得更为明显，较大样本数据中 GAP 的变异系数均超过 40%，而 VOT 的变异系数则均在 30% 以下。这种情况表明 VOT 数据相对比较稳定，而 GAP 数据变动范围比较大。

为什么是这样呢？我们分析造成这一结果的原因主要有两个。第一，汉语塞音是送气/不送气二分的，送气/不送气需要依靠 VOT 的长短进行区分，因此 VOT 的作用非常关键。冉启斌等（2014）把普通话送气塞音的 VOT 从后往前切到约 70% 处能够听为不送气音。这表明不送气音和送气音之间具有比较明确和一致的界限，因此 VOT 变动的范围不能太大。第二，GAP 段落实际上是无声的闭塞段，它对听感的作用没有 VOT 那么大，因此对 GAP 长度的要求和限制不像 VOT 那么严格。合成实验看到，合适的闭塞段时长可以增加塞音的不同部位或不同发音方法的自然度，但对塞音部位和发音方法的音位判断起不到关键作用。因此 GAP 的变异

---

① 变异系数（Coefficient of Variation）是几组数据平均值相差较大时对比其变异程度的有效方式，计算公式为：标准差/平均值×100%。

② 值得指出的是单一发音人数据中 b [p] 的变异 VOT 系数达到 63.1%，这是一个个体变异的异常值。事实上，较大样本数据显然比单一发音人数据更为可靠。

系数相对比较高是容易理解的。

下面根据表7—2的数据作出较大样本数据的北京话塞音声学格局图（图7—3）。

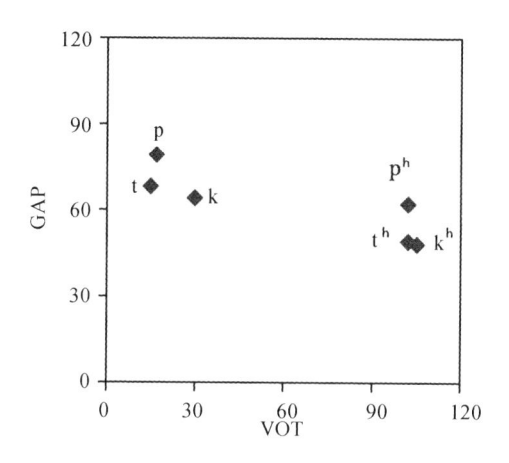

图7—3　50名发音人北京话的塞音声学格局图

从图7—3可以看出，较大样本的塞音格局与单一发音人的塞音格局具有内在一致性。较大样本塞音格局图中送气音、不送气音两个聚合稳定清晰。在横轴上不送气音和送气音明显分开，中间存在一段空白带（冉启斌，2011）。送气音、不送气音两个聚合在纵轴的GAP位置高低上与单一发音人的塞音格局没有显著差异。石锋、冉启斌（2009）曾指出塞音格局图中存在一定程度的部位效应，即舌根音的VOT值偏大，位置靠右。这一点在较大样本塞音格局图中也能得到较好的体现。已有的塞音格局研究认为，北京人普通话塞音发音较松较弱，总体位置偏低，在中性区或更低些。本次实验所得格局图，也体现出这一特点。

较大样本发音人塞音格局与单一发音人塞音格局也有一些差异。对比图7—3和图7—1，可以看出以下几方面的不同。

（1）较大样本发音人塞音格局两个聚合的内部总体更为集中。图7—1单一发音人的内部相对分散一些，无论是不送气音聚合还是送气音聚合均是如此。较大样本塞音格局中两个聚合更为集中的趋势，我们认为是塞音格局更本质的表现。其原因在于，较大样本发音人更能体现语音的共性特点，而单一发音人更可能带有个人特征。

（2）较大样本发音人塞音格局中送气音的 VOT 数值总体更大一些，位置更靠右。单一发音人 3 个送气音的 VOT 分别为 87 毫秒、87 毫秒、101 毫秒；而较大样本发音人 3 个送气音的 VOT 均超过 100 毫秒。尤其值得注意的是，单一发音人测量 VOT 使用的是单音节语料；而较大样本发音人测量 VOT 使用的是双音节语料。双音节语料中的 VOT 数值没有减小，反而有所增大，体现了较大样本测量中 VOT 的稳定特性。[①]

（3）较大样本所得数据与"VOT 在不送气音中部位效应较为明显"[②]的观点一致。舌根音不送气音/k/的 VOT 平均值为 30 毫秒，明显长于双唇不送气音/p/（17 毫秒）和舌尖不送气音/t/（15 毫秒），但舌尖音与双唇音之间差距较小。冉启斌、石锋（2007）认为爆发音 VOT 长度与发音部位的关系主要体现在舌根/双唇、舌尖的二分对立上，而不是双唇/舌尖/舌根的三分对立。他们认为 VOT 的长度和爆发音发音部位的前后有关，双唇、舌尖属于"前"的特征，舌根属"后"。本节的研究结果与其一致。本研究结果还显示：在送气音/p^h/（102 毫秒）、/t^h/（102 毫秒）、/k^h/（105 毫秒）中，VOT 部位效应较弱，差距不过 3 毫秒。

（4）双唇塞音 b［p］在单一发音人塞音格局中占据最左最高的位置，在较大样本发音人塞音格局中仍然是最高的位置，但并不是最左的位置。较大样本数据中 b［p］的 GAP 是最大的，但 VOT 值并不是最小的。双唇音［p］的闭塞段比［t］和［k］都长，这在其他研究中经常看到（Byrd，1993；Yao，2007）。［p］的 VOT 值比［t］长却值得说明。

以往研究除看到软腭塞音的 VOT 是最长的之外，还看到双唇音的 VOT 比齿龈音的 VOT 要短（Crystal & House，1987；Byrd，1993）。这就

[①] Yu, Nil and Pang（2015）研究 70 名 4.1—18.4 岁英语儿童的 VOT，得出在儿童的不带音送气塞音中多音节中的 VOT 比单音节中的 VOT 更短的结论。本节看到的情况正好与此相反。这可能与语言的不同、被试年龄的差异、所使用语料的不同等多方面的因素有关。详细原因还需要进一步探讨。

[②] 冉启斌、石锋在《普通话单音节中爆发音的 VOT 分析》（2007）中详细论述了 VOT 的部位效应。

意味着随着发音部位从双唇到齿龈到软腭向后移动，VOT 的长度是逐渐增长的（Yao，2007：183，185）。Cho & Ladefoged（1999）对 18 种语言的 VOT 进行研究，表明部位越靠后 VOT 越长这一规律很可能具有普遍性。然而本节的较大样本数据结果显示双唇音［p］的 VOT 并不是最短的，VOT 最短的是齿龈音［t］，二者仅差 2 毫秒。本节较大样本数据为什么出现这种情况，是数据中存在某方面的偏差还是较大样本数据的结果就是如此，至少表明二者之间没有显著差异。

小结：通过本小节分析，可以看到较大样本数据相比于单一发音人数据不容易观察到的一些表现：不送气塞音的声学参数相对更稳定，变异性较小，而送气音变异性较大；无论是不送气塞音还是送气塞音，VOT 相对稳定性更高，而 GAP 稳定性较低；较大样本发音人由于数据量更大，更能够体现语音更普遍和本质的特征。

三　较大样本塞音格局的性别差异

本小节考察较大样本数据下塞音格局的性别差异。对于较大样本发音人中的 25 名男性与 25 名女性，按性别分别计算了各个塞音的 VOT 与 GAP 平均值、标准差以及变异系数。各个塞音的 VOT 或 GAP 声学参数样本数为 $25 \times 25 = 625$ 个。根据各自 25 名发音人数据作出的男、女塞音格局对比图如图 7—4 所示。

图 7—4 显示的男、女发音人塞音的聚集特性等不再说明。图上反映出以下两个方面的特点，值得进一步分析。

（1）从 VOT 的角度观察，女性的送气音比男性更靠右。对于不送气音，男性和女性看不出明显的差异，二者几乎一致。但是对于送气音，女性 VOT 数值更大，表明送气段更长。从平均值上看，女性比男性要长 14 毫秒（110 - 96）。

（2）从 GAP 的角度观察，女性的塞音总体比男性要低。图上显示不论是不送气音还是送气音，女性都位于男性的下方。这表明女性的闭塞时长不如男性长。从平均值上看，女性比男性要低约 7 毫秒（65.0 - 58.2）。

另外，男性与女性的 VOT 与 GAP 变异系数情况各有不同，如表 7—3 所示。

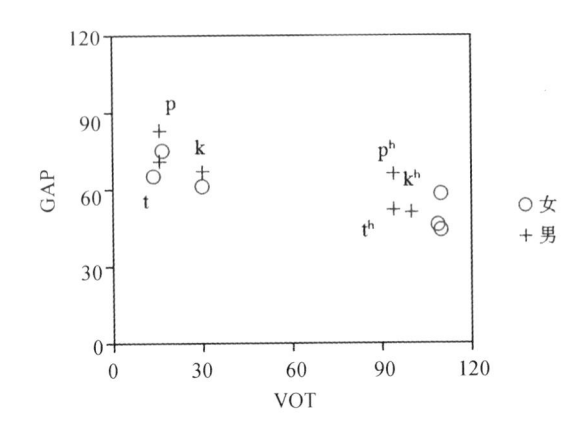

图 7—4　男、女发音人北京话的塞音声学格局对比图

表 7—3　　　　　　　　　较大样本塞音格局变异系数表

项目 塞音	VOT 男	VOT 女	GAP 男	GAP 女	VOT 新	VOT 老	GAP 新	GAP 老
p	18.8	17.6	50.6	37.3	18	18	46	39
t	25.0	21.4	52.1	33.8	27	20	49	36
k	20.0	23.3	53.7	34.4	17	23	49	37
p^h	19.1	13.6	48.5	31.0	16	19	49	32
t^h	19.1	16.5	55.8	37.0	17	20	56	36
k^h	18.0	16.4	52.9	29.5	14	19	52	31

从表 7—3 中，我们发现 VOT 变异系数的性别差异不大，但是男性 GAP 的变异系数比女性高很多，达到 18.5 个百分点（52.3% - 33.8%）。这表明女性的闭塞段时长比男性稳定，男性的闭塞段时长变动范围比较大。

与原有的塞音研究相比本次研究的样本量较大，除通过平均值表示塞音的声学特性外，我们还通过平均值与标准差的对应计算，得出每个塞音的主体分布情况（图 7—5），为方便比较分析，我们把男性、女性发音人的主体分布和总体样本主体分布放在同一个二维坐标中。图 7—5 是

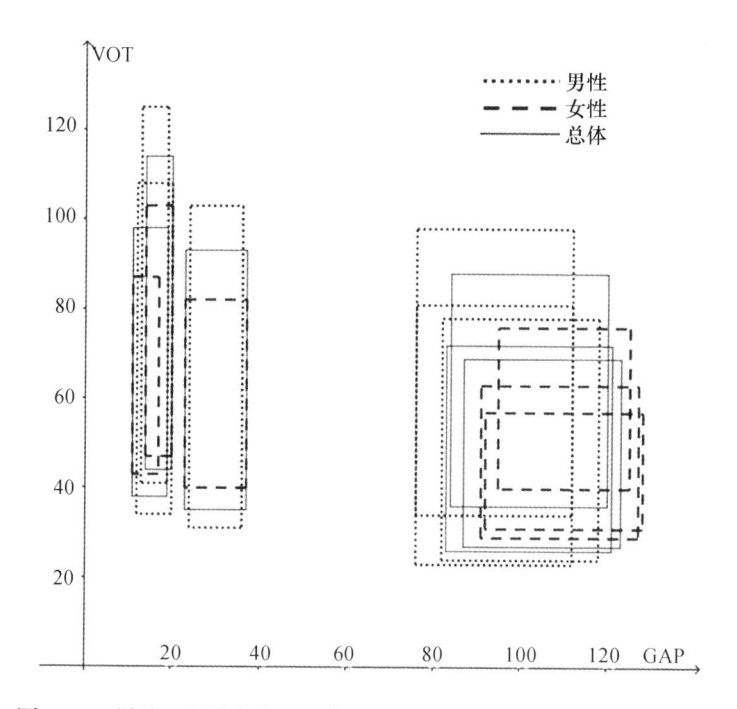

图7—5 男性、女性发音人主体分布与总体样本主体分布的差异对比

在平均值的基础上加减标准差得到的主体分布情况。由图7—5可知，北京人普通话6个塞音GAP的标准差值较大，6个塞音VOT的标准差值在不送气塞音、送气塞音之间存在系统性差异。总体样本的分布区域是将女性发音人主体分布的区域纵向覆盖并有部分超出，而男性发音人的主体分布区域则是将总体样本主体分布的区域纵向覆盖并有部分超出。

将女性发音人与男性发音人主体分布情况置于同一图中（图7—6），可明显看出二者的区别。男性发音人的主体分布区域较之女性明显更加宽泛。二者不送气塞音VOT的主体分布区域相似，但送气塞音VOT的主体分布区域差别较大。二者GAP的分布区域差别明显，女性分布范围较集中，男性分布范围跨度较大。由此可见，女性发音人具有较高的一致性、稳定性。

下面一并对上文的性别差异进行分析讨论。关于VOT与性别之间的关系，以往研究的意见并不完全一致。Swartz（1992）最早专门研究了男性和女性VOT的差异，不过他所使用的语料只有/d/和/t/，该文研究的

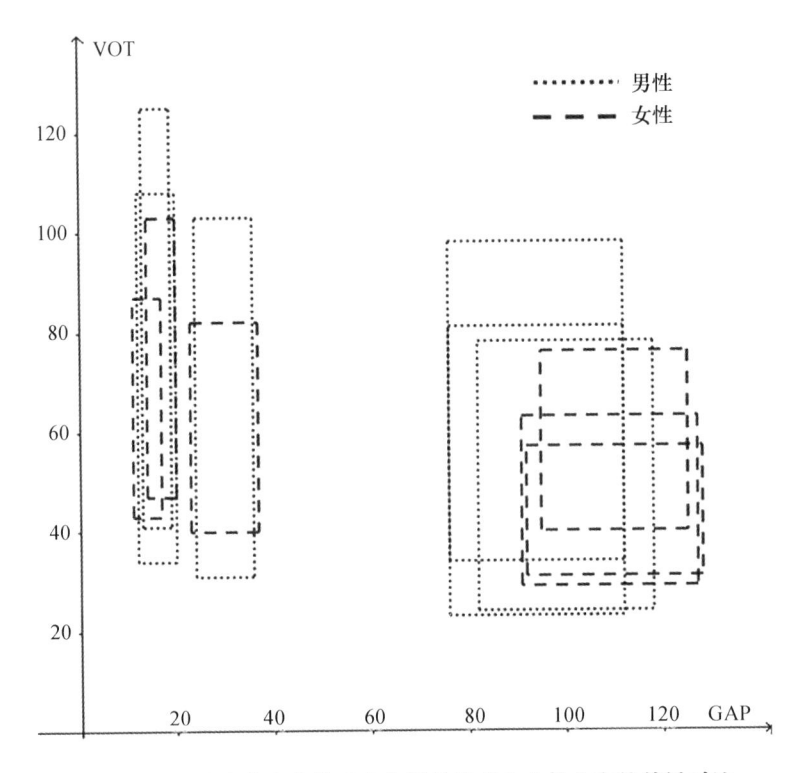

图7—6 女性发音人主体分布与男性发音人主体分布的差异对比

结果是女性的 VOT 比男性要长。此后不少研究都显示在不带音的塞音中，女性发音人的平均 VOT 时长比男性长（Ryalls et al., 1997, Whiteside and Irving, 1998, Koenig, 2000, Whiteside et al., 2004, Robb et al., 2005, Yao, 2007。见 Yao, 2007: 183 的总结，也可参见 Li, 2013）。Yao（2007）、Li（2013）的研究都显示 VOT 的性别差异显著。Pépiot（2013）显示对于英语和法语中的不带音塞音，女性的 VOT 都显著比男性长。

另外，Syrdal（1996）、Ryalls et al.（2004）等的研究却认为 VOT 没有性别差异。Karlsson et al.（2004）研究儿童送气塞音的 VOT 看到有显著的性别差异，但是这种差异在成人中却不存在。Morris, McCrea & Herring（2008）研究 80 名发音人（40 男、40 女）英语单音节中 VOT 的差异，结果显示发音人性别与 VOT 的变异无关。

事实上女性的 VOT 比男性长在研究者中是占主流的意见。本节的数据是支持女性 VOT 比男性长的。

女性 VOT 比男性长的原因,通常认为与男性和女性各自的生理结构、解剖学差异以及社会语音因素有关(Yao,2007:184,215)。有研究指出男性和女性穿过喉头的空气气流存在差异(Koenig,2000)。男性和女性声道长度也存在不同,成年女性声道的平均长度是 14.5cm,而成年男性是 17—18cm(Simpson,2009)。在社会语音方面,Trudgil(2000)指出由于社会对男性和女性有不同的行为要求(例如相较于男性,女性被认为应该更加遵守行为规范,更加注意形象等),使得女性的发音往往更标准,也更保守,不易于变化。与此相对的是,男性则更可能使用非标准的发音,也更容易采用变化的发音形式。正是由于这些原因,我们可以将男女性的这种差异具体化到语言学内部,那就是在一个特定的音位对立上,女性更倾向于使用更大的区别把两个音区分开来(Pépiot,2013)。语言的表现就这样与社会语音以及文化因素关联起来了。事实上,确实有观点认为女性比男性更注意使用清晰、易懂的发音(Simpson,2009)。考虑以上多方面的原因,我们认为已经可以解释女性的 VOT 为什么比男性更长了。

下面我们试着分析说明女性塞音的闭塞段普遍比男性短的问题。总体来说,以往文献中关于塞音 GAP 的研究本来不多(Yao,2007),关于 GAP 的性别差异研究就更少了。不过我们认为闭塞段的问题也可以从以上分析 VOT 性别差异的思路进行解释。首先,女性的声道比男性短(Simpson,2009),这就可能使得在塞音的闭塞阶段声道中能够容纳的气流量比男性少,从而会降低闭塞阶段持续的时间。其次,按照石锋、冉启斌(2009)的分析,GAP 主要反映的是塞音发音时的松紧强弱,女性的 GAP 值比男性低,发音比男性松、弱,这有可能正好体现了女性发音人的北京话比男性更标准地道,原因在于地道北京话的塞音在语音性质上就是更松、更弱的(参见下一节对新老北京人 GAP 差异的说明)。当然,女性发音人的塞音更松、更弱也可以理解为女性特有的生理、心理特点使然。其中确切的原因还需要进一步研究。最后,男性闭塞段时长的变异程度比女性高很多,这也与上文分析男性女性的差异相一致。与女性相比，男性的特点不是温柔、细致、循规蹈矩，而是往往显得阳刚、随意甚至粗犷（Trudgill，2000）。这些特点在 GAP 的长度要求和限制没有 VOT 那么严格时（见前文）就很自然地表现出来。

四 新老北京人的塞音格局

由于老北京人、新北京人在语音上存在差异（石锋、王萍，2006），因此，本小节考察老北京人和新北京人的塞音格局是否有所不同。

关于新老北京人的定义，胡明扬（1981）依据家庭语言环境进行区分。所谓老北京人，是指父母双方都是北京人，本人也在北京长大；新北京人是指本人在北京长大但父母双方或一方并不是北京人。按照这一看法，本研究 50 名发音人中有老北京人 31 人，新北京人 19 人。

新老北京人 VOT 与 GAP 的变异系数见表 7—3，下面是新老北京人塞音声学格局对比图（图 7—7）以及新老北京人主体分布的差异对比图（图 7—8）。

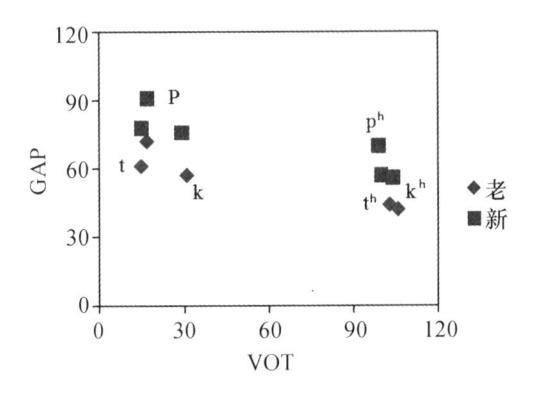

图 7—7　老、新发音人北京话的塞音声学格局对比图①

图 7—7 显示的新老北京人各自的塞音聚合比较清楚。从图上来看老北京人的不送气塞音分布似乎比新北京人要分散一些，不过这种差异并

---

① 老北京人的 [p^h] 与新北京人的 [k^h] 正好重合，因此图上看不出来老北京人的 [p^h]。

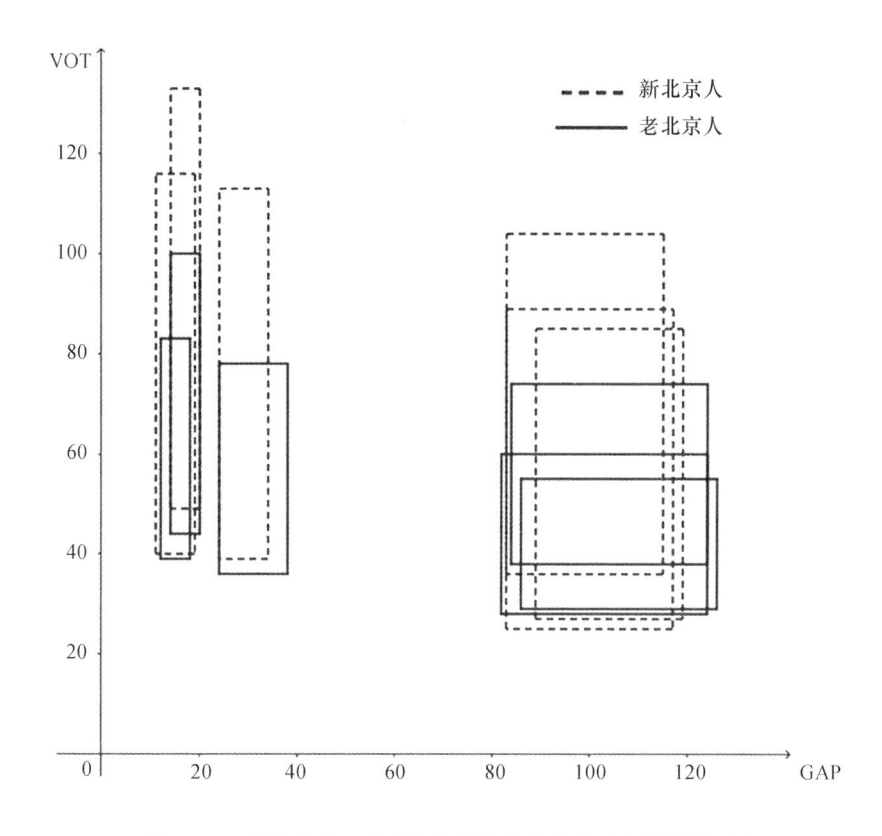

图7—8 新北京人主体分布与老北京人主体分布的差异对比

不大，不像图7—1和图7—3单一发音人和较大样本发音人之间的差距那样显著。图7—8显示新北京人的主体分布区域较之老北京人明显更加宽泛，二者的VOT的总体区域相似，老北京人送气塞音的VOT分布区域略宽。二者GAP的分布区域差别明显，老北京人分布范围较集中紧凑，新北京人跨度较大、向上延展。这里我们主要讨论下面两个问题。

（1）图7—7显示，新北京人的塞音聚合整体分布在老北京人之上。这一点很清楚也很一致，无论是不送气音还是送气音都是如此。前文说过，塞音格局图上的纵轴（GAP）主要反映发音时的松紧强弱。新北京人的塞音整体靠上，显示出新北京人的塞音很可能比老北京人更紧更强。事实上，按照赵元任（1935）的观点，地道北京话塞音的性质是"弱的"，他用清化的浊音（如［b̥］）来标写。认为北京话塞音语音性质是

"弱"的不仅是赵元任，罗杰瑞（1992：126）也持相同观点，他说北京话不送气塞音虽然是"清音"，但都是"弱音"，"对没受过语音训练的人听来好像是浊音"。实际上，我们认为老北京人的塞音整体偏低，正是地道北京话塞音的表现。而新北京人的北京话显然没有那么地道，而是有所偏离，从较弱较松偏离到较强较紧。当然，对照比较典型的"强塞音"——苏州话中的不送气清塞音（石锋、冉启斌，2009），新北京人的塞音还没有完全达到那么强的程度，不过这种偏离的倾向是明显的。

（2）从表7—3的变异系数上看，新老北京人在VOT上的变异系数差距不大，但是新北京人的GAP变异系数比老北京人高出15个百分点（50.2%－35.2%）。这表明新北京人的闭塞段时长比较分散，内部差异比老北京人大。值得指出的是，事实上50名发音人中，新北京人只有老北京人的约60%（19/31），如果新老北京人的数量相等，变异系数的差距可能会达到甚至超过男女发音人的差异程度（18.5）。

新北京人比老北京人内部差异大是容易理解的。老北京人父母双方均为北京人，语言背景比较单一纯正，受到其他因素的影响和干扰比较少。而新北京人父母一方或双方均不是北京人，学习语言的环境比较复杂，受到的影响也比较多。

上文我们分析GAP变异程度的性别差异时，指出由于GAP的要求和限制不像VOT那样严格，导致男性发音人的GAP数据变异系数比较高。在这里我们也看到，新北京人的VOT变异系数和老北京人相似，而GAP的变异系数在新老北京人中差异明显。这显然也与GAP数据可以有更大的变动范围有关。

分析至此，我们看到一个非常有趣的对应现象。即男女发音人的塞音格局表现与新老北京人的塞音格局表现存在着几乎一致的对应关系。具体地说，男性发音人的塞音聚合整体比女性发音人高，而新北京人的塞音聚合也整体比老北京人高（虽然高的具体数值并不完全相同，但是这种趋势是清晰明确的。下同）；男性发音人的GAP变异系数比女性发音人高，而新北京人的GAP变异系数也比老北京人高。一句话，男性发音人的塞音格局表现与新北京人相似；女性发音人的塞音格局表现与老北京人相似。这不能不说是一个很有意思的现象。

不仅如此，更有意思的是在其他北京话较大样本分析中也看到男女发音人与新老北京人的这种对应关系。从北京话较大样本（52名发音人）的声调声学分析看到，"新、老北京人的分布特点跟男、女性别的分布特点有相似之处"（石锋、王萍，2006：328）。这与本文的对应关系是一致的。

为什么会出现男发音人与新北京人对应、女发音人与老北京人对应的现象？原因似乎很好解释。上文已经说到过，女性说话人往往更规范和标准，男性说话人则往往比较随意。而老北京人由于语言环境比较纯正，其发音会更规范标准；新北京人由于语言环境比较复杂，其发音无法达到地道北京话的程度。二者虽然引起的原因不同，但在结果表现上却殊途同归，从而具有了某种相似性。

五 结语

塞音是所有语言中都具有的辅音音类，也是辅音中最重要的音类（Henton et al.，1992；冉启斌，2012）。塞音声学分析已经有很多成果，但是较大样本的塞音声学格局研究还比较少。本节以50名发音人的声学数据做了初步的尝试，主要着眼于揭示较大样本视角下语音声学的微观表现。这些表现虽然是微观的，但是它反映出比较宏观的语言普遍现象，例如送气音与不送气音的区别、男性与女性的分歧、新老北京人的差异等，这都是值得引起关注的话题。

较大样本分析的重点之一是语言现象的变异与分化。变异是较大样本数据的自然分布特性，分化是数据在某种因素作用下的倾向性表现。塞音的声学表现在多种因素中存在分化：不送气与送气，VOT与GAP，男性与女性，老北京人与新北京人，以及这些因素之间的交互作用。正是这些复杂的因素使得语言中的变异与分化随时随地都在发生着。

本节分析看到的不送气塞音声学特征比送气音更稳定、女性GAP普遍比男性短、新老北京人的塞音格局分别与男女发音人的塞音格局存在对应关系等现象，是以往研究比较少观察到的。北京女性普通话塞音格局与老北京人普通话塞音格局都呈现出相对紧凑、内部差别较小的特点，与此相反，北京男性普通话塞音格局与新北京人普通话塞音格局则都表现为较松散、内部差异较大，这是语言中的系统性差异。随着经济社会的发展和城市化水平的加深，新北京人的人数将不断增加。可预见的是，北京人普通话的塞音格局将不断发生细微的改变。较大样本分析给我们带来了不少发现。很可能还有更多有意思的现象值得发掘和探索。

附录　塞音二字组发音表

b 把柄　疲惫　目标　分布　对比　坦白　那边　两倍　嘴巴　苍白　随便　准备　初步　上班　日本　举办　轻便　兴办　广播　空白　合并　阿爸　演变　舞伴　预报

p 爆破　匹配　名牌　扶贫　钉耙　图片　女排　路旁　作品　磁盘　算盘　照片　长袍　水平　肉片　解剖　曲谱　选票　古朴　恐怕　害怕　阿婆　压迫　卧铺　玉瓶

d 本地　判断　名单　幅度　得到　特点　年底　劳动　增大　裁定　苏打　招待　重叠　杀毒　人大　简单　去掉　相等　高等　看淡　华东　阿弟　一旦　卧倒　舞蹈

t 标题　普通　每天　法庭　动态　探讨　农田　邀遢　姿态　磁头　洒脱　粘贴　传统　收条　软糖　践踏　全天　协调　钢铁　开拓　黄土　依托　沃土　梧桐　雨天

g 不过　评估　敏感　傻瓜　入港　机构　奇怪　膝盖　广告　可贵　悔过　阿哥　异国　误工　分割　德干　提高　能够　旅馆　字根　审改　三公　诸葛　常规　恶棍

k 包括　凭空　马克　反馈　端口　痛苦　纽扣　辽阔　最快　参考　松开　专科　诚恳　书刊　认可　健康　情况　羞愧　感慨　可靠　贺卡　舞客　倭寇　愉快　医科

第二节　上海普通话塞音格局分析

叶向妮

一　引言

塞音是所有语言中都有的辅音音类，也是辅音中最重要的音类。

(Henton et al.,1992；冉启斌，2012）塞音格局研究是辅音研究的重要构成部分，对塞音的研究有利于推动整个辅音研究。目前对塞音格局的声学分析已经有很多成果（如石锋，1983；冯隆，1985；冉启斌，2006等）。专门针对上海话塞音方面也有一些研究成果，如关于上海话塞音中"浊音不浊"特点，刘复、赵元任（1928），任念麒（1988），陈忠敏（2010）都进行了一系列研究。马良、陈忠敏及魏建国（2015）以上海话为例观察发音时发音器官运动特别是舌体运动进而对清浊塞音协调发音机制进行了研究。还有王轶之、陈忠敏（2016）《吴语全浊塞音声母的感知研究——以上海话为例》。

本节以较大样本的塞音声学格局实验结果为依据，对50名发音人的声学数据（GAP、VOT）进行分析，探讨较大样本视角下塞音的微观声学表现。

塞音声学参量可以从自身、语流中邻近音的影响两方面来考察。就塞音自身的声学参量而言，有塞音闭塞段（GAP）、嗓音起始时间（voice onset time，VOT）、塞音强度、塞音的频谱特性等研究对象。（吴宗济等，1986；冉启斌，2005）从语流中邻近音的影响角度来看，塞音对后接元音的基频、共振峰、时长等都具有影响，此外还有过渡音征（transition cue）可作为研究对象。本节以 GAP 和 VOT 两方面作为主要的参量对上海人所说的普通话塞音进行研究。基于目前已有的苏州话塞音声学特征（石锋，1983）、太原话塞音声学特征（梁磊，1999）、北京话塞音声学特征（冉启斌，2009），本文利用国家社科基金重大项目"普通话语音标准声学和感知参数数据库建设（13&ZD134）"录制了105名上海人的普通话发音语料，从中随机选取50名发音人进行分析，展示较大样本塞音格局的声学表现，并主要从上海普通话男女塞音格局的差异、上海普通话与北京普通话塞音格局的对比来考察塞音格局可能的变异与分化。

二 实验方法介绍

（一）发音字表设计

为了准确测量 GAP 值，减少误差，需在字表上设计含有塞音声母的双音节词，并将所测塞音安置在后字位置上。为此，本次发音字表设计时普通话 6 个塞音作为双字音节组里后字的声母，共 6 组，每组 25 个双字词。

在语流中会产生语音单位相互影响的现象，即协同发音现象。从生理角度来看，发音时，发音器官之间相互牵制影响。从声学表征来看，音征走势会受到前面辅音和后接元音的影响。因此，为了尽量避免协同发音现象，减小后接元音对辅音的干扰，在字表设计时，考虑结合四呼拼合规律的同时，尽量使 6 个塞音的后接韵母差异较小。同时，为了减少发音人的发音难度，选择日常使用频率较高的词语。发音人提前熟悉发音文本，将多音字和易错字的拼音提前标注在发音字表上，以减少发音错误。

本次研究总共录制了 105 位上海人的发音语料。从语音材料中选择了噪声小，发音清晰度高、发音错误率小的 25 位男性和 25 位女性的语料。发音人年龄主要集中在 20—30 岁之间。发音人口齿清晰，无口咽喉疾病及听觉障碍。发音人的成长地均为上海，会说普通话和上海话。

（二）实验过程

录音采样：录音在安静的教室或语音实验录音室中进行。每次录音，室内只有一位发音人和一位录音人。录音采用 Cool Edit Pro 软件进行，采样频率设为 22050 赫兹，单声道，16 位。发音人自然清晰地读出发音字表上的双字词。

数据的处理与分析：本次实验首先通过 Praat 软件，利用相关脚本对 50 位发音人的 6 组辅音进行标注后提取 GAP 和 VOT 数据。每组辅音有 25 个例词，每个例词包括 GAP 和 VOT 两个值，共计 $50 \times 6 \times 25 \times 2 = 15000$ 个数据。然后将 15000 个数据导入 Excel 表格里进行具体处理计算。再利用 Excel 对 6 组辅音数据进行分组计算，得出总体平均数、标准差、性别因素差异、不同后接元音差异等情况，观察并分析数据，初步得到塞音声学特征。最后根据数据作出各组实验图表，进行直观分析观察，进行下一步讨论。

三 较大样本发音人的总体塞音格局

（一）实验结果

本实验样本较大，在数据标注、提取过程中可能存在一定误差，各样点可能会出现重合、交叉等现象。我们从大样本中计算出平均值和标准差，为了便于观察和分析，我们以 VOT 为横坐标、以 GAP 为纵坐标建立二维平面直角坐标系，将测量得到的 VOT 值和 GAP 值绘入坐标系中，形成塞音的声学格局图。50 名发音人 VOT 和 GAP 值有关情况如表 7—4 所示。

表 7—4　　　　50 位上海发音人普通话塞音 VOT、GAP 数据

塞音声学参量	VOT 平均值（毫秒）	VOT 样品数	VOT 标准差	VOT 变异系数①（%）	GAP 平均值（毫秒）	GAP 样品数	GAP 标准差	GAP 变异系数（%）
p	18	1250	4.09	22.99	105	1250	24.14	23.04
t	19	1250	4.27	22.58	90	1250	20.92	23.28
k	34	1250	6.70	19.65	88	1250	20.56	23.44
p^h	104	1250	19.22	18.50	79	1250	15.93	20.07
t^h	105	1250	19.81	18.82	64	1250	14.51	22.64
k^h	111	1250	21.25	19.18	66	1250	14.75	22.42

根据表 7—4 的数据，将各平均值样点置于 VOT-GAP 二维坐标中，得到上海人普通话的塞音总体分布格局图，如图 7—9 所示。

由图 7—9 可知，上海普通话的 6 个塞音在塞音格局图上的分布按照不送气音 b [p]、d [t]、g [k] 和送气音 p [p^h]、t [t^h]、k [k^h] 形成两个聚合。送气音的 GAP 值总体比不送气音的 GAP 值要低。舌根音 g [k]、k [k^h] 的 VOT 值在双唇、舌尖、舌根 3 个部位的塞音中都是最大的。

在塞音格局图中，横轴主要与塞音的发音方法相关，如带音与否、送气与否，等等。纵轴主要与发音的强弱松紧相关，受发音时肌肉紧张

---

① 变异系数（Coefficient of Variation）是衡量数据变化程度的一个统计量。当进行两个或多个数据变异程度的比较时，如果平均数不同，可以用变异系数比较。计算公式 CV =（标准差 SD／平均值）×100%。

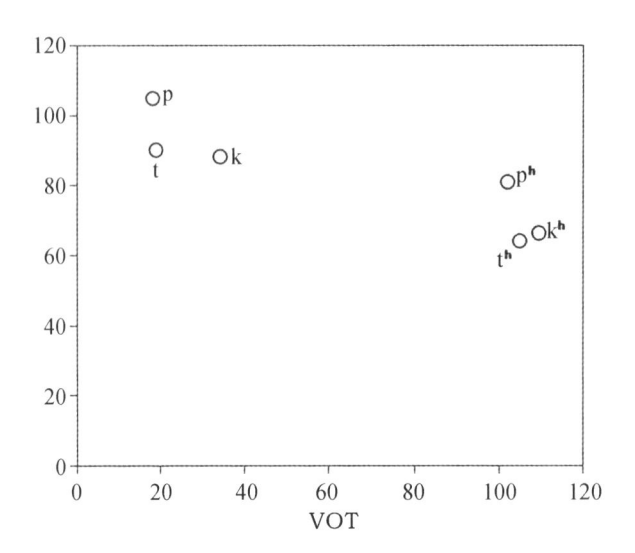

图 7—9　50 名上海人的普通话塞音总体分布格局图

程度影响。从横轴 VOT 角度进来看，送气和不送气音两组区分明显，中间存在空白带。该特点与冉启斌（2011）所作的北京话塞音格局图一致。不送气塞音 /p/、/t/、/k/ 横轴上分布范围较送气塞音 /pʰ/、/tʰ/、/kʰ/ 略宽泛。从纵轴 GAP 角度来看，不送气塞音 /p/、/t/、/k/ GAP 值略高于送气塞音 /pʰ/、/tʰ/、/kʰ/，且分布范围比送气塞音松散。格局图中双唇不送气塞 /p/ 位于最左最上位置，舌根送气塞音 /kʰ/ 位于最右位，这一相对位置分布与之前北京话、太原话、苏州话塞音相对位置分布相近。

参照石锋、冉启斌（2008）塞音空间中音类分布区域图，可以发现上海人普通话的不送气塞音位于强音区，区别于普通话不送气塞音的分布。

（二）结果讨论

下面从以下几个方面进行具体说明：

（1）上海普通话 VOT 范围为 93，GAP 范围为 41，与之前冉启斌（2008）的研究发现的 GAP、VOT 之间的补偿关系相符，即一种语言中，GAP 的分布范围小，VOT 的分布范围相对要大。作为塞音的重要声学参数，两者之间存在着相对平衡关系，这对塞音的稳定空间分布范围也有一定意义。

（2）不送气塞音 /k/ 的 VOT 时长约为不送气塞音 /p/、/t/ 的 VOT 时长的两倍，VOT 时长可以很好地将不送气的舌根音与不送气的舌尖、双唇塞音区别开。然而，不送气塞音/p/、/t/的 VOT 之间的数值差异很小，VOT 时长这一声学参量难以将它们区分开。对于送气塞音而言，VOT 的区别作用就更小了。三个送气塞音彼此之间的 VOT 时长非常接近，最大差值也不超过 7 毫秒。由此可见，VOT 区分发音部位的能力较差，这一点与冉启斌、石锋（2007）对普通话爆发音的 VOT 研究结果一致。至于舌根音 VOT 时长较长的原因，冉启斌、石锋（2007）介绍了 Cho & Ladefoged（1999）的研究成果，发现了不送气舌根音/k/的舌腭接触面积大，软腭和舌面后之间的开合动作不如双唇和舌尖那样快速灵活。

（3）Lisker 和 Abramson 的研究表明 VOT 值以 90 毫秒、50 毫秒、30 毫秒为界，大致可以将塞音分为强送气、弱送气和不送气类型。上海普通话的不送气塞音除/k/外，VOT 数值范围 18 到 30 为不送气塞音，/k/数值为 34，显示出微弱送气趋势。这种趋势是否是上海话塞音自身特征还有待验证。送气塞音 VOT 数值范围在 104 到 111 之间，为强送气类型。两者在塞音格局图上形成明显对立的两个聚合，两聚合之间存在较大空白区域。

（4）上海普通话不送气塞音位于强音区，而双唇送气音 GAP 值也略大于 70，区别于北京普通话的分布区域。GAP 的纵坐标反映了发音时肌肉紧张的程度，说明上海人在发音时，肌肉较为紧张，整体呈现发音较紧、较强的特点。

小结：总的来看，从变异系数的相关数据，有两个特征较为明显。首先，不送气清塞音的 GAP、VOT 的变异系数均略大于送气清塞音的变异系数。这可能是因为上海方言的三套塞音中送气清塞音跟普通话的/p^h/、/t^h/、/k^h/的闭塞段和嗓音起始时间相接近。其次，不论是送气还是不送气塞音，同一塞音的 GAP 的变异系数均略大于 VOT 的变异系数。并且参照北京话塞音的相关数据也可以发现这一特点。

四 上海普通话较大样本塞音格局的性别差异

本小节考察较大样本数据下塞音格局的性别差异。对于较大样本发音人中的 25 名男性与 25 名女性，按性别分别计算了各个塞音的 VOT 与

GAP 平均值、标准差以及变异系数。每个塞音的 VOT 或 GAP 声学参数样本数为各 25×25 = 625 个。我们分别整理了与表 7—1 相同的男性与女性声学参数数据表，限于篇幅这里不再单独列出。根据各自 25 名发音人的数据作出男、女塞音格局对比图如图 7—10 所示。

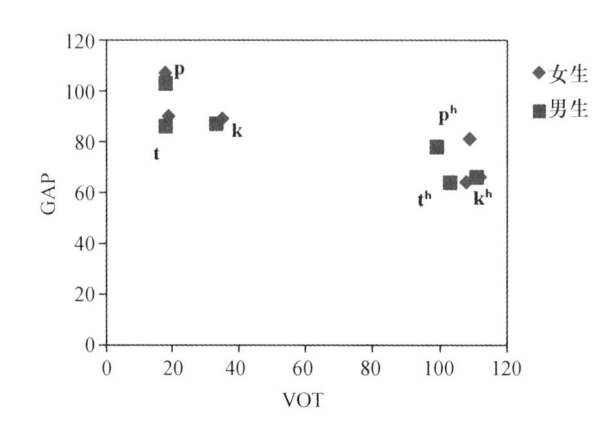

图 7—10　男、女发音人上海普通话的塞音声学格局对比

对比可以看出，两者 GAP 值相近，未见较大差别，但女性稍高于男性。男性送气清塞音整体分布较女性松散，女性发音人稳定性好于男性。在 VOT 值上，女性略大于男性，送气塞音部分较为明显，位置偏右。

小结：女性的 GAP 和 VOT 值略大于男性，数值差异很小。女性分布整体较男性要紧凑，尤其是送气音部分。女性塞音格局之所以发音较为稳定，语言差异较少，分布较为紧凑，从社会语言学角度分析，是因为女性在说话时会注重自己的发音，趋近正确的标准，如同女性更多在意自己的外貌。而相对地，男性对规范标准的认识并没有女性那么强烈，发音较随意，分布相对离散宽泛。女性 GAP、VOT 均略大于男性，说明女性在发音时更加注重"字正腔圆"，努力使自己发音到位。男性在发音时则更容易"偷懒"，发音器官的肌肉相对松弛，对送气标准与否也不会过分在意，因而数值上显得略小。

以上仅是理论角度的分析，而男女性在具体发音生理上的差别是否有影响则需要进一步的实验来验证。

五 不同后接元音对 VOT 时长的影响

语流中语音单位的发音会受到邻近语音的影响而发生变化。发音过程中,发音器官的各个部位并非单一运动,相邻音的发音动作会产生协同作用。在具体音节中,塞音的发音特征也会受到邻接元音的影响,声道的形状会受不同发音动作的影响。本小节主要分析后接不同的元音会对塞音 VOT 时长产生的影响和具体表现。

(一)后接不同元音时,总体样本的 VOT 平均值

本实验对后接韵母的分类参照冉启斌(2007)的分类方法,即分析声母后第一个元音对 VOT 的影响。声母后第一个元音具体可以分为两种情况:有介音的,那么介音为第一个元音;没有介音的,主要元音便成为第一个元音。(发音文本中解剖一词有许多发音人读成 jiepɑo,故直接剔除)后接的不同元音主要分为以下五种:/a/、/i/、/u/、/ə/、/o/(唇音声母后的 o 实际读为 [uə])。具体 VOT 时长见表 7—5。

表 7—5　　　　　后接不同元音的 VOT 平均值　　　　(单位:毫秒)

双唇不送气塞音 /p/

后接元音	平均值	标准差
i	20.2609	10.5704
a	14.9057	4.7121
ə	15.6895	4.1730
u	26.5258	9.3175
o	32.0844	17.8822
合计	21.8933	9.3311

双唇送气塞音 /pʰ/

后接元音	平均值	标准差
i	104.6763	22.2255
a	97.9165	21.0168
ə	74.5182	22.6481
u	123.7313	27.1531
o	112.3383	22.7495
合计	102.6361	23.1585

舌根不送气塞音 /k/

后接元音	平均值	标准差
i	—	—
a	27.2384	6.0407
ə	34.9577	10.0073
u	37.3768	10.2734
o	—	—
合计	33.1910	8.7738

舌根送气塞音 /kʰ/

后接元音	平均值	标准差
i	—	—
a	109.1394	26.1068
ə	111.5115	25.3789
u	116.9283	26.1287
o	—	—
合计	112.5264	25.8715

舌不送气塞音/t/

后接元音	平均值	标准差
i	23.6364	6.4985
a	16.1561	4.4290
ə	17.4974	5.8320
u	20.9818	7.0918
o	—	—
合计	19.5679	5.9629

舌根送气塞音/tʰ/

后接元音	平均值	标准差
i	118.5805	26.4717
a	98.2374	20.0337
ə	99.1976	29.7376
u	106.2415	26.1029
o	—	—
合计	105.5642	25.5865

（二）后接不同元音的 VOT 时长均值分析

首先，分部位来查看同一塞音后接不同元音时的 VOT 时长情况：除双唇塞音后接不同元音时 VOT 时长排序有些许差别外，其他的同部位塞音后接不同元音时，VOT 时长排序一致。也就是说，不同元音对发音部位相同的塞音 VOT 时长影响具有一致性。

双唇塞音后接/u/、/o/时 VOT 值最大，舌根塞音后接/u/时 VOT 值最大，舌尖塞音则是后接/i/最大。除舌尖音外，其他塞音均是后接/u/、/o/为 VOT 最大值，而舌尖音后接/u/时 VOT 值也较长，只是短于后接/i/的情况。/ə/、/a/一般都表现为 VOT 时长较短的情况。

后接不同的元音时，不送气塞音 VOT 时长的标准差都是小于送气塞音 VOT 时长的标准差。由表 7—5 可知，送气塞音 VOT 时长的标准差在 20 到 30 之间，不送气塞音时长的标准差大多不超过 10，明显可见不送气塞音的 VOT 数值更加集中，送气塞音的 VOT 数值较为离散。这与前文实验结果一致。在双唇不送气塞音/p/后接元音/o/时，标准差明显大于其他不送气音的标准差，推测是唇音声母后面的 o 应读为 [uə]，而发音人因汉语拼音的省略而发生混淆；另外也由于双唇不送气塞音/p/与/o/拼合的样本量少，容易受到极值的影响。

（三）后接不同元音 VOT 时长均值与 VOT 总体样本时长比较

结合表 7—1 中 6 个塞音 VOT 发音总体样本时长来看，不同后接元音对塞音 VOT 时长具有一定的影响。（1）双唇不送气塞音/p/和双唇送气塞音/pʰ/后接元音/i/、/u/、/o/时，VOT 值比总体样本大（双唇送气塞音 VOT 值增大不明显。（2）舌根塞音后接元音/u/时，VOT 时长大于总体样本值（后接/ə/时 VOT 值增大不明显。（3）舌尖塞音后接元音/i/、

/u/时，VOT 时长大于总体样本值。

对比分析可以看出，后接元音/u/时，6 组塞音的 VOT 时长均会大于之前得到的总体样本的 VOT 时长。此外，不同后接元音对 VOT 时长的影响是成部位的。也即表中同一发音部位的送气、不送气音后接相同元音时，VOT 值的变化趋势是一致的。（相同元音情况下，送气音 VOT 时长增加时，不送气音也会增加）还有一点，后接相同元音的情况下，同部位送气音的增长幅度大于同部位不送气塞音。在与总体样本的 VOT 值比较时，我们可以看到，后接元音/u/时，双唇塞音的增大程度最为明显，其次是舌尖塞音，舌根塞音最不明显。

小结：我们可以看到，后接高元音/u/时，三组不同发音部位的塞音 VOT 时长均有增长，包括舌尖塞音。此外双唇塞音 VOT 的增长比其他两者要显著得多。/u/对 VOT 的影响是成部位发生的。值得注意的是双唇送气塞音/p^h/后接元音/u/时，VOT 时长增加更为显著。数据显示舌尖塞音后接元音/i/时有增加趋势，这种增长是否呈规律性还有待验证。这一点与冉启斌（2008）之前的研究不同。不同塞音后接元音/i/、/a/、/u/时，后接/i/、/u/时的塞音 VOT 值要远长于后接/a/的塞音 VOT，本次研究与任宏谟（1981）发现的规律相似。

结合后接不同元音时塞音 VOT 时长均值结果以及与表 7—1 中单人总体样本 VOT 均值的对比结果，我们可以发现后接高元音/u/时，会增加双唇塞音及舌根塞音的 VOT 时长值。舌尖塞音后接元音/i/时呈现一定增加趋势。而不同发音部位的塞音后接元音/a/、/ə/时，VOT 时长本身就较短，增长情况也不是很明显。

下面从理论角度及理想发音状态情况下，综合元音、塞音发音的相关过程来对实验得出的现象进行解释。

（1）后接元音/u/时，双唇塞音的增大程度最为明显，其次是舌尖塞音，舌根塞音最不明显。相反，我们可以发现双唇塞音、舌尖塞音的阻碍部位远离舌面后高元音/u/的发音部位，发音器官的协调发音过程将会增加时长，而且，双唇的接触点、舌尖与上齿龈接触点与舌面后音的发音部位的距离依次增大，两者的 VOT 时长增大幅度也是依次增加。高元音/u/在发音过程中，舌面中后部靠近软腭位置，发音部位靠后。而舌根塞音在发音过程中，舌根靠近软腭形成阻碍。在持阻过程中，舌根保持了较高较后的位置。此时塞音和元音的发音位置都在舌体的后部，在紧接着发元音/u/时，整个舌体调整的幅度较小，节省了发音器官变化的时间。这可以一定程度上解释舌根塞音后接高元音/u/时，VOT 时长变化不如其他两类塞音明显。在音节中，塞音后接不同元音时 VOT 的增长幅度、塞音和后接元音发音器官的距离，这两者之间是否存在正相关关系有待验证。

（2）同一塞音后接高元音的 VOT 时长通常大于后接中元音和低元音的 VOT 值。原因在哪里呢？舌肌是一个整体，附着在舌骨上，舌骨又联结着喉外肌，可使喉部向上提升或向下降低。舌骨被称为语言骨，说明它在说话发音过程中具有非常重要的作用。

高元音的舌位动作是舌面前或舌面后向上抬起接近上腭而发音。这会使舌肌整体位置发生变化，引起舌骨上升，从而拉动喉外肌，影响喉部动作。这样就使得声门从发塞音的状态转为发元音状态之间的调整增加了难度，所用的时间就多些。中元音和低元音的发音动作却不会改变舌肌的整体位置，因而也不影响喉部动作。声门状态的转换过渡的调整时间就少些。当然这里的时间多少的差别是很微小的，约 10 – 20 毫秒左右。

可以在发音时用手指轻触在喉头上，就能够实际感觉到：在发高元音时，喉部有轻微提升的动作；而发中元音和低元音时，喉部位置无变化。

以上讲的只是精细描写中的一种伴随现象，这种细微的差别并没有区别作用，只是让我们更深入地认识人类语言发音的生理机制中，发音器官各部位的相互影响。

有闭塞部位接触面积 Cho & Ladefoged（1999）、发音器官的运动速率的大小、有声门打开的大小以及闭塞段时长与 VOT 时长之间的调节关系等其他因素的可能。这些都需要进一步的语音实验来验证。

六　上海普通话与北京普通话塞音格局的对比

为了深入了解上海普通话的塞音格局，我们选择冉启斌（2017）的《变异与分化——较大样本视角下的北京话塞音格局》，把上海普通话塞音格局和北京普通话塞音格局进行对比讨论。下面先看看冉启斌(2017)的北京话塞音数据。北京普通话塞音1250个样本的平均值和标准差数据如表7—6所示。

表7—6　　50名发音人北京话塞音VOT、GAP数据

塞音 声学参数	VOT 平均值（毫秒）	VOT 样本数	VOT 标准差	VOT 变异系数（%）	GAP 平均值（毫秒）	GAP 样本数	GAP 标准差	GAP 变异系数（%）
p	17	1250	3	17.6	79	1250	35	44.3
t	15	1250	4	26.7	68	1250	30	44.1
k	30	1250	7	23.3	64	1250	29	45.3
p^h	102	1250	18	17.6	62	1250	26	41.9
t^h	102	1250	19	18.6	49	1250	23	46.9
k^h	105	1250	18	17.1	48	1250	21	43.8

对比表7—6和表7—4，我们可以看出，上海普通话塞音无论是VOT还是GAP值均大于北京话塞音。就VOT来看，北京人和上海人不送气塞音差值较小，在1—4毫秒之间，舌根和舌尖塞音的差值均为4毫秒。送气塞音的差值在2—6毫秒之间，其中舌根塞音差值最大为6毫秒。就GAP来看，两者差异较大。其中不送气塞音差值为22—26毫秒，送气塞音差值为15—18毫秒。双唇不送气/p/差值最大26毫秒，送气音中舌根和双唇塞音差值最大为18毫秒。

从变异系数角度看，与北京人相比，上海人发普通话塞音时整体较为稳定，尤其是在闭塞段GAP值方面。但是两地GAP值的变异系数均大于VOT的变异系数且差值较大。在普通话中塞音的发音松紧不是属于区别特征，发音时的要求并不严格，因而GAP值表现得较为离散，不够稳定。廉晓洁、张锦玉(2014)对汉语、法语VOT的研究中也体现出非区别特征的表现离散性大这一规律。

根据表7—6的数据，将上海普通话和北京普通话的VOT和GAP值

放置到同一幅二维坐标图中。如图7—11所示。

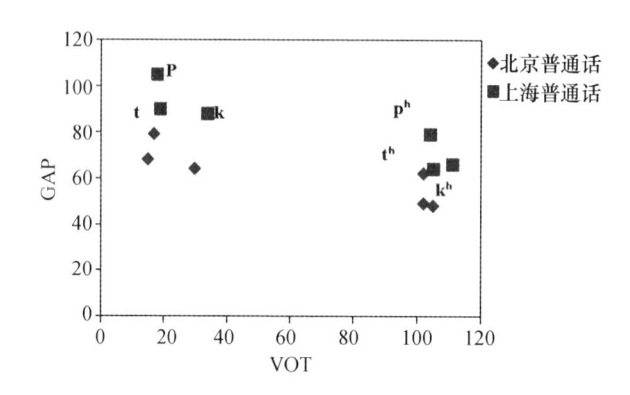

图7—11　北京普通话塞音格局与上海普通话塞音格局对比图

上海普通话与北京普通话的分布总体一致：格局图都呈现出清晰的不送气塞音—送气塞音对立，两次实验的VOT值相近，每组塞音差值在2—6毫秒之间。从纵轴角度看，上海普通话塞音均位于北京普通话塞音之上，差异明显。从横轴角度看上海普通话塞音与北京普通话塞音相差很少，但整体略微偏右。

图中6个塞音的相对位置也较一致。3个不送气塞音相对位置完全相同，/p/居左上、/t/居左下、/k/居右下。3个送气塞音的相对位置相近：/pʰ/居上、/tʰ/居下、/kʰ/居最右，不同的是北京普通话舌根送气塞音/kʰ/位置略高于/tʰ/。从图上可看到，上海普通话整体比北京普通话明显提高，尤其是不送气的三个塞音：/p/、/t/、/k/。塞音格局的纵轴主要反映发音的松紧强弱程度（冉启斌、石锋，2008）。因此，上海普通话塞音明显比北京话更强更紧。这显然与作为吴方言的上海话清塞音的强发音有关。

七　上海普通话与苏州话清塞音格局的对比

作为吴语区方言的参考组，选取石锋、冉启斌（2009）苏州话塞音的研究数据进行对比分析。选取苏州话清塞音部分的数据，与上海人普通话塞音数据绘入同一个VOT - GAP二维坐标中，如图7—12所示。

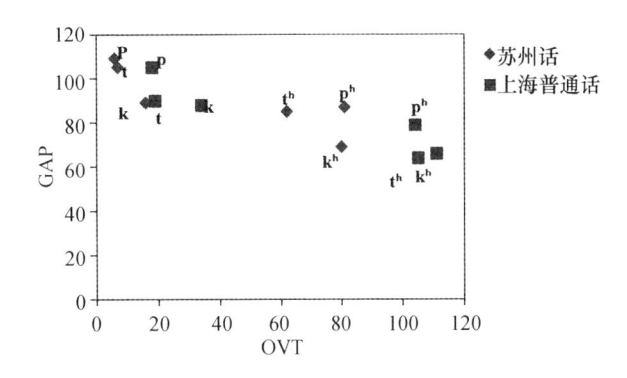

图 7—12　苏州话塞音格局与本实验塞音格局对比图

整体而言，苏州话清塞音 GAP 值偏高，VOT 值偏小，位于上海普通话塞音位置的左上方。不送气音部分，两者 GAP 值相近且均位于强音区。苏州话的/t/应该与上海话/t/相对位置一样，处于/p/、/k/之间，这也可以帮助理解为什么上海普通话的塞音/t/在不送气塞音组的相对位置比北京话要偏右。送气音部分，两者差异较大，相对位置也完全不同。上海普通话分布更靠右偏下，VOT 数值更大。上海普通话送气塞音的聚合明显比苏州话送气塞音的聚合更紧凑。结合上海话的 GAP 值来分析，上海普通话 GAP 值大于普通话是受其母语方言的影响，但是，上海普通话的 GAP 又小于上海话自身，可能这又是受普通话的影响。

八　结语

本节采用塞音格局的方法从较大样本角度考察了上海普通话塞音的表现，尽管这些表现比较微观，但是它也反映出一些语言普遍问题，例如：上海普通话塞音格局总体情况、男女之间的差别，地区之间的对比等，这些也都是我们研究需要关注的话题。较大样本的分析更有说服力，值得我们继续探索。

本节分析看到：上海普通话塞音在塞音空间格局图上明显分为送气、不送气两个不同的聚合，中间存在空白段。上海普通话塞音的 VOT、GAP 数值均较大。上海普通话塞音后接不同元音时，VOT 时长会发生变化。后接高元音/u/时，会使塞音 VOT 时长增加。舌尖塞音后接元音/i/时会有微弱增加的趋势。从上海普通话和北京普通话塞音格局对比来看，上海普通话与北京普通话的差异集中在 GAP 这单一维度上，而与上海话同在吴音区的苏州话塞音与北京普通话的塞音在 GAP、VOT 上都有差距，差异从二维过渡到了单一维度，也体现了上海普通话的中介语特征。

一般而言，塞音 GAP、VOT 之间存在一定的补偿调节关系。上海人普通话送气塞音/k^h/，VOT 值最长，理论上说 GAP 值会相应处于最低位置，然而本实验中/k^h/略高于/t^h/，可能这种补偿关系并不是严格同步的。

为了更好揭示上海人普通话的过渡特征，最好采用发音人自身上海话塞音发音数据。或者设计大样本的上海话塞音数据做参照。由于条件限制，两者未能实现。

附录　塞音二字组发音表

b 把柄　疲惫　目标　分布　对比　坦白　那边　两倍　嘴巴　苍白　随便　准备　初步　上班　日本　举办　轻便　兴办　广播　空白　合并　阿爸　演变　舞伴　预报

p 爆破　匹配　名牌　扶贫　钉耙　图片　女排　路旁　作品　磁盘　算盘　照片　长袍　水平　肉片　解剖　曲谱　选票　古朴　恐怕　害怕　阿婆　压迫　卧铺　玉瓶

d 本地　判断　名单　幅度　得到　特点　年底　劳动　增大　裁定　苏打　招待　重叠　杀毒　人大　简单　去掉　相等　高等　看淡　华东　阿弟　一旦　卧倒　舞蹈

t 标题　普通　每天　法庭　动态　探讨　农田　邋遢　姿态　磁头　洒脱　粘贴　传统　收条　软糖　践踏　全天　协调　钢铁　开拓　黄土　依托　沃土　梧桐　雨天

g 不过　评估　敏感　傻瓜　入港　机构　奇怪　膝盖　广告　可贵　悔过　阿哥　异国　误工　分割　德干　提高　能够　旅馆　字根　窜改　三公　诸葛　常规　恶棍

k 包括 凭空 马克 反馈 端口 痛苦 纽扣 辽阔 最快 参考 松开 专科 诚恳 书刊 认可 健康 情况 羞愧 感慨 可靠 贺卡 舞客 倭寇 愉快 医科

第八章

擦　音

第一节　北京普通话清擦音格局分析
田　董

一　引言

擦音（fricative）是声道中有阻碍但没有完全闭塞、气流从缝隙中摩擦发出的辅音，一般时长较长。语言界中关于英语和其他语种的擦音研究文献已有很多，但是关于汉语擦音研究的相对较少。擦音研究以 Narty[1]、Norlin[2]等对瑞典语、阿拉伯语等语言的擦音研究为代表，对擦音的谱重心和能量分散程度进行了描写。Svantesson（1896）对汉语普通话的六个擦音（包含 r）进行了声学实验研究。国内早期的擦音研究偏重于单音节擦音的声学特征与音渡现象，如吴宗济、林茂灿[3]（1989）主要介绍了普通话清擦音过渡音征的情况。冉启斌（2008）选用谱重心和能量分散程度两个参量对北京人普通话的清擦音的声学空间重新进行了分析。目前仍缺少有关擦音的大样本实验研究。

近年来，语音格局的理念和方法给我们带来很多启示。由于人们存在性别、年龄、家庭语言环境、文化程度等差异，语音上的表现也是纷繁复杂，但语言格局的分析解决了这些问题，因为语音格局有助于解读

---

[1] Nartey, On fricative phones and phonemes. UCLA Working Papers in Phonetics, 1982.
[2] Norlin, K., Acoustic analysis of fricatives in Cairo Arabic. Working Papers, *Phonetics Laboratory*, 1983.
[3] 吴宗济、林茂灿：《实验语音学概要》，高等教育出版社1989年版。

语音内部"相互联系、彼此一致的对应关系"(石锋，2010)。

二　研究对象及方法

普通话有五个清擦音，即 f [f]、h [x]、s [s]、sh [ʂ]、x [ɕ]。

本次研究采用通过语音实验的方法，定量与定性相结合，在 50 人的擦音样本的基础上建立语音格局并进行规律性总结。本节对擦音声学参量的提取参考的是 Svantesson (1986) 的研究方法。

Svantesson (1986) 对汉语普通话中的六个擦音进行了研究，通过临界带谱可计算出三个声学参量：每个擦音的谱重心 (center of gravity 或 G 值)①，也就是所有临界带内整体最强频率；能量分散程度 (dispersion 或 D 值)，也就是该时间点上能量在整个频率范围内的分散情况；还有就是不同擦音的平均强度级 (mean intensity level)。

Svantesson (1896) 对擦音 D 值和 G 值的测量采用的是对擦音进行快速傅立叶变换 (FFT) 的方法，得到该点的即时功率谱，然后将即时功率谱转换为临界带谱，计算出每隔临界带内的平均强度数值。

谱重心的计算公式 (1) 为：

$$G_x = \sum_{n-2}^{24} n \times 10^{(Xn/10)} / F$$

能量分散程度的计算公式 (2) 为：

$$D_x = \sqrt{\sum_{n-2}^{24} (n-m)^2 \times 10^{(Xn/10)} / F}$$

上述公式中的 F 值为：

$$F = \sum_{n-2}^{24} 10^{(Xn/10)}$$

冉启斌 (2011) 指出语音的强度是相对的，会受到用力程度和录音效果的影响，作为声学参量来说并不稳定。因而，本次实验中我们选择使用频谱重心和能量分散程度这两个较为稳定的声学参量对擦音进行测量。

---

① "The center of gravity is a measure of the overall pitch level of the spectrum, and the dispersion can be regarded as a measure of its flatness." (Svantesson, 1896).

本次研究共采集了 133 位发音人的擦音语料，年龄主要分布在 20—30 岁之间。通过对发音人的性别、家庭语言背景、录制效果等因素的综合考虑，最终提取 50 位有效发音人语料。

为了在语流中考察语音特征，本次实验采用 125 个双字词（见附录 A）。作为研究语料，并且确保后字的辅音为擦音。本次研究对象是北京话中五个清擦音 f［f］、h［x］、s［s］、sh［ʂ］、x［ɕ］，并按照这五个清擦音将双字词分成五组，即 f 组、h 组、s 组、sh 组和 x 组。每个擦音组分别包含 25 个双字词，每个双字词中的后字都是以该擦音为辅音的，因而我们总共得到了 25×5＝125 个双字词，组成了本次实验的发音字表。

同时，我们选取日常生活中使用较频繁的词语，并根据已有测试的实际情况，将多音字和易错字的拼音标注在字表上，以避免发音人误读。

我们首先使用 Cooledit 录制语料，利用 Goldwave 切分擦音样本；然后利用 Mini-Speech-Lab 提取擦音的 G、D 值；接着使用 Excel 录入数据，并从性别和家庭语言环境角度进行分类统计；最后利用 R-Studio 软件进行了差异性检验。

三 实验结果

本次实验共提取出了 50×5×25×2＝12500 个数据，并建立起 G－D 二维坐标来表现出五个清擦音的相对位置及空间分布。本章节将从总体统计结果、性别角度和新老北京人角度三个方面阐述实验结果。

（一）总体统计结果

我们先对样本进行了总体统计，每个擦音都有 50×25＝1250 个样本。我们对 50 位北京人五个清擦音的 G 值、D 值的平均值、标准差及变异系数[①]（Coefficient of Variation）进行了计算（表 8—1）。

[①] 变异系数可以消除平均数不同对数据变异程度的影响。计算公式：变异系数 C·V＝（标准差 SD／平均值）×100%，变异系数越大说明数据的离散程度越大，反之亦然。

表8—1　　　　　　　　北京人普通话擦音数据表

擦音声学参量	谱重心 平均值	样本数	标准差	变异系数	分散程度 平均值	样本数	标准差	变异系数
f	15.5	1250	3.8	24.5%	4.0	1250	1.5	37.5%
h	11.1	1250	3.9	35.1%	4.2	1250	1.7	40.5%
s	19.3	1250	1.8	9.3%	2.0	1250	1.2	60.0%
sh	17.8	1250	1.4	7.9%	2.3	1250	0.7	30.4%
x	19.3	1250	1.5	7.8%	1.7	1250	0.8	47.1%

由表8—1可知，北京人普通话擦音sh、x的谱重心变异系数较小，数据离散程度较小；f、h变异系数较大，数据的离散程度较大。北京人普通话擦音能量分散程度的变异系数范围整体较高，说明离散程度整体偏大；sh的能量分散程度数据的变异系数最小，数据离散程度最小；而s变异系数最大，数据的离散程度最大。

我们根据表8—1中五个清擦音分别的G值平均值和D值平均值，以G值为横坐标，D值为纵坐标，可以得到一个二维的擦音声学空间图（图8—1）。

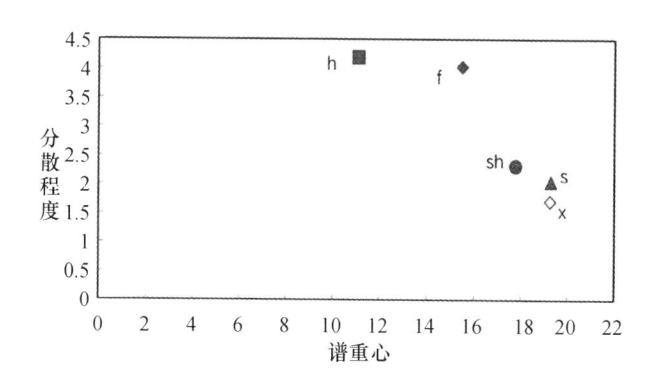

图8—1　北京普通话擦音声学空间图（50人）

图8—1表现出五个清擦音的声学空间上的分布，但为了显示出数据的主体分布范围，还需通过均值加减标准差公式（8—3）得出数据主体

分布的区间。

$$G_{max} = G_{mean} + d \quad D_{max} = D_{mean} + d$$
$$G_{min} = G_{mean} - d \quad D_{min} = D_{mean} - d$$

在图8—1的基础上，以五个清擦音G值和D值的平均值为中心，以上下限为范围顶点，可以得到五个清擦音的擦音空间图（图8—2）。

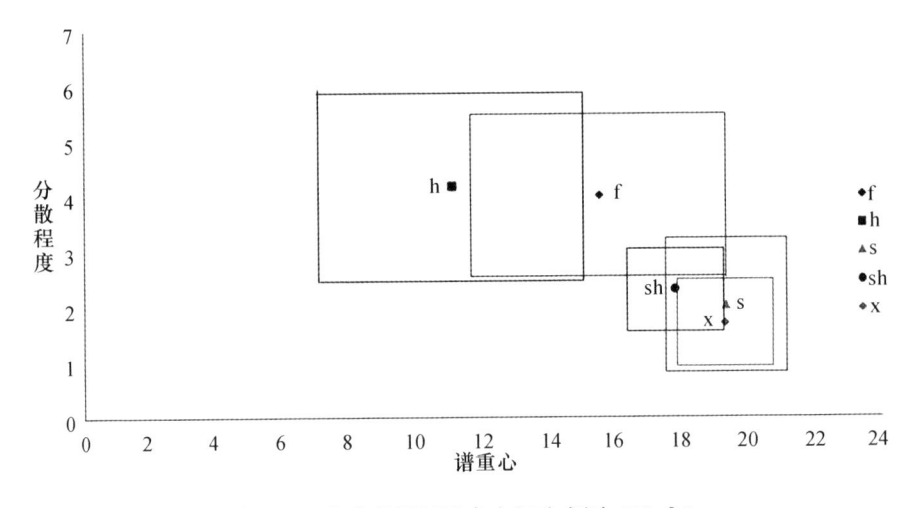

图8—2　北京普通话擦音空间分布图（50人）

在擦音空间图中，五个擦音都有自己的分布空间，也存在重合的地方；其中，f和h的分布范围较为独立，集中在空间图的中部，可称作外围擦音[①]；sh、s、x的分布范围则较小也较为集中，重合比例大，分布在空间图右下部，可称作内部擦音。h、f、sh在分布范围上虽略有重合，但具有明显差异；而x的分布范围则包含在s的分布范围中，差异性不明显。

根据图8—2清擦音分布范围面积的大小，我们也可以大致推出各个擦音数据的集中程度。其中，分布范围面积较大的是h和f，数据集中程度小；h分布范围最大，集中程度最小；分布范围面积较小的是sh、s、x，集中程度较大，其中sh数据集中程度最大。

---

① 石锋、冉启斌、王萍：《论语音格局》，《南开语言学刊》2010年第1期。

以上分析的擦音空间分布图（图8—2）各个擦音间存在重合，不能够体现擦音之间的相对关系。"由于一种语言中的音位自成格局，其相互关系和格局更适合在一个发音人当中进行考察。进行归一化处理才能消除个体差异，使语音的共有特性彰显出来。"（石锋老师讲授）。因此，为了更加清晰地表现出五个擦音的相对位置，我们利用归一化公式对表8—1的数据进行归一化处理。

$$G = (Gx - Gmin) / (Gmax - Gmin) \times 100$$
$$D = (Dx - Dmin) / (Dmax - Dmin) \times 100$$

其中 Gmax 表示 5 个擦音中谱重心的最大值，Gmin 表示最小值，Gx 为某个擦音的谱重心值。（冉启斌，2011）根据归一化处理的数据，我们可以得到北京人普通话擦音格局图（图8—3）。

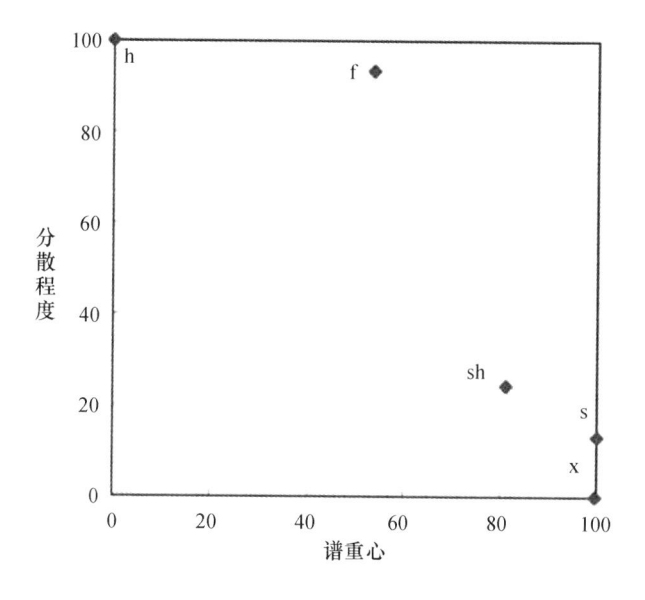

图8—3　北京普通话擦音声学格局图（50人）

通过对比看到，图8—3和图8—1中的擦音分布情况基本一致。图8—3则更为清晰地表现出了五个清擦音在声学格局中的相对位置。其中，h的谱重心最低，能量分散程度最高；f的谱重心比h高，能量分散程度与h差不多，略低于h；sh的谱重心处于中间位置；s的谱重心最高,能量分散程度很低;x 的能量分散程度最低,谱重心和 s 差不多,略低于 s。

(二) 男女发音人对比分析

本小节主要考察的是性别因素对擦音的影响。本次实验共统计了 50 位北京发音人,其中有 25 位女性,25 位男性。

首先统计了 25 位北京女性,每个擦音都有 25×25=625 个样本,我们对 25 位女性发音人五个清擦音 G 值、D 值的平均值、标准差及变异系数进行了测量,得到了以下数据(表 8—2)。

表 8—2　　　　　　女性发音人普通话擦音数据表(25 人)

擦音 声学参量	谱重心				分散程度			
	平均值	样本数	标准差	变异系数	平均值	样本数	标准差	变异系数
f	15.35	625	3.8	24.8%	4.1	625	1.4	34.1%
h	10.8	625	3.8	35.2%	4.1	625	1.7	41.5%
s	19.2	625	1.9	9.9%	2.1	625	1.2	57.1%
sh	17.9	625	1.4	7.8%	2.2	625	0.7	31.8%
x	19.5	625	1.5	7.7%	1.7	625	0.8	47.1%

由表 8—2 可得到女性发音人的擦音数据,与表 8—1 的情况大致相同,不再赘述。以 G、D 为横纵坐标,我们可以得到女性发音人擦音的分布图(图 8—4)。

图 8—4 和图 8—1 叠加后,可得到 25 位女性发音人擦音分布与 50 位发音人总体分布的对比图(图 8—5)。

由图 8—5 可知,女性擦音格分布与总体分布基本一致,只是略有差别。总体擦音分布图中 h 的 D 值最高,而女性擦音分布图中 f 的 D 值趋近于 h;总体擦音分布图中谱重心最大的是 s,而在女性擦音分布图中 x 的谱重心最大。此外,女性擦音分布图中 h、sh 的能量分散程度略有减小,s、f 的能量分散程度略有增加,从而稍微降低了 sh、s、x 的差异以及 f 和 h 的差异,且 h、f、s 的谱重心略有降低,sh、x 的谱重心略有增大,从而使 s 与 x 在谱重心上的差异略有增大。

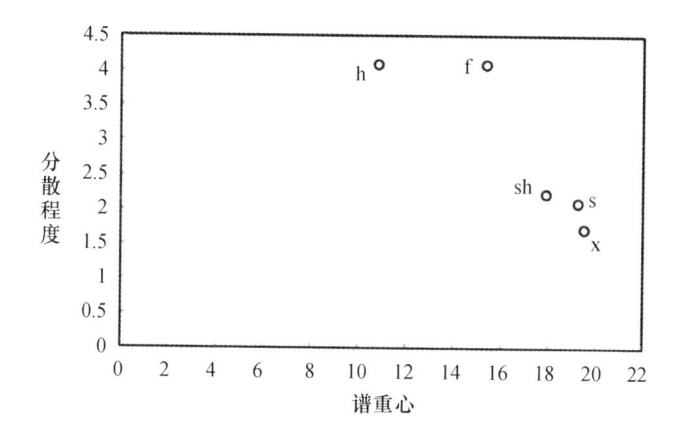

图8—4 女性发音人普通话擦音分布图（25人）

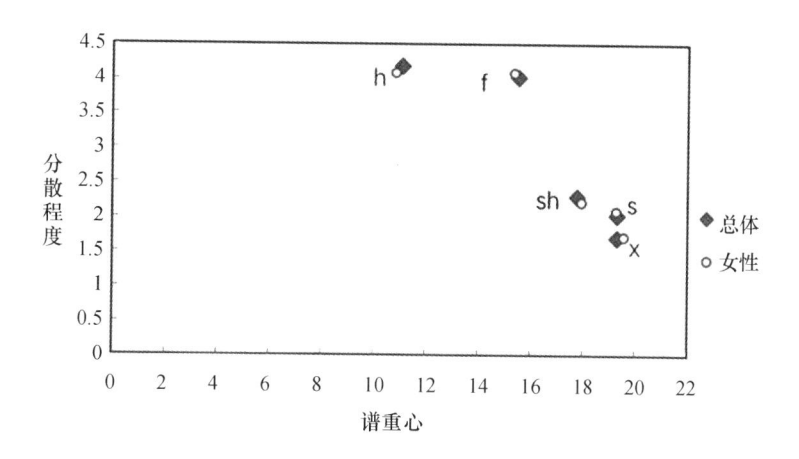

图8—5 女性擦音分布与总体分布对比图

根据25位女性发音人五个清擦音的G值、D值平均值及标准差的统计结果（方法同上），可以得出女性发音人擦音的声学空间分布图（图8—6）。

由图8—6可知，h、f、sh、s和x的空间分布与图8—2基本保持一致。s的空间范围形状稍有变化，由于能量分散程度的变异系数略有降低，因此纵向空间范围有所缩小，与x的分布范围右下处重合得更为紧密。

350 / 第三编 辅音研究

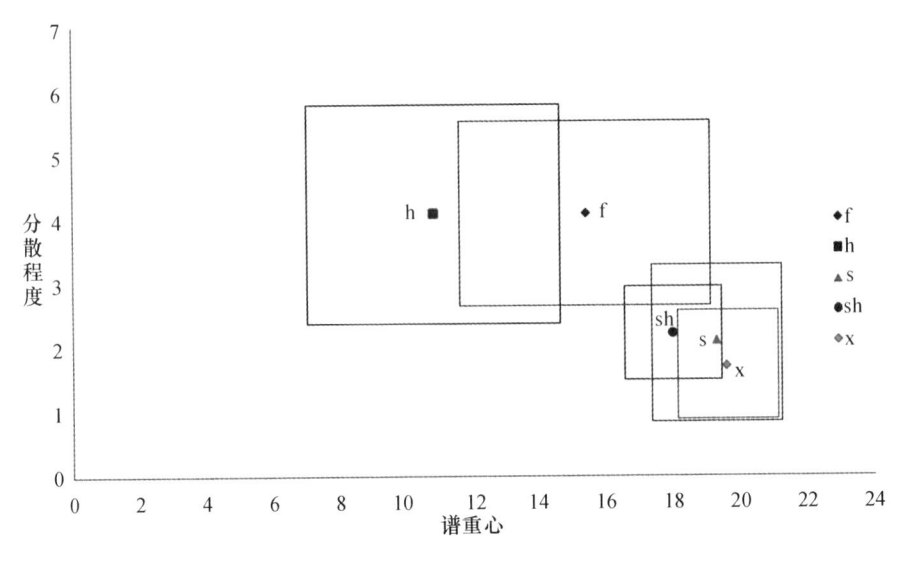

图8—6 女性发音人普通话擦音声学空间分布图（25人）

然后统计了25位北京男性，每个擦音都有 25×25=625 个样本，我们对25位男性发音人五个清擦音的 G 值、D 值的平均值、标准差及变异系数进行了测量，得到了以下数据（表8—3）。

表8—3　　　　　　　男性发音人普通话擦音数据表（25人）

擦音声学参数	谱重心 平均值	样本数	标准差	变异系数	分散程度 平均值	样本数	标准差	变异系数
f	15.7	625	3.9	24.8%	4.0	625	1.5	37.5%
h	11.4	625	4.1	36.0%	4.3	625	1.7	39.5%
s	19.4	625	1.7	8.8%	2.0	625	1.2	60.0%
sh	17.6	625	1.4	8.0%	2.4	625	0.7	29.2%
x	19.0	625	1.3	6.8%	1.7	125	0.7	41.2%

由表8—3可知，h、f、sh、s 和 x 的空间分布与表8—1大体一致，能量分散程度变异系数略低于总体水平。以 G、D 为横纵坐标，我们可以

得到男性发音人的擦音分布格局图（图8—7）。

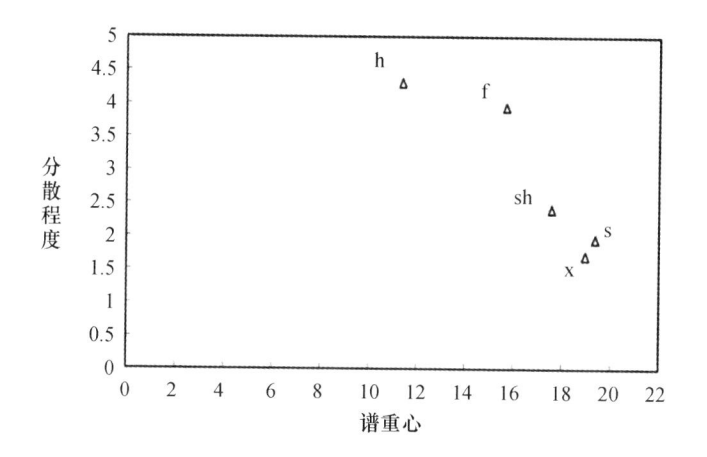

图8—7 男性发音人普通话擦音分布图 25 人

图8—7 和图8—1 叠加后，可得到 25 位男性发音人擦音分布与 50 位发音人总体分布的对比图（图8—8）。

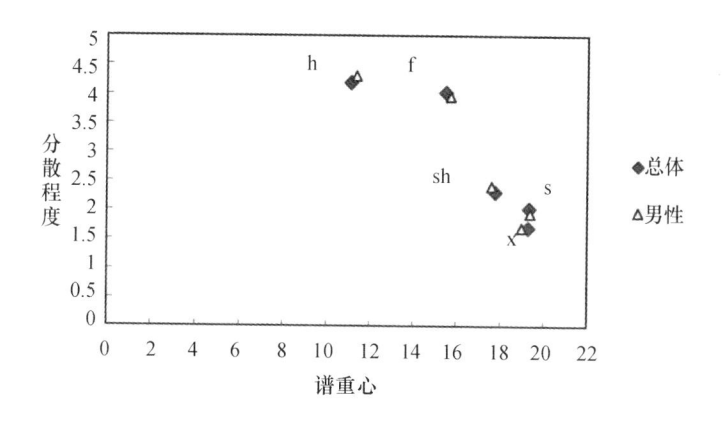

图8—8 男性擦音格局与总体格局分布对比图

由图8—8 可知，男性擦音分布与总体分布基本一致，只是略有差别。其中，与总体擦音分布图一致的是，h 和 f 高度较高，位置靠左，sh、s、x 高度较低，位置靠右；h 依然保持最高最左的位置，谱重心最小，分散程度最高；x的高度最低，分散程度最低；s最靠右，谱重心最大。与总体分布图差异较明显的包括总体擦音分布图中f的分散程度略低于h，而在男性擦音分布图中f的分散程度略为降低，h的分散程度略有提升，因此h和f在分散程度上的差异略有增加；在总体擦音分布图中s与x的谱重心非常接近，x稍低于s，但在男性擦音分布图中，x的谱重心有所降低，从而稍微拉开了与s的水平距离。其他的差异还包括男性擦音分布图中h、sh、x的分散程度略有增高，而f、s的分散程度略为降低，这与女性擦音分布情况是相反的；h、f的谱重心略有增高，sh、x的谱重心略有降低，这与女性擦音分布情况也是相反的。

根据25位男性发音人五个清擦音的G值、D值平均值及标准差的统计结果（方法同上），可以得出男性擦音声学空间分布图（图8—9）。

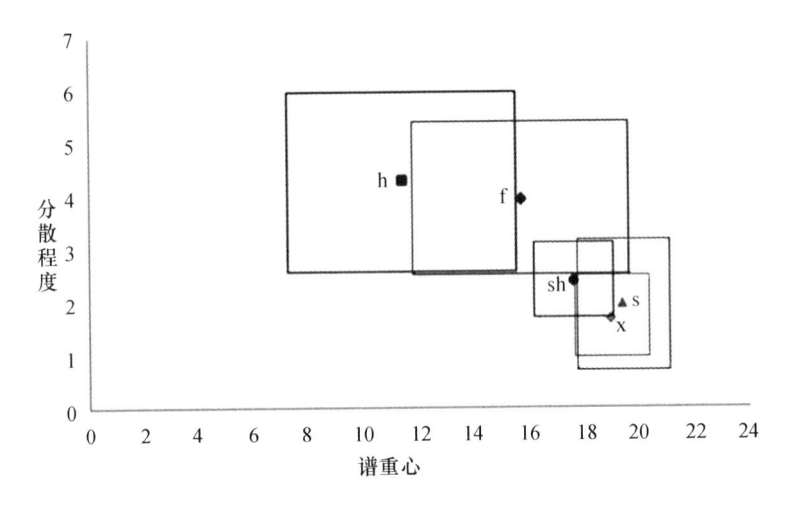

图8—9 男性发音人普通话擦音空间分布图（25人）

由图8—9可知，h、f、sh、s和x的空间分布与图8—2基本保持一致，但存在一些差别。由对比可知，图8—2总体擦音空间分布图中x的分布范围包含在s的分布范围中，而男性擦音空间分布图中x谱重心和分散程度的变异系数都有所降低，因而男性擦音x数据的离散程度低于总体擦音数据。另外，男性擦音空间分布图中，x和s的谱重心变异系数都有所降低,但 x 的降低幅度大于 s,因此在男性擦音空间分布图上 x 的分布范围超出了 s 分布范围的左侧;男性发音人擦音 f 的分散程度变异系数有所降低,因此在分布范围上超出了 h 分布范围的下限。

我们进一步对男女性擦音数据进行对比,并结合已有研究探讨性别因素对擦音的影响。将图 8—7 和图 8—4 叠加,可以得到男女性擦音分布对比图(图 8—10)。

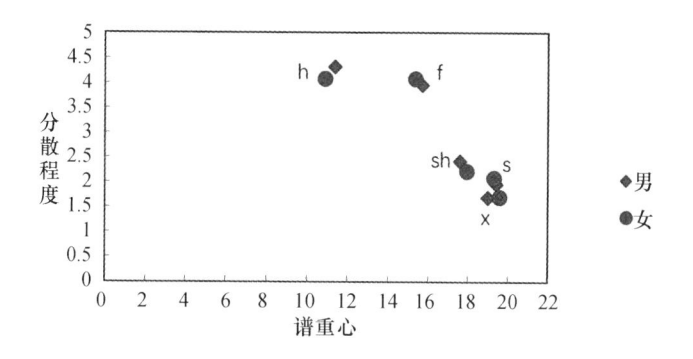

图 8—10 男女发音人普通话擦音分布对比图

由图 8—10 可知,男女擦音分布情况基本一致,但也存在一定的差异。男女发音人的擦音分布相似之处包括 h 和 f 高度较高,位置靠左,sh、s、x 较低,位置靠右且较集中。差异之处包括男性擦音分布中两个外围擦音的区分性以及三个内部擦音的区分性都比女性更明显。具体而言,男性擦音分布中的 h 与 f 的能量分散程度的区分性比女性要大,sh、s、x 在谱重心和能量分散程度上的差异也都比女性大,反映在图中则表现为女性擦音分布中的 h、f 的高度更为接近,sh、s、x 分布得也更为接近。

为了对男女发音人的擦音空间分布范围进行对比,我们将图 8—6 和图 8—9 叠加,可以得到男女擦音空间对比布图(图 8—11.1—图 8—11.5)。

354 / 第三编 辅音研究

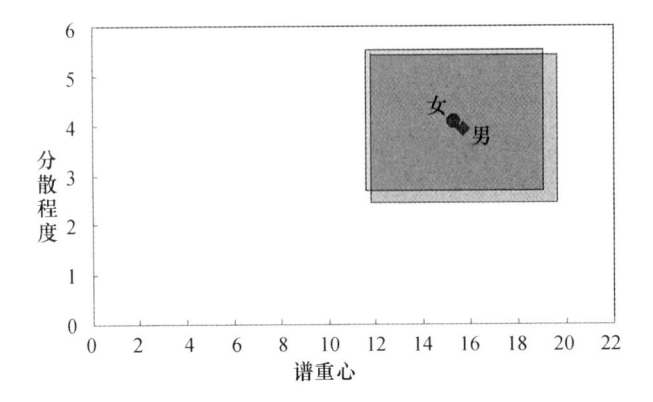

图 8—11.1 擦音 f 男女对比分图

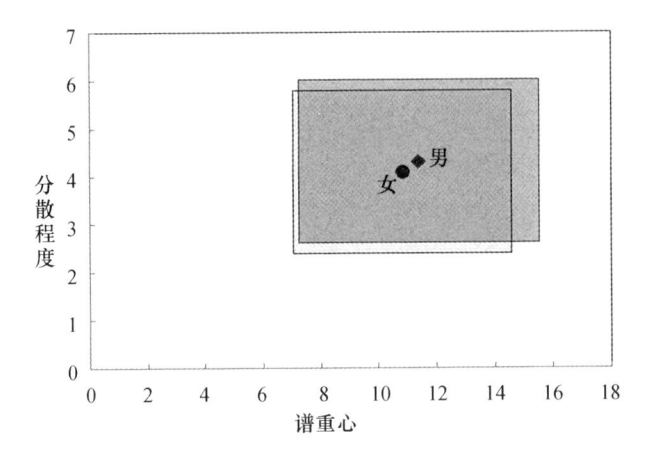

图 8—11.2 擦音 h 男女对比分图

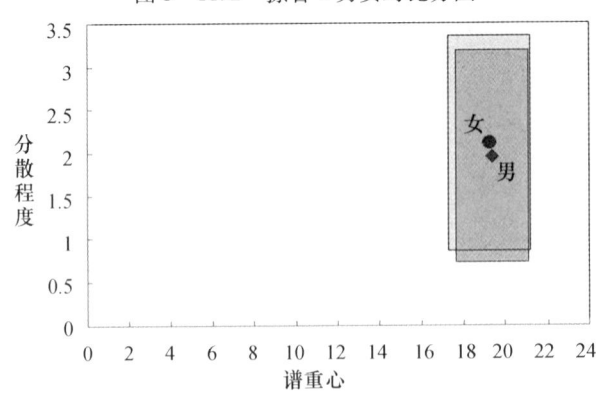

图 8—11.3 擦音 s 男女对比分图

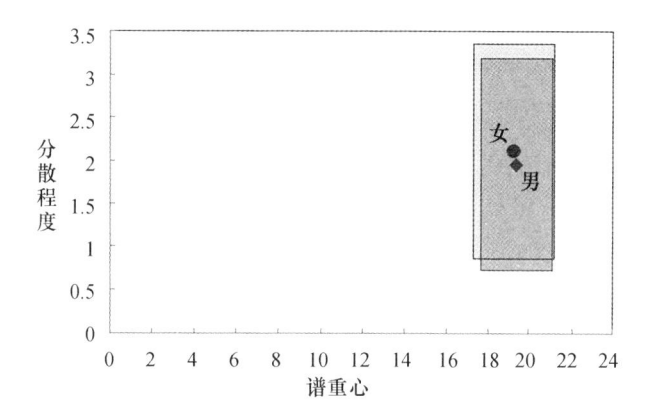

图 8—11.4 擦音 sh 男女对比分图

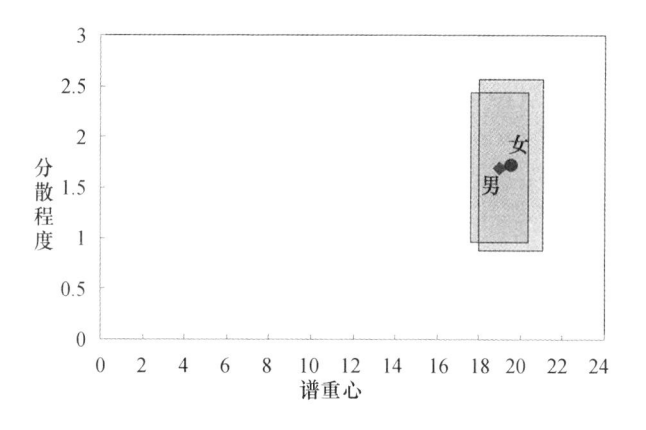

图 8—11.5 男女擦音 x 对比分图

图 8—11 男女发音人北京话擦音空间对比布图

由图 8—11 可知五个清擦音 f、h、s、sh、x 分别的男女空间分布对比情况，男女不同擦音的空间分布情况趋同，但也存在细微差别。由图 8—11.1 可知，女性擦音 f 整体上的能量分散程度比男性稍大，谱重心比男性稍低，且数据集中程度比男性高。由图 8—11.2 可知，女性擦音 h 整体的能量分散程度和谱重心略低于男性，且数据集中程度比男性高。由图 8—11.3 可知，女性擦音 s 的空间分布整体的能量分散程度比男性稍高，谱重心比男性稍低，且数据集中程度比男性低。由图 8—11.4 可知，女性擦音 sh 整体的能量分散程度比男性低，谱重心比男性稍高，数据集中程度和男性的差不多。由图 8—11.5 可知，女性擦音 x

整体的能量分散程度比男性稍大,谱重心比男性稍高,且数据的集中程度比男性低。

(三) 新老北京人对比分析

在以往有关北京人的语音研究中,新老北京人的划分标准存在两种。一个划分标准为"老北京人的父母双方均为北京人,并且本人在北京长大,新北京人的父母双方或一方不是北京人,但本人在北京长大"[①]。另一个划分标准为"老北京人指三代以上都在北京居住的北京原住民,只要不是三代以上的老北京人都定义为北京的外来人"[②]。本次实验采用第一种划分标准,共统计了50位北京发音人,包括25位新北京人和25位老北京人。

1. 新北京人擦音格局分析

本次实验共统计了25位新北京人,每个擦音都有 $25 \times 25 = 625$ 个样本,我们对25位新北京人五个清擦音的谱重心、能量分散程度的平均值、标准差及变异系数进行了测量,得到了以下数据(表8—4)。

表8—4　　　　　　　新北京人普通话擦音数据表

擦音 声学参量	谱重心				分散程度			
	平均值	样本数	标准差	变异系数	平均值	样本数	标准差	变异系数
f	15.9	625	3.8	23.9%	3.9	625	1.5	38.5%
h	11.5	625	4.0	34.8%	4.3	625	1.7	39.5%
s	19.5	625	1.5	7.7%	2.0	625	1.2	60%
sh	17.8	625	1.3	7.3%	2.2	625	0.7	31.8%
x	19.4	625	1.4	7.2%	1.6	625	0.7	43.8%

由表8—4可得到新北京人的擦音数据,与表8—1的情况大致相同,谱重心的变异系数整体上有所减少。以 G 值和 D 值为横纵坐标,我们可以得到新北京人擦音的分布图(图8—12)。

[①] 石锋、王萍:《北京话单字音声调的分组统计分析》,《当代语言学》2006年第4期。
[②] 茹菲、张维佳:《北京常用方言词语的色彩评价与使用情况关系的调查研究》,《语文研究》2013年第3期。

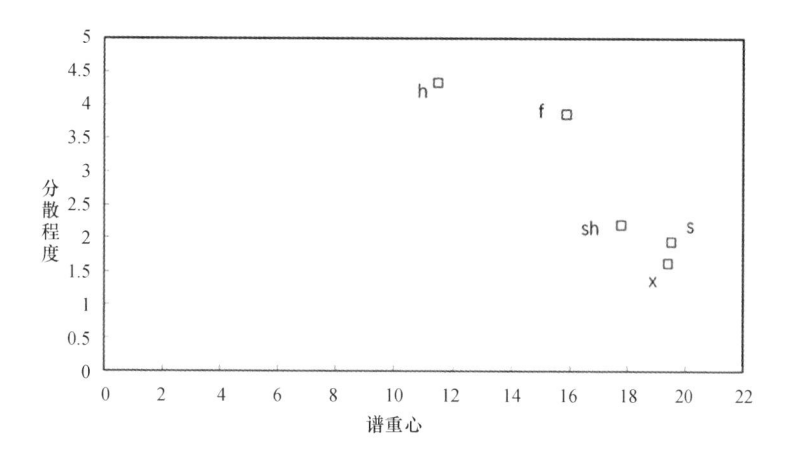

图 8—12　新北京人普通话擦音分布格局图（25 人）

图 8—12 和图 8—1 叠加后，可得到 25 位新北京人擦音分布与 50 位发音人总体分布的对比图（图 8—13）。

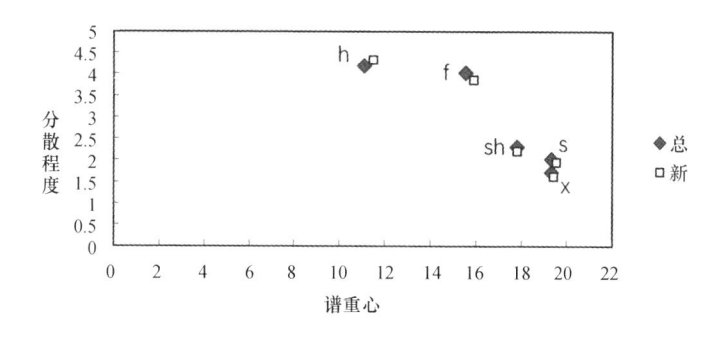

图 8—13　新北京人擦音格局与总体格局分布对比图

由图 8—13 可知，新北京人擦音分布与总体擦音分布基本一致。和总体分布图相比，新北京人擦音分布图中 f 与 h 的能量分散程度的差别更大，s 与 x 的谱重心的差别也略高于总体水平。从纵轴看，除了新北京人的 h 的能量分散程度比总体水平高，另外四个擦音 f、sh、s、x 则低于总体水平。从横轴看，新北京人的五个清擦音的谱重心都高于总体水平。

2. 新北京人擦音空间分析

根据 25 位新北京人五个清擦音的 G 值、D 值平均值及标准差的统计结果，可以得出新北京人擦音的声学空间分布图（图8—14）。

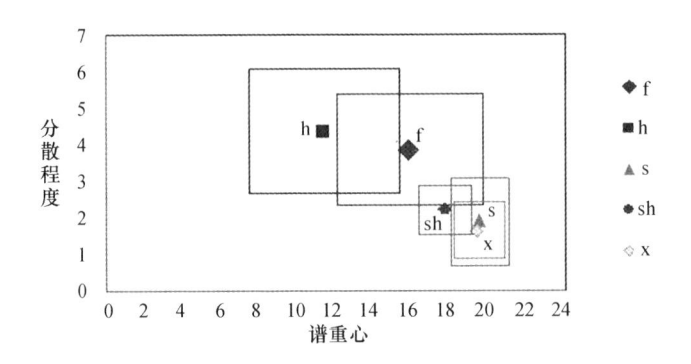

图8—14　新北京人普通话擦音空间分布图（25人）

由图8—14可知，h、f、sh、s和x的空间分布与图8—2基本保持一致，也存在细微差别。f的空间范围超出了h分布范围的下限；新北京人擦音f的空间范围与x的空间范围发生了重合，这是由于虽然x能量分散程度变异系数降低了，但是f能量分散程度变异系数加大的幅度大于x减少的幅度。

3. 老北京人擦音格局分析

本次实验共统计了25位老北京人，每个擦音都有25×25=625个样本，我们对25位老北京人五个清擦音的谱重心、能量分散程度的平均值、标准差及变异系数进行了测量（表8—5）。

表8—5　老北京人普通话擦音数据表（25人）

擦音声学参量	谱重心 平均值	样本数	标准差	变异系数	分散程度 平均值	样本数	标准差	变异系数
f	15.1	625	3.9	25.8%	4.2	625	1.4	33.3%
h	10.7	625	4.0	37.4%	4.0	625	1.7	42.5%
s	19.0	625	2.2	11.6%	2.2	625	1.3	59.1%
sh	17.7	625	1.5	8.5%	2.4	625	0.8	33.3%
x	19.1	625	1.5	7.9%	1.8	625	1.0	55.6%

由表8—5可知，h、f、sh、s和x的空间分布与表8—1大体一致，谱重心变异系数高于总体水平，能量分散程度变异系数低于总体水平。以G值和D值为横纵坐标，我们可以得到老北京人的擦音分布图（图8—15）。

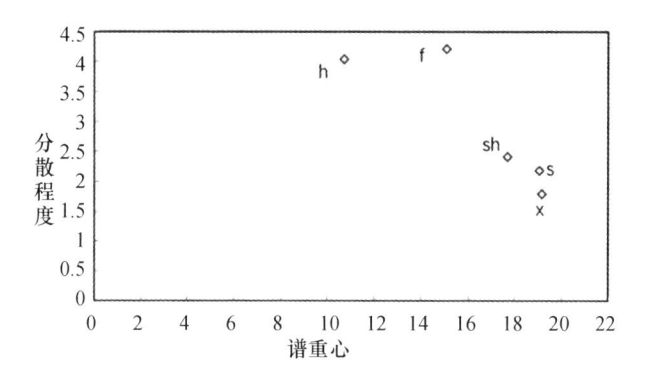

图8—15 老北京人普通话擦音分布图（25人）

图8—15和图8—1叠加后，可得到25位老北京人擦音分布与50位发音人总体分布的对比图（图8—16）。

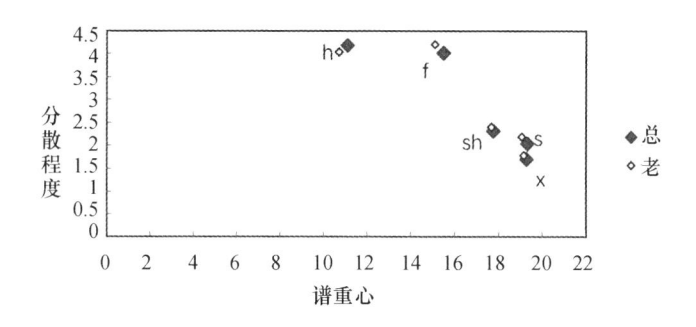

图8—16 老北京人擦音分布与总体分布对比图

由图8—16可知，老北京人擦音分布与总体擦音分布基本一致，但也存在一些不同。其中，与总体擦音分布图（图8—1）一致的是，h和f高度较高，位置靠左，sh、s、x高度较低，位置靠右；其中，x的高度最低，分散程度最低。与总体分布图较明显的差异为总体擦音分布图中 h 的高度最高，而在老北京人擦音分布图中 f 的高于 h，即 f 分散程度最高；总体擦音分布图中 s 的位置最靠右，而在老北京人擦音分布图中 x 的位置比 s 更靠右，即 x 谱重心最大。和总体擦音格局相比，其他的差异还包括老北京人的 f、s、sh、x 的高度都略有增高，h 的高度略有降低，说明老北京人除了 h 的分散程度降低了，其他四个擦音的分散程度都比总体擦音格局增高了，这与新北京人的情况是相反的；老北京人的 h、f、sh、s、x 的位置都向左偏移了，说明五个清擦音的谱重心都有所减小，这与新北京人的情况也是相反的。

4. 老北京人擦音空间分析

根据 25 位老北京人五个清擦音的 G 值、D 值平均值及标准差统计结果，可以得到老北京人擦音声学空间分布图（图 8—17）。

由图 8—17 可知，h、f、sh、s 和 x 的空间分布与图 8—2 基本保持一致，只有一些细微的差别。由对比可知，老北京人的 f 分布范围整体有所提高，是由于 f 的分散程度均值有所增加；图 8—2 总体擦音空间的分布中 f 分布范围最右侧是位于 sh 分布范围的右边，而老北京人擦音空间分布中 sh 分布范围是超出了 f 分布范围右侧，这是由于 f 的谱重心变异系数有所减小，而 sh 的谱重心变异系数有所增大。另外，sh、x 的面积都有所增大，是由于 sh、x 的谱重心和分散程度变异系数都有所增加，说明数据的离散程度比总体擦音空间数的离散程度大；s 的形状发生了变化，是由于 s 的分散程度变异系数有所减小，谱重心变异系数虽有所增加，整体上面积变化不大，说明 s 数据的离散程度与总体擦音空间的 s 差不多。

5. 新老北京人对比情况

我们进一步对新老北京人的擦音数据进行对比，并结合已有研究探讨语言环境对擦音的影响。将图 8—15 和图 8—12 叠加后，我们得到了新老北京人擦音分布对比图（图 8—18）。

由图 8—18 可知，新老北京人在分布格局上具有一致性，但也具有明显的差别。二者相似之处包括 h 和 f 高度较高，位置靠左，sh、s、x 高度较低，位置靠右且较集中。新老北京人的擦音分布中最明显的差异体现在两个外围擦音上，新北京人擦音格局中 h 的能量分散程度最高，而老

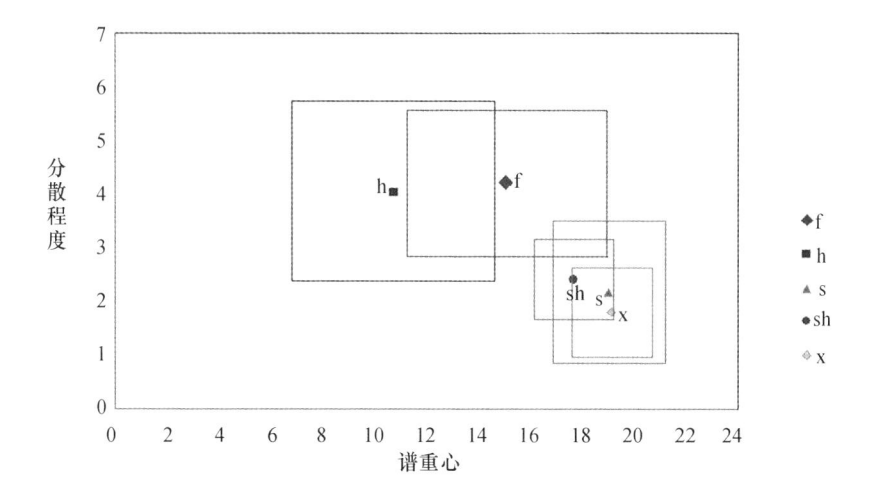

图 8—17 老北京人普通话擦音主体分布范围图（25 人）

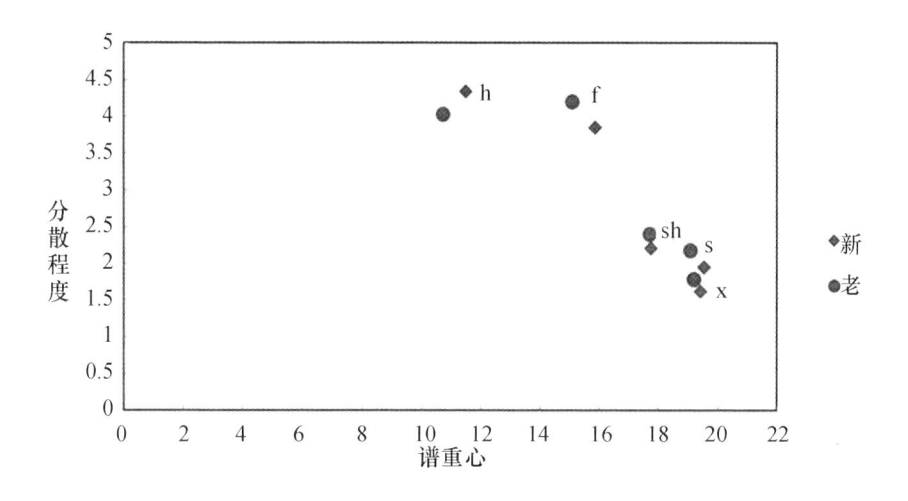

图 8—18 新老北京人普通话擦音分布对比图

北京人擦音格局中 f 的能量分散程度最高。此外，除 h 之外，新北京人四个清擦音的能量分散程度比老北京人的低，新北京人的五个清擦音的谱重心都比老北京人稍大些。

为了对新老北京人擦音空间分布范围进行对比，我们将图 8—17 和图 8—14 分布叠加，可以得到新老北京人擦音空间对比分图（图 8—19.1—图 8—19.5）。

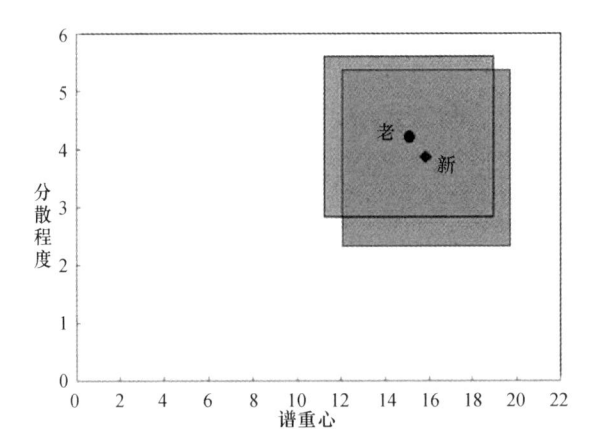

图 8—19.1 擦音 f 新老北京人对比分图

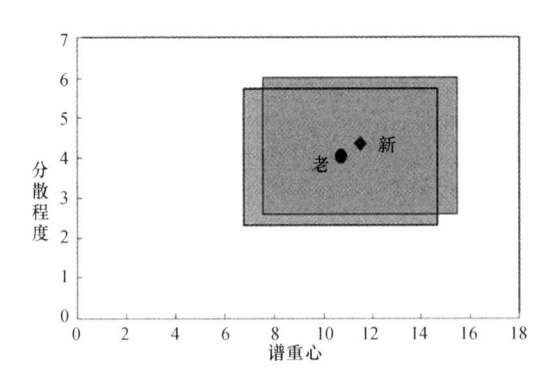

图 8—19.2 擦音 h 新老北京人对比分图

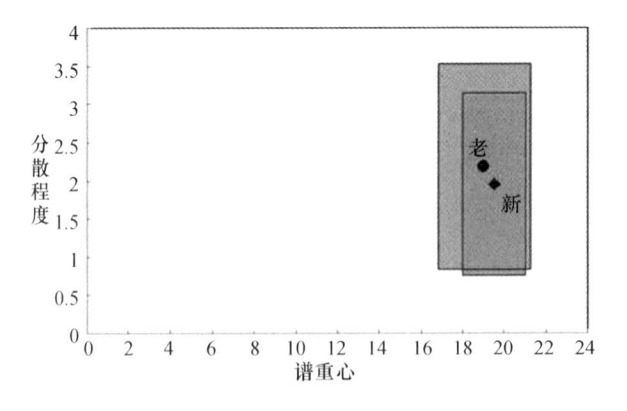

图 8—19.3 擦音 s 新老北京人对比分图

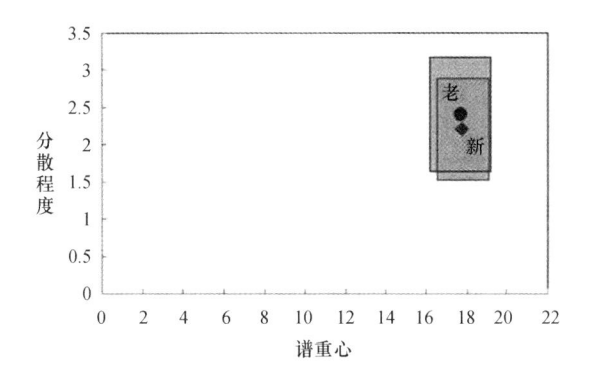

图 8—19.4 擦音 sh 新老北京人对比分图

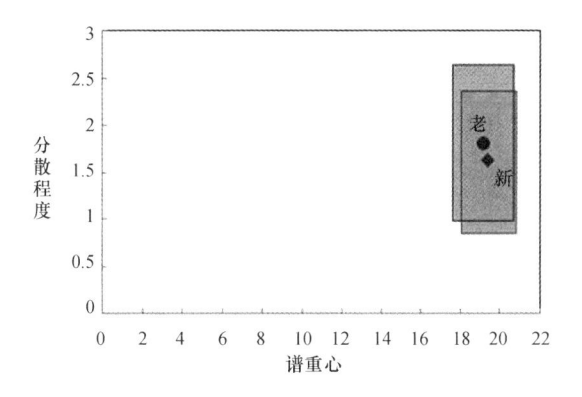

图 8—19.5 擦音 x 新老北京人对比分图
图 8—19 新老北京人北京话擦音空间对比分图

由图 8—19 可知新老北京人五个清擦音 f、h、s、sh、x 分别的空间分布对比情况，新老北京人擦音空间分布大体一致，但也存在一定差别。由图 8—19.1 可知，老北京人擦音 f 整体上的能量分散程度略高于新北京人，谱重心比新北京人稍低，并且数据集中程度低于新北京人。由图 8—19.2 可知，老北京人擦音 h 整体的能量分散程度比新北京人小，谱重心比新北京人稍低，集中程度和新北京人差不多。由图 8—19.3、图 8—19.4、图 8—19.5 可知，老北京人擦音 s、sh、x 的空间分布整体的能量分散程度高于新北京人，大部分数据的谱重心比新北京人低，数据集中程度比新北京人低。

四 研究讨论

(一) 北京人普通话擦音总体分析结论

本次北京人普通话擦音实验总体结果的主要结论包括：在五个清擦音中，h、x、s 具有极端性；其中 h 的谱重心最低，能量分散程度最高；s 的谱重心最高，能量分散程度很低；x 谱重心很高，能量分散程度最低。

究其原因，擦音 h、x、s 的极端性是其声学特性的反映也是由发音生理状态决定的。h 为舌根与软腭接近而产生的摩擦，"摩擦缝隙较大，属于柔性的摩擦；s 是由舌尖和齿龈产生摩擦，缝隙面积较小，齿龈含有骨质较硬，属于刚性的摩擦"[①]。此外，f 是唇齿擦音，开口时缝隙也较大，因此 h、f 具有共性，即"摩擦缝隙较大，气流接近平流[②]……在高频区以及在某个频率范围上的能量都降低了，这样就造成整个谱的重心下降，能量的分散程度增加"（冉启斌，2008）。x 是舌面前部与含骨质的硬腭前部构成阻碍，sh 为舌尖与齿龈后接近构成阻碍，与 s 具有共性，摩擦缝隙都较小，形成湍流，且比 f、h 更需要保持舌肌前部紧张状态，因此能量分散程度较小。

本节中，f 和 h 的能量分散程度差不多，这与以往研究结果相符，但在对不同因素进行考察时，不同对象的 h 与 f 能量分散程度可能存在差异。另外，在本次实验中，擦音 f 在横坐标谱重心的相对位置和以往研究有所差别。Svantesson（1986）和冉启斌（2008）建构的擦音格局图中，f 的谱重心均高于 sh，而本次实验中擦音 f 的谱重心低于 sh。究其缘由，《北京人普通话擦音格局分析》一文中提到了"f 具有游移性"（冉启斌，2011），因此 f 的谱重心的位置并不稳定。本次实验中，s 和 x 的谱重心和能量分散程度差不多，和以往研究结果相符，但在格局图中的相对位置和以往研究有细微差别。《论语音格局》（石锋等，2010）建构的擦音格局中 s 的能量分散程度最低，而本次实验构建的擦音格局中 x 的能量分散程度最低。其中的原因可能是由于以往研究是在一个发音人或几个发音

[①] 冉启斌：《辅音声学格局研究》，《当代外语研究》2011 年第 9 期。
[②] 阻碍缝隙和气流速度越大则摩擦噪声越强，为湍流，反之，为平流。

人当中进行考察的,而本次实验是在 50 人大样本的基础上进行考察的,因此统计结果存在一定差别。

(二) 男女发音人擦音对比分析结论

性别因素对擦音的影响较小,男女发音人擦音在谱重心和能量分散程度上有细微差别,但性别因素对擦音的影响并不显著。

在擦音格局上,性别因素对擦音的影响主要体现在两个内部擦音 s 和 x 谱重心的比较上:女性发音人 x 的谱重心更高,男性发音人 s 的谱重心更高。此外,女性的外围擦音 h 和 f 的谱重心都略低于男性,且男性擦音分布格局中两个外围擦音的区分性以及三个内部擦音的区分性都比女性更明显。另外,我们还发现女性 f、h 发音更为稳定,男性的 s、x 发音更稳定。

已有研究表明,性别对擦音时长和谱峰值位置(spectral peak location)具有一定影响。Elina Nirgianaki[①]认为性别因素尽管差异不显著,女性发音人在发口腔前部构成阻碍的擦音时比男性发音人的时长要长,而男性发音人在发由肺、腭、软腭构成阻碍的擦音时比女性发音人的更长[②]。此外,Elina Nirgianaki(2014)的研究表明性别因素对谱峰值位置有显著影响,由女性产生的擦音谱峰值(4947 赫兹)高于由男性产生的擦音谱峰值(3919 赫兹)[③]。性别因素对擦音的影响主要是由男女的发音位置的生理因素决定的。生理因素对谱重心和能量分散程度的具体影响还需未来更进一步的探讨。

(三) 新老北京人擦音对比分析结论

我们发现新老北京人擦音数据的结果也具有一些明显的差别,可见

[①] Nirgianaki, E., Acoustic characteristics of Greek fricatives. *Journal of The Acoustical Society of America*, Vol. 135, No. 5, 2014.

[②] "A place gender interaction indicated that although differences were not significant, female speakers produced the front articulated fricatives longer than male speakers and male speakers produced the alveolar, palatal, and velar fricatives longer than female ones." (Elina Nirgianaki, 2014)

[③] "Voicing had a significant effect on spectral peak location; voiced fricatives were characterized by spectral peaks at lower frequency (4090 Hz) than voiceless ones (4776Hz). Gender also had a significant effect on spectral peak location [F (1, 828) 1/4 94.843, p < 0.0001, g2 1/4 0.064], indicating that fricatives produced by females had spectral peaks at higher frequency (4947 Hz) than fricatives produced by males (3919Hz)." (Elina Nirgianaki, 2014)

家庭语言环境因素对擦音的影响比性别因素对擦音的影响稍大。

在擦音格局中，家庭语言环境因素对擦音的影响主要体现在两个外围擦音 h 和 f 能量分散程度的对比上：老北京人 f 的能量分散程度更高，新北京人 h 的能量分散程度更高。此外，老北京人的五个清擦音谱重心都比新北京人低，除了 h 之外的四个清擦音能量分散程度都比新北京人高。另外，新北京人的擦音数据普遍比老北京人集中，非常值得探讨。

正如石锋（2006）在北京人普通话单字音声调的研究中得出结论：母语方言的发音跟非母语方言的发音是有区别的[1]。新老北京人的擦音特点也存在一定的差异，而其中更深层次的原因和规律还需进一步探索。

五 结语

本节在大样本数据的基础上，对 50 位北京人五个清擦音进行了语音实验分析，对每个擦音的两个声学参量即谱重心 G 值和能量分散程度 D 值进行了测量和统计，分别做出 G-D 二维声学格局和空间分布图，对每个清擦音的谱重心和能量分散程度都进行了描述，并结合变异系数探讨了每个清擦音的分布范围，然后通过对比总结得出了初步结论。

期待以后的研究可以对擦音的特点进行更为全面的描述与分析。

附录 A

擦音字表

f	h	s	sh	x
北方	变化	伴随	本身	表现
皮肤	配合	朴素	评审	平行
麻烦	模糊	摸索	描述	描写
方法	符号	分散	发生	分析
地方	大会	堵塞	当时	大小
推翻	退回	推算	特殊	同学

---

[1] 石锋、王萍：《北京话单字音声调的分组统计分析》，《当代语言学》2006 年第 4 期。

续表

f	h	s	sh	x
能否	南湖	南宋	能手	宁夏
来访	灵活	离散	老师	来信
自发	最后	走私	最少	在校
餐费	策划	参赛	措施	猜想
私愤	似乎	琐碎	宿舍	所需
支付	中华	住宿	真实	中旬
成分	忏悔	场所	常数	酬谢
身份	上海	生死	事实	师兄
染坊	入伙	染色	儒生	热心
积分	结婚	江苏	精神	竞选
区分	切换	巧思	缺省	取消
信封	西汉	迅速	溪水	形象
供奉	刚好	公孙	改善	高雄
开发	客户	枯涩	考上	凯旋
合肥	辉煌	害臊	回首	和谐
阿飞	五环	阿瑟	一霎	医学
衣服	阿訇	莴笋	无声	五香
预防	窝火	武松	预审	遇险
无缝	御寒	雨伞	扼杀	斡旋

第二节　上海普通话清擦音格局分析
马小芳

一　引言

擦音是声道中有阻碍但没有完全闭塞、气流从缝隙中摩擦发出的辅音。擦音的特性主要表现在强频集中区的不同分布状况上，包括强频集中区的位置高低和强频集中区的分散程度。谱重心与擦音的能量集中区具有一定的关系，谱重心是所有临界带内最强频率的集中区域；分散程度是该时间点上能量在整个频率范围内的分散情况。

擦音格局是辅音格局的重要子系统。研究语音格局实质就是研究语言中不同语音单位之间的对应一致关系。同一种语言的语音格局具有稳定性，各个语音单位总是处于一定的框架内，并且彼此相互关联，构成相对稳定的对应一致关系。

本节通过语音实验，将擦音系统中各语音单位的对应关系量化析取，客观呈现，并形成相应图示，横向考察了上海市地方普通话中清擦音的声学特征，静态描写了 5 个清擦音的性质特征，从而构建出上海普通话清擦音语音格局，探究其声学特征内部规律及个性差异。

地方普通话可以看作是从方言向标准普通话的一种过渡，它一边联系着标准普通话，一边联系着地方方言。而处于同一地域、讲同一种方言的人在讲普通话时口音具有明显的相似性。运用语音格局理论研究地方普通话是推广普通话、加强汉语规范化的重要手段，也为语音合成及语音识别等言语工程提供可参考的数据。

二 实验方法

本次研究通过语音实验提取上海普通话 5 个清擦音的声学参数，通过定量分析与定性分析相结合的方法探究上海普通话的清擦音格局，并对比分析性别差异对上海普通话 5 个清擦音的影响。

（一）被试信息和实验语料

本次实验总共选取了 50 位上海人的清擦音发音情况作为研究样本，25 位男性，25 位女性，年龄主要在 20—30 岁之间，受教育程度为本科及以上，家庭语言背景主要为沪语。发音人口齿清晰，无口咽喉疾病。

在汉语普通话中，擦音只出现在音节为声母的位置上，因此，本次实验语料为后字声母为清擦音的双字组，擦音前面和后面邻接有不同类型的元音，根据 5 个清擦音声母将语料分为 f 组、s 组、sh 组、x 组、h 组，共 5 组清擦音。每组包含 25 个双字词，共计 125 个双字词。

（二）实验过程

实验首先对发音人进行录音采样。录音在安静的教室或语音实验录音室中进行。每次录音，室内只有一位发音人和一位录音人。录音采用 Cool Edit Pro 软件进行，采样率设为 22050 赫兹，单声道，16 位。

本次实验使用南开大学开发的计算机语音分析系统"桌上语音工作室"（Mini-Speech-Lab）分别对每位发音人的语音样本进行声学参数提取。提取声学参数的方法为在清擦音的语音波形图上选取一段能量较强的位置，提取该擦音的谱重心和分散程度数值。

通过桌上语音工作室提取每个清擦音的谱重心和分散程度声学参数之后，将数据导入 Excel 表格，并用 SPSS 剔除每个发音人每组数据里的极端值，然后用 Excel 对每个发音人的 5 组清擦音数据进行分组计算，最后汇总得出总体平均值、标准差和变异系数，再根据数据作出实验图表。

（三）语音的归一化和相对化处理

为了更准确地比较上海人普通话清擦音的声学特性和 5 个清擦音之间的内部关系，本文对所得声学数据进行归一化和相对化处理。归一化就是把每个人发音的声学参数在相同维度上的不同分布范围都作为 0—1 的分布空间，其最大值为 100%，最小值为 0。在归一化的同时，各部分再按比例进行相对化处理，去掉数据的具体单位，使其成为无量纲的百分数比值。

归一化和相对化处理使用如下公式：

谱重心：$G = (G_x - G_{min}) / (G_{max} - G_{min}) \times 100$

分散程度：$D = (D_x - D_{min}) / (D_{max} - D_{min}) \times 100$

三　上海普通话清擦音总体格局探析

（一）清擦音的声学空间图

利用"桌上语音工作室"提取每个发音人的声学参数，即得出 50 个发音人的清擦音谱重心和分散程度数值。然后，以谱重心数值为横坐标、以分散程度数值为纵坐标作出二维平面图，将 50 位发音人的清擦音谱重心和分散程度平均值绘制成散点图，从而得到 5 个清擦音的声学空间图，如图 8—20 所示。

从擦音空间图上，我们可以看出 s [s] 处于最低、最靠右的位置，表明其谱重心最高，分散程度最小。与 s [s] 位置最靠近，关系最为密切的是 sh [ʂ] 和 x [ɕ]。三者形成一个聚丛，重合部分较多，谱重心都较高，分散程度都较低。f [f] 与前述三者也有重合部分，但它的位置稍

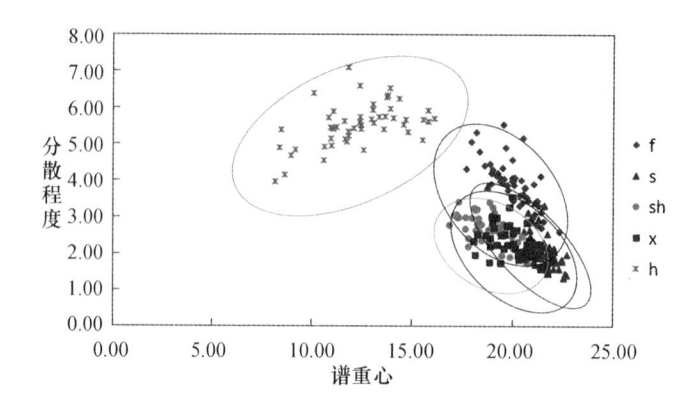

图 8—20　50 位上海人普通话清擦音的声学空间图

微偏左上，分散程度高于 s［s］、sh［ʂ］和 x［ɕ］，谱重心与三者较为接近。h［x］在二维坐标图中占据一个单独的位置，位于空间图的左上方，与另外 4 个清擦音没有重合部分，谱重心最低，分散程度最高。

（二）总体平均值统计结果

为了进一步描写上海人普通话 5 个清擦音的主体分布情况及数据离散程度，除了平均值外，还计算出了每个清擦音的标准差和变异系数。变异系数的公式为：CV =（标准差 SD/平均值 Mean）×100%。计算得到上海普通话 5 个擦音的谱重心和分散程度的平均值、标准差、变异系数结果如下：

表 8—6　　　　　　50 位上海人普通话清擦音的数据

参数 擦音	谱重心				分散程度			
	样本数	平均值	标准差	变异系数	样本数	平均值	标准差	变异系数
f	1250	21.07	1.03	5.13%	1250	3.89	0.66	16.97%
s	1250	21.46	0.80	3.73%	1250	2.16	0.53	24.54%
sh	1250	18.82	0.97	5.15%	1250	2.70	0.37	13.7%
x	1250	20.11	1.00	4.97%	1250	2.25	0.45	20.00%
h	1250	12.35	2.05	16.60%	1250	5.51	0.59	10.70%

从表 8—6 数据可知，在 5 个清擦音中，s［s］的谱重心最高，h［x］的谱重心最低，f［f］的谱重心也较高，h［ʂ］和 x［ç］的谱重心居中。从分散程度上看，h［x］最高，f［f］相对较高，s［s］最低，x［ç］、sh［ʂ］居中。从变异系数上来看，h［x］远远大于其他 4 个清擦音谱重心的变异系数。f［f］、s［s］、sh［ʂ］、x［ç］4 个清擦音谱重心的变异系数均小于 6%。这说明 h［x］的谱重心数据的离散程度较大。相比较于 5 个清擦音谱重心的变异系数，它们的分散程度的变异系数整体范围较高，最小为 h［x］的变异系数 10.70%，最大为 s［s］的变异系数 24.54%。综上所述，上海人普通话清擦音分散程度数据的离散程度高于它们谱重心数据的离散程度，说明各个擦音强频集中区的分散状况并不稳定，具有较强的动态性。

根据表 8—6 中 5 个清擦音的谱重心和分散程度平均值数据，以谱重心为横坐标，分散程度为纵坐标，绘制出上海发音人普通话清擦音的分布图（图 8—21）。

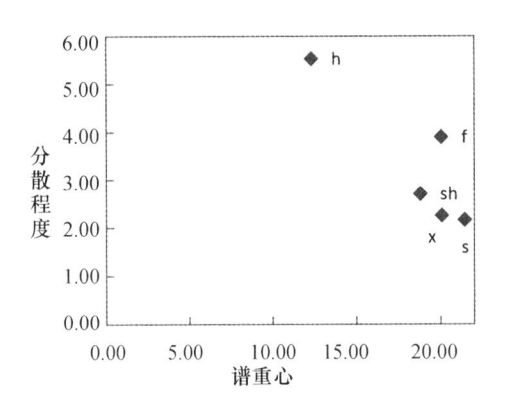

图 8—21　上海人普通话清擦音总体分布图（50 人）

由于本次实验研究样本量较大，因此，除通过平均值计算画出擦音的声学空间图外，我们还通过平均值加减标准差的计算方式（COG 平均值 ± COG 标准差，DIS 平均值 ± DIS 标准差）得出每个清擦音的主体分布情况图（图 8—22），从而更直观地了解上海人普通话清擦音的主体分布范围。

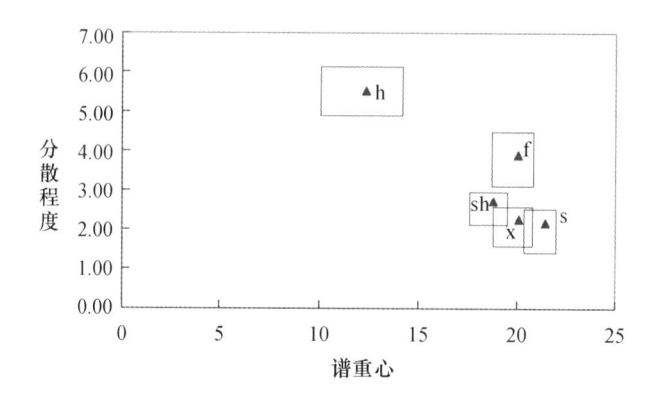

图8—22　上海人普通话清擦音主体分布范围图（50人）

从图8—21中可以看出上海人普通话不同擦音之间关系的密切程度，sh [ʂ]、x [ɕ]、s [s] 的位置关系很接近，它们共同构成了谱重心较高，分散程度较低的一组音；h [x] 与其他4个擦音的位置关系较远，它的谱重心最低，分散程度最高；f [f] 的谱重心较低，而分散程度均居中。图8—22的主体分布范围图更加印证了这一点，并且可以看出 sh [ʂ]、x [ɕ] 和 s [s] 在分布图中的主体分布范围较小，三者的主体分布范围相互交叉重叠，说明它们的谱重心和分散程度数据较为集中，而 h [x] 和 f [f] 的主体分布范围较大且相互独立，不与其他擦音主体分布范围重叠，说明这两个音的谱重心和分散程度数据集中程度较小。

造成这种差异的原因是发不同擦音时的不同生理状态。由于 h [x] 发音时开口缝隙较大，从而造成气流泄漏的面积较宽，流速较慢，形成平流的成分较多，在高频区范围的能量降低，从而造成整个谱的重心下降，能量的分散程度增加。而 sh [ʂ]、x [ɕ]、s [s] 发音时开口缝隙较小，气流泄漏面积小，流速快，形成湍流成分较多，能量比较集中，因此谱重心较高，分散程度较小；另外，sh [ʂ]、x [ɕ]、s [s] 的发音部位比较接近，表现在分布图中，三者的位置也比较靠近，其主体分布范围有重叠现象；相反，h [x] 是舌根音，软腭与舌面后摩擦成声，发音部位比较靠后，f [f] 是唇齿音，上齿和下唇摩擦成声，这两个音的发音部位离得远，表现在分布图上，二者与其他擦音的位置关系较远，且主体分布范围相互独立。h［x］和 f［f］的主体分布范围较广是因为这两个清擦音本身在强频集中区的能量比较分散，稳定性较差，加之样本数量比较大，每个发音人个体差异叠加之后，使得擦音的谱重心和分散程度数据的标准差增加，从而扩大了这两个擦音的主体分布范围。sh［ʂ］、x［ç］、s［s］的主体分布范围较小是因为这 3 个内部擦音强频集中区的能量较强，谱重心和分散程度数据都比较稳定。

值得注意的是 f［f］，它的谱重心更接近于 sh［ʂ］、x［ç］、s［s］这一组谱重心较高的音，但它在分散程度上却又与其他 4 个擦音差别较大，我们认为分散程度主要与摩擦缝隙和开口度的大小有关，因为同一个发音人在发音时从肺部呼出的气流量是一定的，摩擦缝隙和开口度越大，则能量越分散，因此分散程度也增加。综上所述，f［f］可以看作是从高分散程度、低谱重心向低分散程度、高谱重心过渡的一个音。

除此之外，根据擦音的音长特点，冉启斌（2008）还将汉语普通话中的 5 个清擦音分为音长较长和音长较短的两类音。音长较长的有舌尖前音 s［s］、舌尖后音 sh［ʂ］、舌面前音 x［ç］；音长较短的包括舌根擦音 h［x］和唇齿擦音 f［f］，5 个清擦音的音长关系为 x［ç］＞ s［s］＞ sh［ʂ］＞ f［f］＞ h［x］。结合本节的数据结果，我们发现按谱重心和分散程度分出的两组清擦音和按音长划分的两组清擦音呈现出对应一致的关系，高谱重心、低分散程度的清擦音对应的是音长较长的一组音，包括 sh［ʂ］、x［ç］、s［s］，也被称为内部擦音，意为发音部位接近口腔中心位置的擦音；低谱重心、高分散程度的清擦音对应的是音长较短的一组音，包括 h［x］、f［f］，它们被称为外围擦音，意指发音部位离开了口腔中心。另外，从音强的角度上分析擦音，汉语普通话中的 5 个清擦音也可以被划分为两组，一组强擦音 sh［ʂ］、x［ç］、s［s］，能量比较强；另一组弱擦音 h［x］、f［f］，能量相对较弱。

综上所述，上海普通话清擦音的音长、音强和谱重心、分散程度具有对应一致的关系，谱重心高、分散程度低的一组音对应的是音长较长、音强较强的一组音；谱重心低、分散程度高的一组音对应音长较短、音强较弱的一组音。

(三) 上海普通话清擦音的声学格局

石锋（2010）认为在语言研究中，相对数值比绝对数值更为重要、更有意义，因为不同的发音人往往具有其个体特点，将不同的发音人的声学参量数据放在一起考察会使固有的相对关系变得纷乱模糊，为了使语音的共性彰显出来，需要对各个参数进行相对化和归一化处理。通过对声学参量的相对化和归一化处理，可以界定和描写不同语言单位的分布空间和相互关联，最终得到一个量化的系统，也即格局化的系统。因此，我们对实验所得数据进行相对化和归一化处理，在此基础上探究上海普通话5个清擦音之间的内部关系。

根据相对化和归一化处理的数据，我们建立二维坐标绘制出上海普通话清擦音的格局图如图8—23。

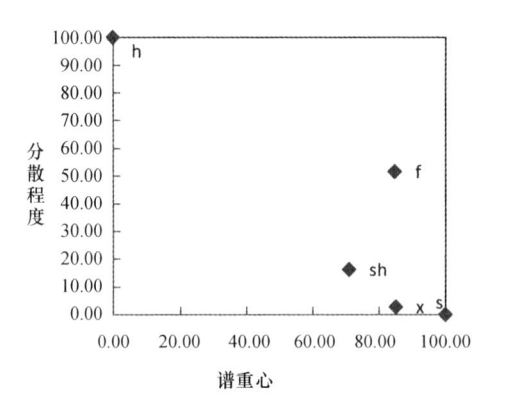

图8—23 上海人普通话清擦音声学格局图

通过上海普通话清擦音声学空间图和声学格局图的对比，我们发现5个清擦音的内部关系呈现出对应一致的趋势：h [x] 和 s [s] 分别占据了5个清擦音格局图的两个极限位置，具有谱重心和分散程度的最大值与最小值。这表明了两种完全不同的发音生理状态。f [f]、sh [ʂ] 和 x [ɕ] 则处于两个极端音的过渡阶段，表现在声学格局图上就是其位置从左上角到右下角依次排列。

四 性别差异分组统计分析

在语言研究中,性别历来是学者关注的一个重要因素。本小节将进一步考察性别差异是否会对上海普通话清擦音的语音声学特性及其格局造成影响。

(一) 女性清擦音格局探究

从总体数据中提取 25 位女性发音人清擦音的谱重心和分散程度的平均值与标准差,并计算出各个清擦音谱重心和分散程度的变异系数,结果如表 8—7 所示。

表 8—7　　　　25 位上海女性发音人普通话清擦音数据

擦音声学参量	谱重心 平均值	标准差	变异系数	分散程度 平均值	标准差	变异系数
f	20.29	1.00	4.92%	3.71	0.45	12.18%
s	21.54	0.98	4.53%	2.03	0.54	26.39%
sh	18.84	0.94	4.99%	2.76	0.36	13.11%
x	20.61	0.77	3.75%	2.11	0.39	18.59%
h	12.10	1.77	14.67%	5.29	0.52	9.91%

女性发音人的 5 个清擦音中,s [s] 的谱重心最高、分散程度最低,h [x] 的谱重心最低、分散程度最高;f [f]、sh [ʂ] 和 x [ç] 无论谱重心还是分散程度都居于 s [s] 和 h [x] 之间。这个实验结果与总体样本实验结果保持一致。

从变异系数上来看,5 组清擦音的谱重心变异系数整体上低于分散程度变异系数。这说明女性发音人上海普通话清擦音的分散程度数据离散程度大于谱重心数据的离散程度,与总体样本保持一致。但是,值得注意的是,h [x] 的谱重心数据的变异系数高于分散程度数据,这与其标准差数值大小相关,h [x] 的谱重心数据标准差大于分散程度标准差,说明了 h [x] 的谱重心数据稳定性较差。

将各平均值样点绘入谱重心、分散程度二维坐标中得到上海普通话女性发音人清擦音分布范围图（图8—24）。

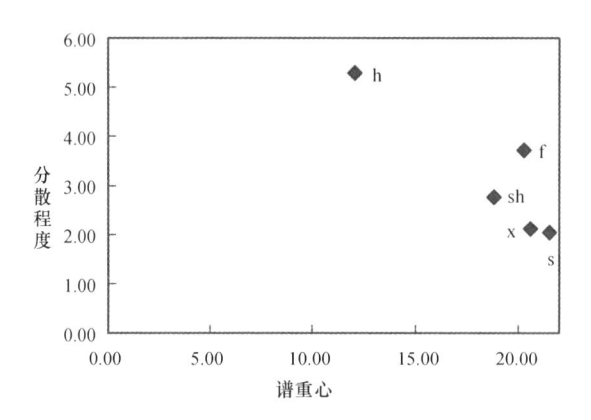

图8—24　上海女性发音人普通话清擦音分布图

根据25位女性发音人谱重心、分散程度平均值及标准差的统计结果，绘制女性发音人上海话擦音主体分布范围图（图8—25）。

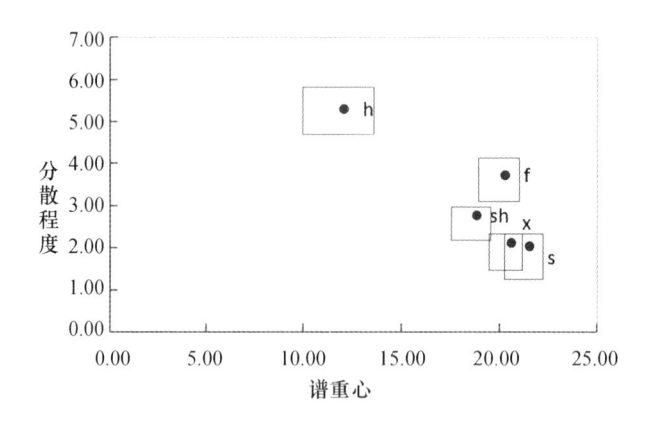

图8—25　上海女性发音人普通话清擦音主体分布范围图

从图8—25可以看出，sh［ʂ］和x［ɕ］的主体分布范围没有重叠现象，这一点与总体样本的情况略有差异，h［x］的主体分布范围最大；s［s］和f［f］的分布范围较为接近，区别在于f［f］的主体分布范围位于 s [s] 的左上方，它的谱重心略低于 s [s]，分散程度略高于 s [s]；sh [ʂ] 和 x [ç] 的分布范围大致相等，但是 sh [ʂ] 位于 x [ç] 的左上方，说明其谱重心小于 x [ç]，分散程度高于 x [ç]。另外，我们还可以看出，x [ç] 和 s [s] 的关系非常紧密，二者分布范围重合部分面积超过了 x [ç] 分布范围总面积的一半。

为了考察女性发音人上海普通话 5 组清擦音的内部关系，我们采取归一化和相对化的方法，将所得的谱重心和分散程度数据放在二维坐标图中进行考察，得到以下女性清擦音声学格局图（图 8—26）。

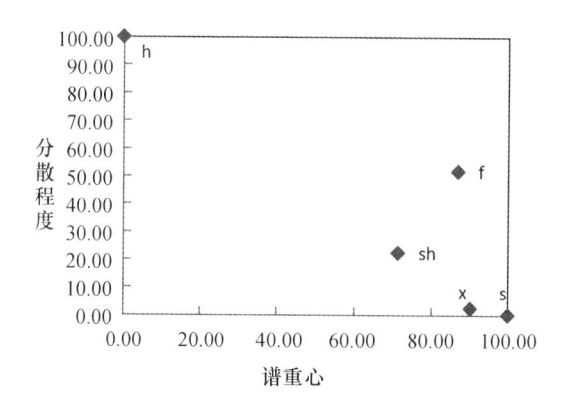

图 8—26　上海女性普通话清擦音声学格局图

从图 8—26 可以看出，女性发音人的清擦音格局与总体样本的格局基本一致，略有差别，这进一步证实了我们在上一小节中得出的结论：s [s] 和 x [ç] 的发音部位非常接近，发音方法类似，因此在格局图中的位置也最为接近。另外，s [s] 和 h [x] 位于格局图的两个极端位置。

（二）男性清擦音格局探究

从总体数据中提取 25 位男性发音人的清擦音谱重心和分散程度的平均值与标准差，并计算出两组数据的变异系数，结果如表 8—8 所示。

表 8—8　　　　　25 位男性发音人上海普通话清擦音数据

擦音 声学参量	谱重心			分散程度		
	平均值	标准差	变异系数	平均值	标准差	变异系数
f	19.85	1.04	5.22%	4.06	0.97	19.48%
s	21.39	0.58	2.69%	2.29	0.51	22.11%
sh	18.80	1.02	5.40%	2.65	0.38	14.44%
x	19.61	0.97	4.93%	2.39	0.46	19.28%
h	12.60	2.31	18.31%	5.74	0.58	10.17%

男性发音人的 5 个清擦音中，s [s] 的谱重心最高，分散程度最低；h [x] 的谱重心最低，分散程度最高。

在变异系数方面，男性发音人清擦音的分散程度变异系数总体上高于谱重心变异系数，但值得注意的是，h [x] 的谱重心变异系数高于分散程度变异系数。综合前面提到的女性发音人和总体样本变异系数情况可知，h [x] 是一个比较特殊的音，由于其分散程度高，谱重心低，且谱重心数据的标准差大，造成了变异系数大。无论男性还是女性发音人，h [x] 都呈现出与其他 4 个清擦音不同的声学特性。

将表 8—8 中的各平均值样点绘入谱重心、分散程度二维坐标图中得到男性发音人上海普通话清擦音的分布情况，如图 8—27 所示。

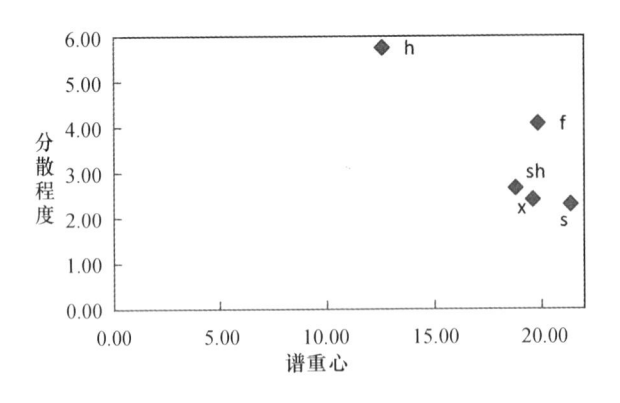

图 8—27　上海男性发音人普通话清擦音分布图（25 人）

根据 25 位男性发音人谱重心、分散程度平均值及标准差的统计结果绘制出男性发音人上海话擦音主体分布范围图，如图 8—28 所示。

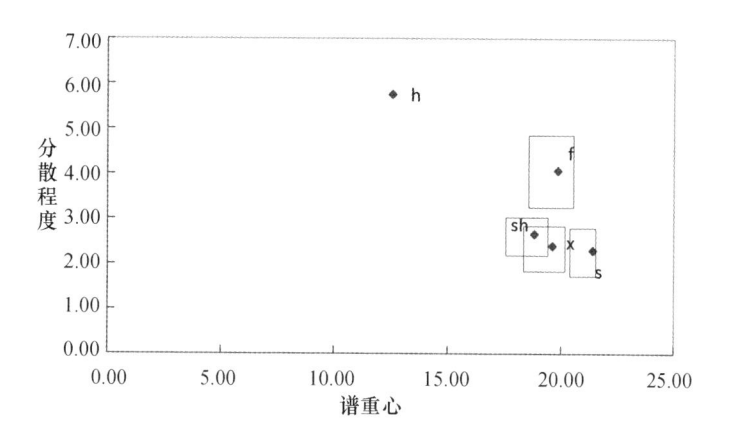

图 8—28　上海男性发音人普通话清擦音主体分布范围图

从图 8—28 可以看出，上海男性发音人普通话清擦音 h [x] 的主体分布范围最广，其次是 f [f]，主体分布范围在 5 个擦音中居于中间；sh [ʂ]、s [s] 和 x [ç] 的主体分布范围均较小，大概是 f [f] 的主体分布范围的一半，且三者位置关系比较紧凑，sh [ʂ] 与 s [s] 在格局图中的主体分布情况有较大面积的重叠现象。

为了进一步探究上海男性发音人普通话 5 个清擦音之间的内部关系，我们将表 8—8 中所得男性发音人清擦音的谱重心和分散程度数据进行归一化和相对化处理，将所得数据绘制在二维坐标系中，得到上海男性发音人普通话清擦音的声学格局图（图 8—29）。

从图 8—29 可以看出，上海男性发音人普通话清擦音的格局图与总体样本清擦音格局图基本保持一致，h [x] 和 s [s] 占据格局图的两个极限位置，个别擦音略有区别，相比较于总体格局图，x [ç] 的位置略微靠左，sh [ʂ] 的位置偏下，f [f] 的位置则无显著差别。

（三）性别因素导致上海普通话清擦音分布差异

上文我们分别分析了上海男性和女性普通话清擦音的分布情况，并与总体样本进行了对比。本小节我们将对上海男性和女性普通话清擦音

380 / 第三编 辅音研究

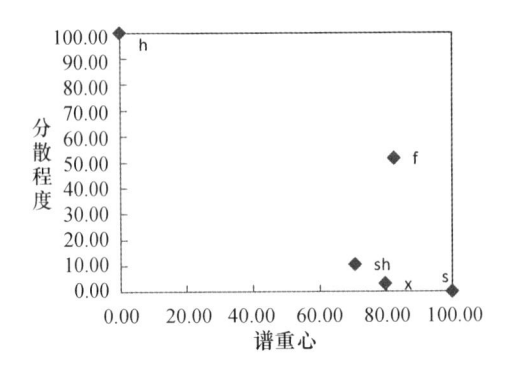

图8—29　上海男性普通话清擦音声学格局图

的格局进行对比分析,以探究性别因素对普通话清擦音的影响。

通过统一坐标系刻度,我们将上海男性与女性普通话清擦音谱重心和分散程度的声学参数绘制在同一二维坐标系中,得到男女清擦音分布对比图(图8—30),从而更加直观地反映性别因素给清擦音带来的影响。

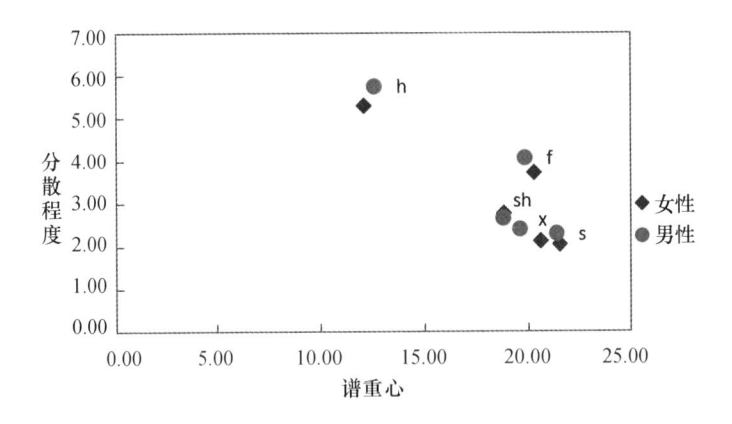

图8—30　上海男性与女性清擦音分布差异

从图8—30可以看出,上海女性和男性清擦音分布情况基本保持一致,稍有差别。从横轴上来看,上海女性普通话清擦音f [f]、sh [ʂ]、x [ç] 和s [s] 的谱重心略高于上海男性,h [x] 谱重心却略低于男性。从纵轴上来看,上海女性h [x]、f [f]、x [ç] 和s [s] 分散程度均低于男性，上海男性与女性清擦音 sh［ʂ］几乎位于同一位置，二者的分散程度相差无几。

本小节我们将男性与女性清擦音的主体分布范围绘制在同一坐标系中，可以清楚地观察到男女清擦音主体分布情况的差异（图8—31）。

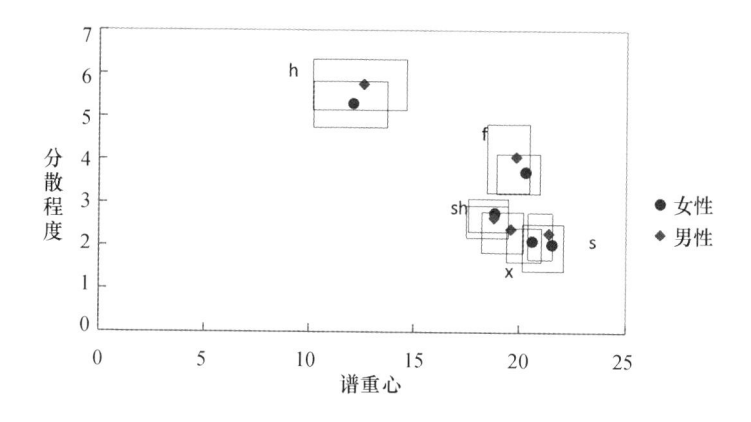

图8—31 上海男性与女性清擦音主体分布范围对比

从图8—31可以明显看出，上海男性与女性清擦音主体分布范围基本一致，但也存在规律性差异。其中，上海女性 h［x］和 f［f］的主体分布范围明显小于男性，女性 sh［ʂ］和 x［ɕ］的主体分布范围略微小于男性，s［s］的主体分布范围呈现出与其他4个清擦音相反的情况，女性大于男性。总体而言，上海女性清擦音主体分布范围较男性较小，这说明上海女性普通话清擦音谱重心和分散程度数据比较集中，数据稳定性优于男性。男性发音人清擦音的主体分布范围则较女性宽泛，动态性较强。

五 结语

本节对上海普通话5个清擦音实验数据进行了大样本总体统计分析，构建出了上海普通话清擦音格局图，对上海男性与女性清擦音分布进行了对比分析。通过对50位发音人上海普通话擦音的谱重心和分散程度的统计分析，我们得出以下结论：

（1）上海普通话5个清擦音分成两组，一组是由 h［x］、f［f］构成的低谱重心、高分散程度的擦音，另一组是由 sh［ʂ］、x［ɕ］和 s［s］构成的高谱重心、低分散程度的擦音。这是由发音时的生理状态决定的，h［x］、f［f］发音时，发音部位摩擦缝隙较大，呼出的气流经过时，流速较慢，因此能量比较分散，平流成分多，造成分散程度增加，谱重心降低；相反，sh［ʂ］、x［ɕ］和 s［s］发音时，发音部位摩擦缝隙较小，气流经过时流速大，形成的湍流成分较多，因而谱重心较高，分散程度较低。

（2）在上海普通话清擦音声学格局图中，h［x］、f［f］、sh［ʂ］、x［ɕ］、s［s］从左上角到右下角依次排列，其中 h［x］和 s［s］构成了清擦音格局图的极限位置，这种内部排列关系显示了清擦音从柔性摩擦向刚性摩擦的过渡与转变。

（3）上海男性与女性普通话清擦音格局图基本一致，略有差别。在谱重心方面，上海女性清擦音 f［f］、sh［ʂ］、x［ɕ］、s［s］均高于男性；在分散程度方面，上海女性5个清擦音的分散程度均低于男性。另外，总体而言，上海女性清擦音的主体分布范围均小于男性，也就是说，女性更加注重语言的规范性，从而使得擦音的声学数据较男性更为集中和一致。

本节以50位上海发音人的普通话清擦音为发音语料，将对比所得的结果通过表格、图形等形式呈现出来，探究了上海普通话清擦音的声学特性，直观地展现了性别因素产生的上海普通话擦音格局差异，所得实验数据成为普通话语音标准声学和感知参数数据库的一部分。不足之处在于样本数量较大，在语料标注、数据提取和处理过程中可能存在一定误差；本节所使用的实验语料仅提取了双字组的后字声母的声学参数，并没有考虑协同发音效应，如果考虑擦音前后所接元音类型，可能会有更多发现，这些都需要在以后的研究中做进一步的考察分析。

第三节　北京普通话塞擦音实验分析

魏怡然

一　引言

塞擦音是由塞音及同一发音器官产生的摩擦音复合构成的一种辅音

类型，即先破裂、后摩擦，结合成为一个语音单位。Hockett 曾将塞擦音描述为从闭塞转入下一个音或转入沉默时，发音体慢慢离开全闭塞的位置，让人听到大量的摩擦或气流的骚动（Hockett，2012）。在世界语言中，塞擦音的种类和数量虽不及塞音和擦音，但在 UPSID 语料库（1992）的 451 种语言中有约 2/3 的语言含有塞擦音（Berns，2014；冉启斌，2017）。由此可见，塞擦音在世界语言中分布比较广泛，在所有辅音类型中占有比较重要的地位。

汉语普通话中的塞擦音有六个：[ts]、[tʂ]、[tɕ]、[tsʰ]、[tʂʰ]、[tɕʰ]，其中 [ts]、[tʂ]、[tɕ] 为不送气塞擦音，[tsʰ]、[tʂʰ]、[tɕʰ] 为送气塞擦音。对汉语普通话塞擦音进行较大样本实验数据分析，可以可靠地得出普通话塞擦音的声学特性，为"普通话语音标准声学和感知参数数据库建设"、语音合成、语音识别、第二语言教学提供相关数据支持。

Mitani 指出，摩擦时长与波形的起始斜率是塞擦音与擦音相互区别的主要声学线索（Mitani，2006）。吴宗济、林茂灿等指出，摩擦段的时长和摩擦段振幅的上升时间是塞音、擦音同塞擦音之间的主要差别（吴宗济、林茂灿，1989）。齐士钤、张家騄从汉语普通话辅音时长分析角度，指出送气塞擦音受后接元音影响，元音开口度大则时长较短（齐士钤、张家騄，1982）。陈嘉猷、鲍怀翘、郑玉玲使用语图和电子动态腭位数据相结合的方法，测量了普通话塞音、塞擦音的嗓音起始时间（VOT），指出 VOT 值可以明显地把普通话塞音、塞擦音从类别上区分开（陈嘉猷、鲍怀翘、郑玉玲，2002）。段艳华、于洪志基于电子腭位数据，指出汉语普通话塞擦音的塞音部分对擦音部分有影响，影响程度主要与发音部位有关（段艳华、于洪志，2013）。冉启斌从塞擦音的时长性质、摩擦段状态两方面来提取塞擦音的声学参数，并在此基础上提出时长性质指数（DI）和摩擦性质指数（FI）来反映塞擦音等辅音的声学性质，并由此构建塞擦音的声学格局图（冉启斌，2017）。

以上各项研究从塞擦音的摩擦时长、波形起始斜率、摩擦段振幅的上升时间、VOT 值等方面探索了塞擦音的声学特征，但在塞擦音大样本实验研究方面仍然存在空白。研究证明，即使面向同一方言地区的相同研究，发音人的特征不同及其他各项因素都会影响实验结果。为增加研究的可信度应该尽可能地扩大样本容量，本实验从较大样本实验分析的角度出发，参照冉启斌构建塞擦音格局的方法（冉启斌，2017），通过测量普通话塞擦音无声闭塞段时长（以下简称 GAP）、有声摩擦段时长（以下简称 DOF）、有声摩擦段谱重心（以下简称 COG）、分散程度（以下简称 DIS）四种声学参数，探究北京人普通话塞擦音的声学特征。

二 实验方法

（一）词表设计原则

根据实验需要，设计了实验发音词表（见附录），表中包括［ts］、［tʂ］、［tɕ］、［tsʰ］、［tʂʰ］、［tɕʰ］六组普通话塞擦音的双音节词，每组 25 个。考虑到前字音节中鼻韵尾和后字音节中塞擦音后接元音对塞擦音的影响，在词表设计中，双声词的前后两音节尽可能有不同的韵母、韵尾、四呼和声调。同时，根据已有测试结果，词表选取词频相近的双音节词，将多音字和易错字的拼音标注在词表上，以避免发音人错读。

（二）发音人背景

本次实验共采集了 30 位北京人的塞擦音发音情况，包括 15 位男性，15 位女性，发音人年龄均在 20—30 岁之间，北京市六个城区人（即东城、西城、海淀、朝阳、丰台、石景山）。发音人无口咽喉疾病，口齿清晰。

（三）录音过程

实验首先对发音人进行录音采样，录音采用 Cool Edit Pro 软件进行，采样率为 22050 赫兹，量化精度 16 位，单声道。录音前为发音人预留浏览字表时间和预录音时间，保证发音人对发音字表和实验流程足够熟悉并发音自然。

（四）测量方法

本次实验测量采取语图与波形图相结合的方法，无声闭塞段的起点选择在前字波形图中振幅显著下降、趋近一条直线、宽带图中共振峰结构不清晰、开始出现空白区域的时间点；闭塞段的终点即有声摩擦段的起点选择在宽带语图中冲直条出现的时间点；摩擦段的终点即元音起始时间选择在元音共振峰出现的时间点。

（五）数据的处理与分析

本次实验首先利用 Praat 软件对 30 位发音人的 6 组塞擦音的无声闭塞段、有声摩擦段进行标注，每组塞擦音有 25 个例词，并提取塞擦音的 GAP、DOF[①] 时长数据，共计 30 × 6 × 25 × 2 = 9000 个数据。其次使用"桌上语音工作室"（Mini-Speech-Lab）软件测量塞擦音的谱重心、分散程度数据，共计 30 × 6 × 25 × 2 = 9000 个数据。使用社会科学统计分析软件包 Statistical Package for Social Science 22 剔除每组离群值后，分组计算得出总体平均数、标准差等数值，最后根据数据作出六组塞擦音的实验图表。

三 实验结果

（一）塞擦音时长分析

1. 塞擦音时长格局分析

本小节中，首先对塞擦音时长部分进行了总体统计，每个塞擦音都有 30 × 25 = 750 个样本数。对 30 位发音人六个塞擦音的 GAP 和 DOF 的平均值、标准差进行统计，可以将各个塞擦音时长的典型数据较为有效地提取出来，揭示出各塞擦音时长部分彼此之间的相互关系，同时可以较清楚地看出各塞擦音时长部分的不同表现。统计结果见表 8—9。

表 8—9　　　　　　30 位北京人普通话塞擦音数据

声学参数 塞擦音	GAP（ms）平均时长	样本数	标准差	DOF（ms）平均时长	样本数	标准差
[ts]	46.14	750	15.29092	79.35	750	11.64618
[tʂ]	51.42	750	15.90494	55.84	750	19.14877
[tɕ]	51.38	750	16.98294	81.21	750	22.7194
[tsʰ]	42.42	750	20.0895	149.68	750	22.89076
[tʂʰ]	40.74	750	11.49964	132.65	750	22.79814
[tɕʰ]	39.73	750	14.91019	151.50	750	22.77296

---

① GAP 就是塞擦音开头的闭塞段。DOF 相当于 VOT，是从塞擦音前面的塞音爆发点，经过摩擦段到后面元音起始点的时长。

表 8—9 显示，塞擦音 GAP 平均值均小于 DOF 平均值；在无声闭塞段中，平均时长最长的为不送气塞擦音 [tʂ]，最短为塞擦音 [tɕʰ]，且不送气塞擦音的闭塞段平均时长均大于送气塞擦音的闭塞段平均时长；在有声摩擦段中，平均时长最长为送气塞擦音 [tɕʰ]，最短为不送气塞擦音 [tʂ]，且送气塞擦音的摩擦段平均时长均大于不送气塞擦音的摩擦段平均时长。GAP 值与 DOF 值呈现互补状态。

"无论从形式上还是声学性质上看，塞擦音的 GAP 和 DOF，与塞音的 GAP 和 VOT 两方面都具有明显的对应关系。"（冉启斌，2017）故本节也参考绘制塞音声学格局的方法（冉启斌，2011），将 30 位北京人普通话塞擦音的无声闭塞段平均时长与有声摩擦段平均时长分别作为横坐标和纵坐标，在 GAP–DOF 二维坐标中标示出来，得到北京人普通话塞擦音时长总体分布格局图（图 8—32）。同时将北京人普通话塞音总体格局图与之进行对比（图 8—33）（颜季凌，2016），以便观察北京人普通话塞擦音中"塞"的部分与北京人普通话塞音有何异同之处。

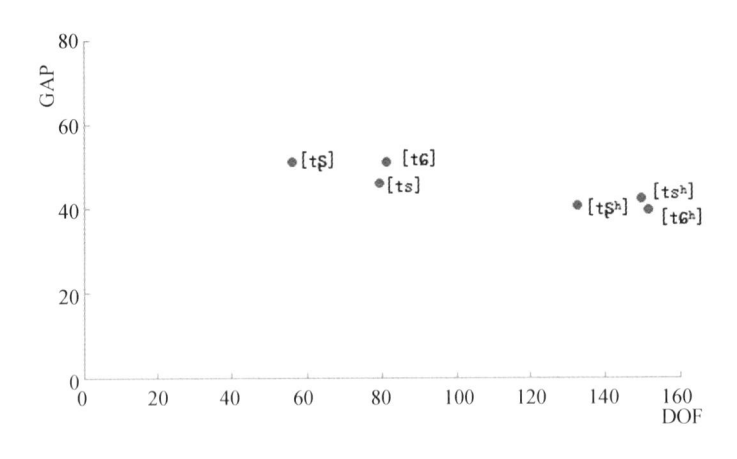

图 8—32　北京人普通话塞擦音时长总体格局图

从图 8—32 可知，北京人普通话 6 个塞擦音分布形成两个较为明显的聚合，其中，不送气塞擦音 [ts]、[tʂ]、[tɕ] 分布于格局图的左上方，送气塞擦音 [tsʰ]、[tʂʰ]、[tɕʰ] 分布于格局图的右下方，但两个聚合丛相对高度差距不大。在不送气塞擦音 [ts]、[tʂ]、[tɕ] 聚合丛中，舌面不送气塞擦音［tɕ］位置最高，舌尖后不送气塞擦音［tʂ］位置次高，但二者高度相差不大；舌尖后不送气塞擦音［tʂ］最靠左边；舌尖前不送气塞擦音［ts］最靠下方。在送气塞擦音［tsʰ］、［tʂʰ］、［tɕʰ］聚合丛中，舌尖前送气塞擦音［tsʰ］位置最高；舌尖后送气塞擦音［tʂʰ］最靠左边，舌面送气塞擦音［tɕʰ］最靠下方。

2. 塞擦音时长格局与塞音格局对比

将图8—32与图8—33进行对比可以看出，北京人普通话塞擦音中"塞"的部分与北京普通话塞音存在相似之处。首先，塞擦音在时长格局图中的分布情况与塞音在总体格局图中类似，同样按照送气/不送气特征形成了两个聚合；其次，送气塞擦音分布于不送气塞擦音的右侧，表示送气塞擦音的有声摩擦段总体较不送气塞擦音长，这一点与塞音格局的聚合相类似；最后，不送气塞擦音分布位置总体高于送气塞擦音，表示不送气塞擦音的无声闭塞段较送气塞擦音长，这一点与塞音的不送气音聚合高于送气音同样类似。

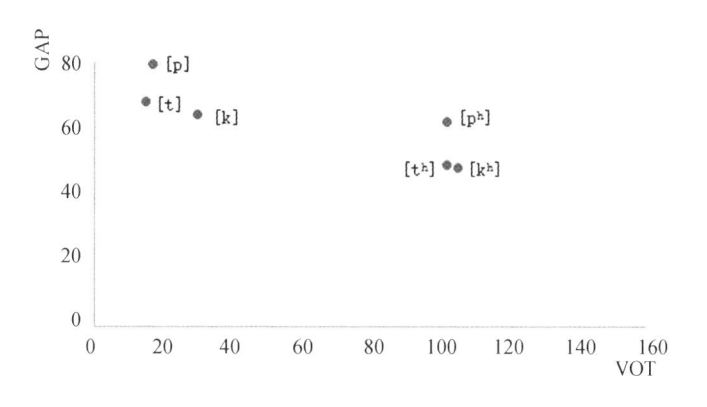

图8—33 北京人普通话塞音总体格局图

同时，通过对比塞擦音时长格局图和塞音总体格局图，仍然可以看到塞擦音与塞音之间存在差异。首先，送气/不送气塞擦音比相应的送气/不送气塞音整体上位置降低，这说明送气/不送气塞擦音的GAP值比相应的送气/不送气塞音的GAP值小，闭塞段时长减小；其次，送气/不送气塞擦音比相应的送气/不送气塞音整体上向右平移，这说明送气/不送气塞擦音的 DOF 值比相应的送气/不送气塞音的 VOT 值大，摩擦段时长显著增加。

从以上对比结果可以看出，虽然塞擦音"塞"的部分与塞音有一些相似的地方，但仍然具有其自身的特点，以区别于单纯的塞音。与塞音相比，塞擦音的 GAP 值明显减小，DOF 值明显增大，即塞擦音无声闭塞段缩短，有声摩擦段增大。"在发音器官的动作上，塞音除阻只有一个阶段，即闭塞→放开；而塞擦音则有两个阶段，即闭塞→松开→放开。"（吴宗济、林茂灿，1989；鲍怀翘、林茂灿，2014）塞擦音较塞音 DOS 增大，摩擦时长增长，究其缘由，就是发音器官除阻时有两个阶段，而塞音只有一个除阻阶段。

（二）塞擦音有声摩擦部分分析

"从发音方法来看，生理上和声学上都已证实，塞擦音是先塞而后擦的。"（吴宗济、林茂灿，1989；鲍怀翘、林茂灿，2014）因此本文借鉴擦音格局的研究方法（冉启斌、石锋，2012），使用谱重心和分散程度对塞擦音有声摩擦部分进行分析，并将北京人普通话塞擦音有声摩擦部分格局与北京人普通话擦音格局进行对比，以此考察塞擦音摩擦部分的声学特征。

谱重心（Center of gravity 或简称 COG）也称作频谱重心，指的是所有临界带内整体最强频率；分散程度（Dispersion 或简称 DIS）指的是该时间点上能量在整个频率范围内的情况。两者的计算公式如下（Svantesson，1986）：

谱重心的计算公式为：

$$m = \sum_{n-2}^{24} n \times 10^{(Xn/10)} / F$$

分散程度的计算公式为：

$$s = \sqrt{\sum_{n-2}^{24} (n-m)^2 \times 10^{(Xn/10)} / F}$$

上述公式中的 F 值为：

$$F = \sum_{n-2}^{24} 10^{(Xn/10)}$$

1. 塞擦音有声摩擦部分格局分析

本小节中，首先对塞擦音有声摩擦段进行总体统计，每个塞擦音都有

30×25=750个样本数。对30位发音人六个塞擦音的COG和DIS的平均值、标准差进行统计，可以将各个塞擦音有声摩擦段的典型数据较为有效地提取出来，揭示出各塞擦音有声摩擦部分彼此之间的相互关系，同时可以较清楚地看出各塞擦音摩擦部分的不同表现。统计结果见表8—10。

表8—10　　　　　　　　30位北京人普通话塞擦音数据

声学参数 塞擦音	谱重心 平均值	谱重心 样本数	谱重心 标准差	分散程度 平均值	分散程度 样本数	分散程度 标准差
[ts]	18.96	750	1.58	3.32	750	1.11
[tʂ]	15.88	750	1.72	3.51	750	0.78
[tɕ]	19.45	750	1.76	2.75	750	0.99
[tsʰ]	17.89	750	1.87	3.48	750	1.61
[tʂʰ]	14.88	750	1.68	3.65	750	1.11
[tɕʰ]	18.75	750	2.13	3.05	750	1.79

由表8—10可知，六个塞擦音中，舌面不送气塞擦音[tɕ]谱重心最大，舌尖后塞擦音[tʂʰ]谱重心最小。在分散程度平均值方面，舌面不送气塞擦音[tɕ]最小，舌尖后塞擦音[tʂʰ]最大。

2. 运用归一化方法分析塞擦音摩擦部分格局

冉启斌、石锋采用语音格局的思路，在擦音空间分析的基础上对5个清擦音的分析使用归一化和相对化的处理方法，得到了北京话的擦音格局图，使得各个擦音之间的位置关系变得更加清晰明了（冉启斌、石锋，2012）。故本节采用其数据处理方法，对表8—10中六个塞擦音摩擦部分的谱重心和分散程度平均值进行归一化和相对化处理。谱重心和分散程度的归一化和相对化使用以下公式：

$$G = (G_x - G_{min}) / (G_{max} - G_{min}) \times 100$$
$$D = (D_x - D_{min}) / (D_{max} - D_{min}) \times 100$$

其中G_{max}表示六个塞擦音摩擦部分谱重心的最大值，G_{min}表示六个塞擦音摩擦部分谱重心的最小值，Gx 为某个塞擦音谱重心值。分散程度的归一化和相对化公式与谱重心公式一致。根据以上方法，可以得到北京人普通话塞擦音摩擦部分大样本总体格局图（图8—34）。

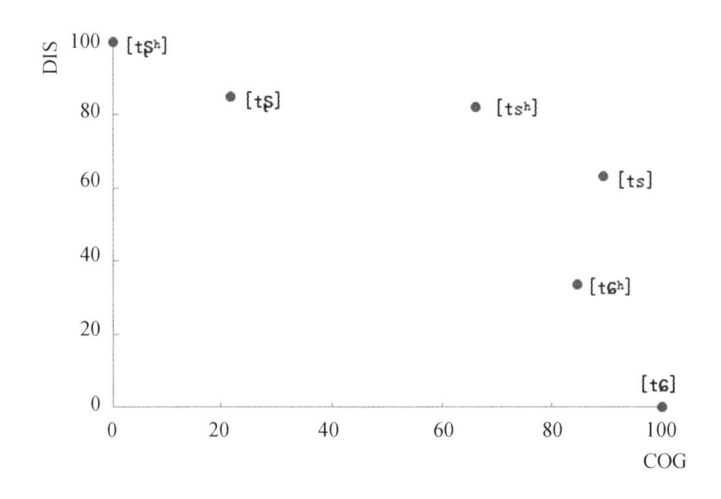

图8—34　北京人普通话塞擦音摩擦部分大样本总体格局图

首先，北京人普通话塞擦音摩擦部分中［tʂʰ］的谱重心值最低，分散程度最高，位于格局图的左上角，而［tɕ］谱重心值最高，分散程度最低，位于格局图的右下角。这两个塞擦音具有最大限度的塞擦音摩擦部分的声学特性，共同构成了整个格局图的极限范围，即塞擦音摩擦部分格局的最大分布区域。其次，塞擦音［tʂ］和［tsʰ］的分散程度仅次于［tʂʰ］，分散程度较高；塞擦音［ts］和［tɕʰ］的分散程度介于总体之间，分散程度居中。塞擦音［ts］和［tɕʰ］的谱重心仅次于［tɕ］，谱重心较高；塞擦音［tʂ］和［tsʰ］的谱重心介于总体之间，分散程度居中。

相同发音部位的塞擦音的谱重心和分散程度在送气/不送气区别特征方面有明显的互补差别，即送气塞擦音摩擦部分的谱重心低，分散程度高；不送气塞擦音摩擦部分的谱重心高，分散程度低。在谱重心方面，不送气塞擦音摩擦部分 COG 平均值均大于相同发音部位的送气塞擦音的平均值。例如舌面不送气塞擦音［tɕ］摩擦部分的谱重心平均值为19.45，而相同发音部位的送气塞擦音[tɕʰ]摩擦部分的谱重心平均值为18.75，即舌面不送气塞擦音[tɕ]摩擦部分的能量集中区高于舌面送气塞擦音[tɕʰ]摩擦部分的平均值，其余两组塞擦音的情况与此相似。

在分散程度方面，不送气塞擦音摩擦部分DIS的平均值均小于相同发音部位的送气塞擦音DIS的平均值。例如舌尖前不送气塞音[ts]摩擦部分的分散程度平均值为3.32，而相同发音部位的送气塞擦音[tsʰ]摩擦部分的分散程度平均值为348，即舌尖前不送气塞音[ts]摩擦部分的分散程度小于舌尖前送气塞音[tsʰ]的分散程度。其余两组塞擦音的情况与此类似。

冉启斌指出（2017），不送气塞擦音[ts]的擦音部分近似于[s]，能量集中区域比较高；而送气塞擦音[tsʰ]的后半部分是带有送气成分的[sʰ]。相较于不送气的[s]，[s]除了具有舌尖前部的阻碍摩擦外，还加入了喉部发出的气流成分，这会使能量集中区域降低，同时增大能量分布的范围。本节的大样本数据结果与此相同，即送气塞擦音在有声摩擦部分加入了喉部发出的气流成分，使得能量集中区即COS值降低，同时能量分布范围即DIS增大。

3. 塞擦音有声摩擦部分格局与内部擦音总体格局对比

我们把图8—3中的三个跟塞擦音发音部位相同的内部擦音节选出来，做为图8—35。将图8—34与图8—35对比可以看出，北京人普通话塞擦音中摩擦部分与各自相应的内部擦音之间存在一致的相似之处，例如：无论是塞擦音还是内部擦音，舌尖后音的谱重心均较低，分散程度较高，而舌面音的谱重心较高，分散程度较低。

除此之外，通过对比塞擦音的数据（表8—10）和图8—3中的擦音表现，仍然可以看到塞擦音与内部擦音之间存在差异，表现在：塞擦音摩擦部分的谱重心平均值整体比内部擦音的谱重心小，说明塞擦音摩擦部分的能量集中区域较内部擦音更低。塞擦音摩擦部分的分散程度平均值整体比擦音的分散程度大，说明塞擦音摩擦部分的分散程度较内部擦音更大。

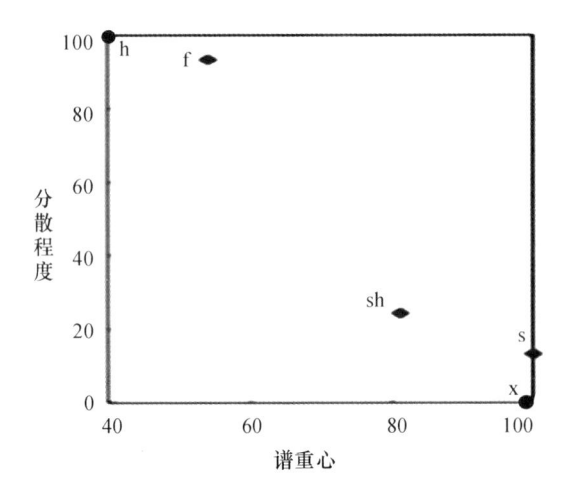

图 8—35　北京人普通话内部清擦音图（节选图 8—3）

（三）北京话塞擦音的声学格局分析

前文我们对塞擦音的时长部分和有声摩擦部分分别做了相关分析，分别从塞擦音的时长格局图、时长空间图、摩擦部分格局图几个方面研究了塞擦音的声学特征。但塞擦音作为一个紧密结合的整体，其"塞"的部分和"擦"的部分还应当综合进行考察。由于无声闭塞段与有声摩擦段、谱重心与分散程度往往呈现不同程度的反比关系可以采用求比值的方法，把无声闭塞段与有声摩擦段数据整体综合处理方法如下（冉启斌，2017）：

塞擦音时长性质指数（Duration Index，DI）：DI = DOF/GAP

塞擦音摩擦性质指数（Friction Index，FI）：FI = COG/DIS

其中，时长指数 DI 越大，表示无声闭塞段越短，有声摩擦段越长（其声学特征越接近擦音）；DI 越小，表示无声闭塞段越长，有声摩擦段越短。DI 数值越小表明该音的塞音性质越强。摩擦指数 FI 越大，表示谱重心越高，分散程度越低；FI 越小，表示谱重心越低，分散程度越高（冉启斌，2017）。

根据以上方法，可以得到 30 位北京人普通话六个塞擦音时长指数 DI 和摩擦指数 FI 数值（表 8—11）。

表 8—11　　　　　　30 位北京人普通话塞擦音 DI 和 FI 数值

塞擦音	时长指数	摩擦指数
[ts]	1.93	6.46
[tʂ]	1.18	4.84
[tɕ]	1.73	8.27
[tsʰ]	4.05	5.44
[tʂʰ]	3.52	4.57
[tɕʰ]	4.19	7.34

从表 8—11 可知，就时长指数来讲，不送气塞擦音的时长指数均小于送气塞擦音的时长指数，表示不送气塞擦音的无声闭塞段较大，有声摩擦段较小。在不送气塞擦音中，[tʂ] 的时长指数最小，说明其塞音性质最强。

就摩擦指数来讲，对于相同发音部位的塞擦音，送气塞擦音摩擦指数均小于不送气塞擦音，例如舌面送气塞擦音 [tɕʰ] 的摩擦指数小于舌面不送气塞擦音 [tɕ] 的摩擦指数，其余两对塞擦音情况相同。

将指数时长作为横坐标，指数摩擦作为纵坐标，可以依据表 8—11 作出北京话塞擦音大样本总体格局图（图 8—36）。冉启斌曾指出，塞擦音格局中 DI 反映发音动作组合性的高低；DI 指数越大，则其发音组合性越高；相反则其发音组合性越低，单一性越高。FI 反映的辅音噪声段落的摩擦性质，即辅音经过闭塞阶段和除阻后声道收紧处的大小以及引起的气流状态，FI 值越大，则除阻后声道收紧处摩擦缝隙越狭窄，湍流噪声越多；相反则声道收紧处摩擦缝隙越大，湍流噪声越少（冉启斌，2017）。

由图 8—36 可知，在格局图中，[tɕ] 位于格局图的顶端，表示其摩擦指数最大，说明其在六个塞擦音中除阻后声道收紧处摩擦缝隙最狭窄，湍流噪声最多；[tʂʰ] 位于格局图的最下端，表示其摩擦指数最小。说明其在六个塞擦音中除阻后声道收紧处摩擦缝隙最大，湍流噪声最少；

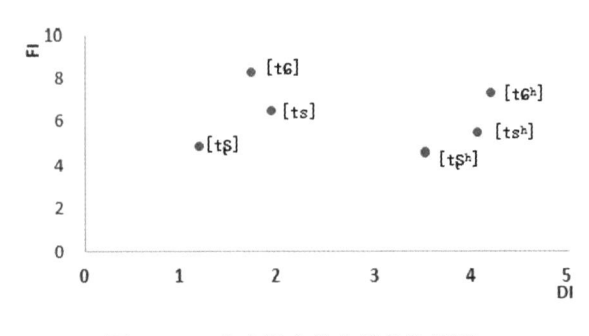

图 8—36　北京话塞擦音总体格局图

[tɕʰ]位于格局图的最右端,表示其时长指数最大,说明其在六个塞擦音中发音组合性最高,发音动作用时最多;[tʂ]位于格局图的最左端,表示其时长指数最小,说明其在六个塞擦音发音组合性最低,性质接近塞音。以上四个塞擦音在格局图中处于顶点位置,共同构成了北京话塞擦音的声学格局空间。

四　结语

本节依据声学实验数据,通过对比塞擦音时长格局与塞音格局、塞擦音有声摩擦部分格局与擦音格局,分析出塞擦音中"塞"的部分和"擦"的部分,分别与塞音、擦音之间存在一定差异。Hockett 指出,塞擦音跟塞音加擦音的简单序列不同,后者要求发音体做出两个连续的动作(Hockett,1986)。本节的研究结果也证实了这一点。在时长方面,相比于纯粹的塞音,塞擦音无声闭塞段减少,有声摩擦段增长。在摩擦段方面,相比于纯粹的擦音,塞擦音谱重心降低,分散程度增加。可以认为,塞音和擦音各自的声学特征在塞擦音中仍然存在,但发生了系统性变化,因此塞擦音不能单纯地认为是塞音与擦音的简单相加。

同时,本节通过构建塞擦音格局图,考察了北京人普通话塞擦音的部分声学特征,例如不送气塞擦音无声闭塞段时长大于送气塞擦音,有声摩擦段时长小于送气塞擦音;不送气塞擦音的发音组合性较送气塞擦音低；相同发音部位的不送气塞擦音能量集中区域较送气塞擦音高，能量分布较集中；不送气塞擦音发音时的湍流噪声大，摩擦性质较强。

附录

发音字表

z

不足　喷嘴　民族　否则　动作　投资　内在　令尊　自在　嘈杂　塑造　沼泽　插座

识字　软座　尽早　窃贼　西藏　跟踪　开罪　汇总　义子　五脏　玉簪　恶贼

c

彼此　拼凑　摩擦　风采　断层　体操　内存　粮仓　自从　参差　素菜　注册　纯粹

山村　认错　检测　起草　乡村　干脆　快餐　货舱　言词　卧槽　依次　遇刺

zh

标准　旁证　民主　非洲　地址　调整　黏滞　论著　作者　参照　苏州　注重　城镇

始终　热战　几种　曲折　狭窄　感知　夸张　横轴　医嘱　武装　讹诈　宇宙

ch

补充　平常　名称　付出　调查　推迟　黏稠　列车　早晨　草创　搜查　忠臣　长春

水产　热潮　交叉　秦朝　小吃　贯串　开创　合成　遗传　无仇　醒醐　愚蠢

j

北京　平均　妙见　附加　登记　提交　脑筋　了解　总结　裁决　松江　直角　差距

暑假　软禁　聚集　请教　旋即　格局　空间　好久　阿姐　依旧

午觉　淤积

q

并且　贫穷　明确　分歧　道歉　特区　弄清　龙泉　增强　凑巧　所求　肇庆　成群

声腔　入鞘　金秋　欠缺　兴趣　规劝　恳切　黑圈　衣裙　雾气　俄顷　渔樵

第 九 章

鼻　　音

第一节　北京普通话单字音鼻化度分析
张婧祎

一　绪论

（一）研究背景

随着语言学的逐渐发展，越来越多的学者关注语言中鼻音（Nasal）和鼻化（Nasalization）的问题。早在20世纪70年代，就已经在美国举办过有关鼻音、鼻化的研讨会，并出版了相关的专题论文集。国内也有很多学者对汉语语音中的鼻音和鼻化现象进行研究。吴宗济、林茂灿（1989）从共时角度对普通话鼻音的生理、声学特征进行研究；朱晓农（2007）根据汉语方言和民族语中的材料，详细讨论了各种鼻音情况，包括基本鼻音、鼻音的附加色彩、部分鼻音以及一些特殊的鼻音；吴宗济（1989）利用X光照相、腭位照相和频谱分析的方法探究汉语普通话鼻音的特点；许毅（1989）从频谱分析中归纳出了鼻音和边音的不同之处；黄秋华（2015）等人利用X光和动态腭位仪进行汉语鼻音的生理研究。时秀娟（2017）利用鼻音计测量语音的鼻化度，分析了汉语方言和一些民族语言和儿童语言中的鼻音特征。

（二）研究方法

发音人为34位老北京人，包括17位男性和17位女性。父母均为北京人，本人在北京长大，年龄在20—30岁之间。发音人均口音纯正，无耳鼻咽疾病。利用鼻音计（Kay Nasometer Ⅱ 6400）提取不同声韵组合的北京话单字音的鼻化度，利用 Mini-Speech-Lab 和 Praat 采集不同声韵组合的北京话单字音的共振峰和音长、音强。利用 Excel 软件分别计算每个人鼻化度以及共振峰、音长、音强等数据的平均值。

鼻化度（Nasalance）：语音发音时鼻音化的程度。鼻化度的数值称为 N 值。N 值的计算公式为：

$$N = 100 \times n/(n+o)$$

其中 n 表示鼻音能量（nasal acoustic energy），o 表示口音能量（oral acoustic energy）。此公式实际上表示的是鼻音能量在整个口音、鼻音能量之和中所占的比例。计算出的数值在 0—100 之间，数值越大，表明鼻音能量越强，鼻化度越高；反之则鼻音能量越弱，鼻化度越低。鼻化度曲线是在以鼻化度为纵轴（标度在 0—100 之间）、时间为横轴的二维平面图中显示的由鼻化度数据样点连成的曲线。

（三）研究内容

实验材料为自制的北京话单字音发音词表，共考察六种北京话单字音的声韵组合，分别是：

（1）零声母+单韵母：如啊（/a/）、一（/i/）等，记作"ØV（V 为单元音）"；

（2）清声母（塞音、擦音和塞擦音）+元音：如巴（/pa/）、发（/fa/）、唓（/tsa/）等，记作"CV（C 为塞音、擦音或塞擦音声母）"；

（3）通音声母（/m/、/n/、/l/、/r/）+元音：如妈（/ma/）、拿（/na/）、拉（/la/）、日（/ri/）等，记作"N（m，n）V"或"T（l，r）V"；

（4）通音声母（/m/、/n/、/l/、/r/）+元音+鼻尾（/n/、/ŋ/）：如瞒（/man/）、男（/nan/）、郎（/laŋ/）、扔（/rəŋ/）等，记作"N（m，n）VN（-n、-ŋ）"或"T（l，r）VN（-n、-ŋ）"；

（5）零声母+元音+鼻尾（/n/、/ŋ/）：如安（/an/）、鞥（/əŋ/）等，记作"ØVN（-n、-ŋ）"；

（6）清声母（塞音、擦音和塞擦音）+元音+鼻尾（/n/、/ŋ/）：如班（/pan/）、兵（/piŋ/），记作"CVN（-n、-ŋ）"。

二 北京话单字音元音鼻化度的考察

（一）ØV 音节元音

元音有内在鼻化度和复合鼻化度，元音内在鼻化度指不同元音本身所具有的鼻化度（时秀娟，2011）。北京话有 7 个一级元音，即/a、i、u、y、ɤ、ɿ、ʅ/（石锋，2002）。本次实验考察了这 7 个一级元音的内在鼻化度。

从表 9—1 中可以看到，本次实验中这 7 个零声母一级元音的鼻化度平均值都低于 40，从高到低排序为：/a/ > /i/ > /y/ > /ɿ/ > /u/ > /ʅ/ > /ɤ/。

表 9—1　　　　　　　　北京话 7 个零声母单元音的内在鼻化度

元音	平均值	标准差	最大值	最小值	1 人[①]	10 人[②]
a	36	14.5	63	6	36.2	29 (6.7)
i	34	14.9	73	11	10.4	25 (10.3)
u	12	6.6	37	3	4.1	9 (4.3)
ɤ	8	3.3	44	3	4.5	7 (2.0)
y	19	11.0	57	8	9.7	19 (8.3)
ɿ	13	5.6	36	5	5.0	11 (4.9)
ʅ	10	4.0	42	3	3.0	11 (6.1)

注：括号内为标准差，下文同。"1 人"为测量分析 1 位北京人鼻化度的数据；"10"人为测量分析 10 位北京人鼻化度的数据。

鼻化音和口音的临界值鼻化度是 40。多数元音的主体分布均处于口元音的范围内。只有/a/和/i/两个元音的内在鼻化度主体分布与鼻化

[①] 1 人实验数据引自时秀娟、冉启斌、石锋《北京话响音鼻化度的初步分析》，《当代语言学》2010 年第 4 期。

[②] 10 人实验数据引自时秀娟《元音内在鼻化度和复合鼻化度》，载《鼻音研究》，中国社会科学出版社 2017 年版。

音存在 10 度左右的交叉范围，在交叉范围 40—50 内，口音和鼻化音的界限有时是模糊的（图 9—1）。

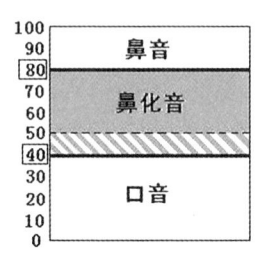

图 9—1　北京话口音与鼻化音过渡示意图①

（二）CV 音节元音

元音的复合鼻化度是元音与其他音素相连产生的鼻化度（时秀娟，2011）。本次实验重点考察元音与清（塞音、擦音、塞擦音）声母、通音声母（/m/、/n/、/l/、/r/）相拼后的元音鼻化度。

由表 9—2 可知，在塞音声母和塞擦音声母后，单元音鼻化度的排序和 7 个零声母一级元音的内在鼻化度排序一致；在擦音声母后舌尖后元音的排序和 7 个零声母一级元音的内在鼻化度排序不一致。

表 9—2　　　　塞音、擦音、塞擦音声母后的单元音复合鼻化度

声母	a	i	u	ɤ	ʅ	ʅ
塞音	28（16.0）	24（8.6）	9（5.0）	8（3.3）	—	—
擦音	29（16.3）	23（8.6）	10（6.2）	7（2.9）	14（6.1）	11（5.1）
塞擦音	30（17.0）	24（8.7）	13（7.1）	8（3.4）	14（5.6）	—
平均值	29（16.3）	23（8.5）	11（6.5）	8（3.1）	14（5.8）	11（5.1）

（三）NV/TV 音节中的元音

从表 9—3 可知，通音声母后面不同元音的鼻化度也有差异。在 /m/

---

① 图 9—1 引自时秀娟《元音内在鼻化度和复合鼻化度》，载《鼻音研究》，中国社会科学出版社 2017 年版。

声母后,元音鼻化度由高到低排序为:/ĩ/ > /ã/ > /ũ/;在/n/声母后,元音鼻化度由高到低排序为:/ĩ/ > /ỹ/ > /ũ/ > /ã/;在/l/声母后,元音鼻化度由高到低排序为:/a/ > /i/ > /y/ > /u/;在/r/声母后,元音鼻化度由高到低排序为:/ɻ/ > /u/。在鼻音声母后的元音鼻化度平均值都超过40,在非鼻音声母后的元音鼻化度平均值都小于40。

表9—3　　　　　北京话通音声母后的元音复合鼻化度

	平均值	标准差	10人		平均值	标准差	10人
(m) a	51	9.8	39 (4.0)	(l) a	34	16.3	—
(m) i	82	7.8	77 (12.4)	(l) i	31	16.8	—
(m) u	49	10.9	44 (13.4)	(l) u	11	6.6	—
(n) a	51	9.6	40 (6.6)	(l) y	21	12.4	—
(n) i	82	5.9	79 (6.5)	(r) ɻ	13	5.3	—
(n) u	55	11.1	48 (12.6)	(r) u	9	3.5	—
(n) y	64	10.1	66 (13.1)				

(四) øVN音节中元音的鼻化度

鼻韵母中的韵腹元音分为前面的元音段和后面的鼻化段。由表9—4可知,不同的元音后接前后鼻韵尾时元音段的鼻化度高低排序并不一致。

表9—4　　　　　VN音节元音段的复合鼻化度

	平均值	标准差		平均值	标准差
a (n)	45	11.0	a (ŋ)	40	8.6
ə (n)	40	12.7	ə (ŋ)	42	11.5
i (n)	55	17.1	i (ŋ)	48	13.8
u (n)	30	10.0	u (ŋ)	38	10.9
y (n)	45	15.9	y (ŋ)	36	10.6

由表9—5可知，不同的元音后接前后鼻韵尾时鼻化段鼻化度的高低排序并不一致，但其中/ĩ/、/ə̃/的鼻化度均最高，即舌面前元音更容易受到后接鼻韵尾的影响，鼻化度增高。

表9—5　　　　　　　　VN音节元音鼻化段的鼻化度

	平均值	标准差		平均值	标准差
(ã) n	79	4.8	(ã) ŋ	84	4.3
(ə̃) n	82	5.8	(ə̃) ŋ	86	3.7
(ĩ) n	84	4.9	(ĩ) ŋ	87	3.9
(ũ) n	78	4.9	(ũ) ŋ	82	4.7
(ỹ) n	81	6.4	(ỹ) ŋ	80	6.4

（五）CVN音节中元音的鼻化度

由表9—6可知，在CVN音节中，不同鼻尾的元音段鼻化度从高到低的排序不一致，其中/i/元音段的鼻化度最高，/a/、/ə/、/u/元音段的鼻化度均低于/i/。

表9—6　　　　　　　　CVN音节元音段的鼻化度

a (n)	ə (n)	i (n)	u (n)
35 (10.2)	28 (11.8)	47 (15.7)	31 (14.9)
a (ŋ)	ə (ŋ)	i (ŋ)	u (ŋ)
34 (9.2)	34 (10.0)	44 (14.0)	34 (10.4)

由表9—7可知，在CVN音节中，不同鼻尾的元音鼻化段鼻化度从高到低的排序不一致，其中/ã/鼻化段的鼻化度最低，/ĩ/、/ə̃/、/ũ/鼻化段的鼻化度较高。

表9—7　　　　　　　　　CVN音节鼻化段的鼻化度

(ã) n	(ɔ̃) n	(ĩ) n	(ũ) n
68 (13.5)	72 (11.0)	71 (20.5)	74 (10.2)
(ã) ŋ	(ɔ̃) ŋ	(ĩ) ŋ	(ũ) ŋ
75 (10.7)	82 (4.7)	83 (6.3)	77 (7.0)

（六）NVN/TVN音节中元音的鼻化度

表9—8为北京话NVN音节中元音部分的鼻化度。在NVN音节中，鼻化元音的鼻化度从高到低排序为：/ĩ/＞/ɔ̃/＞/ã/＞/ũ/。

表9—8　　　　　　　　　NVN音节中元音的鼻化度

	m声母			n声母		
	平均值	最大值	最小值	平均值	最大值	最小值
ã (n)	50 (9.0)	68	33	52 (8.7)	69	36
ɔ̃ (n)	51 (8.5)	68	37	54 (8.8)	69	37
ĩ (n)	75 (7.7)	90	60	77 (7.0)	88	60
ũ (n)	—	—	—	—	—	—
ã (ŋ)	52 (9.4)	72	37	58 (7.6)	69	43
ɔ̃ (ŋ)	56 (8.4)	76	39	57 (8.3)	79	42
ĩ (ŋ)	74 (9.0)	88	57	76 (7.7)	88	63
ũ (ŋ)	—	—	—	56 (10.0)	78	36

由表9—9可知，在lVN音节中，元音鼻化度从高到低排序为：i＞ə＞a＞u。在rVN音节中，不同鼻尾元音鼻化度的排序不一致，但无论在前后鼻尾中，u的鼻化度均为最低。

表9—9　　　　　　　　TVN音节中元音段的鼻化度

	l声母			r声母		
	平均值	最大值	最小值	平均值	最大值	最小值
a (n)	33 (10.8)	56	9	37 (10.4)	58	13
ə (n)	—	—	—	33 (12.1)	60	12
i (n)	41 (14.3)	72	16	—	—	—
u (n)	21 (8.0)	38	4	28 (9.8)	51	14
a (ŋ)	33 (8.5)	49	14	33 (9.9)	49	12
ə (ŋ)	34 (8.5)	52	16	39 (9.6)	55	15
i (ŋ)	39 (12.9)	65	19	—	—	—
u (ŋ)	29 (8.5)	46	13	33 (10.0)	57	15

由表9—10可知，在lVN音节中，鼻化元音的鼻化度从高到低为：l (ĩ)N > l (ə̃) ŋ > l (ã) N > l (ũ) N。在rVN音节中，不同韵尾鼻化元音鼻化度从高到低的排序不一致，但无论在前后鼻尾中，r (ə̃) N的鼻化度均为最高。

表9—10　　　　　　　　TVN音节中鼻化段的鼻化度

	l声母			r声母		
	平均值	最大值	最小值	平均值	最大值	最小值
(ã) n	64 (10.1)	88	38	68 (9.8)	85	48
(ə̃) n	—	—	—	75 (10.7)	90	47
(ĩ) n	81 (5.0)	89	71	—	—	—
(ũ) n	63 (18.2)	92	5	68 (15.7)	91	35
(ã) ŋ	76 (5.8)	87	62	71 (7.9)	85	54
(ə̃) ŋ	80 (4.4)	87	67	83 (4.2)	90	69
(ĩ) ŋ	83 (3.6)	88	75	—	—	—
(ũ) ŋ	75 (7.0)	89	58	76 (6.2)	85	51

三 通音声母的鼻化度

本实验考察了这个通音声母和单元音相拼时的鼻化度。

（一） NV/TV 音节声母的鼻化度

由表 9—11 可知，/m/、/n/ 的鼻化度明显高于/l/、/r/。

表 9—11　　　　　　　NV/TV 音节通音声母的鼻化度

	平均值	标准差	最大值	最小值	1 人
m	90	4.8	96	67	89
n	93	2.1	96	80	91
l	25	13.2	65	6	32
r	18	8.0	71	5	24

由表 9—12 可知，和不同元音相拼时，北京话鼻音声母和非鼻音浊声母之间的鼻化度区别明显，不易混淆。

表 9—12　　　　和不同元音相拼时 NV/TV 音节通音声母的鼻化度

	平均值	标准差		平均值	标准差
m（a）	90	4.3	l（a）	33	13.1
m（i）	93	2.4	l（i）	26	13.8
m（u）	87	5.2	l（u）	18	8.4
n（a）	92	2.8	l（y）	22	12.7
n（i）	94	1.3	r（ʅ）	20	9.4
n（u）	93	1.9	r（u）	15	5.7
n（y）	93	1.5			

（二） NVN/TVN 音节声母的鼻化度

由表 9—13 可知，韵尾不同，但通音声母鼻化度从高到低的排序一致：nVN > mVN > lVN > rVN。

表9—13　　　　　　　NVN/TVN音节声母的总体鼻化度

	vn 平均值	vn 最大值	vn 最小值	vŋ 平均值	vŋ 最大值	vŋ 最小值
m	90 (3.8)	96	74	89 (4.9)	95	71
n	92 (2.9)	96	81	92 (2.6)	97	84
l	26 (13.7)	64	5	23 (10.7)	56	5
r	21 (11.7)	62	4	21 (10.1)	55	4

当韵尾为/-n/时，NVN音节鼻音声母的鼻化度从高到低排序基本为：NiN > NəN > NaN。

当韵尾为/-ŋ/时，NVN音节鼻音声母的鼻化度从高到低排序基本为：NiN > NəN > NaN > nuŋ。（参见表9—14）

表9—14　　　　和不同元音相拼时NVN音节声母的鼻化度

	m声母 平均值	m声母 最大值	m声母 最小值	n声母 平均值	n声母 最大值	n声母 最小值
an	88 (4.7)	96	74	92 (2.1)	95	81
ən	90 (3.4)	94	84	92 (3.2)	96	83
in	92 (2.0)	95	85	93 (2.0)	96	87
un	—	—	—	—	—	—
aŋ	87 (5.9)	94	71	92 (2.4)	97	88
əŋ	88 (4.7)	95	77	92 (2.5)	96	85
iŋ	91 (2.5)	95	84	93 (1.9)	95	88
uŋ	—	—	—	91 (3.3)	95	84

当韵尾为/-n/时，TVN音节鼻音声母的鼻化度从高到低排序不一致。当韵尾为/-ŋ/时，TVN音节鼻音声母的鼻化度从高到低排序基本一致为：(l) iŋ >（T）əŋ >（T）aŋ >（T）uŋ。（参见表9—15）

表9—15　　　　　和不同元音相拼时TVN音节声母的鼻化度

	l声母			r声母		
	平均值	最大值	最小值	平均值	最大值	最小值
an	24（10.8）	49	10	22（13.2）	59	4
ən	—	—	—	21（10.7）	53	7
in	32（16.1）	64	5	—	—	—
un	23（12.3）	58	6	21（11.4）	62	4
aŋ	22（8.9）	40	7	21（11.3）	55	5
əŋ	24（10.3）	49	7	23（10.3）	49	6
iŋ	26（13.2）	56	5	—	—	—
uŋ	20（9.3）	46	9	20（8.7）	44	4

四　鼻韵尾的鼻化度

（一）NVN/TVN音节鼻尾的鼻化度

在北京话NVN/TVN音节中，鼻尾的鼻化度从高到低的排序较为一致：nVN、mVN鼻尾的鼻化度高于lVN、rVN。

表9—16　　　　　NVN/TVN音节鼻尾的总体鼻化度

	v（n）			v（ŋ）		
	平均值	最大值	最小值	平均值	最大值	最小值
m	93（4.1）	97	79	94（2.2）	97	87
n	94（2.8）	97	81	94（3.3）	97	79
l	87（10.4）	97	55	93（3.0）	97	82
r	89（8.1）	97	59	92（4.1）	97	77

NVN音节鼻尾的鼻化度均在90以上，但内部鼻尾鼻化度的高低排序并不一致，其中以NiN鼻尾的鼻化度为最高，Nə（ŋ）次之，Na（ŋ）、nu（ŋ）鼻尾的鼻化度较低。

表9—17　　　　　　　不同元音 NVN 音节中鼻尾的鼻化度

	m 声母			n 声母		
	平均值	最大值	最小值	平均值	最大值	最小值
a（n）	92（4.4）	96	80	93（3.5）	97	81
ə（n）	93（4.7）	98	79	92（2.4）	96	88
i（n）	93（3.2）	97	85	95（1.3）	97	92
u（n）	—	—	—	—	—	—
a（ŋ）	93（2.4）	97	87	94（2.1）	97	90
ə（ŋ）	94（2.2）	97	88	94（1.9）	97	89
i（ŋ）	94（2.1）	97	89	96（1.0）	97	94
u（ŋ）	—	—	—	90（4.4）	96	79

TVN 音节鼻尾的鼻化度排序并不一致，在 l 声母中，li（N）的鼻化度最高，la（N）的鼻化度高于 lu（N）的鼻化度。在 r 声母中，rə（N）的鼻化度最高；ra（N）、ru（N）的鼻化度较低，排序并不一致。

表9—18　　　　　　　不同元音 TVN 音节鼻尾的鼻化度

	l 声母			r 声母		
	平均值	最大值	最小值	平均值	最大值	最小值
a（n）	84（11.6）	96	55	85（8.4）	96	68
ə（n）	—	—	—	91（5.3）	97	78
i（n）	93（3.8）	97	83	—	—	—
u（n）	79（16.0）	96	43	80（14.3）	96	40
a（ŋ）	94（2.1）	97	89	91（5.0）	96	77
ə（ŋ）	93（1.5）	96	90	95（1.6）	97	91
i（ŋ）	95（1.4）	97	91	—	—	—
u（ŋ）	90（3.4）	95	82	91（3.6）	96	81

（二）øVN 音节鼻尾的鼻化度

由表9—19可知，后鼻音韵尾/-ŋ/的鼻化度高于前鼻音韵尾/-n/。（参见表9—20）

表 9—19　　　　　　　　øVN 音节鼻尾的总体鼻化度

	平均值	标准差	最大值	最小值
– n	92	4.0	97	51
– ŋ	93	3.3	98	75

在前、后鼻尾中，əN、iN 鼻尾的鼻化度均是最高的。əN、iN、yN 后鼻尾的鼻化度均高于前鼻尾，而 uN 前、后鼻尾的鼻化度相等，aN 前鼻尾的鼻化度高于后鼻尾。（参见表 9—20）

表 9—20　　　　　　øVN 音节不同元音后的鼻尾鼻化度

	平均值	最大值	最小值		平均值	最大值	最小值
(a) n	93 (3.3)	97	51	(a) ŋ	92 (2.8)	96	86
(ə) n	94 (2.4)	97	59	(ə) ŋ	95 (1.7)	98	83
(i) n	94 (2.2)	97	63	(i) ŋ	95 (0.9)	97	79
(u) n	92 (4.1)	97	75	(u) ŋ	92 (3.3)	97	79
(y) n	92 (2.9)	97	69	(y) ŋ	93 (3.2)	96	75

（三）CVN 音节鼻尾的鼻化度

不同元音后/ – n/和/ – ŋ/的鼻化度均是 CiN 最高，CaN 最低，和时秀娟（2015）实验中所得结果一致。

表 9—21　　　　　　CVN 音节不同元音后鼻尾的鼻化度

(a) n	(ə) n	(i) n	(u) n
87 (13.2)	94 (3.9)	94 (2.6)	94 (4.7)
(a) ŋ	(ə) ŋ	(i) ŋ	(u) ŋ
87 (6.9)	93 (3.4)	94 (3.5)	91 (7.8)

在不同声调的 CVN 音节中，鼻尾的标准差会随着声调的变化而变化。不同声调的 CVN 音节鼻韵尾，在阴平中鼻尾的鼻化度最稳定，阳平次之，上声再次，去声最不稳定。

表 9—22　　　不同声调 CVN 音节鼻尾的总体鼻化度

	声调	平均值	最大值	最小值
-n	阴平	95 (1.7)	97	88
	阳平	95 (1.9)	97	87
	上声	93 (4.4)	97	74
	去声	87 (9.1)	96	40
-ŋ	阴平	94 (2.8)	98	84
	阳平	93 (4.1)	97	76
	上声	91 (4.9)	97	75
	去声	87 (8.8)	97	55

CVN 音节同一元音后鼻尾/-n/或/-ŋ/的最高值出现在阴平或阳平中（阴平最高较多），最低值出现在上声或去声中（去声最低较多）。

表 9—23　　　不同声调 CVN 音节不同元音后的鼻尾鼻化度

	声调	平均值	最大值	最小值		声调	平均值	最大值	最小值
(a) n	阴平	94 (2.4)	96	88	(a) ŋ	阴平	95 (1.6)	97	89
	阳平	94 (2.5)	96	87		阳平	93 (3.3)	97	83
	上声	92 (4.3)	96	81		上声	92 (3.8)	96	83
	去声	73 (17.2)	95	40		去声	83 (11.7)	95	55
(ə) n	阴平	95 (1.3)	97	91	(ə) ŋ	阴平	94 (2.8)	97	86
	阳平	95 (1.7)	97	89		阳平	96 (1.0)	97	93
	上声	93 (4.3)	97	74		上声	92 (2.9)	97	84
	去声	91 (5.4)	96	70		去声	91 (4.6)	96	81

续表

	声调	平均值	最大值	最小值		声调	平均值	最大值	最小值
(i) n	阴平	95 (1.3)	97	91	(i) ŋ	阴平	95 (1.5)	98	91
	阳平	95 (2.0)	97	89		阳平	95 (1.4)	97	91
	上声	92 (5.4)	97	80		上声	93 (2.9)	97	85
	去声	93 (3.3)	96	84		去声	91 (5.0)	97	76
(u) n	阴平	95 (1.5)	97	91	(u) ŋ	阴平	92 (3.1)	97	84
	阳平	95 (1.6)	97	91		阳平	89 (5.1)	97	76
	上声	94 (3.3)	97	80		上声	86 (5.8)	96	75
	去声	89 (7.0)	96	73		去声	83 (8.9)	95	66

五 北京话单字音的声学特征

（一）元音的声学特征

由表9—24可知7个一级元音（a、i、u、y、ɤ、ɿ、ʅ）的相关声学特征，然后再利用SPSS中的Pearson相关性检验，发现7个一级元音的音长、音强与其鼻化度之间均不存在相关。

表9—24　　　　　　　七个一级元音的声学特征

		音长	音强	F1	F2	F3	F4
a	平均值	301	71	839	1283	2597	3903
	标准差	47.5	6.7	124.4	180.0	424.2	332.2
	最大值	399	83	1019	1661	3036	4372
	最小值	232	59	579	1021	1491	3098

续表

		音长	音强	F1	F2	F3	F4
i	平均值	317	65	321	2346	3182	3880
	标准差	44.8	4.2	48.8	493.9	290.7	451.4
	最大值	428	73	415	3142	3866	4802
	最小值	233	60	269	1247	2651	2746
u	平均值	326	68	430	619	3063	4058
	标准差	39.9	4.6	21.1	50.7	168.7	437.3
	最大值	397	76	488	695	3331	4777
	最小值	245	63	393	523	2680	3152
y	平均值	321	66	319	2080	2609	3592
	标准差	35.4	4.4	55.0	180.2	217.0	342.9
	最大值	387	74	441	2378	2939	4266
	最小值	254	59	257	1722	2223	3094
ɤ	平均值	328	72	500	1160	2856	3592
	标准差	37.6	6.2	53.5	83.7	255.4	419.4
	最大值	403	81	600	1333	3456	4539
	最小值	262	62	402	1023	2431	2597
ɿ	平均值	279	69	418	1456	2902	3958
	标准差	44.2	5.9	57.1	107.0	173.0	324.6
	最大值	366	81	506	1627	3287	4551
	最小值	191	61	327	1221	2668	3284
ʅ	平均值	287	70	439	1706	2456	3393
	标准差	38.8	5.5	53.1	91.5	287.6	191.0
	最大值	381	83	537	1938	2952	3732
	最小值	210	64	331	1573	1980	2952

注：表中音长单位是毫秒；音强单位是幅度积；其振峰 F 的单位是赫兹。下同。

根据表9—25并利用 SPSS 中的 Pearson 相关性检验，发现：（1）塞音声母后元音的音长对鼻化度的影响不同：/a/、/u/、/ɤ/的音长均不会对其鼻化度产生影响，有95%的可能性/i/的音长会对其鼻化度产生影响；（2）音强对鼻化度的影响不同：/a/、/ɤ/、/u/的音强对其鼻化度不会产生影响，有95%的可能性/i/的音强会对其鼻化度产生影响。

表9—25　　　　塞音声母后接元音组合中元音的声学特征

		音长	音强	F1	F2	F3	F4
a	平均值	286	73	824	1365	2687	3994
	标准差	48.2	6.1	109.6	205.3	198.2	330.2
	最大值	369	83	998	1778	3031	4508
	最小值	188	66	686	1110	2268	3133
i	平均值	285	68	337	2337	3055	3913
	标准差	43.7	3.7	44.0	271.5	169.0	405.0
	最大值	370	74	417	2817	3430	4725
	最小值	211	62	267	2060	2790	3289
u	平均值	271	70	443	810	3036	4010
	标准差	43.6	4.9	23.2	66.3	235.9	522.8
	最大值	344	78	489	937	3441	4965
	最小值	189	64	374	684	2534	3148
ɤ	平均值	294	72	491	1268	2852	3820
	标准差	41.2	6.0	45.3	86.1	227.7	353.9
	最大值	375	80	603	1411	3231	4457
	最小值	232	63	425	1154	2584	3167

根据表9—26并利用SPSS中的Pearson相关性检验，发现：（1）音长不会对塞擦音声母后的元音自身的鼻化度产生影响；（2）音强不会对塞擦音声母后/a/、/i/、/ɤ/、/u/自身的鼻化度产生影响，但是有95%的可能，会对/ɣ/自身的鼻化度产生影响。

表9—26　　　　塞擦音声母后接元音组合中元音的声学特征

		音长	音强	F1	F2	F3	F4
a	平均值	250	73	792	1286	2493	3661
	标准差	27.4	7.2	86.9	140.6	238.4	448.6
	最大值	314	84	918	1528	2965	4223
	最小值	198	64	665	992	1925	2683

续表

		音长	音强	F1	F2	F3	F4
i	平均值	231	68	320	2190	2995	3829
	标准差	34.3	5.3	52.0	228.4	109.1	490.4
	最大值	346	76	400	2762	3305	4639
	最小值	169	60	207	1755	2856	3057
u	平均值	233	69	403	851	2789	3640
	标准差	24.8	6.3	85.2	77.6	308.9	333.6
	最大值	282	80	570	982	3477	4475
	最小值	138	59	222	710	2126	2979
ɤ	平均值	258	72	498	1227	2774	3605
	标准差	41.3	7.3	60.9	79.1	291.5	320.5
	最大值	329	85	588	1350	3326	4397
	最小值	176	63	416	1028	2266	3024
ʅ	平均值	233	69	412	1327	2789	3710
	标准差	41.3	6.0	49.6	238.0	105.7	485.4
	最大值	317	81	483	1585	2964	4401
	最小值	132	61	267	774	2622	2949

根据表9—27并利用SPSS中的Pearson相关性检验,发现:(1)音长不会对擦音声母后元音自身的鼻化度产生影响;(2)音强不会对擦音声母后/a/、/i/、/ɤ/、/u/、/ʅ/自身的鼻化度产生影响,但是有95%的可能,会对/ɤ/自身的鼻化度产生影响。

表9—27　　　　擦音声母后接元音组合中元音的声学特征

		音长	音强	F1	F2	F3	F4
a	平均值	274	73	818	1316	2529	3851
	标准差	51.7	6.4	130.1	192.2	310.6	351.9
	最大值	402	83	1123	1765	3207	4552
	最小值	169	64	617	902	172	3030

续表

		音长	音强	F1	F2	F3	F4
i	平均值	233	68	329	2088	2882	3671
	标准差	44.2	4.4	37.7	327.8	126.3	306.2
	最大值	342	75	402	2695	3233	4353
	最小值	159	62	263	1423	2628	3113
u	平均值	260	70	481	875	2925	3892
	标准差	40.8	5.8	109.6	84.2	326.6	402.1
	最大值	349	80	755	1136	3759	4857
	最小值	158	60	258	581	2182	3008
ɤ	平均值	281	74	512	1179	2704	3632
	标准差	47.9	5.9	60.8	118.3	334.3	385.3
	最大值	339	84	653	1386	3438	4696
	最小值	114	65	415	785	1856	2897
ɿ	平均值	220	69	422	1325	2824	3713
	标准差	40.7	6.0	43.1	117.2	198.3	484.1
	最大值	278	79	491	1510	3260	4723
	最小值	133	54	351	1165	2295	2940
ʅ	平均值	230	71	449	1669	2332	3260
	标准差	32.7	5.8	37.9	89.1	232.5	257.8
	最大值	289	80	529	1855	2910	3786
	最小值	177	63	401	1510	1908	274

（二）NV/TV 音节的声学特征

图 9—2 和图 9—3 为声母为通音的 NV/TV 音节的语图。从图中可以看到，在 NV/TV 音节中，声母和元音部分的分界很明显：两部分语谱图的灰度不同，同时元音部分的语谱图呈现出非常规律的周期变化。据此，本次实验将 NV/TV 音节切分为声母和元音两部分，分别测量声母部分和

元音部分的声学特征。测量方法同七个一级元音和 CV 音节。

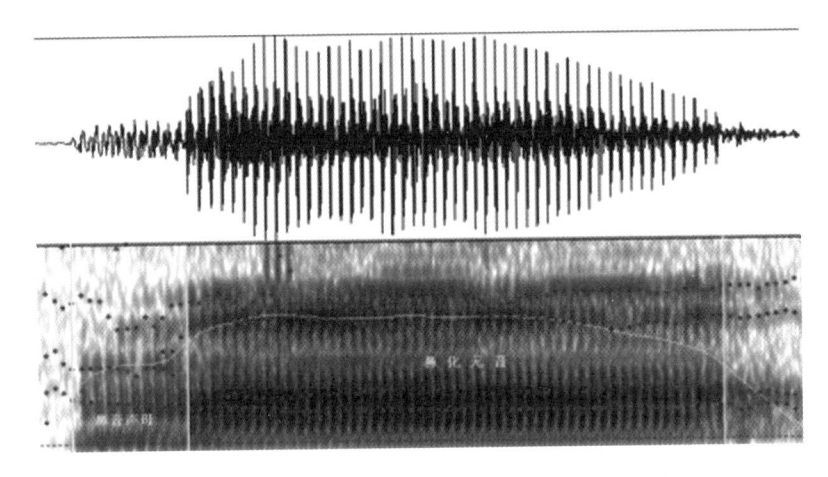

图 9—2 NV 音节的声学示意图（以"/ma/"音节为例）

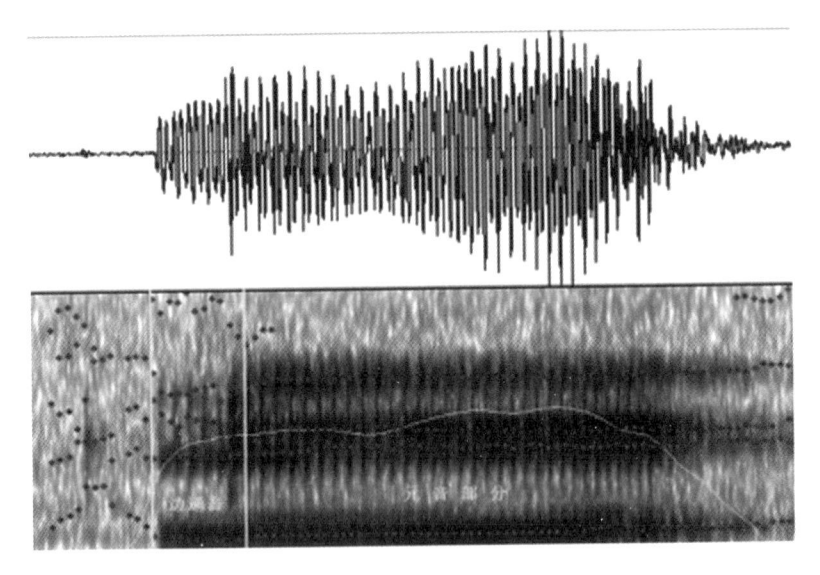

图 9—3 TV 音节的声学示意图（以"/lv/"音节为例）

根据表 9—28 并利用 SPSS 中的 Pearson 相关性检验，发现：（1）在 NV 音节中，鼻音声母/m/、/n/的音长对声母鼻化度并无影响，但音强可能会影响鼻音声母的鼻化度。（2）在 TV 音节中，声母/l/、/r/的音长和音强对其鼻化度并无影响。

表 9—28　　　　　　　　NV/TV 音节声母的总体声学特征

		音长	音强	F1	F2	F3	F4
m	平均值	59	65	417	1594	2786	4046
	标准差	16.8	5.6	161.4	445.9	510.8	373.5
	最大值	102	78	1064	2350	4109	4844
	最小值	31	54	254	730	1532	3091
n	平均值	59	65	348	1590	2643	3900
	标准差	13.4	5.7	54.2	364.4	386.1	275.9
	最大值	95	74	477	2360	3606	4884
	最小值	31	55	210	656	1782	3152
l	平均值	71	64	360	1567	2589	3848
	标准差	14.7	7.4	84.8	280.6	369.6	270.4
	最大值	111	81	600	2049	3203	4512
	最小值	40	50	185	747	1480	3099
r	平均值	99	63	357	1709	2747	3858
	标准差	13.1	6.3	37.5	237.5	215.1	273.2
	最大值	127	74	461	2114	3145	4406
	最小值	67	51	280	1101	2187	3118

表 9—29 为当后接元音均为 /a/ 时，n、l 个通音声母音长、音强、共振峰（F1—F4）的具体数据。利用 SPSS 中的 Pearson 相关性检验，发现：（1）在 ma、na 音节中，声母的音长不会影响其鼻化度，但有 95% 的可能性音强会对其鼻化度产生影响；（2）在 la 音节中，声母的音长和音强均不会影响其鼻化度。

表 9—29　　　　　　　　Na/Ta 音节声母的声学特征

		音长	音强	F1	F2	F3	F4
m	平均值	61	66	491	1579	2764	4066
	标准差	19.1	6.8	229.0	386.3	717.3	454.6
	最大值	108	78	1064	2298	4109	4844
	最小值	31	55	299	818	1532	3091

续表

		音长	音强	F1	F2	F3	F4
n	平均值	55	64	386	1637	2702	3875
	标准差	13.5	5.9	48.3	440.1	407.0	193.4
	最大值	85	74	467	2291	3606	4219
	最小值	31	55	255	740	1907	3222
l	平均值	76	68	440	1540	2473	3877
	标准差	16.5	6.2	49.4	127.2	515.8	308.8
	最大值	111	81	558	1816	3009	4336
	最小值	49	60	345	1324	1480	3245

表9—30为当后接元音为/i/时，四个通音声母音长、音强、共振峰（F1—F4）的具体数据。利用SPSS中的Pearson相关性检验，发现：（1）在mi、li、ni音节中，声母的音长和音强均不会对声母自身的鼻化度产生影响；（2）在ri音节中，声母的音长不会影响其自身的鼻化度，但是有95%的可能性，音强会影响其自身的鼻化度。

表9—30　　　　　　Ni/Ti音节声母的声学特征

		音长	音强	F1	F2	F3	F4
m	平均值	60	64	364	1721	2850	4101
	标准差	16.7	5.0	65.2	452.5	461.3	358.8
	最大值	100	77	573	2350	3497	4543
	最小值	32	58	280	849	1815	3228
n	平均值	58	65	347	1622	2623	3962
	标准差	12.9	6.0	54.5	301.5	395.5	311.9
	最大值	82	74	477	2084	3142	4615
	最小值	34	56	210	890	1782	3235
l	平均值	69	60	329	1779	2760	3836
	标准差	16.3	7.4	67.9	138.1	151.0	217.1
	最大值	107	77	478	1989	3104	4287
	最小值	40	52	225	1404	2445	3449

续表

		音长	音强	F1	F2	F3	F4
r	平均值	95	63	353	1883	2844	3916
	标准差	11.8	6.0	48.5	150.3	158.6	238.1
	最大值	111	72	461	2114	3145	4406
	最小值	67	55	280	1631	2415	3435

表9—31为当后接元音为/u/时，四个通音声母音长、音强、共振峰（F1—F4）的具体数据。利用 SPSS 中的 Pearson 相关性检验，发现：（1）在 nu、lu 音节中，声母/n/、/l/的音长、音强对其鼻化度并无影响；（2）在 mu 音节中，声母音长不会对自身的鼻化度产生影响，有95%的可能性声母的音强会对自身的鼻化度产生影响；（3）在 ru 音节中，声母音强不会对其自身的鼻化度产生影响，但有95%的可能性音长会对自身的鼻化度产生影响。

表9—31　　　　Nu/Tu 音节声母的声学特征

		音长	音强	F1	F2	F3	F4
m	平均值	57	64	392	1484	2740	3973
	标准差	14.6	4.9	110.1	497.9	258.1	298.4
	最大值	79	74	661	2278	3371	4602
	最小值	32	54	254	730	2133	3384
n	平均值	64	65	324	1506	2766	3905
	标准差	12.4	5.6	53.8	439.4	170.0	283.1
	最大值	95	74	420	2360	3225	4621
	最小值	40	56	218	656	2514	3152
l	平均值	73	66	364	1276	2460	3861
	标准差	10.8	5.7	86.9	250.3	329.1	251.4
	最大值	91	79	600	1876	2989	4512
	最小值	47	57	258	747	1682	3284
r	平均值	103	63	362	1534	2669	3803
	标准差	13.4	6.6	16.7	171.4	224.8	296.4
	最大值	127	74	394	1872	3023	4207
	最小值	82	51	319	1101	2187	3118

表9—32为当后接元音为/y/时，n·l两通音声母音长、音强、共振峰（F1—F4）的具体数据。利用SPSS中的Pearson相关性检验，发现：当元音为/y/时，在NV/TV音节中，不同音节通音声母的音长、音强特征对其鼻化度均不存在影响。

表9—32　　　　　　　　Ny/Ty音节声母的声学特征

		音长	音强	F1	F2	F3	F4
n	平均值	62	65	334	1595	2495	3847
	标准差	13.4	5.6	38.3	203.1	450.6	293.1
	最大值	88	73	407	1839	3520	4884
	最小值	37	56	235	910	1789	3237
l	平均值	67	61	310	1704	2682	3820
	标准差	13.2	7.1	68.5	245.8	287.7	301.9
	最大值	93	73	495	2049	3203	4347
	最小值	45	50	185	1155	2069	3099

表9—33为NV音节，声母为/m/时，后接元音/a/、/i/、/u/的声学特征。利用SPSS中的Pearson相关性检验，发现：在mV音节中，后接元音的音长、音强均不会影响其自身的鼻化度。

表9—33　　　　　　　　mV音节元音部分的声学特征

		音长	音强	F1	F2	F3	F4
(m)a	平均值	233	73	766	1290	2503	3735
	标准差	18.4	7.4	109.6	134.1	453.7	471.7
	最大值	267	83	1022	1581	3229	4592
	最小值	189	63	590	1065	1518	2633
(m)i	平均值	243	69	399	1880	3113	3970
	标准差	29.4	5.8	51.5	743.5	401.6	537.0
	最大值	323	79	474	2936	3903	4919
	最小值	176	60	316	734	2323	3094

续表

		音长	音强	F1	F2	F3	F4
(m) u	平均值	236	70	432	761	2661	3846
	标准差	39.7	6.5	26.7	60.0	626.5	496.1
	最大值	336	79	477	882	3610	4835
	最小值	154	61	368	644	1618	3123

表9—34 为 nV 音节，声母为 /n/ 时，后接元音 /a/、/i/、/u/、/y/ 的声学特征。利用 SPSS 中的 Pearson 相关性检验，考察在 nV 音节中元音的音长、音强对其自身鼻化度的影响发现：在 nV 音节中，后接元音的音长、音强均不会影响其自身的鼻化度。

表9—34　　　　　nV 音节元音部分的声学特征

		音长	音强	F1	F2	F3	F4
(n) a	平均值	255	70	795	1324	2229	3506
	标准差	30.5	6.9	112.3	136.3	462.5	513.1
	最大值	320	79	1007	1568	2910	4448
	最小值	198	58	627	1090	1519	2628
(n) i	平均值	244	69	377	1828	3122	3929
	标准差	29.5	6.2	34.9	554.4	196.0	327.3
	最大值	308	77	428	2648	3526	4585
	最小值	198	58	281	767	2754	3413
(n) u	平均值	242	71	430	808	2743	3917
	标准差	25.0	6.1	29.7	64.7	490.4	465.9
	最大值	300	79	490	963	3662	4781
	最小值	189	58	374	703	1957	3233
(n) y	平均值	294	66	388	1964	2943	3383
	标准差	50.5	5.2	30.2	139.6	182.8	256.5
	最大值	439	74	445	2136	2851	3820
	最小值	236	54	337	1496	2137	2853

表9—35 为 lV 音节，声母为/l/时，后接元音/a/、/i/、/u/、/y/的声学特征。利用 SPSS 中的 Pearson 相关性检验，考察在 lV 音节中元音的音长、音强对其自身鼻化度的影响发现：在 lV 音节中，后接元音的音长、音强均不会影响其自身的鼻化度。

表9—35　　　　　　　　　lV 音节元音部分的声学特征

		音长	音强	F1	F2	F3	F4
(1) a	平均值	240	74	792	1255	2601	3657
	标准差	18.4	7.2	116.5	195.3	161.9	411.5
	最大值	286	87	952	1564	2960	4257
	最小值	195	62	538	748	2370	2841
(1) i	平均值	261	64	334	1771	2973	3755
	标准差	37.7	5.9	42.0	626.5	184.5	173.0
	最大值	345	78	410	2547	3302	4110
	最小值	189	54	244	705	2562	3343
(1) u	平均值	203	72	442	827	2903	4029
	标准差	27.9	5.4	17.2	83.8	208.0	256.9
	最大值	255	81	478	993	3387	4380
	最小值	155	63	412	701	2517	3242
(1) y	平均值	238	69	351	1911	2388	3433
	标准差	27.3	5.4	67.3	112.8	143.3	286.6
	最大值	297	79	457	2204	2714	3934
	最小值	190	60	240	1727	2207	2731

表9—36 为 rV 音节，声母为/r/时，后接元音/ʅ/、/u/的声学特征。利用 SPSS 中的 Pearson 相关性检验，考察在 rV 音节中元音的音长、音强对其自身鼻化度的影响发现：在 rV 音节中，后接元音的音长、音强均不会影响其自身的鼻化度。

表 9—36　　　　　　　　rV 音节元音部分的声学特征

		音长	音强	F1	F2	F3	F4
(r) ɿ	平均值	188	68	406	1763	2356	3609
	标准差	25.0	6.1	50.4	101.1	199.5	304.0
	最大值	244	77	545	1977	2741	4204
	最小值	139	60	329	1613	2007	2961
(r) u	平均值	223	69	431	816	3013	4057
	标准差	31.7	6.5	28.2	54.9	310.4	386.2
	最大值	288	80	487	918	3641	4798
	最小值	164	58	395	721	2431	3212

（三）øVN 音节的声学特征

根据表9—37并利用 SPSS 中的 Pearson 相关性检验，考察在零声母 Vn 音节中元音段的音长、音强对其自身鼻化度的影响发现：（1）Vn 音节中，元音段的音长不会影响元音段自身的鼻化度；（2）Vn 音节中，an、ən、in、un 这 4 个音节元音段的音强不会影响元音段自身的鼻化度，但有95%的可能性 yn 元音段的音强会影响元音段自身的鼻化度。

表 9—37　　　　　　　　Vn 音节元音段的声学特征

		音长	音强	F1	F2	F3	F4
an	平均值	154	74	818	1371	2381	3709
	标准差	51.4	7.8	94.1	145.0	460.1	289.0
	最大值	262	85	972	1603	3081	4273
	最小值	75	62	653	1005	1599	3109
ən	平均值	106	74	577	1527	2654	3766
	标准差	41.7	8.3	49.6	111.2	120.3	326.2
	最大值	183	86	672	1643	2903	4317
	最小值	42	61	502	1312	2393	6025
in	平均值	154	68	352	2169	3075	3805
	标准差	35.7	8.1	51.5	234.6	182.9	386.4
	最大值	220	79	467	3674	3455	4629
	最小值	81	52	286	1722	2728	3048

续表

		音长	音强	F1	F2	F3	F4
yn	平均值	157	70	347	1940	2555	3456
	标准差	38.7	6.5	53.0	194.4	265.0	307.9
	最大值	238	82	442	2356	3137	4032
	最小值	99	59	276	1547	2083	2943
un	平均值	143	74	488	860	2682	3638
	标准差	35.7	7.4	60.8	39.4	121.8	423.3
	最大值	209	85	596	951	2967	4418
	最小值	71	62	379	783	2497	2886

根据表 9—38 并利用 SPSS 中的 Pearson 相关性检验，考察在 Vŋ 音节中元音段的音长、音强对其自身鼻化度的影响发现：Vŋ 音节中，元音段的音长、音强对其自身鼻化度均没有影响。

表 9—38　　　　　　　　Vŋ 音节元音段的声学特征

		音长	音强	F1	F2	F3	F4
aŋ	平均值	126	76	832	1186	2723	3873
	标准差	26.3	8.5	99.4	105.6	132.7	233.1
	最大值	180	88	996	1348	2984	4277
	最小值	70	59	695	1018	2445	3269
əŋ	平均值	129	74	602	1105	2887	3829
	标准差	27.6	7.4	51.6	58.9	174.2	382.6
	最大值	184	88	678	1216	3274	4615
	最小值	90	60	512	977	2669	3265
iŋ	平均值	143	72	350	2089	2906	3788
	标准差	22.9	6.5	81.9	93.0	231.8	299.3
	最大值	184	83	480	2236	3258	4428
	最小值	106	61	293	1899	2534	3283

续表

		音长	音强	F1	F2	F3	F4
uŋ	平均值	122	76	512	901	2870	3743
	标准差	27.3	7.5	54.1	48.2	220.0	305.2
	最大值	179	89	651	994	3304	4294
	最小值	77	64	434	813	2400	3200
yŋ	平均值	141	73	395	1489	2500	3543
	标准差	32.3	7.2	58.1	234.3	255.4	335.4
	最大值	213	83	478	1898	3026	4188
	最小值	104	61	293	982	1992	2920

根据表9—39并利用 SPSS 中的 Pearson 相关性检验，考察在 Vn 音节中过渡段的音长、音强对其自身鼻化度的影响发现：（1）在 Vn 音节中，过渡段的音强不会影响过渡段自身的鼻化度；（2）在 Vn 音节中，an、ən、in、un 这4个音节过渡段的音长不会影响过渡段自身的鼻化度，但有95%的可能性 yn 过渡段的音长会影响过渡段自身的鼻化度。

表9—39　　　　　　　　　　Vn 音节过渡段的声学特征

		音长	音强	F1	F2	F3	F4
an	平均值	64	71	669	1529	2420	3734
	标准差	18.1	7.1	103.3	88.8	462.1	393.9
	最大值	95	81	844	1710	3331	4672
	最小值	39	60	452	1290	1684	2988
ən	平均值	58	70	467	1563	2475	3765
	标准差	19.4	6.5	39.4	135.4	427.7	344.8
	最大值	93	82	555	1764	2970	4603
	最小值	26	59	388	1314	1708	3108
in	平均值	80	69	407	1958	2681	3778
	标准差	23.8	7.4	60.7	223.4	274.7	328.3
	最大值	123	78	506	2325	2982	4436
	最小值	44	55	310	1471	2022	3152

续表

		音长	音强	F1	F2	F3	F4
yn	平均值	67	70	385	1831	2697	3610
	标准差	17.7	6.5	47.7	122.0	328.9	245.9
	最大值	115	81	474	2057	3321	4161
	最小值	42	61	318	1624	1975	3101
un	平均值	68	72	451	929	2402	3536
	标准差	13.9	7.5	40.1	108.6	388.2	372.5
	最大值	94	85	541	1086	2797	3930
	最小值	50	56	368	712	1718	2725

根据表9—40并利用SPSS中的Pearson相关性检验，考察在Vŋ音节中过渡段的音长、音强对其自身鼻化度的影响发现：（1）在Vŋ音节中，过渡段的音长不会影响过渡段自身的鼻化度；（2）在Vŋ音节中，aŋ、əŋ、iŋ、uŋ这4个音节过渡段的音强不会影响过渡段自身的鼻化度，但有95%的可能性yŋ过渡段的音强会影响过渡段自身的鼻化度。

表9—40　　　　　　　　Vŋ音节过渡段的声学特征

		音长	音强	F1	F2	F3	F4
aŋ	平均值	59	75	796	1108	2611	3811
	标准差	12.1	7.9	95.1	106.5	213.0	350.2
	最大值	77	87	947	1260	3085	4428
	最小值	43	60	602	918	2312	3233
əŋ	平均值	68	70	504	1356	2632	3871
	标准差	14.3	5.4	880	309.2	473.9	425.6
	最大值	100	81	709	1906	3480	4791
	最小值	39	63	338	1032	1495	3177
iŋ	平均值	73	72	482	1485	2668	3845
	标准差	12.5	6.2	77.5	404.0	276.0	544.5
	最大值	31	82	619	2054	3271	4983
	最小值	49	61	383	639	2035	2832

续表

		音长	音强	F1	F2	F3	F4
uŋ	平均值	70	71	516	888	2715	3903
	标准差	8.8	7.7	87.3	36.3	241.7	453.3
	最大值	85	88	739	960	3223	4837
	最小值	53	59	356	804	2151	3286
yŋ	平均值	75	74	512	1028	2622	3622
	标准差	13.6	7.6	69.3	200.5	194.1	263.5
	最大值	109	89	653	1584	3002	4450
	最小值	47	62	403	797	2174	3201

根据表9—41并利用SPSS中的Pearson相关性检验，考察在VN音节中鼻尾的音长、音强对其自身鼻化度的影响发现：有95%的可能性，鼻尾的音长、音强会影响鼻尾自身的鼻化度。

表9—41　　　　　　　VN音节鼻尾总体的声学特征

		音长	音强	F1	F2	F3	F4
Vn	平均值	91	65	424	1552	2612	3888
	标准差	22.0	8.2	144.1	352.7	403.8	277.5
	最大值	160	86	945	2096	3307	4647
	最小值	44	32	273	659	1694	2778
Vŋ	平均值	100	66	520	1439	2690	3935
	标准差	21.5	7.6	171.0	424.7	495.3	345.5
	最大值	165	83	992	2404	4023	5032
	最小值	51	42	283	725	1388	2988

六　结语

本次实验利用Praat软件考察了北京话单字音节的声学特征。其中，单字音节包括：øV音节、CV音节、NV/TV音节以及øVN音节四种；声学特征包括：共振峰（F1、F2、F3、F4）、时长和音强。同时，利用

SPSS 中的 Pearson 相关性检验，考察了时长、音强与音节自身鼻化度的相关性，发现：从总体上来看，基本上时长、音强与其自身的鼻化度不相关；但个别几个音的鼻化度会与其音长或音强相关（检验水平为 0.05）：

（1）7 个一级元音的时长、音强与其自身的鼻化度不相关，时长、音强不会影响音节自身的鼻化度。

（2）CV 音节中，基本上元音的时长、音强和其自身的鼻化度不相关，但/i/、/ɿ/、/ʅ/的时长、音强和其自身的鼻化度相关：在塞音声母＋元音的组合中：有 95% 的可能性/i/的时长、音强和其鼻化度相关；在塞擦声母＋元音的组合中，有 95% 的可能性，只有/ɿ/的音强会和其鼻化度相关；在擦音声母＋元音的组合中，有 95% 的可能性，只有/ʅ/的音强会和其鼻化度相关。

（3）本次实验将 NV/TV 音节切分为两部分，即通音声母和元音，分别考察了通音声母、元音的声学特征，以及时长、音强与音节自身鼻化度的相关性。从总体来看，在 NV/TV 音节中，通音声母、元音的时长和音强与其自身的鼻化度基本不相关，但个别音节的时长、音强与其自身的鼻化度相关。

（4）在 øVN 音节中，不同情况鼻尾的音强与其鼻化度的相关性不明显，音强的强弱排序与其鼻化度大小的排序并不一致。

本次实验是对北京话单字音节鼻化度和声学特征进行的探索，北京话单字音的鼻化度在前人的研究中已经有了非常较多的成果，但对于北京话单字音的声学特征目前尚未有学者进行过较大样本的考察。本次实验也是一个初步的探索，还有很多不足之处，需要改进。

附录　北京话单字音发音表

1. 七个一级元音

啊　一　屋　鹅　鱼　资　知

2. CV 音节

巴　逼　逋　德

发　撒　沙　哈　夫　苏　书　呼　色　赊　喝　思　师　西　徐

呲　滋　则　租　机　居

3. NV/TV 音节

妈 眯 模 拿 泥 奴 女 拉 里 路 驴 日 如

4. NVN/TVN 音节

瞒 门 忙 蒙 民 明 男 嫩 囔 能 年 您 宁 农

篮 郎 愣 林 零 隆 然 人 嚷 扔 润 荣

5. øVN 音节

安 恩 音 晕 温 盎 鞥 英 东 拥

6. CVN 音节

班 盘 版 办 奔 盆 本 笨 宾 贫 品 鬓 军 云 菌 俊

昏 魂 混（上声） 混（去声）

帮 庞 榜 棒 崩 甭 绷 蹦 兵 萍 丙 病 东 红 懂 动

第二节 北京普通话双音节响音鼻化度分析
谭力超

一 绪论

（一）研究对象

本节以大样本的北京话双音节词作为基本研究对象，将双音节词分成六种组合形式，运用鼻音计（Kay Nasometer Ⅱ 6400）考察六种组合形式中通音声母、鼻音韵尾和元音的鼻化度。

（二）研究现状

随着语言学的发展，越来越多的学者开始关注汉语鼻音的问题。首先关注到的是鼻音韵尾的消变问题。王力早在《汉语讲话》（1955）中指出："严格地说，汉语元音后面的辅音只算半个。"他以"难"/nan/为例说："/a/后面的/n/只念一半（前半），它并不像/a/前面的/n/那样完整。""实际上，汉语一个音节至多只能包括一个半辅音。"（转见王力1985：3/570）可见，汉语的鼻音韵尾是不充分的，并在一定程度上具有弱化的倾向。语流中的鼻音韵尾相比单字音来说，弱化的程度要表现得更为明显。许毅（1986）考查普通话音联的声学特性，他认为声母/n/呈现为一个"纯鼻音"，韵尾/n/呈现为一个"半鼻音"，并指出纯鼻音和半鼻音各自的声学特征。许毅用实验的方法证实了王力先生的结论。吴宗济、林茂灿（1989）从共时角度对普通话鼻音的生理、声学特征进行研究，进一步认为"元音鼻化是普通话鼻韵母的必要特征"，"鼻韵母的鼻尾在许多情况下是会脱落的，这个时候，所谓'鼻音音色'就全部靠元音的鼻化来体现了"，"鼻尾本身并不是普通话鼻韵母的必要特征"。王志洁（1997）首次使用鼻音计测量了普通话做韵尾的鼻音与做声母的鼻音在"鼻音度"（nasality）上的差别，进一步证实了普通话鼻韵尾能量明显减弱的特点。冉启斌（2005）对汉语鼻音韵尾的实验研究进行了梳理，分析了鼻音韵尾的性质以及弱化的规律。朱晓农（2007）根据汉语方言和民族语中的材料，详细讨论各种鼻音情况，内容包括基本鼻音，鼻音的附加色彩，部分鼻音，以及一些特殊的鼻音。这些研究成果为汉语鼻音特性和种类做了一个很好的总结，为鼻音的研究奠定了一定的理论基础。

（三）研究内容及研究方法

1. 研究内容

本节将北京话双音节词分成六种组合方式：

（1）前、后字均为清声母元音尾组合，记作（c）v＋（c）v；

（2）前字为清声母元音尾、后字为通音声母元音尾组合，记作（c）v＋（m，n，l，r）v；

（3）前字为鼻音尾、后字为零声母元音尾组合，记作（c）vN（-n，-ŋ）＋v；

（4）前字为鼻音尾、后字为零声母鼻音尾组合，记作（c）vN（-n，-ŋ）＋vN（-n，-ŋ）；

（5）前字为鼻音尾、后字为清声母元音尾组合，记作（c）vN（-n，-ŋ）＋（c）v（c包括塞音，擦音，塞擦音）；

（6）前字为鼻音尾、后字为通音声母元音尾组合，记作（c）vN（-n，-ŋ）＋（m，n，l，r）v。

本节将通过对实验数据的统计分析，比较双音节中元音、通音声母、鼻音韵尾在不同组合条件中鼻化度及其他声学特征的变化规律。

2. 实验方法

以美国 KAY 公司研发的 Nasometer Ⅱ 6400 鼻音计进行鼻化度的测量，Nasometer Ⅱ 6400 鼻音计可以自动测算口音能量及鼻音能量，实时计算鼻化度（Nasalance），作出鼻化度曲线，得到鼻化度数据。用 Excel 和 SPSS 进行较大样本数据的统计。

发音人为 34 名老北京人，父母双方均为北京人，本人生长于北京，年龄在 20—29 岁之间，男女各 17 人。发音人口音纯正，无口鼻咽喉障碍。录音地点为北京语言大学语音实验室，录音前，给予准备时间，避免误读，在录音过程中，发音人用自然语速朗读发音词表进行录音。

二 北京话双音节中响音鼻化度的统计分析

（一）双音节中通音声母鼻化度的统计分析

在六种双音节组合方式中，含有通音声母的组合有两种，分别是（c）v+（m, n, l, r）v 组合和（c）vN（-n, -ŋ）+（m, n, l, r）v 组合，对其鼻化度的统计分析见下文。

1. 双音节中通音声母的鼻化度

（1）（c）v+（m, n, l, r）v 组合中通音声母的鼻化度

在北京话双音节词录音语料中选取（c）v+（m, n, l, r）组合中通音声母/m, n, l, r/的稳定段进行测量，得到的鼻化度数据见表 9—42、表 9—43。

表 9—42 （c）v+（m, n, l, r）v 组合中后字通音声母的总体鼻化度

通音声母	鼻化度	标准差	最大值	最小值
v+（m）v	93	2.3	96	84
v+（n）v	94	1.6	96	87
v+（l）v	27	11.7	62	8
v+（r）v	15	7.6	50	5

表 9—43　　(c) v+(m, n, l, r) v 组合中后字通音声母在
不同元音后的鼻化度

通音声母	鼻化度	通音声母	鼻化度	通音声母	鼻化度	通音声母	鼻化度
a+(m)i	93 (2.6)	a+(n)i	94 (1.6)	a+(l)i	26 (10.4)	a+(r)e	21 (10.6)
e+(m)i	93 (1.9)	e+(n)i	93 (1.6)	e+(l)i	27 (10.8)	e+(r)e	14 (5.9)
i+(m)i	93 (2.1)	i+(n)i	94 (1.3)	i+(l)i	26 (9.8)	i+(r)e	17 (7.1)
u+(m)i	92 (2.9)	u+(n)i	93 (2.1)	u+(l)i	23 (12.0)	u+(r)e	16 (7.3)
y+(m)i	92 (2.7)	y+(n)i	95 (0.6)	y+(l)i	31 (13.5)	y+(r)e	14 (5.9)
ɿ+(m)i	93 (1.5)	ɿ+(n)i	94 (1.3)	ɿ+(l)i	29 (13.8)	ɿ+(r)e	12 (3.9)
ʅ+(m)i	93 (1.6)	ʅ+(n)i	93 (1.8)	ʅ+(l)i	25 (9.6)	ʅ+(r)e	12 (5.2)

由表 9—42 可知，当前字为元音尾后字为通音声母时，后字鼻音声母 /m、n/ 和边通音声母 /l/ 的鼻化度较单字音中的有所提高，而 /r/ 声母却有所下降。

由表 9—43 可以发现，当前字为元音尾后字为鼻音声母时，位于不同元音后的 /m、n/ 鼻化度差别不大，都在 92—95 之间，较稳定。

(2) (c) vN (-n, -ŋ) + (m, n, l, r) v 组合中鼻音韵尾的鼻化度①

在北京话双音节词录音语料中选取 (c) vN (-n, -ŋ) + (m, n, l, r) v 组合中双鼻音 /nm/、/nn/、/ŋm/、/ŋn/ 的稳定段进行测量，得到的鼻化度数据见表 9—44、表 9—45。

表 9—44　　(c) vN (-n, -ŋ) + (m, n, l, r)
v 组合中双鼻音的总体鼻化度

音节组合	平均值	标准差	最大值	最小值
v (n+m) v	93	2.6	97	85
v (n+n) v	94	1.8	97	87
v (ng+m) v	92	2.2	96	86
v (ng+n) v	93	2.2	96	86

---

① 实际上，高元音韵头 i、u、y 与后面的鼻音韵尾之间，都有中元音韵腹 ə。这一点在下面的分析中要特别注意。

表9—45 (c) vN（-n，-ŋ）+（m，n，l，r）v组合中双鼻音在不同元音后的鼻化度

音节组合	鼻化度	音节组合	鼻化度	音节组合	鼻化度	音节组合	鼻化度
a (n+m) a	93 (2.0)	a (n+n) a	94 (1.6)	a (ng+m) a	93 (1.9)	a (ng+n) a	93 (1.9)
e (n+m) a	93 (2.6)	e (n+n) u	94 (1.4)	e (ng+m) a	93 (1.7)	e (ng+n) i	94 (1.6)
i (n+m) a	92 (2.7)	i (n+n) a	94 (1.8)	i (ng+m) a	93 (1.8)	i (ng+n) i	95 (1.1)
u (n+m) i	93 (2.5)	u (n+n) a	93 (2.3)	o (ng+m) a	91 (2.1)	o (ng+n) i	92 (2.5)
y (n+m) a	92 (3.0)	y (n+n) i	95 (0.9)	y (ng+m) a	91 (2.4)	y (ng+n) i	92 (2.1)

许毅（1986）曾考察前字以鼻尾/n/收尾，后字又以/n/起首，两字交界处有两个/n/相连的情况，在宽带频谱图中可以看到两字交界处有一个较长的纯鼻音。所以前字以鼻尾/-n/、/-ŋ/收尾，后字又以鼻音/m/、/n/起首，两字交界处有两个鼻音相连，我们将其定义为双鼻音，共有四种组合形式/nm/、/nn/、/ŋm/、/ŋn/，双鼻音鼻化度曲线加长，鼻化度增高。

我们从表9—44可以看到，当前字为鼻音尾后字为鼻音声母时，鼻尾和鼻音声母所构成双鼻音的鼻化度比单字音中的鼻音声母鼻化度有小幅提高，提高幅度在0—3之间，虽然鼻音声母本身鼻化度很高且稳定，但加上前字鼻尾后，双鼻音的鼻化度仍然有提高。四个双鼻音的鼻化度都较高，且标准差小，都集中在较高的鼻化度N值区域内，其中双鼻音/nn/的鼻化度最高，且标准差最小。四个双鼻音的鼻化度都达到90以上，没有出现弱化现象。

从鼻化度曲线上来看，双鼻音/nm/和/nn/更多地表现为一条直线，没有上下的过渡，鼻音比较平稳，而双鼻音/ŋm/、/ŋn/，则多为一条起伏的曲线，或者是中间带有折点的曲线，这就影响了鼻化度的大小。以下是四种双鼻音组合的鼻化度曲线图。

从图9—4可以直观地看到，/nm/和/nn/为一条平滑的直线，没有上下的过渡，而/ŋm/和/ŋn/，则为一条起伏的曲线，或是带有凹槽。鼻化度曲线出现过渡或凹槽，自然会使得鼻化度降低。所以/nm/、/nn/的鼻化度分别高于/ŋm/、/ŋn/。从单字音得到的实验结果可以看到，鼻音声母/n/的鼻化度高于/m/，所以双鼻音/nn/的鼻化度自然要高于/nm/，所

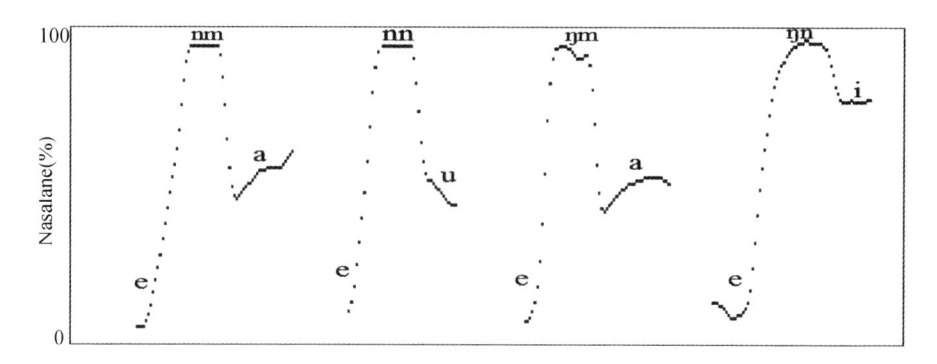

图9—4 （c）vN（-n，-ŋ）+（m，n，l，r）v组合中双鼻音鼻化度曲线图例

（例词"奔马、愤怒、藤麻、坑你"）

以在四种双鼻音组合中，/nn/的鼻化度最高。

在北京话双音节词录音语料中选取（c）vN（-n，-ŋ）+（m，n，l，r）v组合中/l、r/声母的稳定段进行测量，得到的鼻化度数据见表9—46、表9—47。

表9—46　　　（c）vN（-n，-ŋ）+（m，n，l，r）v组合中/l、r/声母的总体鼻化度

通音声母	平均值	标准差	最大值	最小值
vn +（l）v	38	11.6	68	15
vn +（r）v	32	8.3	55	12
vng +（l）v	44	11.3	73	17
vng +（r）v	38	7.2	54	17

表9—47　　　（c）vN（-n，-ŋ）+（m，n，l，r）v组合中/l、r/声母在不同元音后的鼻化度

通音声母	鼻化度	通音声母	鼻化度	通音声母	鼻化度	通音声母	鼻化度
an +（l）i	37（10.9）	an +（r）i	34（9.2）	ang +（l）ao	39（10.0）	ang +（r）uo	36（7.8）
en +（l）i	34（11.2）	en +（r）i	36（7.8）	eng +（l）u	39（7.1）	eng +（r）e	41（6.0）
in +（l）i	42（12.8）	in +（r）u	28（8.6）	ing +（l）a	52（9.3）	ing +（r）u	40（6.9）
un +（l）i	38（8.3）	un +（r）e	32（6.2）	ong +（l）i	44（13.0）	ong +（r）u	38（6.5）
yn +（l）i	42（12.4）	yn +（r）u	31（7.4）	yng +（l）i	44（11.0）	yng +（r）u	33（5.8）

由表9—46看到，当前字为鼻音尾后字为/l、r/声母时，/l、r/由于受到前字鼻尾的影响，其鼻化度较单字音中的/l、r/声母都得到大幅提高。位于后鼻尾后的/l、r/声母鼻化度要高于前鼻尾后的/l、r/声母。

由表9—47可知，前字主要元音不同，会使得后字通音声母的鼻化度受到影响，当前字为前鼻尾时，后字/l/声母的鼻化度排序为：in +（l）= yn +（l）> un +（l）> an +（l）> en +（l），后字/r/声母的鼻化度排序为：en +（r）> an +（r）> un +（r）> yn +（r）> in +（r）；当前字为后鼻尾时，后字/l/声母的鼻化度排序为：ing +（l）> yng +（l）= ong +（l）> ang +（l）= eng +（l），后字/r/声母的鼻化度排序为：eng +（r）> ing +（r）> ong +（r）> ang +（r）> yng +（r）。

2. 性别因素对通音声母的影响

将北京话双音节词中通音声母的鼻化度数据分开男、女进行统计，计算出通音声母鼻化度在三种音节组合中男、女各自的平均值和标准差，并运用独立样本T检验考察性别因素是否对通音声母鼻化度有显著影响。

表9—48　（c）v +（m, n, l, r）v 组合中后字通音声母的鼻化度

通音声母	性别	鼻化度	Sig
v +（m）v	男	92（2.2）	0.085
	女	93（2.4）	
v +（n）v	男	93（1.7）	0.095
	女	94（1.6）	
v +（l）v	男	23（10.7）	0.000 < 0.05
	女	31（11.4）	
v +（r）v	男	13（5.6）	0.000 < 0.05
	女	18（8.5）	

表9—49　　(c) vN (-n, -ŋ) + (m, n, l, r) v组合中
通音声母的鼻化度

双鼻音	性别	鼻化度	Sig	通音声母	性别	鼻化度	Sig
v (n+m) v	男	93 (3.0)	0.597	vn + (l) v	男	34 (11.0)	0.000
	女	93 (2.2)			女	43 (10.6)	<0.05
v (n+n) v	男	94 (1.8)	0.693	vn + (r) v	男	32 (7.7)	0.809
	女	94 (1.8)			女	32 (9.0)	
v (ng+m) v	男	92 (2.2)	0.064	vng + (l) v	男	41 (10.3)	0.001
	女	92 (2.2)			女	47 (11.6)	<0.05
v (ng+n) v	男	93 (2.4)	0.022	vng + (r) v	男	37 (6.5)	0.617
	女	94 (2.0)	<0.05		女	38 (7.9)	

将男、女性的通音声母鼻化度数据分开统计后可以发现，女性在双音节词中通音声母的鼻化度在总体上要高于男性。通过独立样本T检验可以发现，性别因素仅对双音节词中部分通音声母有显著影响，但在整体上是无显著影响的。

3. 小结

(1) (c) v + (m, n, l, r) 组合中，后字声母/m、n、l/的鼻化度较单字音中的有所提高，而/r/声母有所下降。/m、n/的鼻化度大幅大于/l、r/，其中/n/的鼻化度大于/m/，/l/的鼻化度大于/r/。

(2) (c) vN (-n, -ŋ) + (m, n, l, r) v组合中，当前字为鼻音尾后字为鼻音声母/m、n/时，鼻尾和鼻音声母的鼻化度曲线融为一体，时长增加，构成双鼻音，此时双鼻音的鼻化度比单字音中的鼻音声母鼻化度仍然有所提高。/nm/、/nn/的鼻化度分别高于/ŋm/、/ŋn/，/nn/的鼻化度又要高于/nm/；前字为鼻音尾后字为/l、r/声母时，/l、r/由于受到前字鼻尾的影响，鼻化度都得到大幅提高。位于后鼻尾后的/l、r/声母鼻化度要高于前鼻尾后的/l、r/声母。

(3) 从性别分组上看，女性在双音节词中通音声母的鼻化度在总体上要高于男性，这是由于在发鼻音韵尾时，需要舌头动作的配合，而女生的声腔比较短，舌头动作起来就会比较快，所以鼻尾发得也就比较完

整,鼻化度自然也就比较高,而男生的声腔要长于女生,舌头动作起来就会比较慢,鼻尾就不如女生发得完整,鼻化度自然就要低一些。通过独立样本T检验可以发现,性别因素仅对双音节词中部分通音声母有显著影响,但在整体上是无显著影响的。

(二)双音节中鼻音韵尾鼻化度的统计分析

在六种双音节组合方式中,含有通音声母的组合有四种,分别是(c) vN (-n, -ŋ) +v组合、(c) vN (-n, -ŋ) + (c) vN (-n, -ŋ) 组合、(c) vN (-n, -ŋ) + (c) v (c包括塞音,擦音,塞擦音)组合和(c) vN (-n, -ŋ) + (m, n, l, r) v组合,对其鼻化度的统计分析见下文。

1. 双音节中鼻音韵尾的鼻化度

(1) (c) vN (-n, -ŋ) +v组合中鼻音韵尾的鼻化度

在北京话双音节词录音语料中选取(c) vN (-n, -ŋ) +v组合中鼻音韵尾/-n/、/-ŋ/的稳定段进行测量,得到的鼻化度数据见表9—50、表9—51。

表9—50　(c) vN (-n, -ŋ) +v组合中前字鼻尾的鼻化度

音节组合	平均值	标准差	最大值	最小值
v (n) +v	67	17.6	97	24
v (ng) +v	79	13.8	96	30

表9—51　(c) vN (-n, -ŋ) +v组合中前字鼻尾在不同元音后的鼻化度

音节组合	鼻化度	音节组合	鼻化度
a (n) +a	50 (10.2)	a (ng) +a	75 (13.1)
e (n) +e	65 (14.7)	e (ng) +e	83 (10.0)
i (n) +i	88 (5.4)	i (ng) +i	91 (4.1)
u (n) +u	57 (13.6)	o (ng) +u	64 (14.9)
y (n) +y	75 (11.5)	y (ng) +y	81 (6.8)

由表9—50看到,当前字为鼻音尾后字为零声母元音尾时,后字

/-n/尾和/-ŋ/尾较单字音中的都大幅降低了。其中前字后鼻尾/-ŋ/的鼻化度较大程度地高于前鼻尾/-n/，差值达到了13。

由表9—51可以发现，鼻尾鼻化度大小排序为：i(n)＞y(n)＞e(n)＞u(n)＞a(n)，i(ng)＞e(ng)＞y(ng)＞a(ng)＞o(ng)。

(2) (c) vN(-n,-ŋ) + vN(-n,-ŋ)组合中鼻音韵尾的鼻化度

在北京话双音节词录音语料中选取(c) vN(-n,-ŋ) + vN(-n,-ŋ)组合中鼻音韵尾/-n/、/-ŋ/的稳定段进行测量，得到的鼻化度数据见表9—52、表9—53。

表9—52　　(c) vN(-n,-ŋ) + vN(-n,-ŋ)组合中鼻尾的鼻化度

音节组合	平均值	标准差	最大值	最小值
v(n)+vn	71	12.5	94	36
vn+v(n)	86	13.7	97	44
v(ng)+vn	91	4.6	97	71
vn+v(ng)	87	8.6	97	54

表9—53　　(c) vN(-n,-ŋ) + vN(-n,-ŋ)组合中鼻尾在不同元音后的鼻化度

音节组合	鼻化度	音节组合	鼻化度	音节组合	鼻化度	音节组合	鼻化度
a(n)+un	71 (12.8)	an+u(n)	78 (17.2)	a(ng)+ung	88 (5.0)	ang+u(ng)	80 (10.6)
e(n)+un	68 (13.6)	en+u(n)	93 (4.0)	e(ng)+ung	93 (2.5)	eng+u(ng)	92 (4.1)
i(n)+un	73 (10.7)	in+u(n)	92 (4.7)	i(ng)+ung	94 (1.8)	ing+u(ng)	91 (4.0)
u(n)+un	72 (12.9)	un+u(n)	75 (18.4)	u(ng)+ung	92 (3.2)	ung+u(ng)	91 (4.1)
y(n)+un	71 (12.4)	yn+u(n)	90 (9.2)	y(ng)+ung	87 (5.5)	yng+u(ng)	82 (9.7)

由表9—52看到，当前字为鼻音尾后字为零声母鼻音尾时，前、后字的鼻尾较单字音中都有所降低。当前、后字鼻尾都是前鼻尾/-n/时，前字鼻尾明显弱化，后字鼻尾鼻化度要高于前字鼻尾，且差值较大，后字鼻尾发得比较完整。当前、后字鼻尾都是后鼻尾/-ŋ/时，则表现出与前鼻尾/-n/音节相反的情况，在后鼻尾/-ŋ/音节中，后字鼻尾的鼻化度低于了前字鼻尾，差值不大，仅为4。但两种音节也有相似之处，即处在相同位置的鼻音韵尾（前字或后字），都是后鼻尾的鼻化度高于前鼻尾。

从表9—53看到，前字鼻尾/-n/、/-ŋ/都是在元音/i/后的鼻化度最高，在元音/a/之后的鼻化度较低。低元音/a/对鼻尾鼻化度大小的影响是显著的，/a/后的鼻尾都弱化得比较严重，从该音节后字鼻尾的鼻化度大小上能更为清晰地反映出来，当前字主要元音为/a/时，后字鼻尾同样能受到前字元音/a/的影响，使得后字鼻尾弱化，在前字为五种元音的组合中，后字鼻尾/-n/、/-ŋ/都是在前字为元音/a/时的鼻化度较低。

（3）(c)vN（-n，-ŋ）+（c）v（c包括塞音，擦音，塞擦音）组合中鼻音韵尾的鼻化度

在北京话双音节词录音语料中选取(c)vN（-n，-ŋ）+（c）v组合中鼻音韵尾/-n/、/-ŋ/的稳定段进行测量，得到的鼻化度数据见表9—54、表9—55。

表9—54　(c)vN（-n，-ŋ）+（c）v组合中前字鼻尾的鼻化度

音节组合	平均值	标准差	最大值	最小值
v(n)+塞音	92	2.8	96	83
v(n)+擦音	73	9.9	94	48
v(n)+塞擦音	93	2.1	97	81
v(ng)+塞音	92	3.2	96	80
v(ng)+擦音	85	8.4	96	48
v(ng)+塞擦音	90	3.6	96	80

表9—55　(c) vN (-n, -ŋ) + (c) v 组合中前字鼻尾在不同元音后的鼻化度

音节组合	鼻化度	音节组合	鼻化度	音节组合	鼻化度
a (n) +ba	91 (3.3)	a (n) +sha	66 (9.4)	a (n) +za	92 (3.2)
e (n) +ke	93 (2.6)	e (n) +she	72 (8.8)	—	
i (n) +bi	94 (1.5)	i (n) +xi	81 (6.4)	i (n) +ji	94 (1.4)
u (n) +bu	91 (2.8)	u (n) +fu	71 (10.8)	u (n) +zhu	93 (1.6)
y (n) +bu	92 (2.7)	y (n) +xy	75 (7.5)	y (n) +jy	94 (0.9)
a (ng) +ba	91 (3.5)	a (ng) +sha	85 (5.6)	a (ng) +za	91 (3.9)
e (ng) +ke	92 (2.7)	e (ng) +she	88 (5.1)	—	
i (ng) +bi	92 (3.5)	i (ng) +xi	90 (3.5)	—	
u (ng) +bu	92 (2.0)	u (ng) +fu	77 (11.8)	u (ng) +zhu	91 (2.8)
y (ng) +bu	90 (3.7)	y (ng) +xy	84 (5.8)	y (ng) +qy	89 (3.7)

由表9—54看到，在塞音、塞擦音前的鼻尾鼻化度要较大程度地高于在擦音前的鼻尾鼻化度。

由表9—55可以看到，当前字为前鼻尾/-n/时，后字不论是塞音、擦音还是塞擦音，前鼻尾/-n/在元音/a/后的鼻化度都为最低，在元音/i/后的鼻化度都为最高。

(4) (c) vN (-n, -ŋ) + (m, n, l, r) v 组合中鼻音韵尾的鼻化度

在北京话双音节词录音语料中选取(c) vN (-n, -ŋ) + (m, n, l, r) v组合中鼻音韵尾/-n/、/-ŋ/的稳定段进行测量，得到的鼻化度数据见表9—56、表9—57。由于在(c) vN (-n, -ŋ) + (m, n, l, r) v组合中，后字鼻音声母/m、n/会与前字鼻尾构成双鼻音，双鼻音是一个整体，无法分割。

表9—56　(c) vN (-n, -ŋ) + (l, r) v 组合中前字鼻尾的鼻化度

音节组合	平均值	标准差	最大值	最小值
v (n) +lv	79	9.7	94	47
v (n) +rv	70	9.8	90	42
v (ng) +lv	87	7.0	96	53
v (ng) +rv	83	9.2	94	49

表9—57　（c）vN（-n，-ŋ）+（l, r）v 组合中前字鼻尾
在不同元音后的鼻化度

音节组合	鼻化度	音节组合	鼻化度	音节组合	鼻化度	音节组合	鼻化度
a（n）+li	74（9.2）	a（n）+ri	67（11.2）	a（ng）+lao	81（10.4）	a（ng）+ruo	80（11.6）
e（n）+li	74（11.6）	e（n）+ri	74（9.1）	e（ng）+lu	89（4.2）	e（ng）+re	86（7.3）
i（n）+li	85（7.0）	i（n）+ru	69（8.4）	i（ng）+la	92（3.0）	i（ng）+ru	87（7.0）
u（n）+li	80（7.5）	u（n）+re	74（7.7）	o（ng）+li	86（5.0）	o（ng）+re	82（6.9）
y（n）+li	84（6.5）	y（n）+ru	68（10.2）	y（ng）+li	86（4.7）	y（ng）+ru	78（9.1）

由表9—56看到，当前字为鼻音尾后字为通音声母/l、r/元音尾的组合时，前字鼻尾鼻化度比单字音中的有所下降。

从表9—57可以看到，当后字为/l/声母时，鼻尾在不同元音后的具体排序为：i（n）>y（n）>u（n）>e（n）=a（n），i（ng）>e（ng）>y（ng）=o（ng）>a（ng）。当后字为/r/声母时，排序为：u（n）=e（n）>i（n）>y（n）>a（n），i（ng）>e（ng）>o（ng）>a（ng）>y（ng）。

2. 性别因素对鼻尾鼻化度的影响

将北京话双音节词中鼻音韵尾的鼻化度数据分开男、女进行统计，计算出鼻尾鼻化度在五种音节组合中男、女各自的平均值和标准差，并运用独立样本T检验考察性别因素是否对鼻尾鼻化度有显著影响。

将男、女生的鼻尾鼻化度数据分开统计后可以发现，女生在双音节词中鼻音韵尾的鼻化度在总体上要高于男生。通过独立样本T检验可以发现，性别因素对双音节词中鼻音韵尾的鼻化度在总体上无显著影响。

表9—58　　　　　　（c）vN（-n, -ŋ）+v 和（c）vN

（-n, -ŋ）+vN（-n, -ŋ）组合中鼻尾的鼻化度

音节组合	性别	鼻化度	Sig	音节组合	性别	鼻化度	Sig	音节组合	性别	鼻化度	Sig
v(n)+v	男	67 (18.3)	0.960	v(n)+vn	男	69 (13.2)	0.133	v(ng)+vn	男	90 (5.3)	0.040
	女	67 (16.9)			女	72 (11.6)			女	92 (3.8)	<0.05
v(ng)+v	男	79 (13.0)	0.582	vn+v(n)	男	87 (12.9)	0.592	vn+v(ng)	男	86 (7.8)	0.012
	女	78 (14.6)			女	86 (14.6)			女	89 (9.0)	<0.05

表9—59　（c）vN（-n, -ŋ）+（c）v 组合中前字鼻尾的鼻化度

音节组合	性别	鼻化度	Sig	音节组合	性别	鼻化度	Sig
v(n)+塞音	男	93 (3.0)	0.298	v(ng)+塞音	男	91 (3.6)	0.526
	女	92 (2.7)			女	92 (2.8)	
v(n)+擦音	男	71 (10.4)	0.034<0.05	v(ng)+擦音	男	84 (8.9)	0.520
	女	74 (9.2)			女	85 (7.9)	
v(n)+塞擦音	男	93 (2.6)	0.230	v(ng)+塞擦音	男	90 (4.0)	0.272
	女	94 (1.5)			女	90 (3.3)	

表9—60　（c）vN（-n, -ŋ）+（m, n, l, r）v 组合中前字鼻尾的鼻化度

音节组合	性别	鼻化度	Sig	音节组合	性别	鼻化度	Sig
v(n)+lv	男	79 (10.1)	0.565	v(ng)+lv	男	85 (8.0)	0.192
	女	80 (9.3)			女	88 (5.4)	
v(n)+rv	男	71 (9.4)	0.015<0.05	v(ng)+rv	男	83 (8.7)	0.363
	女	69 (10.1)			女	82 (9.6)	

3. 小结

本小节主要考察了四种双音节词组合中鼻音韵尾的鼻化度，通过与单字音大样本实验中的鼻尾鼻化度对比发现，双音节词中的鼻尾鼻化度都有不同程度的降低，可见，和孤立音节相比鼻音韵尾在语流中弱化的倾向更突出。前鼻尾/-n/鼻化度降低的幅度要大于后鼻尾/-ŋ/。这是由于，发鼻音/n/时，需要舌尖顶住上齿龈，形成阻碍，而在连续发音

时，则倾向于在发声母/n/时舌尖阻碍一次。而在发韵尾/－n/时，为了省力，就不再形成第二次阻碍。由于在发鼻音/n/时需要舌头动作比较明显，所以当其做韵尾时就容易被简化，简化的方式就是把其前面的元音进行鼻化，但为了保留鼻音的音质，舌尖顶住了下齿背，从而在听感上仍然是/－n/。在发后鼻尾/－ŋ/时，形成阻碍的位置是舌根，舌头前部不受影响，不用考虑舌尖的省力与否，只需舌根部分抬高一点即可，舌头的动作比较小，所以后鼻尾/－ŋ/比较容易保留下来，鼻化度自然比较稳定。鼻音韵尾/－n/先于/－ŋ/脱落，这和之前的研究结果是一致的。（冉启斌，2005；时秀娟，2011）

（1）(c) vN (－n，－ŋ) ＋v 组合中，鼻音韵尾鼻化度与单字音相比大大降低了，并且在包含有鼻尾的四种双音节组合中降低幅度是最大的。这种音节组合方式中的鼻音韵尾最易与其前的元音融合成鼻化音，鼻化率最高。许毅（1986）指出，在汉语普通话里，如果一个两字组里的前字有鼻韵尾/－n/，而后字以零声母打头，那么前字的/－n/往往表现为半鼻音。所以该音节中鼻尾的鼻化度自然比较低。在表9—58中，前、后字鼻尾的鼻化度都要高于后字为元音尾中的，可见当后字带上鼻尾时会提高前字鼻尾的鼻化度。

（2）(c) vN (－n，－ŋ) ＋ (c) vN (－n，－ŋ) 组合中，当前、后字鼻尾都是前鼻尾/－n/时，前字鼻尾明显弱化，后字鼻尾鼻化度要高于前字鼻尾，后字鼻尾发得比较完整。当前、后字鼻尾都是后鼻尾/－ŋ/时，则表现出与前鼻尾/－n/音节相反的情况，后字鼻尾的鼻化度反而低于前字鼻尾。

（3）(c) vN (－n，－ŋ) ＋ (c) v 组合中，当后字为塞音、塞擦音时，鼻音韵尾的鼻化度与单字音中的较为接近，鼻尾基本没有出现弱化、鼻化现象。王志洁（1997）曾对此现象做出过解释，如果/－ŋ/后有其他辅音时，后面辅音的口腔阻碍会使鼻音能量的输出比值增大。而塞音、塞擦音"塞"的现象明显，其口腔阻碍程度要大于擦音，所以当后字为塞音、塞擦音时，前字鼻尾完整保留，没有弱化现象。当后字为擦音时，前字鼻尾的弱化程度较高，可见在清声母中，擦音对降低前字鼻尾鼻化度的影响最大。

(4) (c) vN(-n, -ŋ) + (l, r)v 组合中。前字鼻尾的弱化程度较高，其中后接/r/声母时弱化程度最高。这和鼻尾在单字音中的表现是一致的：（时秀娟，2015）零声母和清辅音声母音节中/a/元音后两个鼻尾/-n，-ŋ/的鼻化度大于通音声母 l、r 音节中的。

(5) 鼻音韵尾前接不同元音时鼻化度不同，在四种音节组合中，基本都表现为央低元音/a/后的鼻尾鼻化度最低，前高元音/i/后的鼻尾鼻化度最高，这同样和单字音中的鼻尾表现一致。在汉语方言的研究中，许多研究者都得出了一条关于鼻音韵尾消变研究方面的共性规律，即鼻音韵尾的消变与元音的舌位高低存在一定关联，位于低元音后的鼻音韵尾更容易消变（Chen、1975；王洪君、1992；冉启斌、2005；时秀娟、2010）。林茂灿、颜景助（1992）从时长的角度进行过相关研究，他们发现鼻音韵尾时长在主要元音开口度大的/a/后面的，比在主要元音开口度小的后面的短。而时长越短的鼻音韵尾，就会越容易脱落。

(6) 从性别分组上看，女生在双音节词中鼻音韵尾的鼻化度要高于男生。通过独立样本 T 检验可以发现，性别因素仅对双音节词中部分鼻音韵尾有显著影响，但在整体上是无显著影响的。

（三）双音节中元音鼻化度的统计分析

在六种双音节组合方式中全都含有元音，分别是以下六种组合：(c)v+(c)v 组合、(c)v+(m, n, l, r)v 组合、(c)vN(-n, -ŋ)+v 组合、(c)vN(-n, -ŋ)+vN(-ŋ, -n)组合、(c)vN(-n, -ŋ)+(c)v（c 包括塞音，擦音，塞擦音）组合和(c)vN(-n, -ŋ)+(m, n, l, r)v 组合，对其中的元音鼻化度的统计分析见下文。

1. 双音节中元音的鼻化度

(1) (c)v+(c)v 组合中元音的鼻化度

在北京话双音节词录音语料中选取 (c)v+(c)v 组合中元音 a、e、i、u、y、ɿ、ʅ 的稳定段进行测量，得到的鼻化度数据见表 9—61。

表9—61　　　　　　(c) v + (c) v 组合中元音的鼻化度

音节组合	鼻化度	最大值	最小值	音节组合	鼻化度	最大值	最小值
(a) + ba	31 (11.2)	51	9	a + b (a)	24 (11.5)	40	6
k (e) + ke	9 (3.6)	19	3	ke + k (e)	8 (2.4)	14	4
(i) + bi	32 (10.6)	58	13	i + b (i)	23 (9.4)	42	10
(u) + bu	11 (4.9)	22	5	u + b (u)	8 (3.0)	14	4
(y) + bi	24 (9.7)	49	7	—	—	—	—
z (ɿ) + bi	16 (6.7)	32	8	—	—	—	—
sh (ʅ) + zhi	13 (5.2)	27	6	shʅ + zh (ʅ)	11 (4.1)	21	5

由表9—61看到，七个一级元音在该双音节组合中的鼻化度是有差别的，位于前字的元音鼻化度无一例外地都高于后字的元音鼻化度。其中，前字的元音鼻化度排序为：i > a > y > ɿ > ʅ > u > e，后字的元音鼻化度排序为：a > i > ʅ > u = e。前、后字位置上的元音都表现为 i、a 的鼻化度最高，u、e 的鼻化度最低。

(2) (c) v + (m, n, l, r) v 组合中元音的鼻化度

在北京话双音节词录音语料中选取 (c) v + (m, n, l, r) v 组合中元音 a、e、i、u、y、ɿ、ʅ 的稳定段进行测量，得到的鼻化度数据见表9—62。

表9—62　　　　　(c) v + (m, n, l, r) v 组合中元音的鼻化度

音节组合	鼻化度	最大值	最小值	音节组合	鼻化度	最大值	最小值
(a) + mi	43 (9.0)	61	25	(a) + ni	43 (9.6)	60	23
(e) + mi	29 (8.4)	47	14	(e) + ni	29 (10.9)	55	8
(i) + mi	56 (16.4)	81	26	(i) + ni	51 (12.0)	80	31
(u) + mi	31 (10.0)	50	14	(u) + ni	33 (12.5)	64	16
(y) + mi	47 (13.8)	76	26	(y) + ni	50 (15.0)	74	24
(ɿ) + mi	44 (13.6)	72	22	(ɿ) + ni	45 (13.7)	70	23
(ʅ) + mi	41 (13.8)	67	19	(ʅ) + ni	47 (13.1)	69	24
(a) + li	29 (13.2)	52	6	(a) + re	26 (14.6)	54	7
(e) + li	13 (5.6)	27	5	(e) + re	9 (3.3)	18	4
(i) + li	26 (12.2)	50	10	(i) + re	30 (11.6)	55	12

续表

音节组合	鼻化度	最大值	最小值	音节组合	鼻化度	最大值	最小值
(u) +li	16 (8.7)	39	6	(u) +re	10 (3.0)	18	6
(y) +li	26 (11.0)	51	10	(y) +re	21 (8.4)	40	11
(ɿ) +li	20 (9.8)	43	9	(ɿ) +re	15 (7.9)	34	7
(ʅ) +li	18 (10.2)	40	6	(ʅ) +re	14 (7.0)	26	6

由表9—62看到，七个一级元音后接通音声母时的鼻化度数值都比其内在鼻化度有所提高，后接不同通音声母时每个元音鼻化度提高的幅度也有不同，后接鼻音声母/m、n/时比后接/l、r/声母时提高的幅度更大。

(3) (c) vN (-n, -ŋ) +v 组合中元音的鼻化度

在北京话双音节词录音语料中选取 (c) vN (-n, -ŋ) +v 组合中元音 a、e、i、u、y 的稳定段进行测量，得到的鼻化度数据见表9—63。

表9—63　　(c) vN (-n, -ŋ) +v 组合中元音的鼻化度

音节组合	鼻化度	最大值	最小值	音节组合	鼻化度	最大值	最小值
(a) n+a	41 (10.4)	60	19	an+ (a)	44 (11.0)	63	22
(e) n+e	34 (8.0)	46	15	en+ (e)	21 (6.5)	36	6
(i) n+i	61 (13.0)	84	35	in+ (i)	46 (15.4)	76	14
(u) n+u	27 (8.6)	41	13	un+ (u)	21 (10.4)	48	7
(y) n+y	46 (13.5)	74	22	yn+ (y)	31 (13.8)	55	8
(a) ng+a	44 (8.2)	59	28	ang+ (a)	48 (12.9)	71	23
(e) ng+e	41 (8.0)	56	25	eng+ (e)	24 (10.2)	46	10
(i) ng+i	52 (12.6)	75	26	ing+ (i)	49 (13.1)	73	24
(o) ng+u	35 (10.2)	54	12	ong+ (u)	26 (10.3)	53	11
(y) ng+y	43 (10.9)	67	20	yng+ (y)	28 (10.1)	50	11

由表9—63看到，前、后字元音的鼻化度与其内在鼻化度相比都有所提高，这是由于受到了前字鼻尾的影响，前字鼻尾使得位于其前、后的元音鼻化度都得到了提高，前字元音的提高幅度要大于后字元音。前字

带鼻尾元音的鼻化度（复合鼻化度）要比后字单独成音节的元音的鼻化度要高，这是由于鼻尾和前面的元音是在同一音节，结合更为紧密，所以影响更大。

（4）(c) vN (-n，-ŋ) +vN (-n，-ŋ) 组合中元音的鼻化度

在北京话双音节词录音语料中选取 (c) vN (-n，-ŋ) +vN (-n，-ŋ) 组合中元音 a、e、i、u、y 的稳定段进行测量，得到的鼻化度数据见表9—64。

表9—64　　　(c) vN (-n，-ŋ) +vN (-n，-ŋ) 组合中元音的鼻化度

音节组合	鼻化度	最大值	最小值	音节组合	鼻化度	最大值	最小值
(a) n+un	46 (7.9)	59	30	(a) ng+ong	39 (7.8)	54	25
(e) n+un	31 (7.9)	47	19	(e) ng+ong	46 (9.4)	66	32
(i) n+un	46 (10.9)	66	29	(i) ng+ong	60 (12.7)	80	38
(u) n+un	31 (6.4)	43	17	(o) ng+ong	46 (7.7)	61	34
(y) n+un	41 (10.7)	62	21	(y) ng+ong	42 (7.6)	55	30

由表9—64看到，在该组合中，前字的元音的鼻化度数值都比其内在鼻化度有所提高。当前字为/-ŋ/尾时，除/a/以外，前字元音鼻化度的提高幅度要高于当前字为/-n/尾时。

（5）(c) vN (-n，-ŋ) + (c) v 组合中元音的鼻化度

在北京话双音节词录音语料中选取 (c) vN (-n，-ŋ) + (c) v 组合中元音 a、e、i、u、y 的稳定段进行测量，得到的鼻化度数据见表9—65、表9—66、表9—67。

表9—65　　　(c) vN (-n，-ŋ) + (c) v (塞音) 组合中元音的鼻化度

音节组合	鼻化度	最大值	最小值	音节组合	鼻化度	最大值	最小值
(a) n+ba	48 (8.9)	63	29	an+b (a)	26 (12.0)	47	6
(e) n+ke	41 (7.0)	55	27	en+k (e)	14 (6.1)	30	4
(i) n+bi	50 (11.1)	71	33	in+b (i)	25 (11.7)	52	9
(u) n+bu	28 (6.2)	40	16	un+b (u)	8 (3.5)	17	3

续表

音节组合	鼻化度	最大值	最小值	音节组合	鼻化度	最大值	最小值
(y) n + bu	43 (11.2)	65	24	—	—	—	—
(a) ng + ba	52 (9.1)	68	33	ang + b (a)	27 (12.7)	48	6
(e) ng + ke	40 (12.5)	70	16	eng + k (e)	11 (3.9)	18	5
(i) ng + bi	52 (11.5)	72	33	ing + b (i)	28 (12.8)	63	10
(o) ng + bu	42 (10.2)	64	25	ong + b (u)	9 (3.6)	18	4
(y) ng + bu	40 (6.7)	52	26	—	—	—	—

由表 9—65 看到，在该组合中，前字元音的鼻化度高于其内在鼻化度，而后字元音的鼻化度则低于其内在鼻化度。前字带鼻尾元音的鼻化度要高于后字清声母后面的元音鼻化度。

表 9—66　　(c) vN (-n, -ŋ) + (c) v (擦音) 组合中元音的鼻化度

音节组合	鼻化度	最大值	最小值	音节组合	鼻化度	最大值	最小值
(a) n + sha	46 (10.3)	59	24	an + sh (a)	34 (13.4)	56	6
(e) n + she	38 (10.4)	56	20	en + sh (e)	11 (4.8)	23	4
(i) n + xi	58 (13.1)	80	25	in + x (i)	28 (13.1)	57	10
(u) n + fu	29 (8.1)	44	13	un + f (u)	9 (2.9)	16	4
(y) n + xy	43 (10.6)	66	23	yn + x (y)	15 (5.9)	28	5
(a) ng + sha	45 (7.1)	56	25	ang + sh (a)	34 (14.8)	59	5
(e) ng + she	47 (13.7)	78	16	eng + sh (e)	13 (6.8)	29	5
(i) ng + xi	48 (12.3)	71	28	ing + x (i)	23 (8.1)	43	9
(o) ng + fu	40 (12.8)	71	20	ong + f (u)	12 (4.5)	21	5
(y) ng + xy	40 (8.1)	55	24	yng + x (y)	17 (7.9)	37	6

由表 9—66 看到，在该组合中，同样也是前字元音的鼻化度高于其内在鼻化度，而后字元音的鼻化度则低于其内在鼻化度。前字带鼻尾元音的鼻化度要高于后字清声母后面的元音鼻化度。

表9—67　　　(c) vN (-n, -ŋ) + (c) v (塞擦音) 组合中元音的鼻化度

音节组合	鼻化度	最大值	最小值	音节组合	鼻化度	最大值	最小值
(a) n + za	46 (11.6)	61	21	an + z (a)	31 (13.3)	50	6
—	—	—	—	—	—	—	—
(i) n + ji	56 (12.6)	80	34	in + j (i)	27 (11.5)	51	7
(u) n + zhu	31 (5.5)	43	23	un + zh (u)	11 (4.3)	21	5
(y) n + jy	44 (9.4)	65	27	yn + j (y)	15 (5.4)	25	5
(a) ng + za	45 (11.9)	68	20	ang + z (a)	30 (15.0)	52	6
—	—	—	—	—	—	—	—
—	—	—	—	—	—	—	—
(o) ng + zhu	40 (11.0)	66	24	ong + zh (u)	10 (4.1)	18	4
(y) ng + qy	43 (9.8)	62	25	yng + q (y)	15 (7.6)	30	4

由表9—67看到，在该组合中，同样也是前字元音的鼻化度高于其内在鼻化度，而后字元音的鼻化度则低于其内在鼻化度。前字带鼻尾元音的鼻化度要高于后字清声母后面的元音鼻化度。

(6) (c) vN (-n, -ŋ) + (m, n, l, r) v 组合中元音的鼻化度

在北京话双音节词录音语料中选取 (c) vN (-n, -ŋ) + (m, n, l, r) v 组合中元音 a、e、i、u、y 的稳定段进行测量，得到的鼻化度数据见表9—68、表9—69。

表9—68　　　(c) vN (-n, -ŋ) + (m, n) v 组合中元音的鼻化度

音节组合	鼻化度	最大值	最小值	音节组合	鼻化度	最大值	最小值
(a) n + ma	49 (9.6)	64	30	(a) n + na	52 (8.6)	70	37
(e) n + ma	38 (7.5)	54	27	(e) n + nu	40 (7.4)	55	23
(i) n + ma	48 (13.4)	79	31	(i) n + na	52 (11.4)	75	30
(u) n + mi	32 (7.4)	50	21	(u) n + na	34 (6.4)	50	24
(y) n + ma	43 (11.2)	64	21	(y) n + ni	45 (9.9)	71	28
(a) ng + ma	43 (7.5)	62	31	(a) ng + na	51 (10.5)	71	27
(e) ng + ma	52 (13.0)	75	24	(e) ng + ni	45 (12.3)	69	21

续表

音节组合	鼻化度	最大值	最小值	音节组合	鼻化度	最大值	最小值
(i) ng + ma	57 (9.4)	73	34	(i) ng + ni	47 (10.8)	72	34
(o) ng + mi	45 (11.3)	67	22	(o) ng + na	40 (12.4)	67	18
(y) ng + ma	46 (8.6)	64	30	(y) ng + ni	46 (8.0)	62	27

由表9—68看到，在该组合中，前字所有元音的鼻化度都高于其内在鼻化度。当后字为鼻音声母 n 时，前字元音的鼻化度要高于当后字为鼻音声母 m 时的鼻化度，并且，前字元音后接鼻尾/-ŋ/的鼻化度比后接鼻尾/-n/的鼻化度高。

表9—69　(c) vN (-n, -ŋ) + (l, r) v 组合中元音的鼻化度

音节组合	鼻化度	最大值	最小值	音节组合	鼻化度	最大值	最小值
(a) n + li	48 (7.7)	62	27	(a) n + rʅ	47 (8.1)	62	30
(e) n + li	30 (7.6)	45	13	(e) n + rʅ	34 (7.3)	48	19
(i) n + li	52 (11.9)	75	27	(i) n + ru	46 (11.1)	70	19
(u) n + li	30 (9.1)	51	9	(u) n + re	37 (8.0)	57	25
(y) n + li	42 (12.7)	69	10	(y) n + ru	40 (11.3)	64	20
(a) ng + lao	40 (6.5)	49	27	(a) ng + ruo	42 (10.9)	59	21
(e) ng + lu	43 (7.7)	56	22	(e) ng + re	41 (8.8)	58	22
(i) ng + la	55 (12.0)	78	31	(i) ng + ru	51 (13.2)	74	28
(o) ng + li	43 (7.2)	57	28	(o) ng + re	39 (8.5)	55	25
(y) ng + li	43 (8.2)	58	25	(y) ng + ru	38 (8.4)	57	24

由表9—69看到，在该组合中，前字所有元音的鼻化度都高于其内在鼻化度。当后字为通音声母 l 时，前字元音的鼻化度要略高于当后字为通音声母 r 时的鼻化度。

2. 性别因素对元音的影响

将北京话双音节词中元音的鼻化度数据分开男、女进行统计，计算出元音鼻化度在六种音节组合中男、女各自的平均值和标准差，并运用独立样本 T 检验考察性别因素是否对元音鼻化度有显著影响。

表9—70　　　　　　　（c）v +（c）v 组合中元音的鼻化度

元音	性别	鼻化度	Sig	元音	性别	鼻化度	Sig
（a）+ ba	男	31（11.9）	0.893	a + b （a）	男	25（12.4）	0.849
	女	32（10.7）			女	24（10.9）	
k（e）+ ke	男	7（2.2）	0.017 < 0.05	ke + k（e）	男	7（2.4）	0.049 < 0.05
	女	10（4.3）			女	9（2.2）	
（i）+ bi	男	27（10.2）	0.006 < 0.05	i + b（i）	男	21（8.4）	0.188
	女	37（8.5）			女	26（10.2）	
（u）+ bu	男	9（2.8）	0.133	u + b（u）	男	7（2.6）	0.014 < 0.05
	女	12（6.2）			女	10（2.8）	
（y）+ bi	男	20（8.1）	0.013 < 0.05	—	男	—	—
	女	28（9.7）			女	—	
z（ɿ）+ bi	男	12（3.2）	0.002 < 0.05	—	男	—	—
	女	20（7.5）			女	—	
sh（ʅ）+ zhi	男	11（3.1）	0.063	shʅ + zh（ʅ）	男	11（3.8）	0.665
	女	15（6.4）			女	11（4.5）	

由表9—70可知，在（c）v +（c）v 组合中，前字元音中，七个元音都是女性的鼻化度高于男性，差值在1—10之间，/i/的差值最大，/a/的差值最小。在后字元音中，女性/e、i、u/的鼻化度高于男性，差值在0—5之间，/i/的差值最大，/ʅ/的差值最小，而元音/a/的情况则相反，男性/a/的鼻化度比女性高了1。

通过独立样本T检验可以看出，性别因素对（c）v +（c）v 组合中前字元音/e、i、y、ɿ/和后字元音/e、u/有显著影响，对其余元音无显著影响。

由表9—71可知，在（c）v +（m, n, l, r）v 组合中，当后字声母为/m/时，除了/a/之外，所有元音都是女性的鼻化度高于男性，差值在3—13之间，/i/的差值最大，男、女性/u/的鼻化度相等，/a/则是男性的鼻化度比女性高了1；当后字声母为/n/时，除了/e/之外，所有元音都是女性的鼻化度高于男性，差值在2—13之间，/y/的差值最大，/a/的差值最小，/e/则是男性的鼻化度比女性高了1；当后字声母为/l/时，除了/a/之外，所有元音都是女性的鼻化度高于男性，差值在4—6之间，/y、ɿ、

/ɣ/的差值最大，/e、u/的差值最小，/a/则是男性的鼻化度比女性高了 1；当后字声母为/r/时，男、女性/a/的鼻化度相等，其余元音都是女性的鼻化度高于男性，差值在 2—10 之间，/i/的差值最大，/e/的差值最小。

通过独立样本 T 检验可知，在（c）v +（m，n，l，r）v 组合中，当后字声母为/m/时，性别因素对/i、y/有显著影响，对其余元音没有显著影响；当后字声母为/n/时，性别因素对/y、ɣ/有显著影响，对其余元音没有显著影响；当后字声母为/l/时，性别因素对七个元音都没有显著影响；当后字声母为/r/时，性别因素对/i、u、ɣ/有显著影响，对其余元音没有显著影响。

由表 9—72 可知，在（c）vN（-n，-ŋ）+v 组合中，当前字为/-n/尾时，除了前字的/e/之外，前、后字位置上的元音都是女性的鼻化度高于男性，差值在 3—10 之间，前字是/i/的差值最大，/a/的差值最小，后字是/y/的差值最大，/e/的差值最小，前字的/e/则是男性的鼻化度比女性高了 3；当前字为/-ŋ/尾时，除了前字的/a、e/之外，其余前、后字位置上的元音都是女性的鼻化度高于男性，差值在 5—10 之间，前字是/i/的差值最大，/u/的差值最小，男、女性/u/的鼻化度相等，后字是/i、a/的差值最大，/e/的差值最小，前字的/a、e/则是男性的鼻化度分别比女性高了 2 和 1。

通过独立样本 T 检验可知，在（c）vN（-n，-ŋ）+v 组合中，当前字为/-n/尾时，性别因素对前、后字位置上的所有元音均无显著影响；当前字为/-ŋ/尾时，性别因素只对后字的元音/a、i/有显著影响，对其余前、后字位置上的元音均无显著影响。

由表 9—73 可知，在（c）vN（-n，-ŋ）+vN（-n，-ŋ）组合中，当前字为/-n/尾时，/e、u、y/是女性的鼻化度高于男性，差值分别为 2、4、6，/a、i/则是男性鼻化度高于女性，差值都为 1；当前字为/-ŋ/尾时，除了/e/之外，其余元音都是女性鼻化度高于男性，差值在 2—6 之间，/i/的差值最大，/a、u/的差值都为 2，男、女性/y/的鼻化度相等，/e/则是男性的鼻化度比女性大 6。

通过独立样本 T 检验可知，性别因素对（c）vN（-n，-ŋ）+vN（-n，-ŋ）组合中的前字所有元音没有显著影响。

由表9—74可知，在（c）vN（-n，-ŋ）+（c）v（塞音）组合中，当前字为/-n/尾时，前字元音的情况是，女性/y/的鼻化度高于男性，男性/a、e/的鼻化度高于女性，男、女性/i、u/的鼻化度相等。后字元音的情况是，所有元音均为女性的鼻化度高于男性，差值在2—11之间，/i/的差值最大，/a、u/的差值最小；当前字为/-ŋ/尾时，前字元音的情况是，女性/a、e、i/的鼻化度高于男性，男性/u/的鼻化度高于女性，男、女性/y/的鼻化度相等。后字元音的情况是，所有元音均为女性的鼻化度高于男性，差值在1—12之间，/i/的差值最大，/e/的差值最小。

通过独立样本T检验可知，在（c）vN（-n，-ŋ）+（c）v（c为塞音）组合中，性别因素对前字元音没有显著影响，对后字部分元音有显著影响，分别是前接/-n/尾的/i/和前接/-ŋ/尾的/i、u、y/，而对其余后字元音均没有显著影响。

由表9—75可知，在（c）vN（-n，-ŋ）+（c）v（c为擦音）组合中，当前字为/-n/尾时，前字元音的情况是，所有元音都是女性的鼻化度高于男性，差值在2—9之间，/i/的差值最大，/a、e/的差值最小。后字的情况是，男、女性/a、e、y/鼻化度相等，女性/i、u/比男性分别高7和1；当前字为/-ŋ/尾时，前字元音的情况是，女性/i、u、y/鼻化度比男性分别高1、1、2，男、女性/e/的鼻化度相等，男性/a/比女性鼻化度高6。后字的情况是，男、女性/a/的鼻化度相等，其余元音均为女性鼻化度略高于男性，但差值很小，在2—5之间。

通过独立样本T检验可知，在（c）vN（-n，-ŋ）+（c）v（擦音）组合中，性别因素仅对后接/-ŋ/尾的/a/有显著影响，对其余前、后字位置上的元音均无显著影响。

由表9—76可知，在（c）vN（-n，-ŋ）+（c）v（c为塞擦音）组合中，所有元音均为女性的鼻化度高于男性。当前字为/-n/尾时，前字差值在1-7之间，/i/的差值最大，/u/的差值最小，后字差值在1-6之间，/i/的差值最大，/u、y/的差值同为最小；当前字为/-ŋ/尾时，前字差值在3-6之间，后字的差值在3-5之间。

通过独立样本T检验可知，在（c）vN（-n，-ŋ）+（c）v（塞擦音）组合中，性别因素仅对前接/-ŋ/尾的/u/有显著影响，对其余前、后字位置上的元音均无显著影响。

由表9—77可知，在（c）vN（-n，-ŋ）+（m，n，l，r）v组合中，当后字为鼻音声母，元音后接双鼻音/nm/时，女性/a、i、y/的鼻化度高于男性，差值分别为1、2、5，男性/e/的鼻化度比女性高3，男、女/u/的鼻化度相等；当元音后接双鼻音/nn/时，女性/a、u、y/的鼻化度略高于男性，差值都仅为1，男、女性/e、i/的鼻化度相等；当元音后接双鼻音/ŋm/时，女性/e、i/鼻化度都比男性高3，男性/u、y/的鼻化度都比女性高2，男女/a/的鼻化度相等；当元音后接双鼻音/ŋn/时，女性/a、e、u/的鼻化度分别比男性高了3、1、1，男性/y/的鼻化度比女性高了1，男、女/i/的鼻化度相等。

通过独立样本T检验可知，性别因素对（c）vN（-n，-ŋ）+（m，n）v组合中的前字元音没有显著影响。

由表9—78可知，在（c）vN（-n，-ŋ）+（m，n，l，r）v组合中，当前字为/-n/尾后字为/l/声母时，除了/a/之外，所有元音都是女性的鼻化度高于男性，差值在3—6之间，/i/的差值最大，/e、u、y/的差值都为3，/a/则是男性的鼻化度比女性高了2；当前字为/-n/尾后字为/r/声母时，女性/e、u、y/的鼻化度分别比男性高了1、4、3，男性/i/的鼻化度比女性高了1，男女/a/的鼻化度相等；当前字为/-ŋ/尾后字为/l/声母时，女性/i、y/的鼻化度分别比男性高了3和4，男性/a、e、u/的鼻化度分别比女性高了3、7、2；当前字为/-ŋ/尾后字为/r/声母时，女性/a、i/的鼻化度分别比男性高了2和5，男性/e、u/的鼻化度分别比女性高了5和2，男女/y/的鼻化度相等。

通过独立样本T检验可知，在（c）vN（-n，-ŋ）+（l，r）v组合中，性别因素仅对后接"/-ŋ/尾+/l/声母"的/e/有显著影响，对该组合中的其余前字元音均无显著影响。

第九章 鼻音 / 455

表9—71　　(c) v + (m, n, l, r) v 组合中元音的鼻化度

元音	性别	鼻化度	sig	元音	性别	鼻化度	sig	元音	性别	鼻化度	sig	元音	性别	鼻化度	sig
(a) +mi	男	43 (9.2)	0.589	(a) +ni	男	42 (10.1)	0.624	(a) +li	男	29 (13.3)	0.800	(a) +ri	男	26 (14.7)	0.936
	女	42 (9.0)			女	44 (9.3)			女	28 (13.6)			女	26 (14.9)	
(e) +mi	男	27 (8.7)	0.127	(e) +ni	男	29 (10.5)	0.794	(e) +li	男	11 (5.7)	0.086	(e) +ri	男	8 (3.1)	0.129
	女	32 (7.6)			女	28 (11.6)			女	15 (5.2)			女	10 (3.4)	
(i) +mi	男	49 (16.2)	0.019	(i) +ni	男	48 (12.2)	0.224	(i) +li	男	23 (11.4)	0.221	(i) +ri	男	25 (10.4)	0.017
	女	62 (14.2)	<0.05		女	53 (11.6)			女	28 (12.7)			女	35 (11.1)	<0.05
(u) +mi	男	30 (9.4)	0.906	(u) +ni	男	31 (11.1)	0.358	(u) +li	男	14 (9.2)	0.252	(u) +ri	男	8 (2.1)	0.001
	女	30 (10.8)			女	35 (13.7)			女	18 (8.1)			女	12 (3.1)	<0.05
(y) +mi	男	41 (10.9)	0.009	(y) +ni	男	43 (14.2)	0.006	(y) +li	男	23 (12.1)	0.129	(y) +ri	男	19 (6.4)	0.095
	女	53 (13.8)	<0.05		女	56 (12.8)	<0.05		女	29 (9.3)			女	24 (9.5)	
(ɿ) +mi	男	42 (13.8)	0.494	(ɿ) +ni	男	40 (13.7)	0.034	(ɿ) +li	男	17 (7.8)	0.055	(ɿ) +ri	男	12 (5.3)	0.012
	女	45 (13.5)			女	50 (12.2)			女	23 (10.8)			女	18 (8.8)	<0.05
(ʅ) +mi	男	37 (13.3)	0.080	(ʅ) +ni	男	44 (12.8)	0.328	(ʅ) +li	男	15 (9.6)	0.115	(ʅ) +ri	男	12 (5.7)	0.065
	女	45 (13.5)			女	49 (13.4)			女	21 (10.3)			女	16 (7.1)	

表9—72　(c) vN(-n, -ŋ)+v组合中元音的鼻化度

元音	性别	鼻化度	sig	元音	性别	鼻化度	sig	元音	性别	鼻化度	sig	元音	性别	鼻化度	sig
(a) n+a	男	39 (9.3)	0.382	an+(a)	男	41 (11.0)	0.155	(a) ng+a	男	45 (8.2)	0.393	ang+(a)	男	43 (13.9)	0.025
	女	42 (11.5)			女	47 (10.7)			女	43 (8.3)			女	53 (10.0)	<0.05
(e) n+e	男	35 (6.5)	0.265	en+(e)	男	19 (5.7)	0.184	(e) ng+e	男	42 (7.2)	0.746	eng+(e)	男	22 (7.8)	0.121
	女	32 (9.3)			女	22 (7.1)			女	41 (8.8)			女	27 (11.8)	
(i) n+i	男	56 (14.8)	0.052	in+(i)	男	42 (16.2)	0.125	(i) ng+i	男	48 (8.9)	0.083	ing+(i)	男	44 (13.0)	0.017
	女	65 (9.4)			女	50 (14.0)			女	55 (14.8)			女	54 (11.5)	<0.05
(u) n+u	男	26 (8.5)	0.367	un+(u)	男	19 (8.0)	0.204	(o) ng+u	男	35 (7.3)	0.896	ung+(u)	男	23 (8.8)	0.118
	女	29 (8.7)			女	23 (12.2)			女	35 (12.7)			女	29 (11.1)	
(y) n+y	男	43 (13.8)	0.175	yn+(y)	男	26 (12.3)	0.052	(y) ng+y	男	40 (10.1)	0.121	yng+(y)	男	25 (8.8)	0.082
	女	49 (13.0)			女	36 (14.1)			女	46 (11.2)			女	32 (10.6)	

表9—73　(c) vN(-n, -ŋ) +vN(-n, -ŋ) 组合中元音的鼻化度

元音	性别	鼻化度	sig	元音	性别	鼻化度	sig
(a) n+un	男	47 (6.9)	0.750	(a) ng+ong	男	38 (8.7)	0.624
	女	46 (8.9)			女	40 (7.4)	
(e) n+un	男	30 (8.8)	0.592	(e) ng+ong	男	49 (13.4)	0.254
	女	32 (7.3)			女	43 (3.9)	
(i) n+un	男	46 (12.0)	0.825	(i) ng+ong	男	57 (12.6)	0.248
	女	45 (10.4)			女	63 (12.6)	
(u) n+un	男	29 (7.4)	0.197	(o) ng+ong	男	45 (10.0)	0.602
	女	33 (5.5)			女	47 (6.0)	
(y) n+un	男	37 (12.3)	0.226	(y) ng+ong	男	41 (9.2)	0.922
	女	43 (9.1)			女	41 (6.5)	

表9—74　(c) vN (-n, -ŋ) + (c) v (c 为塞音) 组合中元音的鼻化度

元音	性别	鼻化度	sig	元音	性别	鼻化度	sig	元音	性别	鼻化度	sig
(a) n+ba	男	48.(9.0)	0.970	(a) ng+ba	男	49 (9.8)	0.148	ang+b (a)	男	26 (13.2)	0.791
	女	42 (9.2)			女	54 (8.0)			女	28 (12.5)	
(e) n+ke	男	42 (7.8)	0.756	(e) ng+ke	男	39 (14.3)	=0.485	eng+k (e)	男	10 (3.1)	0.581
	女	40 (6.4)			女	42 (10.6)			女	11 (4.7)	
(i) n+bi	男	50 (11.7)	0.832	(i) ng+bi	男	50 (10.5)	0.227	ing+b (i)	男	22 (8.6)	0.004
	女	50 (10.7)			女	55 (12.2)			女	34 (13.6)	<0.05
(u) n+bu	男	28 (6.8)	0.850	(o) ng+bu	男	43 (12.0)	0.428	ong+b (u)	男	8 (2.4)	0.004
	女	28 (5.7)			女	41 (7.9)			女	11 (4.1)	<0.05
(y) n+bu	男	41 (11.3)	0.244	(y) ng+bu	男	40 (5.5)	0.960	/	男	/	
	女	46 (11.0)			女	40 (7.9)			女	/	

元音	性别	鼻化度	sig
an+b (a)	男	25 (11.6)	0.769
	女	27 (12.7)	
en+k (e)	男	12 (4.4)	0.231
	女	15 (7.3)	
in+b (i)	男	20 (6.9)	0.013
	女	31 (13.6)	<0.05
un+b (u)	男	7 (2.9)	0.070
	女	9 (3.9)	

表 9—75　(c) vN (-n, -ŋ) + (c) v (c 为擦音) 组合中元音的鼻化度

元音	性别	鼻化度	sig	元音	性别	鼻化度	sig	元音	性别	鼻化度	sig	元音	性别	鼻化度	sig
(a) n + sha	男	45 (10.6)	0.484	an + sh (a)	男	34 (12.8)	0.990	(a) ng + sha	男	48 (6.2)	0.013	ang + sh (a)	男	34 (14.8)	0.910
	女	47 (10.2)			女	34 (14.4)			女	42 (6.8)	<0.05		女	34 (15.3)	
(e) n + she	男	37 (11.8)	0.646	en + sh (e)	男	11 (5.0)	0.675	(e) ng + she	男	47 (16.8)	0.883	eng + sh (e)	男	12 (6.2)	0.362
	女	39 (9.0)			女	11 (4.9)			女	47 (10.1)			女	14 (7.5)	
(i) n + xi	男	53 (14.1)	0.034	in + x (i)	男	25 (11.6)	0.112	(i) ng + xi	男	48 (13.4)	0.859	ing + x (i)	男	22 (7.7)	0.251
	女	62 (10.4)	<0.05		女	32 (13.8)			女	49 (11.5)			女	25 (8.4)	
(u) n + fu	男	28 (8.4)	0.112	un + f (u)	男	9 (3.0)	0.401	(o) ng + fu	男	39 (15.5)	0.773	ong + f (u)	男	11 (3.9)	0.123
	女	31 (7.8)			女	10 (2.9)			女	40 (9.8)			女	13 (4.7)	
(y) n + xy	男	41 (12.3)	0.454	yn + x (y)	男	15 (5.7)	0.944	(y) ng + xy	男	39 (8.3)	0.419	yng + x (y)	男	14 (5.9)	0.067
	女	44 (8.6)			女	15 (6.4)			女	41 (8.1)			女	19 (9.1)	

表9—76　(c) vN (-n, -ŋ) + (c) v (c 为塞擦音) 组合中元音的鼻化度

元音	性别	鼻化度	sig	元音	性别	鼻化度	sig	元音	性别	鼻化度	sig	元音	性别	鼻化度	sig
(a) n +za	男	44 (12.8)	0.376	an+z (a)	男	29 (12.6)	0.464	(a) ng +za	男	44 (14.2)	0.381	ang +z (a)	男	28 (15.4)	0.528
	女	48 (10.4)			女	32 (14.2)			女	47 (9.2)			女	32 (14.7)	
/	男	/	/	/	男	/	/	/	男	/	/	/	男	/	/
	女	/			女	/			女	/			女	/	
(i) n+ji	男	53 (13.0)	0.099	in+j (i)	男	24 (10.7)	0.175	/	男	/	/	/	男	/	/
	女	60 (11.4)			女	30 (11.9)			女	/			女	/	
(u) n +zhu	男	31 (6.4)	0.397	un +zh (u)	男	11 (4.3)	0.488	(o) ng +zhu	男	38 (13.0)	0.311	ong +zh (u)	男	9 (2.9)	0.020
	女	32 (4.6)			女	12 (4.3)			女	42 (8.5)			女	12 (4.6)	
(y) n +jy	男	43 (10.7)	0.332	yn+j (y)	男	15 (5.9)	0.551	(y) ng +qy	男	40 (9.4)	0.055	yng +q (y)	男	13 (6.1)	<0.05
	女	46 (8.0)			女	16 (4.9)			女	46 (9.3)			女	18 (8.4)	0.066

第九章 鼻音 / 461

表9—77 (c) vN（-n, -ŋ） + (m, n) v 组合中元音的鼻化度

元音	性别	鼻化度	sig	元音	性别	鼻化度	sig	元音	性别	鼻化度	sig
(a) n +ma	男	48 (10.5)	0.727	(a) n +ma	男	52 (9.9)	0.725	(a) ng +ma	男	43 (8.9)	0.822
	女	49 (8.9)			女	53 (7.3)			女	43 (5.9)	
(e) n +ma	男	40 (8.4)	0.238	(e) n +nu	男	40 (8.1)	0.873	(e) ng +ma	男	51 (15.8)	0.501
	女	37 (6.2)			女	40 (6.7)			女	54 (9.6)	
(i) n +ma	男	47 (14.4)	0.573	(i) n +na	男	52 (13.0)	0.871	(i) ng +ma	男	55 (10.5)	0.495
	女	49 (12.6)			女	52 (9.9)			女	58 (8.2)	
(u) n +mi	男	32 (7.6)	0.875	(u) n +na	男	34 (7.0)	0.475	(o) ng +mi	男	46 (13.0)	0.581
	女	32 (7.5)			女	35 (5.9)			女	44 (9.6)	
(y) n +ma	男	40 (11.4)	0.161	(y) n +ni	男	45 (12.6)	0.773	(y) ng +ma	男	47 (8.6)	0.503
	女	45 (10.6)			女	46 (6.4)			女	45 (8.9)	

元音	性别	鼻化度	sig
(a) ng +na	男	49 (11.3)	0.281
	女	52 (9.6)	
(e) ng +ni	男	45 (14.4)	0.671
	女	46 (10.0)	
(i) ng +ni	男	47 (10.3)	0.950
	女	47 (11.5)	
(o) ng +na	男	39 (14.5)	0.850
	女	40 (10.3)	
(y) ng +ni	男	46 (7.7)	0.681
	女	45 (8.5)	

表9—78 (c) vN（-n, -ŋ）+（l, r）v 组合中元音的鼻化度

元音	性别	鼻化度	sig	元音	性别	鼻化度	sig	元音	性别	鼻化度	sig	元音	性别	鼻化度	sig
(a) n +li	男	49 (7.7)	0.623	(a) n +ri	男	47 (8.8)	0.851	(a) ng +lao	男	41 (6.2)	0.213	(a) ng +ruo	男	41 (11.2)	0.508
	女	47 (7.9)			女	47 (7.5)			女	38 (6.8)			女	43 (10.8)	
(e) n +li	男	29 (8.7)	0.373	(e) n +ri	男	34 (7.4)	0.661	(e) ng +lu	男	47 (6.8)	0.010	(e) ng +re	男	44 (8.3)	0.143
	女	32 (6.1)			女	35 (7.4)			女	40 (7.2)			女	39 (9.1)	
(i) n +li	男	49 (12.7)	0.172	(i) n +ru	男	47 (12.6)	0.739	(i) ng +la	男	54 (10.4)	<0.05	(i) ng +ru	男	48 (12.7)	0.228
	女	55 (10.7)			女	46 (9.7)			女	57 (13.6)			女	53 (13.5)	
(u) n +li	男	29 (9.2)	0.309	(u) n +re	男	35 (8.8)	0.193	(o) ng +li	男	44 (7.1)	0.467	(o) ng +re	男	40 (8.8)	0.333
	女	32 (9.1)			女	39 (6.8)			女	42 (7.4)			女	38 (8.3)	
(y) n +li	男	40 (12.6)	0.484	(y) n +ru	男	39 (10.3)	0.581	(y) ng +li	男	41 (7.1)	0.426	(y) ng +ru	男	38 (8.6)	0.920
	女	43 (13.1)			女	42 (12.4)			女	45 (9.1)			女	38 (8.4)	

综上所述，将男、女性的元音鼻化度数据分开统计后可以发现，女性元音的鼻化度基本上是大于男性的，但元音/a/比较特殊，有 1/4 的情况是男性/a/的鼻化度高于女性。并发现/i、y/的差值大，/e、u/的差值小，也就是说鼻化度大的元音男女的差异性大，鼻化度小的元音男女的差异性就小，而标准差较大、比较不稳定的元音/a/在男女差异上也同样不稳定。通过独立样本 T 检验可以发现，性别因素仅对双音节词中部分元音有显著影响，但在整体上是无显著影响的。

3. 小结

本小节考察了普通话七个元音在六种双音节组合形式中的鼻化度，并与单字音的大样本统计结果进行了对比。结果发现，从整体上看，双音节中的元音鼻化度比其内在鼻化度有所提高，在不同音节组合形式中，相同元音提高的幅度有所不同，在同一音节组合中，不同类别的元音提高的幅度不同。

（1）当前、后字都为清声母时，前字/y、ɿ、ʅ/的鼻化度高于其内在鼻化度，/a、i、u/的鼻化度低于其内在鼻化度，/e/的鼻化度与其内在鼻化度相等；后字除了/ʅ/以外，所有元音的鼻化度均低于其内在鼻化度。位于前字的元音鼻化度都高于后字的元音鼻化度。当后字为通音声母时，元音鼻化度的提高幅度较大，后接鼻音声母/m、n/时元音鼻化度提高的幅度大于后接通音声母/l、r/时提高的幅度；当前字为鼻音尾，后字为零声母时，前字带鼻尾元音的鼻化度要比后字单独成音节的元音鼻化度高。当后字为清声母时，前字带鼻尾元音的鼻化度也高于后字清声母元音尾的鼻化度。在六种双音节组合形式中，只有第一种组合（c）v +（c）v 全是由清声母构成，所以组合中的元音鼻化度与其内在鼻化度相比，有提高的也有降低的，然而其余五种组合均含有通音声母或鼻音韵尾，这些组合中的元音由于受到通音声母和鼻音韵尾的影响，所以它们的鼻化度较其内在鼻化度均有所提高。

（2）在前字为鼻音尾时，前、后字位置上的元音后接鼻尾/-ŋ/的鼻化度都要比后接鼻尾/-n/的鼻化度高。这是由于/-n/尾的鼻化度低于/-ŋ/尾，且/-n/尾比/-ŋ/尾更易弱化和鼻化，自然/-n/尾前的元音鼻化度要低于/-ŋ/尾前的元音鼻化度。

（3）在同一双音节组合形式中，基本都表现为 i、a 的鼻化度最高，u、e 的鼻化度最低。这与时秀娟（2010）所得出的单字音的元音规律是一致的，即元音的舌位越靠前，或者越降低，鼻化度越大。反之，舌位越靠后且高，鼻化度越小。这是由生理机制造成的。发口元音时，软腭和小舌向后高方向抬起，关闭鼻腔通道。发舌位靠前（如 i）或较低（如 a）的元音时，前伸的或下降的舌体会牵制软腭和小舌向后高方向的抬起，造成鼻腔通路关闭不严。发舌位后高（如 u）的元音时，后缩提高的舌体会有助于软腭和小舌向后高方向的运动，把鼻腔通路关闭更严些。

（4）从性别分组上看，女性元音的鼻化度基本上是大于男性的，但元音/a/比较特殊，有 1/4 的情况是男性/a/的鼻化度高于女性。并发现/i、y/的差值大，/e、u/的差值小，也就是说鼻化度大的元音男女的差异性大，鼻化度小的元音男女的差异性就小，而标准差较大、比较不稳定的元音/a/在男女差异上也同样不稳定。通过独立样本 T 检验可以发现，性别因素仅对双音节词中部分元音有显著影响，但在整体上是无显著影响的。

三 结论

本节运用鼻音计（Kay Nasometer Ⅱ 6400）考察北京话双音节六种组合方式中响音的鼻化度，发现通音声母、鼻音韵尾、元音在不同组合形式中的鼻化度表现有所差异，主要结论如下：

1. 通音声母

当前字为清声母元音尾时，后字声母/m、n、l/的鼻化度较单字音中的有所提高，而/r/声母有所下降。/m、n/的鼻化度大幅大于/l、r/，其中/n/的鼻化度大于/m/，/l/的鼻化度大于/r/。

当前字为鼻音尾时，后字鼻音声母/m、n/和前字鼻尾的鼻化度曲线融为一体，时长增加，构成双鼻音，此时双鼻音的鼻化度比单字音中的鼻音声母鼻化度仍然有所提高。/nm/、/nn/的鼻化度分别高于/ŋm/、/ŋn/，/nn/的鼻化度又要高于/nm/；前字为鼻音尾后字为/l、r/声母时，/l、r/由于受到前字鼻尾的影响，鼻化度都得到大幅提高。位于后鼻尾后的/l、r/声母鼻化度要高于前鼻尾后的/l、r/声母。

2. 鼻音韵尾

通过与单字音大样本实验中的鼻尾鼻化度对比发现，双音节词中的鼻尾鼻化度都有不同程度的降低，可见，和孤立音节相比鼻音韵尾在语流中弱化的倾向更为突出。前鼻尾/－n/鼻化度降低的幅度要大于后鼻尾/－ŋ/。这是由于，发鼻音/n/时，需要舌尖顶住上齿龈，形成阻碍，而在连续发音时，则倾向于在发声母/n/时舌尖阻碍一次，而在发韵尾/－n/上，为了省力，就不再形成第二次阻碍，由于在发鼻音/n/时需要舌头动作比较明显，所以当其做韵尾时就容易发音不到位，就是把前面的元音进行鼻化，为了保留鼻音的音质，舌尖顶住了下齿背，从而在听感上仍然是/－n/。而在发后鼻尾/－ŋ/时，形成阻碍的位置是舌根，舌头前部不受影响，不用考虑舌尖的省力与否，只需舌根部分抬高即可，舌头的动作比较小，所以后鼻尾/－ŋ/比较容易保留下来，鼻化度自然比较稳定。鼻音韵尾/－n/先于/－ŋ/脱落，这和之前的研究结果是一致的（冉启斌，2005；时秀娟，2011）。

（1）当后字为零声母元音尾时，前字鼻音韵尾鼻化度与单字音相比大大降低了，并且在包含有鼻尾的四种双音节组合中降低幅度是最大的。其中的鼻音韵尾最易与前面的元音融合成鼻化音。许毅（1986）指出，在汉语普通话里，如果一个两字组里的前字有鼻韵尾/－n/，而后字以零声母打头，那么前字里的/－n/往往表现为半鼻音。所以鼻尾的鼻化度比较低。

在后字为零声母鼻音尾的组合中，当前、后字鼻尾都是前鼻尾/－n/时，前字鼻尾明显弱化，后字鼻尾鼻化度要高于前字鼻尾，后字鼻尾发得比较完整。当前、后字鼻尾都是后鼻尾/－ŋ/时，则表现出与前鼻尾/－n/音节相反的情况，后字鼻尾的鼻化度反而低于前字鼻尾。后字为鼻音尾组合中的前、后字鼻尾的鼻化度都要高于后字为元音尾组合中的鼻尾鼻化度，可见当后字带上鼻尾时会提高前字鼻尾的鼻化度。

当后字为塞音、塞擦音时，鼻音韵尾的鼻化度与单字音中的较为接近，鼻尾基本没有出现弱化、鼻化现象。王志洁（1997）曾对此现象做出过解释，如果/－ŋ/后有其他辅音时，后面辅音的口腔阻碍会使鼻音能量的输出比值增大。而塞音、塞擦音"塞"的现象明显，其口腔阻碍程度要大于擦音,所以当后字为塞音、塞擦音时,前字鼻尾完整保留,没有弱化现象。当后字为擦音声母时,前字鼻尾的弱化程度较高,可见在清声母中,擦音对降低前字鼻尾的影响最大。

当后字为通音声母/l、r/时,前字鼻尾的弱化率比较高,其中后接/r/声母时的鼻尾弱化率为四种双音节组合方式中最高的。这和鼻尾在单字音中的表现是一致的:零声母和清辅音声母音节中/a/元音后两个鼻尾/-n、-ŋ/的鼻化度大于通音声母音节中的,单字和语流中的鼻尾都符合这一规律(时秀娟,2015)。

(2)鼻音韵尾前接不同元音时鼻化度不同,在四种音节组合中,基本都表现为央低元音/a/后的鼻尾鼻化度最低,前高元音/i/后的鼻尾鼻化度最高,这同样和单字音中的鼻尾表现一致。在汉语方言的研究中,许多研究者都得出了一条关于鼻音韵尾消变研究方面的共性规律,即鼻音韵尾的消变与元音的舌位高低存在一定关联,位于低元音后的鼻音韵尾更容易消变(Chen,1975;王洪君,1992;冉启斌,2005;时秀娟,2010)。林茂灿、颜景助(1992)从时长的角度进行过相关研究,他们发现在主要元音开口度大的/a/后面的鼻音韵尾时长,比在主要元音开口度较小的后面的短。而时长越短的鼻音韵尾,就会越容易脱落。

3. 元音

从整体上看,双音节中的元音鼻化度比其内在鼻化度有所提高,在不同音节组合形式中,相同元音提高的幅度有所不同,在同一音节组合中,不同类别的元音提高的幅度不同。

(1)当前、后字都为清声母时,前字/y、ɿ、ʅ/的鼻化度高于其内在鼻化度,/a、i、u/的鼻化度低于其内在鼻化度,/e/的鼻化度与其内在鼻化度相等。后字除了/ʅ/以外,所有元音的鼻化度均低于其内在鼻化度。位于前字的元音鼻化度都高于后字的元音鼻化度。当后字为通音声母时,元音鼻化度的提高幅度较大,后接鼻音声母/m、n/时元音鼻化度提高的幅度大于后接通音声母/l、r/时提高的幅度。当前字为鼻音尾,后字为零声母时,前字带鼻尾元音的鼻化度要比后字零声母元音的鼻化度高。当后字为清声母时,前字带鼻尾元音的鼻化度也高于后字清声母后面的元音鼻化度。在六种双音节组合形式中，只有第一种组合（c）v+（c）v全是由清声母构成，所以组合中的元音鼻化度与其内在鼻化度相比，有提高的也有降低的，然而其余五种组合均含有通音声母或鼻音韵尾，这些组合中的元音由于受到通音声母和鼻音韵尾的影响，所以它们的鼻化度较其内在鼻化度均有所提高。

（2）在前字为鼻音尾时，前、后字位置上的元音后接鼻尾/-ŋ/的鼻化度都要比后接鼻尾/-n/的鼻化度高。这是由于/-n/尾的鼻化度低于/-ŋ/尾，且/-n/尾比/-ŋ/尾更易弱化，自然/-n/尾前的元音鼻化度要低于/-ŋ/尾前的元音鼻化度。

（3）在同一双音节组合形式中，基本都表现为i、a的鼻化度最高，u、e的鼻化度最低。这与时秀娟（2010）所得出的单字元音规律是一致的，即舌位越前、越低，鼻化度越高；反之，舌位越后、越高鼻化度越低。不同元音的内在鼻化度不同，这是由生理原因所导致的。

4. 性别因素对鼻化度的影响

女性在双音节词中的响音鼻化度在总体上要高于男性，这是由于在发鼻音时，需要舌头动作的配合，而女生的声腔比较短，舌头动作起来就会比较快，所以鼻音发得也就比较完整，鼻化度自然也就比较高，而男生的声腔要长于女生，舌头动作起来就会比较慢，鼻音就不如女生发得完整，鼻化度自然就要低一些。通过独立样本T检验可以发现，性别因素仅对双音节词中部分响音鼻化度有显著影响，在整体上并无显著影响。

附　录

实验词表

1. （c）v+（c）v

阿坝　苛刻　一笔　舞步　御笔　自比　食指

2. （c）v+（m, n, l, r）v

大米　歌迷　披靡　舞迷　玉米　字谜　痴迷　打你　可逆　比拟　忤逆　淤泥　兹尼　是你

大理　隔离　比例　物理　余力　自立　智利　怕热　隔热　易热　不热　余热　自热

炙热

3. (c) vN (-n, -ŋ) +v
音译 文物 安啊 孕育 笨鹅　英译 动物 上啊 用语 等额

4. (c) vN (-n, -ŋ) +vN (-n, -ŋ)
安稳 本文 引文 稳稳 韵文　痒痛 邓公 婴童 东东 涌动

5. (c) vN (-n, -ŋ) + (c) v (c 包括塞音，擦音，塞擦音)
暗坝 暗杀 参杂 塘坝 棒杀 庞杂　本科 喷射 粉饰 朋克 腾蛇 棚舍
银币 音系 印迹 硬币 影戏 影帝　稳步 文赋 文竹 同步 同福 同住
韵部 允许 云聚 永不 咏絮 用去

6. (c) vN (-n, -ŋ) + (m, n, l, r) v
鞍马 奔马 饮马 文秘 运马 安娜 愤怒 尹娜 稳拿 云霓
案例 本利 阴历 文理 运力 暗日 焚日 引入 温热 运入
养马 藤麻 兵马 痛骂 用马 唐娜 坑你 赢你 孔娜 用你
绑牢 登陆 硬拉 动力 用力 庞若 更热 映入 供热 涌入

7. 与王志洁研究的对比中所用词表
满意 慢拿 发难 翻案 方案 妨碍 昂然 安然 伤口 山口
肝癌 棉袄 莲藕 感恩 三八 板擦 搬家 牵挂 犯法 残
杀　晚霞 兰花

第三节　北京普通话语流中的鼻化度分析
王　静

一　绪论

（一）本节的内容

鼻音和鼻化是语言中受到广泛关注的现象。学者们对鼻音、鼻化的声学特性等方面进行了相关研究，逐步认清了鼻音在声学特性方面的普遍规律，但对语句中鼻化度的实验研究较少。

本节实验将针对北京话陈述句中各音节鼻化度实验数据进行统计分析。同时，同单字和双字组实验结果进行对比分析，结合前人研究成果，试图发现其中的规律。希望可以通过本节的研究揭示北京话语句中鼻音韵尾是否出现鼻化和弱化现象,程度如何;元音鼻化度,鼻音声母以及鼻音韵尾的鼻化度在语流中的变化情况,以及语句内部相互影响的关系等。实验将统计北京话语流中各音节的声学特征,包括音长、音强和四条共振峰,试图发现其中的规律以及鼻化度对声学特征的影响。

(二) 研究方法

实验设备:以美国KAY公司开发的Nasometer Ⅱ 6400鼻音计进行语音分析。发音人戴上鼻音计的口鼻分音装置,用一块隔板挡在口与鼻之间,将口腔发出的声音与鼻腔发出的声音分隔开。录音时鼻音计分为口、鼻两个通道同步进行采样获取语音数据。同时进行同步的普通声学录音,以满足做相关分析的需要。

利用Praat软件测量声学特征,包括:音长、音强、第一共振峰、第二共振峰、第三共振峰、第四共振峰等6个声学参数。利用Excel和SPSS对语音分析得到的平均值和标准差进行对比分析,以及筛选有效数据、检验差异是否显著等。

发音人为34名老北京人,父母双方均为北京人,本人生长于北京。年龄在18—30岁之间,男女各17人。发音人口音纯正,无口鼻咽喉障碍。发音人用自然平稳语速进行录音。录音地点为北京语言大学语音实验室、南开大学语音实验室。

实验参数:

1. 鼻化度、元音内在鼻化度、元音复合鼻化度

鼻化度是语音发音时鼻音化的程度。鼻音计能够自动测算口音能量及鼻音能量,实时计算鼻化度(Nasalance)。鼻化度的数值称为N值。N值的计算公式为:

$$N = 100 \times n/(n+o)$$

n 表示鼻音能量(nasal acoustic energy)

o 表示口音能量(oral acoustic energy)

此公式实际上表示的是鼻音能量在整个口音、鼻音能量之和中所占的比例。计算出的数值在0—100之间,数值越大,表明鼻音能量越强,鼻化度越高;反之则鼻音能量越弱,鼻化度越低。鼻化度曲线是在以鼻

化度为纵轴（标度在0—100之间）、时间为横轴的二维平面图中显示的由鼻化度数据样点连成的曲线。图9—5为发音人单字音"娘"的鼻化度曲线。单独为音节的不同元音本身所具有的鼻化度称为"元音的内在鼻化度"。元音与其他音素相连而产生的鼻化度称为"元音复合鼻化度"。

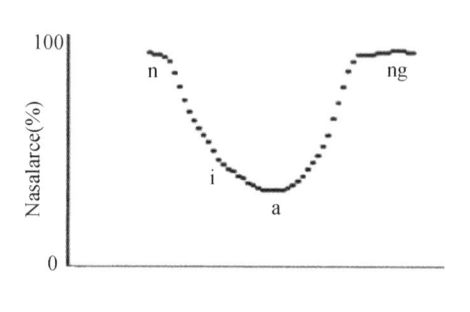

图9—5 语音"娘"鼻化度曲线示意图

2. 鼻音韵尾的鼻化比例

鼻音的临界值约为高于80左右，非鼻音的临界值约在低于40左右。鼻化元音的鼻化度分布在两个临界值之间（时秀娟、冉启斌、石锋，2010）。图9—6为鼻音和非鼻音临界值示意图。

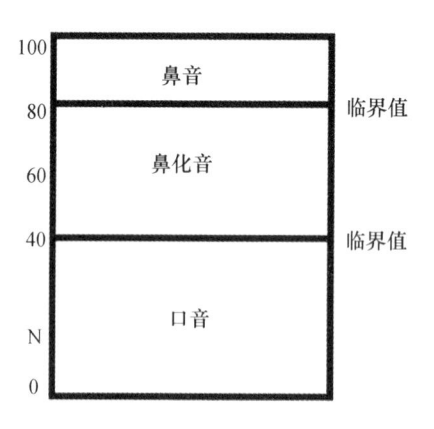

图9—6 鼻音和非鼻音临界值示意图

当鼻音韵尾的鼻化度小于鼻音临界值80，但却大于60，这时的鼻尾表现为强鼻化；当鼻尾鼻化度小于60，但却大于40时，则表现为弱鼻化。

3. 音长、音强、共振峰

利用 Praat 软件测量语流中元音、鼻音声母、鼻音韵尾的声学特征，包括：音长、音强、F1、F2、F3 和 F4。

二 北京话句子中语速对鼻化度的影响考察

本次实验将针对北京话陈述句各音节鼻化度大样本实验数据进行统计分析。本节仅考察语速快慢对鼻化度的影响。实验语句如下：

他自己去无锡市。

他英勇帮东东登山。

周斌扮军人很文气。

梅梅买马娜娜拿奶。

（一）七个一级元音的对比分析

表9—79为七个一级元音内在鼻化度、复合鼻化度实验结果对比表。单字发音数据源自张婧祎（2015）34人实验数据，与本实验发音人相同。/a/、/i/、/u/三个顶点元音括号内的数据源自时秀娟（2015）10人实验数据。下文同。

通过观察表9—79，我们发现：元音内在鼻化度方面：/a/、/y/的内在鼻化度随着语速的加快而降低，且均小于单发时的鼻化度；/i/、/u/的内在鼻化度随着语速的加快而升高，不同的是，/i/在快速语句中的鼻化度更接近单发时的平均值，而/u/在慢速语句中的鼻化度更接近单发值。舌面元音的内在鼻化度的数值整体上小于单独发音时（/u/快速、中速时除外），舌尖元音的内在鼻化在三种语速中的数值均大于单发时。这与时秀娟在2015年的10人研究数据基本一致，但本次实验的元音鼻化度数据普遍偏高。

表 9—79　七个一级元音内在鼻化度、复合鼻化度实验结果对比表

元音	内在鼻化度			复合鼻化度 – n			复合鼻化度 – N			单发
	快速	中速	慢速	快速	中速	慢速	快速	中速	慢速	
/a/	24.4 (16)	30.2 (20)	32.0 (20)	36.6 (45)	38.1 (46)	41.4 (46)	45.0 (46)	38.9 (43)	44.4 (41)	36
/i/	24.4 (24)	21.9 (23)	21.4 (22)	61.7 (72)	59.7 (70)	48.1 (67)	56.5 (51)	54.6 (50)	48.4 (50)	34
/u/	14.0 (12)	13.4 (11)	11.1 (8)	38.6	38.4	37.9				12
/y/	9.9	11.1	11.8							19
/ɤ/	10	10	10	42.4	38.3	34.2	61.7	52.0	51.8	8
/ɿ/	23.4	22.9	20.1							13
/ʅ/	11.0	13.4	11.7							10

元音的复合鼻化度方面：整体上随着语速的加快，元音的复合鼻化度普遍升高。其中/a/元音与整体表现不一致，后接/–n/鼻尾时，在不同语速中的具体表现为：快速＜中速＜慢速，后接/–N/鼻尾时，中速＜慢速＜快速。元音的复合鼻化度均高于单发时，本实验的数据普遍低于时秀娟（2015）的数据。

元音的鼻化度在三种语速中的表现与其音质有着密切的关系。/a/单发时舌位最低，鼻化度最大。慢速、中速时最接近单发时的状态，所以鼻化度较大。快速时向中央靠拢，即舌位抬高，鼻化度随即减小。/i/单发时舌位最高且前，鼻化度最大。快速时向下、向中央靠拢，即舌位降低、趋央，鼻化度与单发时最接近。/u/单发时舌位最高且后，鼻化度较小。慢速时最接近单发时的状态，所以鼻化度接近单发时的。快速时向中央靠拢，即舌位降低、趋央，复合鼻化度与单发时相比增大。

图 9—7 为七个一级元音在不同语速下主体分布和极限分布数据图，观察发现：随着语速的加快，/a/、/y/两个元音主体分布区域逐渐下

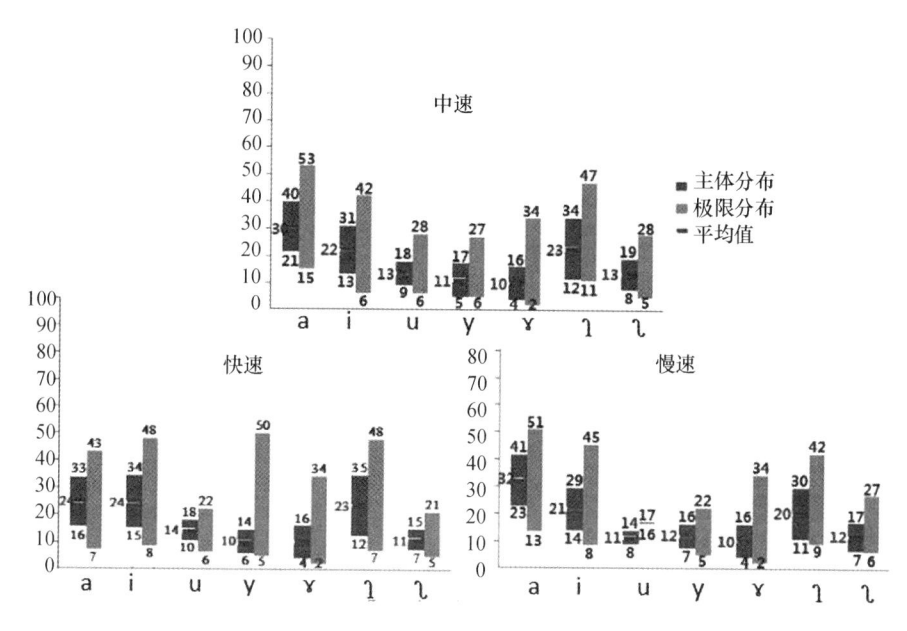

图9—7 七个一级元音在不同语速下主体分布和极限分布数据图

移;/i/、/u/、/ɤ/则是随着语速的加快主体分布区域逐渐上移,/ʅ/在三种语速中变化不大。极限分布区域,整体上随着语速的加快变得越来越大。

(二)鼻音声母/m/、/n/的实验结果对比分析

表9—80为鼻音声母/m/、/n/在不同语速中鼻化度的平均值,单字发音数据源自张婧祎(2015)34人实验数据,与本实验发音人相同,括号内的数据源自时秀娟(2015)10人实验数据。观察表中数据,我们发现:

表9—80 鼻音声母/m/、/n/在不同语速中的鼻化度

鼻音声母	快速	中速	慢速	单发
m(a)	88.5(84)	90.3(87)	90.4(88)	90
n(a)	89.4(88)	90.5(90)	92.3(91)	92

鼻音声母/m/、/n/的鼻化度在不同语速中的表现都是快速＜中速＜慢速，快速和中速鼻化度平均值均小于单发的，慢速时稍大于单发时。单念时/n/声母的鼻化度大于/m/声母的鼻化度，语流中三种语速中也都是同样的表现。本实验中鼻音声母的平均值略高于时秀娟的实验结果，但变化趋势基本一致。

图9—8为鼻音声母/m/、/n/的主体和极限分布数据图，观察发现：

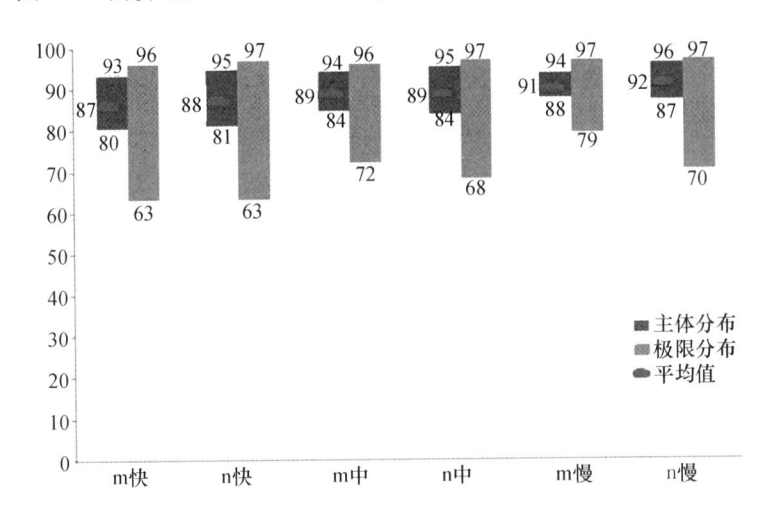

图9—8　鼻音声母/m/、/n/的主体分布和极限分布数据

在三种语速中，/n/声母的主体分布和极限分布的区域均大于/m/声母；整体上，两个鼻音声母的主体分布和极限分布随着语速的加快而扩大。主体分布和极限分布的上限差均小于下限差。

(三) 鼻尾/-n/、/-ŋ/的实验结果对比分析

表9—81为鼻音声母/-n/、/-ŋ/在不同语速中鼻化度的平均值，单字发音数据源自张婧祎（2015）34人实验数据，与本实验发音人相同，括号内的数据源自时秀娟（2015）10人实验数据。观察表中数据，我们发现：

表9—81　　　　鼻音声母/-n/、/-ŋ/在不同语速中的鼻化度

鼻尾	快速 鼻化度	快速 强鼻化比例	快速 弱鼻化比例	中速 鼻化度	中速 强鼻化比例	中速 弱鼻化比例	慢速 鼻化度	慢速 强鼻化比例	慢速 弱鼻化比例	单字
(a) n	65.6 (45)	73.5%	26.5%	77.7 (46)	47.0%	11.8%	79.5 (46)	50%	0%	85
(a) ŋ	75.0 (85)	79.4%	0%	91.0 (88)	0%	0%	91.2 (91)	0%	0%	93
(i) n	90.1 (89)	0%	0%	91.7 (90)	0%	0%	92.5 (91)	0%	0%	93
(i) ŋ	84.5 (76)	17.6%	0%	88.5 (83)	14.7%	0%	89.5 (90)	2.9%	0%	94
(e) n	71.5	79.4%	8.9%	83.5	37.3%	0.98%	89.8	5.9%	0%	
(e) ŋ	89.2	2.9%	0%	93.5	0%	0%	93.1	0%	0%	94

位于/a/、/i/两个元音后，前后鼻尾鼻化度均随着语速的增加而逐渐降低，且均小于单发时，慢速最接近于单发时，这一结果与时秀娟的研究一致。位于元音/ə/后，前鼻尾/-n/在不同语速中的表现与位于/a/、/i/后一致，后鼻尾/-ŋ/则表现为快速＜慢速＜中速。位于/a/、/ə/后前鼻尾的强鼻化和弱鼻化比例明显高于后鼻尾，前鼻尾在元音/a/后在快速语句中全部出现强鼻化或弱鼻化现象。位于元音/i/后，前后鼻尾在不同语速中的表现与位于/a/、/ə/后不一致，前鼻尾未出现强鼻化和弱鼻化现象，后鼻尾则出现了少量的强鼻化情况。

图9—9为鼻尾/-n/、/-ŋ/的主体分布和极限分布数据图。

观察前后鼻尾/-n/、/-ŋ/的主体分布和极限分布数据图，我们发现：在三种语速中，后鼻尾/-ŋ/的主体分布和极限分布的区域均小于前鼻尾/-n/；整体上，前后鼻尾的主体分布和极限分布随着语速的加快而扩大。主体分布和极限分布的上限差均小于下线差。

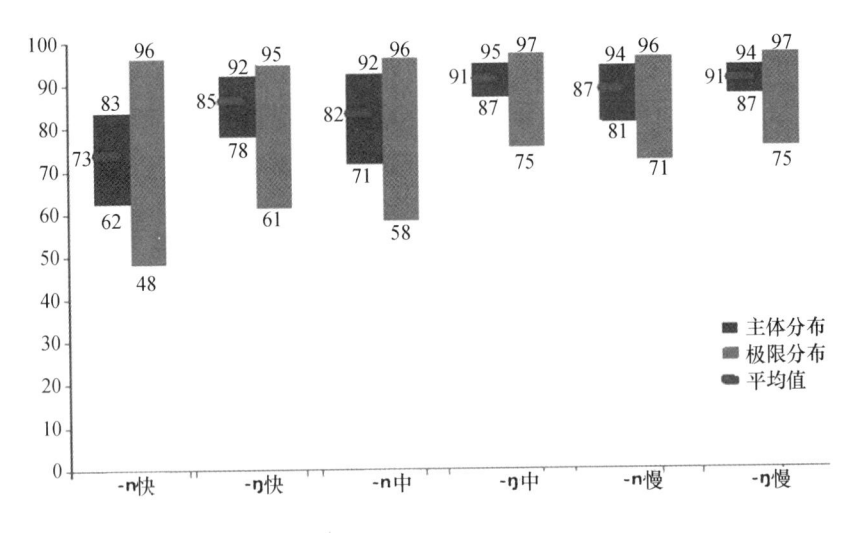

图 9—9 鼻尾 /-n/、/-ŋ/ 的主体分布和极限分布数据图

三 北京话句子中重音对鼻化度的影响

本次实验将针对北京话陈述句各音节鼻化度大样本实验数据进行统计分析。同时与单字和双字音实验结果进行对比分析，结合前人研究成果，试图发现其中的规律。本小节仅考察重音（焦点位置）对鼻化度的影响。实验语句如下：

他一定知道张安会唱歌。（谁一定知道张安会唱歌？）
他一定知道张安会唱歌。（他到底知不知道张安会唱歌？）
他一定知道张安会唱歌。（他一定知道张安会唱歌？）
他知道张安会唱歌。　　（他知道谁会唱歌？）
他知道张安会唱歌。　　（他知道张安会不会唱歌？）
他知道张安会唱歌。　　（他知道张安会干什么？）

（一）元音在不同焦点位置的鼻化度主体分布和极限分布

图 9—10、图 9—11 分别为北京话句子中元音焦点位置、非焦点位置的鼻化度主体分布和极限分布示意图。

观察图片，我们发现：在焦点音节中，元音鼻化度的主体分布区域

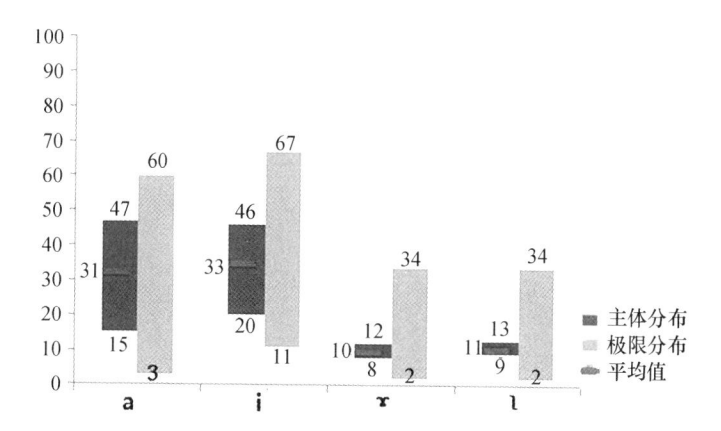

图 9—10 焦点句中元音鼻化度的主体分布和极限分布示意图

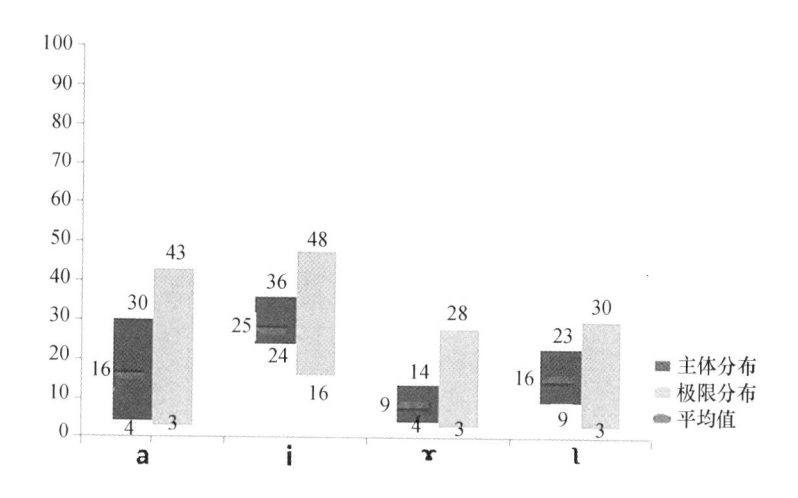

图 9—11 非焦点句中元音鼻化度的主体分布和极限分布示意图

排序为：/a/ > /i/ > /ɤ/ > /ʅ/，极限分布区域的排序为/a/ > /i/ > /ʅ/ = / ɤ/；在非焦点音节中，元音鼻化度的主体分布区域排序为：/a/ > /ʅ/ > / i/ > /ɤ/，极限分布区域的排序为/a/ > /i/ > /ʅ/ > /ɤ/。

当元音处于焦点位置时，鼻化度主体分布和极限分布区域普遍大于处于非焦点位置时（元音 ɤ 的主体分布区域除外）。焦点句中鼻化度主体分布和极限分布的上线差均大于非焦点句的上线差，主体分布和极限分布的下线差相差不大。

（二）鼻音韵尾位于不同焦点位置时鼻化度的主体分布和极限分布

图9—12为北京话句子中鼻音韵尾在不同焦点位置的鼻化度主体分布和极限分布示意图。

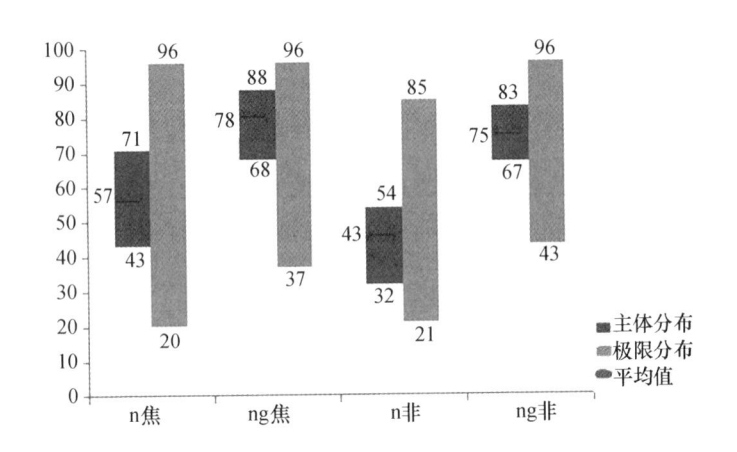

图9—12 鼻音韵尾在不同焦点位置的鼻化度主体分布和极限分布示意图

观察图9—12，我们发现：当鼻音韵尾处于焦点位置时，两个鼻音韵尾的鼻化度主体分布区域要大于非焦点位置时，且主体分布区域整体上移，极限分布区域也要大于处于非焦点位置时。焦点音节中，主体分布和极限分布区域的下线差略大于非焦点音节的下线差，上线差则呈现相反的规律。比较前后鼻尾鼻化度的分布区域，我们发现，无论是否处于焦点位置，前鼻尾/﹣n/的主体分布和极限分布区域均大于后鼻尾/﹣ŋ/。

四　北京话语流中音节的声学特征统计分析

本次实验利用Praat软件，考察了北京话句子中音节位于不同语速、不同焦点位置的声学特征，具体包括：音长（单位毫秒）、音强（单位分贝）、第一共振峰（F1，单位：赫兹）、第二共振峰（F2，单位：赫兹）、第三共振峰（F3，单位：赫兹）和第四共振峰（F4，单位：赫兹）。同时，探索语流中音节的声学特征对其鼻化度的影响，并同单字音、双音节声学特征进行对比分析。

（一）北京话语流中七个一级元音声学特征对比

本次实验在 Praat 软件中，分别对 34 位发音人在句子中不同语速、不同焦点位置情况下的实验语句录音进行了声学数据的提取，对七个一级元音（a、i、u、y、ɤ、ɿ、ʅ）的声学数据进行了统计分析。图 9—13 为句子"他自己去无锡市"中的元音声学数据提取的波形图及语谱图示例。

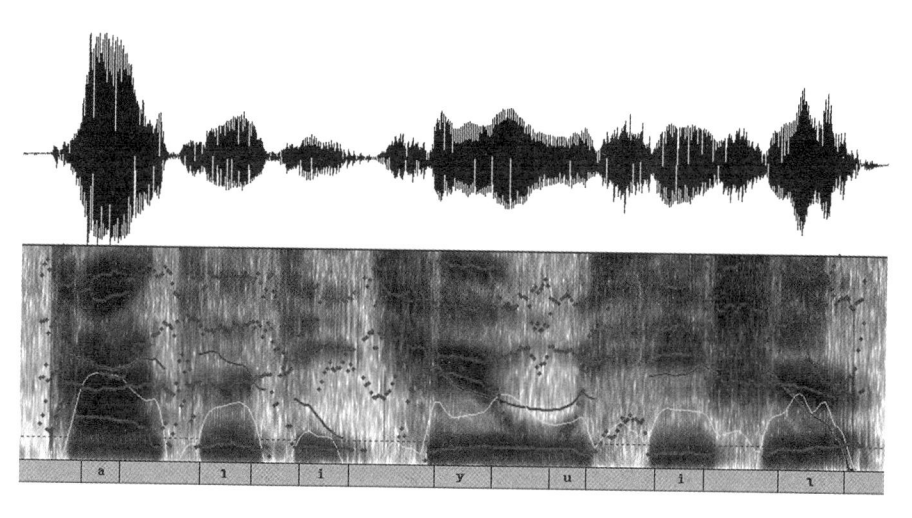

图 9—13　句子"他自己去无锡市"的波形图及语谱图示例

表 9—82 是北京话语流中七个一级元音声学数据对比。从表格中我们可以看出：

表 9—82　　　　北京话语流中七个一级元音声学数据对比表

元音		音长	音强	F1	F2	F3	F4
a	快速	57	63	598	1351	2311	4089
	中速	102	63	640	1366	2345	3990
	慢速	197	60	665	1284	2327	4012
	焦点	64	71	600	1274	2205	3679
	非焦	47	66	590	1183	2061	3649
	单字	301	71	839	1283	2597	3903
	双字	197	74	790	1200	2589	3663

续表

元音		音长	音强	F1	F2	F3	F4
i	快速	68	62	331	2062	2787	3824
	中速	97	62	339	2111	2856	3804
	慢速	161	60	355	2050	2918	3959
	焦点	66	70	409	1391	2517	3454
	非焦	43	62	370	1524	2500	3436
	单字	317	65	321	2346	3182	3880
	双字	190	67	335	2287	3032	3753
u	快速	104	62	381	1267	3088	4136
	中速	128	60	367	1539	2907	3997
	慢速	252	54	506	2089	3010	4100
	单字	326	68	430	619	3063	4058
	双字	203	68	408	695	3061	4062
y	快速	46	63	372	1700	2526	3669
	中速	103	63	359	1874	2579	3506
	慢速	159	62	351	1874	2479	3456
	单字	321	66	319	2080	2609	3592
	双字	231	68	334	1977	2431	3470
ɤ	快速	41	62	480	1493	2524	3745
	中速	53	60	449	1471	2688	3811
	慢速	87	61	486	1401	2494	3999
	焦点	158	73	486	1228	1766	2624
	非焦	144	53	455	1089	2166	3801
	单字	328	72	500	1160	2856	3592
	双字	176	75	509	1113	2683	3580
ɿ	快速	70	63	357	1571	2813	4055
	中速	126	64	354	1544	2716	3944
	慢速	248	63	333	1497	2693	4071
	单字	279	69	418	1456	2902	3958
	双字	166	71	400	1413	2725	3656

续表

元音		音长	音强	F1	F2	F3	F4
ʅ	快速	93	62	435	1744	2128	3586
	中速	102	58	389	1702	2286	3673
	慢速	169	54	468	1713	2598	3753
	焦点	109	71	447	1445	2142	2815
	非焦	94	67	432	1408	2088	3142
	单字	287	70	439	1706	2456	3393
	双字	181	71	444	1717	2499	3523

注：音长单位：毫秒；音强单位：幅度积；共振峰F单位：赫兹。下同。

在快速语中七个一级元音的音长排序为：u>ʅ>ɿ>i>a>y>ɤ，只有元音/u/超过了100ms，两个舌尖元音/ɿ/、/ʅ/超过了70ms，其余各元音音长在40—70ms之间。音强相差不大，平均值在62—63dB。第一共振峰的排序为：a>ɤ>ʅ>u>y>ɿ>i，数值为331—598Hz；第二共振峰的排序为：i>ɿ>y>ʅ>ɤ>a>u，数值为1267—2062Hz；第三共振峰的排序为：u>ɿ>i>y>ɤ>a>ʅ，数值为2128—3088Hz；第四共振峰的排序为：u>a>ɿ>i>ɤ>y>ʅ，数值为3586—4136Hz。

在中速语中七个一级元音的音长排序为：ɿ>y>i>u>ɤ>ʅ>a，仅有/ʅ/、/a/两个元音音长未超过100ms，其余各元音音长均在100ms以上。与快速语句相比中速语句中音强相差较大，平均数值位于58—64dB之间。第一共振峰的排序为：u>a>ɤ>ʅ>i>y>ɿ，数值为339—640Hz；第二共振峰的排序为：ɿ>i>ɤ>y>ʅ>a>u，数值为1366—2111Hz；第三共振峰的排序为：ɿ>ʅ>y>a>i>u>ɤ，数值为2286—2907Hz；第四共振峰的排序为：ɿ>u>y>a>ʅ>ɤ>i，数值为3506—3997Hz。

在慢速语中七个一级元音的音长排序为：ɿ>y>u>ɤ>ʅ>i>a，音长相差较大，元音/a/的音长未超过100ms，其余各元音音长均在100ms以上，元音/ɿ/、/y/的音长超过了200ms。音强平均数值位于54—63dB之间。第一共振峰的排序为：u>ʅ>a>ɤ>ɿ>i>y，数值为333—

665Hz；第二共振峰的排序为：ʅ>ɿ>i>ɤ>y>a>u，数值为1284—2089Hz；第三共振峰的排序为：ʅ>ɿ>y>ɤ>a>i>u，数值为2327—3010Hz；第四共振峰的排序为：ʅ>u>y>a>ɿ>ɤ>i，数值为3456—4100Hz。

处于焦点位置时一级元音的音长排序为：a>ɤ>ɿ>u，元音/a/、/ɤ/的音长超过了100ms，/ɿ/、/u/不足70ms。音强相差不大，且平均值均超过70dB。第一共振峰的排序为：u>a>ɤ>ɿ，数值为409—600Hz；第二共振峰的排序为：ɤ>ɿ>u>a，数值为1228—1445Hz；第三共振峰的排序为：ɿ>u>ɤ>a，数值为1766—2517Hz；第四共振峰的排序为：u>ɿ>ɤ>a，数值为2624—3679Hz。

处于非焦点位置时一级元音的音长排序为：a>ɤ>u>ɿ，仅有元音/a/的音长超过了100ms，其余各元音音长均不足100ms。音强相差较大，平均数字在53—67db之间，均未超过70dB。第一共振峰的排序为：u>a>ɤ>ɿ，数值为370—590Hz；第二共振峰的排序为：ɿ>ɤ>u>a，数值为1089—1524Hz；第三共振峰的排序为：ɿ>a>ɤ>u，数值为2061—2500Hz；第四共振峰的排序为：a>u>ɿ>ɤ，数值为3142—3801Hz。

同单字音、双字音声学特征相比较，我们发现：在不同语速、不同焦点句中，七个单元音的音长均小于单字音，由于在语流中受到前后音节的影响，在句子中七个一级元音音长的排序与单发时不一致；双字音的音长与慢速语句最为接近，单元音/u/在慢速中的音长已经超过了双字音。当单元音处于焦点音节时，其音强略高于单发时，但相差不大；当单元音处于非焦点音节时，其音强普遍小于单发时。/a/、/ɤ/、/ɿ/、/ʅ/这四个单元音的第一共振峰均小于单发时，/i/、/u/、/y/这三个单元音的第一共振峰普遍大于单发时；第二共振峰无论是在句子中、双字组中还是单发时均存在较大差异，标准差也相差较大；第三、第四共振峰与单字音、双字音相比较无明显规律。

（二）鼻音声母/m/、/n/的声学特征对比分析

本次实验利用Praat软件，分别对34位发音人在不同语速句子的实验语句录音进行了声学数据的提取，对两个鼻音声母（m和n）的声学数据进行了统计分析。图9—14为句子"娜娜拿奶"中鼻音声母声学数据提

取的波形图及语谱图示例。

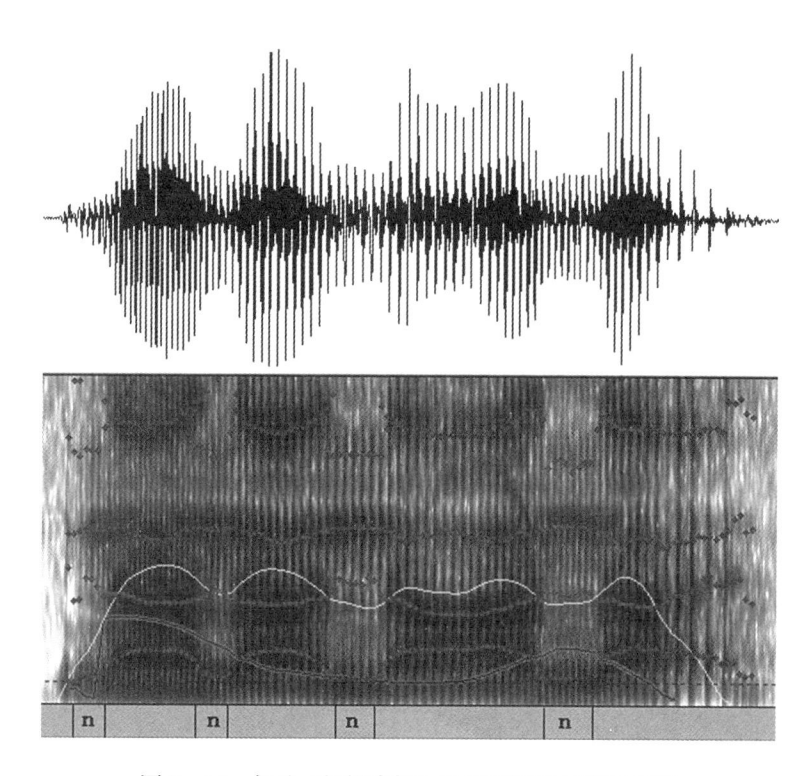

图9—14 句子"娜娜拿奶"的波形图及语谱图示例

表9—83为北京话句子中鼻音声母声学数据对比表，观察表格我们可以看出：

表9—83　　　　　　　　北京话句子中鼻音声母声学数据对比表

鼻音声母		音长	音强	F1	F2	F3	F4
m	快速	44	62	425	1427	2210	3615
	中速	57	58	363	1522	2323	3706
	慢速	77	58	372	1601	2449	3831
	单字	59	65	417	1594	2786	4046
	双字	93	66	368	1629	2613	3933

续表

鼻音声母		音长	音强	F1	F2	F3	F4
n	快速	41	60	442	1336	2462	4082
	中速	91	62	595	1453	2418	4116
	慢速	104	57	421	1629	2630	4096
	单字	59	65	348	1590	2643	3900
	双字	78	67	359	1574	2524	3860

在快速语句中，/m/、/n/两个鼻音声母音长相差不大，均不足50ms；在慢速和中速语句中，鼻音声母/m/的音长小于鼻音声母/n/。鼻音声母/m/在中速语句中的音长更接近单发值，慢速语句中的音长更接近双字音；鼻音声母/n/在中速和慢速语句中的音长均大于单字音和双字音。音强方面，在三种语速中，音强的平均值均小于单字音和双字音，鼻音声母/m/的音强稍大于鼻音声母/n/。共振峰方面，两个鼻音声母的F1在快速语句中均大于单字音、双字音；鼻音声母/m/在中速和慢速语句中的F1均小于单发时，鼻音声母/n/在中速和慢速语句中的F1均大于单发时；两个鼻音声母在快速语句中F1和F2相离较近，相差距离均小于单字音和双字音相差距离；在快速和中速语句中F3的数值均小于单字和双字，在慢速语句中鼻音声母/m/的F3的数值小于单字和双字、鼻音声母/n/的F3的数值大于单字和双字。鼻音声母/m/在三种语速中的F4均小于单字音和双字音，鼻音声母/n/在三种语速中的F4均大于单字音和双字音。

（三）鼻音韵尾/-n/、/-ŋ/的声学特征对比分析

本次实验利用Praat软件，分别对34位发音人句子中不同语速、不同焦点位置情况下的实验语句录音进行了声学数据的提取，对两个鼻音韵尾（n和ŋ）的声学数据进行了统计分析。图9—15为句子"周斌扮军人很文气"中鼻音韵尾声学数据提取的波形图及语谱图示例。

表9—84是北京话句子中鼻音韵尾声学数据对比表。观察表格我们发现：

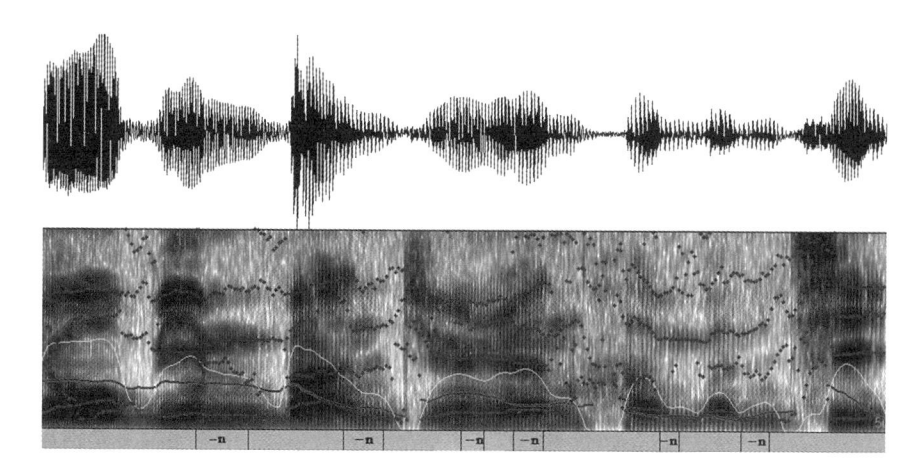

图 9—15　句子"周斌扮军人很文气"的波形图及语谱图示例

表 9—84　　　　　　　北京话句子中鼻音韵尾声学数据对比表

鼻音韵尾		音长	音强	F1	F1	F4	F4
(a) n	快速	59	62	383	1582	2604	3911
	中速	93	58	350	1561	2712	4070
	慢速	102	61	374	1342	2623	4158
	焦点	112	73	460	1296	2066	3867
	非焦	64	64	558	1180	1827	3882
	单字	82	66	426	1583	2505	3929
	双字	63	73	627	1231	2077	3559
(a) ŋ	快速	68	59	467	1485	2500	3987
	中速	78	60	509	1627	2444	3990
	慢速	105	61	500	1672	2538	4034
	焦点	86	68	535	1194	2024	3832
	非焦	67	65	516	1291	1953	3647
	单字	86	65	692	1203	2585	3817
	双字	87	70	632	1289	2420	3654

续表

鼻音韵尾		音长	音强	F1	F1	F4	F4
(i) n	快速	43	62	378	1732	2810	3849
	中速	77	61	305	1565	2654	3943
	慢速	199	64	307	1451	2762	4157
	单字	109	65	411	1523	2839	3938
	双字	116	70	389	1984	3100	4000
(i) ŋ	快速	61	64	456	2058	2940	3931
	中速	79	65	374	1562	2715	3806
	慢速	202	64	369	2019	2914	4164
	焦点	114	70	489	1206	2143	3727
	非焦	76	65	375	1548	2183	3373
	单字	93	64	352	1786	2806	4006
	双字	116	69	434	1470	2559	3738
(e) n	快速	54	58	401	1558	2527	3870
	中速	72	57	386	1597	2701	4010
	慢速	153	57	351	1436	2648	4055
	单字	92	66	418	1579	2720	3871
	双字	94	69	492	1121	2222	3654
(e) ŋ	快速	75	60	481	1628	2646	3822
	中速	92	59	431	1401	2653	3659
	慢速	167	61	441	1448	2715	3955
	单字	95	65	427	1421	2845	3964
	双字	101	64	463	1324	2525	3778

在三种语速中，两个鼻音韵尾单发时的音长数值均更接近中速语句中的音长数值，慢速语句中两个鼻音韵尾的音长均大于单字音和双字音。前鼻尾/-n/的音长普遍大于前鼻尾/-ŋ/的音长，这一规律与单字音、双字音整体上一致。处于焦点音节中的鼻音韵尾的音强均高于单发时的音强，与双字组中的音强大小相差不大。前后鼻尾的音强总体上看相差不大。

共振峰方面，前鼻尾/-n/的F1、F2的数值整体上略低于后鼻尾

/-ŋ/，前鼻尾/-n/的 F3、F4 的数值整体上略高于后鼻尾/-ŋ/。在语句中两个鼻音韵尾 F1 的数值整体上均略低于单字音和双字音；前鼻尾/-n/的 F2 的数值整体上低于单发值但是高于双字音，后鼻尾/-ŋ/的 F2 的数值整体上高于单发值和双字音；两个鼻音韵尾的 F3 和 F4 数值整体上低于单发值但是高于双字音。比较之下，在句子中，F1、F2 的差异性大于 F3、F4 的差异性，这一点与单字组、双字组一致。

表 9—85 是北京话语流中三种鼻尾状态（正常、强鼻化、弱鼻化）的声学数据对比表。观察表格我们发现：

表 9—85　　北京话语流中三种鼻尾状态的声学数据对比表

鼻音韵尾		音长	音强	F1	F2	F3	F4
(a) n	正常						
	强鼻化	69（15）	66（3）	524（50）	1410（129）	2463（221）	3900（232）
	弱鼻化	58（19）	65（5）	506（41）	1398（228）	2501（258）	3961（183）
(a) ŋ	正常	93（13）	68（4）	526（35）	1506（152）	2596（189）	3895（241）
	强鼻化	85（10）	66（5）	546（46）	1537（198）	2604（143）	3954（307）
	弱鼻化	65（12）	67（6）	551（52）	1496（136）	2488（182）	3966（225）
(i) n	正常	106（19）	63（3）	346（49）	1759（157）	2633（146）	3960（188）
	强鼻化	90（15）	65（6）	388（34）	1793（132）	2791（268）	3879（217）
	弱鼻化						
(i) ŋ	正常	107（21）	62（7）	495（52）	1438（136）	2599（223）	3984（312）
	强鼻化	96（16）	65（5）	526（32）	1496（140）	2600（193）	4086（251）
	弱鼻化						
(e) n	正常	105（9）	65（4）	396（64）	1498（99）	2569（158）	3841（174）
	强鼻化	85（14）	68（5）	401（52）	1552（152）	2510（203）	3789（206）
	弱鼻化	78（17）	66（6）	429（41）	1540（143）	2543（177）	3900（193）
(e) ŋ	正常	102（13）	67（5）	483（26）	1563（91）	2637（184）	4010（251）
	强鼻化	92（21）	64（6）	526（53）	1497（128）	2580（219）	3984（158）
	弱鼻化	79（15）	65（3）	508（38）	1524（163）	2596（198）	3912（237）

正常、强鼻化、弱鼻化三种状态下鼻音韵尾的时长呈现递减的趋势，鼻尾的时长与鼻化度基本对应，鼻尾鼻化度越高，鼻尾时长越长，鼻尾

鼻化度越低，鼻尾时长越短，这与单字音和双字音的实验结果一致。音强变化不大，未呈现明显变化规律。从四个共振峰上看，整体表现为，强鼻化、弱鼻化状态鼻尾的 F1 平均值略高于正常鼻尾，F2、F3、F3 未发现明显变化规律。

五 结论

（一）北京话语流中元音的鼻化度规律

在句子中，语速对元音的内在鼻化度、复合鼻化度、临接鼻化度均有不同程度的影响。内在鼻化度：元音/a/、/y/在不同语速中的表现为慢速＞中速＞快速；元音/i/、/u/、/ɤ/表现为快速＞中速＞慢速；元音/ɿ/则表现为在中速中鼻化度最大，慢速次之，快速最小。元音/a/、/i/、/y/在三种语速中的鼻化度均小于单独发音时；两个舌尖元音/ɿ/、/ʅ/在三种中的鼻化度均大于单独发音时；元音/u/在慢速中最接近单独发音时的鼻化度，中速、快速均大于单发。复合鼻化度：与单发时相比，三种语速中元音的复合鼻化度均大于单独发音时。元音/i/、/ɤ/受鼻尾的影响最大，复合鼻化度远远高于自身内在鼻化度。在语流中，元音已经改变了口元音的性质，成了鼻化元音。临接鼻化度：元音/a/在临接鼻音声母/m/、/n/时，鼻化度均大于单独发音，在三种语速中整体表现为快速＞中速＞慢速。其他元音的鼻化度表现有待于进一步实验考察。

当元音处于焦点位置时，鼻化度主体分布和极限分布区域普遍大于处于非焦点位置时（元音 ɤ 的主体分布区域除外）。

（二）北京话语流中鼻音声母的鼻化度变化规律

在句子中，语速对鼻音声母的鼻化度也有一定程度的影响：/m/、/n/两个鼻音声母的鼻化度在不同语速中的具体表现为：慢速＞中速＞快速，/n/声母鼻化度普遍高于/m/声母。在慢速中的鼻化度更接近单独发音时。

（三）北京话语流中鼻音韵尾的鼻化度变化规律

在句子中，语速对鼻音韵尾的鼻化度的影响与鼻音声母表现基本一致。语速越快，鼻尾的鼻化度就越小，语速越慢，鼻尾的鼻化度就越大，语速越慢越接近单发时的鼻化度。当鼻音韵尾位于元音/a/、/ə/后，鼻音韵尾出现鼻化现象，前鼻尾/‑n/变为鼻化的比率要高于后鼻尾/‑ŋ/，元音/a/后的鼻尾/‑n/在快速中已经全部鼻化；当鼻音韵尾位于元音/i/后，鼻尾/‑ŋ/发生了一定程度的强鼻化，未见弱鼻化现象。

（四）北京话语流中鼻化度对其声学特征的影响

在快速语中七个一级元音的音长排序为：u>ʅ>ɿ>i>a>y>ɤ，只有元音/u/超过了100ms，两个舌尖元音/ɿ/、/ʅ/超过了70ms，其余各元音音长在40—70ms之间。音强相差不大，平均值在62—63dB。在中速语中七个一级元音的音长排序为：ɿ>y>i>u>ɤ>ʅ>a，仅有/ʅ/、/a/两个元音音长未超过100ms，其余各元音音长均在100ms以上。与快速语句相比中速语句中音强相差较大，平均数值位于58—64dB之间。在慢速语中七个一级元音的音长排序为：ɿ>y>u>ɤ>ʅ>i>a，音长相差较大，元音/a/音长未超过100ms，其余各元音音长均在100ms以上，元音/ɿ/、/y/的音长超过了200ms。音强平均数值位于54—63dB之间。

处于焦点位置时一级元音的音长排序为：a>ɤ>ʅ>u，元音/a/、/ɤ/的音长超过了100ms，/ʅ/、/u/不足70ms。音强相差不大，且平均值均超过70dB。处于非焦点位置时一级元音的音长排序为：a>ɤ>u>ʅ，仅有元音/a/的音长超过了100ms，其余各元音音长均不足100ms。音强相差较大，平均数值在53—67dB之间，均未超过70dB。

在不同语速、不同焦点句中，七个单元音的音长均小于单字音，由于在语流中受到前后音节的影响，在句子中七个一级元音音长的排序与单发时不一致；双字音的音长与慢速语句最为接近，单元音/u/在慢速中的音长已经超过了双字音。当单元音处于焦点音节时，其音强略高于单发时，但相差不大；当单元音处于非焦点音节时，其音强普遍小于单发时。

在快速语句中，/m/、/n/两个鼻音声母音长相差不大，均不足50ms；在慢速和中速语句中，鼻音声母/m/的音长小于鼻音声母/n/。鼻音声母/m/在中速语句中的音长更接近单发值，慢速语句中的音长更接近双字音；鼻音声母/n/在中速和慢速语句中的音长均大于单字音和双字音。音强方面，在三种语速中，音强的平均值均小于单字音和双字音，鼻音声母/m/的音强稍大于鼻音声母/n/。共振峰方面，未见一致性规律。

在三种语速中，两个鼻音韵尾单发时的音长数值均更接近中速语句中的音长数值，慢速语句中两个鼻音韵尾的音长均大于单字音和双字音。前鼻尾/-n/的音长普遍大于前鼻尾/-ŋ/的音长，这一规律与单字音、双字音整体上一致。处于焦点音节中的鼻音韵尾的音强均高于单发时的音强，与双字组中的音强大小相差不大。前后鼻尾的音强总体上看相差不大。共振峰方面，前鼻尾/-n/的F1、F2的数值整体上略低于后鼻尾/-ŋ/，前鼻尾/-n/的F3、F4的数值整体上略高于后鼻尾/-ŋ/。

第四编

语调研究

第 十 章

音高起伏度

第一节　北京普通话语调音高分析
邓　芳

一　普通话语调研究综述

石锋、王萍、梁磊（2009）采用实验的方法对陈述句语调模式进行了研究，陈述句音高变换呈现整体下倾趋势，句末词调域得到最大扩展。男性发音人陈述句的调域宽度要大于女性发音人。王萍、石林、石锋（2011）关于陈述句中句调域内部不同位置的词调域、词调域内部不同位置的字调域的同构性研究，进一步指出普通话陈述句存在同构性。这种同构性主要表现在音高跨度、音高起伏度以及调域中线三方面。江海燕（2009）在汉语陈述、疑问基本语调的表现中，对七类疑问句的音高表现进行了研究。她指出句子调域中线代表了一类句子的语调走势，调域的宽窄和调域上下线同样是语调的重要影响因素。王萍、石锋（2010）通过汉语北京话疑问句语调的起伏度的研究进一步表明，疑问语气与陈述语气差异性主要表现在调域的提高和扩展。陈怡、石锋（2011）研究普通话强调焦点句语调的音高表现，表明强调焦点所在词调域扩展和提高是强调焦点句音高表现的重要特征。

二　实验研究相关内容

（一）研究方法和计算公式

本次实验采用石锋语调格局的实验方法进行，采集130位北京人语音样品，从中抽取50人的录音进行实验分析，包括25位男性和25位女性，采用统计方法对实验数据进行分析，降低被试个性因素对语调的影响。

实验采用软件Cool Edit Pro 2.0录制样品句，然后使用南开大学"桌上语音工作室"对样品句进行实验分析，使用Excel进行数据分析和作图。

具体样本数据提取和分析方法：首先，取各实验句的平均音高数据，之后采用公式$St = 12 \times lg(f/fr)/lg2$（其中"f"表示需要转换的赫兹数值，"fr"表示参考频率，男性设为55赫兹，女性设为64赫兹），将基频转化为半音值。其次，将25位男性发音人和25位女性发音人的半音值分别进行平均，得出男性发音人和女性发音人的句调域、词调域和字调域。然后将男性发音人和女性发音人的半音值进行平均，得出北京话陈述句、疑问句和焦点句的句调域、词调域和字调域。

在半音的基础上进行相对化的计算，便于进行不同单位之间的比较，即计算百分比，通过百分比作出句子的起伏度图。本次实验是计算出50位发音人各自的百分比值，然后将50位发音人进行平均，在百分比的基础上计算Q值，得出语调起伏度。然后将男性发音人和女性发音人的百分比进行平均，计算Q值，得出北京话语调起伏度。

百分比计算公式为：

$$Ki = 100 \times (Gi - Smin)/(Smax - Smin)$$

$$Kj = 100 \times (Gj - Smin)/(Smax - Smin)$$

$$Kr = Ki - Kj$$

其中Gi代表字调域上线半音值，Gj代表字调域下线半音值；Smax为句调域上线半音值，Smin是句调域下线半音值；Ki为字调域上线百分比，Kj为字调域下线百分比，Kr就是字调域跨度的百分比数值。（石锋等，2009）。

Q值计算公式为：

$$Q = K_n - K_{n+1}$$

（二）发音人及实验语料

发音人：实验对象是土生土长的北京人，发音人的年龄在18—25岁，总共录制133位发音人的语音，经过后期筛选，选择了50名发音人的数据，其中女性发音人25名，男性发音人25名。

实验语料是在王萍（2010）的实验语句上添加2个而成，共有6个句子。

（1）张忠斌星期天修收音机。　（2）吴国华重阳节回阳澄湖。
（3）李小宝五点整写讲演稿。　（4）赵树庆毕业后到教育部。
（5）李金宝五时整交讲话稿。　（6）李小刚五点半写颁奖词。

请发音人用自然平稳的方式说出实验语句，作为陈述句实验语料；再用疑问语气说出实验句，作为疑问句的实验语料；最后，分别对实验句的句首词、句中词、句末词。句末短语进行提问，请发音人用实验句回答，作为不同位置焦点句的实验语料。分别对录制的语料实验分析。

三　陈述句实验结果分析

（一）句调域和起伏度实验结果

在提取、转化音高值的基础上，对25位男性发音人和25位女性发音人六个实验句的半音值进行平均，得到男性发音人和女性发音人陈述句句调域图（图10—1），在样品句半音值的基础上进行相对化的运算，即计算百分比，进一步计算 Q 值，将 50 位发音人 Q 值进行平均，得到陈述句起伏变化情况（图10—2）。

男性发音人陈述句的调域稍稍大于女性发音人，但差别小于一个半音。这和石锋、王萍（2009）小样本实验中男性比女性的调域宽度差距为"6.6个半音"有一定的差异。

陈述句音高上线呈现依次下降的变化趋势，下线呈现先上升后下降，句首列句末整体呈现下降趋势，在句末词降至最低点。上线变化幅度较小，句首词到句中词到句末词的起伏变化不明显。中线呈现先上升后下降的趋势，整体呈现下降趋势，中线在句末词处位于50%以下。

（二）词调域实验结果

在句调域中划分出各个词调域，其中各词调域的最高上线为句调域的上线，各词调域的最低下线为句调域的下线，得出 25 位男性发音人和 25 位女性发音人的句首、句中、句末词调域（图10—3），在句子起伏度的基础上，计算出陈述句词调域起伏度，具体计算方法和句子起伏度类似（图10—4）。

男性和女性陈述句均表现为句末词调域最大，其次是句首词和动词，作时间状语的句中词最小。句末词词调域上线和句调域上线接近，下线与句调域下线重合，调域跨度与句调域接近，陈述句在句末词调域

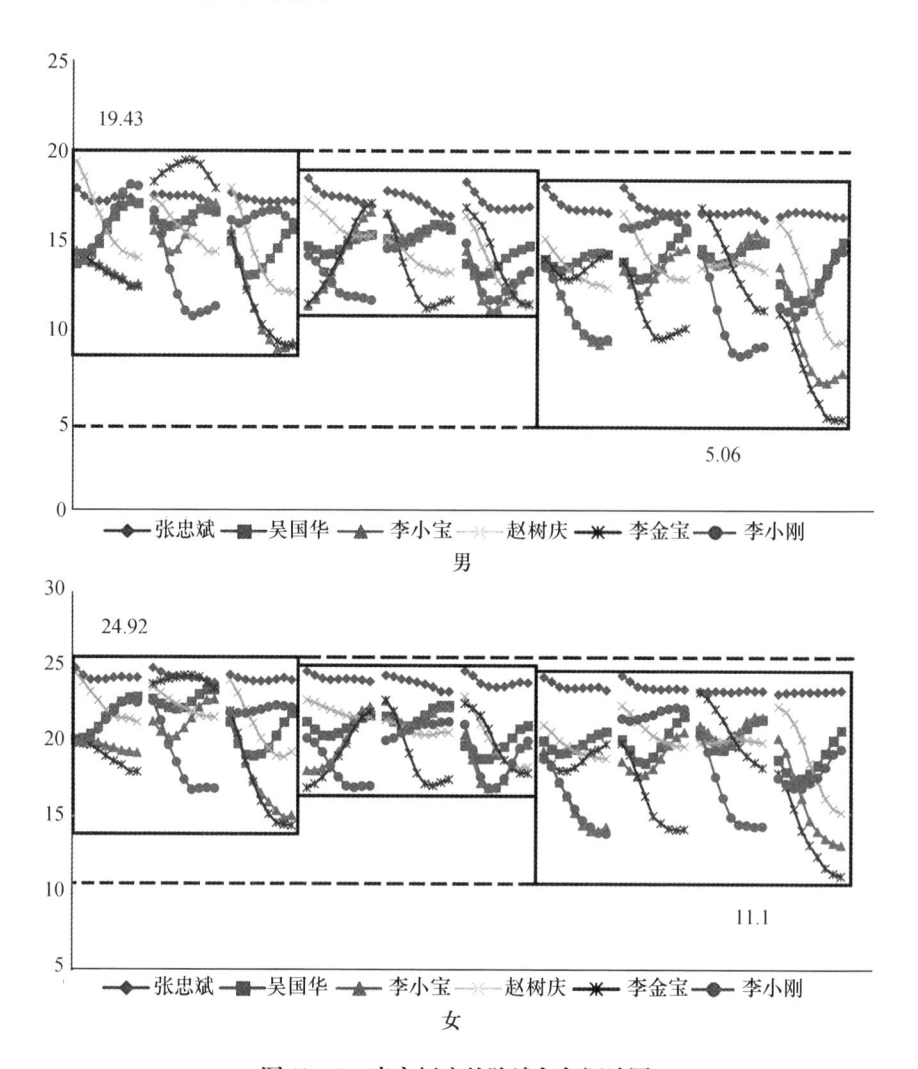

图 10—1 半音标度的陈述句句调域图

得到最大扩展。

  句首词内部各字调域呈现下降的变化趋势，上线的下降幅度较小，下线的下降明显，句首词内部整体呈现下降趋势。句中词内部的起伏变化较小，且上升下降规律性较弱。单音节动词到句末词各字调域的表现，上线变化不明显，中线和下线呈现上升的变化趋势，但上升幅度较小。句末词各字调域呈现明显下降趋势，上线、中线和下线均在末字处取得最小值，尤其是末字的下降幅度最大。

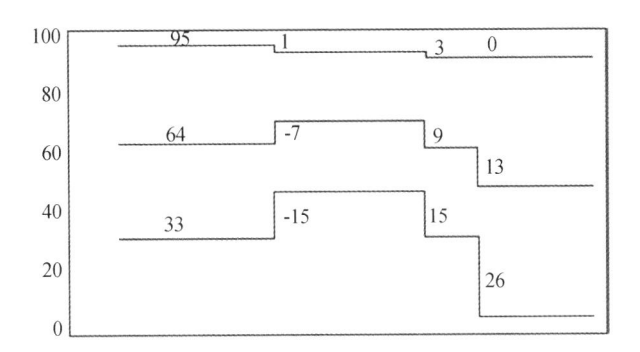

图 10—2　陈述句语调音高格局图

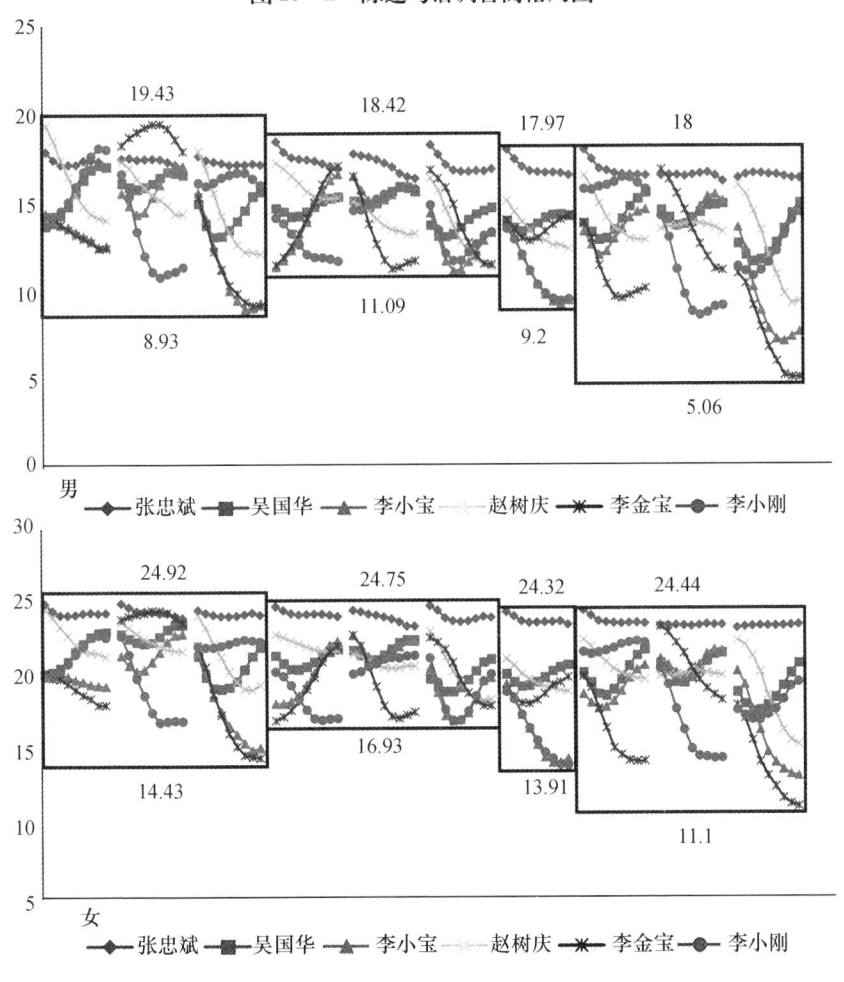

图 10—3　半音标度的陈述句词调域图

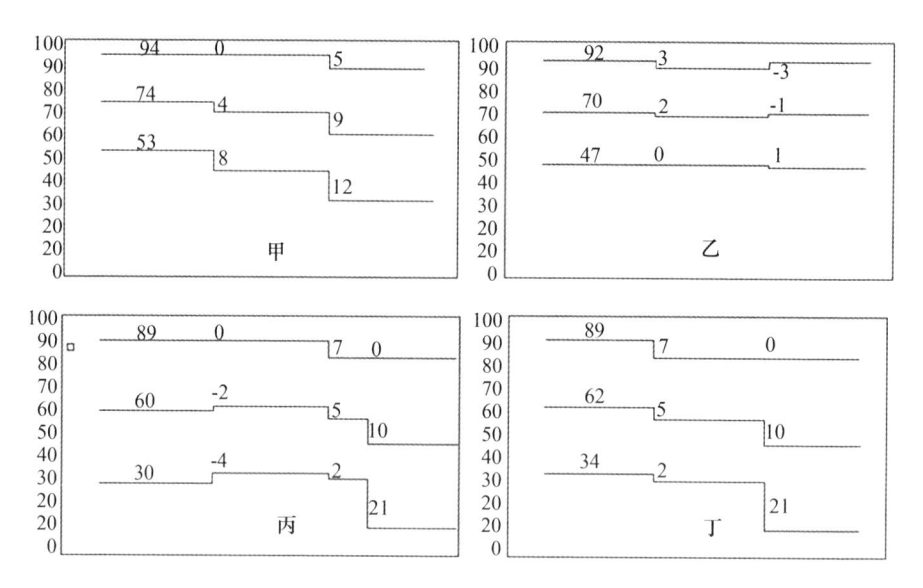

图10—4　陈述句词调域音高格局图

(甲：句首词；乙：句中词；丙：动宾短语，含句末词；丁：句末词)

(三) 字调域实验结果

在词调域内部划分出字调域，具体表现如图10—5所示：

句首词内部的字调域跨度，无论男性还是女性均表现为末字大于中字大于首字。句中词中字的音高跨度最小，与首字和末字差别较小。句末词末字调域跨度最大，末字的下线下降幅度最大，句末词的字调域表现和整个陈述句的一致，呈现了调域先变窄再变宽，到最后达到最宽的变化。每个词内部的下线均在末字处达到最低。

(四) 陈述句句调域最值分布情况分析

提取25位男性发音人和25位女性发音人句调域上下线最值，然后依靠统计软件剔除离群值后计算标准差，得出男性发音人最大值标准差为2.32，最小值标准差为2.52，女性发音人最大值标准差为2.15，最小值标准差为3.76。无论男性发音人还是女性发音人，其调域上下线标准差均是下线大于上线，上线的分布较下线分布集中。女性发音人上线标准差小于男性，女性上线分布较男性集中，下线标准差较男性发音人大，女性发音人下线分布较为分散。

男性和女性发音人句调域最值的分布（图10—6）：

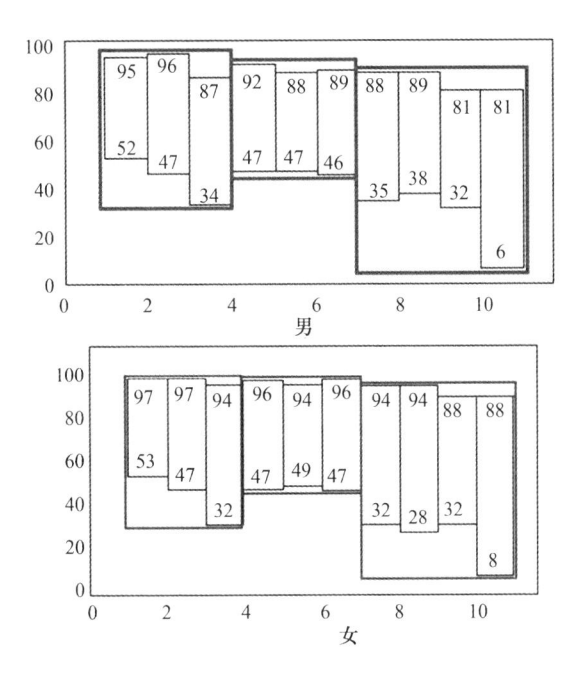

图 10—5 百分比标度的陈述句字调域图

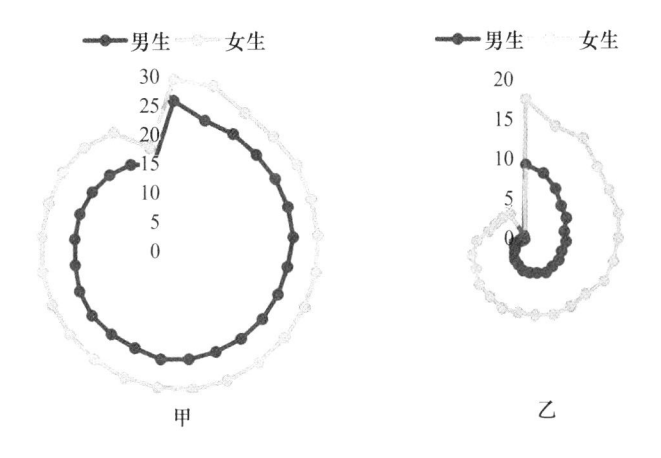

图 10—6 陈述句句调域最值的分布（单位：半音）

（甲：最大值；乙：最小值）

男性发音人陈述句句调域上线最大值的主要分布区域在 15—25 半音，女性发音人陈述句句调域上线最大值的主要分布区间在 24—30 半音。男性发音人陈述句句调域下线的主要分布区域在 5 半音以下，女性发音人陈述句句调域下线的主要分布区间在 5—15 半音。

（五）对比大样本实验结果与小样本实验结果

将本次实验得出的 50 位被试的实验结果，包括男女生的句调域结果、男性发音人句调域、女性发音人句调域结果和石锋、王萍（2009）4 位发音人的实验结果进行对比，如表 10—1、表 10—2、表 10—3 所示。

表 10—1　　　　半音标度的陈述句调域大小样本对照表

	调域跨度	上线	下线
大样本陈述句	13.9	22	8.1
小样本陈述句	14.4	23.4	9
大样本男生	14.3	19.4	5.1
小样本男生	17.7	21.8	4.1
大样本女生	13.8	24.9	11.1
小样本女生	11.1	25	13.9

表 10—2　　　　半音标度的陈述词调域大小样本对比表

		句首词	句中词	句末词
大样本	男性发音人	10.5（8.93—19.43）	7.33（11.09—18.52）	12.94（5.06—18）
	女性发音人	10.49（14.43—24.92）	7.82（16.93—24.75）	13.34（11.1—24.44）
小样本	男性发音人	12.3（9.5—21.8）	10.5（9.7—20.2）	15.3（4.1—19.4）
	女性发音人	7.4（17.6—25）	7.1（16.6—23.7）	10.1（13.9—24）

表 10—3　　　　　大小样本陈述句 Q 值对比表

	起点 Q0			Q1			Q2			Q3		
	上线	中线	下线	上线	中线	下线	上线	中线	下线	上线	中线	下线
大样本	95	64	33	1	−7	−15	3	22	41	4	15	26
小样本	100	66	32	11	8	4	1	15	28	12	22	32

大样本陈述句句调域上下线与小样本接近。女生调域跨度大于小样本，

男生则小于小样本。大样本陈述句句调域和词调域的男女对比差异较小，而小样本差异较大。对比大小样本起伏度变化情况，发现小样本陈述句下降幅度较大样本大，无论上线、中线还是下线，无论句子起伏度还是词调域起伏度均表现出统一的下降趋势，而大样本实验结果显示，句子起伏度整体呈现下降趋势，但是句首词到句中词的下线和中线可能会上升。

四 疑问句实验结果分析

（一）句调域实验结果

采用与陈述句同样的方法得出疑问句的句调域和起伏变化（图10—7和图10—8）。

疑问句句调域男性发音人上线是21.5半音，下线是8.5半音，女性发音人上线最大值为27.3半音，下线最小值为15.3半音，上线和下线均在句末达到最值，上线呈现的是先下降后上升的变化，下线呈现的是先上升后下降的变化，句调域的跨度变化是先变窄，后变宽，在句末达到最宽，调域得到最大扩展，男性发音人调域跨度为13半音，女性发音人为12半音。男性发音人的疑问句句调域的上下线均低于女性发音人，男性发音人疑问句调域整体低于女性发音人，但是男性发音人的调域宽度较女性发音人大，差值为1半音。

疑问句上线起伏变化的趋势是先下降后上升，其中句首词到句中词呈现下降变化，下降幅度为3%，句中词到单音节动词起伏变化不明显，单音节动词到句末词呈现上升的变化，变化幅度为10%，上线整体呈现的是上升趋势；下线基本变化趋势是先上升后下降，其中句首词到句中词呈现上升的变化趋势，上升幅度为10%，句中词到单音节动词、动词到句末词均呈现下降的变化趋势，下降幅度分别是8%和14%，下线整体呈现下降的趋势；中线的变化趋势和下线的变化趋势一致，都是先上升后下降，变化范围在3%左右，整体呈现下降趋势，并且中线始终保持在60%以下。

（二）词调域实验结果

同样的方法，在疑问句句调域的基础上可以划分出词调域，词调域具体表现和起伏变化如图10—9和图10—10所示：

502 / 第四编 语调研究

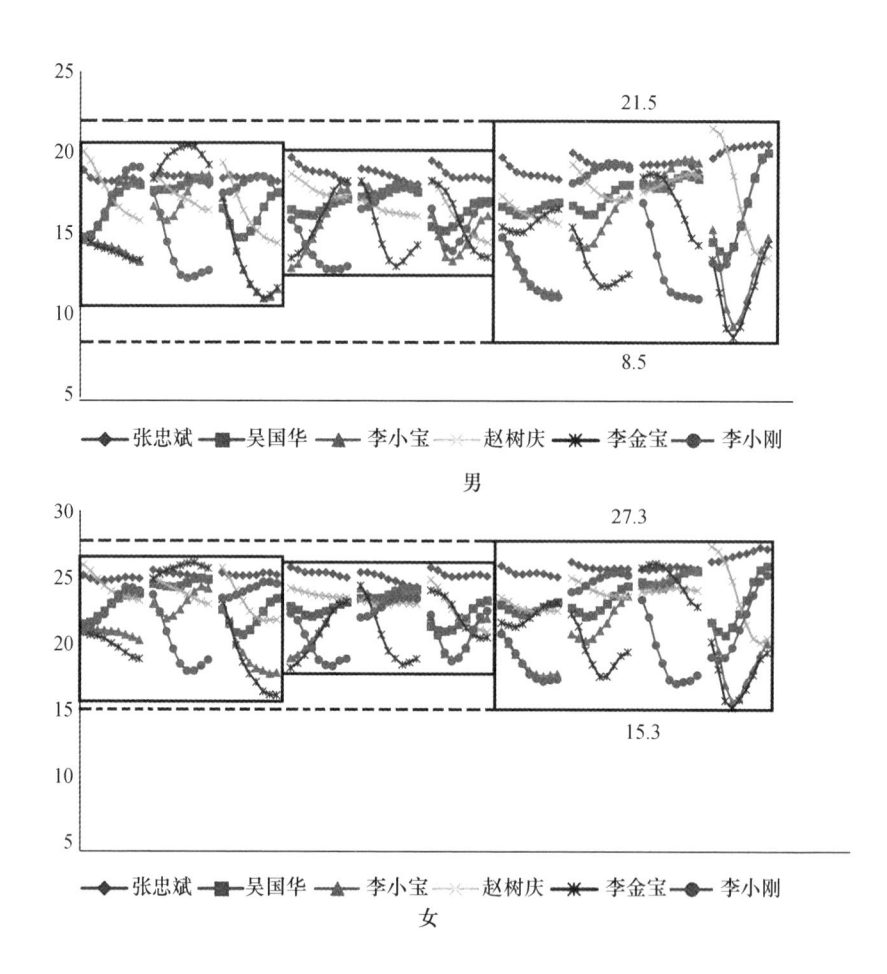

图 10—7 半音标度的疑问句句调域图

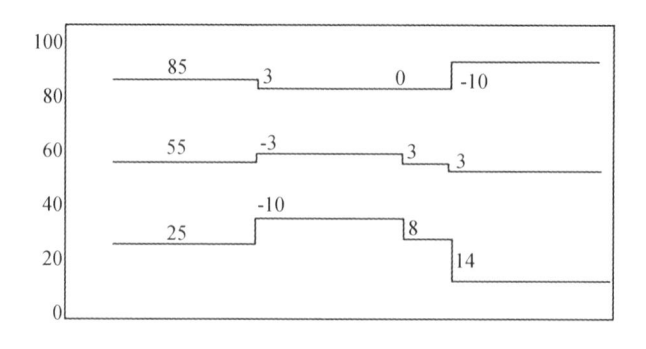

图 10—8 疑问句语调音高格局图

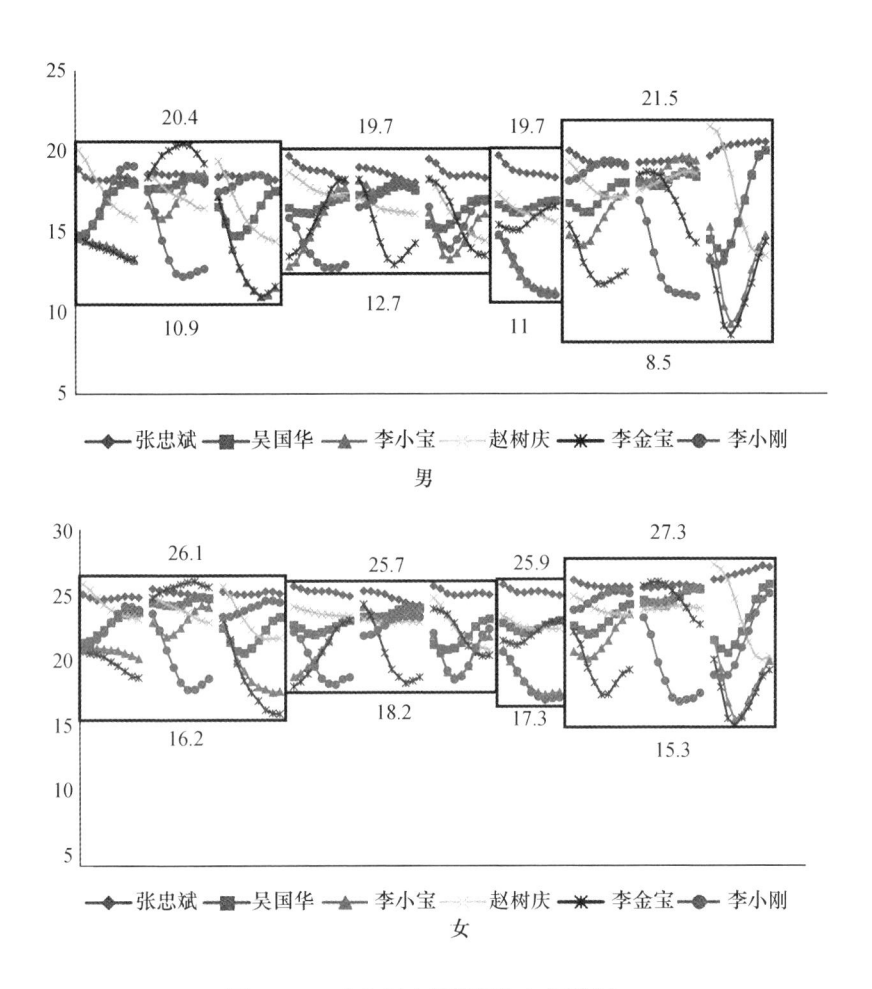

图 10—9　半音标度的疑问句句调域图

无论男性发音人还是女性发音人的词调域跨度从句首词到句末词的调域宽度变化都是先变窄后变宽，在句末词得到最大扩展。句末词的调域跨度和上下线与整个疑问句的调域跨度和上下线一致，句末词调域覆盖了整个句调域，疑问句调域由句末词决定。男性发音人句首和句中词的调域宽度小于女性发音人，而单音节动词、句末词的调域跨度大于女性发音人。整体来说，男性发音人疑问句调域宽度大于女性发音人。

句首词内部上线呈现先上升后下降的变化，整体呈现下降的变化；

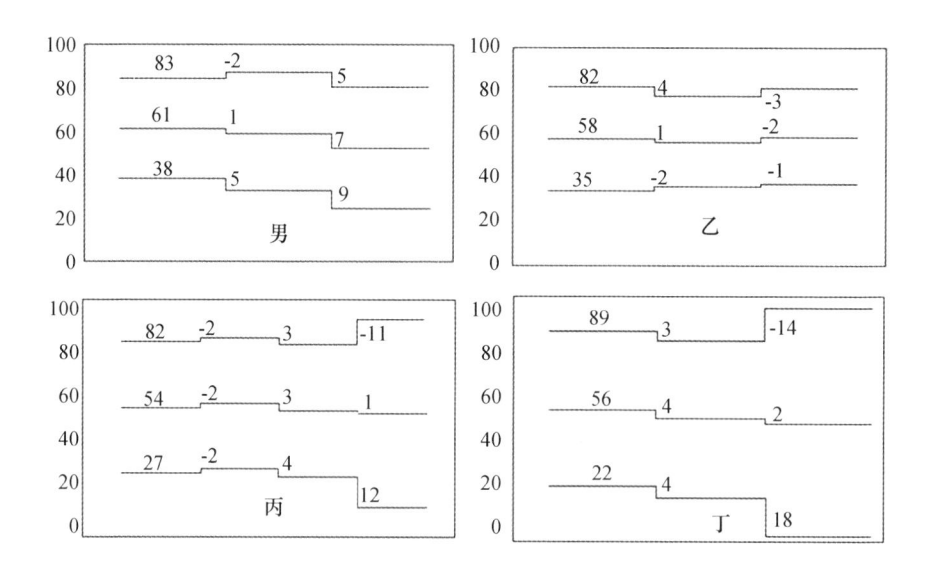

图 10—10　疑问句词调域音高格局图

(甲：句首词；乙：句中词；丙：动宾短语，含句末词；丁：句末词)

中、下线呈现递降变化趋势，下线下降幅度大于中线。句中词内部的起伏变化较小，上、中线的变化趋势是先下降后上升，下线呈现递增的变化。动词到句末词的变化无论上线、中线还是下线都呈现上升的变化，且变化幅度基本相似，都为2%。句末词内部上线呈现先小幅下降后大幅上升的变化趋势，整体呈现上升的变化；中、下线呈现逐渐下降的变化趋势，句末词的上线、中线和下线的起伏变化和整个疑问句的起伏变化一致。疑问句句末词的扩展幅度最大，句首词次之。

(三) 字调域实验结果

无论是句首词还是句末词，末字调域跨度均较大，句中词调域由首字到中字到末字呈现调域跨度逐渐减小的变化趋势，单音节动词调域跨度较句中词大，但较句首词和句末词小，句末词调域跨度最大，且在末字处调域得到最大扩展。

句首词内部字调域上线呈现先升后降的趋势，在中字处取得最大值，下线的变化趋势是逐渐下降，在其末字处取得最小值。句中词内部字调

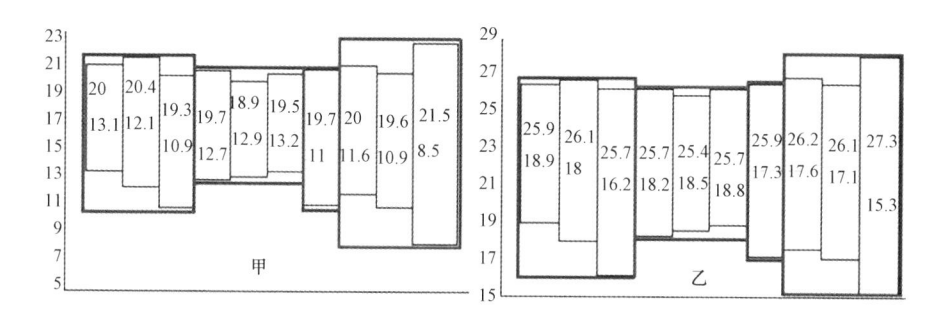

图 10—11 半音标度的疑问句字调域图

（甲：男性发音人；乙：女性发音人）

域上线呈现先下降后上升的变化趋势，在首字取得最大值，下线的变化趋势是逐渐上升，在首字取得最小值。句末词内部字调域的上线呈现先下降后上升的变化趋势，在末字取得最大值，下线的变化趋势是逐渐下降，在末字达到最小值，末字调域宽度最大。

（四）疑问句调域最值分布情况分析

采用同样的方法对疑问句句调域、词调域最值分布数据进行统计分析，得出疑问句最值分布情况，具体如图10—12、表10—4所示。

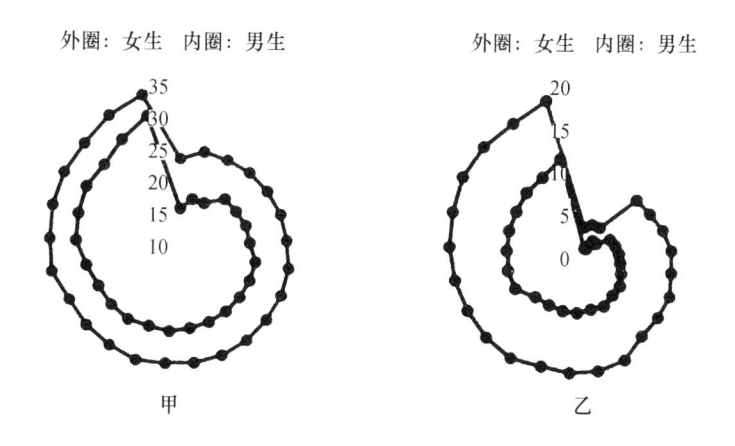

图 10—12 疑问句句调域最值的分布（单位：半音）

（甲：最大值；乙：最小值）

表 10—4　　　　　　　　疑问句词调域上中下线标准差　　　　（单位：半音）

	女性			男性		
	上线	中线	下线	上线	中线	下线
句首词	7.52	7.27	10.94	10.42	8.46	13.00
句中词	9.07	7.82	9.71	9.59	9.10	12.32
动词	7.87	8.18	12.41	10.03	9.11	10.14
句末词	1.13	2.79	5.81	3.44	2.39	3.16

男性发音人上线的分布较女性发音人分散，下线则较女性发音人集中。男性发音人上线 80% 分布在 15—25 半音，下线 85% 以上分布在 10 半音以下。女性发音人上线 95% 以上分布在 25—35 半音，下线 85% 分布在 10—20 半音。由此可知，男性发音人上线的主要分布范围是 15—25 半音，下线的主要分布范围为 10 半音以下。

对比陈述句词调域上中下线的标准差，发现上线的标准差较大，疑问句上线的变化弹性大于陈述句，中线和下线与陈述句较为接近，下线一般较陈述句的标准差小。疑问句上线标准差句末词最小，分布最为集中，且女性发音人 80% 以上的人句末词上线为 100%，接近 2/3 的女性发音人句末词下线为 0%，男性发音人接近 2/3 的人句末词上线为 100%，80% 以上的人句末词下线为 0%。由此可知，疑问句词调域上线变化弹性较陈述句大，下线较小，且疑问句上线的最值一般在句末词，下线的最小值也多在句末词，疑问句句末词的调域得到最大扩展。

（五）陈述句和疑问句实验结果对比分析

通过对比普通话陈述句和疑问句的调域发现（表 10—5），无论男性发音人还是女性发音人，疑问句的调域上线和下线均高于陈述句，与陈述句相比，疑问句调域呈现为整体的抬升，且陈述句句调域跨度大于疑问句。

表 10—5　　　　　　　陈述句调域和疑问句调域对比　　　　（单位：半音）

	男性发音人			女性发音人		
	上线	下线	句调域跨度	上线	下线	句调域跨度
陈述句	19.4	5.1	14.3	24.9	11.1	13.8
疑问句	21.5	8.5	13	27.3	15.3	12

对比陈述句和疑问句词调域（见表 10—6），无论男性发音人还是女性发音人，陈述句句调域上线在句首词处取得最大值，而疑问句则在句末词处取得最大值，调域下线都是在句末词处取得最小值。对比陈述句和疑问句的词调域跨度，除了句末词调域跨度男性发音人与女性发音人接近外，其余均表现为陈述句大于疑问句。

表 10—6　　　　　　　陈述句和疑问句词调域对比　　　　（单位：半音）

		句首词	句中词	句末词
陈述句	男性发音人	10.5（8.93—19.43）	7.33（11.09—18.42）	12.94（5.06—18）
	女性发音人	10.49（14.43—24.92）	7.82（16.93—24.75）	13.34（11.1—24.44）
疑问句	男性发音人	9.5（10.9—20.4）	7（12.4—19.7）	13（8.5—21.5）
	女性发音人	9.9（16.2—26.1）	7.5（18.2—25.7）	12（15.3—27.3）

对比陈述句和疑问句不同词调域内部的字调域（图 10—13），比较句首词、句中词内部字调域，疑问句和陈述句表现出一定的相似性。调域上下线起伏变化一致，词调域内部字调域跨度变化一致，字调域跨度差别在一个半音以内。比较单音节动词，发现陈述句由句中词到单音节动词呈现下降趋势，疑问句则表现为持平或者上升趋势，疑问句单音节动词调域跨度扩展程度更为明显。

陈述句和疑问句句末词表现差异性最大，陈述句句末词调域上线呈现不断下降趋势，最大值在首字取得，疑问句则是先下降后上升趋势，最大值在末字取得，陈述句和疑问句句末词下线均呈现不断下降趋势，均在末字取得最小值。陈述句句末词字调域跨度从首字到末字呈现逐渐扩展的趋势，疑问句呈现先变窄后变宽的变化。

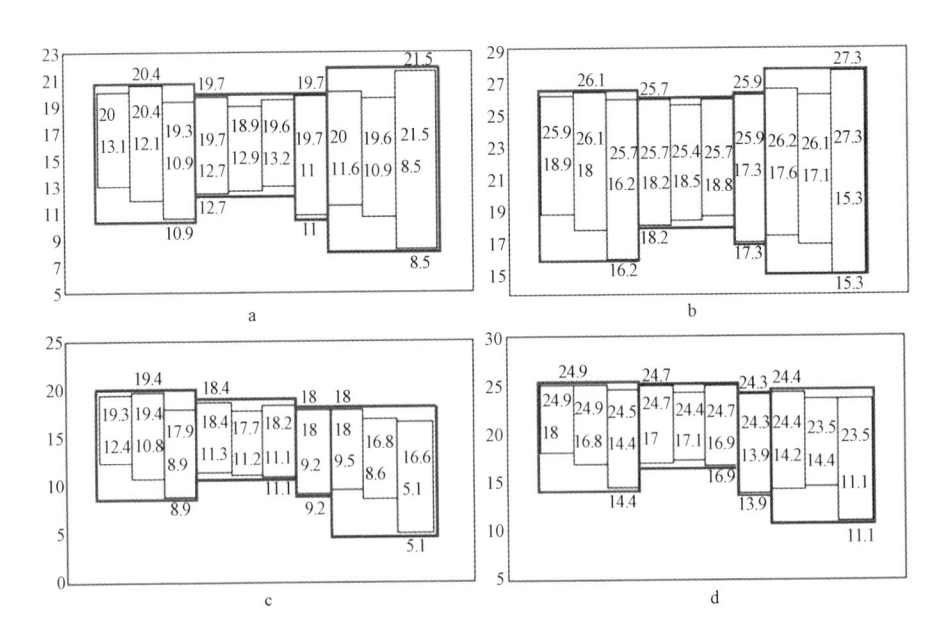

图 10—13　陈述句和疑问句字调域对比图（单位：半音）

（a. 男性疑问句；b. 女性疑问句；c. 男性陈述句；d. 女性陈述句）

对比陈述句和疑问句的 Q 值结果，如表 10—7 所示：

表 10—7　　　　　　　　陈述句和疑问句 Q 值对比　　　　　　　　（%）

		起点Q0	Q1	Q2	Q3	Q
疑问句	上线	85	3	0	-10	-7
	中线	55	-3	3	3	3
	下线	25	-10	8	14	12
陈述句	上线	95	1	3	0	4
	中线	64	-7	9	13	15
	下线	33	-15	15	26	26

Q0 为句首词起点值；Q1 为句中词起伏度；Q2 为动词起伏度；Q3 为句末词起伏度；Q 为全句起伏度。下同。

陈述句和疑问句的上线从句首词到句中词到动词，均呈现了下降的趋势，并且变化幅度不大，均在3%以内。从单音动词到句末词的起伏变化，两者差异较大，陈述句基本呈现持平状态，疑问句则呈现大幅上升的变化。

陈述句和疑问句的中线从句首词到句中词均呈现上升的变化，从句中词到单音动词到句末词呈现下降的趋势，但是上升和下降的幅度不同，陈述句的变化幅度较大，均在7%以上，疑问句的变化范围较小，均在3%以内。

陈述句和疑问句起伏度的下线变化趋势一致，陈述句的变化幅度较大，均在15%以上，在单音动词到句末词的起伏变化达到26%，疑问句的变化范围较小，均在14%以内，变化最大的同样是在单音动词到句末词的变化。

对比陈述句和疑问句的句首词、句中词和句末词的调域起伏度表现（图10—4、图10—10），可以看到二者之前的差别。

陈述句和疑问句的句首词上线、中线和下线均呈现下降趋势，陈述句 Q1 值大于疑问句，对比 QX 发现陈述句始终大于疑问句，且疑问句 Q 值小于陈述句，陈述句的下降趋势比疑问句下降趋势明显。陈述句和疑问句句中词上线、中线变化趋势一致，陈述句下线整体呈现下降趋势，而疑问句下线整体呈现上升趋势，陈述句表现出稳定中下降的状态，而疑问句表现出稳定中上升的变化状态。动词到句末词的起伏变化，除了陈述句上线处于稳定状态，其他均呈现上升的变化，且变化幅度较小。陈述句句末词上线、中线和下线，都呈现出下降的趋势，而疑问句中线和下线呈现下降趋势，上线呈现出大幅上升的趋势，陈述句下线下降幅度较疑问句大，差值为3%，但疑问句上线上升的幅度较陈述句高出14%。

（六）对比大样本实验结果与小样本实验结果

对比大样本和小样本疑问句的句调域（表10—8）和词调域（表10—9），发现大样本句调域跨度小于小样本，大样本男女性对比差异较小，小样本男女性对比差异较大。对比大小样本疑问句词调域，男性发音人大样本各个词调域跨度均小于小样本，且各个词调域下线均高于小样本，上线均低于小样本。女性发音人句首词和句中词调域跨度大样本大于小样本，句末词调域跨度大样本小于小样本。

表10—8　　　　　半音标度的大小样本疑问句调域对比

		调域跨度	上线	下线
大样本	男性发音人	13	21.5	8.5
	女性发音人	12	27.3	15.3
小样本	男性发音人	19.7	27.3	7.6
	女性发音人	12.7	27.9	15.2

表10—9　　　　　半音标度的大小样本疑问句词调域对比

		句首词	句中词	句末词
大样本	男性发音人	9.5（10.9—20.4）	7（12.7—19.7）	13（8.5—21.5）
	女性发音人	9.9（16.2—26.1）	7.5（18.2—25.7）	12（15.3—27.3）
小样本	男性发音人	13.2（9.4-22.6）	12.4（10-22.4）	19.7（7.6-27.3）
	女性发音人	6.6（19.9-26.5）	5.3（20.2-25.5）	12.7（15.2-27.9）

表10—10　　　　　　大小样本疑问句Q值对比　　　　　　（％）

	起点Q0			Q1			Q2			Q		
	上线	中线	下线	上线	中线	下线	上线	中线	下线	上线	中线	下线
大样本	85	55	25	3	-3	-10	-10	6	22	-7	3	12
小样本	83	53	23	5	1	-3	-22	2	26	-18	3	23

大小样本疑问句的上线均呈现上升的变化趋势，中线和下线均呈现下降的变化趋势。对比大小样本句首词到句中词起伏变化发现，上线均呈现下降的趋势，下线均呈现上升趋势，中线起伏变化不同。句中词到句末词的起伏变化，无论大样本还是小样本上线均呈现上升的变化趋势，中线和下线均呈现下降的变化趋势。且上线的上升幅度最大，下线的下降幅度最大，句中词到句末词的起伏变化最大。

五　强调焦点句实验结果分析

（一）句调域实验结果

对比句首词、句中词、句末词和句末短语四类焦点句（见图10—14至图10—17），发现焦点句的句调域上线均在强调焦点处取得最大值，下线均在句末词处取得最小值，女性发音人句调域上下线均高于男性发音人。除了动宾短语焦点句的男女性发音人调域跨度基本一致以外，其余三类焦点句均呈现出女性发音人调域跨度小于男性发音人。

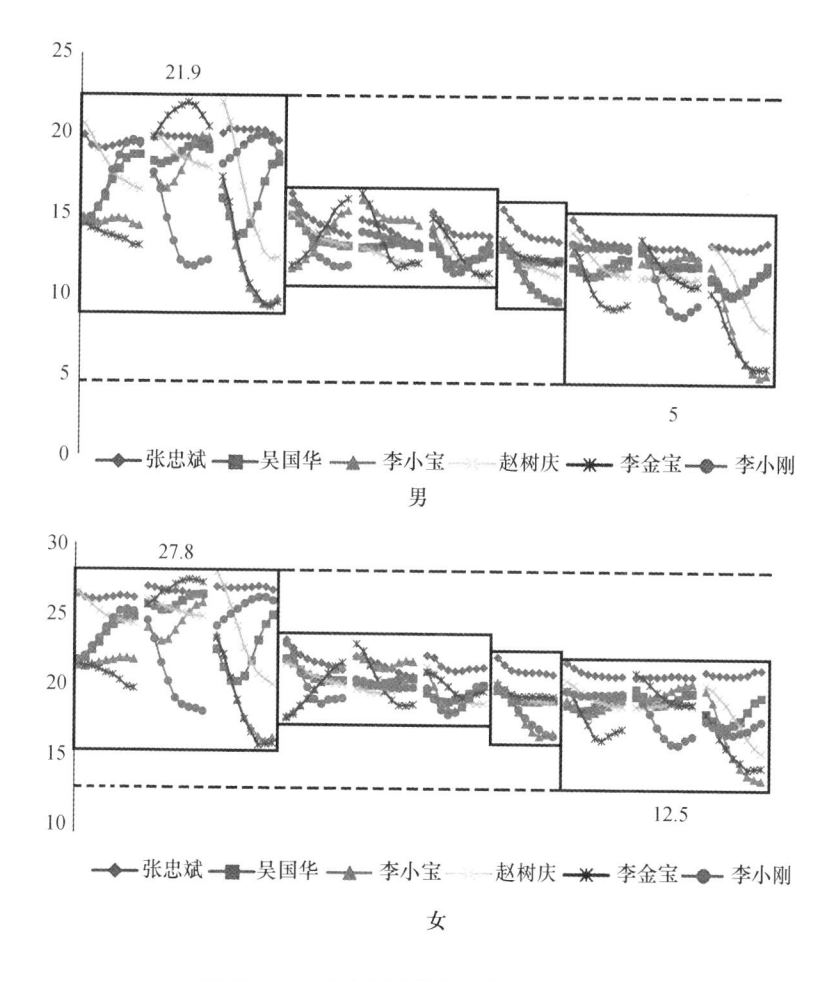

图10—14　半音标度的句首焦点句调域图

男

女

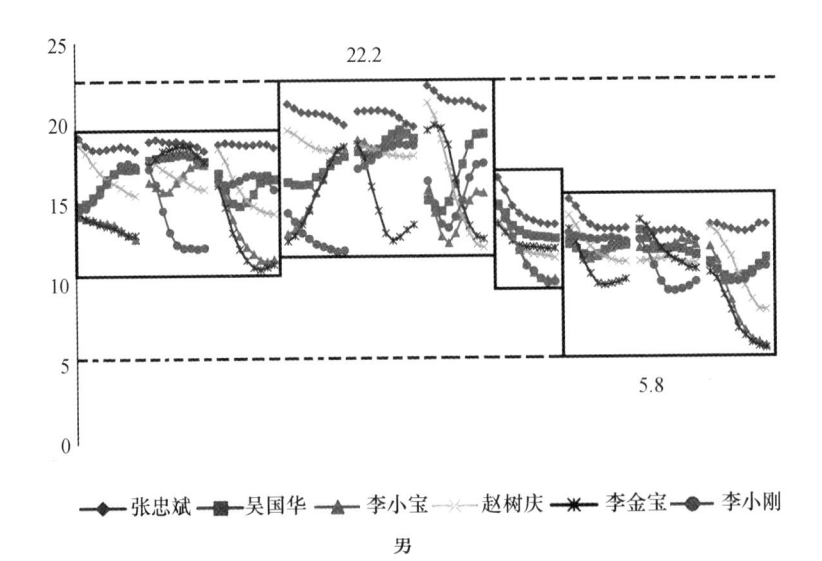

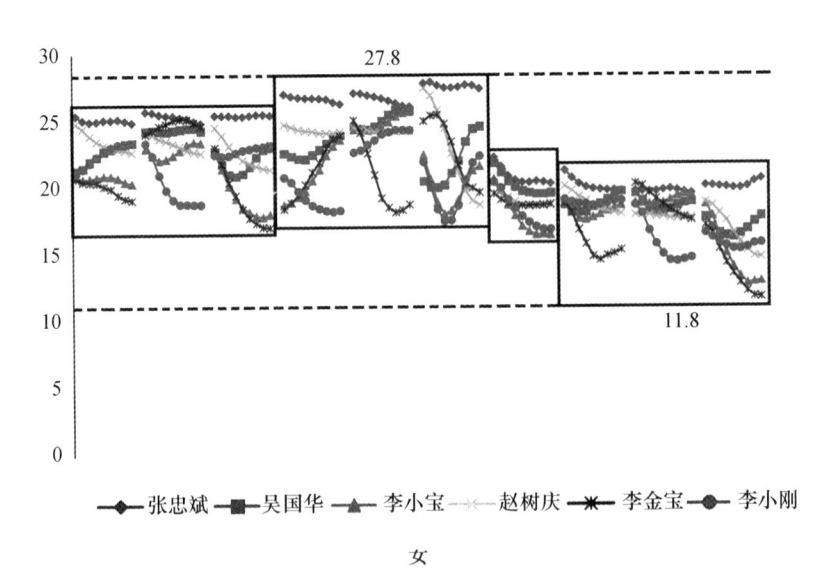

图10—15 半音标度的句中焦点句调域图

当焦点位于句首时，调域上线呈现逐级下降的趋势，当焦点位于句中时，上线呈现先上升后下降趋势，当焦点位于句末时，上线呈现逐级上升趋势；无论焦点位于句首、句中还是句末，下线均呈现出先上升后

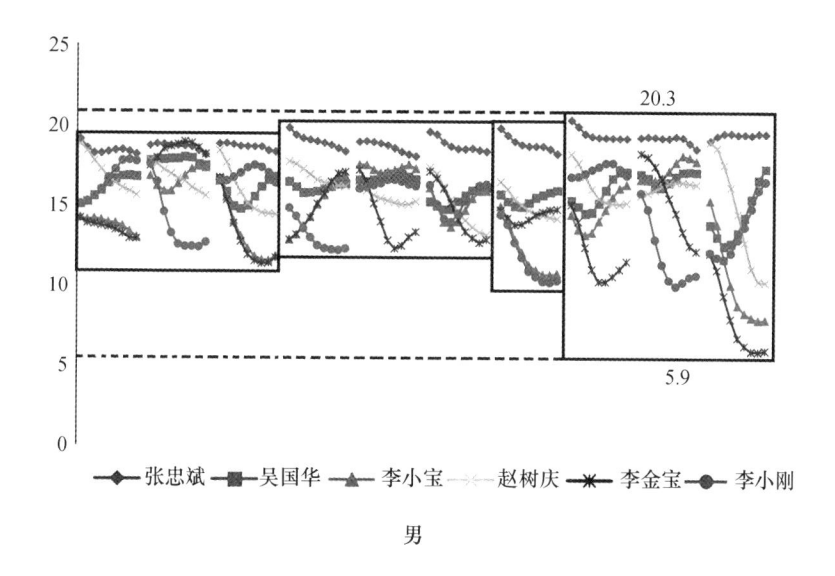

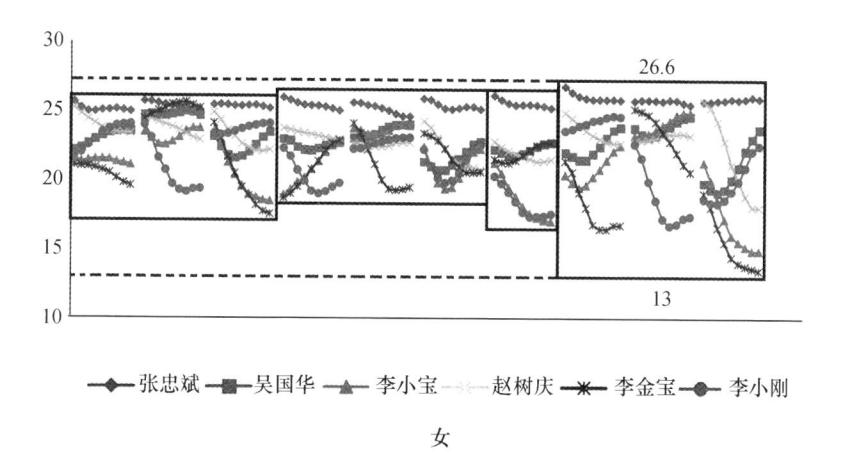

图 10—16　半音标度的句末焦点句调域图

下降的变化趋势。句末焦点和动宾短语焦点的起伏表现相似，但是动宾焦点句调域跨度比句末焦点稍大，词调域也都大于句末焦点，尤其是动词的调域跨度，动宾焦点比句末焦点高出 6%。

514 / 第四编 语调研究

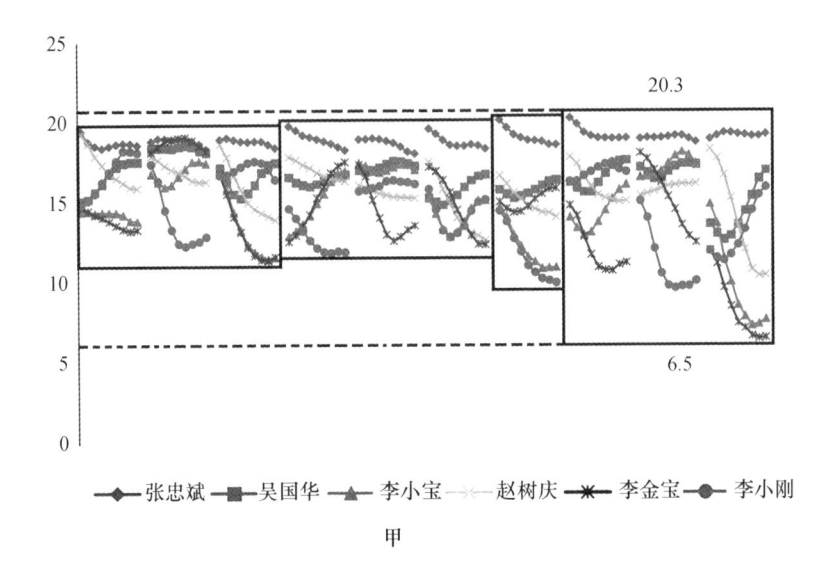

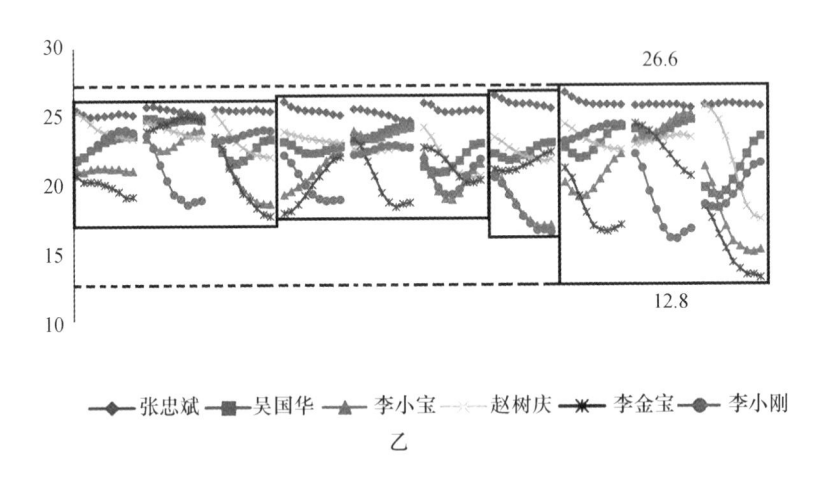

图 10—17 半音标度的句末短语焦点调域图

(二) 词调域实验结果

对比图 10—18 四个焦点句词调域表现，发现焦点所在词调域上线即为句调域上线,焦点所在词调域跨度最大,当焦点位于句末时,句末词调域上下线与句调域重合,句末词调域覆盖整个句调域。当焦点位于句首时,句首词的调域跨度最大,其次是句末词。当焦点位于句中时,句中词的调域跨度最大,其次是句末词。当焦点位于句末时,句末词的调域跨度最大,其次是单音节动词。参见图10—19至图10—22。

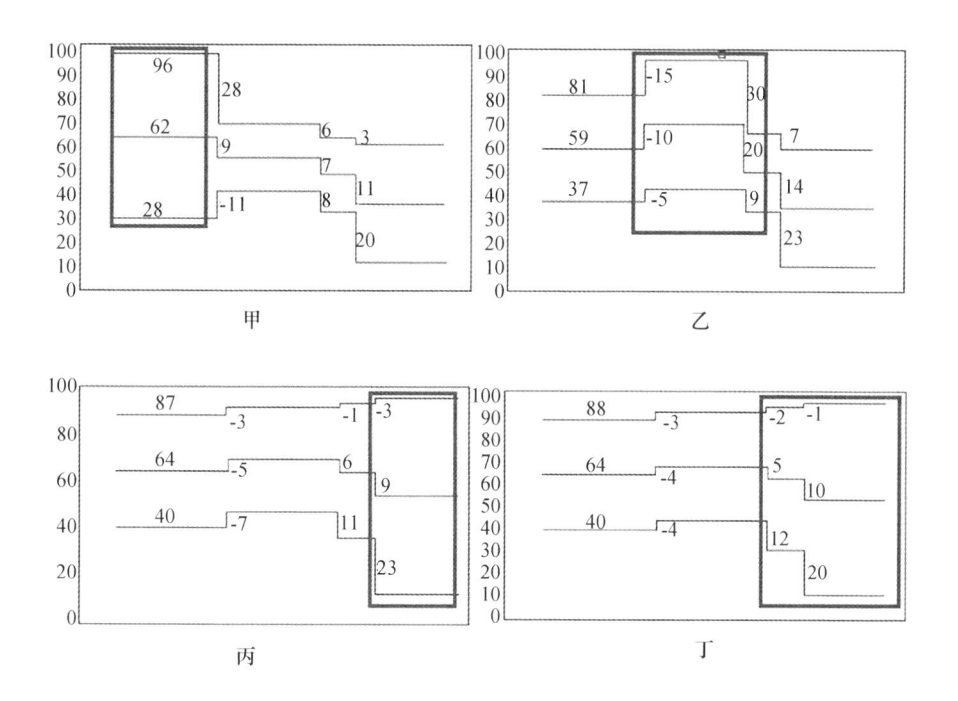

图10—18 焦点句语调音高格局图

(甲:句首焦点句;乙:句中焦点句;丙:句末焦点句;丁:动宾焦点句)

比较图10—23四类焦点句的句首词起伏变化,除了句首焦点句上线呈现上升的变化趋势外,其他焦点句均呈现下降趋势。四类焦点句的句首词下线均呈现下降趋势,其中句首焦点句下降趋势更为明显。比较图10—24句中词起伏变化,发现句中焦点句的词调域上线最高,跨度最大。比较图10—25动词的百分比,发现当焦点位于句首和句中时,动词调域跨度较小,在30%左右;当焦点位于句末时,动词调域跨度

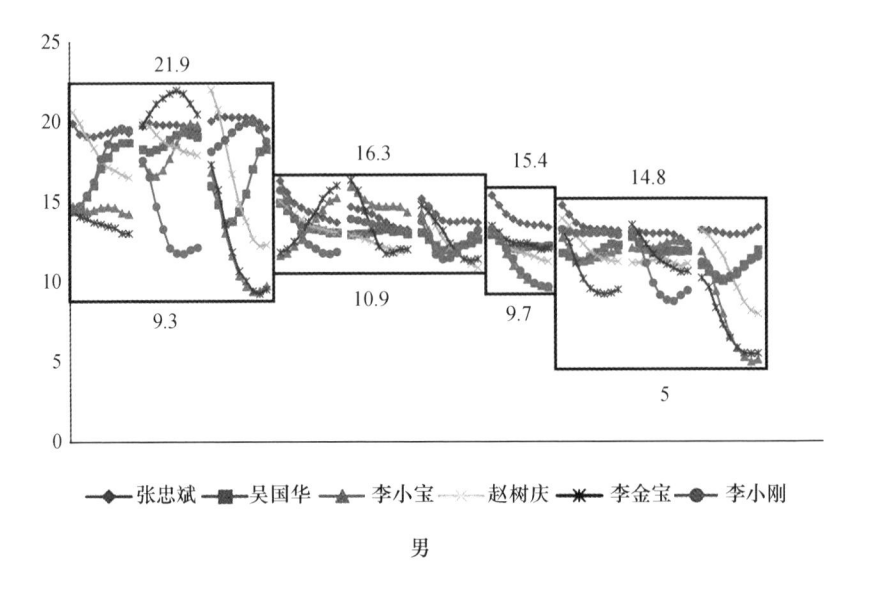

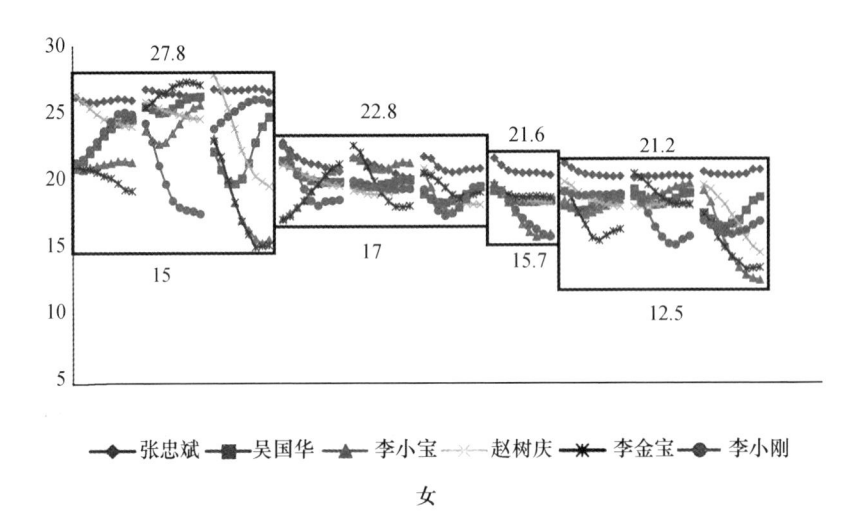

图 10—19 半音标度的句首焦点句词调域图

在 50%—60%，动宾焦点句的动词调域跨度最大。句末焦点与动宾焦点的动词百分比相比，上线低于动宾焦点，下线高于动宾焦点，调域跨度低于动宾焦点，动宾焦点的动词比较突出。比较图 10—26 句末词起伏变化，发现四类焦点句当中，句末焦点句和动宾焦点句的句末词调域

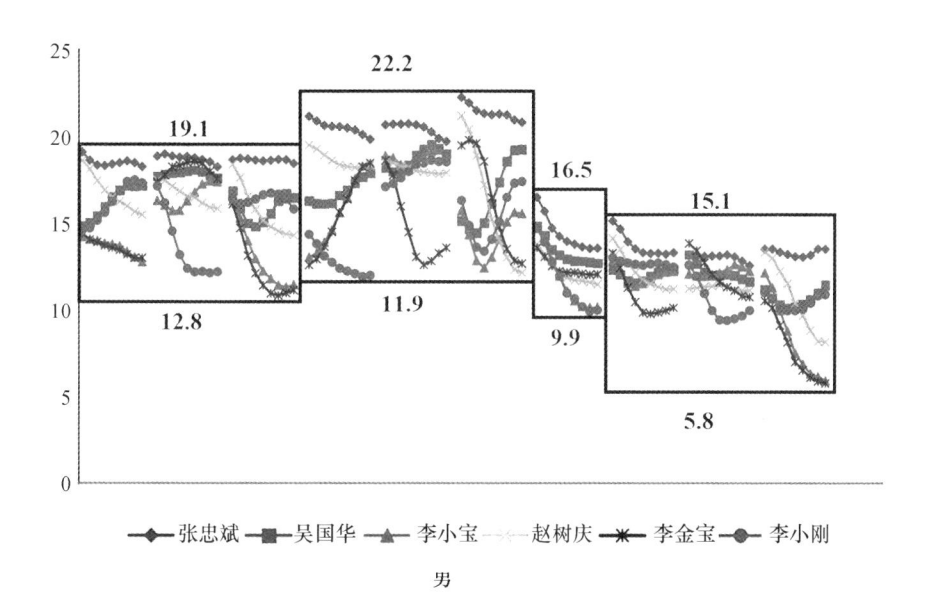

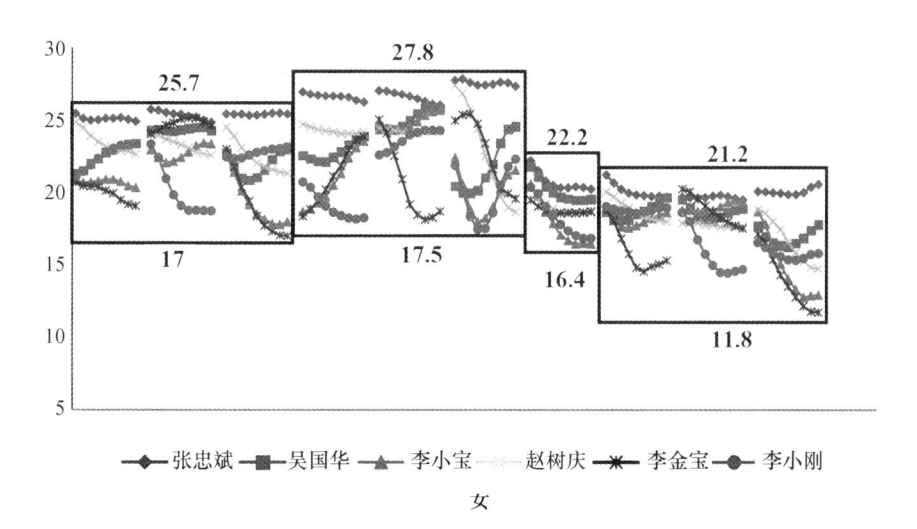

图 10—20　半音标度的句中焦点句词调域图

达到最大值。

通过句子起伏度和词调域起伏度的对比，发现当句首词为焦点时，句首词会出现调域的扩展和调域的整体抬升，尤其是上线的变化最为显

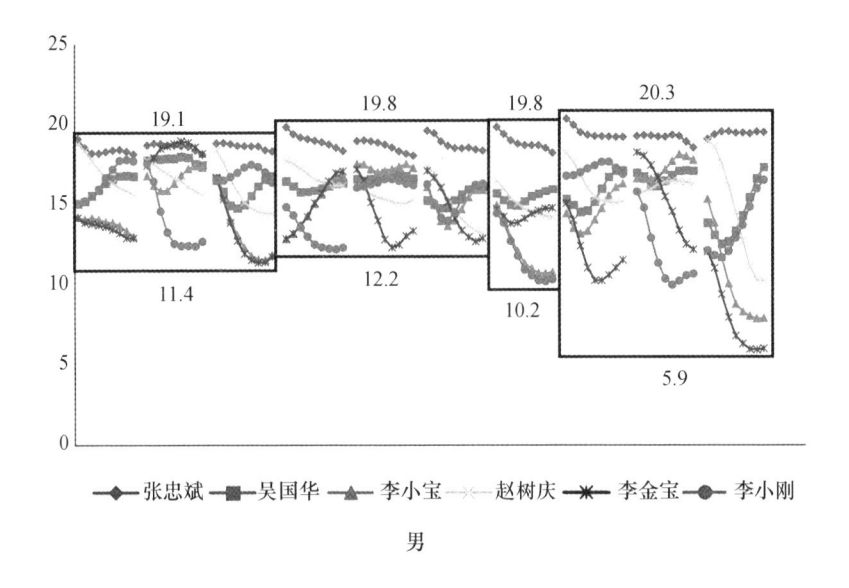

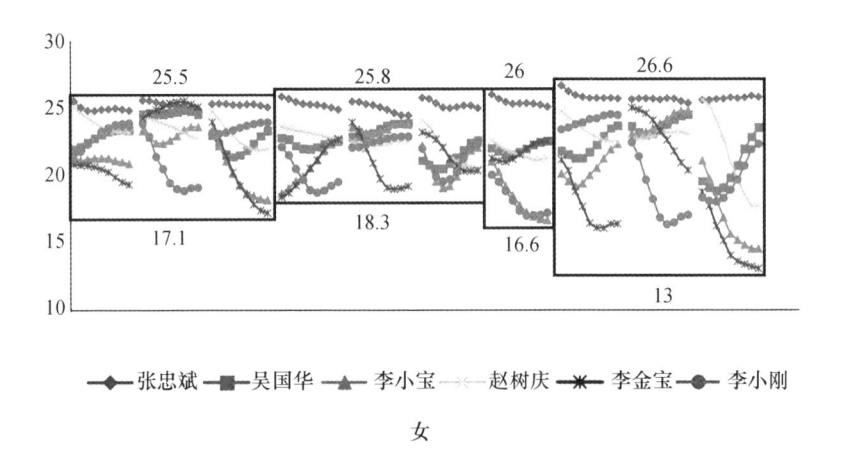

图10—21 半音标度的焦点句末句词调域图

著。当焦点为句中词，其表现和句首词相似。但是当焦点位于句末词和动宾短语时，句子起伏度上线的变化幅度较小，均在15%以内，但是下线的变化则比较显著，最大变化达到23%。句末词起伏度上线的变化也较小，约在6%。

男

女

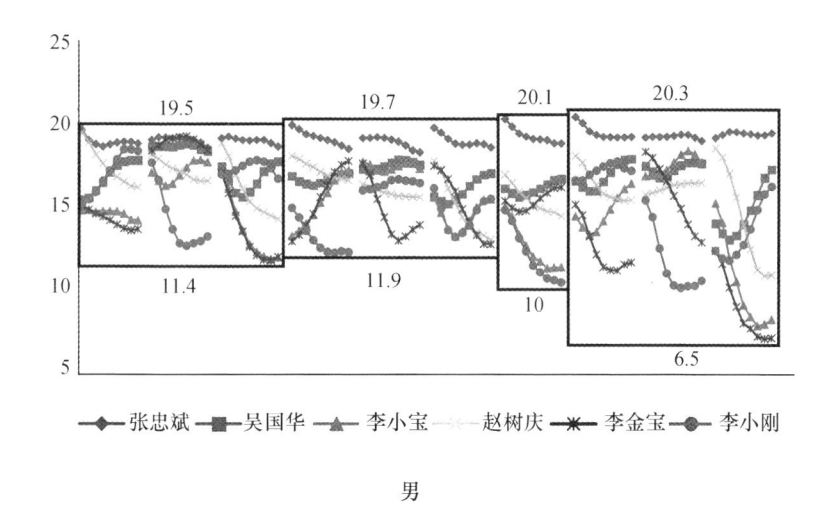

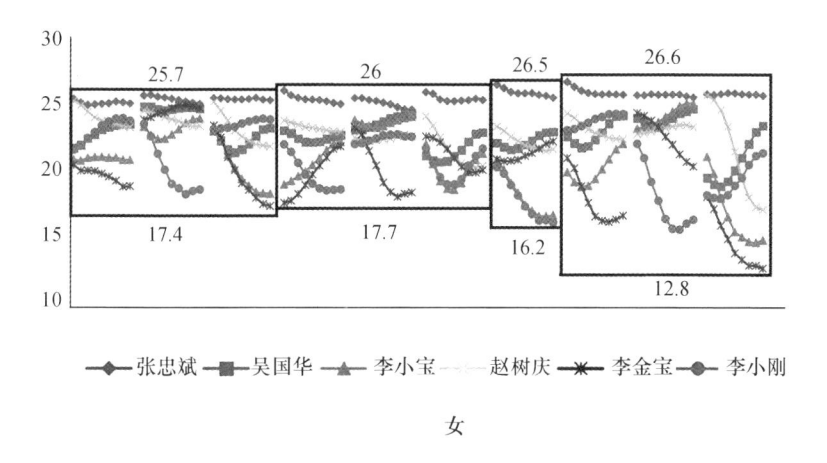

图 10—22 半音标度的动宾焦点句调域图

(三) 字调域实验结果

比较四类焦点句的字调域表现,如图 10—27 至图 10—30 所示,当焦点位于句首和句中时,句调域上线是由焦点所在词的末字调域上线所决定;当焦点位于句末时,句调域上线是由焦点所在词的首字调域上线所

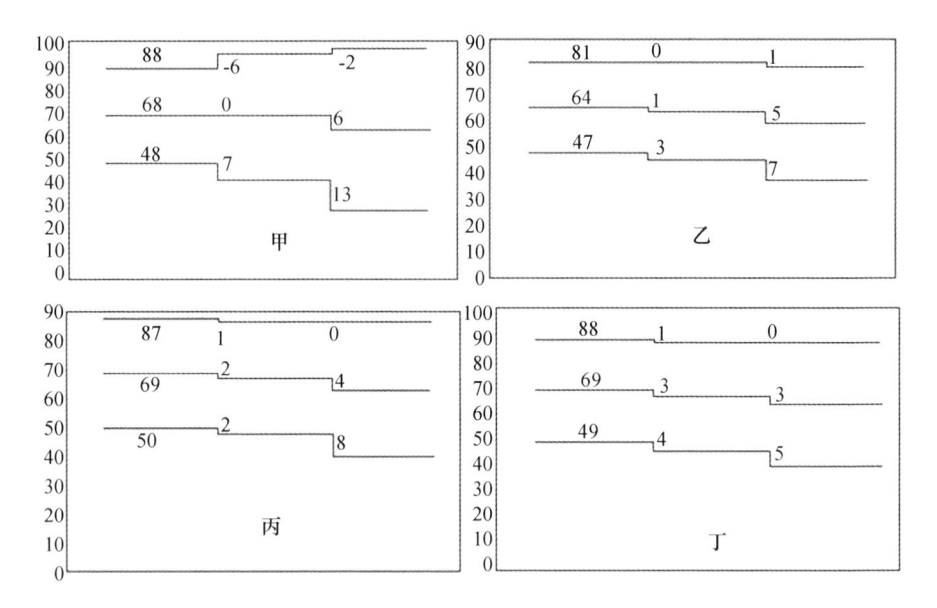

图 10—23　焦点句的句首词调域音高格局图

（甲：句首焦点句；乙：句中焦点句；丙：句末焦点句；丁：动宾焦点句）

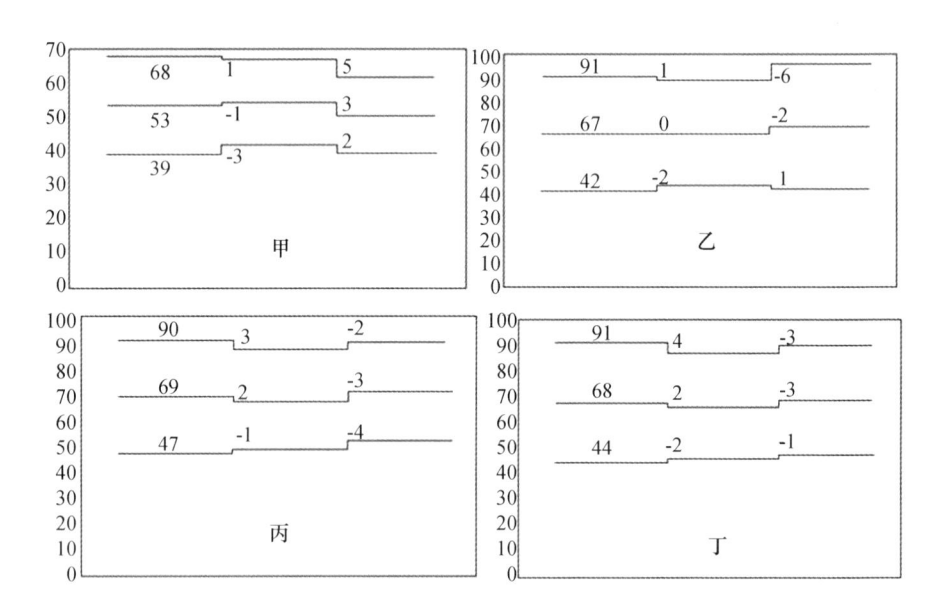

图 10—24　焦点句的句中词调域音高格局图

（甲：句首焦点句；乙：句中焦点句；丙：句末焦点句；丁：动宾焦点句）

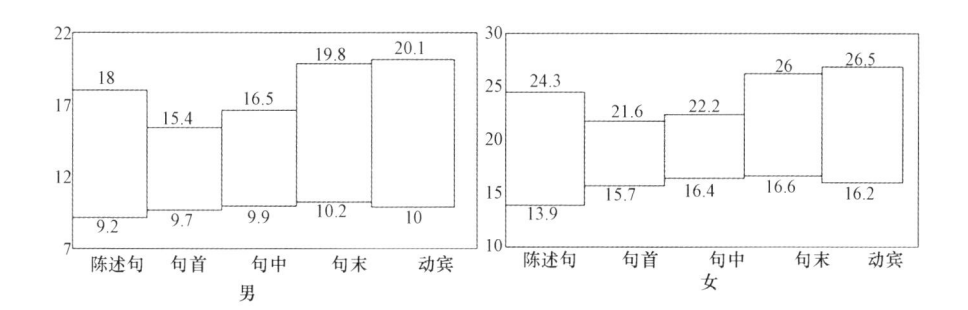

图 10—25　陈述句和焦点句单音动词调域对比图

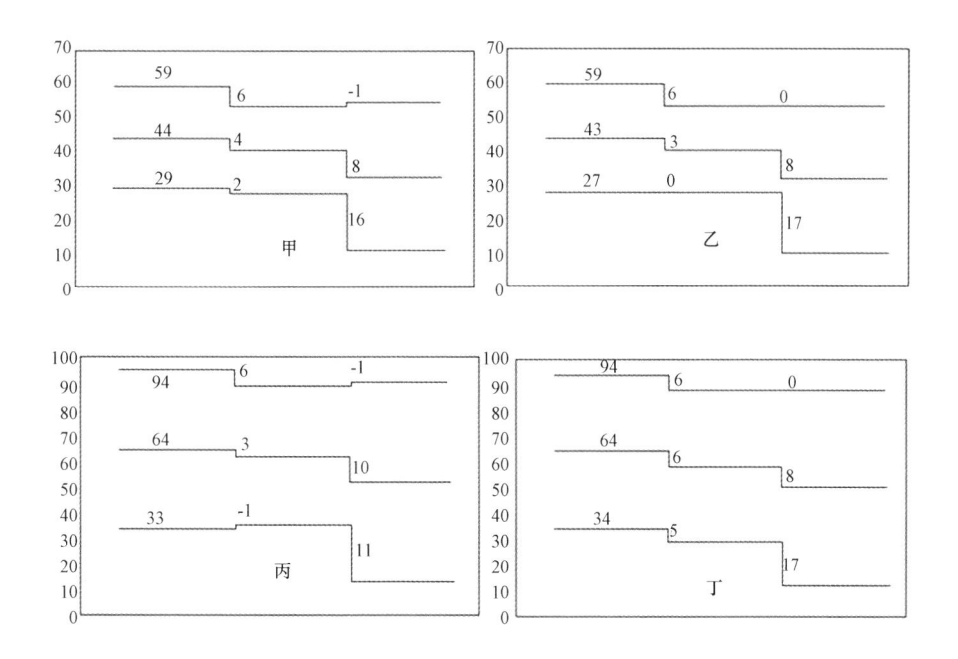

图 10—26　焦点句的句末词调域音高格局图

（甲：句首焦点句；乙：句中焦点句；丙：句末焦点句；丁：动宾焦点句）

决定。焦点所在词末字的调域跨度最大。

男

女

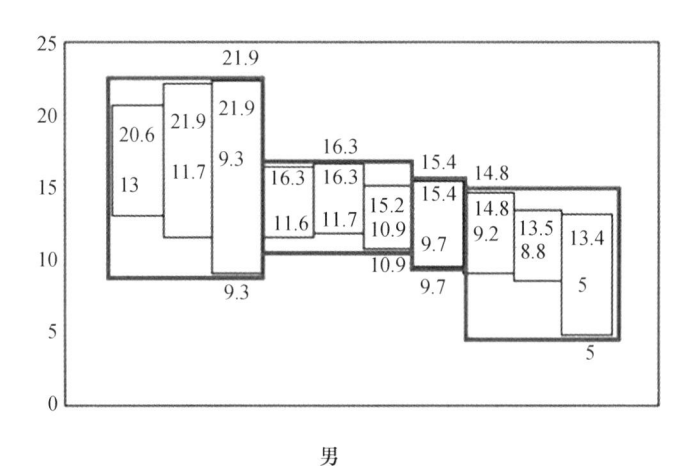

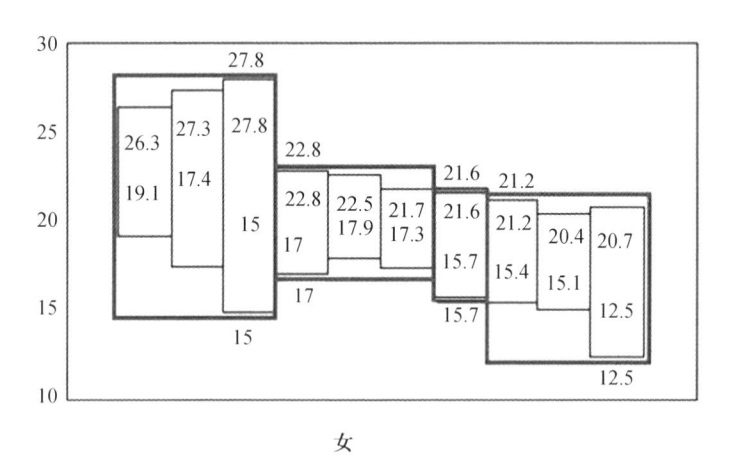

图10—27 半音标度的句首焦点句字调域图

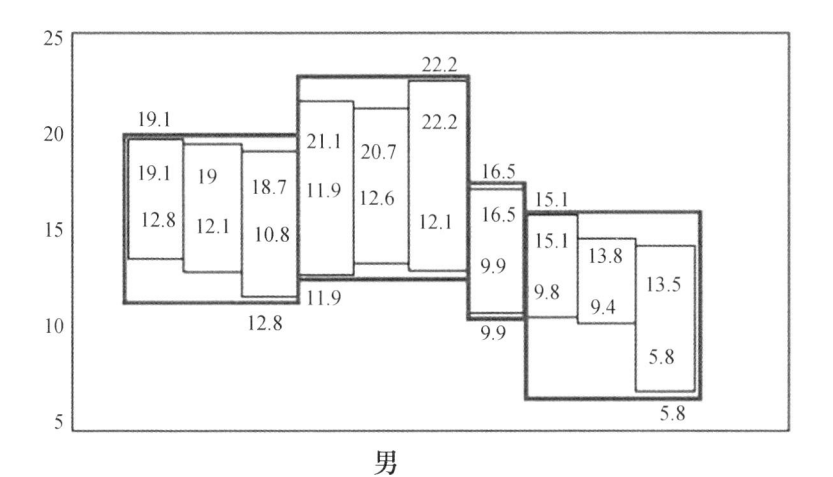

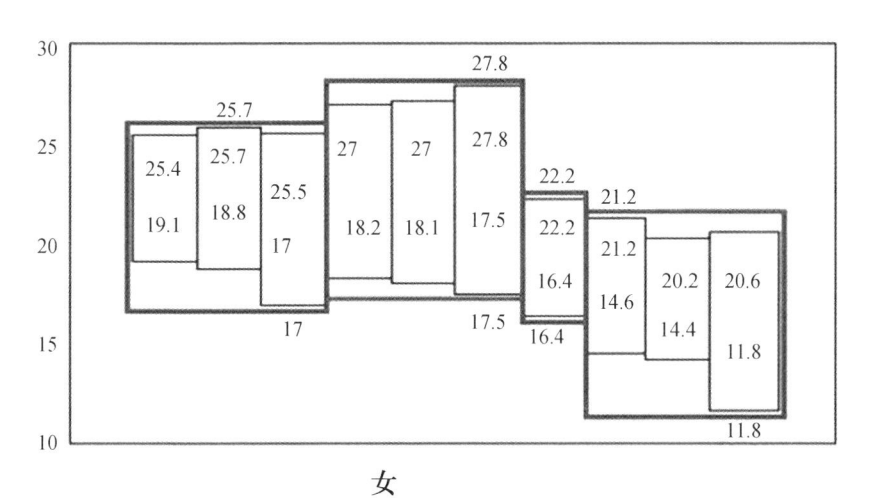

图 10—28 半音标度的句中焦点句字调域图

524 / 第四编 语调研究

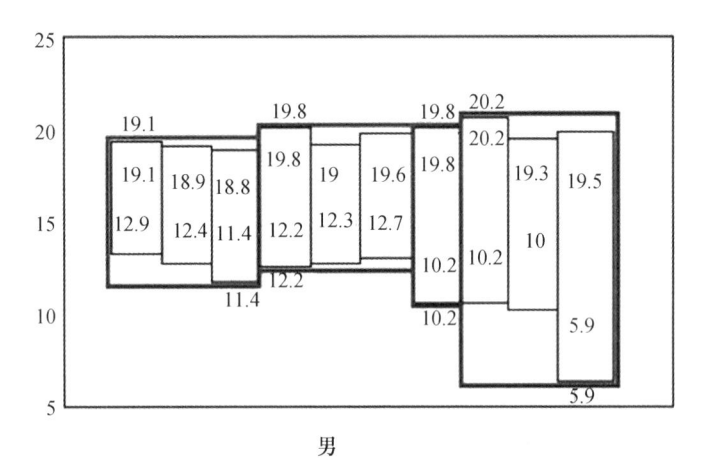

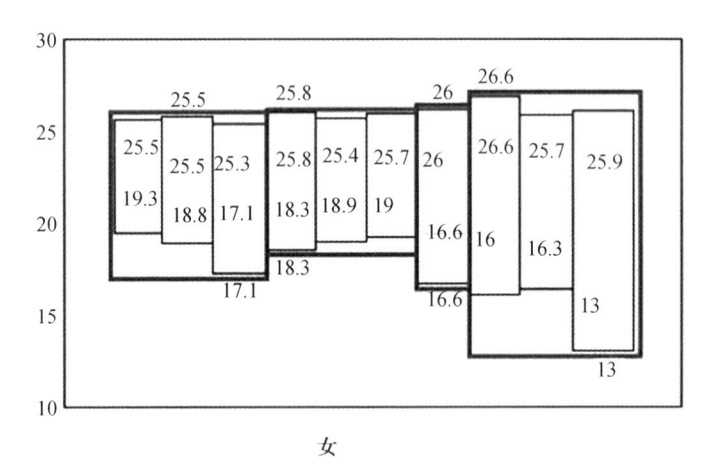

图 10—29 半音标度的句末焦点句字调域图

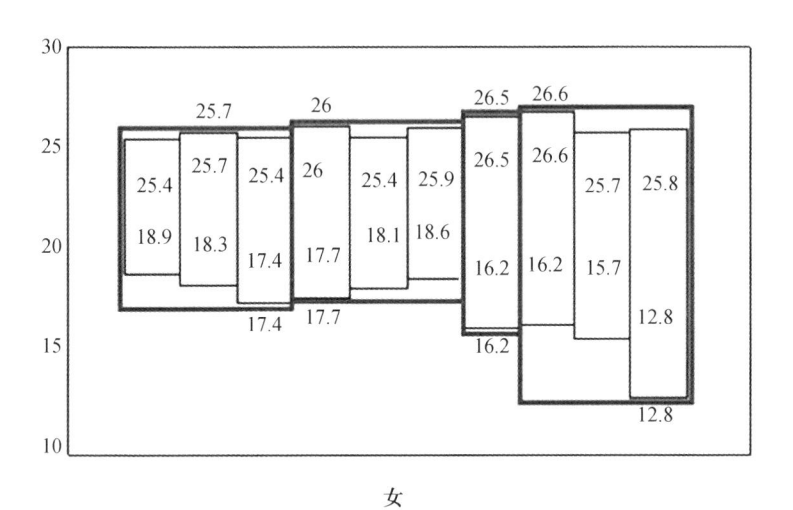

图 10—30　半音标度的动宾焦点句字调域图

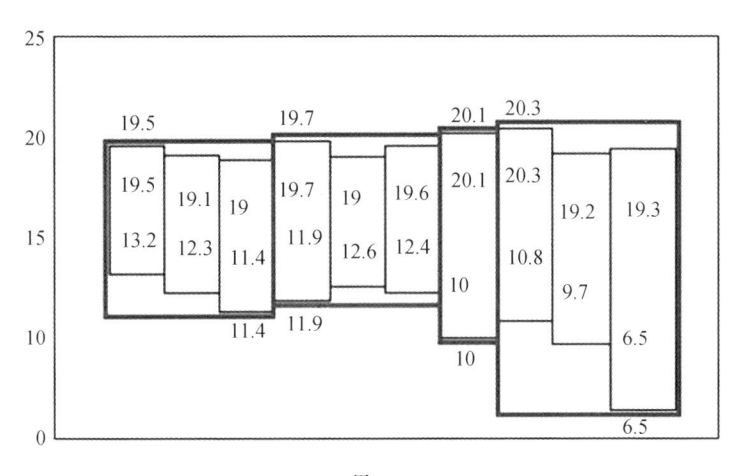

(四) 焦点句调域最值分布情况分析

分别计算男性发音人和女性发音人焦点句句调域上下线的标准差,具体的标准差值如表 10—11,女性发音人上线标准差小于男性发音人,下线则大于男性发音人,即女性发音人上线的分布较为集中,男性发音人下线分布较女性发音人集中。

表 10—11　　　　　　　焦点句句调域最值标准差　　　　（单位：半音）

	女性		男性	
	上线	下线	上线	下线
句首焦点	2.07	4.43	2.93	3.05
句中焦点	2.21	4.26	3.28	2.99
句末焦点	1.73	4.80	3.13	2.78
动宾焦点	2.39	4.21	2.99	3.07

(五) 焦点句和陈述句实验结果对比分析

对比陈述句和焦点句的句调域，当焦点位于句首和句中时，焦点句跨度大于陈述句，当焦点位于句末时，焦点句句调域跨度小于或者等于陈述句。

对比陈述句和焦点句词调域，如图 10—31、图 10—32 所示，当焦点位于句首和句中时，发现焦点所在词调域发生明显抬升，且焦点所在词调域跨度得到大幅度扩展，当焦点位于句末时，焦点所在词调域出现一定的抬升，但调域跨度扩展不明显。非焦点所在的词调域与陈述句相比发生明显的压缩。

对比陈述句和焦点句的字调域，与陈述句字调域相比，焦点句的焦点词的字调域整体抬升，调域跨度大幅扩展，且焦点词调域跨度最大值一定在末字取得。焦点之后的调域明显下降，且调域跨度会有一定幅度的压缩。

对比陈述句和焦点句的起伏度（图 10—2、图 10—18），焦点句起伏变化较陈述句大。当焦点位于句首时，上线起伏变化与焦点句一致，但起伏变化程度较焦点句大，当焦点位于句中或者句末时，句调域上线起伏变化与陈述句差别较大。陈述句下线的起伏变化与焦点句一致，均呈现了先上升后下降的变化趋势，但陈述句的上升和下降幅度较焦点句明显。

对比陈述句和焦点句的词调域内部起伏度（图 10—4、图 10—23 至图 10—25），当焦点位于句首或者句中时，焦点所处的词调域上线的变化趋势是上升的，但是当焦点在句末时，包括陈述句、句末焦点和动宾焦点上线均呈现下降的趋势。陈述句为自然焦点句，一般自然焦点句的焦

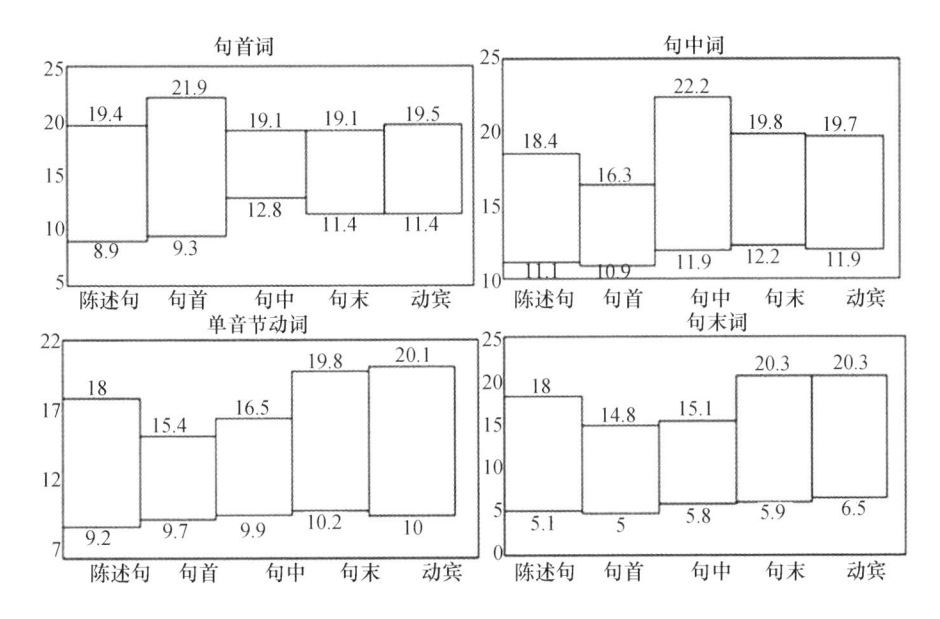

图 10—31　男性发音人陈述句和焦点句词调域对比图

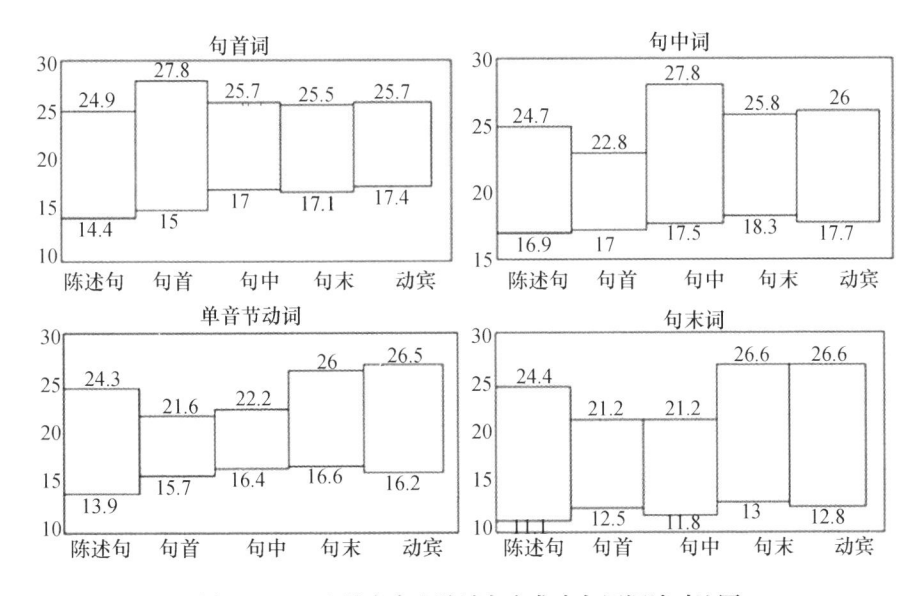

图 10—32　女性发音人陈述句和焦点句词调域对比图

点在句末。

比较陈述句的句末词和焦点句的焦点词调域,发现无论上线、中线和下线,陈述句的 Q 值均大于焦点句,陈述句的下降趋势比焦点句明显。句中焦点句的句末词内部 Q 值的绝对值较小,说明句中词内部处于相对稳定的状态,起伏变化不明显。

对比陈述句和焦点句的非焦点词调域,发现当焦点位于句首或者句中时,焦点前后的词调域的百分比会较大幅度降低,尤其是位于焦点词调域之后的词调域。当焦点位于句末时,这种特征并不明显。

(六) 对比大小样本实验结果

对比焦点句较大样本和小样本实验结果,具体如表 10—12 所示。

表 10—12　　　百分比标度的陈述句和焦点句词调域对比表

		句首词	句中词	动词	句末词
大样本	句首焦点句	68（96−28）	29（68−39）	31（62−31）	48（59−11）
	句中焦点句	44（81−37）	54（96−42）	33（66−33）	49（59−10）
	句末焦点句	37（87−40）	43（90−47）	55（91−36）	81（94−13）
	动宾焦点句	48（88−40）	47（91−44）	61（93−32）	82（94−12）
小样本	句首焦点句	94（100−6）	40（55−15）	34（45−11）	35（41−6）
	句中焦点句	48（72−24）	89（95−6）	30（39−9）	26（32−6）
	句末焦点句	45（69−24）	59（73−14）	56（68−12）	77（77−0）
	动宾焦点句	55（76−21）	57（76−19）	65（76−11）	64（75−11）

对比较大样本和小样本焦点句词调域,焦点所在词调域的调域均较大,焦点所在词调域的上线均为整个单句的上线,但是较大样本词调域下线是在句末词处取得最小值,而小样本则可能同时出现在焦点所在词调域和句末词处。

对比焦点句较大样本和小样本的起伏度(图 10—33 至图 10—36),无论焦点位于何位置,两种样本均呈现焦点所在词调域得到最大扩展,上线均在焦点词调域取得最大值。当焦点位于句首和句中时,较大样本和小样本的表现接近,焦点位于句末时,上线的表现出现差异,较大样本均呈现逐级上升的变化，但是小样本呈现波动上升的变化，且较大样本焦点词调域最大化扩展较小样本更为明显。由此可知，焦点词调域最大化扩展是焦点句最为显著的表现。

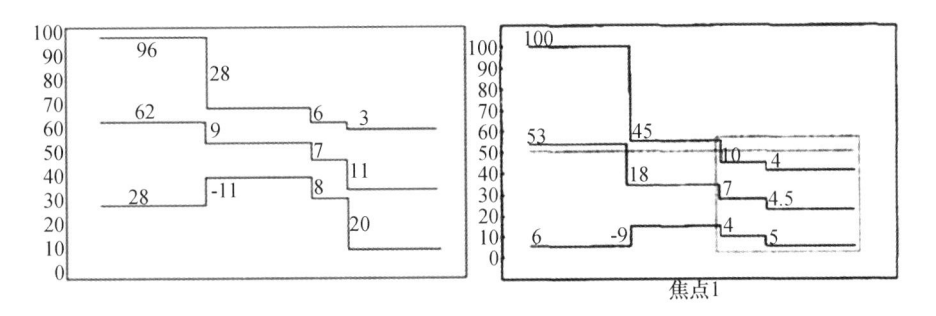

图 10—33　句首焦点句大小样本起伏度对比（左：较大样本；右：小样本）

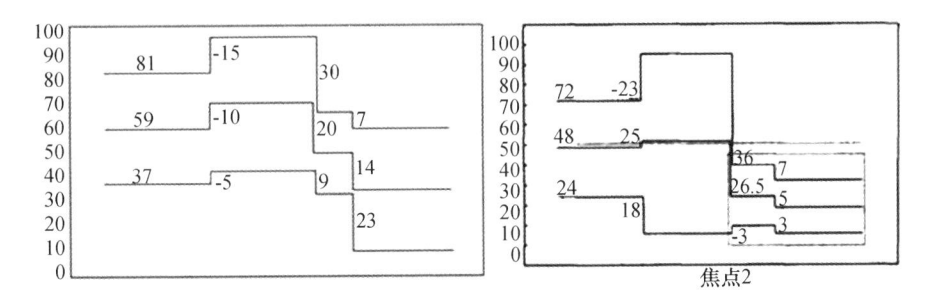

图 10—34　句中焦点句大小样本起伏度对比（左：较大样本；右：小样本）

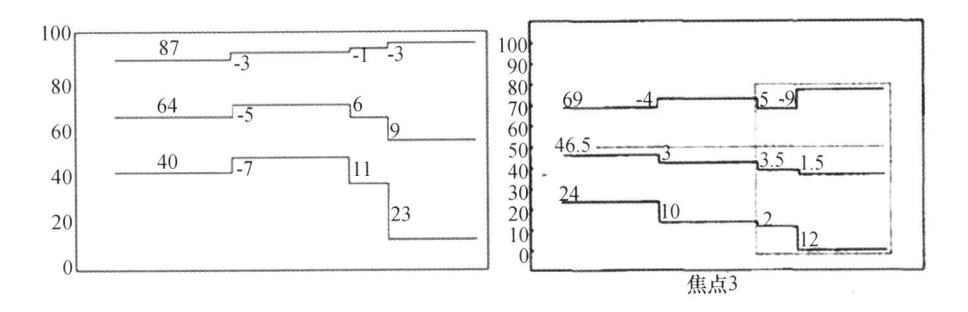

图 10—35　句末焦点句大小样本起伏度对比（左：较大样本；右：小样本）

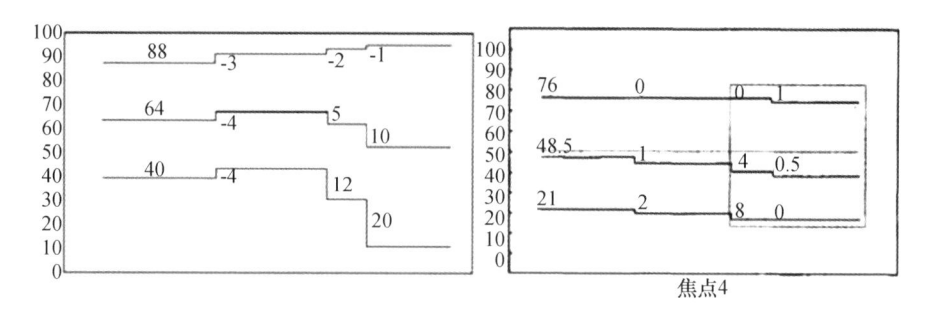

图10—36 动宾焦点句大小样本起伏度对比（左：较大样本；右：小样本）

六 结语

通过较大样本的实验分析，发现陈述句语调的主要表现特征是音高下倾，而音高下倾主要是受句末词的影响，句末词是陈述语气的主要负载者，句中词的起伏变化不定，可能上升，可能下降。疑问句的主要表现特征是受句末词后字上线的抬升和下线的下降影响，在句末词处调域得到最大化扩展，词调域先变窄后变宽；调域上线呈现上升趋势，下线呈现下降趋势。与陈述句相比，疑问句调域表现出整体的抬升。焦点句的主要特征表现为上线的抬升造成的焦点词调域的较大程度的扩展，以及非焦点词调域的大幅度压缩，焦点词调域上线为全句的上线；当焦点位于句首和句中时，表现出焦点词调域的整体抬升；当焦点位于句末时，焦点句上线最大值一般在句末词处取得，陈述句一般在句首词取得。

第二节 上海普通话语调音高分析
李秀婷

一 绪论

（一）研究背景

现代汉语语调研究始于赵元任。他（1933）认为，汉语语句中一个音节的调子是单字调和句子语调的"代数和"或者"合成物"。石锋（2009）提出"语调格局"的音高表现相当于句子调型曲线上升下降的状况及其呈现出的各词调域跨度的大小和相对位置关系。

在陈述、疑问、祈使和感叹四种功能的语句中，海内外学者对陈述句、疑问句这两类语调研究较多。石锋、王萍、梁磊（2008）研究表明音高下倾在陈述语句和调群中都占主流；音高上升的情况有限，是有标记的。陈怡、石锋（2011）研究表明焦点所在词调域最大化扩展，覆盖全部语句调域。焦点前词调域居中，焦点后词调域大幅压缩。陈娟文（2004）运用32句陈述句和32句疑问句语料对上海普通话和普通话的陈述句、疑问句在调型方面的差异进行了初步探索，值得注意。

（二）研究目标、意义

本节采用语调格局的理论和方法，定量分析上海普通话陈述句、疑问句、强调焦点句语料，考察句调域、词调域和字调域的音高起伏度，探求三种功能的句子起伏度的分布特点。分析上海普通话的语调起伏度的特点，有助于我们全面了解上海普通话的语音特点，并且将研究成果应用于普通话教学、语音识别等领域。

二 实验设计

上海普通话的语料是对沈炯（1985）实验句做了适当修改形成的。包括：

（1）陈述句：
张忠斌星期天修收音机。
吴国华重阳节回阳澄湖。
李小宝五点整写讲演稿。
赵树庆毕业后到教育部。
李金宝五时整写讲话稿。
李小刚五点整写颁奖词。

（2）疑问句：
张忠斌星期天修收音机？
吴国华重阳节回阳澄湖？
李小宝五点整写讲演稿？
赵树庆毕业后到教育部？
李金宝五时整写讲话稿？
李小刚五点整写颁奖词？

焦点句语料是对陈述句语料采用不同的提问方式得到的。如，谁星期天修收音机？张忠斌什么时候修收音机？张忠斌星期天修什么？张忠斌星期天做什么？引导出有不同焦点位置的4组句子。包括：强调焦点在句首词语（以下简称"句首焦点句"）如，张忠斌；强调焦点在句中词语（以下简称"句中焦点句"）如，星期天；强调焦点在句末词语（以下简称"句末窄焦点句"）如，收音机；强调焦点在句末的述宾短语（以下简称"句末宽焦点句"，宽焦点）如，修收音机。

每句前3字的音节组成句首韵律词，中间3字的音节组成句中韵律词，第8—10字音组成句末韵律词。第7字是单音动词，可以跟句末韵律词构成动宾结构的韵律短语。

本次实验的发音人共100位，50男50女，都是上海本地大学生，大部分人年龄在19—24岁之间。家庭语言背景多为沪语。使用Cool Edit 2.0进行录音，采样率为11025赫兹，16位单声道。发音人自然地朗读实验句，每个句子读两次，中间停顿3秒，共获得7200（=2×6×6×100）个样品句，录音完成后，我们又对实验语句进行了听辨，剔除个别听上去不自然的句子，最后选择50个人的语音材料。

三 上海普通话陈述句语调音高实验

（一）上海普通话的陈述句的句调域、词调域和字调域

上海男性的调域上线和下线分别低于女性发音人。上海男性的句调域跨度略大于女性句调域跨度。从词调域跨度来看，无论男性还是女性发音人，都是句首词调域最大，句中词、单音动词调域最小，句末宾语调域居中。（参见表10—13和图10—37）

表10—13　　　　句调域、词调域音高跨度、分布区间　　　（单位：半音）

	句调域	词调域			
		句首词	句中词	单音动词	句末宾语
男	11.24 (9.98–21.22)	9.93 (11.29–21.22)	8.11 (11.93–20.04)	7.91 (10.95–18.86)	8.84 (9.98–18.82)
女	11.05 (15.42–26.47)	10.10 (16.37–26.47)	7.80 (17.54–25.34)	8.78 (15.94–24.72)	9.24 (15.42–24.66)

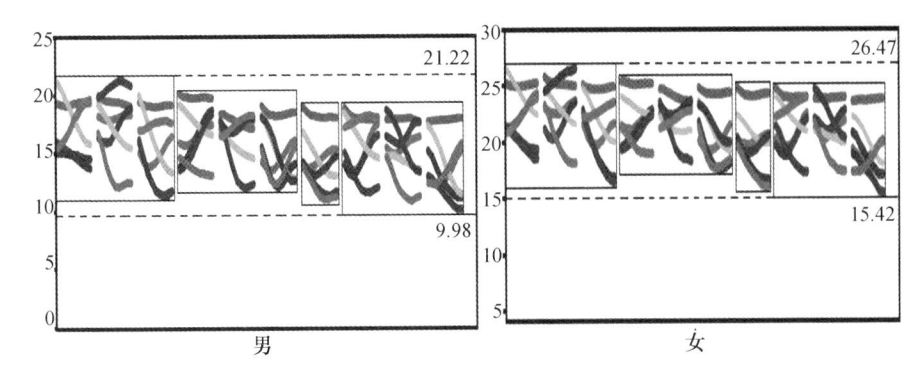

图 10—37　半音标度的句调域图

无论男性、女性，都是句首词调域上线最高，句中词调域上线次之，句末词调域上线最低。句末词调域下线最低，句中词调域下线最高，句首词调域下线居中。

句首词内部字音的音高跨度，男性为首字＜末字＜中字，女性为首字＜中字＜末字。句中词内部字音的音高跨度，男性为中字＜末字＜首字，女性为中字＜首字＜末字。陈述句中单音动词的调域比句末宾语末字小，比首字和中字大。句末宾语内部字音的音高跨度，男性为末字＜中字＜首字，女性为末字＜首字＜中字。（见表10—14。）

表 10—14　　　　　字调域音高跨度、分布区间　　　　（单位：半音）

		男（平均值）	女（平均值）
	首字	7.41（13.69－21.10）	8.02（18.42－26.44）
句首词	中字	9.18（12.04－21.22）	8.46（18.01－26.47）
	末字	8.68（11.29－20.97）	8.70（16.37－25.07）
	首字	8.68（11.29－20.97）	6.53（18.81－25.34）
句中词	中字	6.38（11.93－18.31）	6.42（18.23－24.65）
	末字	7.02（11.98－19.00）	7.21（17.54－24.75）
单音动词		7.91（10.95－18.86）	8.77（15.94－24.72）
	首字	7.32（11.50－18.82）	7.54（17.12－24.66）
句末宾语	中字	7.84（10.77－18.61）	7.36（17.26－24.62）
	末字	7.96（9.98－17.94）	8.37（15.42－23.79）

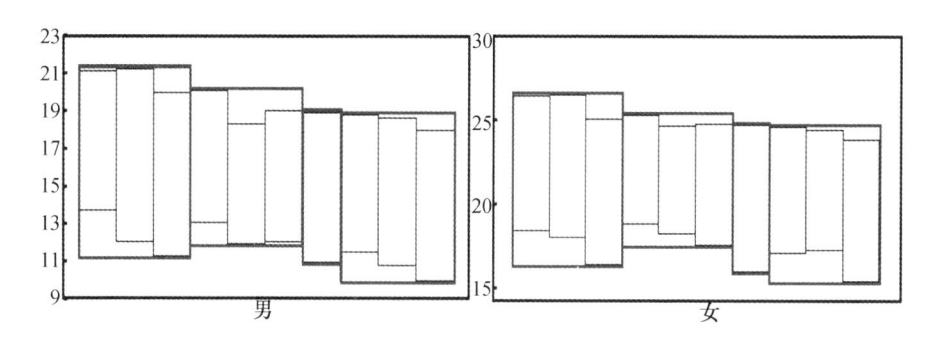

图10—38 半音标度的字调域图（图中数据见表10—14。）

（二）上海普通话自然焦点陈述句内部词调域的起伏度

分析观察表10—15和图10—39的图表数据可以得知，上线呈递减趋势；下线除句中词之外总体呈递减趋势。

表10—15　　　　　　　　　语句起伏度Q值　　　　　　　　　（%）

		Q0	Q1	Q2	Q3	Q
陈述句	上线 a	93.17	7.26	6.45	2.26	15.97
	中线 b	59.80	0.99	7.03	4.04	12.06
	下线 c	26.42	-5.28	7.61	5.83	8.16

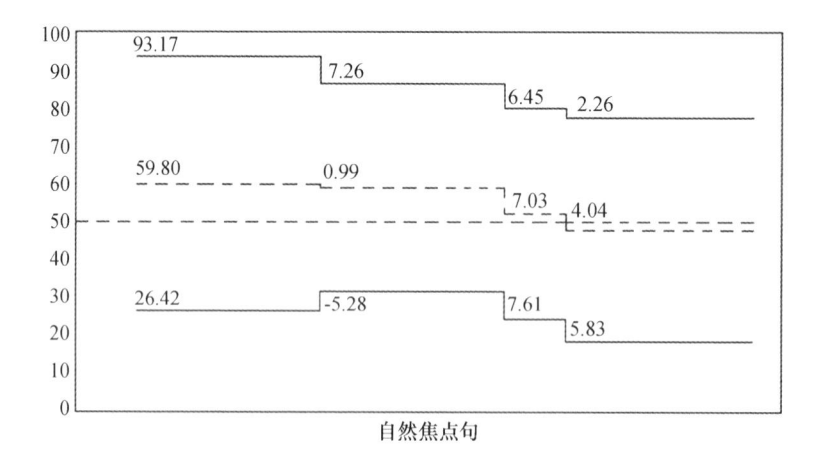

图10—39 百分比标度的词调域起伏度

(三) 上海普通话自然焦点陈述句词语内部字调域的起伏度

句首词调域起伏度（首字－末字），和首字相比，末字的上线、中线、下线均为正值，都表现为音高的下降趋势。

句中词调域起伏度（首字－末字），和首字相比，末字的上线、中线和下线都表现为音高的下降趋势。

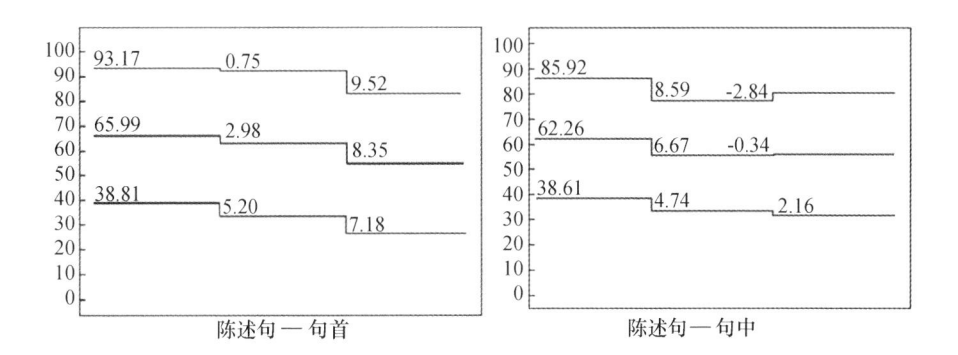

图 10—40　句首词调域内部字调域起伏度　图 10—41　句中词调域内部字调域起伏度

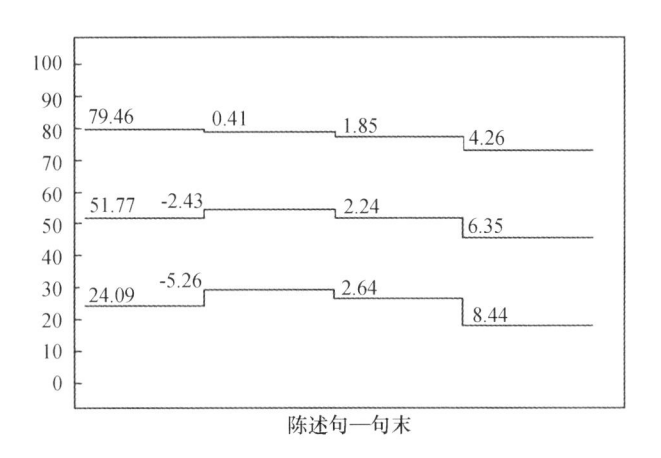

图 10—42　句末词语调域内部字音音高起伏格局

句末词调域起伏度（首字－末字），和首字相比，末字表现为音高的下降趋势。

(四) 上海普通话和北京普通话对比分析

从表 10—16 可以看到，北京普通话男性陈述句调域跨度大于女性。

这与上海普通话一致。

表 10—16　　　　　句调域音高跨度及分布区间对比　　　（单位：半音）

	男	女
上海普通话	11.24（9.98 – 21.22）	11.05（15.42 – 26.47）
北京普通话	14.37（5.06 – 19.43）	13.82（11.10 – 24.92）

从表 10—17 和表 10—18 可以看出，北京普通话陈述句的词调域跨度是句末＞句首＞句中。这与上海的情况不完全相同，上海的两组词调域跨度最大值出现在句首词，而北京普通话的两组出现在句末词，最小值则是上海普通话两组与北京普通话两组都出现在句中词。

表 10—17　　　　　男性词调域跨度及分布区间对比　　　（单位：半音）

	句首词	句中词	单音动词	句末宾语
上海普通话	9.93 （11.29 – 21.22）	8.11 （11.93 – 20.04）	7.91 （10.95 – 18.86）	8.84 （9.98 – 18.82）
北京普通话	10.50 （8.93 – 19.43）	7.33 （11.09 – 18.42）	8.77 （9.20 – 17.97）	12.90 （5.06 – 17.95）

表 10—18　　　　　女性词调域跨度及分布区间对比　　　（单位：半音）

	句首词	句中词	单音动词	句末宾语
上海普通话	10.10 （16.37 – 26.47）	7.80 （17.54 – 25.34）	8.78 （15.94 – 24.72）	9.24 （15.42 – 24.66）
北京普通话	10.49 （14.43 – 24.92）	7.82 （16.93 – 24.75）	10.42 （13.91 – 24.33）	13.34 （11.10 – 24.44）

从表 10—19 可以看出，北京普通话句首词中，男性和女性的字调域跨度都是首字＜中字＜末字，这一点与上海女性句首词各字调域的大小关系一致，而上海男性句首词各字调域中最大值出现在中字。

北京普通话句中词中，男性和女性的字调域跨度都是中字＜首字＜

末字，这一点与上海女性句中词各字调域的大小关系一致，而上海男性句中词各字调域中最大值出现在首字，非末字，最小值则出现在中字。

北京普通话中，与句末宾语各字相比，单音动词的调域处于较高水平；上海普通话中，单音动词的调域处于较高水平。

北京普通话句末宾语中，男性和女性字调域跨度都是中字<首字<末字，这一点与上海女性相应数据表现一致，而上海男性字调域最小值为首字，最大值为末字。

表 10—19　　　　　　字调域跨度及分布区间对比　　　　（单位：半音）

		男		女	
		上海普通话	北京普通话	上海普通话	北京普通话
句首词	首字	7.41 (13.69 – 21.10)	6.97 (12.37 – 19.34)	8.02 (18.42 – 26.44)	6.88 (18.01 – 24.89)
	中字	9.18 (12.04 – 21.22)	8.67 (10.76 – 19.43)	8.46 (18.01 – 26.47)	8.09 (16.83 – 24.92)
	末字	9.68 (11.29 – 20.97)	8.97 (8.93 – 17.90)	8.70 (16.37 – 25.07)	10.03 (14.43 – 24.46)
句中词	首字	9.68 (11.29 – 20.97)	7.09 (11.33 – 18.42)	6.53 (18.81 – 25.34)	7.75 (16.95 – 24.70)
	中字	6.38 (11.93 – 18.31)	6.52 (11.21 – 17.73)	6.42 (18.23 – 24.65)	7.33 (17.11 – 24.44)
	末字	7.02 (11.98 – 19.00)	7.14 (11.09 – 18.23)	7.21 (17.54 – 24.75)	7.82 (16.93 – 24.75)
单音动词		7.91 (10.95 – 18.86)	8.77 (9.20 – 17.97)	8.78 (15.94 – 24.72)	10.41 (13.91 – 24.32)
句末词	首字	7.32 (11.50 – 18.82)	8.40 (9.55 – 17.95)	7.54 (17.12 – 24.66)	10.28 (14.16 – 24.44)
	中字	7.84 (10.77 – 18.61)	8.23 (8.59 – 16.82)	7.36 (17.26 – 24.62)	9.10 (14.38 – 23.48)
	末字	7.96 (9.98 – 17.94)	11.55 (5.06 – 16.61)	8.37 (15.42 – 23.79)	12.35 (11.10 – 23.45)

四 上海普通话疑问句语调音高实验

(一) 上海普通话的疑问句句调域、词调域和字调域

疑问句中,上海女性句调域的上线和下线分别大于男性的,但调域跨度男性大于女性。上海普通话陈述句的句调域对比发现,男性的疑问句调域大于陈述句调域,而女性的疑问句调域小于陈述句调域。

表 10—20　　　　　　　　句调域跨度、分布区间　　　　　　(单位:半音)

	男	女
疑问句	12.02 (11.31 – 23.33)	9.74 (17.73 – 27.47)
陈述句	11.24 (9.98 – 21.22)	11.05 (15.42 – 26.47)

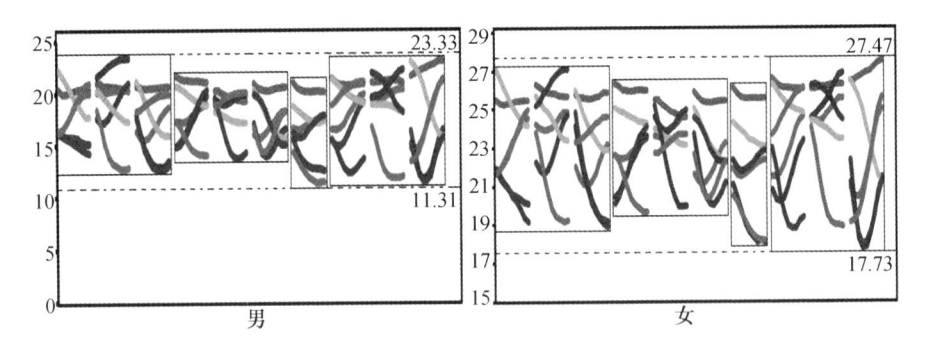

图 10—43　半音标度的疑问句调域图

观察比较图 10—43 的两幅图,可以看出来男性的句首词调域上线最高,句末词调域上线次之,动词调域上线最低。女性的句末词调域上线最高,句首词调域上线居中,动词调域上线最低。男性和女性都是句末词调域下线最低,句首词调域下线居中,句中词调域下线最高。

表 10—21　　　　　　　　词调域跨度、分布区间　　　　　　(单位:半音)

		句首词	句中词	单音动词	句末宾语
疑问句	男	10.68 (12.65 – 23.33)	7.88 (13.68 – 21.56)	9.63 (11.31 – 20.94)	11.48 (11.50 – 22.98)
	女	8.18 (18.89 – 27.07)	6.69 (19.62 – 26.31)	8.02 (18.07 – 26.09)	9.74 (17.73 – 27.47)

续表

		句首词	句中词	单音动词	句末宾语
陈述句	男	9.93 (11.29-21.22)	8.11 (11.93-20.04)	7.91 (10.95-18.86)	8.84 (9.98-18.82)
	女	10.10 (16.37-26.47)	7.80 (17.54-25.34)	8.78 (15.94-24.72)	9.24 (15.42-24.66)

在上海普通话的疑问句中，男性和女性词调域跨度的最大值都出现在句末宾语，最小值都出现在句中词，句首词和单音动词的调域居中。男性的句首、句中、单音动词、句末宾语调域都分别大于女性的跨度。

比较同性发音人在疑问句（图10—44）和陈述句（图10—45）中同样位次上的数据，疑问句各词调域发生提升。词调域跨度的最大值在疑问句中男、女都出现在句末，在陈述句中都出现在句首；最小值男性和女性都出现在句中。

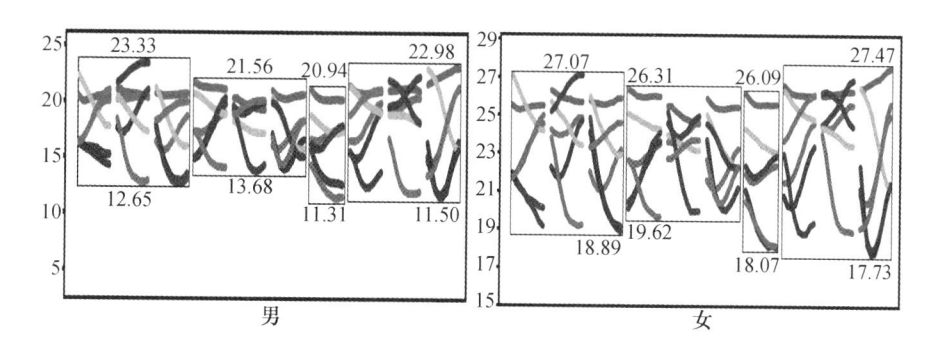

图10—44 半音标度的疑问句词调域图

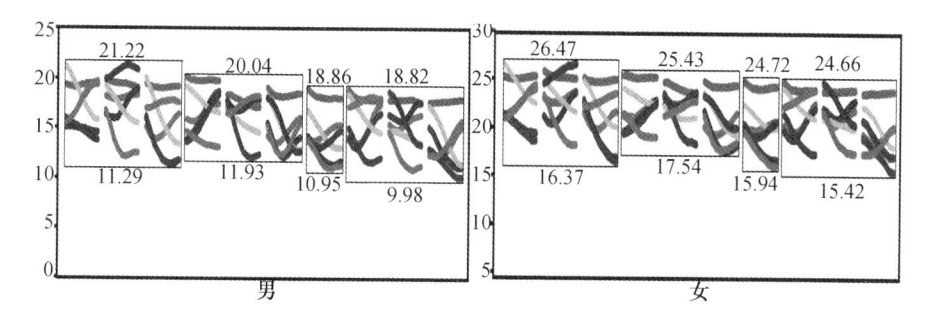

图10—45 半音标度的陈述句词调域图

疑问句的句首词内部字音的音高跨度（见表10—22），中字的调域跨度是最大的。男性中字调域跨度最大，首字调域跨度最小，与陈述句相一致，女性是疑问句中字最大，而陈述句末字调域跨度最大。

句中词内部字音的音高跨度是首字＞末字＞中字。与陈述句相一致，男性都是首字调域最大，中字调域最小；女性是中字调域最小，疑问句的首字调域最大，陈述句的末字调域最大。

疑问句单音动词的调域比句末宾语末字小，但是比首字大。陈述句中男性单音动词调域仅比末字小，女性单音动词比句末宾语各字都大。

句末词内部字音的音高跨度，末字的调域跨度是最大的，首字的调域跨度最小。与陈述句相一致，男性都是末字调域跨度最大，首字调域跨度最小；女性都是末字调域跨度最大，首字或中字调域跨度最小。

表10—22　　　　字调域跨度、分布区间　　　　（单位：半音）

		疑问句		陈述句	
		男	女	男	女
句首词	首	7.99 (14.20－22.19)	7.91 (19.14－27.05)	7.41 (13.69－21.10)	8.02 (18.42－26.44)
	中	10.68 (12.65－23.33)	7.93 (19.14－27.07)	9.18 (12.04－21.22)	8.46 (18.01－26.47)
	末	8.48 (12.65－21.13)	7.09 (18.89－25.98)	8.68 (11.29－20.97)	8.70 (16.37－25.07)
句中词	首	7.56 (14.01－21.56)	6.69 (19.62－26.31)	8.68 (11.29－20.97)	6.53 (18.81－25.34)
	中	6.54 (13.68－20.22)	5.55 (19.93－25.48)	6.38 (11.93－18.31)	6.42 (18.23－24.65)
	末	7.02 (13.87－20.89)	5.89 (20.00－25.89)	7.02 (11.98－19.00)	7.21 (17.54－24.75)
单音动词		9.63 (11.31－20.94)	8.02 (18.07－26.09)	7.91 (10.95－18.86)	8.78 (15.94－24.72)

续表

		疑问句		陈述句	
		男	女	男	女
句末词	首	9.08 (12.29-21.37)	7.80 (18.78-26.58)	7.32 (11.50-18.82)	7.54 (17.12-24.66)
	中	10.40 (11.77-22.17)	7.98 (18.87-26.85)	7.84 (10.77-18.61)	7.36 (17.26-24.62)
	末	11.48 (11.50-22.98)	9.74 (17.73-27.47)	7.96 (9.98-17.94)	8.37 (15.42-23.79)

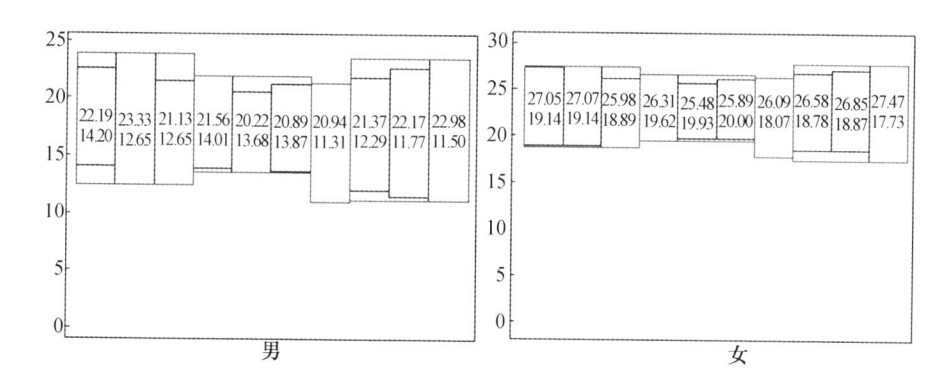

图 10—46　半音标度的疑问句字调域图

（二）上海普通话疑问句的词调域起伏度

从表 10—23 和图 10—47 可以得知，整个疑问句下线的下降幅度远大于上线上升的幅度。Q 值在上、中、下线都是陈述句大于疑问句，表明陈述句从句首到句末词的下降幅度大于疑问句。句末词 Q3 上线大幅度提升是疑问句的特征。

表 10—23　　　　　疑问句、陈述句语句起伏度 Q 值　　　　　（%）

		Q0	Q1	Q2	Q3	Q
疑问句	上线 a	86.96	7.73	3.15	-10.86	0.02
疑问句	中线 b	56.11	1.24	7.78	-5.15	3.86
疑问句	下线 c	25.26	-5.25	12.40	0.56	7.70
陈述句	上线 a	93.17	7.26	6.45	2.26	15.97
陈述句	中线 b	59.80	0.99	7.03	4.04	12.06
陈述句	下线 c	26.42	-5.28	7.61	5.83	8.16

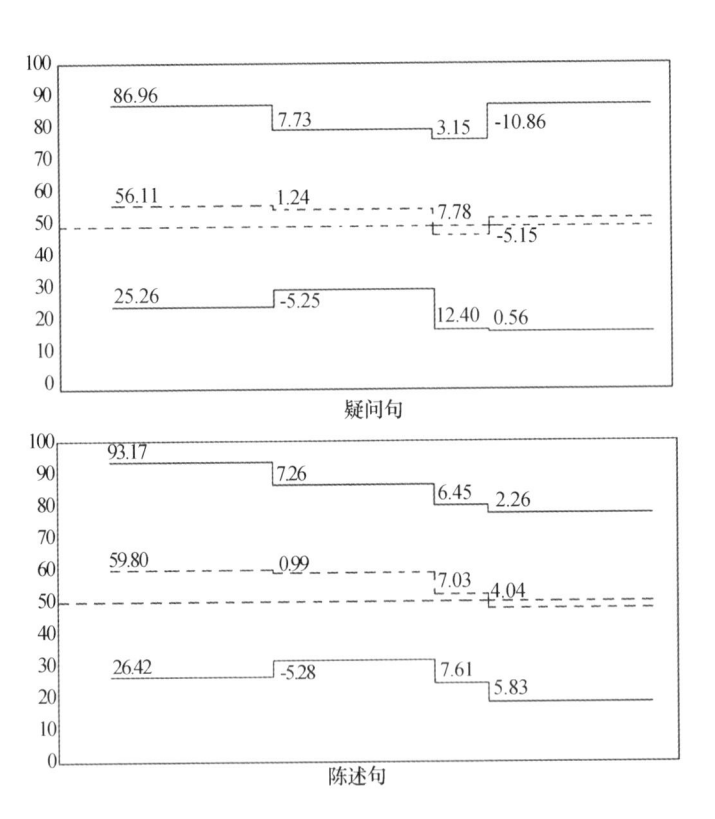

图 10—47　百分比标度的疑问句、陈述句起伏度

句首词起点 Q0：疑问句的数据普遍小于陈述句。句首词–句中词的起伏度 Q1：句中词上线降低，下线提升。句中词–单音动词的起伏度 Q2：从句中词到单音动词均为下降趋势。单音动词–句末宾语的起伏度 Q3：疑问句上线为大幅度上升，陈述句上线呈下降趋势；中线疑问句表现为上升，陈述句表现为下降；下线两种句式都呈现下降趋势。句首词–句末宾语的全句起伏度 Q：两类句子上线的明显差别标示出不同的特征。

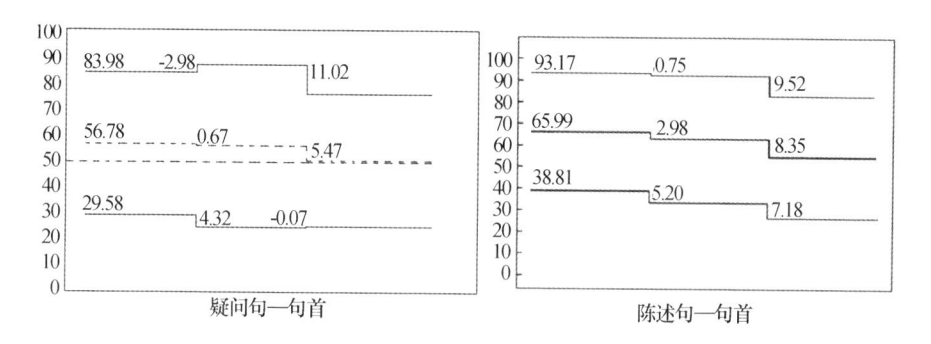

图10—48　句首词调域内部字调域起伏格局图

（三）上海普通话疑问句词语内部字调域的起伏度

从图10—48可见，句首词调域起伏度（首字–末字），和首字相比，末字的上线、中线、下线都表现为音高的下降趋势。

从图10—49可见，句中词调域起伏度（首字–末字），和首字相比，末字的上线、中线、下线都表现为音高的下降趋势。

从图10—50可见，句末词调域起伏度（首字–末字），和首字相比，在疑问句的末字的上线、中线为上升趋势，下线微降。而陈述句都呈现出音高下降的趋势。

（四）上海普通话和北京普通话对比分析

句调域跨度方面，参见表10—24，男性的调域跨度均大于女性的。分布区间方面，上海普通话疑问句的上线、下线都高于北京普通话。

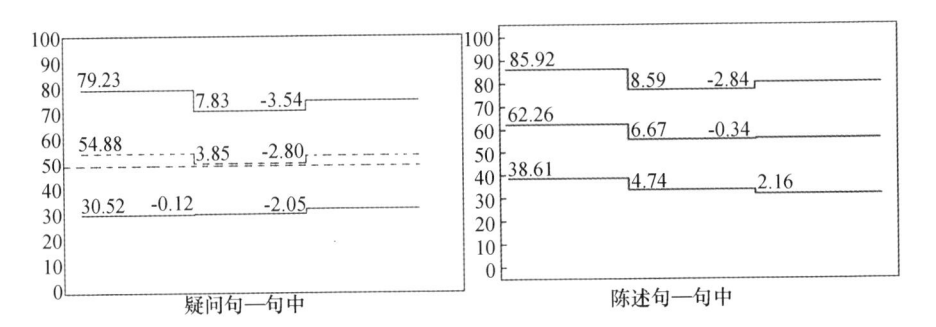

图 10—49　句中词调域内部字调域起伏格局图

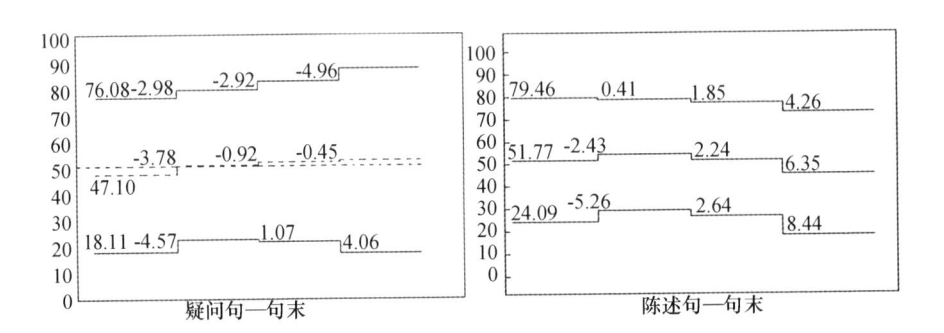

图 10—50　句末词调域内部字调域起伏格局图

表 10—24　　　　　　句调域跨度及分布区间对比　　　　（单位：半音）

	男	女
上海普通话	12.02（11.31 – 23.33）	9.74（17.73 – 27.47）
北京普通话	12.96（8.49 – 21.45）	12.03（15.28 – 27.31）

词调域跨度方面，参见表 10—25 和表 10—26，上海男性句末词调域跨度小于北京普通话，句首词、句中词和单音动词调域跨度则相反。上海女性各词调域跨度均小于北京普通话女性。

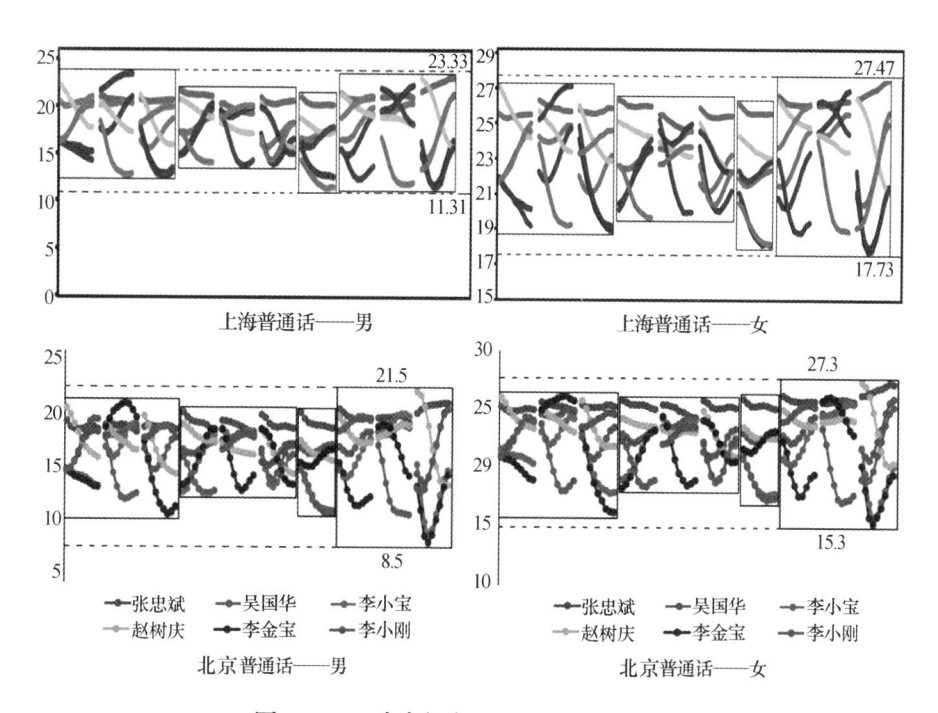

图 10—51　半音标度的疑问句的句调域图

表 10—25　　　　　男性词调域跨度及分布区间对比　　　　（单位：半音）

	句首词	句中词	单音动词	句末宾语
上海普通话	10.68 (12.65 – 23.33)	7.88 (13.68 – 21.56)	9.63 (11.31 – 20.94)	11.48 (11.50 – 22.98)
北京普通话	9.55 (10.86 – 20.41)	6.97 (12.68 – 19.65)	8.70 (10.97 – 19.67)	12.96 (8.49 – 21.45)

表 10—26　　　　　女性词调域跨度及分布区间对比　　　　（单位：半音）

	句首词	句中词	单音动词	句末宾语
上海普通话	8.18 (18.89 – 27.07)	6.69 (19.62 – 26.31)	8.02 (18.07 – 26.09)	9.74 (17.73 – 27.47)
北京普通话	9.90 (16.20 – 26.10)	7.50 (18.25 – 25.75)	8.61 (17.26 – 25.87)	12.03 (15.28 – 27.31)

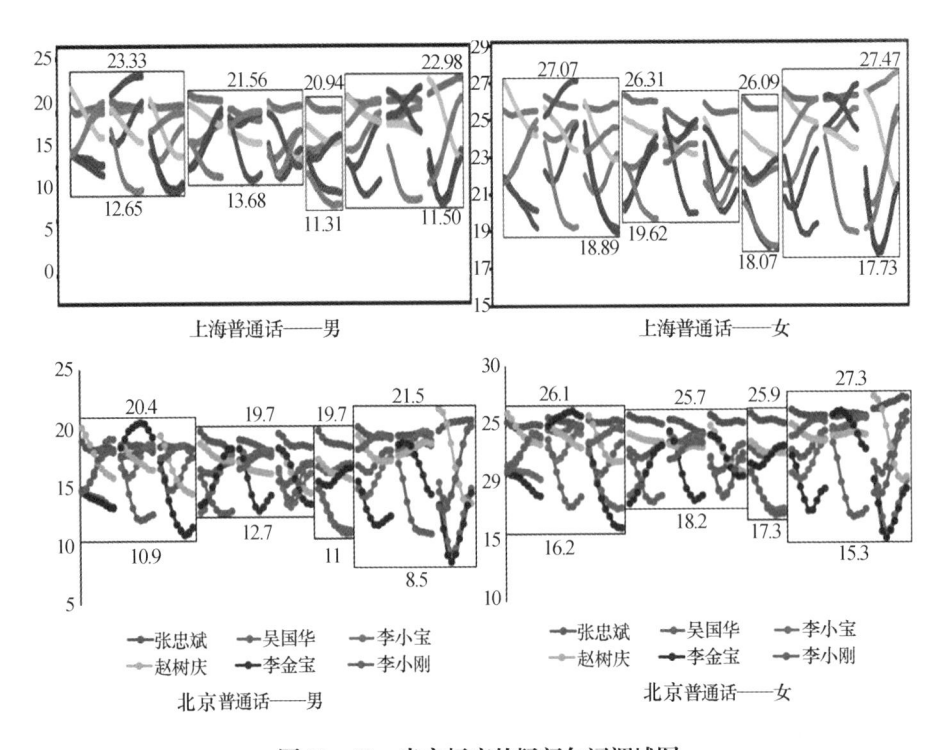

图 10—52　半音标度的疑问句词调域图

从表 10—27 可见，北京普通话句首词中，男性和女性的字调域跨度都是首字＜中字＜末字。北京普通话句中词中，男性和女性的字调域跨度都是中字＜末字＜首字。北京普通话中，与句末宾语各字相比，单音动词的调域比句末宾语末字略高；上海普通话中，单音动词的调域处于较低水平。北京普通话句末宾语中，男性和女性字调域跨度都是首字＜中字＜末字，这一点与上海普通话相应数据表现一致。

五　上海普通话焦点句语调音高实验

（一）上海普通话焦点句的句调域、词调域和字调域

从表 10—28 所示，四类强调焦点句中，句首焦点句和句中焦点句的男性句调域高于女性，句末窄焦点句、句末宽焦点句的句调域男性低于女性。

表10—27　　　　　　　字调域跨度及分布区间对比　　　　　（单位：半音）

		男		女	
		上海普通话	普通话	上海普通话	普通话
句首词	首	7.99 (14.20 – 22.19)	6.86 (13.14 – 20.00)	7.91 (19.14 – 27.05)	7.02 (18.91 – 25.93)
	中	10.68 (12.65 – 23.33)	8.27 (12.14 – 20.41)	7.93 (19.14 – 27.07)	8.10 (18.00 – 26.10)
	末	8.48 (12.65 – 21.13)	8.46 (10.86 – 19.32)	7.09 (18.89 – 25.98)	9.52 (16.20 – 25.72)
句中词	首	7.55 (14.01 – 21.56)	6.97 (12.68 – 19.65)	6.69 (19.62 – 26.31)	7.50 (18.25 – 25.75)
	中	6.54 (13.68 – 20.22)	6.07 (12.88 – 18.95)	5.55 (19.93 – 25.48)	6.89 (18.49 – 25.38)
	末	7.02 (13.87 – 20.89)	6.25 (13.20 – 19.45)	5.89 (20.00 – 25.89)	7.00 (18.75 – 25.75)
单音动词		9.63 (11.31 – 20.94)	8.70 (10.97 – 19.67)	8.02 (18.07 – 26.09)	8.61 (17.26 – 25.87)
句末词	首	9.08 (12.29 – 21.37)	8.32 (11.64 – 19.96)	7.80 (18.78 – 26.58)	8.56 (17.61 – 26.17)
	中	10.40 (11.77 – 22.17)	8.71 (10.87 – 19.58)	7.98 (18.87 – 26.85)	8.98 (17.08 – 26.06)
	末	11.48 (11.50 – 22.98)	12.96 (8.49 – 21.45)	9.74 (17.73 – 27.47)	12.03 (15.28 – 27.31)

表10—28　　　　　　　句调域跨度、分布区间　　　　　　（单位：半音）

	男	女
自然焦点句	11.24（9.98 – 21.22）	11.05（15.42 – 26.47）
句首焦点句	14.46（9.63 – 24.09）	14.44（13.31 – 27.75）
句中焦点句	14.55（8.78 – 23.33）	14.18（13.99 – 28.17）
句末窄焦点句	10.40（10.20 – 20.60）	11.48（14.52 – 26.00）
句末宽焦点句	9.99（10.52 – 20.51）	10.20（15.72 – 25.92）

对比上海普通话自然焦点句和强调焦点句的句调域，可以发现：（1）句调域跨度自然焦点句和句首焦点句、句中焦点句都是男高于女，句末窄焦点句、句末宽焦点句则相反。（2）男性自然焦点句跨度比句首焦点句、句中焦点句的小，比其余两类焦点句的大，句首焦点句、句中焦点句的句调域发生了扩展，句末窄焦点句和句末宽焦点句发生了压缩。女性自然焦点句跨度比前三类焦点句的小，比句末宽焦点句的大。除了句末宽焦点句之外，其他三类焦点句的句调域发生了扩展。

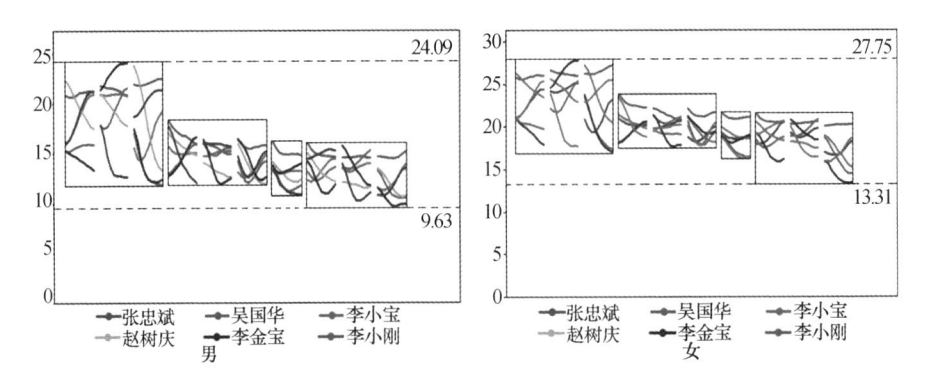

图10—53 半音标度的句首焦点句调域图

从图10—53可以看出,男性和女性都是句首词调域上线最高,句中词调域上线次之,单音动词上线更低,句末词调域上线最低。句中词调域下线最高,句首词调域下线次之,单音动词下线更低,句末词调域下线最低。句首词调域跨度最大,即焦点所在的词调域跨度最大。

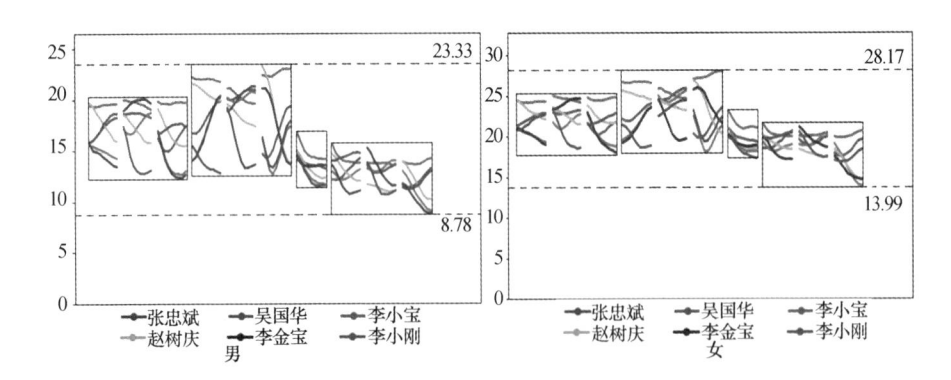

图10—54 半音标度的句中焦点句调域图

从图10—54可以看出,男性和女性都是句中词调域上线最高,句首词调域上线次之,动词调域上线更低,句末词调域最低。句中词调域下线最高,句首词调域下线次之,句末词调域下线比单音动词下线低,是全句下线最低处。即便如此,句中词调域跨度仍为全句调域最大处。

从图10—55可以看出,男性和女性都是句末词调域上线和句中词调域上线最高,句首词调域上线次之,单音动词调域上线最低。句末词调

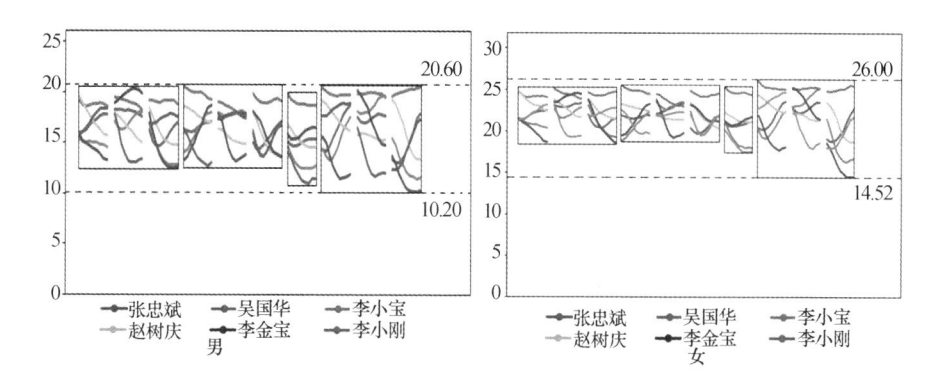

图 10—55 半音标度的句末窄焦点句调域图

域下线最低，单音动词下线次之，句中词调域下线最高。总体来看，句末词调域跨度最大，即焦点所在的词。

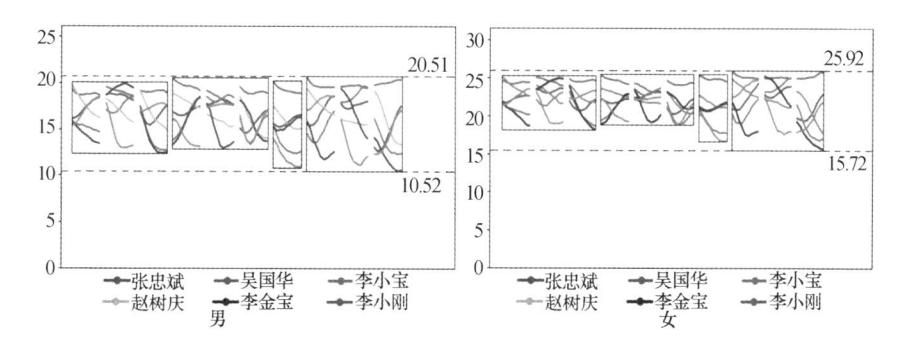

图 10—56 半音标度的句末宽焦点句调域图

从图 10—56 可以看出，男性和女性都是句末词调域上线最高，句中词调域上线次之，句首词调域上线最低。句末词调域下线最低，单音动词下线次之，句中词调域下线最高。总体来看，句末词调域跨度最大，即焦点所在的词。

句末宽焦点句的句调域上线比句末窄焦点句低，下线比句末窄焦点句高，句调域跨度较句末窄焦点句有压缩。

强调焦点句的焦点所在的词调域有所扩展，上线为全句各词调域上线的最大值，词调域下线虽不都是全句各词调域下线的最小值，但词调域跨度为全句各词调域跨度的最大值。强调焦点词的前面、后面的词调域发生压缩。

对比同一性别发音人在同一位次上的数据,强调焦点句的焦点所在的词调域上线和下线比自然焦点句都有抬升,词调域跨度也比自然焦点句发生扩展。

参见表10—30,句首焦点的句首词字调域遵循首字<中字<末字,句中词各字男性和女性的表现不一样,男性中字<末字<首字,女性末字<中字<首字;句末宾语男性和女性表现不一样,男性首字<中字<末字,女性中字<首字<末字。

表10—29　　　　　　　　词调域跨度及分布区间　　　　　　（单位:半音）

		句首词	句中词	单音动词	句末宾语
自然焦点句	男	9.93 (11.29–21.22)	8.11 (11.93–20.04)	7.91 (10.95–18.86)	8.84 (9.98–18.82)
	女	10.10 (16.37–26.47)	7.80 (17.54–25.34)	8.78 (15.94–24.72)	9.24 (15.42–24.66)
句首焦点句	男	12.21 (11.88–24.09)	6.33 (11.89–18.22)	5.27 (10.88–16.15)	6.35 (9.63–15.98)
	女	10.72 (17.03–27.75)	6.11 (17.62–23.73)	5.23 (16.27–21.50)	8.15 (13.31–21.46)
句中焦点句	男	7.81 (12.31–20.32)	10.67 (12.66–23.33)	5.23 (11.48–16.71)	6.81 (8.78–15.59)
	女	6.98 (18.10–25.08)	9.95 (18.22–28.17)	5.64 (17.42–23.06)	7.45 (13.99–21.44)
句末窄焦点句	男	7.84 (12.53–20.37)	7.83 (12.77–20.60)	8.85 (11.00–19.85)	10.39 (10.20–20.59)
	女	6.50 (18.58–25.08)	6.55 (18.92–25.47)	7.76 (17.51–25.27)	11.48 (14.52–26.00)
句末宽焦点句	男	7.47 (12.42–19.89)	7.38 (13.00–20.38)	9.11 (10.98–20.09)	9.99 (10.52–20.51)
	女	6.87 (18.28–25.15)	6.40 (18.96–25.36)	8.66 (16.77–25.43)	10.20 (15.72–25.92)

句中焦点句首词字调域遵循首字<中字<末字,句中词中字<首字<末字,句末宾语中字<首字<末字。

句末窄焦点句首词字调域男性首字<末字<中字,女性中字<首字<末字,句中词中字<末字<首字,句末宾语中字<首字<末字。

句末宽焦点句首词字调域男性首字<末字<中字,女性中字<首

字＜末字，句中词中字＜末字＜首字，句末宾语中字＜首字＜末字。

表10—30　　　　　　　　字调域跨度及分布区间　　　　　（单位：半音）

男（平均值）

		句首焦点句	句中焦点句	句末窄焦点句	句末宽焦点句
句首词	首字	8.96 (13.32 − 22.28)	6.24 (13.42 − 19.66)	6.12 (13.36 − 19.48)	6.19 (13.53 − 19.72)
	中字	11.54 (12.55 − 24.09)	7.38 (12.74 − 20.12)	7.32 (13.05 − 20.37)	6.90 (12.99 − 19.89)
	末字	11.93 (11.88 − 23.81)	7.51 (12.31 − 19.82)	6.66 (12.53 − 19.19)	6.79 (12.42 − 19.21)
句中词	首字	6.18 (12.04 − 18.22)	9.42 (12.78 − 22.20)	7.83 (12.77 − 20.60)	7.20 (13.18 − 20.38)
	中字	4.48 (11.90 − 16.38)	8.06 (13.29 − 21.35)	5.87 (13.15 − 19.02)	6.14 (13.00 − 19.14)
	末字	4.56 (11.89 − 16.45)	10.67 (12.66 − 23.33)	6.20 (13.62 − 19.82)	6.19 (13.42 − 19.61)
单音动词		5.27 (10.88 − 16.15)	5.23 (11.48 − 16.71)	8.85 (11.00 − 19.85)	9.11 (10.98 − 20.09)
句末宾语	首字	5.01 (10.97 − 15.98)	4.89 (10.70 − 15.59)	8.90 (11.52 − 20.42)	8.70 (11.81 − 20.51)
	中字	5.51 (10.22 − 15.73)	4.59 (10.66 − 15.25)	8.43 (11.75 − 20.18)	8.66 (11.17 − 19.83)
	末字	5.51 (9.63 − 15.14)	5.42 (8.78 − 14.20)	10.39 (10.20 − 20.59)	9.85 (10.52 − 20.37)

女（平均值）

		句首焦点句	句中焦点句	句末窄焦点句	句末宽焦点句
句中词	首字	8.35 (17.88 − 26.23)	5.41 (19.08 − 24.49)	5.93 (18.70 − 24.63)	6.32 (18.72 − 25.04)
	中字	10.09 (17.66 − 27.75)	6.44 (18.64 − 25.08)	5.80 (19.28 − 25.08)	6.09 (19.06 − 25.15)
	末字	10.17 (17.03 − 27.20)	6.81 (18.10 − 24.91)	6.20 (18.58 − 24.78)	6.62 (18.28 − 24.90)

续表

		女（平均值）			
		句首焦点句	句中焦点句	句末窄焦点句	句末宽焦点句
句中词	首字	5.67 (18.06 – 23.73)	8.11 (18.70 – 26.81)	6.55 (18.92 – 25.47)	6.30 (19.06 – 25.36)
	中字	4.47 (17.62 – 22.09)	6.40 (19.55 – 25.95)	5.18 (19.23 – 24.41)	5.13 (19.22 – 24.35)
	末字	4.30 (17.78 – 22.08)	9.95 (18.22 – 28.17)	5.32 (19.54 – 24.86)	5.75 (18.96 – 24.71)
单音动词		5.23 (16.27 – 21.50)	5.64 (17.42 – 23.06)	7.76 (17.51 – 25.27)	8.66 (16.77 – 25.43)
句末宾语	首字	5.60 (15.86 – 21.46)	4.22 (17.22 – 21.44)	8.30 (17.70 – 26.00)	8.40 (17.52 – 25.92)
	中字	4.39 (16.42 – 20.81)	3.73 (17.48 – 21.21)	7.31 (17.95 – 25.26)	7.67 (17.68 – 25.35)
	末字	6.99 (13.31 – 20.30)	6.81 (13.99 – 20.80)	11.00 (14.52 – 25.52)	10.20 (15.72 – 25.92)

（二）上海普通话焦点句词调域的起伏度

表10—31　　　　　　　　　　焦点句起伏度　　　　　　　　　　（％）

		Q0	Q1	Q2	Q3	Q
句首焦点句	上线 a	95.60	28.46	12.06	0.80	41.32
	中线 b	63.37	13.80	9.03	5.95	28.78
	下线 c	31.14	-0.87	5.99	11.09	16.21
句中焦点句	上线 a	75.78	-16.81	32.22	8.66	24.07
	中线 b	54.74	-9.03	19.31	12.49	22.77
	下线 c	33.70	-1.25	6.39	16.31	21.45
句末窄焦点句	上线 a	75.89	-3.27	3.44	-4.08	-3.91
	中线 b	53.69	-3.50	7.60	3.66	7.76
	下线 c	31.49	-3.73	11.77	11.41	19.45

续表

		Q0	Q1	Q2	Q3	Q
句末宽焦点句	上线 a	74.62	-2.60	1.32	-3.26	-4.54
	中线 b	51.56	-3.44	7.89	0.03	4.48
	下线 c	28.49	-4.29	14.47	3.32	13.5
自然焦点句	上线 a	93.17	7.26	6.45	2.26	15.97
	中线 b	59.80	0.99	7.03	4.04	12.06
	下线 c	26.42	-5.28	7.61	5.83	8.16

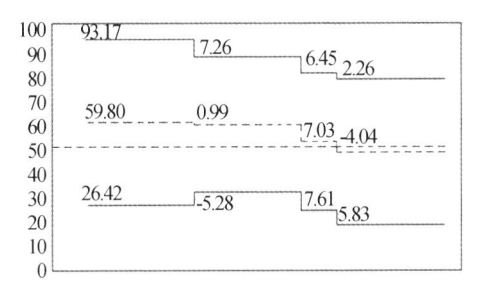

自然焦点句起伏度图

句首焦点

句中焦点

句末窄焦点句图

句末宽焦点句图

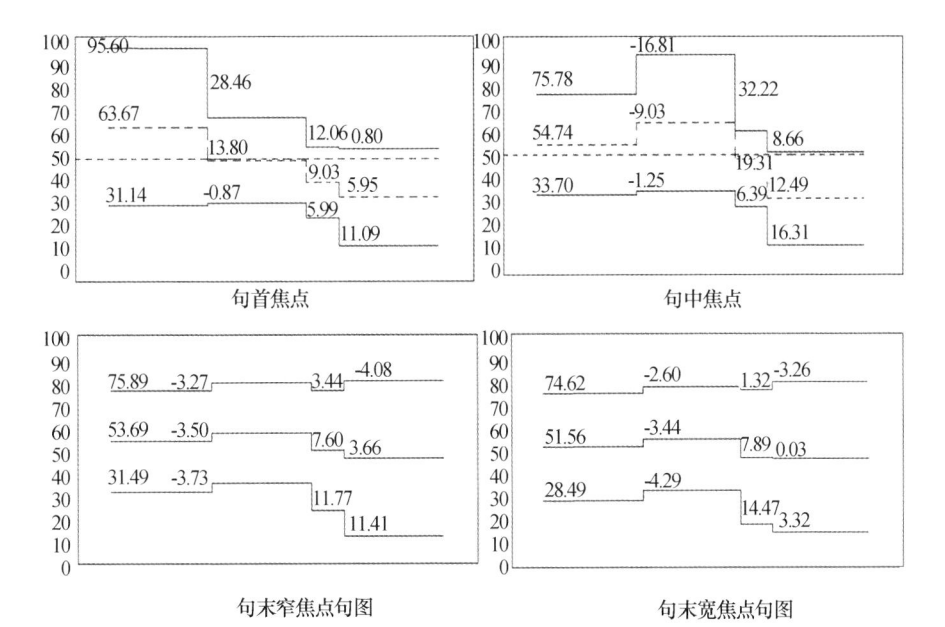

图 10—57 百分比标度的焦点句起伏度

分析表 10—31 和图 10—57 中的数据可以得知,句首焦点句的句首词起点 Q0 最高,句首词后的 Q1 上线大幅下降,说明句首焦点句在焦点后的调域压缩趋势。

句中焦点句起点 Q0 居中,句中词的 Q1 上线大幅度提高;句中词后的 Q2 上线大幅度降低,说明句中焦点前后都有调域压缩,焦点后压缩大于焦点前的压缩。

句末窄焦点句的句末宾语为强调焦点,因而从句首词到句中词表现为 Q1 的上线、中线、下线呈微升趋势;句中词调域呈现为音高上升的特点。从句中词到单音动词表现为 Q2 上线、中线、下线呈降低趋势,上线下降的幅度小于下线下降的幅度,单音动词调域表现为音高下倾、调域扩展的特点。从单音动词到句末宾语的 Q3 上线有一定程度的上升,下线有较大幅度的下降,使得句末宾语的调域得到扩展并覆盖全句调域。

句末宽焦点句的强调焦点为单音动词和句末宾语组成的动词短语,从句首词到句中词表现为 Q1 的上线、中线、下线呈微升趋势;句中词调域呈现为音高上升、调域略微压缩的特点。从句中词到焦点所在的动词,Q2 上线微降,下线下降较明显,使动词调域大于句末窄焦点句的动词调域。Q3 上线上升、下线下降,使得强调焦点所在的调域扩展并覆盖全句调域。

对比句末窄焦点句和句末宽焦点句,每个词的音高走势是一致的,均为先升高,后降低,再升高。不同的是,句末窄焦点句焦点部分的扩展比句末宽焦点句更大些。

(三)上海普通话字调域的音高起伏度

上海普通话自然焦点句各个词调域内部字调域总体呈下倾趋势。(参见图 10—58)

句首焦点句字调域最显著的音高表现是强调焦点所在词调域内 3 个单字调域前字居中、中字调域达到最大值、末字调域下线最低。

句中焦点句字调域的音高表现是强调焦点所在词调域内末字调域的扩展幅度最大,焦点词调域内字调域先变小再变大。

句末窄焦点句和句末宽焦点句都是句首词调域和句中词调域压缩,句末词的末字调域最大。宽焦点句的动词调域更大些。

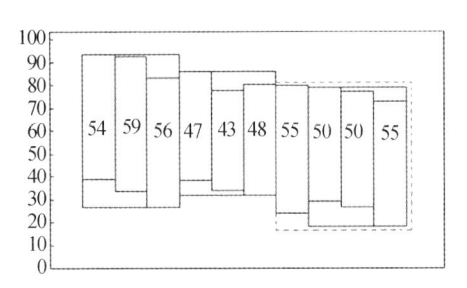

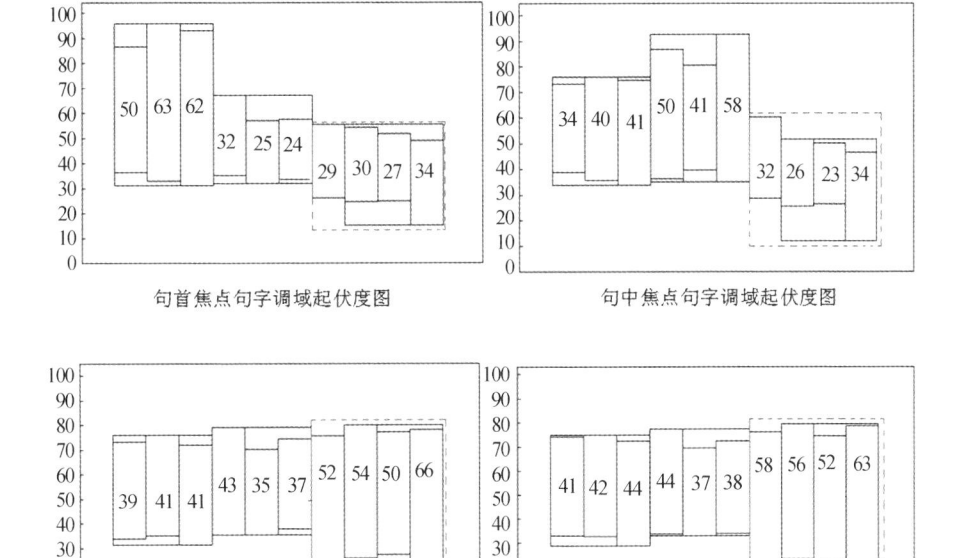

图 10—58 百分比标度的焦点句字调域起伏度图

（四）上海普通话和北京普通话对比分析

从表 10—32 可以看出，句首焦点句、句中焦点句的句调域跨度上海普通话和北京普通话都是男性大于女性。

表 10—32　　　　　　　　句调域跨度及分布区间对比　　　　　（单位：半音）

		上海普通话	北京普通话
男	句首焦点句	14.46（9.63–24.09）	16.94（5.00–21.94）
	句中焦点句	14.55（8.78–23.33）	16.41（5.81–22.22）
	句末窄焦点句	10.40（10.20–20.60）	14.39（5.92–20.31）
	句末宽焦点句	9.99（10.52–20.51）	13.72（6.54–20.26）
女	句首焦点句	14.44（13.31–27.75）	15.35（12.46–27.81）
	句中焦点句	14.18（13.99–28.17）	16.08（11.76–27.84）
	句末窄焦点句	11.48（14.52–26.00）	13.69（12.95–26.64）
	句末宽焦点句	10.20（15.72–25.92）	13.85（12.79–26.64）

结合表 10—33 和表 10—34 可以看到，句首焦点句词调域跨度的最小值，上海普通话出现在单音动词，北京普通话出现在句中词。词调域跨度上海普通话小于北京普通话。句中焦点句词调域跨度上海普通话小于北京普通话，除了上海普通话男性句中词。句末窄焦点句词调域跨度的最小值，男性都是出现在句中词，女性则是上海普通话出现在句首词，北京普通话出现在句中词。词调域跨度上海普通话小于北京普通话，男性句首词、句中词上海普通话大于北京普通话。句末宽焦点句词调域跨度的最小值，男性都是出现在句中词，女性上海普通话出现在句中词，北京普通话出现在句首词。每个词的调域跨度，不论男女，都是上海普通话小于北京普通话。

表 10—33　　　　　　　男性词调域跨度及分布区间对比　　　　　（单位：半音）

		句首词	句中词	单音动词	句末宾语
句首焦点句	上海普通话	12.21（11.88–24.09）	6.33（11.89–18.22）	5.28（10.88–16.16）	6.35（9.63–15.98）
	北京普通话	12.68（9.26–21.94）	5.46（10.87–16.33）	5.72（9.65–15.37）	9.75（5.00–14.75）

续表

		句首词	句中词	单音动词	句末宾语
句中焦点句	上海普通话	7.81 (12.31 – 20.12)	10.67 (12.66 – 23.33)	5.23 (11.48 – 16.71)	6.81 (8.78 – 15.59)
	北京普通话	8.23 (10.85 – 19.08)	10.30 (11.92 – 22.22)	6.54 (9.93 – 16.47)	9.31 (5.81 – 15.12)
句末窄焦点句	上海普通话	7.84 (12.53 – 20.37)	7.83 (12.77 – 20.60)	8.86 (11.00 – 19.86)	10.39 (10.20 – 20.59)
	北京普通话	7.71 (11.36 – 19.07)	7.60 (12.20 – 19.80)	9.60 (10.20 – 19.80)	14.39 (5.92 – 20.31)
句末宽焦点句	上海普通话	7.47 (12.42 – 19.89)	7.38 (13.00 – 20.38)	9.11 (10.98 – 20.09)	9.99 (10.52 – 20.51)
	北京普通话	8.06 (11.39 – 19.45)	7.90 (11.85 – 19.75)	10.13 (10.01 – 20.14)	13.72 (6.54 – 20.26)

表 10—34　　　　女性词调域跨度及分布区间对比　　　　（单位：半音）

		句首词	句中词	单音动词	句末宾语
句首焦点句	上海普通话	10.72 (17.03 – 27.75)	6.11 (17.62 – 23.73)	5.23 (16.27 – 21.50)	8.15 (13.31 – 21.46)
	北京普通话	12.86 (14.95 – 27.81)	5.80 (16.98 – 22.78)	5.85 (15.71 – 21.56)	8.73 (12.46 – 21.19)
句中焦点句	上海普通话	6.98 (18.10 – 25.08)	9.95 (18.22 – 28.17)	5.63 (17.42 – 23.05)	7.45 (13.99 – 21.44)
	北京普通话	8.70 (17.00 – 25.70)	10.37 (17.47 – 27.84)	5.76 (16.44 – 22.20)	9.46 (11.76 – 21.22)
句末窄焦点句	上海普通话	6.50 (18.58 – 25.08)	6.55 (18.92 – 25.47)	7.76 (17.51 – 25.27)	11.48 (14.52 – 26.00)
	北京普通话	8.40 (17.14 – 25.54)	7.49 (18.33 – 25.82)	9.39 (16.58 – 25.97)	13.69 (12.95 – 26.64)
句末宽焦点句	上海普通话	6.87 (18.28 – 25.15)	6.40 (18.96 – 25.36)	8.66 (16.77 – 25.43)	10.20 (15.72 – 25.92)
	北京普通话	8.25 (17.43 – 25.68)	8.34 (17.66 – 26.00)	10.23 (16.22 – 26.45)	13.85 (12.79 – 26.64)

结合表 10—35 和表 10—36，可以看到句首焦点句上海普通话和北京普通话句首各字调域为首字＜中字＜末字，句中词各字调域上海男性为中字＜末字＜首字，北京普通话男性为末字＜中字＜首字，女性都是末字＜中字＜首字；句末宾语上海普通话男性为首字＜中字＜末字，北京普通话男性和两地女性都是中字＜首字＜末字。

句中焦点句的句首词字调域都是首字＜中字＜末字，句中词为中字＜首字＜末字，句末宾语为中字＜首字＜末字。

句末窄焦点句的句首词字调域，上海普通话男性是首字＜末字＜中字，女性是中字＜首字＜末字，北京普通话都是首字＜中字＜末字。上海普通话和北京普通话都是句中词为中字＜末字＜首字，句末宾语为中字＜首字＜末字。

表 10—35　　　男性字调域跨度及分布区间对比　　　（单位：半音）

男		句首焦点句		句中焦点句	
		上海普通话	北京普通话	上海普通话	北京普通话
句首词	首字	8.96 (13.32 －22.28)	7.56 (13.01 －20.57)	6.24 (13.42 －19.66)	6.32 (12.76 －19.08)
	中字	11.54 (12.55 －24.09)	10.16 (11.75 －21.91)	7.38 (12.74 －20.12)	6.82 (12.14 －18.96)
	末字	11.93 (11.88 －23.81)	12.68 (9.26 －21.94)	7.51 (12.31 －19.82)	7.88 (10.85 －18.73)
句中词	首字	6.18 (12.04 －18.22)	4.67 (11.62 －16.29)	9.42 (12.78 －22.20)	9.20 (11.92 －21.12)
	中字	4.48 (11.90 －16.38)	4.60 (11.73 －16.33)	8.06 (13.29 －21.35)	8.10 (12.60 －20.70)
	末字	4.56 (11.89 －16.45)	4.30 (10.87 －15.17)	10.67 (12.66 －23.33)	10.07 (12.15 －22.22)
单音动词		5.27 (10.88 －16.15)	5.72 (9.65 －15.37)	5.23 (11.48 －16.71)	6.54 (9.93 －16.47)

续表

男		句首焦点句		句中焦点句	
		上海普通话	北京普通话	上海普通话	北京普通话
句末宾语	首字	5.01 (10.97－15.98)	5.53 (9.22－14.75)	4.89 (10.70－15.59)	5.35 (9.77－15.12)
	中字	5.51 (10.22－15.73)	4.78 (8.76－13.54)	4.59 (10.66－15.25)	4.43 (9.40－13.83)
	末字	5.51 (9.63－15.14)	8.37 (5.00－13.37)	5.42 (8.78－14.20)	7.71 (5.81－13.52)

男		句末窄焦点句		句末宽焦点句	
		上海普通话	北京普通话	上海普通话	北京普通话
句首词	首字	6.12 (13.36－19.48)	6.19 (12.88－19.07)	6.19 (13.53－19.72)	6.22 (13.23－19.45)
	中字	7.32 (13.05－20.37)	6.55 (12.38－18.93)	6.90 (12.99－19.89)	6.78 (12.28－19.06)
	末字	6.66 (12.53－19.19)	7.46 (11.36－18.82)	6.79 (12.42－19.21)	7.64 (11.39－19.03)
句中词	首字	7.83 (12.77－20.60)	7.60 (12.20－19.80)	7.21 (13.18－20.38)	7.90 (11.85－19.75)
	中字	5.88 (13.15－19.02)	6.66 (12.31－18.97)	6.14 (13.00－19.14)	6.38 (12.61－18.99)
	末字	6.20 (13.62－19.82)	6.90 (12.67－19.57)	6.19 (13.42－19.61)	7.22 (12.37－19.59)
单音动词		8.86 (11.00－19.85)	9.60 (10.20－19.80)	9.11 (10.98－20.09)	10.13 (10.01－20.14)
句末宾语	首字	8.90 (11.52－20.43)	10.06 (10.25－20.31)	8.70 (11.81－20.51)	9.51 (10.75－20.26)
	中字	8.42 (11.75－20.18)	9.33 (9.97－19.30)	8.66 (11.17－19.83)	9.48 (9.68－19.16)
	末字	10.40 (10.20－20.59)	13.60 (5.92－19.52)	9.85 (10.52－20.37)	12.80 (6.54－19.34)

表 10—36　　　　　　　女性字调域跨度及分布区间对比　　　　　（单位：半音）

女		句首焦点句		句中焦点句	
		上海普通话	北京普通话	上海普通话	北京普通话
句首词	首字	8.35 (17.88 – 26.23)	7.15 (19.12 – 26.27)	5.41 (19.08 – 24.49)	6.34 (19.08 – 25.42)
	中字	10.09 (17.66 – 27.75)	9.86 (17.43 – 27.29)	6.44 (18.64 – 25.08)	6.96 (18.75 – 25.71)
	末字	10.17 (17.03 – 27.20)	12.86 (14.95 – 27.81)	6.81 (18.10 – 24.91)	8.45 (17.00 – 25.45)
句中词	首字	5.67 (18.06 – 23.73)	5.80 (16.98 – 22.78)	8.11 (18.70 – 26.81)	8.76 (18.19 – 26.95)
	中字	4.47 (17.62 – 22.09)	4.61 (17.91 – 22.52)	6.40 (19.55 – 25.95)	8.89 (18.14 – 27.03)
	末字	4.30 (17.78 – 22.08)	4.41 (17.27 – 21.68)	9.95 (18.22 – 28.17)	10.37 (17.47 – 27.84)
单音动词		5.23 (16.27 – 21.50)	5.85 (15.71 – 21.56)	5.64 (17.42 – 23.06)	5.76 (16.44 – 22.20)
句末宾语	首字	5.60 (15.86 – 21.46)	5.77 (15.42 – 21.19)	4.22 (17.22 – 21.44)	6.65 (14.57 – 21.22)
	中字	4.39 (16.42 – 20.81)	5.33 (15.08 – 20.41)	3.73 (17.48 – 21.21)	5.80 (14.45 – 20.25)
	末字	6.99 (13.31 – 20.30)	8.23 (12.46 – 20.69)	6.81 (13.99 – 20.80)	8.82 (11.76 – 20.58)

女		句末窄焦点句		句末宽焦点句	
		上海普通话	北京普通话	上海普通话	北京普通话
句首词	首字	5.93 (18.70 – 24.63)	6.23 (19.26 – 25.49)	6.32 (18.72 – 25.04)	6.52 (18.85 – 25.37)
	中字	5.80 (19.28 – 25.08)	6.75 (18.78 – 25.53)	6.09 (19.06 – 25.15)	7.38 (18.30 – 25.68)
	末字	6.20 (18.58 – 24.78)	8.16 (17.14 – 25.30)	6.62 (18.28 – 24.90)	8.01 (17.43 – 25.44)
句中词	首字	6.55 (18.92 – 25.47)	7.49 (18.33 – 25.82)	6.30 (19.06 – 25.36)	8.34 (17.66 – 26.00)
	中字	5.18 (19.23 – 24.41)	6.54 (18.90 – 25.44)	5.13 (19.22 – 24.35)	7.32 (18.11 – 25.43)
	末字	5.32 (19.54 – 24.86)	6.75 (18.98 – 25.73)	5.74 (18.96 – 24.71)	7.25 (18.63 – 25.88)

续表

女		句末窄焦点句		句末宽焦点句	
		上海普通话	北京普通话	上海普通话	北京普通话
单音动词		7.76 (17.51 – 25.27)	9.39 (16.58 – 25.97)	8.66 (16.77 – 25.43)	10.23 (16.22 – 26.45)
句末宾语	首字	8.30 (17.70 – 26.00)	10.65 (15.99 – 26.64)	8.40 (17.52 – 25.92)	10.39 (16.25 – 26.64)
	中字	7.31 (17.95 – 25.26)	9.40 (16.27 – 25.67)	7.67 (17.68 – 25.35)	10.03 (15.69 – 25.72)
	末字	11.00 (14.52 – 25.52)	12.92 (12.95 – 25.87)	10.20 (15.72 – 25.92)	13.02 (12.79 – 25.81)

句末宽焦点句的句首词字调域，上海普通话是男性首字＜末字＜中字，女性中字＜首字＜末字，北京普通话都是首字＜中字＜末字；句中词上海普通话都是中字＜末字＜首字，北京普通话男性为中字＜末字＜首字，女性为末字＜中字＜首字。北京普通话和上海普通话句末宾语都是中字＜首字＜末字。

六 总结

总体而言，上海普通话陈述句语调为音高下倾，疑问句为调域的提高和扩展，焦点句为焦点所在的词调域提高和扩展。由于语调的复杂性和多变性，我们可以看到不同性别、地域的发音人在不同的语调层级（句调域、词调域和字调域）都可能存在一定的差异。但这并不影响我们说明语调的整体规律。

陈述句表现出音高下倾的趋势。词调域的上线和下线，每个词内部的字调域上线和下线，都呈现出下降的趋势。同时，结合以百分比为标度的调域图，可以看到句末宾语词调域的下线为全句调域下线的最小值，每个词的末字调域的下线为该词调域的下线最小值，这是句边界、词边界在上海普通话调域方面的体现。

上海普通话疑问句语调主要表现为调域的提高（与陈述句对比而言）。调域提高有句调域上线和下线整体升高，各词调域、字调域上线和下线也有不同程度的提升，其中句末词调域上线的提高幅度显著大于下线，句末宾语各字提升的幅度最大。

强调焦点句语调的显著特点是焦点所在的词调域扩展，为全句各词调域跨度的最大值，上线提高为全句各词调域上线的最大值，词调域下线不全是全句各词调域下线的最小值（句首焦点句、句中焦点句调域下线为句末宾语末字下线）。强调焦点所在词的前面、后面的词调域发生压缩。焦点所在词的末字调域，为全句字调域跨度最大值或接近最大值。

第三节　广州普通话语调音高分析
贾贺炜

一　绪论

许多前贤为了研究普通话语调、声调等问题，都采用了不同方法来阐释论述。赵元任是首位把汉语的语调和字调区分出来的人。吴宗济主要研究声调的变调和语气的变调，提出"字调"和"短语变调"是组成语句语调的"基本单元"，加上不同的"语气"组成语句语调。沈炯把汉语的语调切割成四个部分：调冠、调头、调核、调尾。胡明扬（1987）认为功能语气的重要表现是汉语有句末调。石锋（1999）首次提出了"语调格局"这个概念，在音高方面指的是语句调型曲线不一样的起伏格局，以及它所表现出的各词调域的窄宽与彼此之间的位置关系。

王萍和石锋以实验的方法来研究汉语语调的"基本模式"和"变化模式"。在《试论语调格局的研究方法》中，以"语调格局"的思想出发，用体系化的方法去分析考量起伏度、时长比和音量比。贝先明《广州话陈述句语调的起伏度》中采用非绝对化的方法和起伏度计算公式，对广州方言陈述句的音高做分析。韩维新《香港粤语语调初探》文章中，以语调格局理论为基础，分析了粤语陈述句、语调疑问句和焦点句的语调格局。王韫佳《普通话疑问句语调的实验研究》中调查分析了五种疑问句和陈述句语句调域声学特征之间的异同。陈怡、石锋对普通话强调焦点句语调进行研究，焦点所在的词调域末字的调域明显扩展，是强调焦点句字调域重要的音高表现之一。

这节研究的是广州普通话语调方面的一些特点。研究广州普通话语调能够从语音层面找出广州人讲普通话的一些规律，并将其与北京话进行对比，为广州地区普通话教学做出针对性建议和推动实验语音学的发展。

基于石锋的语调格局及语调层级的理论及研究方法，本节着重对广州普通话的陈述句、语调疑问句和四种强调焦点句进行分析。同时还与北京普通话陈述句、疑问句的实验结果分别进行对比，从句调域、词调域、字调域三个角度来研究调域跨度，从句子起伏度，词调域内部起伏度来研究语句的音高起伏。

二　实验说明

发音人均来自广州各大高校，基本在广州长大，个别是很小的时候来到广州。家庭语言是粤语和普通话，个别家庭掌握日语或者英语。年龄在18—23岁，平均年龄20岁。共50人，男女各半。

录音地点在广州，录音软件是Adobe Audition，让每位发音人在自然状态下，以平稳的语速发音。

实验句是在沈炯（1985）实验语句的基础上进行修改，通过在每一组实验句组中添加两个补充实验句来消除上声变调的影响，语料分为自然焦点陈述句语料、疑问句语料以及强调焦点句语料。疑问句语料是跟陈述句同型的不带"吗"的语调疑问句。焦点实验句的研究对象是四组强调焦点位于不同位置的实验句组，以不同的提问方式来引导出焦点位置不同的四组句子。

陈述句实验语料：
（1）张忠斌星期天修收音机。
（2）吴国华重阳节回阳澄湖。
（3）李小宝五点整写讲演稿。
（4）赵树庆毕业后到教育部。
（5）李金宝五点半写讲话稿。
（6）李小刚五时整写颁奖词。

疑问句语料：

（1）张忠斌星期天修收音机？
（2）吴国华重阳节回阳澄湖？
（3）李小宝五点整写讲演稿？
（4）赵树庆毕业后到教育部？
（5）李金宝五点半写讲话稿？
（6）李小刚五时整写颁奖词？

焦点句语料：

（1）强调焦点在句首调群（以下简称焦点句1，为句首焦点）

（谁星期天修收音机？）张忠斌星期天修收音机。

（谁重阳节回阳澄湖？）吴国华重阳节回阳澄湖。

（谁五点整写讲演稿？）李小宝五点整写讲演稿。

（谁毕业后到教育部？）赵树庆毕业后到教育部。

（谁五点半写讲话稿？）李金宝五点半写讲话稿。

（谁五时整写颁奖词？）李小刚五时整写颁奖词。

（2）强调焦点在句中调群（以下简称焦点句2，为句中焦点）

（张忠斌什么时候修收音机？）张忠斌星期天修收音机。

（吴国华什么时候回阳澄湖？）吴国华重阳节回阳澄湖。

（李小宝什么时候写讲演稿？）李小宝五点整写讲演稿。

（赵树庆什么时候到教育部？）赵树庆毕业后到教育部。

（李金宝什么时候写讲话稿？）李金宝五点半写讲话稿。

（李小刚什么时候写颁奖词？）李小刚五时整写颁奖词。

（3）强调焦点在句末述宾短语（以下简称焦点句3，为句末宽焦点）

（张忠斌星期天做什么？）张忠斌星期天修收音机。

（吴国华重阳节做什么？）吴国华重阳节回阳澄湖。

（李小宝五点整做什么？）李小宝五点整写讲演稿。

（赵树庆毕业后做什么？）赵树庆毕业后到教育部。

（李金宝五点半做什么？）李金宝五点半写讲话稿。

（李小刚五时整做什么？）李小刚五时整写颁奖词。

（4）强调焦点在句末宾语（以下简称焦点句4，为句末窄焦点）

（张忠斌星期天修什么？）张忠斌星期天修收音机。
（吴国华重阳节回哪里？）吴国华重阳节回阳澄湖。
（李小宝五点整写什么？）李小宝五点整写讲演稿。
（赵树庆毕业后到哪里？）赵树庆毕业后到教育部。
（李金宝五点半写什么？）李金宝五点半写讲话稿。
（李小刚五时整写什么？）李小刚五时整写颁奖词。

实验问句由录制人提问，被实验者回答。每个人有了6组实验句，每一组有6个句子，每个句子念1遍，一共得到6×6×1×50＝1800个样品句。

使用南开大学语音分析软件"桌上语音工作室"对以上样品句进行声学实验测量，使用音高起伏度的计算方法得到客观的量化描述。

三　广州普通话自然焦点陈述句语调实验分析

（一）调域跨度分析

石锋等把汉语的语调构成分为三个等级，即句调域、词调域和字调域。所以本文从这三个层面分析调域。石锋认为句调域内部的词调域、词调域内部的字调域，尤其是句末词调域内部的字调域，它们之间有很强的同构性，这种同构性主要体现在三个方面：音高跨度、音高起伏度和调域中线。以下是广州普通话的各种实验数据表。

表 10—37　　　广州普通话陈述句的句调域音高跨度及分布区间表　　　（单位：半音）

	性别	男	女
陈述句	调域跨度	10.5	9.2
	分布区间	9.5 – 20	16.9 – 26.1

从表10—37可以看到，广州女生的调域分布均高于男生，但是女生的调域跨度窄于男生。

从表10—38可以看出，广州普通话中陈述句音高是下倾的。女生的音高较男生高，但句首词和句末词调域却比男生窄。女生在各个词调域中音高都比男生有明显升高，体现出性别差异。

表 10—38　　　　　陈述句词调域音高跨度及分布区间表　　　　（单位：半音）

性别		句首词调域	句中词调域	单音动词	句末词调域
男（平均值）	调域跨度	8.4	7.4	6.6	8.7
	分布区间	11.6 – 20	11.2 – 18.6	10.7 – 17.3	9.5 – 18.2
女（平均值）	调域跨度	8.3	7.4	7	7.6
	分布区间	17.8 – 26.1	17.6 – 25	17.1 – 24.1	16.9 – 24.4

表 10—39　　　　　男女生各词调域内部字调域音高跨度值　　　　（半音）

		男生	女生
句首词调域（st）	首字	7.7（12.3 – 20.0）	7.0（19.0 – 26.0）
	中字	7.2（12.1 – 19.3）	7.7（18.4 – 26.1）
	末字	7.3（11.6 – 18.9）	7.0（17.8 – 24.8）
句中词调域（st）	首字	6.1（12.5 – 18.6）	6.3（18.7 – 25.0）
	中字	5.6（11.9 – 17.5）	5.2（18.6 – 23.8）
	末字	7.2（11.2 – 18.4）	6.4（17.6 – 24.0）
单音动词		6.6（10.7 – 17.3）	7.0（17.1 – 24.1）
句末宾语（st）	首字	6.9（10.4 – 17.3）	6.5（17.5 – 24.0）
	中字	7.8（10.4 – 18.2）	7.4（17.0 – 24.4）
	末字	6.9（9.5 – 16.4）	5.8（16.9 – 22.7）

从表 10—39 可以看出，男女生的字调域与词调域分布呈现一致性，是同构的。

（二）调域音高起伏度分析

表 10—40　　　　　句调域、词调域起伏度 Q 值表　　　　（％）

起伏度		Q0	Q1	Q2	Q3	Q
男女平均值	上线 a	91	9	9	–6	12
	中线 b	61	5	6.5	–0.5	11
	下线 c	31	1	4	5	10

（句首词调域起点 Q0，句首词调域减句中词调域起伏度 Q1，句中词调域减单音动词起伏度 Q2，单音动词减句末词调域起伏度 Q3，全句起伏度 Q0）

从表 10—40 可以看出,广州普通话陈述句的音高上线比下线更容易发生变动,体现了陈述句语句音高总体下倾的规律。

表 10—41　　　　　句首词调域内部字音的音高起伏度　　　　　（%）

		起点 Q0	Q1	Q2	Q
句首词调域	上线 a	91	2	7	9
	中线 b	64	2	6	8
	下线 c	38	3	4	7

Q0 为首字调域起点；Q1 = 首字调域 – 中字调域；Q2 = 中字调域 – 末字调域；Q 为词调域内的起伏度。

表 10—41 显示,句首词调域中,上线最大值位于首字,最小值位于末字,下线的最大值位于首字,最小值位于末字,词调域内部音高呈逐渐下降趋势。

表 10—42　　　　　句中词调域内部字音的音高起伏度　　　　　（%）

		起点 Q0	Q1	Q2	Q
句中词调域	上线 a	82	8	-4	4
	中线 b	60	6	0	6
	下线 c	38	3	5	8

Q0 为首字调域起点；Q1 = 首字调域 – 中字调域；Q2 = 中字调域 – 末字调域；Q 为词调域内的起伏度。

表 10—42 的数据显示：句中词各字调域的上线中线均低于句首词调域的起点,下线下降幅度最大。

表 10—43　　　　　句末词调域内部字音的音高起伏度　　　　　（%）

		起点 Q0	Q1	Q2	Q3	Q
句末词调域	上线 a	73	−3	−3	15	9
	中线 b	50	−1	−1	8	4
	下线 c	26	0	2	3	8

Q0 是单首动词的起点位置；Q1 = 动词调域 – 首字调域；Q2 = 首字调域 – 中字调域；Q3 = 中字调域 – 末字调域；Q 为句末短语调域的起伏度。

各调域内各字调域，句首词、句中词以及句末词调域内音高整体是下倾的。所有词调域内部的各个字调域的末字，其上中下线基本都是下降走势。在广州普通话中末字承担起词调域的音高下降的角色。

（三）广州普通话与北京普通话的对比分析

广州普通话与北京普通话句调域、词调域对比（见表10—44）：（1）北京普通话陈述句音高跨度大于广州普通话，体现在下线数值上。男生的句调域均大于女生的句调域。（2）广州男女与北京男女在句中词调域上无太大差别。（3）广州男女的单音动词调域比相对应的北京男女窄，是因为上线下降，下线抬升。（4）句末宾语对于全句的调域起重要作用。

表 10—44　　　广州普通话与北京普通话句调域、词调域表　　　（半音）

		句首词调域	句中词调域	单音动词	句末词调域	全句调域
广州普通话	男	8.4 (11.6 – 20)	7.4 (11.2 – 18.6)	6.6 (10.7 – 17.3)	8.7 (9.5 – 18.2)	10.5 (9.5 – 20.0)
	女	8.3 (17.8 – 26.1)	7.4 (17.6 – 25.0)	7.0 (17.1 – 24.1)	7.5 (16.9 – 24.4)	9.2 (16.9 – 26.1)
北京普通话	男	10.5 (8.9 – 19.4)	7.3 (11.1 – 18.4)	8.8 (9.2 – 18.0)	12.9 (5.1 – 18.0)	14.3 (5.1 – 19.4)
	女	10.5 (14.4 – 24.9)	7.8 (16.9 – 24.7)	10.4 (13.9 – 24.3)	13.3 (11.1 – 24.4)	13.3 (11.1 – 24.4)

北京普通话数据来源于邓芳硕士毕业论文《普通话语调大样本实验研究》。

广州普通话与北京普通话字调域对比（见表10—45）：（1）句首词调域内部字音的音高跨度：广州男女生的中字、末字调域均小于北京男女生的中字、末字调域，广州男、女句首词内部调域呈现从首字到末字的有规律递增趋势，而北京男、女却表现为不一致性。（2）无论广州男女还是北京男女，句中词调域的中字调域为该词调域内最小。（3）单音动词调域内部字音的音高跨度：女生之间的差值大于男生。（4）广州男生和女生的句末宾语字调域最大值均出现在中字，而北京男女生的最大值为末字。广州男女生句末宾语的首字、中字、末字调域值均小于北京男女生。

表 10—45　　　　广州普通话与北京普通话字调域数据表　　　　（半音）

		广州男	广州女	北京男	北京女
句首词	首字	7.7 (12.3 – 20.0)	7.0 (19.0 – 26.0)	6.9 (13.1 – 20.0)	6.9 (18.0 – 24.9)
	中字	7.2 (12.1 – 19.3)	7.7 (18.4 – 26.1)	8.3 (12.1 – 20.4)	8.1 (16.8 – 24.9)
	末字	7.3 (11.6 – 18.9)	7.0 (17.8 – 24.8)	8.4 (10.9 – 19.3)	10.1 (14.4 – 24.5)
句中词	首字	6.1 (12.5 – 18.6)	6.3 (18.7 – 25.0)	7.0 (12.7 – 19.7)	7.7 (17.0 – 24.7)
	中字	5.6 (11.9 – 17.5)	5.2 (18.6 – 23.8)	6.0 (12.9 – 18.9)	7.3 (17.1 – 24.4)
	末字	7.2 (11.2 – 18.4)	6.4 (17.6 – 24.0)	6.3 (13.2 – 19.5)	7.8 (16.9 – 24.7)
单音动词		6.6 (10.7 – 17.3)	7.0 (17.1 – 24.1)	8.7 (11.0 – 19.7)	10.4 (13.9 – 24.3)
句末词	首字	6.9 (10.4 – 17.3)	6.5 (17.5 – 24.0)	8.4 (11.6 – 20)	10.2 (14.2 – 24.4)
	中字	7.8 (10.4 – 18.2)	7.4 (17.0 – 24.4)	8.7 (10.9 – 19.6)	9.1 (14.4 – 23.5)
	末字	6.9 (9.5 – 16.4)	5.8 (16.9 – 22.7)	13.0 (8.5 – 21.5)	12.4 (11.1 – 23.5)

比较北京普通话与广州普通话自然焦点陈述句起伏度（见表10—46）：（1）从句中词到动词 Q2：广州普通话上线波动大，下线波动小。北京话反之。（2）从动词到句末词的 Q3：北京普通话上线较为稳定，下线波动很大。广州普通话反之。（3）分句起伏度 Q：广州普通话上线波动相对大，下线波动小。北京普通话反之。

表10—46　　　　广州、北京陈述句起伏度数据表　　　　（%）

	起伏度		Q0	Q1	Q2	Q3	Q
陈述句	上线 a	广州	91	9	9	−6	12
		北京	95	1	3	0	4
	中线 b	广州	61	5	6.5	−0.5	11
		北京	64	−7	9	13	15
	下线 c	广州	31	1	4	5	10
		北京	33	−15	15	26	26

（表中 Q 值意义同表10—40）

四　广州普通话疑问句语调实验分析

（一）广州普通话疑问句调域分析

表10—47的数据显示，女生调域的最大值和最小值均高于男生，但女生的调域跨度比男生窄，因为女生的上线和下线都极大地抬升了。

表10—47　　　　疑问句的句调域音高跨度及分布区间　　　　（半音）

	性别	男	女
疑问句	调域跨度	11.1	10.5
	分布区间	10.6–21.7	16.6–27.1

表10—48显示：广州普通话中疑问句各词调域上线音高是上升的。女生调域分布位置上线、下线均高于男生调域。女生音高较男生高，调域却比男生窄。

广州普通话疑问句词调域分析：（1）男女生都是句末宾语调域跨度

值最大。（2）男生的句首词调域、句中词调域、句末宾语调域都大于女生；女生在各个词调域中音高都比男生有明显升高，女生域宽虽然比男生窄但是音高高，体现出性别差异。

表10—48　　　　　疑问句词调域音高跨度及分布区间表　　　　（半音）

性别		句首词调域	句中词调域	单音动词	句末宾语调域
男（平均值）	调域跨度	9.2	8.4	7.9	11.1
	分布区间	11.4–20.6	11.8–20.2	11.6–19.5	10.6–21.7
女（平均值）	调域跨度	9.0	7.0	8.1	10.5
	分布区间	18.1–27.1	18.9–25.9	17.4–25.5	16.6–27.1

广州普通话疑问句字调域分析（见表10—49）：（1）字调域最大值在末字与词调域最大值在句末宾语符合同构性。（2）句首词调域男生和女生的内部字音音高跨度规律呈现一致性。（3）句中词调域内部字音的音高跨度呈现不一致性。（4）单音动词字音的音高跨度：女生的上线值下限值均大于男生上线值下限值。（5）句末宾语调域内部字音的音高跨度：在性别上呈现了一致性。

表10—49　　　　　疑问句的句首、句中和句末词调域
　　　　　　　　　　　内部字调域音高跨度　　　　　　　　（半音）

		男生	女生
句首词调域（st）	首字	7.1（13.2–20.3）	7.8（19.1–26.9）
	中字	7.8（12.8–20.6）	8.2（18.9–27.1）
	末字	8.3（11.4–19.7）	7.7（18.1–25.8）
句中词调域（st）	首字	7.5（12.7–20.2）	6.8（19.1–25.9）
	中字	6.8（12.8–19.6）	5.4（19.5–24.9）
	末字	8.1（11.8–19.9）	6.6（18.9–25.5）
单音动词		7.9（11.6–19.5）	8.1（17.4–25.5）
句末宾语（st）	首字	7.8（11.9–19.7）	7.8（18.2–26.0）
	中字	9.0（11.1–20.1）	7.9（18.3–26.2）
	末字	11.1（10.6–21.7）	10.4（16.6–27.0）

(二) 广州普通话疑问句、陈述句调域对比分析

广州普通话疑问句、陈述句调域对比分析（见表10—50）：男生的疑问句分布区间的上线值、下线值分别比男生陈述句的上线值、下线值更高些；女生的疑问句上线值比陈述句上线大，下线小于陈述句下线。

表10—50　　　　疑问句、陈述句的句调域对比表　　　　（半音）

		男生	女生
疑问句	调域跨度	11.1	10.5
	分布区间	10.6 – 21.7	16.6 – 27.1
陈述句	调域跨度	10.5	9.2
	分布区间	9.5 – 20.0	16.9 – 26.1

表10—51　　广州普通话男女生疑问句、陈述句词调域对比表　　（半音）

		句首词调域	句中词调域	单音动词	句末宾语调域
疑问句	男	9.2 (11.4 – 20.6)	8.4 (11.8 – 20.2)	7.9 (11.6 – 19.5)	11.1 (10.6 – 21.7)
	女	9.0 (18.1 – 27.1)	7.0 (18.9 – 25.9)	8.1 (17.4 – 25.5)	10.5 (16.6 – 27.1)
陈述句	男	8.4 (11.6 – 20.0)	7.4 (11.2 – 18.6)	6.6 (10.7 – 17.3)	8.7 (9.5 – 18.2)
	女	8.3 (17.8 – 26.1)	7.4 (17.6 – 25.0)	7.0 (17.1 – 24.1)	7.5 (16.9 – 24.4)

广州普通话疑问句、陈述句词调域对比分析（见表10—51）：男生各调域均分别大于女生各调域；除句中词调域外，男女生其他词调域都是疑问句比陈述句调域高。

表10—52　　　　　广州普通话疑问句、陈述句字调域表　　　（单位：半音）

		疑问句男生	疑问句女生	陈述句男生	陈述句女生
句首词调域	首字	7.1 (13.2-20.3)	7.8 (19.1-26.9)	7.7 (12.3-20.0)	7.0 (19.0-26.0)
	中字	7.8 (12.8-20.6)	8.2 (18.9-27.1)	7.2 (12.1-19.3)	7.7 (18.4-26.1)
	末字	8.3 (11.4-19.7)	7.7 (18.1-25.8)	7.3 (11.6-18.9)	7.0 (17.8-24.8)
句中词调域	首字	7.5 (12.7-20.2)	6.8 (19.1-25.9)	6.1 (12.5-18.6)	6.3 (18.7-25.0)
	中字	6.8 (12.8-19.6)	5.4 (19.5-24.9)	5.6 (11.9-17.5)	5.2 (18.6-23.8)
	末字	8.1 (11.8-19.9)	6.6 (18.9-25.5)	7.2 (11.2-18.4)	6.4 (17.6-24.0)
单音动词		7.9 (11.6-19.5)	8.1 (17.4-25.5)	6.6 (10.7-17.3)	7.0 (17.1-24.1)
句末宾语	首字	7.8 (11.9-19.7)	7.8 (18.2-26.0)	6.9 (10.4-17.3)	6.5 (17.5-24.0)
	中字	9.0 (11.1-20.1)	7.9 (18.3-26.2)	7.8 (10.4-18.2)	7.4 (17.0-24.4)
	末字	11.1 (10.6-21.7)	10.4 (16.6-27.0)	6.9 (9.5-16.4)	5.8 (16.9-22.7)

广州普通话疑问句、陈述句字调域对比（见表10—52）：（1）疑问句男生和女生的字调域最大值出现在句末宾语的末字，而陈述句男生出现在句末宾语的中字，女生则出现在句首词调域的中字。（2）在句首词调域中，男生疑问句首字调域值比陈述句小，对于中字和末字值而言，男生疑问句均高于陈述句。女生疑问句句首词调域内各字的值均大于陈述句各字值。（3）在句中词调域中，男女生疑问句调域内各字均分别大于相应的男女生陈述句调域内各字。（4）对于单音动词而言，男女生疑问句调域值均大于男女生陈述句调域值。（5）在句末宾语中男女生疑问句调域内各字均分别大于相对应男女生陈述句调域内各字。

（三）广州普通话疑问句起伏度音高分析

广州普通话疑问句调域音高起伏度分析（见表10—52）：句中词调域

比句首词调域缩小；句末宾语上线提高，下线降低，得到了最大化扩展；中线对疑问句语气的表达起重要作用。

表10—53　　　　疑问句的句调域、词调域起伏度 Q 值表　　　　（%）

起伏度		Q0	Q1	Q2	Q3	Q
疑问句（男女平均值）	上线 a	85	6	4	−13	−3
	中线 b	53	0	5	−2	3
	下线 c	21	−5	4	9	8

（Q0 为句首词调域起点，Q1 = 句首词调域 − 句中词调域，Q2 = 句中词调域 − 单音动词，Q3 = 单音动词 − 句末词调域，Q 为全句起伏度。）

表10—54　　　　句首词调域内部字音的音高起伏度　　　　（%）

		起点 Q0	Q1	Q2	Q
句首词调域（男女平均值）	上线 a	84	−1	8	7
	中线 b	57	0	8	8
	下线 c	30	1	8	9

（表中 Q 值含义同表10—41。）

广州普通话疑问句的句首词调域内部音高起伏度分析（见表10—54）：句首词调域内部下线数值逐渐下降，末字下线下降的幅度最大。

表10—55　　　　句中词调域内部字音的音高起伏度　　　　（%）

		起点 Q0	Q1	Q2	Q
句中词调（男女平均值）	上线 a	79	5	−2	3
	中线 b	54	2	1	3
	下线 c	29	−2	5	3

（表中 Q 值意义同表10—41。）

表10—55 显示，广州普通话疑问句的句中词调域跨度变化不大，总体稍有下降。

表 10—56　　　　　　句末词调域内部字音的音高起伏度　　　　　　（%）

		起点 Q0	Q1	Q2	Q3	Q
句末词调域 （男女平均值）	上线 a	75	-2	-3	-8	-13
	中线 b	48	-2	0	0	-2
	下线 c	22	-1	2	8	9

（表中 Q 值意义同表 10—43。）

表 10—56 显示，句末词调域起伏度分别低于句首和句中词调域。相对于单音动词，首字的上中下线都为负值，表现为调域的上升。这种"调域上升"现象可以看作动宾结构的短语内动词和宾语两个韵律元素之间的边界标志。句末词的字调域逐字扩展，末字调域最大。

（四）广州普通话疑问句与北京普通话疑问句调域对比分析

广州、北京普通话句调域、词调域对比（见表 10—57）：（1）广州人讲普通话疑问句的差异体现在下线数值上，且男生的句调域均大于女生的句调域。（2）句首词调域：广州男女生的上下线值分别大于北京男女生的上下线。（3）句中词调域：广州男生调域大于北京男生，北京女生大于广州女生。（4）单音动词调域：广州男女生呈现了不一致性。（5）句末宾语调域：差值最大说明句末宾语对全句的调域起重要作用。

表 10—57　　　广州、北京普通话句调域、词调域对比表　　　（半音）

		句首词调域	句中词调域	单音动词	句末词调域	全句调域
广州 普通话	男	9.2 (11.4 - 20.6)	8.4 (11.8 - 20.2)	7.9 (11.6 - 19.5)	11.1 (10.6 - 21.7)	11.1 (10.6 - 21.7)
	女	9.0 (18.1 - 27.1)	7.0 (18.9 - 25.9)	8.1 (17.4 - 25.5)	10.5 (16.6 - 27.1)	10.5 (16.6 - 27.1)
北京 普通话	男	9.5 (10.9 - 20.4)	7.0 (12.7 - 19.7)	8.7 (11.0 - 19.7)	13.0 (8.5 - 21.5)	13.0 (8.5 - 21.5)
	女	9.9 (16.2 - 26.1)	7.5 (18.2 - 25.7)	8.6 (17.3 - 25.9)	12.0 (15.3 - 27.3)	12.0 (15.3 - 27.3)

表 10—58　　广州普通话、北京普通话疑问句字调域对比表　　（半音）

		广州男	广州女	北京男	北京女
句首词	首字	7.1 (13.2–20.3)	7.8 (19.1–26.9)	6.9 (13.1–20.0)	7.0 (18.9–25.9)
	中字	7.8 (12.8–20.6)	8.2 (18.9–27.1)	8.3 (12.1–20.4)	8.1 (18.0–26.1)
	末字	8.3 (11.4–19.7)	7.7 (18.1–25.8)	8.4 (10.9–19.3)	9.5 (16.2–25.7)
句中词	首字	7.5 (12.7–20.2)	6.8 (19.1–25.9)	7.0 (12.7–19.7)	7.5 (18.2–25.7)
	中字	6.8 (12.8–19.6)	5.4 (19.5–24.9)	6.0 (12.9–18.9)	6.9 (18.5–25.4)
	末字	8.1 (11.8–19.9)	6.6 (18.9–25.5)	6.3 (13.2–19.5)	6.9 (18.8–25.7)
单音动词		7.9 (11.6–19.5)	8.1 (17.4–25.5)	8.7 (11.0–19.7)	8.6 (17.3–25.9)
句末词	首字	7.8 (11.9–19.7)	7.8 (18.2–26.0)	8.4 (11.6–20.0)	8.6 (17.6–26.2)
	中字	9.0 (11.1–20.1)	7.9 (18.3–26.2)	8.7 (10.9–19.6)	9.0 (17.1–26.1)
	末字	11.1 (10.6–21.7)	10.4 (16.6–27.0)	13.0 (8.5–21.5)	12.0 (15.3–27.3)

广州普通话、北京普通话疑问句字调域对比分析（见表 10—58）：（1）句中词调域内部字调域跨度：广州男生各字的上线均大于北京男生，下线均小于北京男生。广州女生各字的下线均大于北京女生，上线值变化不一。（2）单音动词调域内部字音的音高跨度：男生差值明显大于女生差值。（3）句末宾语内部字音的音高跨度：广州男生和女生的下线值都分别大于北京男生、女生的下线值，上线则呈现不稳定性。

表 10—59　　　　　广州、北京疑问句起伏度数据表　　　　　（%）

起伏度			Q0	Q1	Q2	Q3	Q
疑问句	上线 a	广州	85	6	4	−13	−3
		北京	85	3	0	−10	−7
	中线 b	广州	53	0	5	−2	3
		北京	55	−3	3	3	3
	下线 c	广州	21	−5	4	9	8
		北京	25	−10	3	14	12

（表中 Q 值意义同表 10—53。）

广州、北京普通话疑问句起伏度对比分析（见表 10—59）：北京普通话疑问句起伏度比广州普通话要明显，北京普通话疑问句上线大幅抬升、下线大幅下降。广州普通话提升和降低的幅度没有那样大。

五　广州普通话强调焦点句语调实验分析

（一）*广州普通话强调焦点句调域分析*

作为焦点的词或者成分会在语流中表现出韵律突显的形式。

表 10—60 显示，女生四组焦点句的句调域跨度都大于自然焦点句。男生的四组焦点句中只有焦点句 1 大于自然焦点句。

表 10—60　　　　　广州普通话焦点句句调域数据分析　　　　　（半音）

	句首焦点句	句中焦点句	句末宽焦点句	句末窄焦点句	自然焦点句
男	14.4 (9.9−24.3)	10.3 (10.4−20.7)	9.9 (10.6−20.5)	9.8 (10.6−20.4)	10.5 (9.5−20.0)
女	10.1 (17.3−27.4)	9.8 (17.0−26.8)	9.3 (17.2−26.5)	9.5 (17.4−26.9)	9.2 (16.9−26.1)

表10—61　广州男、女生五组实验句词调域的半音数据表　　　　（均值）

实验句组		句首词调域	句中词调域	单音动词调域	句末宾语词调域
句首焦点句	男	11.3 (13.0－24.3)	8.5 (13.2－21.7)	7.8 (11.7－19.5)	10.5 (9.9－20.4)
	女	9.0 (18.4－27.4)	6.7 (18.8－25.5)	6.6 (17.3－23.9)	6.0 (17.4－23.4)
句中焦点句	男	8.7 (12.0－20.7)	8.6 (12.1－20.7)	6.9 (11.1－18.0)	6.8 (10.4－17.2)
	女	8.2 (18.6－26.8)	6.9 (19.0－25.9)	7.1 (17.0－24.1)	6.4 (17.0－23.4)
句末宽焦点句	男	8.5 (12.0－20.5)	6.7 (12.5－19.2)	7.9 (10.9－18.8)	8.4 (10.6－19.0)
	女	7.8 (18.7－26.5)	6.8 (19.1－25.9)	6.8 (18.0－24.8)	7.9 (17.2－25.1)
句末窄焦点句	男	8.3 (12.1－20.4)	7.7 (12.1－19.8)	8.2 (11.4－19.6)	8.7 (10.6－19.3)
	女	8.2 (18.7－26.9)	7.9 (18.4－26.3)	7.5 (17.6－25.1)	7.6 (17.4－25.0)
自然焦点句	男	8.4 (11.6－20.0)	7.4 (11.2－18.6)	6.6 (10.7－17.3)	8.7 (9.5－18.2)
	女	8.3 (17.8－26.1)	7.4 (17.6－25.0)	7.0 (17.1－24.1)	7.5 (16.9－24.4)

广州普通话焦点句词调域分析（见表10—61）：自然焦点句中，男女生的词调域在单音动词和句末宾语调域上差别最大。句首焦点句中，男女生都是句首词调域最大，句中词调域、单音动词调域、句末宾语调域也是男生大于女生。句中焦点句、句末宽焦点句、句末窄焦点句在强调焦点部分，男女生的词调域值差别最大。

表 10—62　　广州男生普通话焦点句字调域数据分析　　（半音）

		句首焦点句	句中焦点句	句末宽焦点句	句末窄焦点句	自然焦点句
句首词	首字	8.6 (15.4-24.0)	6.7 (14.0-20.7)	6.3 (13.5-19.8)	6.0 (13.9-19.9)	7.7 (12.3-20.0)
	中字	10.2 (14.1-24.3)	7.8 (12.7-20.5)	7.5 (13.0-20.5)	7.1 (13.3-20.4)	7.2 (12.1-19.3)
	末字	8.9 (13.0-21.9)	7.4 (12.0-19.4)	7.2 (12.0-19.2)	7.3 (12.1-19.4)	7.3 (11.6-18.9)
句中词	首字	8.0 (13.7-21.7)	7.7 (13.0-20.7)	7.0 (12.5-19.5)	6.9 (12.9-19.8)	6.1 (12.5-18.6)
	中字	7.4 (13.7-21.1)	6.7 (12.7-19.4)	5.7 (12.9-18.6)	6.2 (12.6-18.8)	5.6 (11.9-17.5)
	末字	7.4 (13.2-20.6)	7.8 (12.1-19.9)	6.5 (12.7-19.2)	7.0 (12.1-19.1)	7.2 (11.2-18.4)
单音动词		7.8 (11.7-19.5)	6.9 (11.1-18.0)	7.9 (10.9-18.8)	8.2 (11.4-19.6)	6.6 (10.7-17.3)
句末词	首字	7.0 (12.0-19.0)	6.0 (11.2-17.2)	7.8 (11.2-19.0)	7.6 (11.7-19.3)	6.9 (10.4-17.3)
	中字	9.0 (11.4-20.4)	6.1 (10.7-16.8)	8.4 (10.6-19.0)	7.7 (10.7-18.4)	7.8 (10.4-18.2)
	末字	7.7 (9.9-17.6)	5.2 (10.4-15.6)	7.2 (10.6-17.8)	6.8 (10.6-17.4)	6.9 (9.5-16.4)

男生的字调域分析（见表 10—62）：自然焦点组中句末宾语的中字为该词调域内部的最大值；与句首焦点句、句中焦点句、句末宽焦点句相同，句末窄焦点句焦点词每个字的上线值和下线值比相对应的自然焦点句的字调域上线值和下线值数值大。

表 10—63　　　　广州女生普通话焦点句字调域数据分析　　　　（音半）

		句首焦点句	句中焦点句	句末宽焦点句	句末窄焦点句	自然焦点句
句首词	首字	7.3 (19.7－27.0)	6.1 (20.4－26.5)	5.5 (20.5－26.0)	6.9 (20.0－26.9)	7.0 (19.0－26.0)
	中字	8.2 (19.2－27.4)	7.3 (19.5－26.8)	6.2 (20.3－26.5)	7.0 (19.7－26.7)	7.7 (18.4－26.1)
	末字	7.1 (18.4－25.5)	6.7 (18.6－25.3)	6.9 (18.7－25.6)	7.1 (18.7－25.8)	7.0 (17.8－24.8)
句中词	首字	6.7 (18.8－25.5)	6.5 (19.4－25.9)	6.7 (19.2－25.9)	7.2 (19.1－26.3)	6.3 (18.7－25.0)
	中字	5.7 (18.8－24.5)	5.6 (19.3－24.9)	5.4 (19.5－24.9)	6.0 (19.4－25.4)	5.2 (18.6－23.8)
	末字	5.4 (18.9－24.3)	6.1 (19.0－25.1)	5.8 (19.1－24.9)	6.8 (18.4－25.2)	6.4 (17.6－24.0)
单音动词		6.6 (17.3－23.9)	7.1 (17.0－24.1)	6.8 (18.0－24.8)	7.5 (17.6－25.1)	7.0 (17.1－24.1)
句末词	首字	5.5 (17.9－23.4)	5.4 (18.0－23.4)	7.0 (18.1－25.1)	7.0 (18.0－25.0)	6.5 (17.5－24.0)
	中字	5.8 (17.4－23.2)	4.9 (17.7－22.6)	6.8 (18.3－25.1)	7.2 (17.5－24.7)	7.4 (17.0－24.4)
	末字	4.7 (17.4－22.1)	4.9 (17.0－21.9)	6.6 (17.2－23.8)	6.5 (17.4－23.9)	5.8 (16.9－22.7)

　　女生的字调域分析（见表10—63）：自然焦点句的句末宾语中字调域为全句最大。广州普通话女生组自然焦点句也符合边界调，每个词调域的最低值都出现在末字；字调域最显著的音高表现是焦点所在词调域中字调域与自然焦点句相比有显著的扩展，同时中字调域值是句首焦点句以及其他五组实验句子的最大值。焦点词调域内部的三个字以末字、中字、首字这样的逆序依次抬升扩展。

　　句首焦点句、句中焦点句、句末窄焦点句中单音动词的字调域上线都比相邻的句末宾语首字相应的调域扩大。在自然焦点句字调域中全句上线的最大值出现在句首词调域的首字和中字，下线的最小值出现在句末词调域的末字。

表 10—64　　广州普通话男女生焦点句字调域对比表

			句首焦点句	句中焦点句	句末宽焦点句	句末窄焦点句	自然焦点句
句首词	男	首字	8.6 (15.4-24.0)	6.7 (14.0-20.7)	6.3 (13.5-19.8)	6.0 (13.9-19.9)	7.7 (12.3-20.0)
		中字	10.2 (14.1-24.3)	7.8 (12.7-20.5)	7.5 (13.0-20.5)	7.1 (13.3-20.4)	7.2 (12.1-19.3)
		末字	8.9 (13.0-21.9)	7.4 (12.0-19.4)	7.2 (12.0-19.2)	7.3 (12.1-19.4)	7.3 (11.6-18.9)
	女	首字	7.3 (19.7-27.0)	6.1 (20.4-26.5)	5.5 (20.5-26.0)	6.9 (20.0-26.9)	7.0 (19.0-26.0)
		中字	8.2 (19.2-27.4)	7.3 (19.5-26.8)	6.2 (20.3-26.5)	7.0 (19.7-26.7)	7.7 (18.4-26.1)
		末字	7.1 (18.4-25.5)	6.7 (18.6-25.3)	6.9 (18.7-25.6)	7.1 (18.7-25.8)	7.0 (17.8-24.8)
句中词	男	首字	8.0 (13.7-21.7)	7.7 (13.0-20.7)	7.0 (12.5-19.5)	6.9 (12.9-19.8)	6.1 (12.5-18.6)
		中字	7.4 (13.7-21.1)	6.7 (12.7-19.4)	5.7 (12.9-18.6)	6.2 (12.6-18.8)	5.6 (11.9-17.5)
		末字	7.4 (13.2-20.6)	7.8 (12.1-19.9)	6.5 (12.7-19.2)	7.0 (12.1-19.1)	7.2 (11.2-18.4)
	女	首字	6.7 (18.8-25.5)	6.5 (19.4-25.9)	6.7 (19.2-25.9)	7.2 (19.1-26.3)	6.3 (18.7-25.0)
		中字	5.7 (18.8-24.5)	5.6 (19.3-24.9)	5.4 (19.5-24.9)	6.0 (19.4-25.4)	5.2 (18.6-23.8)
		末字	5.4 (18.9-24.3)	6.1 (19.0-25.1)	5.8 (19.1-24.9)	6.8 (18.4-25.2)	6.4 (17.6-24.0)

续表

		句首焦点句	句中焦点句	句末宽焦点句	句末窄焦点句	自然焦点句
动词	男	7.8 (11.7-19.5)	6.9 (11.1-18.0)	7.9 (10.9-18.8)	8.2 (11.4-19.6)	6.6 (10.7-17.3)
动词	女	6.6 (17.3-23.9)	7.1 (17.0-24.1)	6.8 (18.0-24.8)	7.5 (17.6-25.1)	7.0 (17.1-24.1)
句末宾语	男 首字	7.0 (12.0-19.0)	6.0 (11.2-17.2)	7.8 (11.2-19.0)	7.6 (11.7-19.3)	6.9 (10.4-17.3)
句末宾语	男 中字	9.0 (11.4-20.4)	6.1 (10.7-16.8)	8.4 (10.6-19.0)	7.7 (10.7-18.4)	7.8 (10.4-18.2)
句末宾语	男 末字	7.7 (9.9-17.6)	5.2 (10.4-15.6)	7.2 (10.6-17.8)	6.8 (10.6-17.4)	6.9 (9.5-16.4)
句末宾语	女 首字	5.5 (17.9-23.4)	5.4 (18.0-23.4)	7.0 (18.1-25.1)	7.0 (18.0-25.0)	6.5 (17.5-24.0)
句末宾语	女 中字	5.8 (17.4-23.2)	4.9 (17.7-22.6)	6.8 (18.3-25.1)	7.2 (17.5-24.7)	7.4 (17.0-24.4)
句末宾语	女 末字	4.7 (17.4-22.1)	4.9 (17.0-21.9)	6.6 (17.2-23.8)	6.5 (17.4-23.9)	5.8 (16.9-22.7)

表10—64显示，在广州普通话各组陈述句字调域中，男生的各字调域值总体来讲大于女生的各字调域值，在句末宾语调域中表现出这种一致性，但在句首词调域、句中词调域及单音动词调域中都出现个别例外。

(二) 广州普通话强调焦点句调域音高起伏度分析

广州普通话强调焦点句词调域音高起伏度分析（见表10—65）：（1）各组陈述句整体都表现为音高下倾。（2）相比自然焦点句，句首焦点句的整体调域扩大，句中焦点句在强调焦点后的单音动词音高大幅度下降。句末宽焦点句中强调焦点部分单音动词的音高下倾最明显。句末窄焦点句中强调焦点句末宾语唯有下线下降最明显。

表 10—65　　　　广州普通话强调句词调域音高起伏度表　　　　　　（%）

	起点 Q0			Q1			Q2			Q3			Q		
	上线	中线	下线	上线	中线	下线	上线	中线	下线	上线	中线	下线	上线	中线	下线
焦点自然	91	61	31	9	5	1	9	6.5	4	−6	−0.5	5	12	11	10
句首焦点	91	59	27	14	5.5	−3	11	9.5	10	13	7	0	38	22	7
句中焦点	87	58	29	3	1	−1	15	11	8	5	5	4	23	17	11
宽焦点	90	59	28	5	0	−4	8	9	10	−2	1	3	11	10	9
窄焦点	88	58	28	4	2.5	1	5	4.5	4	1	2.5	4	10	9.5	9

（表中 Q 值意义同表 10—53。）

句首焦点句、句中焦点句、句末宽焦点句都是所在的强调焦点调域最大化扩展，但句末窄焦点句却是强调焦点中的单音动词得到了最大化扩展，这说明广州人讲普通话时对句末窄焦点的强调焦点句末宾语辨识度不够强，仍会把焦点着重放在单音动词上。

表 10—66　　　　　　　句首词调域内部音高起伏度对比表　　　　　　　（%）

	起点 Q0			Q1			Q2			Q		
	上线	中线	下线	上线	中线	下线	上线	中线	下线	上线	中线	下线
自然焦点	91	64	38	2	2	3	7	6	4	9	8	7
句首焦点	91	64	38	0	2	5	13	9	6	13	11	11
句中焦点	87	64	41	0	26	7	8	7	5	8	33	12
宽焦点	89	63	40	−4	−1	2	8	9	10	4	8	12
窄焦点	88	64	39	0	2	3	7	7	8	7	9	11

（表中 Q 值意义同表 10—41。）

句首词字调域音高起伏度分析：四组焦点句所有的下线都是呈下倾趋势，只有句末宽焦点句上线和中线是上升的（见表 10—66）。

表 10—67　　　　　　句中词调域内部音高起伏度对比表　　　　　　（%）

	起点 Q0 上线	起点 Q0 中线	起点 Q0 下线	Q1 上线	Q1 中线	Q1 下线	Q2 上线	Q2 中线	Q2 下线	Q 上线	Q 中线	Q 下线
自然焦点	82	60	38	8	6	3	-4	0	5	4	6	8
句首焦点	77	54	32	7	4	2	0	0	0	7	4	2
句中焦点	84	60	36	7	5	3	-2	1	3	5	6	6
宽焦点	85	59	33	8	3	-2	-3	0	3	5	3	1
窄焦点	84	59	33	6	3	-1	0	3	7	6	6	6

（表中 Q 值意义同表 10—41。）

句中词字调域分析：自然焦点句与句中焦点句都是下线数值最大，下线下降幅度最大。句末宽焦点句的上线、中线、下线下降的数值相同，即下降的幅度相同（见表 10—67）。

句末词字调域分析：焦点句 4 的上线值最大，这与其强调焦点的位置有着密不可分的关系。对于句末词调域内部各字，在起伏度上都是呈现音高递减的（见表 10—68）。

表 10—68　　　　　　句末词调域内部字音的音高起伏度　　　　　　（%）

	起点 Q0 上线	起点 Q0 中线	起点 Q0 下线	Q1 上线	Q1 中线	Q1 下线	Q2 上线	Q2 中线	Q2 下线	Q3 上线	Q3 中线	Q3 下线	Q 上线	Q 中线	Q 下线
自然焦点	73	50	26	-3	-1	0	-3	-1	2	15	8	3	9	4	8
句首焦点	66	43	20	5	1	-3	-3	0	4	11	6	0	13	7	1
句中焦点	69	46	22	5	2	-1	4	2	3	6	4	3	15	10	4
宽焦点	77	50	22	-2	-1	-1	0	1	1	10	6	3	8	6	3
窄焦点	79	51	23	1	0	-1	5	2	0	7	4	0	13	9	4

（表中 Q 值意义同表 10—43。）

六　结论

在自然焦点陈述句方面，广州普通话陈述句语调呈音高下倾趋势，与北京普通话规律相同，但北京普通话陈述句调域高于广州普通话。在广州普通话陈述句词调域内部，男生的句末词调域最大，女生的句首词调域最大。在广州普通话字调域内部，男生的句末宾语中字调域最大，女生的句首词中字调域最大。广州普通话陈述句的词调域最大值与字调域最大值出现位置符合同构性原则。广州普通话陈述句字调域音高起伏度中末字的上中下线基本都是呈下降趋势的，广州普通话末字承担了词调域的音高下倾性，也体现了句末边界调的特征。

在语调疑问句方面，广东普通话疑问句男女生句调域音高是上升的，用句末调域的扩展来表达疑问语气。广州普通话疑问句调域比广州普通话陈述句调域大。广州普通话疑问句调域男生大于女生，上下线音高低于女生，与陈述句相同。广州普通话疑问句词调域内句末宾语调域最大，词调域内部字调域中句末宾语的末字调域最大，符合同构性。

广州普通话疑问句调域与北京普通话疑问句调域相比：疑问句调域大于陈述句调域；调域纵向对比，除了句中词调域以外，广州普通话疑问句内词调域均大于陈述句。广州普通话疑问句的字调域男女呈现一致性，而陈述句呈现不一致性。

疑问句句末宾语调域在词调域中最大，句末宾语的末字在字调域中都是最大。在词调域内，只有句末词调域的上、中线值为负，说明疑问句句末词调域与疑问句句调域有同构性。

在强调焦点句方面，广州男生四组强调焦点句的强调焦点调域相比自然焦点句都有很大扩展，广州女生四组强调焦点句除句中焦点句外，其他三组实验句的强调焦点调域比自然焦点句都有所扩展。广州普通话强调焦点词调域扩展，强调焦点后没有骤降，调域也没有出现大幅度压缩等现象，广州人对普通话强调焦点中单音动词的敏感度不够。

第十一章

时 长 比

第一节　北京普通话语调时长分析
张彤彤

一　引言

对于语调韵律的内容我们可以用"抑扬顿挫"来概括，其中"抑扬"主要指的是韵律的音高表现，而"顿挫"则是时长表现。自然话语中的时长有的单位长一些，有的单位短一些，这是由不同原因引起的。时长在韵律研究中具有重要的作用。从语音的韵律角度看，时长在语句中的主要作用在于区分不同等级的边界。除此之外，字音时长还承担着凸显重音的作用，但是这方面的研究一般都是作为语调音高研究的附属内容出现，很少被作为独立的研究对象。

因此，为了考察字音时长在不同语调句中所承担的作用，本书基于"语调格局"的思想，以"时长比"为量化方法，以自然焦点陈述句、语调疑问句和强调焦点句为研究对象，分析三种语调句中各字音时长的表现，得出时长在不同语调句中的分布模式。通过对时长的量化分析，不仅可以为一些语法或者语义现象提供语音方面的客观依据，同时还可以为言语工程中的语音合成研究提供声学参数，从而有助于提高语音合成的自然度。此外，汉语普通话语调韵律的时长研究对对外汉语语音教学也具有一定的实际意义。

二 实验说明

（一）实验材料

本节中的实验句是在沈炯（1985）实验语句的基础上修改而成，分别为：

（1）张忠斌星期天修收音机。　（4）赵树庆毕业后到教育部。
（2）吴国华重阳节回阳澄湖。　（5）李金宝五时整写讲话稿。
（3）李小宝五点整写讲演稿。　（6）李小刚五点半写颁奖词。

每组实验句共六句话，第一句中的各字音均为阴平，第二句均为阳平，第三句均为上声，第四句均为去声，考虑到上上连读变调的影响，第五和第六实验句做为补充。

每个句子可以划分为3个韵律词，各句的前三个音节为句首韵律词；中间三个音节为句中韵律词；后四个音节为句末韵律词。因为第7个字是单音动词，所以从语法的角度上来看，句末韵律词亦是动宾结构的韵律短语。

本实验中的同型疑问句是由陈述句加疑问语调得到的，句末用"？"表示。为了得到强调焦点位置不同的四组实验句，强调焦点句的录音包括导引句和回答句两部分，导引句由录音者提出，以营造自然的对话环境。如，谁星期天修收音节？张忠斌哪天修收音机？张忠斌星期天修什么？张忠斌星期天做什么？得到的回答句的焦点位置分别为句首韵律词、句中韵律词、句末韵律词和句末动宾短语。

（二）实验发音人及语料录制

本次实验共选取50位发音人，男女各25人，平均年龄20.9岁，均生长于北京，就读于北京各大高校，无长时间的外地生活经历，没有受过任何专业的发音训练，视觉或矫正视力正常，无听觉障碍，无语言发音障碍，且均为右利手。

本实验是在南开大学语音实验室进行的，音频录制所用的语音分析软件为Praat，采样频率为22050赫兹，16位，单声道，每位发音人以自然状态和平稳语速发音，每句话用各语调连续读两遍，句与句之间间隔3—5秒，共得到 $50 \times 6 \times 6 \times 2 = 3600$ 个样品句。

（三）实验方法

实验数据的处理使用的是 Praat 语音分析软件，采取每句单字的时长数据，其中非句首的塞音和塞擦音的时长包括闭塞段的长度。句首塞音和塞擦音的闭塞段时长统一设为 50 毫秒。数据取值不包括个别的句内停顿，而是集中于音段的时长，然后把数据输入到 Excel 中，测算句内音节的平均时长，根据时长比的计算公式，求出各音节的时长比，最后将得到的时长比数据进行统计整理并作图。时长比公式如下：

$$Dx = (Sx + Gx)/S\#$$

公式中，Dx 代表某个音节 x 的时长比，Sx 代表这个音节 x 的时长，Gx 代表该音节后出现的停顿，S# 是指句中音节的平均时长。如果 Dx > 1，则被认为发生了音节延长。由于本次实验只涉及句子内部，不涉及篇章段落，句内音节后一般只有延长而无停顿，所以 Gx 为零。

运用上述公式，在 Excel 中对 50 位发音人四种声调实验句在陈述句、不带疑问词的语调疑问句及四种强调焦点句情况下的单字时长比分别进行计算，进而得出平均值，并作出统计图表加以分析。

三 语音样本的统计分析

我们对 50 位发音人的语音样本进行了音长的量化统计分析，得出三种语调句的单字时长比。通过对比分析，我们总结出了三种语句的音长表现特征。

（一）陈述句不同声调语句单字停延率整体分析

以字音为单位，我们对 50 位发音人不同声调的陈述句单字时长比分别进行了统计，并求出平均值，综合观察汉语普通话陈述句的各音节时长表现，结果如表 11—1、图 11—1 所示：

表 11—1　　　　汉语普通话陈述句单字时长比整体统计表

	1	2	3	4	5	6	7	8	9	10
阴平	1.03	0.94	<u>1.01</u>	0.99	0.73	<u>1.16</u>	1.15	0.91	0.89	<u>1.19</u>
阳平	0.78	0.83	<u>1.34</u>	0.86	0.93	<u>1.11</u>	1.01	0.91	0.94	<u>1.28</u>

续表

	1	2	3	4	5	6	7	8	9	10
上声	0.74	1.09	<u>1.04</u>	0.89	0.96	<u>1.06</u>	1.31	0.89	1.02	<u>1.02</u>
去声	1.02	0.97	<u>1.49</u>	0.67	0.85	<u>1.26</u>	1.00	0.92	0.78	<u>1.02</u>
变调句1	0.85	1.10	<u>1.00</u>	0.83	0.96	<u>1.06</u>	1.24	0.90	1.11	<u>0.97</u>
变调句2	0.68	1.06	<u>1.13</u>	0.82	1.00	<u>1.01</u>	1.14	0.83	0.93	<u>1.41</u>
平均值	0.85	1.00	<u>1.17</u>	0.84	0.91	<u>1.11</u>	1.14	0.89	0.95	<u>1.15</u>

注：下划线表示各句韵律词末字都发生了时长的延长。

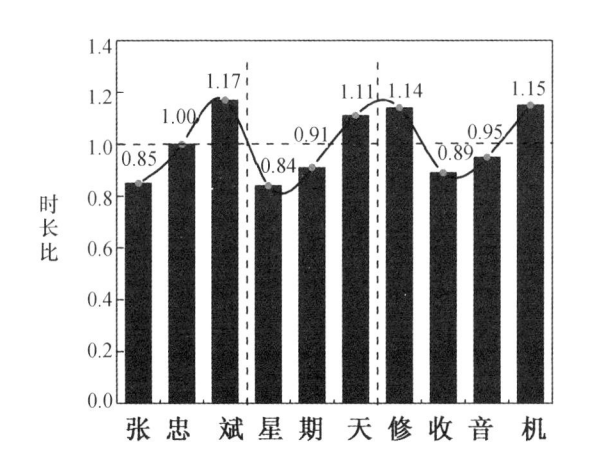

图 11—1 汉语普通话陈述句单字时长比整体表现

从表 11—1 和图 11—1 中，我们可以得知：

不同声调句的陈述句字音时长分布模式基本一致，并未表现出明显差异。除上声变调句 1，其他不同声调句的韵律边界前，即各句的韵律词末字都发生了延长。句中的第 7 个字为单音动词，也都发生了延长。全句最大的音节延长表现不一，但都分布在各韵律词的末字位置上，句末字音时长比并不一定是全句最大的。

上述实验结果与石锋、梁磊、王萍（2010）曾分析过的 4 位北京普通话发音人陈述句的字音时长比表现一致。

小结：

实验研究证明，汉语普通话陈述语调句中确实存在韵律边界前音节时长延长。韵律词边界和句末边界的时长表现基本一致,没有出现更大的韵律层级边界前音段延长更明显的现象。除了韵律边界以外,陈述句中的单音动词作为句中的核心成分也都发生了明显的延长。不同声调语句中的各字音时长表现基本一致,没有出现明显差异。

(二) 陈述句和疑问句单字时长比的对比分析

如果把自然焦点陈述句作为常态的无标记的基本式,那么其他焦点句和祈使、疑问、感叹句就属于非常态的有标记的变化式。在不同的语气上都有音高、音长、音强的类型化表现。本节就是以自然焦点陈述句为参照,对比分析同型疑问句各字音时长的表现,总结出在表达疑问语气时字音时长的变化模式。

以字音为单位,根据50位发音人不同声调的疑问句和陈述句的总时长比数据,求出平均值,整体上对比分析二者在音长表现上的差异。

从表11—2和图11—2中,我们可以看出:汉语普通话疑问句时长比最大值和最小值出现的位置、时长发生延长的字音等都和陈述句中的时长分布模式完全不同。通过二者的音长表现差异,我们可以总结出汉语普通话疑问句在表达疑问语气时所表现出来的一些时长特征:

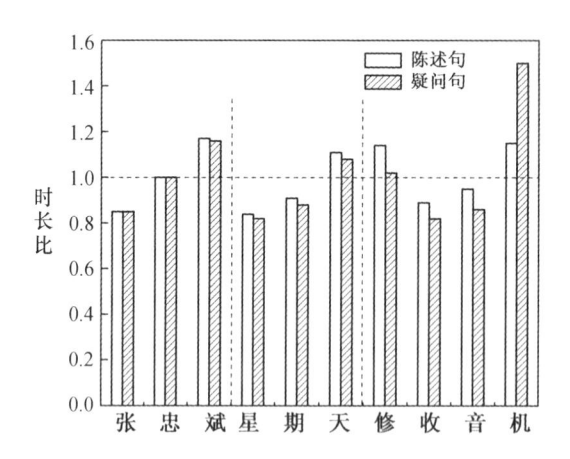

图11—2 汉语普通话陈述句和疑问句总体时长比对照

表 11—2　汉语普通话陈述句和疑问句总体时长比平均值数据表

| 疑问句 | 0.85 | 1.00 | 1.16 | 0.82 | 0.88 | 1.08 | 1.02 | 0.82 | 0.86 | 1.50 |
| 陈述句 | 0.85 | 1.00 | 1.17 | 0.84 | 0.91 | 1.11 | 1.14 | 0.89 | 0.95 | 1.15 |

注：下划线表示两句中三韵律词都发生了时长的延长。

疑问句末字的时长具有标记韵律边界和凸显疑问焦点的双重作用。与自然焦点陈述语调相比，在表达疑问语气时，疑问句末字时长都发生了最大化延长的现象，即处于疑问句句末位置的字音在标记韵律边界发生延长的基础上，会再次为了凸显疑问语气而继续叠加延长。这与句末词后字音高调域是凸显疑问语气的主要承载者结论（石锋、王萍，2010）相补充。除句末字外，句中的其他音节越是靠近疑问句末字，发生音长缩短的可能性就越大，缩短幅度也越大。

（三）汉语普通话强调焦点句的单字时长比统计分析

对汉语普通话四组不同焦点位置上的焦点句和一组自然焦点陈述句的各字音时长进行实验测算，对照比较不同焦点句在韵律边界和焦点位置上的时长表现，从中得到焦点重音在时长上的量化结果和表现规律。

1. 阴平调五种焦点句单字时长比对比分析

50 位发音人五种焦点状况下阴平句单字时长比的平均值如表 11—3 所示：

表 11—3　五种焦点状况下阴平句单字时长比均值统计表

音节		张	中	斌	星	期	天	修	收	音	机
ZR		1.03	0.94	1.01	0.99	0.73	1.16	1.15	0.91	0.89	1.19
强调焦点句	JS	1.09	0.97	1.09	1.00	0.68	1.14	1.02	0.91	0.82	1.28
	JZ	1.00	0.91	0.98	1.02	0.74	1.31	1.06	0.90	0.82	1.25
	JM	1.03	0.92	0.95	0.95	0.68	1.23	1.13	0.94	0.85	1.31
	DB	1.00	0.90	0.96	0.97	0.68	1.19	1.14	1.00	0.85	1.32

注：ZR：自然焦点句；JS：句首焦点句；JZ：句中焦点句；JM：句末焦点句；DB：动宾焦点句；灰色区域为各强调焦点句的焦点位置。下同。

为了更加直观地对比分析不同焦点句和自然焦点句之间的时长表现，

我们分别作出了不同强调焦点句和自然焦点句的单字时长比柱状图，图中灰色线条标示的是各焦点句的时长比，如图 11—3 所示：

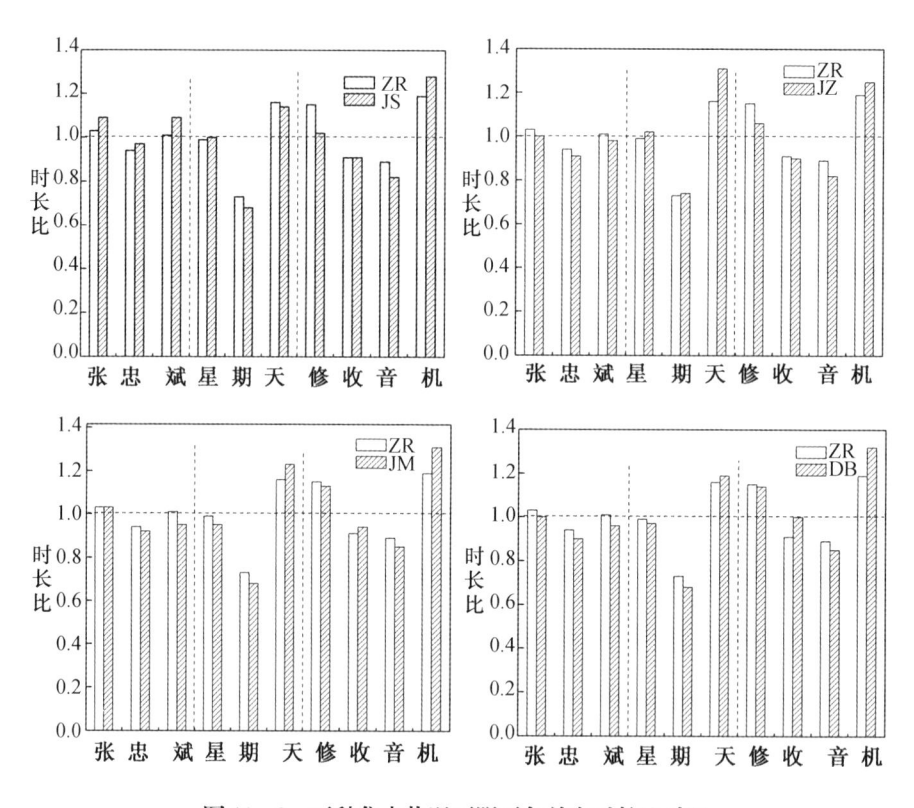

图 11—3　五种焦点状况下阴平句单字时长比对照

通过数据和图形对比，汉语普通话强调焦点句阴平句的字长表现有以下特征：

与非强调状态相比，强调焦点位置上的音节时长几乎全部被加长（除了句中焦点句第 9 个音节和动宾焦点句的第 7、第 9 个音节以外）。根据表 11—3 可知，各强调焦点内部的字长变化大体上表现为一种"渐升"的增长方式，分别在焦点末字时达到峰值。从图 11—3 中我们也可以看出，焦点位置上的单字时长比与自然焦点状况下的相比，形成了明显的对立。与此同时，处于焦点位置后的首个音节，即"星"和"修"的字音时长又发生大幅度缩短，与位于其前的焦点末字音长形成显著差异，从而使焦点得以更加凸显。

2. 阳平调五种焦点句单字时长比对比分析

50位发音人五种焦点状况下阳平句单字时长比的平均值如表11—4所示：

表11—4　　　　　五种焦点状况下阳平句单字时长比统计表

音节		吴	国	华	重	阳	节	回	阳	澄	湖
ZR		0.78	0.83	1.34	0.86	0.93	1.11	1.01	0.91	0.94	1.28
强调焦点句	JS	0.77	0.89	1.44	0.87	0.92	1.07	0.86	0.85	1.00	1.34
	JZ	0.64	0.82	1.32	0.94	1.02	1.25	0.87	0.86	1.00	1.29
	JM	0.64	0.83	1.21	0.87	0.94	1.20	1.00	0.88	1.01	1.43
	DB	0.60	0.84	1.23	0.85	0.95	1.14	1.02	0.92	1.02	1.44

通过图11—4和表11—4对比，汉语普通话强调焦点句阳平句的字长表现有以下特征：

与非强调状态相比，处于焦点位置上的字音时长均被加长（句首强调句首字和句末强调句第8个音节除外）。所以，无论是与同位次的非强调状态相比，还是在整个句子内部，强调焦点的末字"华""节""湖"都是全句中时长最长的音节。从具体的数值上可以看出，与自然焦点句相比，焦点末字的时长在发生边界前延长的基础上，又增加了10%—16%的延长幅度，从而达到凸显焦点的作用。除了韵律词末字外，与自然焦点句相比，处于四种焦点句中非强调位置上的音节几乎都发生了不同程度的缩短，这与强调焦点部分音长的加长形成鲜明对立，以此来进一步凸显焦点。

3. 上声句及上声变调五种焦点句单字时长比对比分析

（1）上声调五种焦点句单字时长对比分析

50位发音人五种焦点状况下上声句单字时长比的平均值如表11—5所示：

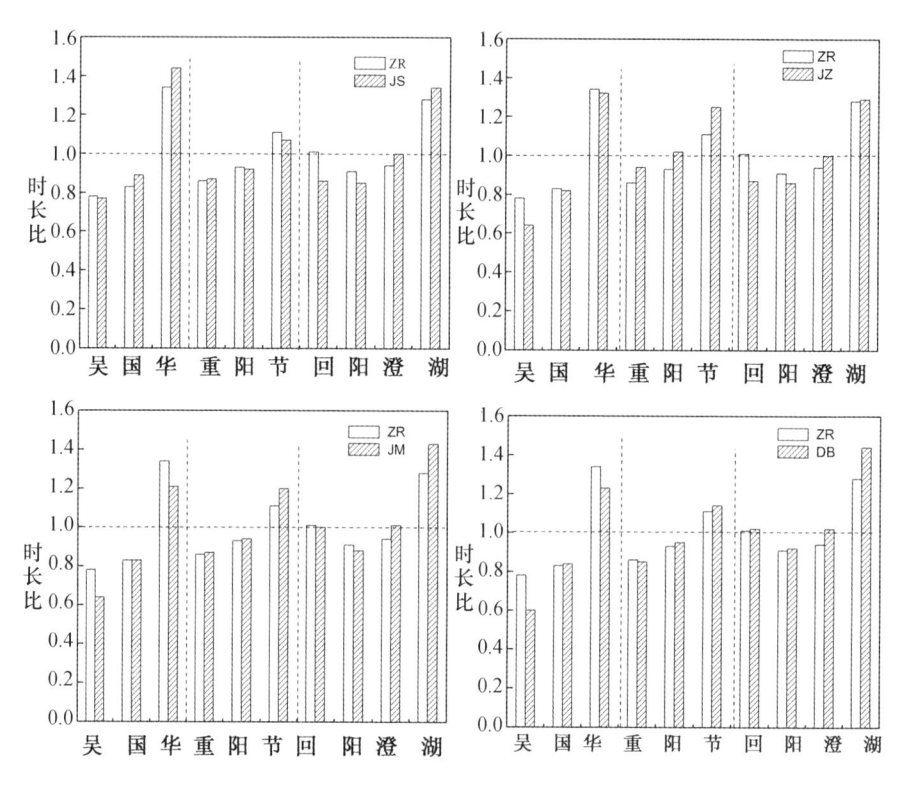

图 11—4　五种焦点状况下阳平句单字时长比的对照

表 11—5　　　　五种焦点状况下上声句单字时长比统计表

音节		李	小	宝	五	点	整	写	讲	演	稿
ZR		0.74	1.09	1.04	0.89	0.96	1.06	1.31	0.89	1.02	1.02
强调焦点句	JS	0.75	1.18	1.17	0.82	1.00	1.07	1.10	0.86	0.96	1.10
	JZ	0.65	1.06	1.15	0.87	1.06	1.19	1.13	0.87	0.97	1.05
	JM	0.66	1.04	1.01	0.76	1.01	1.15	1.24	0.93	1.00	1.20
	DB	0.66	1.07	1.05	0.78	0.99	1.09	1.16	0.92	1.03	1.24

通过图 11—5 和表 11—5 对比，汉语普通话强调焦点句上声句的字长表现有以下特征：

与非强调状态相比，处于强调焦点位置上的音节时长几乎全部被加长（除了句中焦点句的第 4 个音节和句末、动宾焦点句的第 7 个音节）。

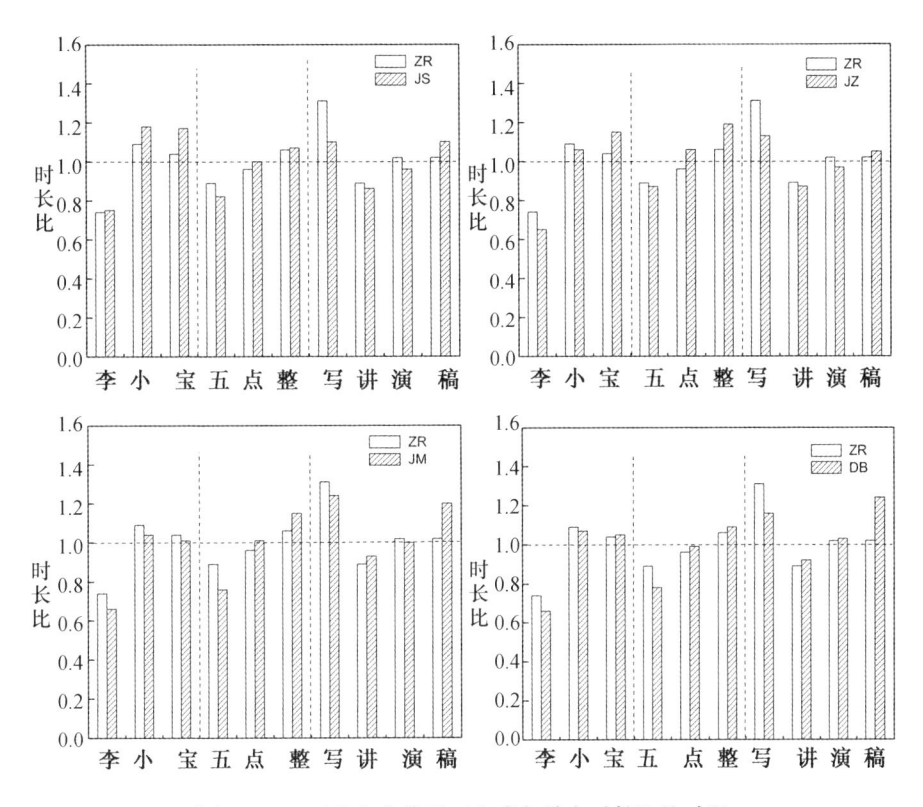

图 11—5　五种焦点状况下上声句单字时长比的对照

焦点内部的音节时长变化总体上呈现为"渐升"的增长方式。因此，焦点末字的时长加长程度最为显著。与自然焦点句相比，四种焦点句中非强调位置上的韵律词首字几乎都发生了不同程度的缩短，尤其是强调焦点后首个音节时长的缩短，例如：句首焦点后的"五"、句中焦点后的"写"，分别于与焦点末字"宝"和"整"形成巨大的时长差异，从而达到更加凸显焦点的目的。

（2）上声变调句1五种焦点句单字时长比对比分析

50位发音人五种焦点状况下上声变调句1单字时长比的平均值如表11—6所示：

表 11—6　　　五种焦点状况下上声变调句 1 单字时长比统计表

音节		李	金	宝	五	点	半	写	讲	话	稿
ZR		0.85	1.10	1.00	0.83	0.96	1.06	1.24	0.90	1.11	0.97
强调焦点句	JS	0.84	1.17	1.12	0.77	0.99	1.04	1.05	0.87	1.08	1.08
	JZ	0.74	1.10	1.11	0.81	1.05	1.17	1.09	0.86	1.08	1.00
	JM	0.72	1.08	1.00	0.71	1.02	1.12	1.15	0.92	1.15	1.13
	DB	0.71	1.09	0.98	0.71	1.02	1.08	1.15	0.95	1.18	1.13

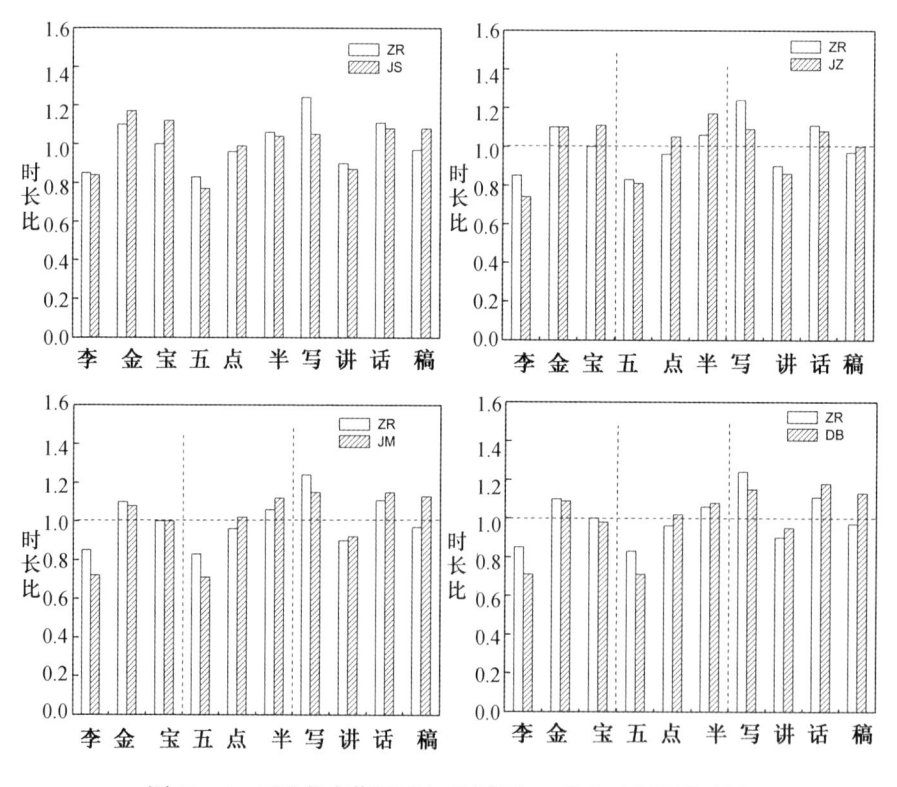

图 11—6　五种焦点状况下上声变调句 1 单字时长比的对照

通过图 11—6 和表 11—6 对比，汉语普通话强调焦点句上声变调句 1 的字长表现有以下特征：

与非强调状态相比，在强调焦点内部，除韵律词首字外，其他被强调的音节时长均发生了延长，并呈渐升的增长趋势，在焦点末字上达到最大化延长。与自然焦点句相比，四种焦点句中非强调位置上的韵律词首字几乎都发生了不同程度的缩短，尤其是强调焦点后首个音节时长的缩短，与焦点末字"宝"和"半"形成巨大的时长差异，从而达到更加凸显焦点的目的。

（3）上声变调句2五种焦点句单字时长比对比分析

50位发音人五种焦点状况下上声变调句2单字时长比的平均值如表11—7所示：

表11—7　　　　五种焦点状况下上声变调句2单字时长比统计表

音节		李	小	刚	五	时	整	写	颁	奖	词
ZR		0.68	1.06	1.13	0.82	1.00	1.01	1.14	0.83	0.93	1.41
强调焦点句	JS	0.71	1.12	1.21	0.72	0.95	1.03	1.00	0.79	0.95	1.51
	JZ	0.60	1.04	1.20	0.77	1.06	1.19	1.03	0.76	0.93	1.42
	JM	0.62	1.06	1.12	0.69	0.94	1.12	1.07	0.78	0.98	1.63
	DB	0.61	1.05	1.10	0.71	0.92	1.08	1.09	0.80	0.99	1.66

通过图11—7和表11—7对比，汉语普通话强调焦点句上声变调句2的字长表现有以下特征：

与非强调状态相比，除了被强调的韵律词首字，其他处于焦点位置上的音节时长均发生了延长，句首和句中焦点句中，分别位于焦点后的首个音节"五"和"写"的时长发生缩短，与强调焦点末字在时长上形成强烈对比，达到以时长差异来凸显焦点的目的。此外，在上声变调句2中，自然焦点句的单音动词时长也是五种焦点状况下的最大值。即使在动宾焦点句中，单音动词的时长加长程度也没有自然焦点状况下显著。

4. 去声调五种焦点句单字时长比对比分析

50位发音人五种焦点状况下去声句单字时长比的平均值如表11—8所示。通过图形和数据对比，汉语普通话强调焦点句去声句中的字长表现有以下特征：

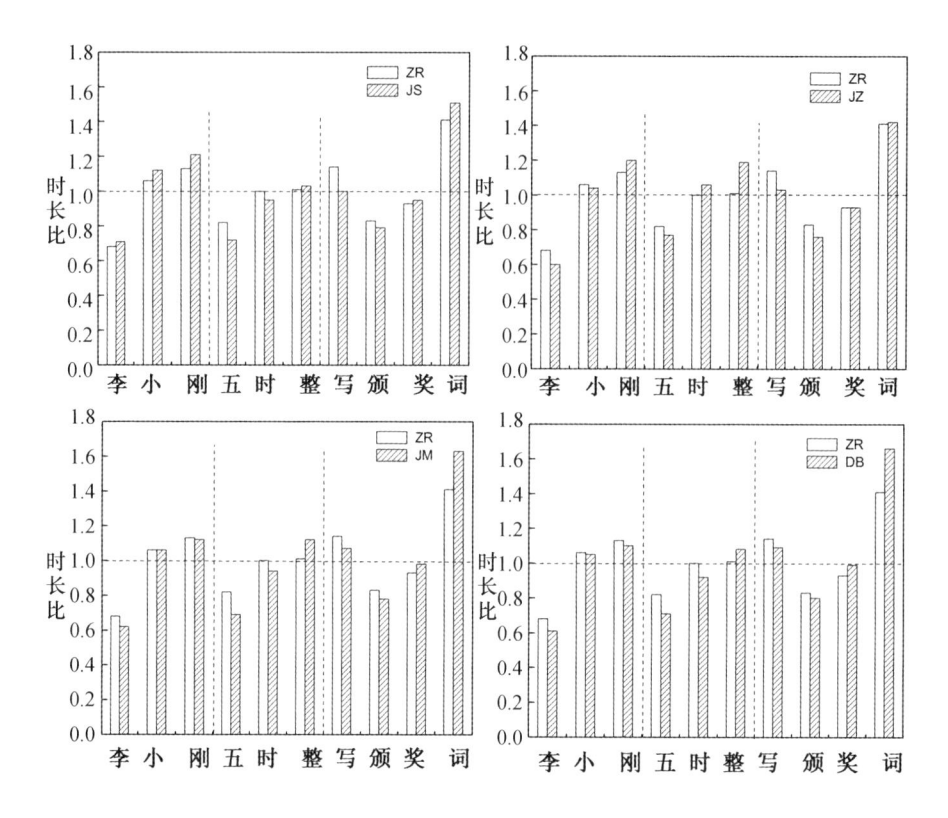

图 11—7　五种焦点状况下上声变调句 2 单字时长比的对照

与非强调状态相比，处于焦点位置上的字音时长均被加长（句末和动宾强调句的首字除外），各强调焦点内部的字长变化呈"渐升"趋势，在焦点末字时达到最大化延长。句首焦点句和句中焦点句中，位于强调焦点后的首个音节"毕"和"到"的时长与焦点末字时长差距悬殊，起到了凸显焦点的作用。

表 11—8　　五种焦点状况下去声句单字时长比统计表

音节		赵	树	庆	毕	业	后	到	教	育	部
ZR		1.02	0.97	1.49	0.67	0.85	1.26	1.00	0.92	0.78	1.02
强调焦点句	JS	1.08	1.05	1.61	0.61	0.80	1.20	0.89	0.94	0.73	1.10
	JZ	1.04	0.96	1.47	0.63	0.89	1.42	0.89	0.97	0.70	1.02
	JM	1.05	0.97	1.43	0.65	0.82	1.32	0.95	1.01	0.72	1.08
	DB	1.04	0.96	1.45	0.63	0.80	1.27	0.99	1.04	0.72	1.10

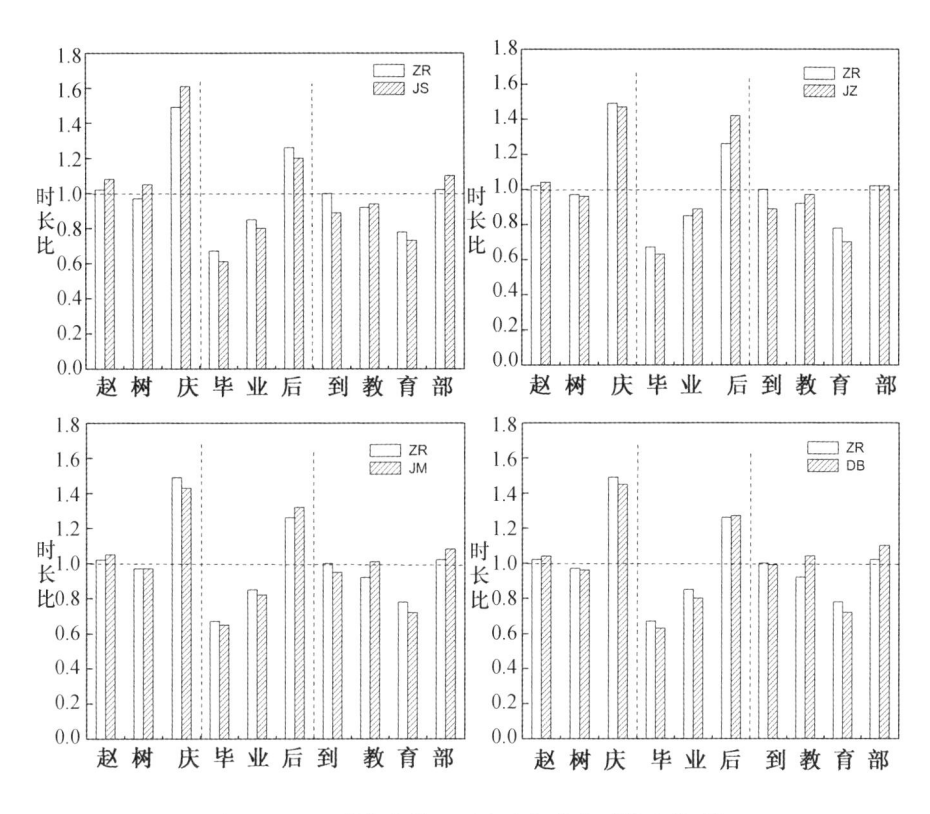

图 11—8　五种焦点状况下去声句单字时长比的对照

5. 五组焦点状况下语句单字时长比总体对比分析

综合分析五种不同焦点情况下语句的字长表现，如表 11—9、图 11—9 所示：

表 11—9　　　　　五种焦点状况下语句单字时长比统计表

音节		1	2	3	4	5	6	7	8	9	10
ZR		0.85	1.00	1.17	0.84	0.91	1.11	1.14	0.89	0.95	1.15
强调焦点句	JS	0.87	1.06	1.27	0.80	0.89	1.09	0.99	0.87	0.92	1.23
	JZ	0.78	0.98	1.21	0.84	0.97	1.25	1.01	0.87	0.92	1.17
	JM	0.79	0.98	1.12	0.77	0.90	1.19	1.09	0.91	0.95	1.30
	DB	0.77	0.98	1.13	0.77	0.89	1.14	1.09	0.94	0.97	1.31

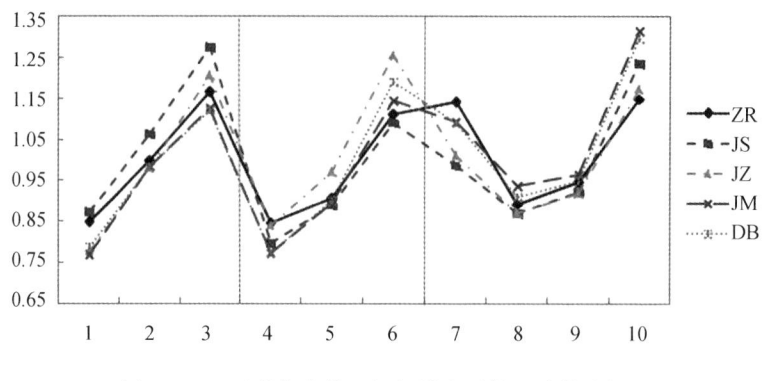

图 11—9　五种焦点状况语句单字时长比总体分析

　　根据表 11—9 中的数据，作出了五种焦点状况下语句单字时长比总体分析的折线图，以便更加清晰地反映语句内部字长差异及不同焦点句中音节时长的变化特点。

　　由折线图中可以看出，由于焦点位置选择的不同，同位次上各字音存在时长差异，使得五条代表各句单字时长比的曲线高低起伏不同，但是仍然表现出一些规律。

　　首先，与四种强调焦点句曲线的起伏相比，自然焦点句的曲线起伏度较小，说明自然焦点句内部字长差异较发生强调时小。时长比的最大值并不是在句末。从具体数据中（表 11—9）可以看出，自然焦点句中音节时长最大值与最小值之间的时长相差幅度为 33%，而其他四种焦点句中音节时长最大值与最小值的差值幅度在 47%—52%，这反映了时长变化在表现焦点时承担着重要作用。

　　此外，以韵律词为单位，对于句首、句中和句末三个部分，五条曲线以自然焦点句的曲线为分界均形成了强调焦点和非强调焦点曲线的对立。由图 11—9 可知，以韵律词为单位，其自上而下的顺序基本上为：该部分发生强调的曲线、自然焦点曲线、强调句其他部分的曲线。由此可见，自然焦点句是考察强调焦点句时长的重要参照。

　　为了更准确地分析焦点句内部字音时长的变化规律，我们以自然焦点句各字音的时长比作为参照值，以同位次的字音时长差值的形式重新表示强调焦点句内部各字音的时长比，见表 11—10。

表 11—10　四种强调焦点句和自然焦点句各字时长比的差值对比表

	1	2	3	4	5	6	7	8	9	10
自然焦点	0.85	1.00	1.17	0.84	0.91	1.11	1.14	0.89	0.95	1.15
△句首	0.02	0.07	0.11	-0.05	-0.02	-0.02	-0.15	-0.02	-0.02	0.09
△句中	-0.07	-0.02	0.04	0.00	0.06	0.14	-0.13	-0.02	-0.03	0.02
△句末	-0.06	-0.01	-0.04	-0.07	0.01	0.08	-0.05	0.02	0.00	0.15
△动宾	-0.08	-0.01	-0.04	-0.07	-0.01	0.03	-0.05	0.05	0.02	0.17

注：△表示时长比的变化值；灰色区域为各强调焦点句的焦点位置。

通过表 11—10 可知，汉语普通话四种强调焦点句的字长表现有以下特征：

首先，无论是强调焦点句还是自然焦点句，处在韵律边界的第 3 字、第 6 字和第 10 字的时长比均大于 1，证明了韵律边界前延长的存在（石锋、梁磊、王萍，2010）；而三个字音在五种焦点情况下的时长差异说明焦点位置选择的不同会使该字的延长程度发生变化：当韵律边界前的字音同时位于焦点位置时，它的延长程度会大幅度增加。这是焦点末字的音长受强调焦点和韵律边界双重制约的原因。

其次，与非强调状态相比，焦点位置上的字长几乎全部被加长了（动宾焦点的单音动词除外），同时焦点末字由于具有凸显焦点和韵律边界的双重使命，时长加长程度更为显著。从时长变化的具体数值上可知：自然焦点句时，焦点末字的时长比一般在 1.11—1.17，被延长了 11%—17%。当发生强调时，字长再被加长，较自然状态下加长幅度在 11%—17% 之间。由此可见，二者的综合作用使得焦点末字的时长延长在 30% 上下。

再次，强调焦点内部的字音时长变化呈现"渐升"趋势，在焦点末字时达到峰值，同时，强调焦点后的首字音长被大幅度缩短，从而形成句内音节时长的显著差异，使焦点加以凸显。表 11—10 中句首焦点从第 3 字到第 4 字，句中焦点从第 6 字到第 7 字的时长变化正体现了这一点，字长变化从边界前的"峰顶"降落到"谷底"，形成鲜明对立。

最后，动宾焦点句和句末焦点句中被强调的部分有很大的重合，只有单音动词是否被强调的区别,但是实验证明二者无论是在单音动词部分还是句末宾语部分,都没有表现出明显的时长差异,所以时长不是区分阴平句中动宾焦点和句末宾语焦点的显著特征。

四 结论

本节利用时长相对化的方法对50位发音人所发的汉语普通话自然焦点陈述句、语调疑问句以及强调焦点句中的字音时长进行了统计测算,并通过比较分析的方法,分别将陈述句和疑问句、陈述句和强调焦点句的单字时长比进行了对照分析,得出了在较大样本下疑问句和强调焦点句字音时长的变化特征,从而总结出音长在三种语调句中的具体作用。

时长具有标记韵律边界的作用。无论是陈述句、疑问句还是表达强调的焦点句,韵律边界前的音节都发生了音长加长的现象,证明了韵律边界前音长延长的存在。在汉语普通话陈述句的单字时长表现中,句首、句中和句末韵律词末字的音长表现基本一致,在更大的韵律层级边界前并没有表现出更明显的边界延长;且不同声调对于三种语调句中的字音时长表现没有显著影响。

时长在表达疑问语气的是非疑问句中,是凸显疑问语气的重要手段。在汉语普通话陈述句和疑问句字音时长的对比研究中发现,为了传达疑问的信息,疑问句的句末音节时长较自然状态下被大幅度延长。与此同时,除句末字以外的部分音节时长较自然状态下发生了缩短的现象,且越接近句末字位置上的字音时长发生缩短的程度越大,为句末字的大幅度延长做了充分的准备,并且达到凸显疑问语气的作用。

时长是凸显焦点的重要手段。本节通过对比分析汉语普通话陈述句和四种焦点句的字音时长表现,充分显示出:时长对表现焦点具有标示性作用。承担焦点的韵律词内部各音节时长几乎都发生了延长,尤以韵律词末字时长加长程度最为显著,这是该字音承担了标记韵律边界和凸显焦点双重任务的结果。除此之外,在焦点句内部,非焦点非边界位置上的字音时长与自然焦点句中同位次字音时长相比都发生了缩短。因此,焦点的凸显在语调音长上的表现是焦点末字时长的大幅度延长和非焦点字音时长的缩短。

第二节　上海普通话语调时长分析
商　桑

一　综述

时长在语调韵律中的表现一般包括两个方面：停顿和延长。许毅（1986）通过实验研究汉语普通话的音联现象时，发现了语音单元边界前音节的韵尾拖长。还有更多关于汉语韵律边界声学特性的研究都表明了韵律边界前音节确实存在字音延长的现象。比如杨玉芳（1997）以朗读语句为实验语料，发现汉语和英语一样，边界前都会发生音节时长延长。

同时，还有很多学者在此基础上进一步探究了字音停延对于区分不同韵律边界的作用。杨玉芳（1997）指出韵律边界前音节的时长和停顿随边界等级提高，几乎是线性增长。王蓓等（2004）认为在划分不同的韵律边界时，音节的延长、音高重置程度以及无声段长度这些声学特征所承担的作用不同，韵律词边界的声学线索以音高低音线的不连续性和边界前音节的延长为主，语调短语的边界处则以无声段和音高重置为主。石锋、梁磊等（2009）通过对汉语普通话陈述句语调的字音时长进行实验分析，发现语句内韵律边界前音节确实存在延长；但是更大的韵律等级（如语句）边界前并没有发生更明显的字音延长。

方言与普通话在接触过程中会形成一种中介语性质的状态，三者相互影响，在共时平面上呈现动态发展关系。方言与普通话接触后均会发生一定程度的改变。本节分析的上海人所讲的普通话就是一种中介语性质的状态。使用的"上海普通话"一词，是以母语为上海方言的 50 名 19—24 岁上海大学生为代表的上海人所讲的普通话的简称。

目前关于上海人讲普通话的研究较少，还没有专门针对上海话语句时长的较大样本统计研究，而时长研究作为语调整体研究的一部分是非常必要的。前人研究主要包括：李爱军、王霞、殷治刚：《汉语普通话与地方普通话的对比研究》；陈娟文、李爱军、王霞（2003）：《上海普通话与普通话双音节词连读调的差异》；陈娟文（2004）：《上海普通话和普通话韵律特征的对比研究》。

二 实验设计

（一）实验语料

本次实验的语料是在沈炯（1985）实验语句基础上适当修改、并添加 2 句上声变调句而成的。共有 6 个句子，分别是阴平句、阳平句、上声句、去声句、上声连读变调 1 句和上声连读变调 2 句。

（1）张忠斌星期天修收音机。　　（2）吴国华重阳节回阳澄湖。
（3）李小宝五点整写讲演稿。　　（4）赵树庆毕业后到教育部。
（5）李金宝五点半写讲话稿。　　（6）李小刚五时整写颁奖词。

（二）实验发音人和录制

本次实验共 50 名发音人，25 名男性和 25 名女性，均为上海本地人，皆是在校大学生，无阅读障碍。录音软件为 Cool Edit 2.0，采样率为 11025Hz，16 位单声道。录音在安静的语音实验室进行，首先是以自然平稳语气读出实验句，作为自然焦点陈述句语料，再请发音人以疑问句的语气，用自然流畅的语速读出实验句，作为语调疑问句的实验语料；最后以四种问话形式引导发音人回答出焦点为句首词、句中词、句末词和句末动宾短语的四种强调焦点句。每个句子读 2 遍。句与句之间间隔 3—5 秒，共得到 50 × 6 × 2 × 6 = 3600 个样品句。

（三）实验方法

实验数据的处理使用的是 Praat 语音分析软件，进行声学参数测试，采集各个音节的时长数据，我们的数据取值包括音段内每个音节的声母、韵母及辅音韵尾的时长，不包括句内无声停顿时间，用于统计分析，参照石锋、梁磊、王萍（2010）中的测试方法略有补充。

第一步：测量从每个音节的声母开始（塞音、塞擦音的闭塞无声段，有发音动作成阻、持阻的静态段是承载信息的，要准确判断测试。句首的闭塞段时长统一加 50 毫秒），将每个音节的时长标出并保存下来。

第二步：把每个句子全部音节的时长相加得到总时长，总时长除以音节数（10）得到每个音节的平均时长，每个音节的平均时长除以总平均时长就得到了每个音节的时长比。如果所得数据大于 1，则被认为发生了音段延长。然后把数据输入到 Excel。

第三步：将得到的时长比数据进行统计整理并作图。石锋等（2010）提出"时长比"测算的目的是对句内音节时长数据进行相对化处理，从而使其具有可比性，实验结果更具有统计学意义。

时长比公式如下：

$$Dx = (Sx + Gx)/S\#$$

公式中，Dx 代表某个音节 x 的时长比，Sx 代表一段音节组合中音节 x 的时长，Gx 代表该音节后出现的停顿，S#是指该组合中音节的平均时长。如果 Gx >1，则被认为发生了音段延长。由于本次实验内容只涉及句子内部，不涉及篇章段落，句内音节后一般只有延长而无停顿，所以 Gx 为零。

运用上述公式，在 Excel 中对 50 位发音人的不同实验句在陈述、疑问语气和四组焦点句中的时长数据进行计算、分析和作图。

三　上海普通话陈述句的语调时长表现

（一）上海普通话陈述句单字的时长表现

将实验语料陈述句的单字时长比分别进行了统计计算，利用 Excel 进行测算，用 SPSS 剔除离群值，然后用 Excel 作图并在画图工具中进行美化，得出的结果用柱形图来清晰、直观地加以表示，结果见表 11—10、图 11—11。为了观察不同声调实验句内部的时长情况，将六组不同声调实验句的时长表现也作了柱形图，见图 11—11。

表 11—11　上海普通话不同声调自然焦点陈述句的时长比统计表

	1	2	3	4	5	6	7	8	9	10
阴平	**1.07**	0.88	**1.07**	0.94	0.64	**1.20**	**1.18**	0.94	0.82	**1.20**
阳平	0.69	0.81	**1.30**	0.93	0.88	**1.16**	**1.16**	0.81	0.96	**1.27**
上声	0.66	1.00	**1.17**	0.75	0.97	**1.14**	**1.33**	1.00	0.95	0.96
去声	**1.08**	0.93	**1.45**	0.87	0.69	**1.22**	1.00	0.98	0.67	**1.12**
变调1	0.78	**1.03**	**1.13**	0.74	0.94	**1.16**	**1.26**	0.93	1.05	0.96
变调2	0.63	0.93	**1.29**	0.68	0.94	**1.12**	**1.12**	0.89	0.90	**1.45**

注：加粗字体表示时长比大于 1 的音节。

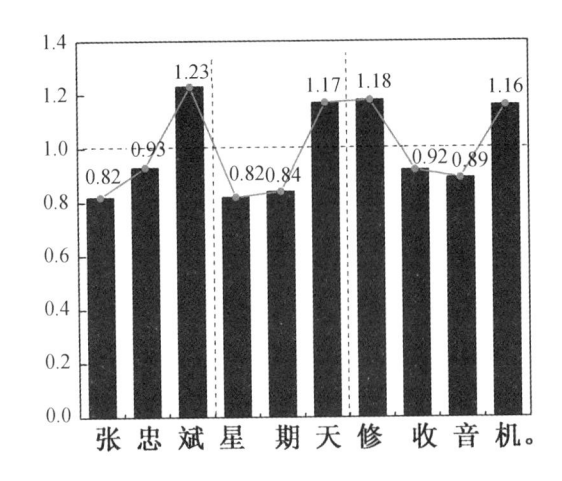

图 11—10　六组陈述句平均字长统计图（例句以阴平句代表）

从表 11—11、图 11—10、图 11—11 反映的结果来看，上海普通话陈述句字长有以下表现：

（1）上海普通话陈述句语句韵律边界前的音节均发生了延长，即上述六个实验句中的第 3 字、第 6 字和第 10 字，除了上声句和以上声作为末字的变调 1 句，其余各句韵律词末尾的音节时长比都大于 1，这表明了韵律边界前音节发生了音段延长。此外，与句末韵律词结合，构成韵律短语的第 7 字单音动词，也几乎无一例外地发生了明显延长（去声句的第 7 字时长比为 1），这表明从句法的角度，和句末韵律词共同构成"1+3"韵律短语的单音动词，和句末韵律词末字共同承担了边界的作用。发生音节延长的还有阴平句的第 1 字、上声句的第 8 字、去声句的第 1 字和上声变调 1 句的第 9 字，不过以上字音的时长并没有在四个声调语句中的相同位置上表现出一致性和规律性，仅为个例表现，时长延长在这些位置上并不具有普遍意义。

（2）对于处在韵律边界后的音节，句首韵律词后的第 4 个音节都没有发生延长，句中韵律词后的第 7 个字是单音动词，由于与句末韵律词共同构成了韵律短语，除去声句外都发生了延长。

（3）全句最大的延长所在位置表现不一，但都分布在各韵律词的末字位置或单音动词上，并没有在更大的韵律边界前（即句末字）发

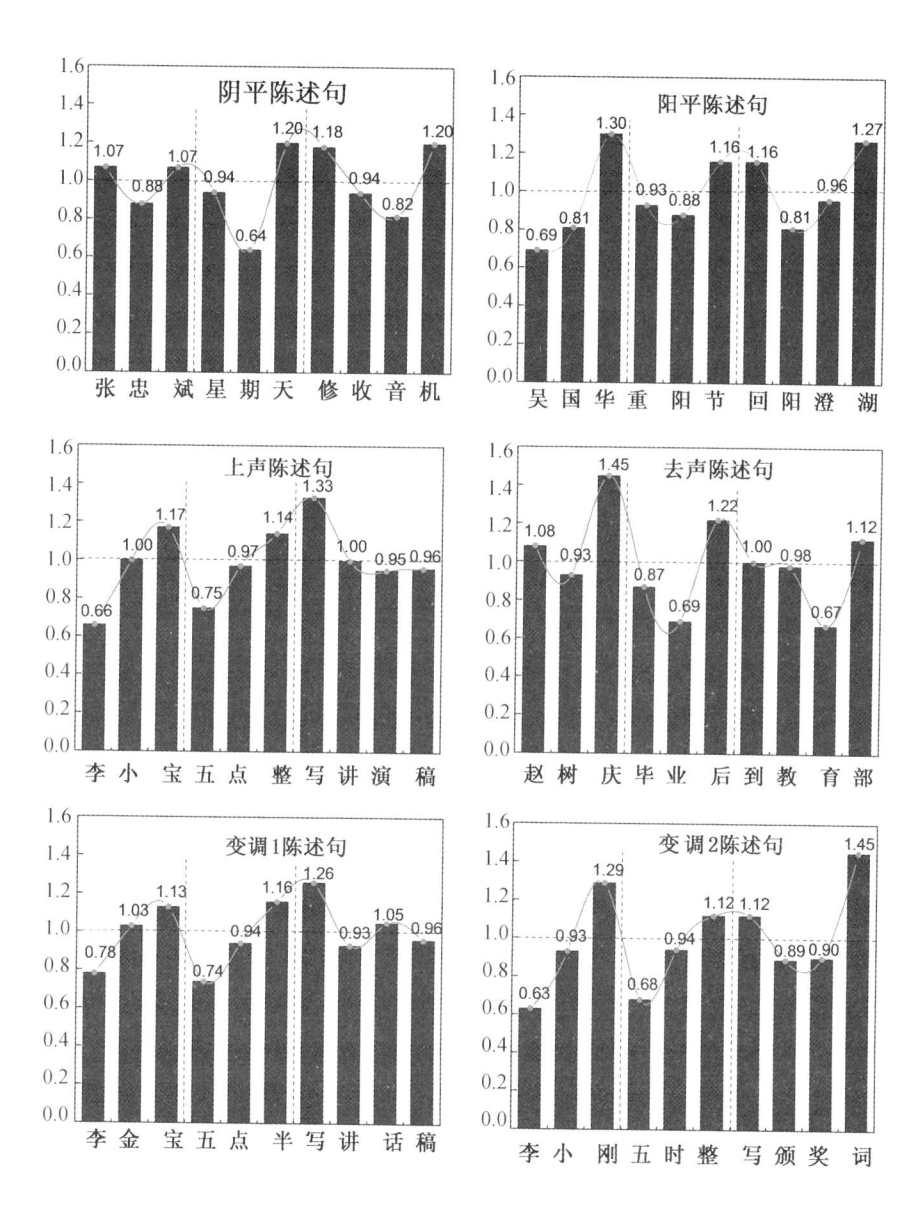

图 11—11 六组不同声调陈述句字长统计图

生更明显的延长现象。全句最小的停延位置不一，分别是阴平句的第 5 个音节"期"，阳平句的第 1 个音节"吴"，上声句的第 1 个音节"李"，去声句的第 9 个音节"育"，上声变调句 1 的第 4 个音节"五"，上声变调句 2 的第 1 个音节"李"。由此可以看出，句中音韵结构简单的音节时长则稍短一些,与静态环境下单独发音时各音节时长基本等长的情况有所不同。

(二) 上海普通话与北京普通话陈述句时长比对比分析

本节与张彤彤(2018)北京普通话自然焦点陈述句时长比进行比较,对不同声调各个语句以及平均值的单字时长比、时长比差值和差别的显著性进行统计,统计结果如表11—12所示。图11—12据表11—12的数据绘制(图下面的例句是以阴平句代表各实验句。)以期发现上海普通话与北京普通话在陈述句时长比的差异和规律。

表11—12　　　　　陈述句平均时长比对比统计表

上海	0.82	0.93	**1.23**	0.82	0.84	**1.17**	**1.18**	0.92	0.89	**1.16**
北京	0.85	1.00	**1.17**	0.84	0.91	**1.11**	**1.14**	0.89	0.95	**1.15**
Δt	-0.03	-0.07	0.06	-0.02	-0.07	0.06	0.04	0.03	-0.06	0.01
Sig	0.058	*0.000*	*0.000*	0.023	*0.000*	*0.000*	0.028	*0.000*	*0.000*	0.445

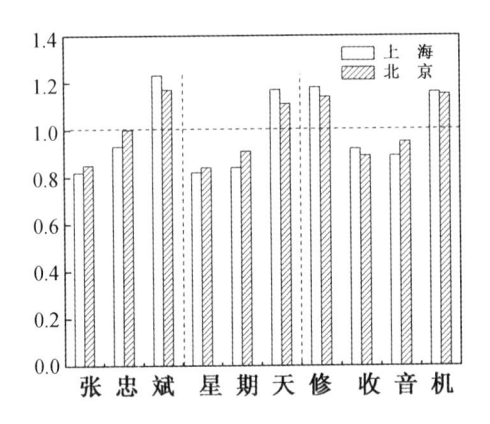

图11—12　陈述句平均字长对比统计图

表11—13　　　　　阴平陈述句时长比的对比分析

上海	**1.07**	0.88	**1.07**	0.94	0.64	**1.20**	**1.18**	0.94	0.82	**1.20**
北京	**1.04**	0.94	1.00	0.99	0.73	**1.16**	**1.15**	0.91	0.89	**1.19**
Δt	0.03	-0.06	0.07	-0.05	-0.09	0.05	0.03	0.03	-0.07	0.01
Sig	0.111	*0.000*	0.014	*0.001*	*0.000*	0.030	0.264	0.063	*0.000*	0.669

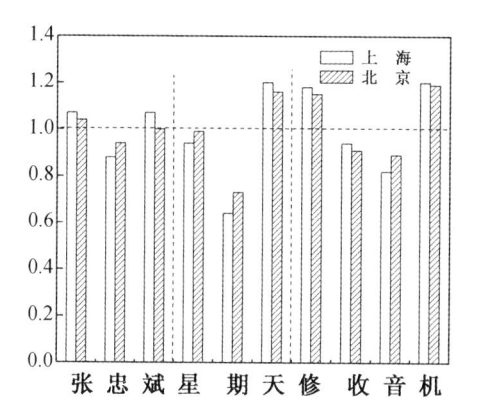

图 11—13　阴平陈述句字长对比统计图

表 11—14　　　　　　阳平陈述句时长比的对比分析

上海	0.69	0.81	**1.30**	0.93	0.88	**1.16**	**1.16**	0.81	0.96	**1.27**
北京	0.78	0.83	**1.34**	0.86	0.93	**1.11**	**1.01**	0.91	0.94	**1.28**
Δt	−0.09	−0.02	−0.04	0.07	−0.05	0.05	0.15	0.10	0.02	−0.01
Sig	***0.000***	0.304	0.180	***0.000***	***0.002***	0.054	***0.000***	***0.000***	0.148	0.638

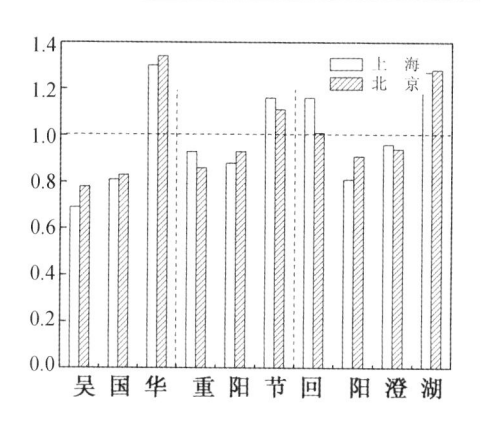

图 11—14　阳平陈述句字长对比统计图

表 11—15　　　　　　上声陈述句时长比的对比分析

上海	0.66	1.00	**1.17**	0.75	0.97	**1.14**	**1.33**	**1.01**	0.95	0.96
北京	0.74	**1.09**	**1.04**	0.89	0.96	**1.06**	**1.31**	0.89	**1.02**	**1.02**
Δt	0.08	−0.09	0.13	0.14	0.01	0.08	0.02	0.12	−0.07	0.06
Sig	0.001	***0.000***	***0.000***	***0.000***	0.476	0.001	0.595	***0.000***	0.005	0.103

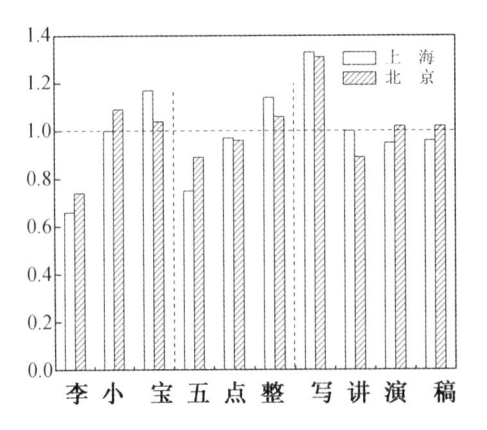

图 11—15　上声陈述句字长对比统计图

表 11—16　　　　　陈述句去声句时长比的对比分析

上海	**1.08**	0.93	**1.45**	0.87	0.69	**1.22**	1.00	0.98	0.67	**1.12**
北京	**1.02**	0.97	**1.49**	0.67	0.85	**1.26**	1.00	0.92	0.78	**1.02**
Δt	0.06	-0.04	-0.04	0.20	-0.16	0.04	0.00	0.06	-0.11	0.10
Sig	0.001	0.040	0.189	*0.000*	*0.000*	0.072	0.968	0.004	*0.000*	0.001

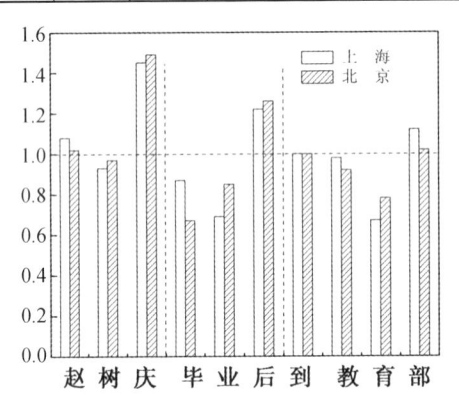

图 11—16　去声陈述句字长对比统计图

表 11—17　　　　　陈述句变调 1 句时长比的对比分析

上海	0.78	**1.03**	**1.13**	0.74	0.94	**1.16**	**1.26**	0.93	**1.05**	0.96
北京	0.85	**1.10**	1.00	0.83	0.96	**1.06**	**1.24**	0.90	**1.11**	0.97
Δt	-0.07	-0.07	0.13	-0.09	-0.02	0.10	0.02	0.03	-0.06	-0.01
Sig	0.005	0.008	*0.000*	*0.000*	0.166	*0.000*	0.515	0.113	0.007	0.851

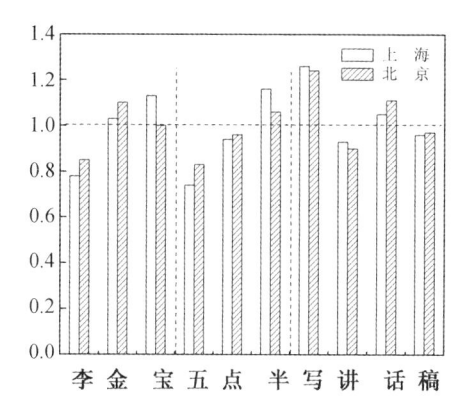

图 11—17　上声变调 1 陈述句字长对比统计图

表 11—18　上海普通话和北京普通话陈述句变调 2 句时长比的对比分析

上海	0.63	0.93	**1.29**	0.68	0.94	**1.12**	**1.12**	0.89	0.90	**1.45**
北京	0.68	**1.06**	**1.13**	0.82	1.00	**1.01**	**1.14**	0.83	0.93	**1.41**
Δt	−0.05	−0.13	0.16	−0.12	−0.06	0.11	−0.02	0.06	−0.03	0.04
Sig	0.015	*0.000*	*0.000*	*0.000*	0.008	*0.000*	0.646	0.002	0.191	0.178

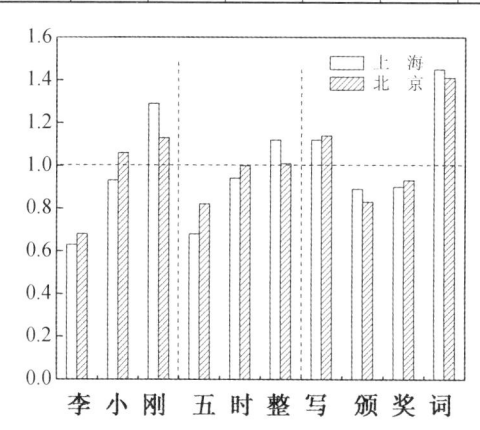

图 11—18　上声变调 2 陈述句字长对比统计图

通过以上图表，可以看出上海普通话和北京普通话陈述句字长相比二者相同之处在于：各韵律词末字和单音动词第 7 音节，都发生了延长，符合韵律边界前延长的规律；韵律边界后，第 4 个音节都没有发生延长；韵律词最大的延长都出现在末字；上海普通话和普通话的句首和句中韵律词内部字长均为首字<中字<末字,总体形状相同,呈现上升型曲线。二者的不同在于,上海普通话边界前音节的时长比普遍比北京话大,至少为0.05,而韵律词中字的时长比均小于普通话。

四 上海普通话疑问句的语调时长表现

（一）上海普通话疑问句与陈述句的字长对比分析

将6组疑问句的实验语料分别进行了单字时长比统计和计算,利用Excel进行测算,剔除离群值,然后用Excel作图来清晰、直观地加以反映,结果见表11—19。

由于疑问句的时长特征表现是在和陈述句的对比中得出的,所以我们以字音为单位,根据50位发音人不同声调的疑问句和陈述句的时长比数据,求出平均值,整体上对比分析二者在音长表现上的差异,结果见表11—20。

表11—19　　　不同声调的疑问句平均字长统计表

	1	2	3	4	5	6	7	8	9	10
阴平	**1.08**	0.93	**1.10**	0.97	0.63	**1.14**	**1.06**	0.89	0.81	**1.34**
阳平	0.72	0.85	**1.32**	0.94	0.88	**1.12**	**1.02**	0.79	0.95	**1.39**
上声	0.68	0.99	**1.12**	0.68	0.95	**1.14**	**1.16**	0.89	0.85	**1.44**
去声	**1.12**	0.94	**1.43**	0.79	0.69	**1.20**	0.91	0.89	0.65	**1.35**
变调1	0.80	1.00	**1.14**	0.68	0.93	**1.16**	**1.07**	0.86	0.90	**1.40**
变调2	0.69	1.00	**1.31**	0.69	0.87	**1.13**	0.99	0.82	0.90	**1.54**
总均值	0.85	0.95	**1.24**	0.79	0.83	**1.15**	**1.03**	0.86	0.85	**1.41**

注:加粗字体表示时长比大于1的音节。

表11—20　　　陈述句和疑问句总体时长比平均值数据表

	1	2	3	4	5	6	7	8	9	10
疑问句	0.85	0.95	**1.24**	0.79	0.83	**1.15**	**1.03**	0.86	0.85	**1.41**
陈述句	0.82	0.93	**1.23**	0.82	0.84	**1.17**	**1.18**	0.92	0.89	**1.16**
Δt	0.03	0.02	0.01	-0.03	-0.01	-0.02	-0.15	-0.06	-0.04	0.25

注:Δt疑问句单字时长比-陈述句单字时长比;阴影部分表示疑问句单字时长比大于对应的陈述句单字时长比;加粗字体表示时长比大于1的音节。

与陈述句相比，疑问句的时长声学特征是，时长比最大值都出现在句末字（只有去声句例外），平均时长比高达 1.41，较陈述句末字时长多出 25%，充分显示出疑问句语气语调的句末焦点特征。而陈述句时长比最大值在各句中出现的位置不一，没有规律性。

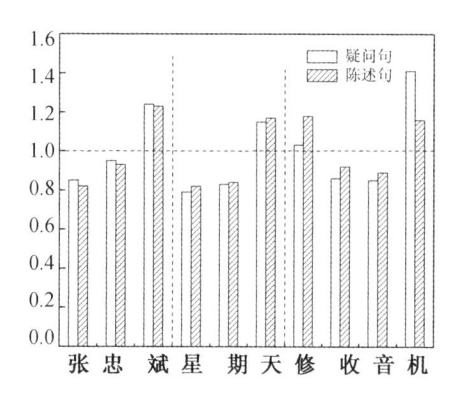

图 11—19　陈述句和疑问句时长比平均值对比统计图（例句以阴平句代表）

表 11—21　　　陈述句和疑问句阴平调单字时长比统计表

	张	中	斌	星	期	天	修	收	音	机
疑问句	**1.08**	0.93	**1.10**	0.97	0.63	**1.14**	**1.06**	0.89	0.81	**1.34**
陈述句	1.07	0.88	1.07	0.94	0.64	1.20	1.18	0.94	0.82	1.20
Δt	0.01	0.05	0.03	0.03	-0.01	-0.06	-0.12	-0.05	-0.01	0.14

注：Δt 疑问句单字时长比 - 陈述句单字时长比；阴影部分表示疑问句单字时长比大于对应的陈述句单字时长比；加粗字体表示时长比大于 1 的音节。

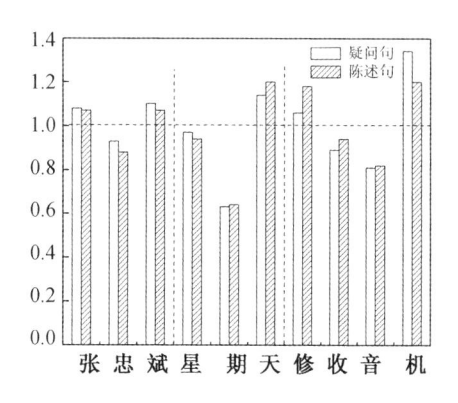

图 11—20　陈述句和疑问句阴平调单字时长比对比分析

表11—22　　上海普遍话陈述句和疑问句阳平调单字时长比数据表

	吴	国	华	重	阳	节	回	阳	澄	湖
疑问句	0.72	0.85	**1.32**	0.94	0.88	**1.12**	**1.02**	0.79	0.95	**1.39**
陈述句	0.69	0.81	**1.30**	0.93	0.88	**1.16**	**1.16**	0.81	0.96	**1.27**
Δt	0.03	0.04	0.02	0.01	0	-0.04	-0.14	-0.02	-0.01	0.12

注：Δt 疑问句单字时长比 - 陈述句单字时长比；阴影部分表示疑问句单字时长比大于对应的陈述句单字时长比；加粗字体表示时长比大于1的音节。

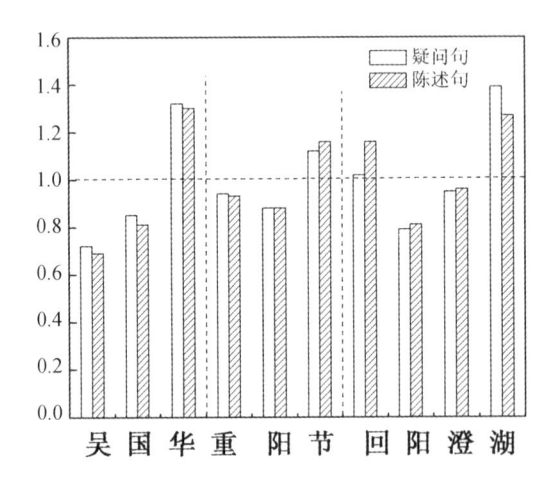

图11—21　陈述句和疑问句阳平调单字时长比对比分析

表11—23　　上海普通话疑问句和陈述句上声调单字时长比数据表

	李	小	宝	五	点	整	写	讲	演	稿
疑问句	0.68	0.99	**1.12**	0.68	0.95	**1.14**	**1.16**	0.89	0.85	**1.44**
陈述句	0.66	1.00	**1.17**	0.75	0.97	**1.14**	**1.33**	1.00	0.95	0.96
Δt	0.02	-0.01	-0.05	-0.07	-0.02	0	-0.17	-0.11	-0.1	0.48

注：Δt 疑问句单字时长比 - 陈述句单字时长比；阴影部分表示疑问句单字时长比大于对应的陈述句单字时长比；加粗字体表示时长比大于1的音节。

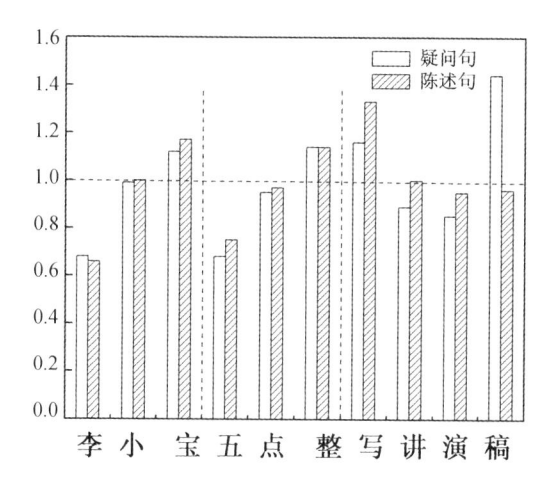

图 11—22　上海普通话陈述句和疑问句上声调单字时长比对比分析

表 11—24　　　　　陈述句和疑问句去声调单字时长比统计表

	赵	树	庆	毕	业	后	到	教	育	部
疑问句	**1.12**	0.94	**1.43**	0.79	0.69	**1.20**	0.91	0.89	0.65	**1.35**
陈述句	**1.08**	0.93	**1.45**	0.87	0.69	**1.22**	1.00	0.98	0.67	**1.12**
Δt	0.04	0.01	−0.02	−0.08	0	−0.02	−0.09	−0.09	−0.02	0.23

注：Δt 疑问句单字时长比 − 陈述句单字时长比；阴影部分表示疑问句单字时长比大于对应的陈述句单字时长比；加粗字体表示时长比大于 1 的音节。

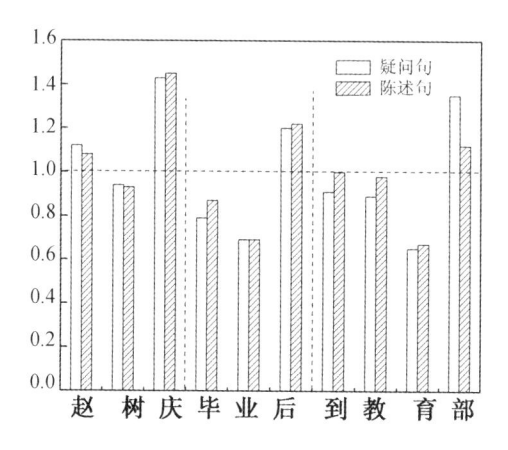

图 11—23　上海普通话疑问句和陈述句去声调单字时长比对比分析

表 11—25　　　疑问句和陈述句上声变调 1 句单字时长比统计表

	李	金	宝	五	点	半	写	讲	演	稿
疑问句	0.80	1.00	**1.14**	0.68	0.93	**1.16**	**1.07**	0.86	0.90	**1.40**
陈述句	0.78	**1.03**	**1.13**	0.74	0.94	**1.16**	**1.26**	0.93	**1.05**	0.96
Δt	0.02	-0.03	0.01	-0.06	-0.01	0	-0.19	-0.07	-0.15	0.44

注：Δt 疑问句单字时长比 - 陈述句单字时长比；阴影部分表示疑问句单字时长比大于对应的陈述句单字时长比；加粗字体表示时长比大于 1 的音节。

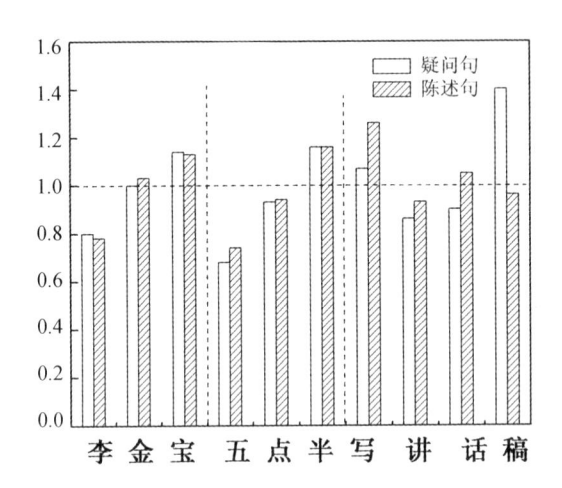

图 11—24　　上海普通话疑问句和陈述句变调句 1 单字时长比对比分析

表 11—26　　　上海普通话疑问句和陈述句变调句 2 单字时长比统计表

	李	小	宝	五	点	整	写	颁	讲	词
疑问句	0.69	1.00	**1.31**	0.69	0.87	**1.13**	0.99	0.82	0.90	**1.54**
陈述句	0.63	0.93	**1.29**	0.68	0.94	**1.12**	**1.12**	0.89	0.90	**1.45**
Δt	0.06	0.07	0.02	0.01	-0.07	0.01	-0.13	-0.07	0	0.09

注：Δt 疑问句单字时长比 - 陈述句单字时长比；阴影部分表示疑问句单字时长比大于对应的陈述句单字时长比；加粗字体表示时长比大于 1 的音节。

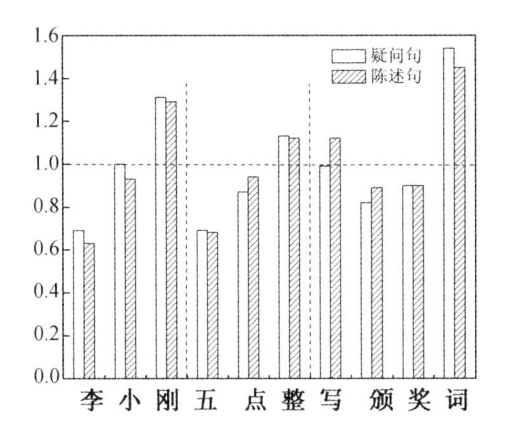

图 11—25　上海普通话疑问句和陈述句变调句 2 单字时长比对比分析

根据表 11—20 比较陈述句和疑问句的时长比，可以发现，除句首词之外，总体上陈述句单字的时长比大于疑问句，但在句末处，疑问句末字时长比明显超过陈述句，这是疑问句语调特征的重要体现。

疑问句末字比前面相邻音节的时长比延长幅度显著增大，从总平均值来看，延长约为 0.56（1.41 - 0.85），在各声调疑问句中，句末字与相邻音节的时长比相比，增长幅度较其他音节间的差值也都是最大的。疑问句末字音大幅度延长对句中其他各音节时长的影响不同，句首韵律词字音的时长基本没有受到影响或所受影响很小。动宾短语所受的影响最大，这说明句中各音节距离句末字音越远所受的影响越小，这也是句末字音大幅度延长的来源。

石锋（2018）提出：语气实际上也是一种焦点，边界前的词末字时长比平均时长超出 10%—15%；如果恰好那个词又具有语气功能，就会再增加 10%—15%。上海普通话陈述句边界前的词末字时长比平均时长超出 20% 左右，疑问句末字又兼具疑问语气焦点功能，其时长比平均时长超出 40%。本节考察的疑问句单凭语调表达疑问语气，没有其他标记。疑问焦点在句末音节，和音高上表现为句末高语调对应，时长上表现为句末字的大幅度延长。这跟强调焦点不同，强调焦点的字音时长虽有延长，但是延长幅度不大，而疑问焦点比强调焦点的延长要更加明显。

（二）上海普通话与北京普通话疑问句时长比对照分析

本节与张彤彤（2018）北京普通话疑问句不同声调语句单字时长比的实验结果进行比较，对平均时长比以及不同声调语句的单字时长比、时长比差值和差别的显著性进行统计，统计结果如表11—27所示。通过比较以期发现上海普通话与北京普通话疑问句时长比的差异和规律。

表11—27 上海普通话和北京普通话疑问句平均时长比的对比统计表

	1	2	3	4	5	6	7	8	9	10
上海	0.85	0.95	**1.24**	0.79	0.83	**1.15**	**1.03**	0.86	0.85	**1.41**
北京	0.85	1.00	**1.16**	0.82	0.88	**1.08**	**1.02**	0.82	0.86	**1.50**
Δt	0.00	-0.05	0.08	-0.03	-0.05	0.07	0.01	0.04	-0.01	-0.09

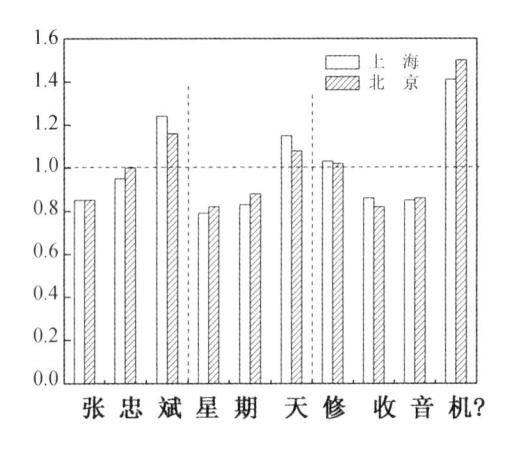

图11—26 上海普通话和北京普通话疑问句平均时长比的对比统计图

表11—28 上海普通话和北京普通话阴平调疑问句时长比的对比统计表

上海	**1.08**	0.93	**1.10**	0.97	0.63	**1.14**	**1.06**	0.89	0.81	**1.34**
北京	**1.09**	0.95	1.00	0.99	0.71	**1.16**	**1.06**	0.85	0.79	**1.40**
Δt	-0.01	-0.02	0.10	-0.02	-0.08	-0.02	0	0.04	0.02	-0.06
Sig	0.587	0.232	**0.000**	0.190	**0.000**	0.691	0.896	0.111	0.371	0.083

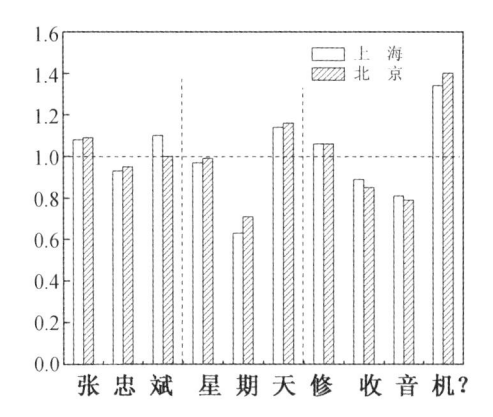

图 11—27　上海普通话和北京普通话疑问句阴平句时长比的对比统计图

表 11—29　　上海普通话和北京普通话疑问句阳平句时长比的对比统计表

上海	0.72	0.85	**1.32**	0.94	0.88	**1.12**	**1.02**	0.79	0.95	**1.39**
北京	0.76	0.85	**1.35**	0.86	0.92	**1.09**	0.89	0.85	0.89	**1.53**
Δt	-0.04	0	-0.03	0.08	-0.04	0.03	0.13	0.06	0.06	0.14
Sig	0.09	0.934	0.381	*0.000*	0.034	0.188	0.001	*0.000*	0.002	*0.000*

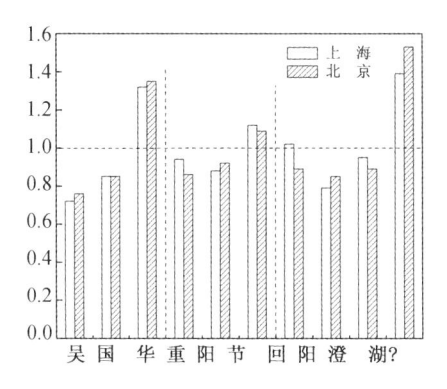

图 11—28　上海普通话和北京普通话疑问句阳平句时长比的对比统计图

表 11—30　　上海普通话和北京普通话疑问句上声句时长比的对比统计表

上海	0.68	0.99	**1.12**	0.68	0.95	**1.14**	**1.16**	0.89	0.85	**1.44**
北京	0.70	**1.08**	**1.04**	0.83	0.95	**1.01**	**1.16**	0.80	0.90	**1.54**
Δt	-0.02	-0.09	0.08	0.15	0	0.13	0	0.09	-0.05	-0.10
Sig	0.327	*0.000*	0.026	*0.000*	0.692	*0.000*	0.928	*0.000*	0.058	0.027

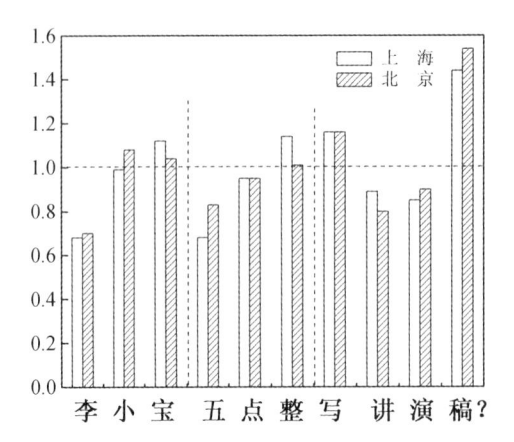

图 11—29　上海普通话和北京普通话疑问句上声句时长比的对比统计图

表 11—31　　上海普通话和北京普通话疑问句去声句时长比的对比统计表

上海	**1.12**	0.94	**1.43**	0.79	0.69	**1.20**	0.91	0.89	0.65	**1.35**
北京	**1.05**	0.97	**1.48**	0.62	0.80	**1.18**	0.92	0.83	0.74	**1.42**
Δt	0.07	-0.03	-0.05	0.17	-0.11	0.02	-0.01	0.06	-0.09	-0.07
Sig	0.008	0.323	0.118	*0.000*	*0.000*	0.469	0.737	0.002	*0.000*	0.057

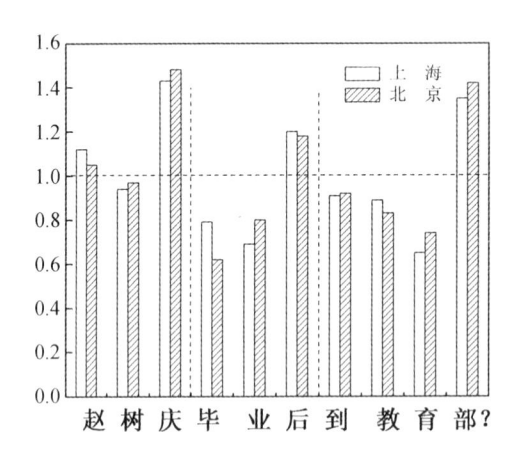

图 11—30　上海普通话和北京普通话疑问句去声句时长比的对比统计图

表11—32　上海普通话和北京普通话疑问句声上声变调1句时长比的对比统计表

上海	0.80	1.00	**1.14**	0.68	0.93	**1.16**	**1.07**	0.86	0.90	**1.40**
北京	0.81	**1.09**	1.00	0.79	0.94	**1.02**	**1.07**	0.82	0.98	**1.48**
Δt	-0.01	-0.09	0.14	-0.11	-0.01	0.14	0	0.04	-0.08	-0.08
Sig	0.755	*0.000*	*0.000*	*0.000*	0.422	*0.000*	0.664	0.027	0.002	0.060

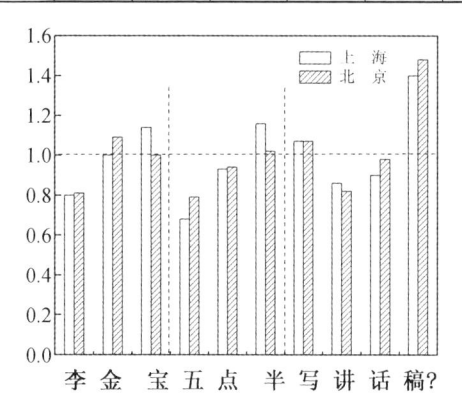

图11—31　上海普通话和北京普通话疑问句变调1句时长比的对比统计图

表11—33　上海普通话和北京普通话疑问句声上声变调2句时长比的对比统计表

上海	0.69	1.00	**1.31**	0.69	0.87	**1.13**	0.99	0.82	0.90	**1.54**
北京	0.70	**1.09**	**1.11**	0.81	0.95	**1.02**	**1.02**	0.77	0.89	**1.65**
Δt	-0.01	-0.09	0.2	-0.12	-0.08	0.11	0.03	0.05	0.01	0.11
Sig	0.593	*0.000*	*0.000*	*0.000*	*0.000*	*0.000*	0.272	0.012	0.293	*0.001*

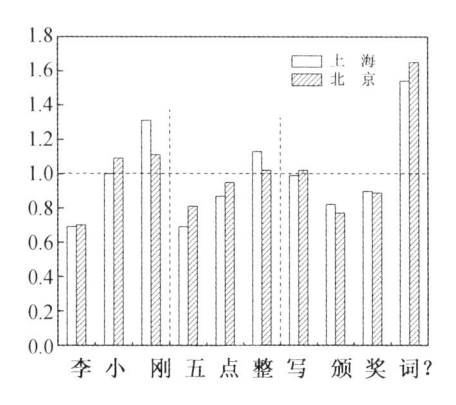

图11—32　上海普通话和北京普通话疑问句变调2句时长比的对比统计图

从表 11—27 可以看出，和北京普通话疑问句相比，上海普通话疑问句的特点在于：

句首词和句中词末字的时长比普遍比北京普通话大，至少为 0.07，而韵律词中字的时长比均小于北京普通话。在最能体现疑问语调的末字上，上海普通话的时长比却都明显低于北京普通话 10% 左右，在各个声调语句中无一例外。

此外，北京普通话疑问句各个声调语句都是大幅度延长句末字音时长，同时缩短非句末字音时长，且越靠近疑问句末字，音节缩短的程度越大，以此来凸显疑问句的疑问语气。而在上海普通话疑问句的各语句中，均没有出现越靠近疑问句末字，音节缩短的程度越大的现象。

五 上海普通话强调焦点句的语调时长表现

（一）上海普通话强调焦点句与自然焦点句的字长对比分析

石锋、王萍（2011）提出把焦点句的边界延长作为边界调的表现，在强调焦点处增加的值，就是焦点调的表现。根据这一结论，我们以自然焦点句（ZR）单字时长为基准，计算句首（JS）、句中（JZ）、句末（JM）、动宾焦点（DB）句每个单字音的时长比，结果如表 11—34 所示。

表 11—34　上海普通话五种焦点情况下语句字长表现的综合分析

	1	2	3	4	5	6	7	8	9	10
ZR	0.82	0.93	1.23	0.82	0.84	1.17	**1.18**	0.92	0.89	1.16
JS	**0.86**	**0.99**	**1.26**	*0.79*	0.83	1.14	1.01	0.92	0.91	1.25
JZ	0.79	0.92	1.23	**0.89**	**0.88**	**1.26**	*0.98*	0.90	0.90	1.23
JM	0.80	0.93	1.17	0.78	0.84	1.18	1.03	**0.96**	**0.96**	1.30
DB	0.80	0.93	1.16	0.78	0.85	1.20	1.04	0.95	0.94	**1.31**

注：加粗线框代表焦点，粗体字标出的是五种焦点状况下同位次音节中时长比最大者，下画线标出的是强调焦点内部时长比最大者，斜体用以标示位于强调焦点后的首个音节，下同。

根据表 11—34 中的数据，可以作出图 11—33 上海普通话五种焦点下的平均字长分析图，用折线图直观地反映语句内部的字长差异以及不同焦点情况下音节的时长变化特点。

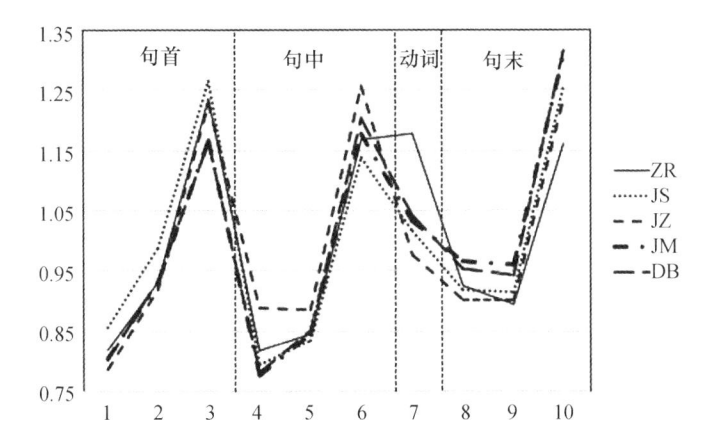

图 11—33 上海普通话五种焦点下的平均字长分析图

表 11—35 　　　　　五种焦点情况下阴平句的字长表现

阴平	张	中	斌	星	期	天	修	收	音	机
ZR	1.07	0.88	**1.07**	0.94	0.64	1.20	**1.18**	0.94	0.82	1.20
JS	1.09	**0.92**	1.06	*0.95*	0.61	1.14	1.07	0.94	0.84	1.32
JZ	1.04	0.87	1.05	**0.98**	**0.65**	**1.27**	*1.07*	0.93	0.82	1.33
JM	1.09	0.89	1.01	0.95	0.61	1.18	1.05	**1.01**	**0.87**	1.32
DB	**1.10**	0.88	1.01	0.93	0.61	1.21	1.09	0.97	0.86	**1.34**

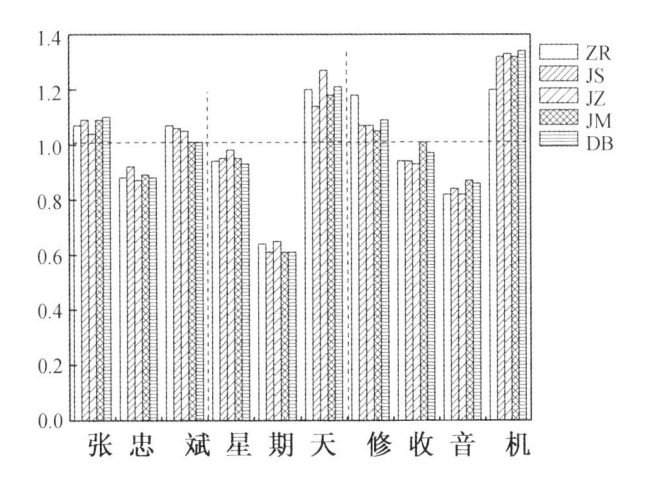

图 11—34 五种焦点情况下阴平句的字长表现分析

表 11—36　　　　　　五种焦点情况下阳平句的字长表现

阳平	吴	国	华	重	阳	节	回	阳	澄	湖
ZR	0.69	0.81	1.30	0.93	0.88	1.16	**1.16**	0.81	0.96	1.27
JS	**0.72**	**0.84**	**1.35**	*0.92*	0.87	1.10	0.97	0.82	1.04	1.33
JZ	0.68	0.78	1.26	**1.03**	**0.94**	**1.24**	*0.88*	0.83	1.02	1.30
JM	0.64	0.79	1.20	0.90	0.89	1.15	1.02	0.86	**1.05**	**1.42**
DB	0.65	0.81	1.20	0.91	0.91	1.19	0.99	0.88	1.04	**1.42**

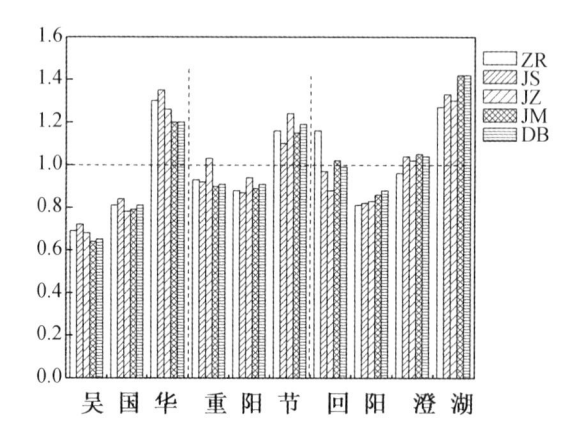

图 11—35　五种焦点情况下阳平句的字长表现分析图

表 11—37　　　　　　五种焦点情况下上声句的字长表现

上声	李	小	宝	五	点	整	写	讲	演	稿
ZR	0.66	1.00	1.17	0.75	0.97	**1.14**	**1.33**	1.00	0.95	0.96
JS	**0.71**	**1.09**	**1.22**	*0.71*	1.02	1.15	1.09	0.99	0.93	1.07
JZ	0.61	1.02	1.18	**0.86**	**1.06**	**1.28**	*1.04*	0.96	0.91	1.03
JM	0.64	1.01	1.11	0.70	1.02	1.15	1.13	**1.04**	0.97	**1.13**
DB	0.62	1.01	1.14	0.71	1.02	1.21	**1.18**	1.00	0.96	**1.13**

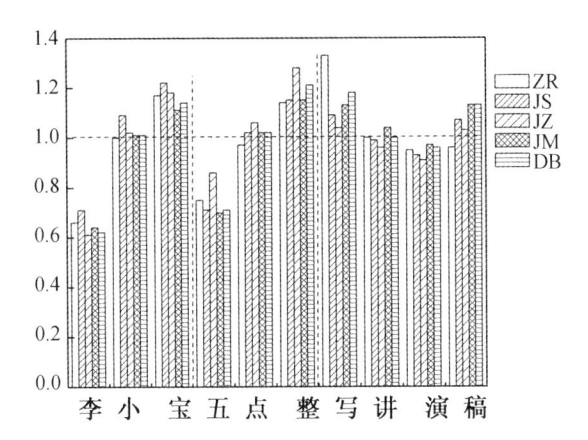

图 11—36　五种焦点情况下上声句的字长表现分析图

表 11—38　　　　　　　五种焦点情况下去声句的字长表现

去声	赵	树	庆	毕	业	后	到	教	育	部
ZR	1.08	0.93	1.45	0.87	0.69	1.22	**1.00**	0.98	0.67	1.12
JS	**1.10**	**0.95**	<u>1.52</u>	*0.79*	0.67	1.18	0.94	0.96	0.67	1.21
JZ	1.07	0.88	1.40	**0.90**	**0.71**	**<u>1.31</u>**	*0.91*	0.93	0.66	1.20
JM	1.12	0.89	1.38	0.75	0.73	1.23	0.94	**1.00**	**0.73**	<u>1.23</u>
DB	1.13	0.90	1.35	0.76	0.73	1.23	0.94	**1.00**	**0.73**	<u>**1.24**</u>

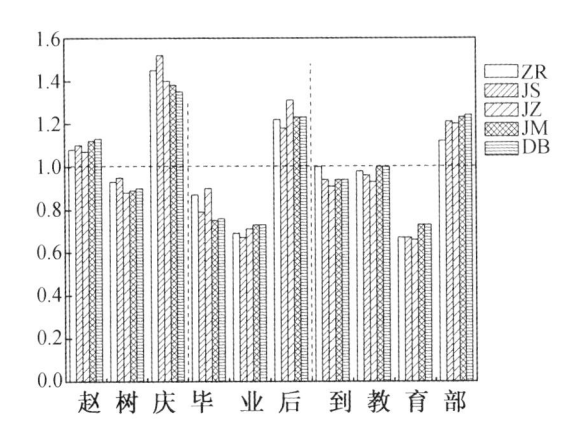

图 11—37　五种焦点情况下去声句的字长表现分析图

表 11—39　　　　　　五种焦点情况下变调 1 句的字长表现

变调1	李	金	宝	五	点	半	写	讲	话	稿
ZR	0.78	1.03	1.13	0.74	0.94	1.16	**1.26**	0.93	1.05	0.96
JS	**0.81**	**1.09**	<u>1.15</u>	*0.71*	0.98	1.14	1.05	0.89	1.06	1.08
JZ	0.71	1.02	**1.20**	**0.80**	1.03	<u>1.23</u>	*1.01*	0.88	1.04	1.06
JM	0.74	1.02	1.09	0.69	0.97	1.17	1.06	0.95	<u>1.16</u>	1.11
DB	0.72	1.01	1.11	0.70	0.98	1.21	1.04	0.94	1.10	<u>1.13</u>

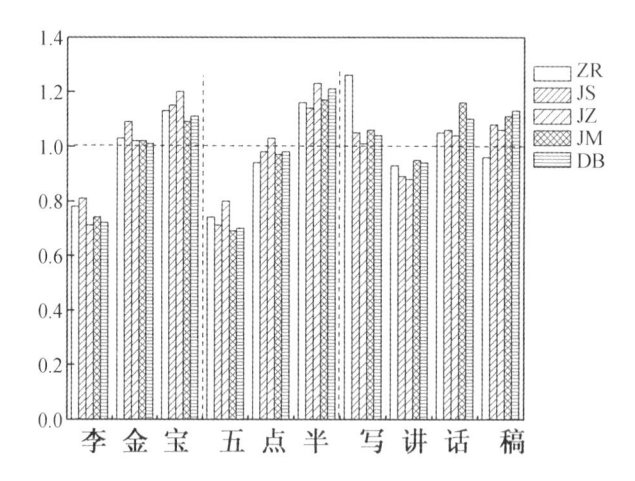

图 11—38　五种焦点情况下上声变调 1 句的字长表现分析图

表 11—40　　　　　　五种焦点情况下变调 2 句的字长表现

变调2	李	小	刚	五	时	整	写	颁	奖	词
ZR	0.63	0.93	1.29	0.68	0.94	1.12	**1.12**	0.89	0.90	1.45
JS	**0.70**	**1.02**	<u>1.26</u>	*0.67*	0.85	1.11	0.97	0.90	0.95	1.51
JZ	0.60	0.94	**1.28**	**0.76**	**0.92**	<u>1.20</u>	*0.93*	0.87	0.94	1.48
JM	0.60	0.98	1.21	0.65	0.85	1.17	0.98	0.92	0.97	<u>1.63</u>
DB	0.60	0.99	1.17	0.67	0.84	1.17	1.00	0.91	0.96	<u>1.64</u>

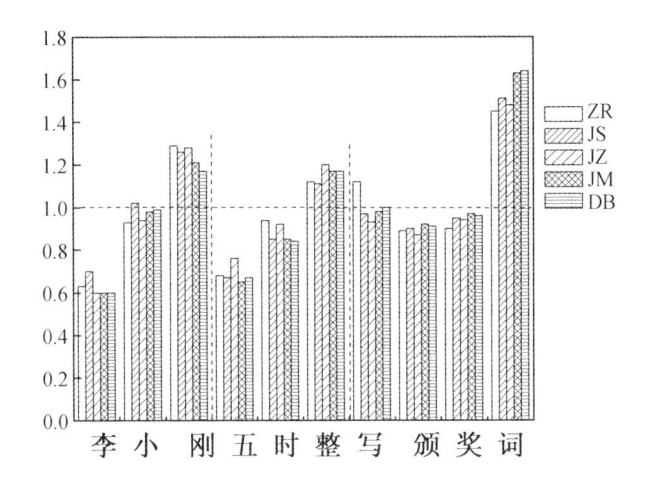

图 11—39　五种焦点情况下上声变调 2 句的字长表现分析图

通过表 11—34 和图 11—33 以及后面的图表可以看出，五种不同焦点语句由于焦点位置的不同，同一位置的单字时长也表现出规律性的差异。

第一，自然焦点句的字长的曲线起伏幅度和其他四个强调焦点句相比，起伏幅度最小，即自然焦点句内部的字长差异比强调焦点句要小，这是时长因素在表现焦点方面重要意义的体现。

第二，无论是自然焦点句还是强调焦点句，处在韵律边界的第 3 字、第 6 字和第 10 字的时长比始终大于 1.00，表明韵律边界前字音延长的现象确实存在；而这三个字音在五种焦点情况下的时长差异则说明焦点位置不同会使字音的延长程度发生变化：当处于焦点位置时，其延长程度会大幅增加，而不在焦点位置时，延长程度则基本与自然焦点的状态持平，或者略短于自然焦点。其中也有例外，句末焦点句和动宾焦点句的动词的时长较自然焦点句没有延长，而四个焦点句的末字时长较自然焦点句末字时长均发生了延长。

第三，观察单字时长增加的幅度，句首焦点句的句首词三个字时长增加幅度比较均匀，增幅不大，为 4%、6%、3%。句中焦点句的句中词字长增幅较大，为 9%。句末焦点句和动宾宽焦点句的焦点字长非常接近，第 7 字单音动词的字长与陈述句相比大幅缩短，约 14%，在动宾宽焦点句中也没有明显延长，句末词第 8、9、10 字的时长与陈述句同位置字相比，字长增长的幅度从前向后递增，句末第 10 字增幅最大，达到 15%。

第四，与自然焦点状态相比，强调焦点词的字长全部加长，而焦点词末字由于凸显焦点和韵律边界的双重叠加，时长自然焦点加更为显著。这主要表现在句中焦点词末字和句末焦点词末字上，句首焦点词末字时长增加 3%，延长不显著。从变化的具体数值上看，自然焦点句各词的末字时长比一般在 1.15、1.20 左右。当发生强调时，字长大幅度加长，句中焦点末字和句末焦点末字较自然焦点句都加长了 10%—15%。从图 11—33 可以清晰地看到强调与非强调状态下韵律边界前音节的时长取值，折线之间的高低差正是由焦点凸显作用所反映的时长差异。

第五，对比上海普通话的动宾焦点和句末焦点，二者的时长表现具有高度的一致性，在动词和句末字的时长上，动宾焦点句都仅仅比句末焦点句时长比高 1%，没有反映出明显差异。

第六，强调焦点的焦点词内部的字长变化呈现"阶梯式上升"趋势，在焦点末字时达到峰值，同时，焦点后接的字长会相应缩短，使焦点得到凸显。

第七，比较四种强调焦点句和自然焦点句的绝对时长，可以看出，自然焦点句单字的绝对时长均大于四种强调焦点句的单字时长，强调焦点句中的焦点音节绝对时长与自然焦点句差别较小，约 20 毫秒。

（二）上海普通话与北京普通话强调焦点句时长比对比分析

本节是把张彤彤（2018）北京普通话强调焦点句关于不同声调语句单字时长比的实验结果进行比较，对平均时长比以及不同声调语句的单字时长比、时长比差值和差别的显著性进行统计，统计结果如表 11—41 所示。

比较上海普通话和北京普通话的强调焦点句时长，可得以下相同之处：

处在韵律边界的音节时长比始终大于 1，说明无论是否处于焦点位置，韵律边界前均存在着音段延长。强调的焦点几乎都相较自然焦点句中同位置字发生了不同程度的时长延长（动宾焦点句的动词除外）；句末焦点末字和动宾焦点末字的时长延长基本相同，延长最为明显。比较句末焦点和动宾焦点时长可以看出，上海普通话和北京普通话均没有反映出显著差异。"阶梯式渐升"依旧是焦点词内部字长变化的基本趋势，焦点词的末字达到最大值。

表 11—41 上海普通话和北京普通话五种焦点句平均字长对比统计表

平均	1	2	3	4	5	6	7	8	9	10
ZR 上海	0.82	0.93	1.23	0.82	0.84	1.17	**1.18**	0.92	0.89	1.16
ZR 北京	0.85	1.00	1.17	0.84	0.91	1.11	**1.14**	0.89	0.95	1.15
JS 上海	**0.86**	**0.99**	**1.26**	0.79	0.83	1.14	1.01	0.92	0.91	1.25
JS 北京	*0.87*	*1.06*	*1.27*	*0.80*	0.89	1.09	0.99	0.87	0.92	**1.23**
JZ 上海	0.79	0.92	1.23	**0.89**	**0.88**	**1.26**	*0.98*	0.90	0.90	1.23
JZ 北京	0.78	0.98	1.21	**0.84**	**0.97**	**1.25**	*1.01*	0.87	0.92	1.17
JM 上海	0.80	0.93	1.17	0.78	0.84	1.18	1.03	**0.96**	**0.96**	**1.30**
JM 北京	0.77	0.98	1.13	0.77	0.89	1.14	1.09	**0.94**	**0.97**	**1.31**
DB 上海	0.80	0.93	1.16	0.78	0.85	1.20	**1.04**	0.95	0.94	**1.31**
DB 北京	0.79	0.98	1.12	0.77	0.90	1.19	1.09	0.91	0.95	**1.30**

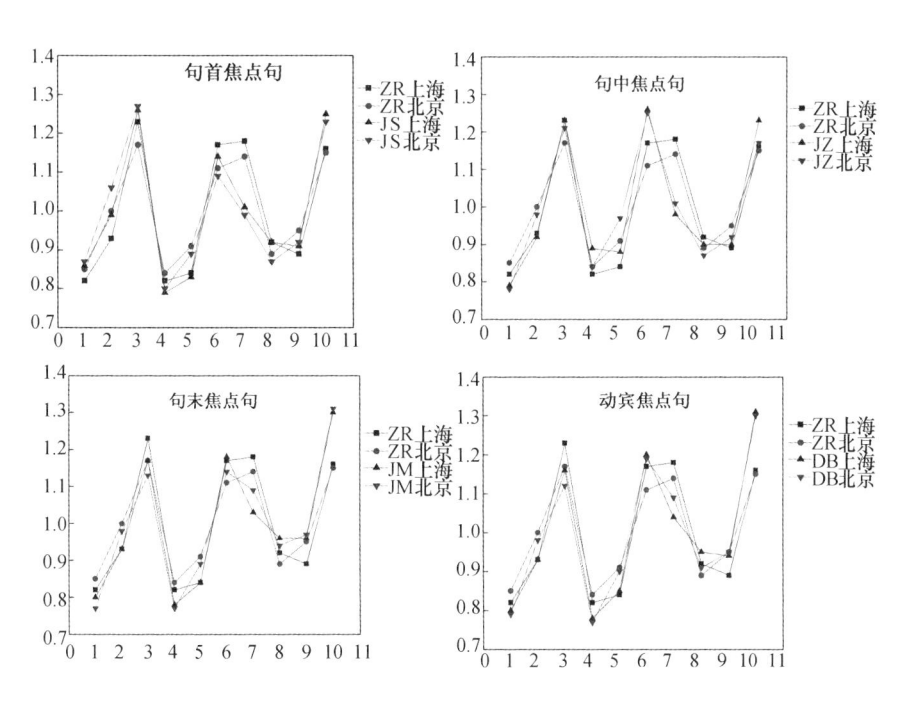

图 11—40 上海普通话和北京普通话五种焦点句平均字长对比统计图

二者的差别主要表现在句首焦点上，上海普通话的句首焦点与自然焦点句相比，时长延长的幅度不大，特别是句首焦点末字的平均值仅仅延长了3%，句首焦点在时长上不够凸显。而北京普通话中的句首焦点时长有显著延长,尤其是焦点末字比自然焦点句延长10%左右。虽然上海和北京普通话动宾焦点句的动词时长比均小于相对应的自然焦点句,但北京普通话动宾焦点的动词延长幅度更大,相较句首焦点句和句中焦点句中的动词,时长延长达到10%左右;相比之下上海普通话中,动宾焦点句中动词的时长比句首、句中焦点句中的动词时长延长比率不到5%。

六 结语

通过较大样本的实验分析,上海普通话自然焦点陈述句的字音时长主要表现为:单字时长比在韵律边界前明显增大;与句末韵律词结合构成韵律短语的单音动词也发生了明显延长,这表明从句法的角度看,单音动词和句末韵律词共同构成"1+3"韵律短语,和句末韵律词共同承载了自然焦点的尾重特征。其他位置的音节延长现象并不具有普遍性。和北京普通话陈述句对比,发现二者时长表现有所不同,主要表现在上海普通话边界前音节的时长比都比北京普通话至少大5%,而韵律词中字的时长比都小于北京普通话。

上海普通话疑问句时长特点是其单字时长最大值几乎都出现在句末字,这是受到凸显句末疑问焦点和区分韵律边界双重影响的结果。且疑问句的句末字与相邻音节的时长相比大幅度延长,充分显示出疑问句句末边界调和疑问焦点的特征。其次,陈述句中单音动词都发生了不同程度的延长。而在疑问句中,由于受句末字时长大幅度延长的影响,单音动词的延长程度很小,这是在为句末字时长大幅度延长做准备。与北京普通话疑问句相对比,二者的不同在于,上海普通话句首、句中边界前音节的时长普遍大于北京普通话,而韵律词中字的时长都小于北京普通话。北京普通话疑问句除了句末字音时长大幅度延长之外,还通过缩短非句末字音的时长来凸显疑问句的疑问语气,且越靠近疑问句句末字,音节缩短的程度越大,而这一特点在上海普通话中的疑问句中没有体现。

对比四组强调焦点句和自然焦点句的时长表现,强调焦点句内部的字音时长差异比自然焦点句要大,这说明了时长因素在表现焦点方面具有重要意义。与非强调状态相比,焦点位置的字音时长全部加长。焦点词末字由于具有凸显焦点和韵律边界的双重因素，时长加长更为显著。这主要表现在句中焦点末字和句末焦点末字上，句首焦点末字时长延长不显著。对比上海普通话的动宾焦点和句末焦点，二者的时长表现具有高度的一致性，在动词和句末字的时长上，动宾焦点句都仅仅比句末焦点句时长比高1%。强调焦点词内部的字音时长变化呈现"阶梯式上升"趋势，在焦点末字时达到峰值，同时，焦点后首字字长会相应缩短，使焦点得到凸显。上海普通话与北京普通话强调焦点句的对比时长表现略有不同，主要表现在句首焦点上，上海普通话的句首焦点与自然焦点句相比，时长延长的幅度不大，句首焦点在时长上不够凸显。而北京普通话中的句首焦点时长有显著延长，尤其是焦点末字比自然焦点句延长10%左右。

第三节　广州普通话语调时长分析

王　李

一　引言

（一）研究背景

一种语言的语调在感知上的表现是语音的轻重缓急和抑扬顿挫的腔调；而在声学上则是各种韵律要素，其中包括音高、音长和音强等协调变化的综合效应。

其中，时长是语调研究的重要内容也是基本内容，它在语句中通过停延的表现来区分不同的韵律单位的边界，并在不同位置上为突显焦点做出贡献。停延是指连续话语中语音的停顿和延长，一般在边界位置上停延表现有较大变化（石锋、孙颖，2012）。

（二）研究目的

方言和普通话因社会的需要而产生，又随着社会的发展而发展，两者将长期共存并用。

正如图11—41显示，方言与普通话在接触过程中形成了一种中介语，三者相互影响，在共时平面上呈现动态发展的关系。可以认为本节中使用的广州人所讲的普通话语料就是一种中介语。

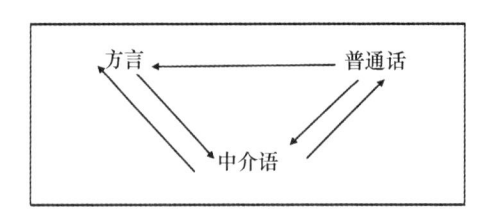

图 11—41 普通话和方言的互动关系图

二 广州普通话自然焦点陈述句语调时长比的统计分析

（一）陈述句不同声调语句中的单字时长比分析

（在表格 11—42 中，我们以加粗字体和下画线标示相对时长，即时长比大于 1 的音节，下同。）在阴平句中，延长最大的音节为第 7 个音节单音动词"修"，最短音节出现在句中韵律词中字"期"。全句共有 4 个音节延长，分别为"张""天""修""机"。我们发现，韵律词中间的音节即"忠""期""音"均未发生延长。

表 11—42　　广州普通话陈述句阴平句时长比统计表

	张	忠	斌	星	期	天	修	收	音	机
平均值	**1.15**	0.95	0.95	0.86	0.69	**1.13**	**1.21**	0.96	0.85	**1.19**
标准差	0.14	0.12	0.16	0.10	0.10	0.14	0.19	0.11	0.11	0.16

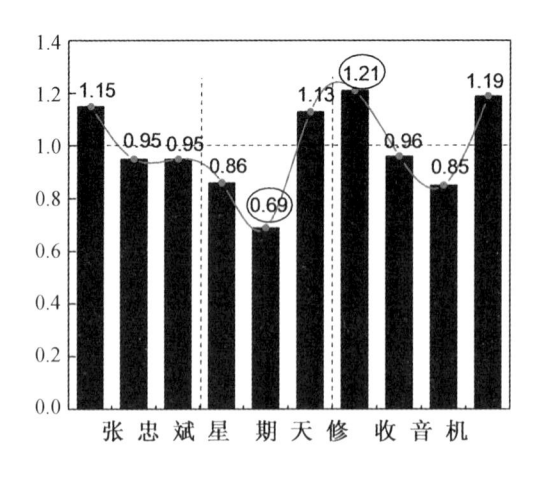

图 11—42　广州普通话陈述句阴平句时长比图

表 11—43　　　　广州普通话陈述句阳平句时长比统计表

	吴	国	华	重	阳	节	回	阳	澄	湖
平均值	0.78	0.90	**1.19**	1.00	0.86	**1.05**	**1.11**	0.90	0.96	**1.22**
标准差	0.12	0.12	0.19	0.15	0.10	0.13	0.21	0.12	0.10	0.17

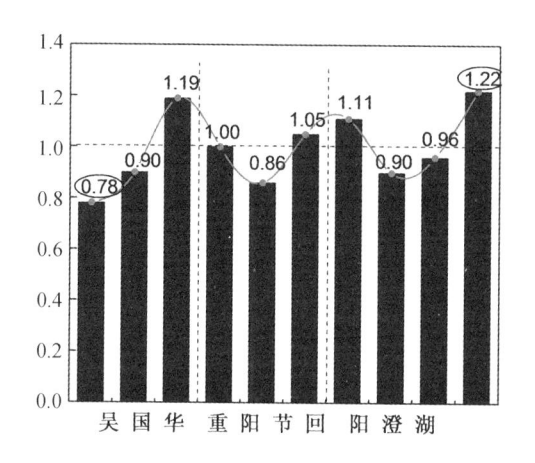

图 11—43　广州普通话陈述句阳平句时长比图

在表 11—43 中，阳平句中最长音节出现在全句的句末边界"湖"，最短音节出现在句首韵律词的首字"吴"。阳平句和阴平句一样，全句共有 4 个音节延长，分别为"华""节""回""湖"。我们发现，在阳平句中，韵律边界前，也就是实验句中句首、句中和句末韵律词的末字都被延长了；韵律边界后，即第 4 和 7 个音节，"重"等于 1，"回"发生延长；而韵律词中间的音节均无延长。

表 11—44　　　　广州普通话陈述句上声句时长比统计表

	李	小	宝	五	点	整	写	讲	演	稿
平均值	0.74	**1.02**	1.02	0.77	0.91	**1.01**	**1.27**	**1.14**	0.97	**1.13**
标准差	0.15	0.14	0.16	0.12	0.11	0.12	0.18	0.24	0.10	0.19

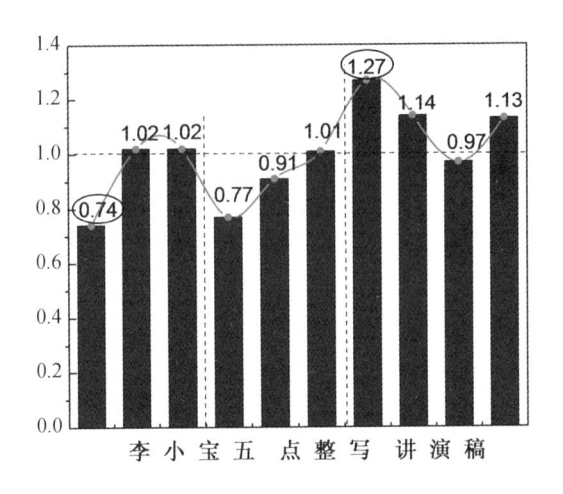

图 11—44 广州普通话陈述句上声句时长比图

在表 11—44 中，上声句中最大的停延为单音动词即第七个音节"写"，这与阴平句相同；最短的音节是句首韵律词首字"李"，这与阳平句的情况相同。全句共有 6 个音节发生延长，分别是"小""宝""整""写""讲""稿"，上声句中发生延长的音节数量多于阴平句和阳平句。我们还发现，在上声句中，韵律边界前，即句中的句首、句中和句末韵律词的末字都被延长了；而与阴平、阳平句不同的是，上声句中出现了韵律词中间的音节被延长的现象，即第 2 个音节"小"被延长。

表 11—45　　广州普通话陈述句去声句时长比统计表

	赵	树	庆	毕	业	后	到	教	育	部
平均值	**1.14**	**1.01**	**1.35**	0.73	0.79	**1.02**	**1.08**	0.99	0.77	**1.10**
标准差	0.13	0.11	0.17	0.14	0.11	0.14	0.17	0.11	0.12	0.19

在表 11—45 中，去声句中最长的音节为句首词末字"庆"，最短的音节是句中韵律词首字"毕"；全句共有 6 个音节发生延长，分别是"赵""树""庆"和"后""到""部"，音节延长的数量与上声句相同，但多于阴平句、阳平句。我们还发现，在去声句中，出现了句首韵律词三个音节均发生延长的现象；与阳平、上声句相同，韵律边界前，即句首、句中和

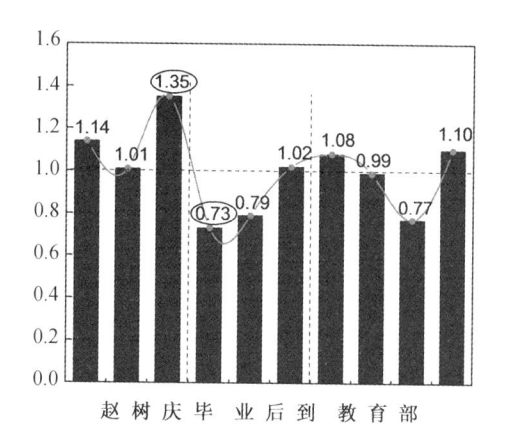

图11—45　广州普通话陈述句去声句时长比图

句末词的末字都被延长了；去声句中还出现了与阴平、阳平、上声句都不同的现象，即最短的音节出现于韵律边界后的第 4 个音节的位置。

表11—46　　　广州普通话陈述句变调 1 句的时长比统计表

	李	金	宝	五	点	半	写	讲	话	稿
平均值	0.86	**1.10**	0.97	0.72	0.89	**1.04**	**1.23**	**1.01**	0.96	**1.18**
标准差	0.16	0.15	0.15	0.13	0.09	0.15	0.15	0.14	0.11	0.21

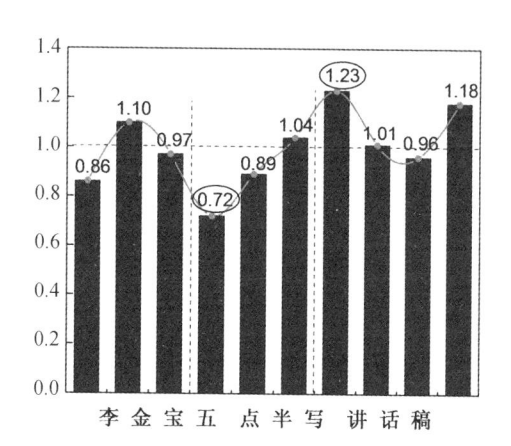

图11—46　广州普通话陈述句变调 1 句的时长比图

在表 11—46 中，变调 1 句最长的音节为单音动词即第 7 个音节"写"，与阴平、上声句相同；最短的音节是句中韵律词首字"五"，这与去声句相同；全句共有 5 个音节发生延长，分别是"金""半""写""讲""稿"。我们还发现，在变调 1 句中，出现了与阴、阳、上、去四个句子均不同的情况，即韵律词中字延长而首字、末字并未延长的情况；与去声句相同，最短的音节出现在韵律边界后的第 4 个音节的位置。

表 11—47　　　　广州普通话陈述句变调 2 句的时长比统计表

	李	小	刚	五	时	整	写	颁	奖	词
平均值	0.65	0.96	**1.12**	0.72	**1.03**	**1.07**	**1.05**	**1.01**	0.89	**1.46**
标准差	0.13	0.12	0.17	0.09	0.16	0.12	0.15	0.14	0.09	0.18

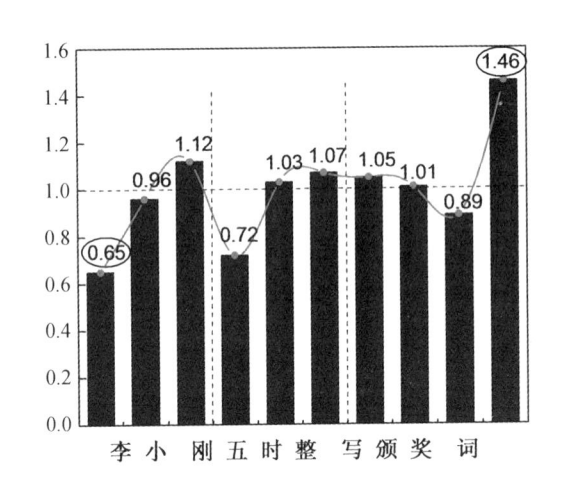

图 11—47　广州普通话陈述句变调 2 句的时长比图

在表 11—47 中，变调 2 句中最长的音节为全句的句末边界"词"，这与阳平句情况相同；最短的音节是句首韵律词首字"李"，与阳平、上声句相同；全句共有 6 个音节发生延长，分别是"刚""时""整""写""颁""词"。其中，我们发现以下特点：变调 2 的最长时长音节和最短时长音节所出现的位置与阳平句完全一致；与前 5 种声调句不同的是，出现了句中韵律词的中字发生延长的情况;与阳平、上声、去声相同,韵律边界前,即句中三个韵律词末字都被延长。

下面,我们对不同声调的单字时长比进行统计,并求出平均值,得到陈述句的单字时长比,综合观察陈述句的时长表现,结果如表11—48、图11—48所示(表11—48以加粗字体和下画线标示相对时长大于1的音节)。

表11—48　　　　广州普通话陈述句语调的时长比统计表

	1	2	3	4	5	6	7	8	9	10
阴平	**1.15**	0.95	0.95	0.86	0.69	**1.13**	**1.21**	0.96	0.85	**1.19**
阳平	0.78	0.90	**1.19**	1.00	0.86	**1.05**	**1.11**	0.90	0.96	**1.22**
上声	0.74	**1.02**	**1.02**	0.77	0.91	**1.01**	**1.27**	**1.14**	0.97	**1.13**
去声	**1.14**	**1.01**	**1.35**	0.73	0.79	**1.02**	**1.08**	0.99	0.77	**1.10**
变调1	0.86	**1.10**	0.97	0.72	0.89	**1.04**	**1.23**	**1.01**	0.96	**1.18**
变调2	0.65	0.96	**1.12**	0.72	**1.03**	**1.07**	**1.05**	**1.01**	0.89	**1.46**
平均值	0.89	0.99	**1.10**	0.80	0.86	**1.05**	**1.16**	1.00	0.90	**1.21**

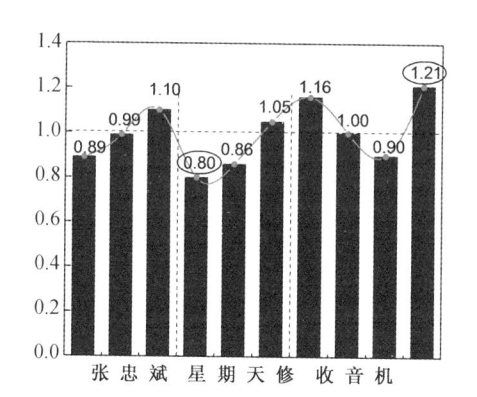

图11—48　广州普通话陈述句语调的时长比图

广州普通话自然焦点陈述句最大的时长为句末第10个音节,最短的音节是第4个音节句中词首字;全句共有4个音节发生延长。我们还发现以下特点:韵律边界前,即句首、句中和句末韵律词的末字都被延长了;

单音动词也有显著延长，而韵律词中首和词间的音节均无延长。

（二）不同性别的单字时长比分析

表11—49　　　　　广州普通话陈述句阴平句男女时长比表

	张	忠	斌	星	期	天	修	收	音	机
男	**1.13** (0.26)	0.93 (0.21)	0.99 (0.21)	0.88 (0.18)	0.69 (0.15)	**1.10** (0.26)	**1.23** (0.26)	0.95 (0.21)	0.83 (0.19)	**1.18** (0.26)
女	**1.16** (0.15)	0.97 (0.11)	0.92 (0.13)	0.84 (0.10)	0.69 (0.09)	**1.16** (0.15)	**1.19** (0.16)	0.97 (0.11)	0.86 (0.11)	**1.20** (0.16)

注：我们以加粗字体和下画线标示相对时长大于1的音节，括号内数据是标准差。下同。

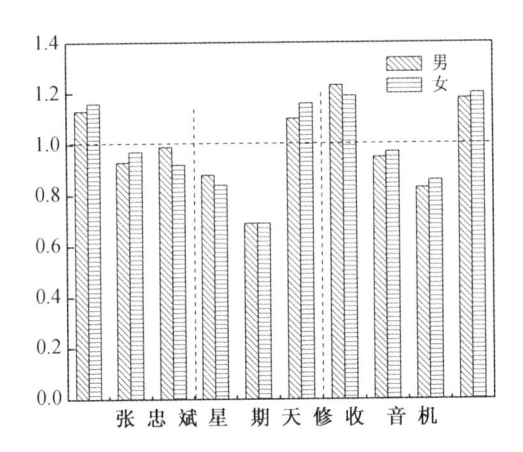

图11—49　广州普通话陈述句阴平句男女性时长比图

在表11—49中，男性和女性阴平句最大的延长出现的位置并不相同，男性最大延长为单音动词"修"，女性为全句的韵律边界"机"；男女最短音节出现位置相同，为句中韵律词中字"期"；男女均有4个音节延长，出现位置均相同，分别是"张""天""修""机"。

表 11—50　　　　　广州普通话陈述句阳平句男女时长比表

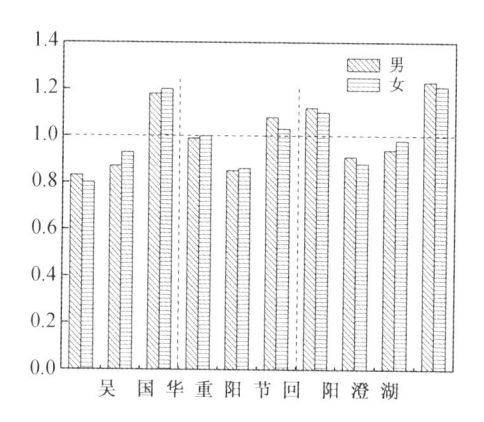

	吴	国	华	重	阳	节	回	阳	澄	湖
男	0.83 (0.20)	0.87 (0.10)	**1.18** (0.22)	0.99 (0.13)	0.85 (0.10)	**1.08** (0.10)	**1.12** (0.26)	0.91 (0.12)	0.94 (0.12)	**1.23** (0.17)
女	0.80 (0.19)	0.93 (0.13)	**1.20** (0.15)	1.00 (0.18)	0.86 (0.09)	**1.03** (0.16)	**1.10** (0.15)	0.88 (0.11)	0.98 (0.07)	**1.21** (0.18)

图 11—50　广州普通话陈述句阳平句男女性时长比图

在表 11—50 中，阳平句比阴平句表现出了更大的一致性。男性和女性阳平句最大的延长出现的位置相同，均为全句的韵律边界"湖"，男女最短的音节出现的位置也相同，均为句首韵律词首字"吴"；男女阴平句和阳平句一样，均有 4 个音节发生延长，并且出现的位置均相同，分别是"华""节""回""湖"。

表 11—51　　　　　广州普通话陈述句上声句男女时长比表

	李	小	宝	五	点	整	写	讲	演	稿
男	0.78 (0.14)	0.99 (0.14)	**1.01** (0.16)	0.76 (0.15)	0.89 (0.11)	**1.03** (0.11)	**1.30** (0.19)	**1.13** (0.20)	0.96 (0.11)	**1.16** (0.21)
女	0.70 (0.14)	**1.05** (0.13)	**1.03** (0.16)	0.78 (0.08)	0.94 (0.11)	**1.02** (0.17)	**1.24** (0.16)	**1.15** (0.28)	0.99 (0.09)	**1.10** (0.16)

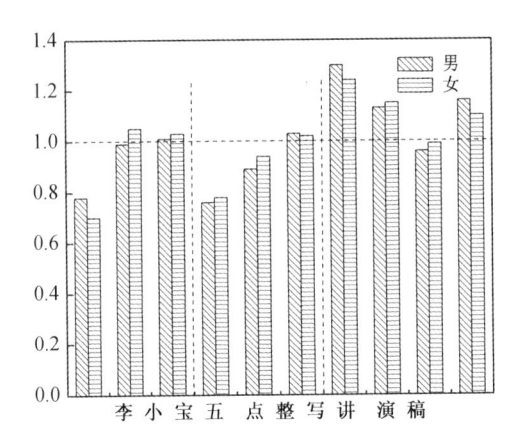

图 11—51　广州普通话陈述句上声句男女时长比图

在表 11—51 中，男性和女性上声句最大的延长出现的位置相同，均为单音动词"写"，男女最短的音节出现的位置并不相同，男性最短音节为句中韵律词首字"五"，女性为句首韵律词首字"李"；男性上声句共有 5 个音节出现延长，男性延长的音节女性均发生延长，分别是"宝""整""写""讲""稿"；"小"男性未延长，女性发生了延长。

表 11—52　　　　广州普通话陈述句去声句男女时长比表

	赵	树	庆	毕	业	后	到	教	育	部
男	**1.17** (0.12)	1.00 (0.11)	**1.32** (0.14)	0.72 (0.14)	0.80 (0.12)	**1.02** (0.15)	**1.11** (0.17)	0.99 (0.11)	0.78 (0.11)	**1.09** (0.22)
女	**1.11** (0.13)	1.01 (0.12)	**1.40** (0.23)	0.75 (0.13)	0.79 (0.11)	**1.03** (0.14)	**1.04** (0.16)	1.00 (0.12)	0.76 (0.12)	**1.11** (0.16)

在表 11—52 中，去声句和阳平句一样，男性和女性阳平句最大的延长出现的位置相同，均为句首韵律词末字"庆"，男女最短的音节出现的位置也相同，均为句中韵律词首字"毕"；男性去声句共有 5 个音节出现延长，男性延长的音节女性均发生延长，分别是"赵""庆""后""到""部"；"树"男性没有延长，而女性发生了延长。

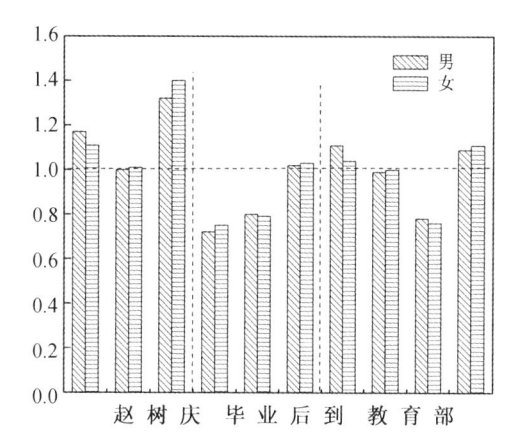

图 11—52　广州普通话陈述句去声句男女时长比图

表 11—53　　　　广州普通话陈述句变调 1 句男女时长比表

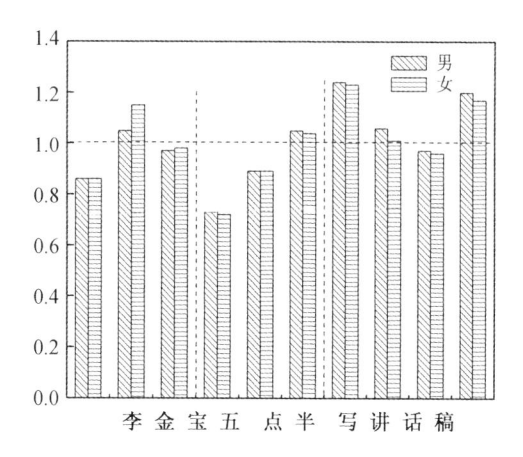

	李	金	宝	五	点	半	写	讲	话	稿
男	0.86 (0.15)	**1.05** (0.11)	0.97 (0.15)	0.73 (0.15)	0.89 (0.09)	**1.05** (0.14)	**1.24** (0.16)	**1.06** (0.23)	0.97 (0.11)	**1.20** (0.23)
女	0.86 (0.17)	**1.15** (0.17)	0.98 (0.15)	0.72 (0.10)	0.89 (0.09)	**1.04** (0.17)	**1.23** (0.14)	**1.01** (0.14)	0.96 (0.12)	**1.17** (0.19)

图 11—53　广州普通话陈述句变调 1 句男女时长比图

在表 11—53 中，男女性最大的延长出现的位置相同，均为单音动词"写"，男女最短的音节出现的位置也相同，均为句首韵律词首字"李"；男女变调 1 句均有 5 个音节发生延长，并且出现的位置均相同，分别是"金""半""写""讲"和"稿"。

表 11—54　　　　　广州普通话陈述句变调 2 句男女时长比表

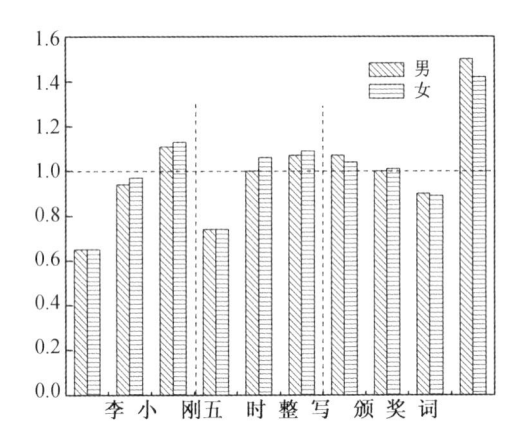

	李	小	刚	五	时	整	写	颁	奖	词
男	0.65 (0.12)	0.94 (0.10)	**1.11** (0.15)	0.74 (0.12)	1.00 (0.16)	**1.07** (0.11)	**1.07** (0.18)	1.00 (0.15)	0.90 (0.09)	**1.50** (0.18)
女	0.65 (0.15)	0.97 (0.13)	**1.13** (0.19)	0.74 (0.14)	**1.06** (0.17)	**1.09** (0.17)	**1.04** (0.16)	**1.01** (0.14)	0.89 (0.10)	**1.42** (0.16)

图 11—54　广州普通话陈述句变调 2 句男女时长比图

在表 11—54 中，变调 2 句和阳平句、变调 1 句一样，表现出了很大的一致性。男性和女性最大的延长出现的位置相同，均为全句的韵律边界"词"，男女最短的音节出现的位置也相同，均为句首韵律词首字"李"；男性变调 2 句共有 4 个音节出现延长，男性延长的音节女性均发生延长，分别是"刚""整""写"和"词"；"时"和"颁"男性没有延长，而女性发生了延长。

小结：

本次实验利用 SPSS 中的独立样本 T 检验，对 25 位男性发音人和 25 位女性发音人时长比的平均值进行了统计分析，发现在所有声调中 Sig 值均大于 0.05，没有显著差异。

通过以上分析可以证明，性别因素对广州普通话各声调语句的时长比没有显著影响。

（三）广州普通话与北京普通话陈述句语调时长比的比较分析

本节主要与张彤彤《北京普通话语调音长的实验研究》（2018）中的 50 位北京普通话发音人所发的陈述句语调时长比数据进行比较，表格的格式略有修改。

观察表 11—55 和图 11—55 可以发现，广州普通话的最大值是第 10 个音节，而北京普通话是第 3 个音节。广州普通话最大值大于北京普通话最大值 4%（1.21 - 1.17）；广州普通话最小值是第 4 个音节，北京普通话最小值位于第 1 个音节，广州普通话最小值小于北京普通话最小值 2%（0.82 - 0.80）；广州普通话和北京普通话全句均有 4 个音节延长，在三个韵律词的末字和单音动词均发生延长。

表 11—55　广州普通话（上）与北京普通话（下）陈述句单字时长比分析表

广州	1	2	3	4	5	6	7	8	9	10
阴平	1.15	0.95	0.95	0.86	0.69	1.13	1.21	0.96	0.85	1.19
阳平	0.78	0.90	1.19	1.00	0.86	1.05	1.11	0.90	0.96	1.22
上声	0.74	1.02	1.02	0.77	0.91	1.01	1.27	1.14	0.97	1.13
去声	1.14	1.01	1.35	0.73	0.79	1.02	1.08	0.99	0.77	1.10
变调1	0.86	1.10	0.97	0.72	0.89	1.04	1.23	1.01	0.96	1.18
变调2	0.65	0.96	1.12	0.72	1.03	1.07	1.05	1.01	0.89	1.46
平均值	0.89	0.99	1.10	0.80	0.86	1.05	1.16	1.00	0.90	1.21

续表

北京	1	2	3	4	5	6	7	8	9	10
阴平	0.95	0.94	1.01	1.00	0.74	1.17	1.16	0.92	0.90	1.20
阳平	0.78	0.83	1.34	0.86	0.93	1.11	1.01	0.91	0.94	1.28
上声	0.74	1.09	1.04	0.89	0.96	1.06	1.31	0.89	1.02	1.02
去声	0.92	0.98	1.51	0.68	0.86	1.28	1.01	0.93	0.79	1.03
变调1	0.85	1.10	1.00	0.83	0.96	1.06	1.24	0.90	1.11	0.97
变调2	0.68	1.06	1.13	0.82	1.00	1.01	1.14	0.83	0.93	1.41
平均值	0.82	1.00	1.17	0.85	0.91	1.11	1.14	0.90	0.95	1.15

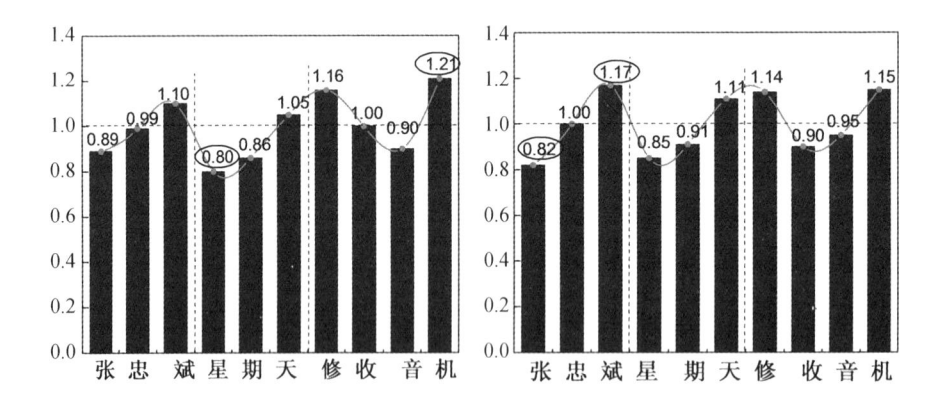

图11—55 广州普通话（左）和北京普通话（右）陈述句单字时长比分析图

综上所述，比较广州普通话和北京普通话的单字时长比，我们得出以下结论：

（1）广州普通话和北京普通话的单音动词都发生延长。

（2）广州普通话和北京普通话的最大值均出现于韵律词末字的音节。

（3）北京普通话中韵律词首字都未发生延长，而广州普通话则是在阴平句、去声句的句首韵律词首字、上声句的句末韵律词首字延长。

（4）韵律边界前，即句首、句中和句末韵律词末字在北京普通话和广州普通话中都普遍被延长。

（5）广州普通话和北京普通话全句的最小值在各声调句中的位置保

持一致。

（6）广州普通话发生延长的音节个数始终大于或者等于北京普通话音节延长个数。

三 广州普通话语调疑问句时长比的统计分析

（一）单字时长比分析

根据表11—56可知，阴平疑问句句首韵律词首字"张"、句中韵律词末字"天"、单音动词"修"以及全句末字"机"均发生延长，其中句末字时长比最大。从图11—56可知句末字与前面相邻音节的时长差值相比延长幅度最大达到49%，是疑问句语调的特点和重要标志。

表11—56　　　　　广州普通话疑问句阴平句时长比统计表

	张	忠	斌	星	期	天	修	收	音	机
时长比	**1.18**	0.93	0.93	0.87	0.68	**1.13**	**1.23**	0.98	0.78	**1.27**
标准差	0.17	0.13	0.19	0.12	0.12	0.20	0.28	0.17	0.12	0.17

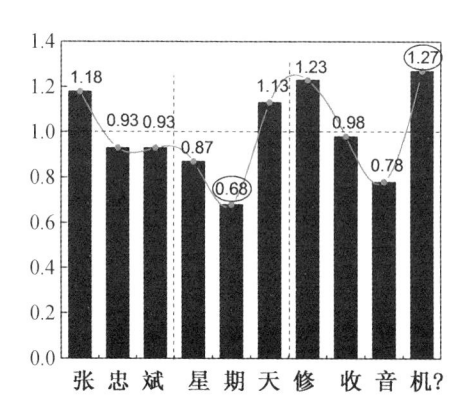

图11—56　广州普通话疑问句阴平句时长比统计图

从表11—57看出，疑问句句首韵律词末字"华"、句中韵律词末字"节"、单音动词"回"以及全句末字"湖"均发生延长，其中句末字时长比最大，本句韵律词末尾的边界都发生了延长，句末字更加明显。据

图11—57可知，句末字与前面相邻音节的时长相比延长幅度最大，达到34%。

表11—57　　　　广州普通话疑问句阳平句时长比统计表

	吴	国	华	重	阳	节	回	阳	澄	湖
时长比	0.79	0.91	**1.17**	0.95	0.89	**1.08**	**1.04**	0.89	0.97	**1.31**
标准差	0.17	0.11	0.19	0.13	0.12	0.18	0.23	0.10	0.14	0.16

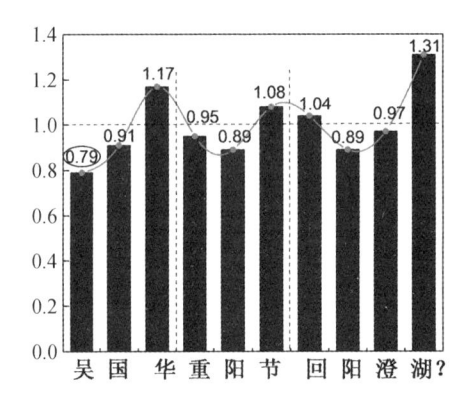

图11—57　广州普通话疑问句阳平句时长比统计图

从表11—58可知，疑问句句首韵律词中字"小"、句首韵律词末字"宝"、句中韵律词末字"整"、单音动词"写"、句末韵律词首字"讲"以及全句末字"稿"均发生延长，其中句末字时长比最大。上声疑问句中发生延长的音节数量大于阴平句和阳平句。从图11—58可知句末字与前面相邻音节的时长相比延长幅度最大，达到55%。

表11—58　　　　广州普通话疑问句上声句时长比统计表

	李	小	宝	五	点	整	写	讲	演	稿
时长比	0.74	**1.01**	**1.03**	0.75	0.93	**1.02**	**1.17**	**1.04**	0.87	**1.42**
标准差	0.16	0.12	0.17	0.13	0.11	0.15	0.22	0.15	0.09	0.23

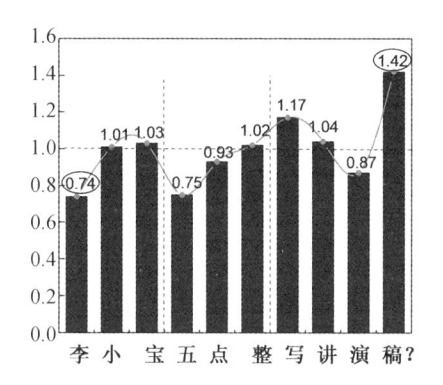

图 11—58　广州普通话疑问句上声句时长比统计图

根据表 11—59 可知，本句句首韵律词首字"赵"、句首韵律词末字"庆"、句中韵律词末字"后"、单音动词"到"以及全句末字"部"均发生延长，其中句末字时长比最长。去声疑问句中韵律词末尾的边界都发生了延长。据图 11—59 可知句末字与前面相邻音节的时长相比延长幅度最大，高达 69%。

表 11—58　　　　　广州普通话疑问句去声句时长比统计表

	赵	树	庆	毕	业	后	到	教	育	部
时长比	**1.21**	1.00	**1.34**	0.68	0.73	**1.02**	**1.01**	0.93	0.68	**1.37**
标准差	0.16	0.10	0.18	0.13	0.12	0.20	0.16	0.08	0.11	0.19

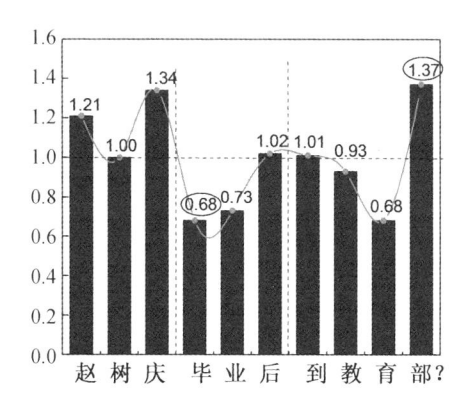

图 11—59　广州普通话疑问句去声句时长比统计图

根据表 11—60 可知，句首韵律词中字"金"、单音动词"写"以及全句末字"稿"均发生延长，其中句末字时长比最长。变调 1 疑问句中的句首韵律词和句中韵律词均较低，句末字的时长比显著延长。据图 11—60 可知，句末字与前面相邻音节的时长相比延长幅度最大，约为 57%。

表 11—60　　广州普通话疑问句变调 1 句的时长比统计表

	李	金	宝	五	点	半	写	讲	话	稿
时长比	0.87	**1.10**	1.00	0.72	0.89	1.00	**1.13**	0.98	0.87	**1.44**
标准差	0.19	0.14	0.19	0.11	0.13	0.18	0.23	0.16	0.14	0.21

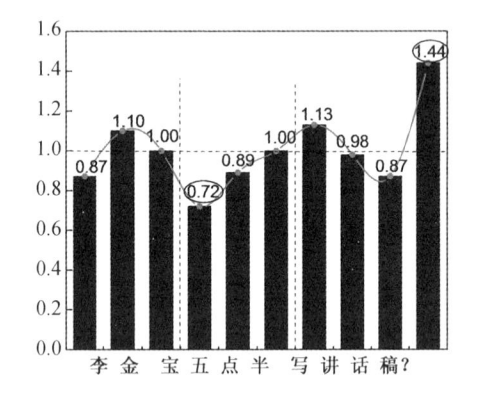

图 11—60　广州普通话疑问句变调 1 句时长比统计图

根据表 11—61 可知，句首韵律词中字"小"、句首韵律词末字"刚"、句中韵律词末字"整"以及全句末字"稿"均发生延长，其中句末字时长比最长。变调 2 疑问句中韵律词末尾的边界都发生了延长。据图 11—61 可知，句末字与前面相邻音节的时长相比延长幅度最大，约为 62%。

表 11—61　　广州普通话疑问句变调 2 句的时长比统计表

	李	小	刚	五	时	整	写	颁	奖	词
时长比	0.66	**1.01**	**1.09**	0.76	0.98	**1.09**	1.00	0.96	0.88	**1.50**
标准差	0.12	0.13	0.18	0.13	0.15	0.18	0.19	0.11	0.09	0.19

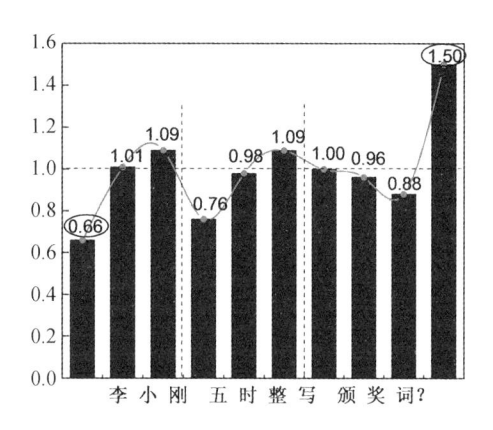

图 11—61　广州普通话疑问句变调 2 句时长比统计图

通过表 11—62 和图 11—62 可以看到，疑问句延长最大的音节全句的韵律边界即第 10 个音节，最短的音节是句中韵律词首字即第 4 个音节；全句共有 4 个音节发生延长，分别是句首韵律词末字、句中韵律词末字、单音动词、句末韵律词末字。我们还发现以下特点：韵律边界前，即句中的句首、句中和句末韵律词的末字都被延长了；而韵律词中间的音节均无延长。句末字与前面相邻音节的时长相比延长幅度最大，约为 55%。

表 11—62　　　　广州普通话疑问句的时长比统计表

	1	2	3	4	5	6	7	8	9	10
阴平	**1.18**	0.93	0.93	0.87	0.68	**1.13**	**1.23**	0.98	0.78	**1.27**
阳平	0.79	0.91	**1.17**	0.95	0.89	**1.08**	**1.04**	0.89	0.97	**1.31**
上声	0.74	**1.01**	**1.03**	0.75	0.93	**1.02**	**1.17**	**1.04**	0.87	**1.42**
去声	**1.21**	1.00	**1.34**	0.68	0.73	**1.02**	**1.01**	0.93	0.68	**1.37**
变调 1	0.87	**1.10**	1.00	0.72	0.89	1.00	**1.13**	0.98	0.87	**1.44**
变调 2	0.66	**1.01**	**1.09**	0.76	0.98	**1.09**	1.00	0.96	0.88	**1.50**
平均值	0.91	0.99	**1.09**	0.79	0.85	**1.06**	**1.10**	0.96	0.84	**1.39**

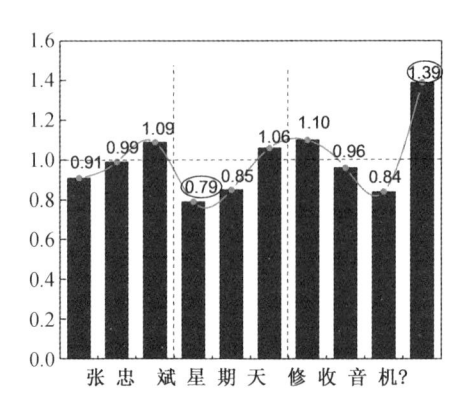

图 11—62　广州普通话疑问句的时长比图

（图下例句以阴平句代表各句）

综上所述，广州普通话语调疑问句的字音时长比有如下表现：

（1）句中韵律词首字和中字、句末韵律词中字均未发生延长。

（2）韵律边界后的单音动词，即第 7 个音节除变调 2 句时长比等于 1 外，其他都有延长。

（3）韵律边界前，即句中的句首、句中和句末韵律词的末字都被延长了，只有阴平句、变调 1 句的句首韵律词末字和变调 1 句的句中韵律词末字未发生延长。

（4）全句最大的延长音节表现一致，均为全句末字，充分显示出疑问句句末边界调和疑问句语气焦点的特征。

（5）各声调疑问句中句末字与前面相邻音节的时长比相比，增长幅度较其他音节间的差值均最大。其中，去声（69%）＞变调 2（62%）＞变调 1（57%）＞上声（55%）＞阴平（49%）＞阳平（34%）。

（二）不同性别的单字时长比分析

通过表 11—63 和图 11—63 可知，男性和女性阴平句最大的停延位置相同，均为全句的韵律边界"机"；男女最短的音节出现的位置相同，均为句中韵律词中字"期"；男女均有 4 个音节发生延长，并且出现的位置均相同，分别是句首韵律词首字"张"、句中韵律词末字"天"，单音动词"修"和句末韵律词末字"机"。

表 11—63　　　广州普通话疑问句阴平句男性和女性时长比表

	张	忠	斌	星	期	天	修	收	音	机
男	**1.19**	0.92	0.95	0.86	0.66	**1.11**	**1.27**	0.98	0.76	**1.26**
	(0.20)	(0.15)	(0.21)	(0.09)	(0.11)	(0.24)	(0.24)	(0.19)	(0.12)	(0.18)
女	**1.16**	0.95	0.90	0.89	0.70	**1.16**	**1.19**	0.97	0.80	**1.28**
	(0.13)	(0.11)	(0.18)	(0.14)	(0.12)	(0.15)	(0.28)	(0.14)	(0.11)	(0.16)

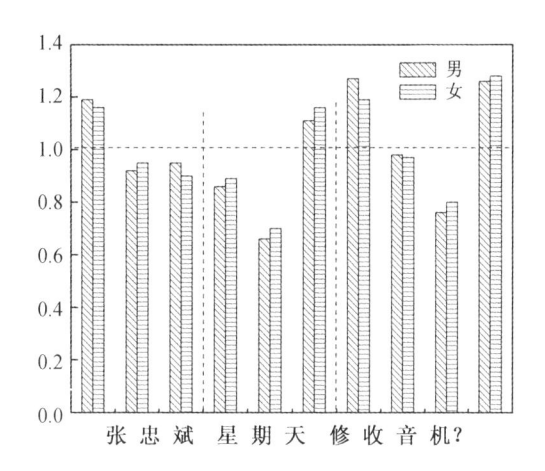

图 11—63　广州普通话疑问句阴平句男性和女性时长比图

通过表 11—64 和图 11—64 可知，男性和女性阳平句时长延长最大的音节出现的位置相同，均为全句的韵律边界"湖"，男女最短的音节出现的位置也相同，均为句首韵律词首字"吴"；男女阳平句均有 4 个音节发生延长，并且出现的位置均相同，分别是句首韵律词末字"华"、句中韵律词末字"节"、单音动词"回"和句末韵律词末字"湖"。

表 11—64　　　广州普通话疑问句阳平句男性和女性时长比表

	吴	国	华	重	阳	节	回	阳	澄	湖
男	0.79	0.91	**1.17**	0.95	0.89	**1.08**	**1.04**	0.89	0.97	**1.31**
	(0.17)	(0.11)	(0.19)	(0.13)	(0.12)	(0.18)	(0.23)	(0.10)	(0.14)	(0.16)
女	0.78	0.94	**1.18**	0.95	0.89	**1.07**	**1.01**	0.88	0.98	**1.32**
	(0.15)	(0.11)	(0.19)	(0.13)	(0.11)	(0.17)	(0.27)	(0.10)	(0.12)	(0.15)

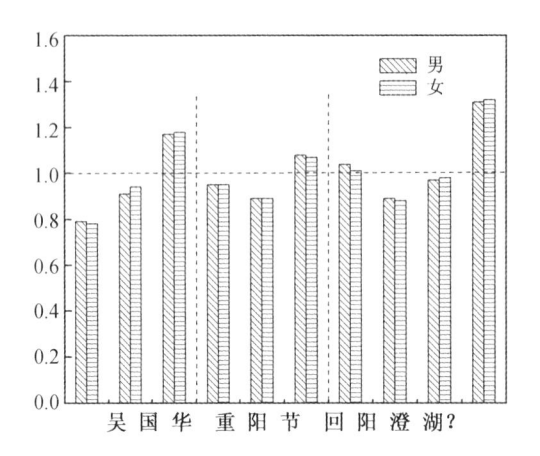

[图表]

图 11—64　广州普通话疑问句阳平句男性和女性时长比图

通过表 11—65 和图 11—65 可知，男性和女性上声句时长延长最大的音节出现的位置相同，均为全句末字"稿"，男女最短的音节出现的位置并不相同，男性最短音节为句中韵律词首字"五"，女性为句首韵律词首字"李"；男性上声句共有 4 个音节出现延长，男性延长的音节女性均发生延长，分别是句首韵律词末字"宝"、单音动词"写"、句末韵律词首字"讲"和末字"稿"；句首韵律词中字"小"和句中韵律词末字"整"男性没有延长，而女性发生了延长，末字时长比男性高于女性。

表 11—65　　广州普通话疑问句上声句男性和女性时长比表

	李	小	宝	五	点	整	写	讲	演	稿
男	0.78 (0.13)	0.99 (0.12)	**1.05** (0.17)	0.75 (0.12)	0.92 (0.09)	0.99 (0.14)	**1.14** (0.25)	**1.02** (0.13)	0.88 (0.09)	**1.47** (0.25)
女	0.70 (0.17)	**1.02** (0.12)	**1.02** (0.18)	0.75 (0.13)	0.94 (0.13)	**1.04** (0.16)	**1.20** (0.20)	**1.07** (0.16)	0.85 (0.08)	**1.37** (0.20)

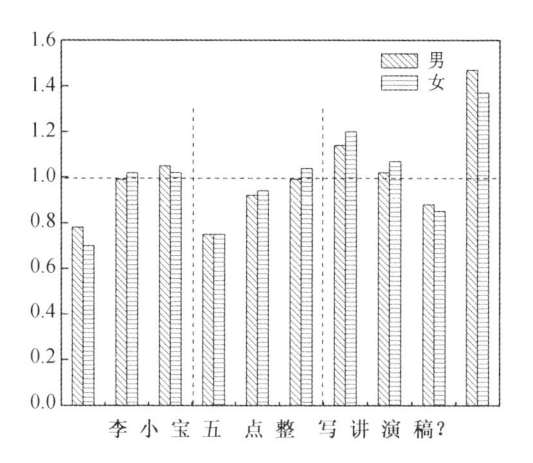

图 11—65　广州普通话疑问句上声句男性和女性时长比图

通过表 11—66 和图 11—66 可知，男性和女性去声句时长延长最大的音节出现的位置相同，均为全句末字"部"，男女最短的音节出现的位置不相同，女性为句中韵律词首字"毕"，男性出现于句末韵律词中字"育"；男性和女性去声句均有 5 个音节出现延长，但延长位置并不相同，男性延长的音节分别是句首韵律词首字"赵"、句首韵律词中字"树"、句首韵律词末字"庆"、句中韵律词末字"后"、句末韵律词的最后一个字"部"；女性的句首韵律词中字"树"没有延长，单音动词"到"发生了延长。

表 11—66　　广州普通话疑问句去声句男性和女性时长比表

	赵	树	庆	毕	业	后	到	教	育	部
男	**1.24** (0.15)	**1.03** (0.10)	**1.33** (0.18)	0.69 (0.12)	0.70 (0.10)	**1.01** (0.20)	0.99 (0.16)	0.93 (0.08)	0.68 (0.09)	**1.35** (0.17)
女	**1.19** (0.16)	0.98 (0.10)	**1.36** (0.18)	0.66 (0.15)	0.75 (0.15)	**1.03** (0.21)	**1.02** (0.17)	0.93 (0.08)	0.68 (0.14)	**1.39** (0.21)

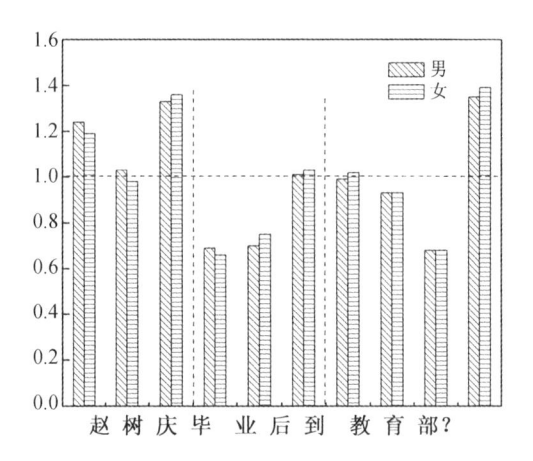

图 11—66　广州普通话疑问句去声句男性和女性时长比图

通过表 11—67 和图 11—67 可知，变调 1 句男性和女性时长延长最大的音节出现的位置相同，均为全句末字"稿"，男女最短的音节出现的位置也相同，均为句中韵律词首字"五"；男女变调 1 句均有 4 个音节发生延长，但出现的位置并不相同，男性延长的音节分别是句首韵律词中字"金"、句首韵律词末字"宝"、单音动词"写"和句末韵律词末字"稿"，女性句首韵律词末字"宝"未延长而句中韵律词末字"半"发生延长。

表 11—67　　广州普通话疑问句变调 1 句男性和女性时长比表

	李	金	宝	五	点	半	写	讲	话	稿
男	0.91 (0.22)	**1.08** (0.15)	**1.02** (0.23)	0.74 (0.12)	0.88 (0.14)	0.99 (0.18)	**1.14** (0.27)	0.97 (0.17)	0.85 (0.14)	**1.43** (0.23)
女	0.83 (0.16)	**1.11** (0.14)	0.98 (0.15)	0.71 (0.10)	0.90 (0.12)	**1.01** (0.18)	**1.13** (0.19)	0.98 (0.15)	0.90 (0.14)	**1.44** (0.20)

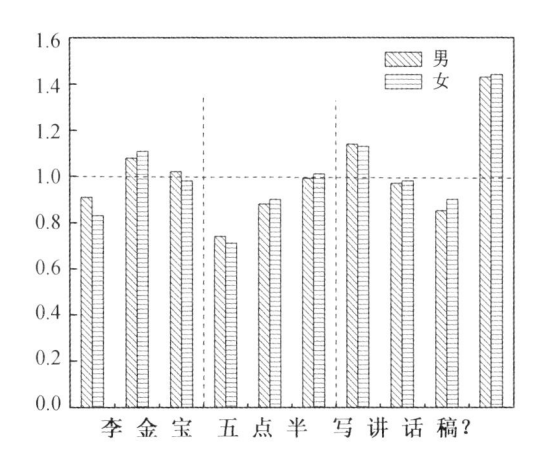

图 11—67　广州普通话疑问句变调 1 句男性和女性时长比图

通过表 11—68 和图 11—68 可知，变调 2 句男性和女性最大的停延出现的位置相同，均为全句的句末字"词"，最短的音节出现的位置也相同，均为句首韵律词首字"李"；男性变调 2 句共有 4 个音节出现延长，分别是句首韵律词末字"刚"、句首韵律词末字"整"、单音动词"写"和句末韵律词末字"词"；句中韵律词中字"时"女性发生了延长，与男性不同的是，单音动词"写"女性未发生延长。

表 11—68　　广州普通话疑问句变调 2 句男性和女性时长比表

	李	小	刚	五	时	整	写	颁	奖	词
男	0.67 (0.08)	0.98 (0.11)	**1.08** (0.17)	0.77 (0.14)	0.96 (0.13)	**1.10** (0.17)	**1.02** (0.21)	0.95 (0.09)	0.87 (0.09)	**1.50** (0.24)
女	0.65 (0.14)	**1.04** (0.14)	**1.10** (0.19)	0.75 (0.12)	1.00 (0.16)	**1.08** (0.19)	0.97 (0.15)	0.96 (0.12)	0.89 (0.08)	**1.51** (0.13)

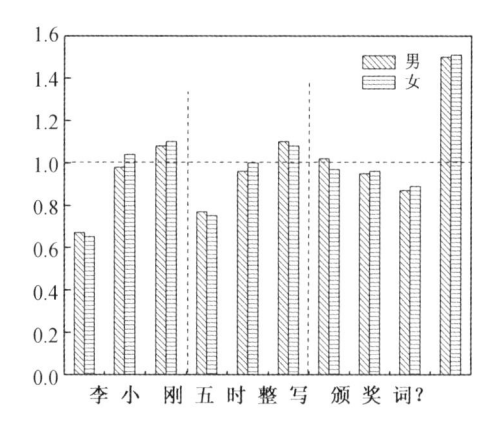

图 11—68　广州普通话疑问句变调 2 句男性和女性时长比图

小结：

本次实验利用 SPSS 中的独立样本 T 检验，对 25 位男性发音人和 25 位女性发音人时长比的平均值进行了统计分析，我们发现在所有声调中 Sig 值均大于 0.05，没有显著差异。

通过以上分析也可以证明，除上声句中，男性的末字时长比明显高于女性外，其他声调的语句中性别因素对广州普通话无标记疑问句语调的时卡没有显著影响。

（三）广州普通话与北京普通话语调疑问句时长比对照分析

下面与张彤彤的《北京普通话语调音长的实验研究》（2018）中的实验数据进行比较分析，表格形式略有修改。

表 11—69　广州普通话（上）与北京普通话（下）疑问句单字时长比分析表

广州	1	2	3	4	5	6	7	8	9	10
阴平	**1.18**	0.93	0.93	0.87	0.68	**1.13**	**1.23**	0.98	0.78	**1.27**
阳平	0.79	0.91	**1.17**	0.95	0.89	**1.08**	**1.04**	0.89	0.97	**1.31**
上声	0.74	**1.01**	**1.03**	0.75	0.93	**1.02**	**1.17**	**1.04**	0.87	**1.42**
去声	**1.21**	1.00	**1.34**	0.68	0.73	**1.02**	**1.01**	0.93	0.68	**1.37**
变调 1	0.87	**1.10**	1.00	0.72	0.89	1.00	**1.13**	0.98	0.87	**1.44**
变调 2	0.66	**1.01**	**1.09**	0.76	0.98	**1.09**	1.00	0.96	0.88	**1.50**
平均值	0.91	0.99	**1.09**	0.79	0.85	**1.06**	**1.10**	0.96	0.84	**1.39**

续表

北京	1	2	3	4	5	6	7	8	9	10
阴平	0.99	0.96	1.01	1.00	0.72	1.16	1.06	0.87	0.81	1.43
阳平	0.76	0.85	1.35	0.86	0.92	1.09	0.89	0.85	0.89	1.53
上声	0.70	1.08	1.04	0.83	0.95	1.01	1.16	0.80	0.90	1.54
去声	0.95	0.98	1.50	0.63	0.80	1.19	0.93	0.84	0.75	1.43
变调1	0.81	1.09	1.00	0.79	0.94	1.02	1.07	0.82	0.98	1.48
变调2	0.70	1.09	1.11	0.81	0.95	1.02	1.02	0.77	0.89	1.65
平均值	0.82	1.01	1.17	0.82	0.88	1.08	1.02	0.82	0.87	1.51

比较广州普通话和北京普通话的单字时长比，我们得出以下结论：

（1）广州普通话和北京普通话时长比的最大值出现位置基本一致，均为全句末字，只在是普通话去声句中，出现最大值位于句首韵律词末字一处个例。

（2）比较两者的全句末字可以发现，北京普通话末字时长比始终大于广州普通话，由此造成广州普通话疑问语气没有北京普通话明显。

（3）在单音动词的位置上表现也呈现出一定的规律性，即除变调2句外，其他广州普通话声调句中的单音动词的时长均大于北京普通话相应声调句。这也符合陈述句语调的研究结论，广州普通话有强调单音动词的倾向。

（4）比较发现，在广州普通话和北京普通话的句中韵律词首字、中字和句末韵律词首字、中字表现一致，时长比基本都小于1（仅广州普通话上声句末韵律词首字一处个例），可能与最后突显全句末字的显著延长以表达疑问语气有关。

（5）韵律边界处，北京普通话的相应时长比数据均大于广州普通话，由此造成听感上北京普通话的节奏感明显强于广州普通话。

四　广州普通话强调焦点句字音时长比的统计分析

（一）单字时长比分析

通过观察表11—70和图11—69，可以看出以下特点：

（1）在自然焦点句和强调焦点句中，处于韵律边界的第 3、6、10 字的时长比都大于 1，这一共性证明了韵律边界前音节延长在广州普通话中的存在。

（2）自然焦点句和强调焦点句的单音动词始终大于 1，体现了广州普通话强调单音动词的特点。

（3）无论强调焦点位于哪个韵律词，全句的最大延长音节始终是全句末字。

（4）韵律词的首字、中字（即第 1、2、4、5、8、9 字），当未处于强调焦点位置时均小于 1，为韵律边界的延长做准备；而当处于强调焦点时，时长比会出现大于 1 的情况，说明了焦点位置对时长比的影响。

表 11—70　　　　　　　　5 种焦点句的单字时长比统计表

音节位次		1	2	3	4	5	6	7	8	9	10
自然焦点句		0.89	0.99	1.10	0.80	0.86	1.05	1.16	1.00	0.90	1.21
强调焦点句	句首	0.92	1.02	1.20	0.78	0.83	1.04	1.08	0.97	0.89	1.24
	句中	0.82	0.94	1.15	0.89	0.91	1.16	1.06	0.95	0.89	1.21
	句末	0.81	0.92	1.07	0.75	0.83	1.09	1.15	1.06	0.96	1.34
	动宾	0.82	0.95	1.06	0.75	0.84	1.13	1.17	1.01	0.94	1.32

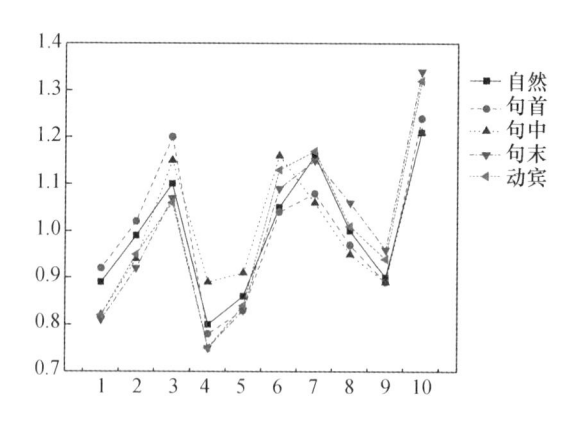

图 11—69　5 种焦点句的单字时长比统计图

(5) 从图 11—69 可看到，在五组焦点句的曲线中，呈现出强调焦点句与非强调焦点句的对立，明显的表现是以自然焦点句的曲线作为分界。以自上而下的顺序，表现基本为：位于强调焦点的曲线—自然焦点的曲线—非强调焦点的曲线。可见，以自然焦点句为参照，观察强调焦点句的重要意义。

通过表 11—71 可以更直观地反映出：

(1) 位于焦点位置的词，字音时长全部发生延长，体现了焦点位置对于时长的影响。

(2) 观察焦点韵律词内部的增长趋势，基本呈现出前低后高的趋势。由于焦点词末字具有双重作用，即凸显焦点和标示韵律边界的作用，因此时长延长幅度增加最明显。

(3) 通过观察句末焦点和动宾焦点的差异，可以凸显出时长在表现焦点时的指示作用：动宾焦点的动词位于焦点位置，所以时长延长，并成为 5 种焦点句中的最大值；而句末焦点句的动词时长则较自然焦点缩短；宾语由于在句末焦点句中独立承担时长加长的任务，所以字长加长较动宾焦点句中的宾语更加显著，动宾焦点句中宾语的时长加长任务被动词分担，因此时长虽有加长，但程度低于句末焦点中宾语的对应值。

表 11—71　　强调焦点句与自然焦点句各字音的时长比对比表

音节位次		1	2	3	4	5	6	7	8	9	10
自然焦点句		0.89	0.99	1.10	0.80	0.86	1.05	1.16	1.00	0.90	1.21
强调焦点句	句首	+0.03	+0.03	+0.10	-0.02	-0.03	-0.01	-0.08	-0.03	-0.01	+0.03
	句中	-0.07	-0.05	+0.05	+0.09	+0.05	+0.11	-0.10	-0.05	-0.01	0
	句末	-0.08	-0.07	-0.03	-0.05	-0.03	+0.04	-0.01	+0.06	+0.06	+0.13
	动宾	-0.07	-0.04	-0.04	-0.05	-0.02	+0.08	+0.01	+0.01	+0.04	+0.11

(二) 广州普通话与北京普通话强调焦点句的比较分析

表 11—72 广州普通话（上）与北京普通话（下）（引自张彤彤，2018）
强调焦点句单字时长比分析表

广州普通话		1	2	3	4	5	6	7	8	9	10
强调焦点句	句首	**0.92**	**1.02**	**1.2**	0.78	0.83	1.04	1.08	0.97	0.89	1.24
	句中	0.82	0.94	1.15	**0.89**	**0.91**	**1.16**	1.06	0.95	0.89	1.21
	句末	0.81	0.92	1.07	0.75	0.83	1.09	1.15	**1.06**	**0.96**	**1.34**
	动宾	0.82	0.95	1.06	0.75	0.84	1.13	**1.17**	**1.01**	**0.94**	**1.32**

北京普通话		1	2	3	4	5	6	7	8	9	10
强调焦点句	句首	**0.87**	**1.06**	**1.27**	0.80	0.89	1.09	0.99	0.87	0.92	1.23
	句中	0.78	0.98	1.21	**0.84**	**0.97**	**1.25**	1.01	0.87	0.92	1.17
	句末	0.79	0.98	1.12	0.77	0.90	1.19	1.09	**0.91**	**0.95**	**1.30**
	动宾	0.77	0.98	1.13	0.77	0.89	1.14	**1.09**	**0.94**	**0.97**	**1.31**

通过对比表 1-72 广州普通话焦点句和北京普通话焦点句的韵律特征表现，可以得出：

（1）在广州普通话中，无论焦点词位于何处，全句的最大时长比始终是全句末字，而北京普通话中全句最大时长比均为焦点词末字。

（2）无论是广州普通话还是北京普通话，处于韵律边界的第 3、6、10 字的时长比都大于 1。其中，北京普通话中的第 3 个和第 6 个字的时长比均大于广州普通话的相应字，但是广州普通话全句末字的时长比均大于北京普通话。这凸显出广州普通话倾向于延长全句末字的特点。

（3）广州普通话的另一显著特点是明显延长单音动词，因此相较于北京普通话，各句单音动词的值均大于北京普通话中的相应值。

（4）比较焦点后的字音时长变化可以发现，广州普通话句首焦点句中的第 4 个字比第 3 个字的时长比降低了 42%，而北京普通话句首焦点句中的第 4 个字比第 3 个字的时长比降低了 47%。广州普通话句中焦点句中第 7 个字比第 6 个字的时长比降低了 10%，北京普通话降低了 24%。

由此可得，北京普通话焦点后的字音时长缩短幅度比广州普通话更大。

五　结论

在广州普通话的自然焦点陈述句、语调疑问句和强调焦点句中，韵律边界前音节的时长比都大于1，这证明了韵律边界前音节延长在广州普通话中的存在。但是相较北京普通话而言，延长程度小于北京普通话的相应句型的相应音节的时长比，由此造成听感上北京普通话的节奏感明显强于广州普通话。无论是在陈述句、疑问句还是焦点句中，广州普通话有明显倾向于延长单音动词的特点，而北京普通话在不同句型中单音动词表现不一，并无此特点。

在疑问句中，广州普通话疑问句语调全句最大的延长音节表现一致，均为全句末字，充分显示出疑问句末边界调和疑问句语气语调的特征。但是比较广州普通话和北京普通话的全句末字可以发现，北京普通话末字时长比全部大于广州普通话，由此造成在听感上广州普通话疑问语气没有北京普通话明显。

在焦点句中，广州普通话无论焦点词位于何处，全句的最大时长比始终是全句末字，而北京普通话中全句最大时长比均为焦点词末字。表现出焦点的指示作用在北京普通话中表现更为明显。

不同声调和性别因素对于广州普通话陈述句和疑问句语调中的延长没有显著影响。

附　录

1. 陈述句原始数据时长（单位：毫秒）

阴平	363.7	303.4	306.2	275.3	221.4	365.3	391.6	310.1	267.0	377.9
阳平	254.2	283.0	372.3	313.6	266.2	329.9	346.0	278.1	300.0	378.0
上声	220.4	306.6	307.0	231.8	272.9	307.6	381.8	341.2	291.9	338.1
去声	320.4	287.0	386.0	207.6	224.8	290.1	304.6	281.7	215.1	308.5
变调1	248.6	316.1	281.5	208.4	254.6	298.0	352.7	295.7	271.6	340.9
变调2	198.1	290.9	346.4	231.3	319.5	332.2	323.0	306.5	270.5	441.8
平均值	267.6	297.8	333.2	244.7	259.9	320.5	349.9	302.2	269.3	364.2

2. 疑问句原始数据时长（单位：毫秒）

阴平	323.7	257.9	258.3	240.1	187.2	313.1	341.9	265.4	213.1	347.4
阳平	215.7	247.3	318.4	257.8	240.1	292.7	284.5	243.0	261.4	352.6
上声	204.7	278.1	283.4	205.1	255.5	279.0	330.6	289.5	238.3	387.8
去声	304.2	257.6	338.5	172.2	183.8	256.4	252.0	236.5	170.9	342.8
变调1	239.6	300.2	274.1	197.8	241.8	272.5	312.7	267.7	237.8	392.0
变调2	197.2	280.7	306.2	207.5	274.2	301.4	286.4	265.6	243.6	410.8
平均值	247.5	270.3	296.5	213.4	230.4	285.8	301.3	261.3	227.5	372.2

3. 焦点句原始数据时长（单位：毫秒）

句首焦点句	231.6	256.6	303.6	197.5	208.9	262.7	272.4	245.7	223.6	311.5
句中焦点句	206.6	236.8	293.5	226.7	231.3	296.2	273.4	241.9	224.4	307.4
句末焦点句	197.9	225.1	260.5	184.3	203.6	266.1	283.2	260.3	234.7	326.9
动宾焦点句	231.1	256.4	303.5	197.4	209.0	263.1	272.2	246.1	223.7	310.3

第十二章

音 量 比

第一节 北京普通话语调的音量分析
谢中仁

一 引言

对汉语语调进行系统深入的研究不仅有利于揭示汉语本身语音系统的规律，而且对世界其他语言语调的普遍研究也具有积极的意义。在教学层面，语调一直是教学上的难点和弱点。无论是对方言区的普通话教学还是对留学生的对外汉语教学，语调都是老大难的问题，老师可以有效地教授声调的知识，面对语调却无从下手，不能言传，只能意会，缺乏有效的教学手段。在工程应用层面，语调更是难点，语调不像声调那么"实"，是一种比较"虚"的存在，在语音合成中如何把握住这样"虚"的东西是一个很难的问题。

自赵元任先生开始，近百年间，经过学者们的不懈探索，汉语语调的系统研究已经取得了很大的进展。人们对语调的关注点也从单一的音高研究逐渐转到多维度的研究。然而，值得注意的是，很多语调研究只是关注语调的音高频率表现，时长研究和音量研究只是作为语调音高研究的补充，长期没有得到重视。韵律的三要素音高、时长、音强缺一不可，语调研究更不可有所偏废，因此本节基于"语调格局"的思想，运用音量比这一量化指标作为工具来研究汉语普通话语调的基式和变式在音量上的表现。

石锋于1999年提出："语调格局"就是"语句调型波状曲线的起伏格式及其所表现的各调群调域本身的宽窄和相互之间的位置关系。"此时的"语调格局"的重点还是在音高方面。随着研究深入,石锋在2017年的南开语调论坛中又重新给"语调格局"下了定义:"语句的音高、时长、音强的交互作用的表现模式,即:在音高方面是语句调型曲线的起伏格式所表现的词调域的宽窄和高低的位置关系(用语句调域和起伏度图表示);在时长方面是语句中各字音的相对时长的动态变化构成的分布模式(用语句时长比图表示);在音强方面是语句中各字音的相对音量的动态变化形成的分布模式(用语句音量比图表示)。"

这表明"语调格局"所要研究的语调是广义的语调,涉及音高、时长、音强多方面的因素。通过起伏度、时长比、音量比这几个量化指标可以使语调的音高、时长、音强得到客观的、定量的分析。

石锋、王萍、梁磊(2009)通过实验研究了陈述句语调的起伏度发现"音高下倾在陈述语句和词调域中都占主流,是无标记的,下降程度较为自由;音高上升是有标记的,上升的位置和程度受到制约。"随后又对疑问句的起伏度进行研究发现疑问句语调有调域提高和调域扩展两个特征。

石锋、梁磊、王萍(2010)又对陈述句语调的时长比进行了实验研究,发现语句内韵律边界前存在着延长,更大的韵律层级边界没有造成更明显的边界前延长,声调对语句中的延长没有明显的影响。

其他的研究还有对焦点句的音高和时长的分析,还有对不同方言如粤语和不同语言(韩语、日语、英语)的音高和时长的研究,音量的研究目前还有很大的空白区。

本节基于"语调格局"的理论和方法,着重考察分析汉语普通话语调的基式与变式的音量表现和规律。通过音量比这一量化参数来研究汉语语调的基式——自然焦点陈述句的音量表现规律,在研究基式的基础上进一步研究变式——语调疑问句、强调焦点句的音量表现规律,以补之前研究只重音高、时长之缺。

二 实验设计

(一) 实验发音人

从普通话语音标准和感知参数数据库里提取的50个新老北京人,分别是 25 名男生和 25 名女生,均未受过专业发音训练。年龄在 18—28 岁。教育程度为在校大学生和研究生。

(二) 实验语料

实验语句在沈炯(1985)的实验句的基础上修改,分为两组,分别为自然焦点陈述句和语调疑问句,每一组 6 句实验句,每句话有 10 个音节,韵律结构为"3+3+4"模式,句首韵律词为主语,句中韵律词为状语,句末韵律词是一个单音动词加宾语的动宾结构。实验语句如下:

作为基式语调的自然焦点陈述句:

(1) 张忠斌星期天修收音机。(2) 吴国华重阳节回阳澄湖。
(3) 李小宝五点整写讲演稿。(4) 赵树庆毕业后到教育部。
(5) 李小刚五点半写讲话稿。(6) 李金宝五时整写颁奖词。

作为变式语调的语调疑问句:

(1) 张忠斌星期天修收音机?(2) 吴国华重阳节回阳澄湖?
(3) 李小宝五点整写讲演稿?(4) 赵树庆毕业后到教育部?
(5) 李小刚五点半写讲话稿?(6) 李金宝五时整写颁奖词?

同样作为变量语调的强调焦点句分别由"谁星期天修收音机?""张忠斌什么时候修收音机?""张忠斌星期天修什么?"和"张忠斌星期天做什么?"引出,我们简称为句首焦点句1、句中焦点句2、句末焦点句3 和动宾焦点句4。

(三) 实验程序和数据测算统计

请各位发音人事先熟悉录音内容,在安静的房间录音,录音时每位发音人每个实验句连续说 2 遍,语句之间要间隔 3—4 秒,以自然状态平稳的语速发音,不要出现个人情感色彩。以 Praat 录音,采样率为 11025 赫兹,16 位,单声道。50 个发音人,6 组实验句,每组 6 句实验句,每句读两遍,这样一共得到 50×6×6×2=3600 句实验句。

通过南开大学"桌上语音工作室"(Mini-Speech-Lab)自动测得幅度积数据,我们把每一句实验句的每个音节的幅度积数据记录在 Excel 表格中,求得该实验句的幅度积平均值,再用该句每个音节的幅度积值除以平均幅度积,得到该句每个音节的音量比值,画出统计图。

三　基式与变式语调的音量表现

(一) 北京话自然焦点陈述句音量比总体特征

为使数据更客观，更可信，我们先剔除掉所有音量比数值当中的离群值，然后算出 50 个北京人陈述句音量比的平均值，可以得到北京话陈述句语调在音强上的总体特征。50 个人的陈述句音量比平均值统计如图 12—1 所示（图下方标示的阴平例句代表全部基式实验句。下同。）：

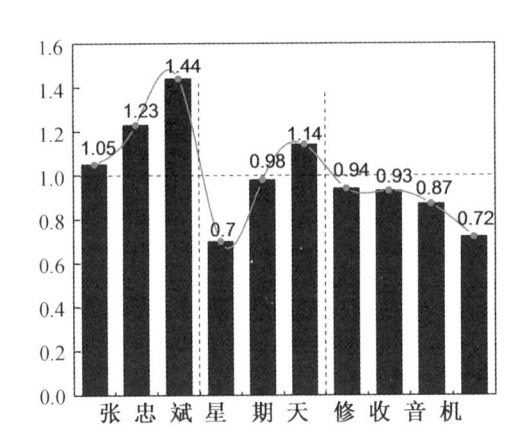

图 12—1　自然焦点陈述句音量比总图

据图 12—1 可知，自然焦点陈述句音量比最大值出现在句首词的末字（第 3 字），为 1.44；最小值出现在句中词的首字（第 4 字），为 0.70。单音动词（第 7 字）的音量比为 0.94。陈述句句首、句中词和句末词的音量比平均值分别为 1.24、0.94、0.84，整体呈下降趋势，音强递降。句首词的音量比（1.04、1.23、1.44）明显大于句中词（0.70、0.98、1.14）和句末词（0.93、0.87、0.72）。

在图 12—1 中可以看到句首词与句中词音量比的斜率较大，句首词末字到句中词首字是陡降的过程；句中词音量比略高于句末词，句末词音量比平缓下降。韵律词内部音量比也有不同的升降趋势，句首词和句中词内部音量比都是呈阶梯状逐渐上升的，峰值在末字（第 3 字和第 6 字）上，都表现出了边界前音量的增强，而句末词的峰值在首字（第 8 字）

上从首字到中字是平缓的下降，到末字下降斜率变大。而句首词的中字和末字，句中词的末字音量比都大于1，音量得到了增强。而句末词末字音量比反而减少。

(二) 北京话语调疑问句音量比总体特征

首先还是剔除疑问句音量比里的离群值，使数据更加客观化，然后算出50个北京人疑问句音量比的平均值，得到北京话疑问句语调在音强上的分布趋势。疑问句音量比总体特征如图12—2所示：

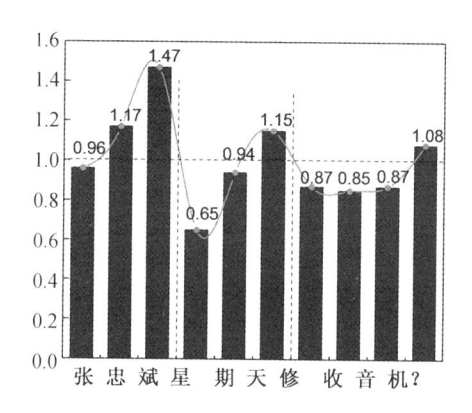

图12—2 疑问句音量比总图

据图12—2可知，疑问句音量比最大值出现在句首词的末字（第3字），为1.47；最小值出现在句中词的首字（第4字），为0.65，这一点与陈述句是一致的。单音动词（第7字）的音量比为0.87，比陈述句略低一点。疑问句的句首词、句中词和句末词的音量比平均值分别为1.20、0.91、0.93，先降后微升。句首词的音量比（0.96、1.17、1.47）明显大于句中词（0.65、0.94、1.15）和句末词（0.85、0.87、1.08）。

在图12—2中可以看到句首词与句中词音量比的斜率较大，句首词末字到句中词首字是陡降的过程，这一点也是和陈述句一致的；句中词末字音量比高于句末词末字。韵律词内部，句首词和句中词内部音量比都是呈阶梯状逐渐上升的，峰值在末字（第3字和第6字）上，都表现出了边界前音量的增强，与陈述句一致。句末词也是呈阶梯状上升，峰值也是在末字，这一点不同于陈述句。可见这不是像句首词和句中词一样的边界前的增强,而是句末疑问语气焦点导致音强增强。

(三) 北京话强调焦点句音量比总体特征

从表12—1和图12—3可知,焦点句1的音量比最大值出现在句首焦点词的末字,为1.85,焦点所在位置音量显著增强;最小值出现在全句末字,为0.59。单音动词的音量比为0.71,未出现音量的增强。焦点句1句首词、句中词和句末词的音量比平均值分别为1.55、0.87、0.67,焦点位置音量陡升,焦点后陡降。句首词即焦点的音量比明显大于句中词和句末词。在表12—1中可以看到句首词末字到句中词首字是陡降的过程,音量出现了大幅度下降。韵律词内部,焦点词中的每一个音节的音量比均远远大于1,末字音量比接近2,说明在焦点词中每一个音节的音量都得到了极大的增强;反观句中词和句末词,虽然句中词音量比也有平缓上升的过程,但除了句中词末字略大于1,有轻微的音量提升,其他音节均远远小于1,句末韵律词音量比更是呈阶梯状下降。韵律词音量比之间悬殊的差距使句首焦点更加突出。

表12—1　　　　　　　　焦点句单字音量比统计表

音节	1	2	3	4	5	6	7	8	9	10
焦点句1	1.23	1.58	1.85	0.63	0.96	1.03	0.71	0.73	0.68	0.59
焦点句2	0.93	1.28	1.65	0.76	1.22	1.48	0.79	0.70	0.62	0.56
焦点句3	0.88	1.19	1.49	0.60	0.98	1.20	0.93	0.98	0.92	0.83
焦点句4	0.88	1.19	1.49	0.60	0.99	1.25	0.96	0.95	0.90	0.79
自然焦点	1.05	1.23	1.44	0.70	0.98	1.14	0.94	0.93	0.87	0.72

焦点句2的音量比最大值虽然仍出现在句首词的末字,为1.65,但句中焦点词的末字音量比与其相当,只相差17%;最小值出现在句末音节,为0.56。单音动词的音量比为0.79,音量没有增加。句首词、句中词和句末词的音量比平均值分别为1.29、1.15、0.63,句中焦点词音量比与句首词持平,相差14%,焦点后音量比陡降,相差52%。句首词末字到焦点词首字是陡降的过程,随后由于要凸显焦点,音量又陡然上升,音量比由0.76一直上升到1.48,上升了72%,音量增强了近一倍。韵律词内部,句首词呈阶梯状上升,在末字达到峰值;句中焦点词内部也是

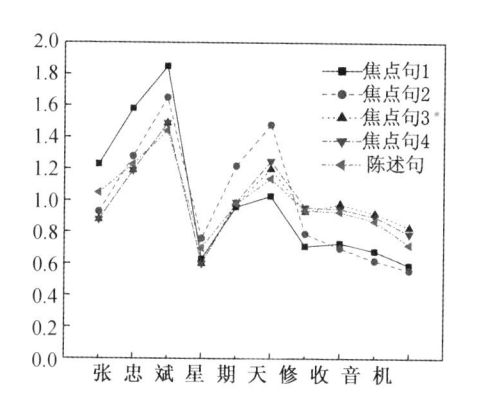

图 12—3 焦点句总体音量比折线图

呈阶梯状上升,除首字外其他音节音量比皆大于1;句末词呈平缓下降的趋势,音量比皆远小于1。

焦点句3的音量比最大值出现在句首词的末字,为1.49,音量增强49%;最小值出现在句中词的首字,为0.60。单音动词的音量比为0.93,未出现音量的增强。句首词、句中词和句末焦点词的音量比平均值分别为1.19、0.93、0.91,总体呈逐级下降的趋势,由于焦点位于句末,语句气流渐弱,因此音量没有出现巨幅的绝对提升,观察折线图可以看出焦点句3焦点位置整体要比陈述句相同位置高,正是这种相对的音量提升使得焦点得以凸显。韵律词内部,句首韵律词和句中韵律词内部都是呈阶梯状逐渐上升的,到韵律边界前达到最大值,凸显出了边界调;句末焦点词内部呈逐渐下降的趋势,没有音量增强的现象,但如前所述通过与陈述句相比有相对的增强。

焦点句4总体特征与焦点句3是一致的,从折线图可以看出二者大致上是重合在一起的。音量比最大值出现在句首词的末字,为1.49;最小值出现在句中词的首字,为0.60。句首词、句中词和句末词的音量比平均值分别为1.19、0.95、0.90,与焦点句3一样,总体呈下降趋势,焦点位置即动宾短语处虽然没有绝对的音量提升,但是与陈述句相比,焦点位置折线高于陈述句相同位置,通过相对的音量提升凸显焦点。韵律词内部,句首和句中词内部也是逐渐上升,到末字达到峰值,音量提升,增幅分别为49%和25%,凸显出了韵律边界,与焦点句3

一致。

四 基式与变式语调音量对比分析

(一) 自然焦点陈述句与语调疑问句音量比的对比分析

通过对北京普通话自然焦点陈述句和语调疑问句的音量比进行对比分析发现:

(1) 从图12—4可以看到陈述句语调音量表现为递降,疑问句的句首与句中词音量特征表现为与陈述句一致,但是末字折线上扬,并且句末字比陈述句末字音量比要高出36%。这是由于陈述句为自然焦点句,句中无特定的强调,人们说话时一次呼吸说一句话,所以气流从句首开始逐渐减弱,使句首词到句末词,音量由强至弱,这是符合发声生理特性的。疑问句先是句首气息最强,音量比最大,接下来逐渐减弱,但随着句末疑问语气的加强,音量又增强以突出句末疑问焦点。

(2) 从表12—2和图12—4中可观察到,无论是陈述句还是疑问句,句首和句中词内部音量比值都是呈阶梯状逐渐上升,在韵律边界前达到最大值,都超过了1,说明二者都存在韵律边界前音量增强的现象,这是句法单位在语调音量上的表现。陈述句的句末词音量逐渐下降,没有边界调的增强,这是因为一句话已经结束了,有了停顿,边界已经标示出来了,因此就不需要增强音量来标示边界了。疑问句的句末韵律词音量比递增,到词末音量比大于1,音量增强,这并不是为了标示边界,而是为了突出疑问语气。

表12—2　　　　　　陈述句与疑问句音量比对比统计表

音节	1	2	3	4	5	6	7	8	9	10
陈述句	1.05	1.23	1.44	0.70	0.98	1.14	0.94	0.93	0.87	0.72
疑问句	0.96	1.17	1.47	0.65	0.94	1.15	0.87	0.85	0.87	1.08
△疑问	-0.09	-0.06	0.03	-0.05	-0.04	0.01	-0.07	-0.08	0.00	0.36

(3) 疑问句单音动词的音量比总体比陈述句单音动词的音量比要低7%,疑问句由于句末疑问语气的缘故,所以在之前降低音强为句末提高

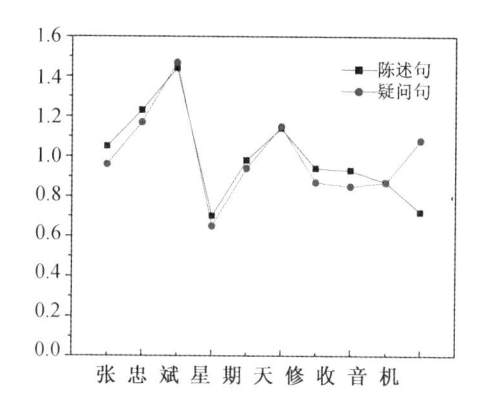

图12—4 陈述句与疑问句音量比对比分析图

音强做准备，因此疑问句的单音动词音量比与陈述句相比更小一点。

（二）自然焦点陈述句与焦点句1音量比的对比分析

自然焦点陈述句与焦点句1音量表现无论是整体上还是韵律词内部都是一致的，整体都表现为阶梯状下降，句首词和句中词内部音量比值都是呈阶梯状逐渐上升，末字都超过1，二者都存在韵律边界前音量增强的现象。

从表12—3和图12—5我们可以看到焦点句1的句首焦点词的音量比值要远远高于陈述句的句首词，受焦点影响，句首词三个字分别高出18%、35%和41%，单音动词、句中和句末词的音量比值皆在陈述句之下。这是由于焦点句1的焦点在句首，人在自然状态说话时说每一句话的气流是恒定的，句首位置的气流是最充足的，因此为了凸显句首焦点，发音人将大量的气流分配在句首焦点之上，剩余的气流分配给焦点之后的信息，这就导致焦点句1出现了图中头重脚轻的现象。

表12—3　　　　陈述句与焦点句1音量比对比统计表

音节	1	2	3	4	5	6	7	8	9	10
陈述句	1.05	1.23	1.44	0.70	0.98	1.14	0.94	0.93	0.87	0.72
焦点句1	1.23	1.58	1.85	0.63	0.96	1.03	0.71	0.73	0.68	0.59
△焦点1	0.18	0.35	0.41	-0.06	-0.01	-0.12	-0.23	-0.20	-0.19	-0.12

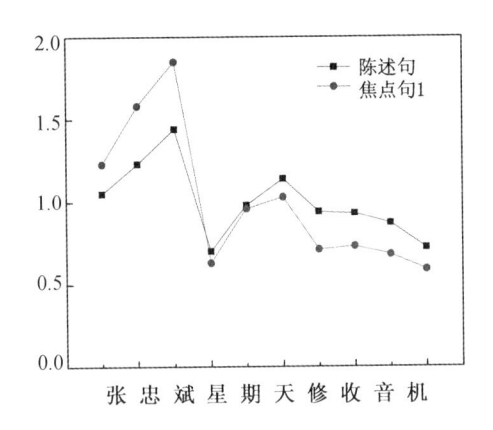

图 12—5　陈述句与焦点句 1 音量比对比分析图

（三）自然焦点陈述句与焦点句 2 音量比的对比分析

从表 12—4 和图 12—6 可以看到，自然焦点陈述句与焦点句 2 整体音量表现都是阶梯状下降，韵律词内部音量比值除句末词外都是呈阶梯状上升，韵律边界前的音节都超过 1，音量明显增强，陈述句增强 44% 和 14%，焦点句 2 增强 65% 和 48%。二者都存在边界前音量增强的现象。

表 12—4　　　　　　　陈述句与焦点句 2 音量比对比统计表

音节	1	2	3	4	5	6	7	8	9	10
陈述句	1.05	1.23	1.44	0.70	0.98	1.14	0.94	0.93	0.87	0.72
焦点句 2	0.93	1.28	1.65	0.76	1.22	1.48	0.79	0.70	0.62	0.56
△焦点 2	−0.12	0.04	0.21	0.07	0.24	0.34	−0.15	−0.23	−0.25	−0.16

焦点句 2 的句中焦点词的音量比值要远远高于陈述句的句中词，受焦点影响，句中词三个字分别高出 7%、24% 和 34%。焦点之后音量急剧下降，单音动词和句末韵律词的音量比值都大大低于陈述句。这也是由发音气流恒定以及焦点优先分配气流的缘故造成的。在句首时气流比较充足，因此焦点句 2 与陈述句在句首韵律词的表现相一致，到句中韵律

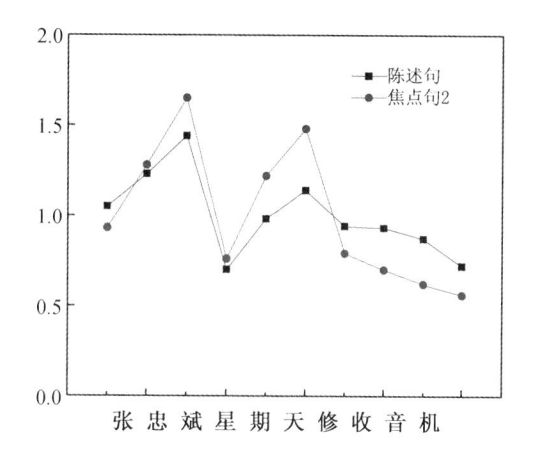

图 12—6 陈述句与焦点句 2 音量比对比分析图

词为了凸显句中焦点,剩下的气流要优先分配给焦点词,因此远远高于陈述句,焦点之后由于句首韵律词和焦点词用掉了大部分气流,分配给焦点后的动词和句末韵律词的气流所剩无几,因此音量明显低于陈述句。

(四) 自然焦点陈述句与焦点句 3 音量比的对比分析

由表 12—5 和图 12—7 可知,自然焦点陈述句与焦点句 3 整体音量表现一致,都是阶梯状下降,句首词和句中词都是呈阶梯状逐渐上升,韵律词的末字都超过 1,韵律边界前音量存在明显增幅,陈述句增幅为 44% 和 14%,焦点句 3 的增幅为 49% 和 20%,二者都存在边界调音量增强的现象。二者的句末词都是逐渐下降的趋势。

焦点句 3 的句末焦点词的音量比值略微高于陈述句的句末韵律词,在折线图上可看到焦点处的折线在陈述句之上,受焦点影响,句末词三个字分别高出 5%、5% 和 12%。焦点之前的音节除了句首词和句中词的末字稍大于陈述句,其他的音节均小于或等于陈述句。由于发音气流恒定的缘故,为了给句末焦点分配更多的气流,需要减少焦点之前的气流分配,因此出现了图中句首词和句中词折线处于陈述句之下的现象。焦点词由于处于句末,前面发音气流已经用了一大部分,因此句末焦点词的音量比值低于 1,没有绝对的增强,但是与陈述句相比,预留的气流更多,因此焦点词三个字都高于陈述句对应的字。

表 12—5　　　　　　陈述句与焦点句 3 音量比对比统计表

音节	1	2	3	4	5	6	7	8	9	10
陈述句	1.05	1.23	1.44	0.70	0.98	1.14	0.94	0.93	0.87	0.72
焦点句 3	0.88	1.19	1.49	0.60	0.98	1.20	0.93	0.98	0.92	0.83
△焦点 3	-0.17	-0.04	0.05	-0.10	0.00	0.06	-0.01	0.05	0.05	0.12

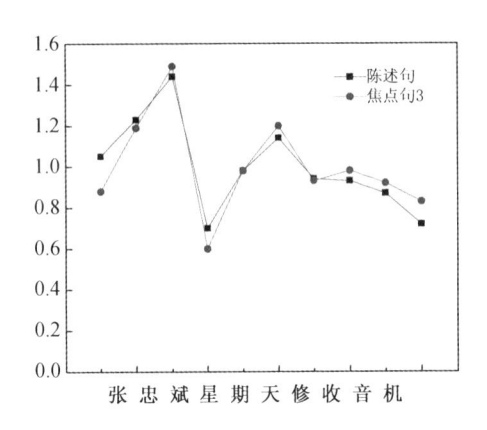

图 12—7　陈述句与焦点句 3 音量比对比分析图

（五）自然焦点陈述句与焦点句 4 音量比的对比分析

由表 12—6 和图 12—8 可知，自然焦点陈述句与焦点句 4 整体音量表现一致，都是呈阶梯状下降，句首词和句中词都是呈阶梯状逐渐上升，韵律词的末字音量比都超过 1，韵律边界前音量存在明显增幅，陈述句增幅为 44% 和 14%，焦点句 4 的增幅为 49% 和 25%，二者都存在边界前音量增强的现象。句末词都是逐渐下降的趋势。

从折线图上可以看到，焦点句 4 的句末动宾焦点的音量比值略微高于陈述句的句末韵律词，动宾短语的四个字分别高出 2%、2%、4% 和 8%。与焦点句 3 一样，焦点之前的音节除了句首韵律词和句中韵律词的末字稍大于陈述句，其他的音节均小于或等于陈述句。

表 12—6　　　　　　　陈述句与焦点句 4 音量比对比统计表

音节	1	2	3	4	5	6	7	8	9	10
陈述句	1.05	1.23	1.44	0.70	0.98	1.14	0.94	0.93	0.87	0.72
焦点句 4	0.88	1.19	1.49	0.60	0.99	1.25	0.96	0.95	0.90	0.79
△焦点 4	-0.17	-0.04	0.04	-0.10	0.01	0.11	0.02	0.02	0.04	0.08

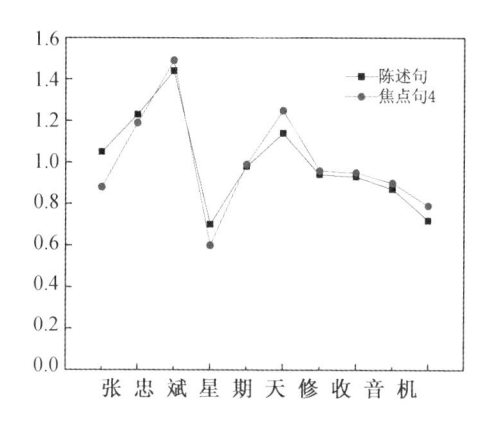

图 12—8　陈述句与焦点句 4 音量比对比分析

五　结论

本节根据"语调格局"的分析方法，通过"幅度积"和"音量比"的量化参数对 50 位新老北京人的一组自然焦点陈述句、一组语调疑问句和四组强调焦点句进行实验分析，通过对比分析各组实验句单字音量比的不同表现，有以下发现：

（1）陈述句的音量表现为音量递降，这是由于陈述句为自然焦点句，无明确强调，说话时音量随气流的减弱而减弱。疑问句语调的音量表现均为先降后升，这是由于句末疑问语气增强，需增强音强突出疑问焦点，由于发音气流恒定的缘故，句中韵律词和单音动词的音量大幅降低，均低于陈述句。四组焦点句的音量表现整体与陈述句也是一致的，都是呈阶梯状下降的走势，只是焦点句更具有突显焦点的特征，焦点位置的音量都有不同程度的提升。焦点句 1、2 的焦点位置平均音量比值均大于 1，音量明显提升，焦点句3、4虽然小于1，但和陈述句相同位置的音量比要高，焦点得到了相对的凸显。

（2）陈述句、疑问句和焦点句的句首词和句中词都存在韵律边界前音量增强的现象。只是句末词不存在边界前增强，因为句末停顿已经标示出边界了。疑问句的句末音量增强是为突出疑问语气。焦点词末字凸显边界调和焦点，音量增强幅度更加明显。

（3）变式语句在基式语句的基础上通过增强不同位置的音量来达到凸显语气和焦点的目标。疑问句加强句末位置的音量，焦点句加强焦点位置的音量。受到发音气流恒定的影响，这些变式语句的非焦点位置，除焦点前一字音量稍有提升之外，其他位置的音量均小于基式语句。

第二节　上海普通话语调的音量分析
陈思奇

一　绪论

（一）研究对象和选题意义

本节以上海普通话语句的音强为研究对象，对上海普通话的陈述句语调和疑问句语调的音强表现从音量比的角度进行分析。

（二）研究现状和理论依据

赵元任先生最早对汉语语调进行过系统分析，提出"小波浪加大波浪"和"橡皮带效应"的设想；吴宗济（1982，1984）认为普通话语句中的声调变化是以二字组、三字组等连读变调为基础；沈炯（1985，1992，1994）主张分析汉语语句中的声调音域。本节运用语调格局（石锋，1999）的研究方法进行系统分析和考察。梁磊和石锋（2010）提出"音量比"可以为汉语轻重音声学性质的讨论提供新的思路。田野（2009）考察了焦点句中调群单字音量比在不同焦点状况下的表现。阎锦婷（2016）运用音量比的概念发现泰国学生陈述句语句的音量比特征接近母语者。

（三）研究内容和研究方法

本次的实验语句是在沈炯（1985）设计的语句基础上修改而成，包括阴平句、阳平句、上声句、去声句各一个以及新增的两个上声连读变调句。具体语句如下：

张忠斌星期天修收音机（阴平句）

吴国华重阳节回阳澄湖（阳平句）

李小宝五点整写讲演稿（上声句）

赵树庆毕业后到教育部（去声句）

李小刚五时整写颁奖词（变调1）

李金宝五点半写讲话稿（变调2）

对于强调焦点句，我们用不同的提问方式引导出不同焦点位置的四组句子。焦点1为句首词，焦点2为句中词，焦点3为句末词，焦点4为句末动宾短语。焦点句1至4分别为：J1、J2、J3、J4。

本实验的发音人共50位，25男25女，年龄在19—24岁之间，均为上海本地大学生，家庭语言背景多为上海话。

二 上海普通话自然焦点陈述句语调音量比的统计分析

（一）上海普通话自然焦点陈述句的统计分析

表12—7包含50位发音人阴平句每个字的音量比的平均值和标准差。

表12—7　　　　自然焦点陈述句-阴平句语调音量比结果

	张	忠	斌	星	期	天	修	收	音	机
总	1.18	1.04	1.22	0.77	0.35	1.25	1.29	1.05	0.97	0.89
SD	0.26	0.20	0.20	0.15	0.14	0.25	0.27	0.25	0.20	0.25
女	1.16	1.05	1.20	0.78	0.36	1.28	1.22	0.96	1.04	0.94
SD	0.26	0.23	0.22	0.15	0.14	0.28	0.28	0.25	0.17	0.27
男	1.20	1.04	1.23	0.75	0.33	1.23	1.36	1.13	0.91	0.83
SD	0.25	0.17	0.18	0.14	0.13	0.22	0.25	0.23	0.21	0.22

图12—9显示句首韵律词呈"凹"形，句中韵律词呈"凹"形，都表现出了边界前音量的增强；单音动词和句末韵律词是呈阶梯下降型，句末韵律词的峰值在首字。

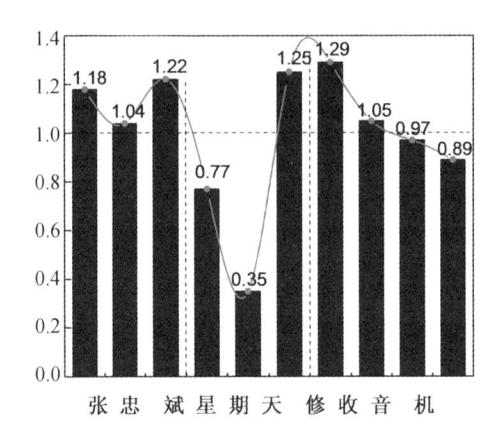

图 12—9　自然焦点陈述句 - 阴平句音量比平均值的柱状图

表 12—8 显示 50 位发音人阳平句每个字的音量比的平均值和标准差，男性和女性在音量比上差别并不大。

表 12—8　　　　　　自然焦点陈述句 - 阳平句音量比结果

	吴	国	华	重	阳	节	回	阳	澄	湖
总 avg	0.81	1.42	1.36	0.80	1.12	1.09	1.04	0.81	0.73	0.82
SD	0.23	0.36	0.30	0.24	0.26	0.22	0.25	0.19	0.17	0.30
女 avg	0.79	1.44	1.24	0.88	1.19	1.06	1.00	0.79	0.75	0.85
SD	0.22	0.43	0.24	0.24	0.27	0.19	0.22	0.17	0.17	0.26
男 avg	0.83	1.39	1.48	0.72	1.06	1.12	1.07	0.83	0.72	0.79
SD	0.25	0.28	0.31	0.20	0.24	0.23	0.27	0.21	0.16	0.33

图 12—10 显示句首韵律词呈"凸"形，句中韵律词呈"凸"形，句首韵律词和句中韵律词的斜率较大，末字都表现出了边界前音量的增强；单音动词和句末韵律词是呈阶梯下降型，最后一个有所上升。

表 12—9 显示 50 位发音人上声句各字音量的情况。其中，音量比最高值是句首韵律词末字，而男性的最高值是句首韵律词中字。音量比的最低值都是句末韵律词末字。

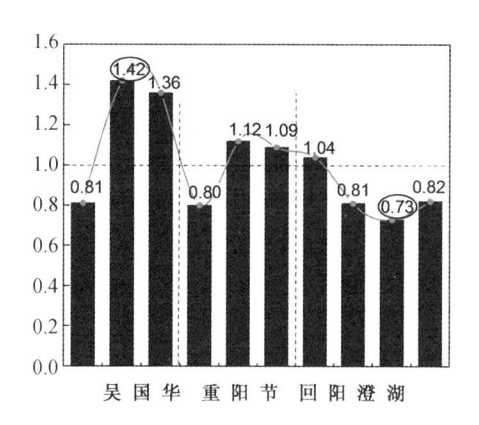

图 12—10　自然焦点陈述句 – 阳平句音量比平均值的柱状图

表 12—9　　　　　　　自然焦点陈述句 – 上声句音量比结果

	李	小	宝	五	点	整	写	讲	演	稿
总 avg	0.72	1.43	1.48	0.79	1.28	0.94	0.93	0.85	1.07	0.53
SD	0.24	0.30	0.40	0.21	0.22	0.19	0.23	0.21	0.27	0.16
女 avg	0.73	1.32	1.45	0.78	1.30	0.95	0.98	0.85	1.07	0.57
SD	0.25	0.21	0.40	0.20	0.26	0.16	0.26	0.21	0.27	0.16
男 avg	0.71	1.55	1.51	0.80	1.25	0.92	0.87	0.84	1.06	0.48
SD	0.23	0.32	0.39	0.23	0.17	0.21	0.19	0.21	0.26	0.14

图 12—11 显示句首韵律词呈"阶梯上升型",句中韵律词呈"凸"形,都表现出了边界前音量的增强;单音动词和句末韵律词是呈阶梯下降型,但峰值出现在第 9 字。

表 12—10 显示 50 位发音人去声句每个字的音量比的平均值和标准差,男女表现完全一致。

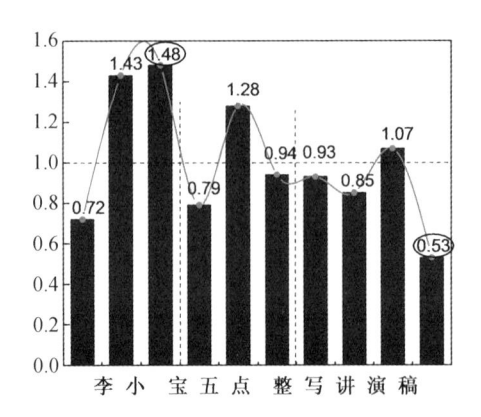

图 12—11　自然焦点陈述句 – 上声句音量比平均值的柱状图

表 12—10　　　　　自然焦点陈述句 – 去声句音量比结果

	赵	树	庆	毕	业	后	到	教	育	部
总 avg	1.54	0.77	1.24	0.81	1.03	1.10	1.03	1.01	0.62	0.82
SD	0.33	0.21	0.34	0.21	0.22	0.25	0.31	0.22	0.17	0.33
女 avg	1.50	0.78	1.33	0.85	1.05	1.10	0.97	0.95	0.62	0.83
SD	0.34	0.17	0.33	0.23	0.21	0.26	0.26	0.17	0.16	0.31
男 avg	1.59	0.76	1.16	0.77	1.02	1.11	1.09	1.07	0.62	0.81
SD	0.31	0.24	0.32	0.18	0.23	0.24	0.34	0.25	0.17	0.35

图 12—12 显示句首韵律词呈"凹形"，句中律词呈阶梯上升型，都表现出了边界前音量的增强；单音动词和句末韵律词是呈阶梯下降型，但最后一字音量比有所上升。

表 12—11 显示 50 位发音人变调 1 句的每个字音量比的平均值和标准差。

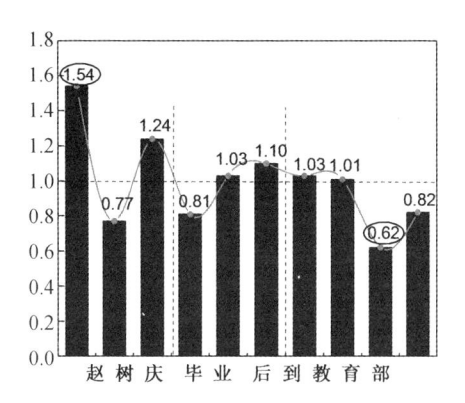

图12—12 自然焦点陈述句-去声句音量比平均值的柱状图

表12—11　　　自然焦点陈述句-变调1句音量比结果

	李	金	宝	五	点	半	写	讲	话	稿
总 avg	0.74	1.37	1.47	0.81	0.93	1.48	1.09	0.57	1.12	0.42
SD	0.24	0.38	0.44	0.21	0.23	0.26	0.29	0.14	0.27	0.15
女 avg	0.70	1.36	1.41	0.80	1.00	1.44	1.15	0.58	1.09	0.47
SD	0.27	0.44	0.49	0.23	0.24	0.20	0.29	0.14	0.23	0.14
男 avg	0.77	1.38	1.52	0.81	0.87	1.52	1.03	0.55	1.16	0.38
SD	0.19	0.31	0.37	0.19	0.19	0.30	0.29	0.14	0.31	0.15

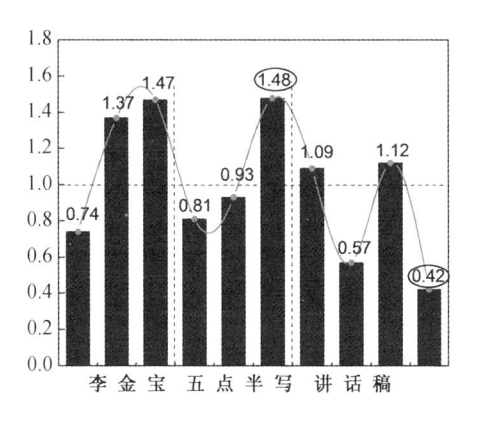

图12—13 自然焦点陈述句-变调1句音量比平均值的柱状图

图12—13显示句首韵律词呈"阶梯上升型",句中韵律词呈"阶梯上升型",都表现出了边界前音量的增强;单音动词和句末韵律词是呈阶梯下降型。句中韵律词的走势由"凸"形变作了阶梯上升型,这恰巧与去声句句中韵律词的走势十分一致。

表12—12包含50位发音人变调句二的每个字音量比的平均值和标准差。男女表现一致。

表12—12　　　　自然焦点陈述句–变调2句音量比结果

	李	小	刚	五	时	整	写	颁	奖	词
总 avg	0.89	1.13	1.94	0.75	0.75	1.18	0.83	1.14	0.62	0.79
SD	0.21	0.25	0.43	0.28	0.24	0.22	0.24	0.25	0.13	0.22
女 avg	0.91	1.09	1.79	0.76	0.78	1.21	0.88	1.12	0.63	0.83
SD	0.23	0.18	0.37	0.25	0.27	0.20	0.27	0.23	0.12	0.21
男 avg	0.86	1.18	2.10	0.74	0.72	1.15	0.77	1.15	0.60	0.74
SD	0.18	0.30	0.43	0.31	0.21	0.24	0.20	0.28	0.13	0.21

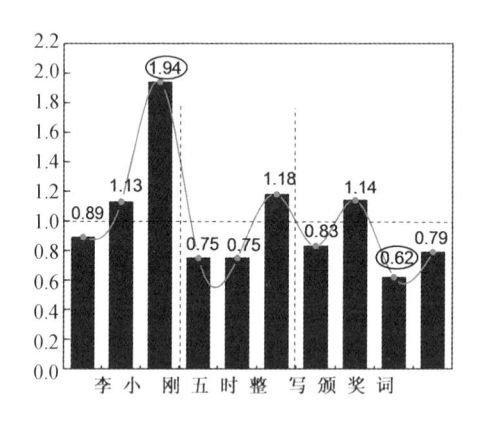

图12—14　自然焦点陈述句–变调2句音量比平均值的柱状图

整体的走势用柱状图12—14表示出来,可以看到句首韵律词呈"阶梯上升型",句中律词呈"阶梯上升型"。

我们对六种不同声调语句的单字音量比进行统计,综合观察自然焦点句的音强表现,结果如表12—13、图12—15所示。

表 12—13　　上海普通话自然焦点句单字的音量比统计表

	1	2	3	4	5	6	7	8	9	10
阴平	1.18	1.04	1.22	0.77	0.35	1.25	1.29	1.05	0.97	0.89
阳平	0.81	1.42	1.36	0.80	1.12	1.09	1.04	0.81	0.73	0.82
上声	0.72	1.43	1.48	0.79	1.28	0.94	0.93	0.85	1.07	0.53
去声	1.54	0.77	1.24	0.81	1.03	1.10	1.03	1.01	0.62	0.82
变调一	0.74	1.37	1.47	0.81	0.93	1.48	1.09	0.57	1.12	0.42
变调二	0.89	1.13	1.94	0.75	0.75	1.18	0.83	1.14	0.62	0.79
平均值	0.98	1.19	1.45	0.79	0.91	1.17	1.03	0.90	0.86	0.71

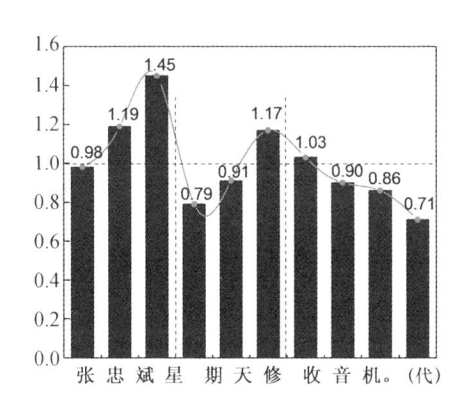

图 12—15　上海普通话自然焦点句单字的音量比图

上海普通话自然焦点陈述句各声调句中音量比最大的音节表现虽然有同有异，但是大都分布在韵律边界前。

（二）上海普通话与北京普通话自然焦点陈述句的对比分析

阴平句对比分析：上海普通话和北京普通话音量比的最低值，都是句中韵律词中字，而二者音量比的最高值不相同。见表 12—14 和图 12—16。

表 12—14　　　　　　　　上海普通话与北京普通话
自然焦点陈述句的阴平句音量比分析

阴平	张	忠	斌	星	期	天	修	收	音	机
上海普通话	1.18	1.04	1.22	0.77	0.35	1.25	1.29	1.05	0.97	0.89
北京普通话	1.34	1.08	1.18	0.79	0.44	1.19	1.13	1.00	1.00	0.85

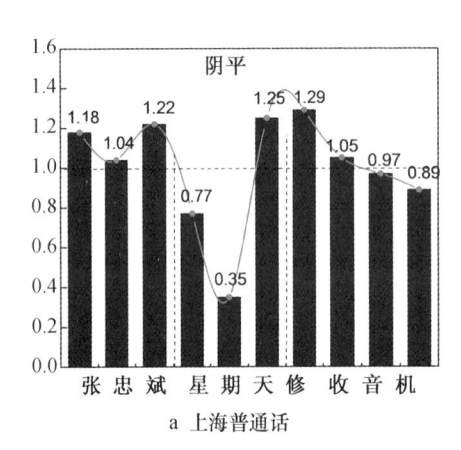

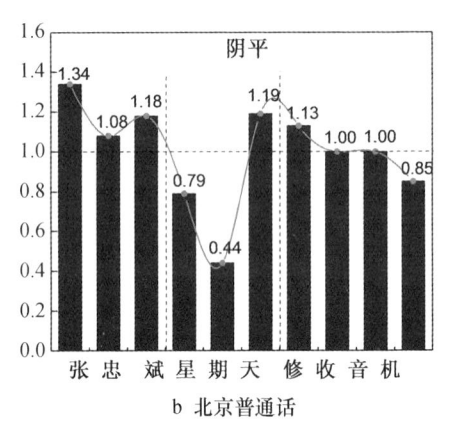

图 12—16　上海普通话与北京普通话自然焦点陈述句的阴平句音量比

无论是上海普通话还是北京普通话，它们音量比的走势是基本相同的，句首韵律词呈"凹"形，句中韵律词呈"凹"形，单音动词和句末韵律词是呈阶梯下降型。由于音量比的最高值不同，折线的倾斜度略有不同，主要是句首韵律词首字和单音动词带来的差别。

阳平句的对比分析：上海普通话和北京普通话音量比的最高值和最低值都不相同。见表 12—15 和图 12—17。

表 12—15　　　　　　　　上海普通话与北京普通话
自然焦点陈述句的阳平句音量比分析

阳平	吴	国	华	重	阳	节	回	阳	澄	湖
上海普通话	0.81	1.42	1.36	0.80	1.12	1.09	1.04	0.81	0.73	0.82
北京普通话	0.79	1.43	1.51	0.69	1.14	1.06	0.97	0.92	0.68	0.80

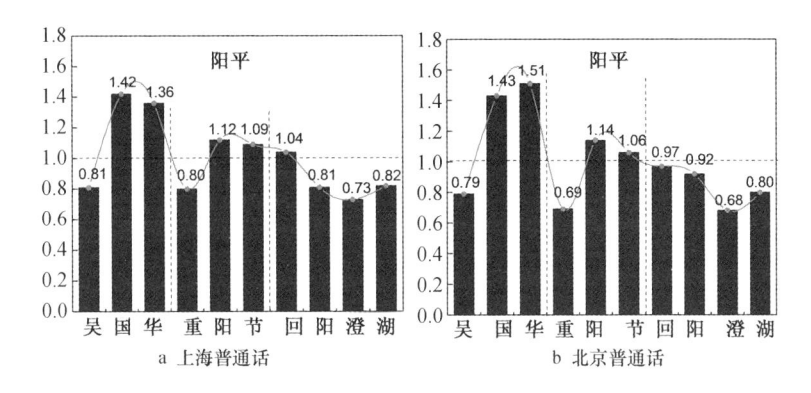

图 12—17　上海普通话与北京普通话自然焦点陈述句的阳平句音量比

上海普通话和北京普通话的走势基本相同。但上海普通话在一句话中各个字的音量比之间的差值比北京普通话要小，主要体现在句中韵律词和句末韵律词内部。

上声句的对比分析：上海普通话和北京普通话音量比的最低值，都是句末词的后字，而二者音量比的最高值却不相同。见表 12—16 和图 12—18。

表 12—16　上海普通话与北京普通话自然焦点陈述句的上声句音量比分析

上声	李	小	宝	五	点	整	写	讲	演	稿
上海普通话	0.72	1.43	1.48	0.79	1.28	0.94	0.93	0.85	1.07	0.53
北京普通话	0.76	1.47	1.41	0.73	1.27	0.95	0.80	0.84	1.12	0.64

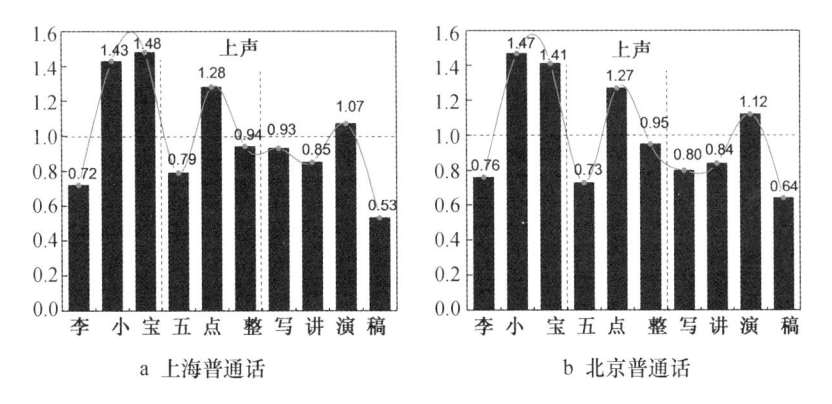

图 12—18　上海普通话与北京普通话自然焦点陈述句的上声句音量比

柱状图显示分布上的相同点是句中韵律词和句末韵律词都呈"凸"形，分布上的不同点是句首韵律词上海普通话是阶梯上升型，北京普通话是"凸"形。上海普通话各字音量比强度差值要比北京普通话小。

去声句对比分析：上海普通话和北京普通话音量比的最高值和最低值一样。见表12—17和图12—19。

表12—17　上海普通话与北京普通话自然焦点陈述句的去声句音量比分析

	赵	树	庆	毕	业	后	到	教	育	部
上海普通话	1.54	0.77	1.24	0.81	1.03	1.10	1.03	1.01	0.62	0.82
北京普通话	1.67	0.77	1.14	0.66	1.15	1.08	1.09	1.08	0.65	0.73

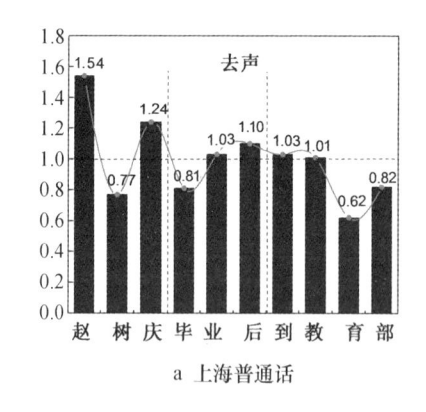

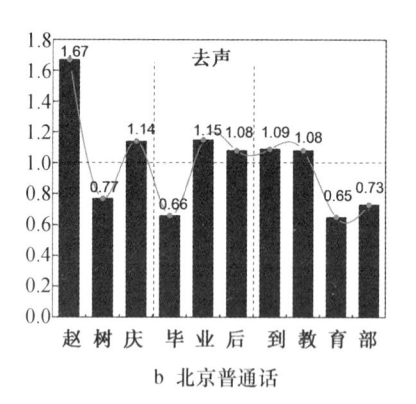

图12—19　上海普通话与北京普通话自然焦点陈述句的去声句音量比

分布上的相同点是句首韵律词呈"凹"形、句末韵律词是呈阶梯下降型，分布上的不同点是句中韵律词上海普通话是阶梯上升型，北京普通话是"凸"形。由于在句中韵律词上二者的音量比差值较大，所以在去声句中我们无法断定二者的基本走势是相同的。观察这句话中各个字音量比强度的差值可以看到，上海普通话要比北京普通话小。

变调/句的对比分析：上海普通话和北京普通话音量比的最低值一样，音量比的最高值不一样。上海普通话是句中韵律词末字，北京普通话是句首韵律词的末字。见表12—18和图12—20。

二者句首韵律词和句中韵律词都呈阶梯上升型、句末韵律词是呈

"凸"形，所以上海普通话和北京普通话在变调 1 句中的分布基本相同。观察这句话中各个字音量比之间的差值可以看到，上海普通话句中各字的音量比差值要比北京普通话小。

表 12—18　上海普通话与北京普通话自然焦点陈述句变调 1 句的对比分析

	李	金	宝	五	点	半	写	讲	话	稿
上海普通话	0.74	1.37	1.47	0.81	0.93	1.48	1.09	0.57	1.12	0.42
北京普通话	0.82	1.35	1.46	0.65	1.02	1.45	0.98	0.61	1.15	0.50

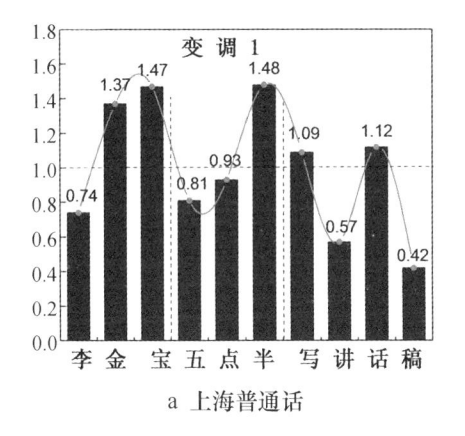

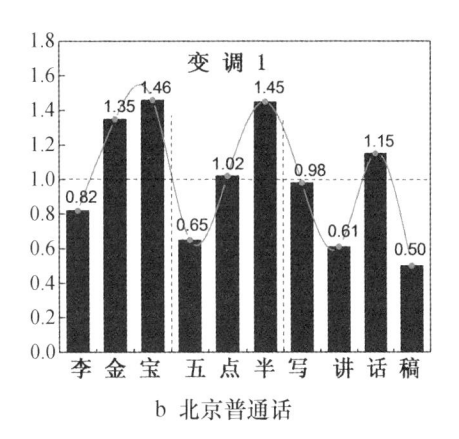

图 12—20　上海普通话与北京普通话自然焦点陈述句变调 1 句的对比

变调 2 句上海普通话和北京普通话的对比分析：上海普通话和北京普通话音量比的最高值和最低值一样。二者句首韵律词和句中韵律词都呈阶梯上升型、句末韵律词是呈"凹"形，在变调 2 句中上海普通话和北京普通话的分布是基本相同的。见表 12—19 和图 12—21。

表 12—19　上海普通话与北京普通话自然焦点陈述句变调 2 句的对比分析

	李	小	刚	五	时	整	写	颁	奖	词
上海普通话	0.89	1.13	1.94	0.75	0.75	1.18	0.83	1.14	0.62	0.79
北京普通话	0.91	1.28	1.95	0.65	0.83	1.15	0.70	1.14	0.62	0.77

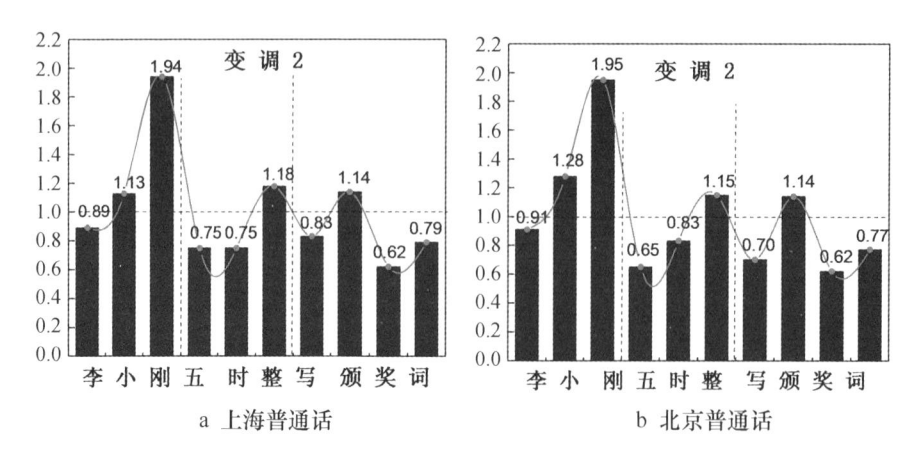

图 12—21 上海普通话与北京普通话自然焦点陈述句变调 2 句的对比

观察这句话中各个字音量比之间的差值可以看到,上海普通话句中各字的音量比差值要比北京普通话小。

六种语句总体单字音量比的对比分析:二者的总体走势是极相似的。每句话音量比的最高值和最低值基本都是同一个字;音量比次高值和次低值在北京普通话和上海普通话中是不相同的。

表 12—20 显示上海普通话和北京普通话的音量比值最大的音节是相同的,音量比值最小的音节不同。这说明无论母语背景是上海话还是北京话,在说自然焦点句的时候大家很容易把句首韵律词的音强自然加大。观察音量比值最小的音节,这一点和方言背景的关系较大,方言背景为上海话的被试在处理自然焦点句时会把最后一个字的音强减小。

从总体走势来说,二者比较趋近,句首韵律词和句中韵律词都呈阶梯上升型,句末韵律词为阶梯下降型。

表 12—20 六种语句总体单字音量比的对比

上海普通话	0.98	1.19	1.45	0.79	0.91	1.17	1.03	0.90	0.86	0.71
北京普通话	1.05	1.23	1.44	0.70	0.98	1.14	0.94	0.93	0.87	0.72

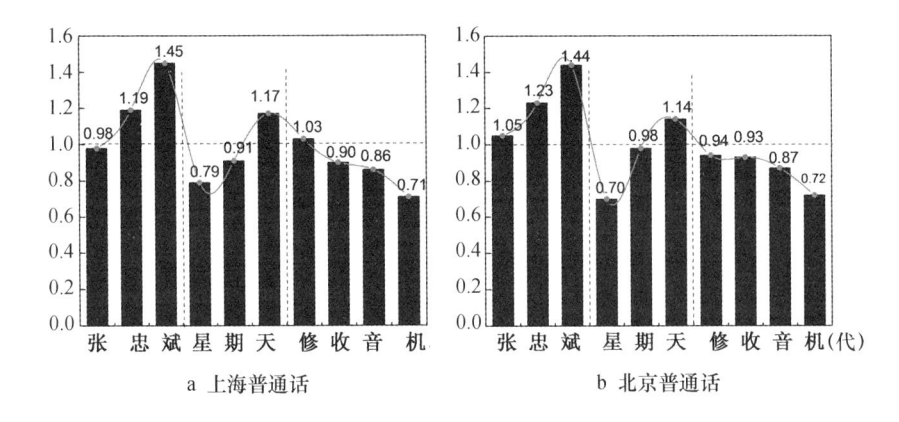

图 12—22 上海普通话和北京普通话陈述句总体音量比平均值

(三) 小结

从句首韵律词来看,音量比分布主要有三种情况:凹形、凸形、阶梯上升型。基本上每句话音量比的最大值都在句首韵律词中,说明了句首韵律词在整句话中的音强较大。从句中韵律词来看,每句话的句中韵律词的第一个字的音量比都很小,与句首韵律词的末字形成了鲜明的对比。句中韵律词普遍来说其末字是该韵律词中音量比最大的。从单音动词和句末韵律词来看:这六句话的单音动词和句末韵律词都是整体呈下降趋势,且整句话音量比的最低值往往出现在句末韵律词中,只有阴平句例外。通过对比上海普通话和北京普通话可以发现,二者的总体走势是极相似的。虽然整体分布相同,但从细节来看就每句话同一个字的音量比的数值而言,北京普通话较高,而上海普通话偏低。

三 上海普通话强调焦点陈述句语调音量比的统计分析

(一) 上海普通话强调焦点陈述句的统计分析

上海普通话焦点句 1 的音量比分析:下面图 12—23 的六幅图是当我们强调句首词时,阴平句、阳平句、上声句、去声句、变调一、变调二各个语调句子的音量比表现。

综观这六张柱状图,当焦点在句首时,整句话音量比的最大值都集中在句首韵律词中。在全句音量比最大值后紧跟的字往往音量比较低。

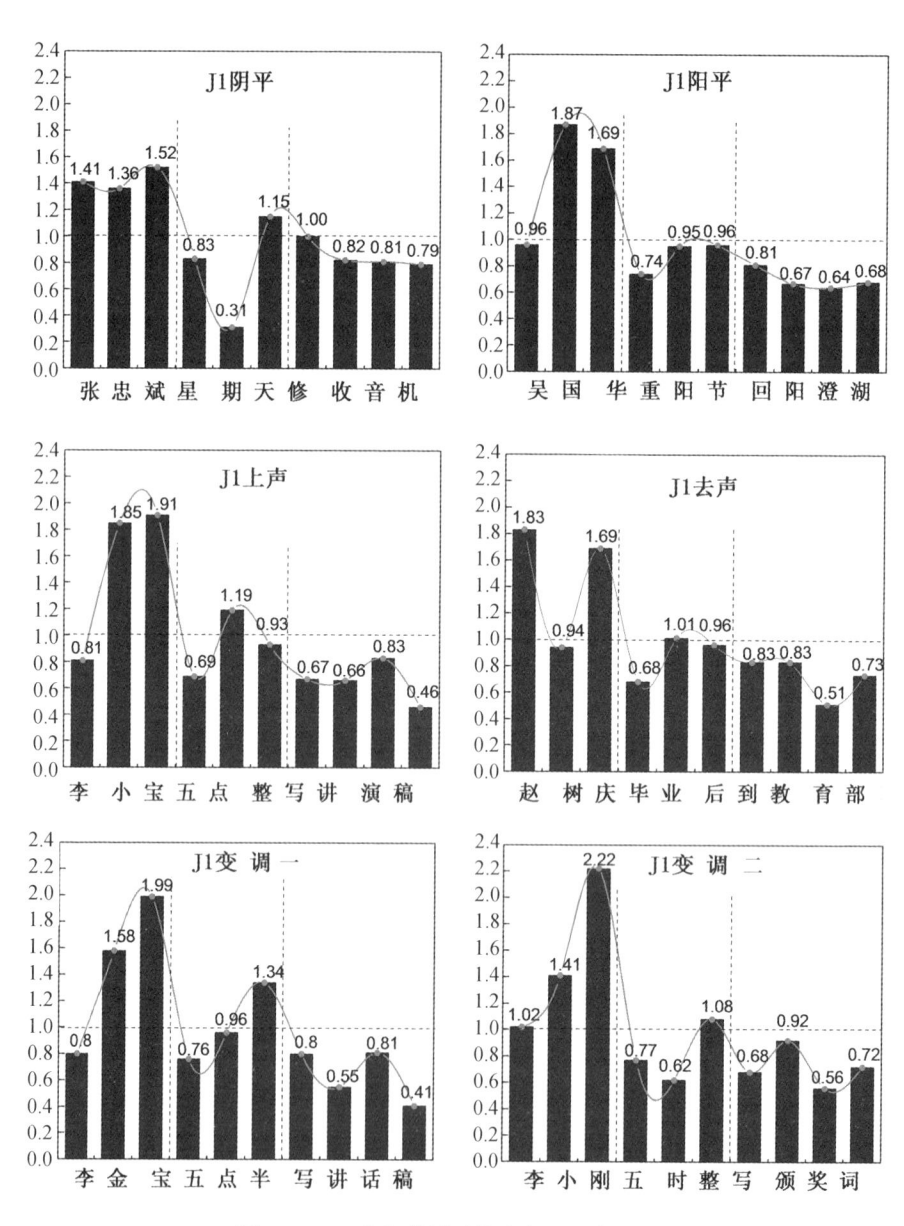

图 12—23　上海普通话焦点句 1 的音量比

各实验句音量比的最小值并不集中,但无论焦点在哪里,阴平句的音量比最小值都是句中词中字"期"。其中的原因是我们习惯在口语中把"星期天"这个词的中字说得比较轻些,同时,"期"的声母是清送气塞擦音,时长较长,使后面的韵母时长缩短。再加上韵母 i 是闭元音,开口度很小。几个原因共同作用,音量比就成为最小的了。

上海普通话焦点句 2 的音量比分析:当强调焦点在句中词时,音量比的最大值分布较为分散。见图 12—24。

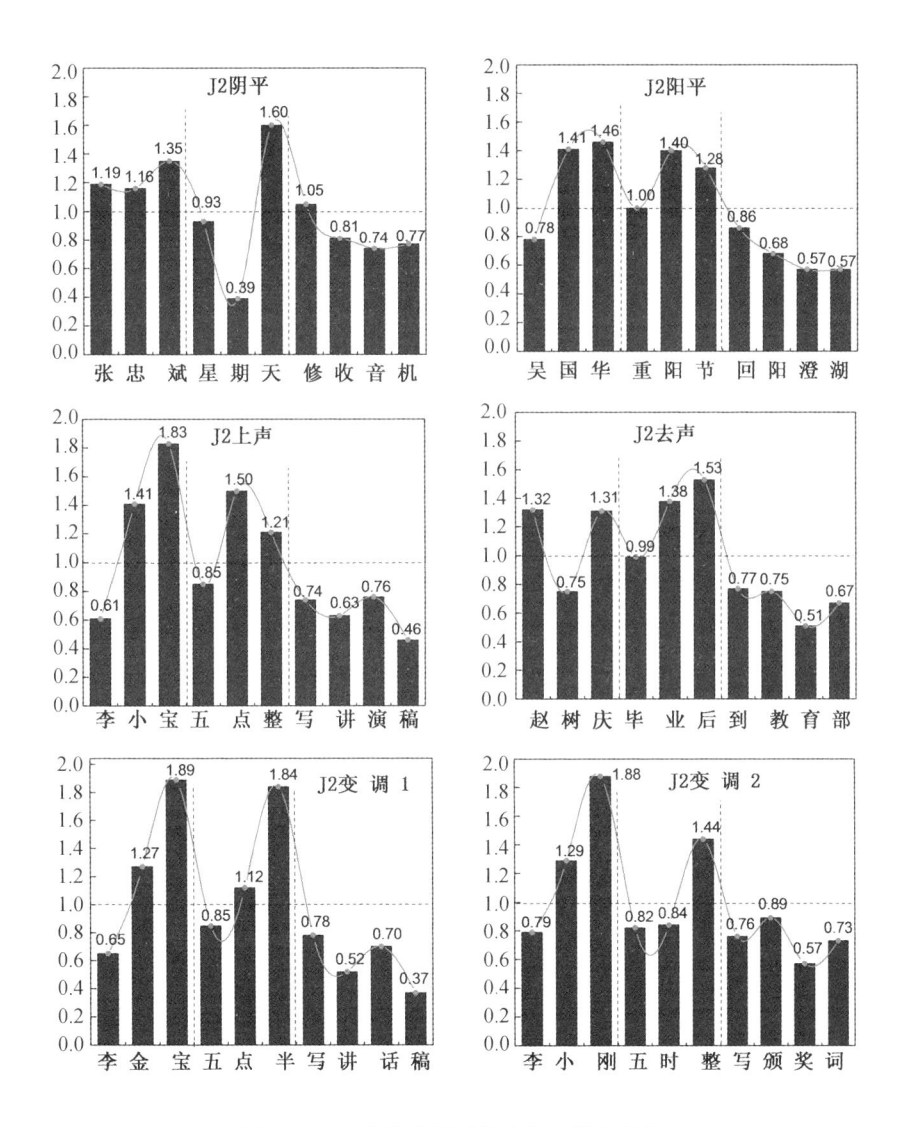

图 12—24 上海普通话焦点句 2 的音量比

尽管句中词成为全句中音量比值最大的情况较少，但与自然焦点句相比，可以看出来句中韵律词的中字和末字的音量比都有较大的增幅。

上海普通话焦点句 3 的音量比分析：综观图 12—25 的六张柱状图，当焦点在句末词时，音量比的最大值分布较为分散，但与自然焦点句的音量比的最大值分布除变调句一外完全一致。

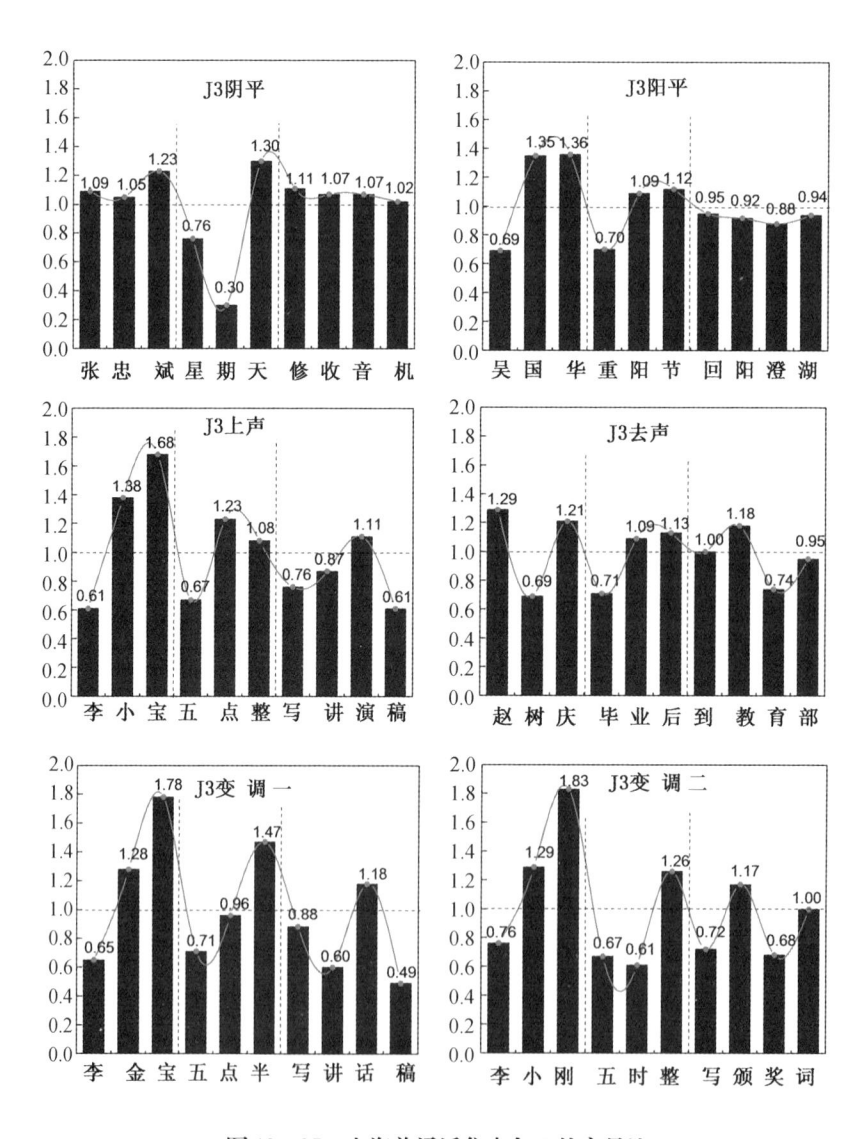

图 12—25　上海普通话焦点句 3 的音量比

虽然强调部分即句末词中并没有全句音量比最高的字，但我们可以与自然焦点句中句末韵律词音量比值进行对比，可以发现句末韵律词的音量比值均有一定的增幅。当焦点在句末时，整句话音量比的最小值并不集中，这些与自然焦点句相比均有一定的变化。由于句末是强调焦点，所以尽管上声句和变调句一的音量比的最小值仍在句末韵律词，但与自然焦点句相比，还是有所提高。从句子的音量比分布来看，虽然句中韵律词的绝对音量比值有所变化，但相对值并未发生较大的改变，所以总体走势没有大的变化，与自然焦点句的走势非常趋近。

上海普通话焦点句 4 的音量比分析：综观图 12—26 的六张柱状图，当焦点在句末述宾短语时，音量比的最大值分布较为分散，但与自然焦点句的音量比的最大值分布较为一致。阴平句、阳平句、变调句一与自然焦点句相比都是全句中音量比值第二高的字变为了最高的字，这说明即使音量比的最大值会发生变化，也会集中在其音量比值本身就比较高的字上。从整体来看，焦点句 4 中的单音动词较焦点句 3 中的单音动词音量比数值基本都有所提高。

上海普通话焦点句的单字平均值分析：综合分析五种不同焦点情况下语句的单字音量比表现，见表 12—21：

上海普通话五种焦点句的单字平均音量比：无论是自然焦点句还是强调焦点句，句首词和句中词处于韵律边界字的音量比都大于 1，证明了韵律边界前音量比增大在上海普通话中的存在。自然焦点句中单音动词大于 1，而强调焦点句中单音动词始终小于 1，体现了上海普通话的尾重特点。无论强调焦点位于哪个韵律词，全句的音量比最大值始终是句首韵律词末字。焦点词的首字、中字、末字，在五种语句相同位置中都是音量比最大的，尤其是末字，最为显著。说明焦点选择对音量比的影响。

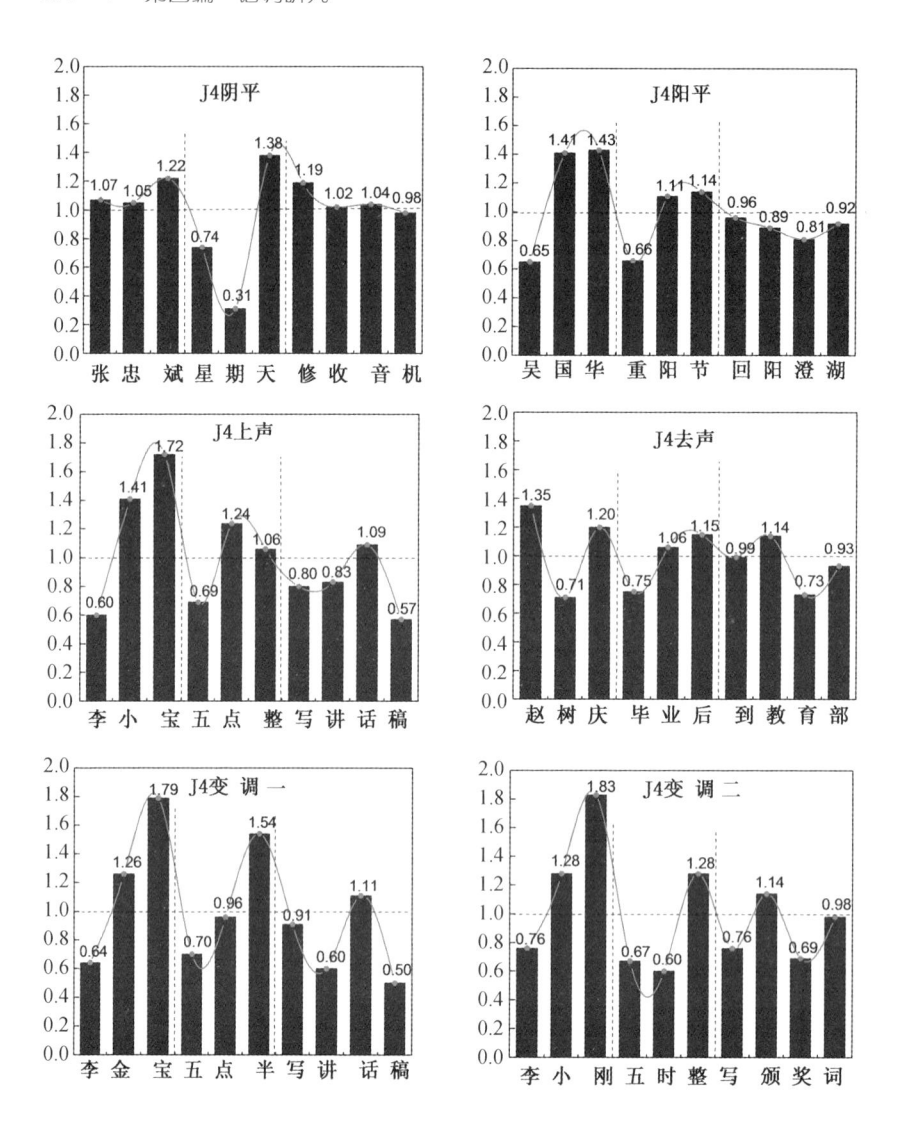

图 12—26　上海普通话焦点句 4 的音量比

表 12—21　　上海普通话五种焦点句的单字音量比统计表

音节位次		1	2	3	4	5	6	7	8	9	10
自然焦点句		0.98	1.19	1.45	0.79	0.91	1.17	1.03	0.90	0.86	0.71
强调焦点句	句首	1.14	1.50	1.84	0.74	0.84	1.07	0.80	0.74	0.69	0.63
	句中	0.89	1.22	1.62	0.91	1.11	1.48	0.83	0.71	0.64	0.60
	句末	0.85	1.17	1.52	0.70	0.88	1.23	0.90	0.97	0.94	0.83
	动宾	0.85	1.19	1.53	0.70	0.88	1.26	0.93	0.94	0.91	0.81

将各个强调焦点句按照强调焦点的不同位置归类,即 J1、J2、J3、J4,标出每一类焦点句各字音量比的平均值,如图 12—27 所示。

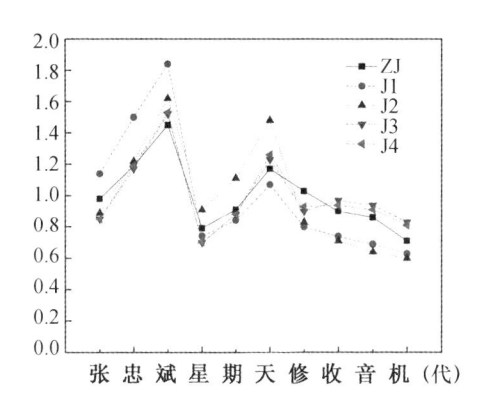

图 12—27 五种焦点句的单字音量比统计图

注:ZR:自然焦点句;J1:句首词作焦点;J2:句中词作焦点;J3:句末词作焦点;J4:动宾短语作焦点。

总体上来说无论强调的焦点在哪里,大家在发音时的总体趋势都是较一致的,J1、J2、J3、J4 的句首韵律词都呈阶梯上升型,句中韵律词同样都呈阶梯上升型,而单音动词和句末韵律词都呈阶梯下降型。这与上海普通话自然焦点陈述句的总体趋势是相同的。

根据焦点调(石锋、王萍 2014)这一理念,我们以自然焦点句单字音量比为基准,计算各强调焦点句每个单字音量比较自然焦点句之间的差值,结果如表 12—22 所示。

表 12—22　　强调焦点句与自然焦点句各字音的音量比对比表

音节位次		1	2	3	4	5	6	7	8	9	10
自然焦点句		0.98	1.19	1.45	0.79	0.91	1.17	1.03	0.90	0.86	0.71
强调焦点句	句首	+0.16	+0.31	+0.39	-0.05	-0.07	-0.1	-0.23	-0.16	-0.17	-0.08
	句中	-0.09	+0.03	+0.17	+0.12	+0.2	+0.31	-0.2	-0.19	-0.22	-0.11
	句末	-0.13	-0.02	+0.07	-0.09	-0.03	+0.06	-0.13	+0.07	+0.08	+0.12
	动宾	-0.13	0	+0.08	-0.09	-0.03	+0.09	-0.1	+0.04	+0.05	+0.1

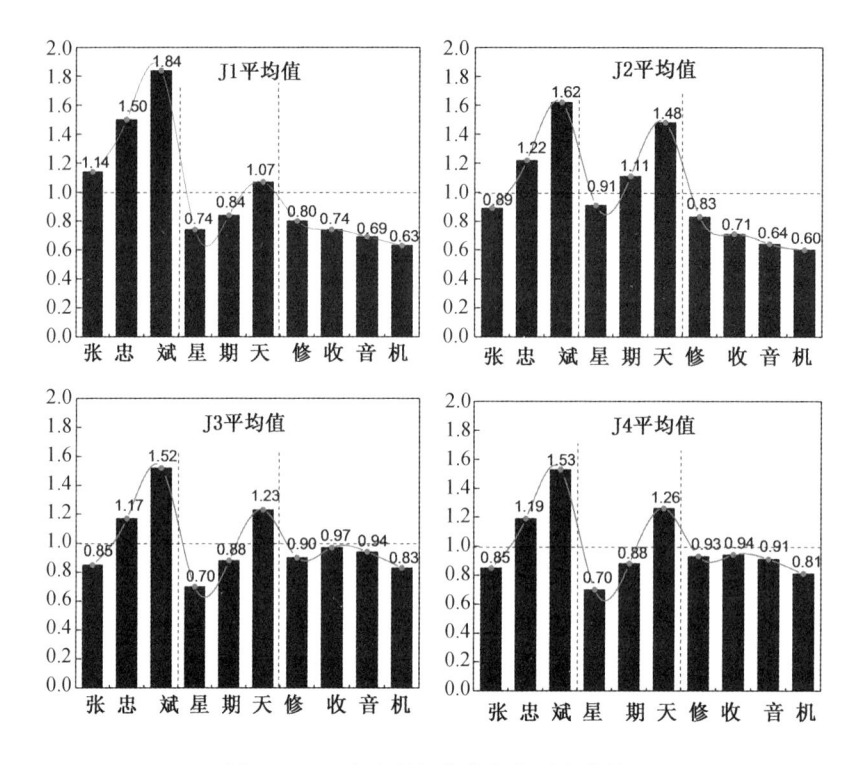

图 12—28　各个强调焦点句的平均音量比

（二）上海普通话与北京普通话强调焦点陈述句的对比分析

焦点句 1 的对比分析：两条强调焦点句的折线只有在句首焦点词的各字音量比值大于自然焦点陈述句；非焦点的部分没有保持自然焦点陈述句中原有的音量强度，都是低于自然焦点陈述句，这是句首焦点词突显的缘故。见图 12—29。

焦点句 2 的对比分析：折线的峰值都出现在句首韵律词末字，北京普通话总是大于上海普通话；全句最小值都出现在全句末字，北京普通话总是小于上海普通话。句中焦点词的三个字音量比都大于自然焦点句，其中末字差值最大。见图 12—30。

焦点句 3 的对比分析：全句中只有在句末焦点词比各自的自然焦点句音量比值稍大，而单音动词却比自然焦点句中的音量比值要小。这说明发音人在强调句末宾语时，压低单音动词的音强而有意突出了句末宾语。见图 12—31。

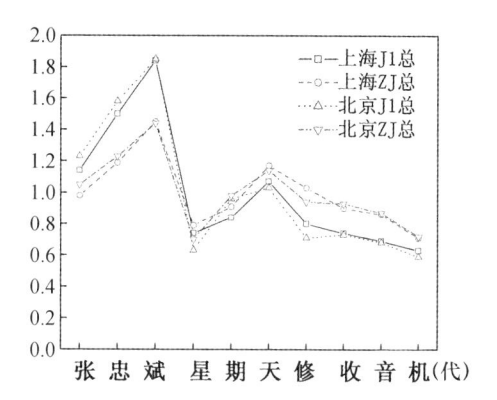

图 12—29　上海北京 - J1 与上海北京 - ZJ 音量比的对比

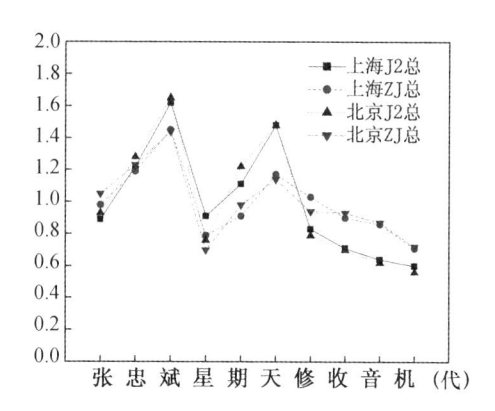

图 12—30　上海北京 - J2 与上海北京 - ZJ 音量比的对比

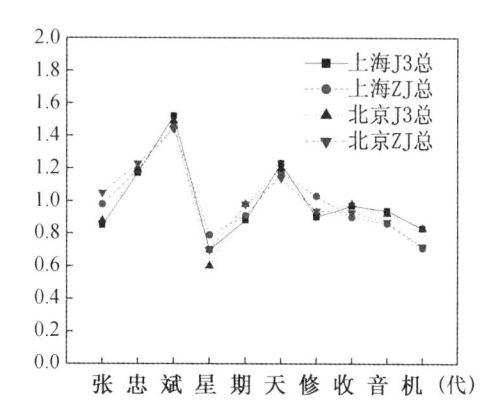

图 12—31　上海北京 - J3 与上海北京 - ZJ 音量比的对比

焦点句 4 的对比分析：见图 12—32，J4 强调的是句末述宾短语，句末宾语的音量比都发生了少量增强，比自然焦点陈述句中的音强要高。其中单音动词的音强小于陈述句。不过这并不能说单音动词没有被强调，我们把 J3 和 J4 放到同一组图中，可以清晰地看到，在单音动词（第 7 字）处 J4 的音量比值总是大于 J3，也就是说当 J4 述宾短语中比 J3 句末短语多强调了一个单音动词时，这个单音动词的音强是比未被强调前增大了。见图 12—33。

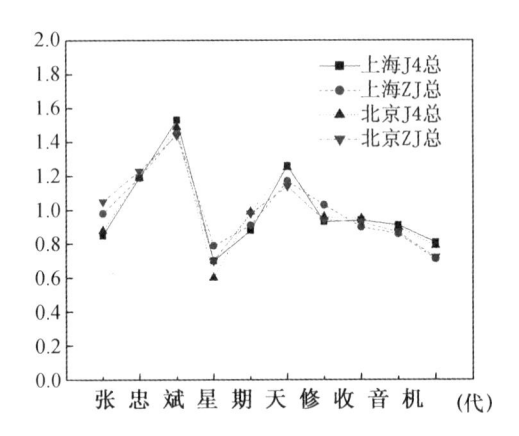

图 12—32　上海北京 - J4 与上海北京 - ZJ 音量比的对比

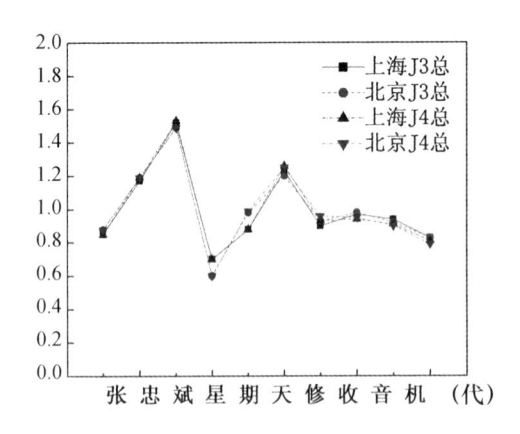

图 12—33　上海北京 - J3 与上海北京 - J4 音量比的对比

四 上海普通话语调疑问句音量比的统计分析

（一）语调疑问句不同声调语句中的单字音量比分析

阴平句：表12—23是50位发音人阴平句每个字的音量比的平均值和标准差。阴影标示全句的最大值和最小值。

表12—23　　　　上海普通话语调疑问句－阴平句音量比

	张	忠	斌	星	期	天	修	收	音	机
音量比	1.09	1.07	1.31	0.77	0.33	1.24	1.14	0.91	1.01	1.13
标准差	0.27	0.24	0.30	0.17	0.15	0.26	0.34	0.27	0.28	0.34

根据图12—34，在阴平语调疑问句中每个韵律词的末字及单音动词的音量比均发生了增大。柱状图顶端的折线可以看到句首韵律词呈"凹"形，句中韵律词呈"凹"形，句末韵律词是呈阶梯上升型。

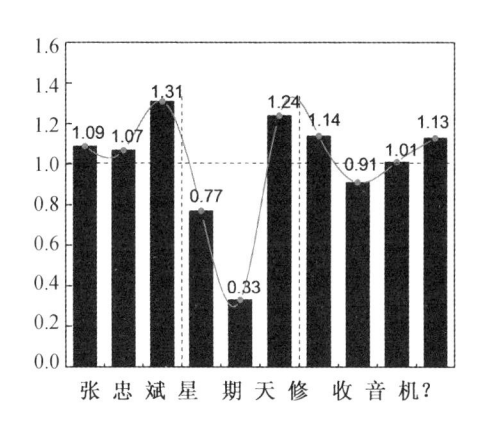

图12—34　上海普通话语调疑问句－阴平句音量比图

阳平句：全句的平均音量比数据见表12—24。全句最大值和最小值都在句首词。

表 12—24　　　　上海普通话语调疑问句 - 阳平句音量比

	吴	国	华	重	阳	节	回	阳	澄	湖
音量比	0.72	1.36	1.35	0.78	0.97	1.06	1.00	0.83	0.81	1.13
标准差	0.23	0.38	0.40	0.24	0.24	0.22	0.26	0.20	0.20	0.40

在阳平语调疑问句中每个韵律词的末字及单音动词的音量比均发生了增大。

从图 12—35 看出句首韵律词呈"凸"形，句中韵律词呈阶梯上升型，句末韵律词是呈"凹"，并且最后一个字的音量比上升明显。

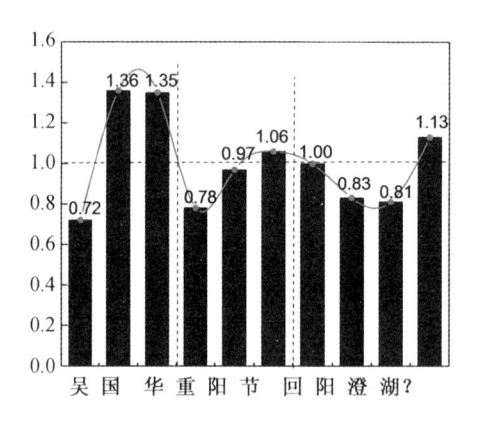

图 12—35　上海普通话语调疑问句 - 阳平句音量比图

上声句的单字音量比结果分析：从表 12—25 中可以看到音量比的最高值是句首韵律词的末字"宝"。音量比的最低值是句首韵律词的"李"。根据图 12—36 可知，在上声语调疑问句中的句首末字发生了增大句中韵律词和句末韵律词末字的音量比均不是词内最大值，应该是上声连续变调的结果。

表 12—25　　　　上海普通话语调疑问句 - 上声句音量比

	李	小	宝	五	点	整	写	讲	演	稿
音量比	0.65	1.32	1.59	0.71	1.19	1.00	0.78	0.80	0.99	0.96
标准差	0.36	0.29	0.42	0.22	0.25	0.17	0.26	0.22	0.28	0.48

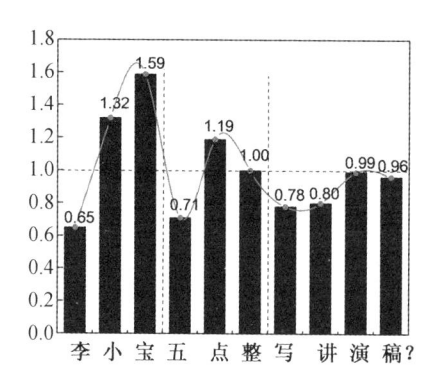

图 12—36　上海普通话语调疑问句－上声句音量比图

语句音量比整体的走势用柱状图表示出来，可以看到句首韵律词呈"阶梯上升型"，句中韵律词呈"凸"形，句末韵律词是呈"凸"形，末字的音量比稍有下降。

去声句单字音量比结果分析：从表 12—26 中可以看到音量比的最高值是句首韵律词的"赵"，最低值是句首韵律词的"树"。

表 12—26　　　　上海普通话语调疑问句－去声句音量比

	赵	树	庆	毕	业	后	到	教	育	部
音量比	1.35	0.69	1.20	0.70	1.01	1.11	0.95	0.92	0.73	1.33
标准差	0.39	0.21	0.38	0.22	0.19	0.32	0.33	0.22	0.26	0.57

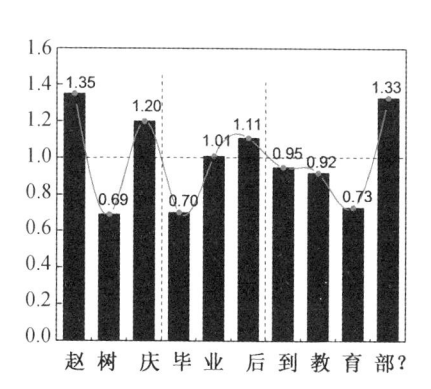

图 12—37　上海普通话语调疑问句－去声句音量比图

根据图 12—37 可知在去声语调疑问句中的句首韵律词末字和句中韵律词末字及句末韵律词末字的音量比均发生了增大。观察柱状图可知句首韵律词呈"凹"形，句中韵律词呈"阶梯上升型"，句末韵律词是呈"凹"形，并且最后一字音量比明显上升。

变调句一的单字音量比结果分析：从表 12—27 中可以看到音量比的最高值是句首韵律词的末字"宝"，最低值是句末韵律词的首字"讲"。

根据图 12—38 可得，在变调疑问句一中，句首韵律词末字和句中韵律词末字的音量比均发生了明显增大。句首韵律词呈"阶梯上升型"，句中律词呈"阶梯上升型"。句末韵律词是呈"凸"形，末字音量比有所下降，这应该是中字"话"的高降调导致音量增强的结果。

表 12—27　　　　　上海普通话语调疑问句 - 变调句一音量比结果

	李	金	宝	五	点	半	写	讲	话	稿
音量比	0.61	1.22	1.65	0.70	0.92	1.44	0.95	0.60	0.98	0.93
标准差	0.21	0.41	0.50	0.21	0.24	0.28	0.28	0.16	0.28	0.40

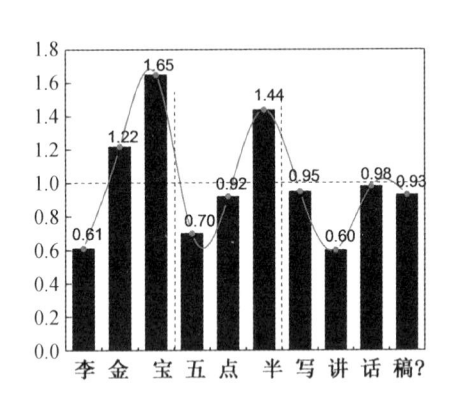

图 12—38　上海普通话语调疑问句 - 变句句一音量比图

变调句二的单字音量比结果分析：音量比的最高值是句首韵律词的后字"刚"，最低值是句末中的中字"时"。根据图 12—39，句首韵律词末字和句中韵律词末字及句末韵律词末字的音量比均发生了明显增大。

表 12—28　　　　　　　　变调句二音量比结果

	李	小	刚	五	时	整	写	颁	奖	词
音量比	0.79	1.19	1.78	0.75	0.63	1.27	0.74	1.00	0.71	1.14
标准差	0.25	0.28	0.44	0.26	0.21	0.20	0.22	0.24	0.17	0.30

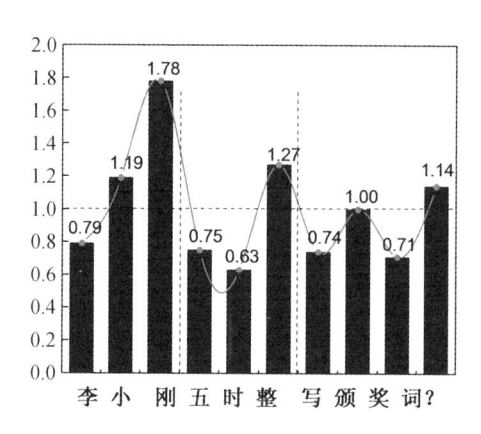

图 12—39　变调句二音量比柱状图

句首词呈"阶梯上升型",句中词呈"凹"形,句末词呈"凹"形,但末字音量比有所上升。

语调疑问句单字音量比的总体分析:我们对不同声调的单字音量比分别进行统计,得出平均值,综合观察疑问句的音强表现,结果如表 12—29、图 12—40 所示:

表 12—29　　　　　上海普通话语调疑问句的音量比统计表

	1	2	3	4	5	6	7	8	9	10
阴平句	1.09	1.07	1.31	0.77	0.33	1.24	1.14	0.91	1.01	1.13
阳平句	0.72	1.36	1.35	0.78	0.97	1.06	1.00	0.83	0.81	1.13
上声句	0.65	1.32	1.59	0.71	1.19	1.00	0.78	0.80	0.99	0.96
去声句	1.35	0.69	1.20	0.70	1.01	1.11	0.95	0.92	0.73	1.33
变调一	0.61	1.22	1.65	0.70	0.92	1.44	0.95	0.60	0.98	0.93
变调二	0.79	1.19	1.78	0.75	0.63	1.27	0.74	1.00	0.71	1.14
平均值	0.87	1.14	1.48	0.73	0.84	1.19	0.93	0.85	0.87	1.11

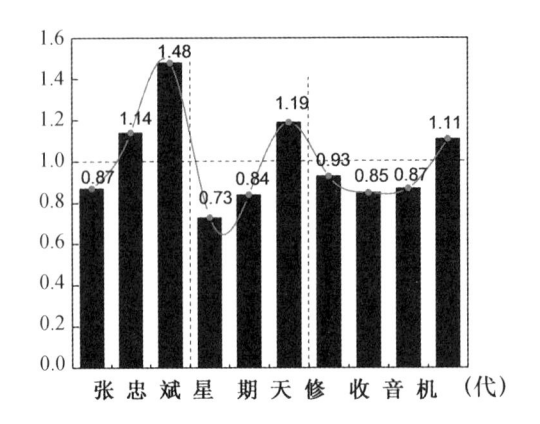

图 12—40　上海普通话语调疑问句的音量比图

通过以上图表可以看到，韵律边界前，即疑问句的三个韵律词的末字都出现了音量增强；而韵律词首字音量比在词中最小。句首韵律词末字的音量比数值最大。

综上所述，不同声调的疑问句音量比总体上有如下表现：句首韵律词的音量比通常发生较大的增强；韵律边界后的单音动词，即第 7 个音节除阴平句音量比等于 1.14 外，其他均未被增强，其音量比值小于 0；韵律边界前，即句中三个韵律词的末字音量比都被增强了，只有上声句中韵律词末字未被增强，其音量比值为 1；全句最大的音量比音节表现一致，均出现在句首韵律词的末字。句末词后字的音量比显著增强，充分显示出疑问句的句末疑问焦点。

(二) 性别因素对上海普通话语调疑问句音量比的影响

在性别方面，本次实验利用 SPSS 中的独立样本 T 检验，对 25 位男性发音人和 25 位女性发音人音量比的平均值进行了统计分析，试图考察性别因素在上海普通话疑问句不同声调语句中的影响，我们发现在所有声调中 Sig 值均大于 0.05，没有显著差异。也就是说，性别因素对上海普通话语调疑问句的音量比没有显著影响。

(三) 上海普通话语调疑问句与自然焦点陈述句音量比的对照

表 12—30　　　　　　语调疑问句单字音量比分析表

	1	2	3	4	5	6	7	8	9	10
阴平句	1.09	1.07	**1.31**	0.77	**0.33**	1.24	1.14	0.91	1.01	1.13
阳平句	**0.72**	1.36	1.35	0.78	0.97	1.06	1.00	0.83	0.81	1.13
上声句	**0.65**	1.32	1.59	0.71	1.19	1.00	0.78	0.80	0.99	0.96
去声句	1.35	**0.69**	1.20	0.70	1.01	1.11	0.95	0.92	0.73	1.33
变调一	0.61	1.22	1.65	0.70	0.92	1.44	0.95	**0.60**	0.98	0.93
变调二	0.79	1.19	1.78	0.75	**0.63**	1.27	0.74	1.00	0.71	1.14
平均值	0.87	1.14	1.48	**0.73**	0.84	1.19	0.93	0.85	0.87	1.11

表 12—31　　　　　　陈述句单字音量比分析表

	1	2	3	4	5	6	7	8	9	10
阴平句	1.18	1.04	**1.22**	0.77	**0.35**	1.25	1.29	1.05	0.97	0.89
阳平句	0.81	1.42	1.36	0.80	1.12	1.09	1.04	0.81	**0.73**	0.82
上声句	**0.72**	1.43	1.48	0.79	1.28	0.94	0.93	0.85	1.07	0.53
去声句	1.54	0.77	1.24	0.81	1.03	1.10	1.03	1.01	**0.62**	0.82
变调一	0.74	1.37	1.47	0.81	0.93	1.48	1.09	**0.57**	1.12	0.42
变调二	0.89	1.13	1.94	0.75	0.75	1.18	0.83	1.14	**0.62**	0.79
平均值	0.98	1.19	1.45	0.79	0.91	1.17	1.03	0.90	0.86	**0.71**

疑问句和陈述句的阴平句单字音量比对照：阴平疑问句的音量比最大值和最小值的位置均和陈述句的音量比最大值最小值位置相同。阴平疑问句和陈述句有 5 个相同的音节音量比发生增强；且疑问句的末句字音量比发生增强，与陈述句的句末字差值最大，为 0.24。

疑问句和陈述句的阳平句单字音量比对照：阳平疑问句的音量比最

大值的位置和陈述句的音量比最大值的位置是相同的；最小值的位置不同。阳平疑问句和陈述句有 4 个相同的音节发生延长，其中疑问句的句末字与陈述句差值最大，为 0.31。

疑问句和陈述句的上声句单字音量比对照：上声疑问句的音量比最大值的位置和陈述句的音量比最大值的位置是相同的；上声疑问句和陈述句有 3 个相同的音节发生延长。疑问句的句末字比陈述句增大 0.43，增幅最大。

疑问句和陈述句的去声句单字音量比对照：去声疑问句的音量比最大值的位置和陈述句的音量比最大值的位置相同；最小值的位置不同。去声疑问句和陈述句有 4 个相同的音节发生延长，此外，疑问句的句末字音量比显著增强，比陈述句的句末字增大 0.51。

疑问句和陈述句的变调一句单字音量比对照：音量比最大值、最小值的位置均和陈述句的音量比最大值、最小值位置相同。疑问句和陈述句有 3 个相同的音节发生延长，疑问句的句末字音量比显著增强，比陈述句的句末字增大 0.51。

疑问句和陈述句的变调二句单字音量比对照：疑问句的音量比最大值的位置和陈述句的音量比最大值的位置是相同的；最小值的位置不同。疑问句和陈述句有 3 个相同的音节发生延长；此外，疑问句的句末字音量比发生增强，比陈述句的句末字音量比增大 0.35。

疑问句和陈述句音量比平均值的最大值都位于第 3 个音节，音量比的最小值出现的位置不同；疑问句有 4 个音节的音量比发生增强，陈述句有 5 个音节的音量比发生增强。陈述句音量比增强的音节主要是句首韵律词、句中韵律词末字和单音动词。疑问句的末字音量比高于陈述句的句末字 0.40，疑问焦点的体现尤为明显。

五　结论

汉语是一种声调语言，音强是语调格局研究中的一个重要方面。本节以上海普通话为研究对象，利用南开大学"桌上语音工作室"（Mini-Speech-Lab）对上海普通话陈述句语调和疑问句语调的音强从音量比的角度进行了分析。其中陈述句语调包括自然焦点陈述句、强调焦点陈述句，语调疑问句,每种语调都涉及阴平句、阳平句、上声句、去声句、上声连读变调句一、上声连读变调句二。通过实验,得出的主要结论如下:

(1) 自然焦点陈述句各声调句中音量比最大的音节表现虽然有同有异,但是都分布在韵律边界前,即句首韵律词末字、句中韵律词末字及单音动词的音量比基本都增大了,而句末韵律词末字除疑问句之外,音量比都相对较低。通过对比上海普通话和北京普通话可以发现,二者的总体走势基本一致,每句话音量比的最高值和最低值基本都是同一个字。但从细节来看每句话同一个字的音量比数值,北京普通话较高,而上海普通话偏低,这一点在音量比大于 1 的字音体现得十分明显。

(2) 在强调焦点陈述句中,其所强调的部分较自然焦点陈述句音量比值都有明显的增大,这一点上海普通话和北京普通话表现一致,这体现了焦点位置对音强的影响。总体来说,北京普通话音强变化较大,上海普通话与之相比则比较平缓。同样是强调,北京普通话总是比上海普通话提高或降低的幅度要大,而且北京普通话无论焦点句还是陈述句都占据了全句的峰值和谷值。

(3) 在语调疑问句中,上海普通话句首韵律词、句中韵律词句末韵律词都呈阶梯上升型,单音动词与句末韵律词共同呈"凹"型。语调疑问句中出现句末韵律词末字音量比发生显著增强,正是句末疑问焦点的突显表现。

第三节 广州普通话焦点句语调的音量分析

潘超超

一 引言

焦点重音是句子中语音突出的部分,依据赵元任的观点,汉语的重音首先是扩大音域和持续时间,其次才是增加强度。关于音强,梁磊和石锋(2010)在幅度积的基础上提出了音量比的概念和算法,音量比是研究语调轻重音的有效声学参数,为语调研究提供了一个新的视角和思路。王萍、石锋(2011)在广义语调的层面上系统地分析考察了起伏度、时长比和音量比的定量表现,结果表明它们是语调研究中可操作性强,有效性高的量化参数。田野（2010）基于幅度积和音量比的研究思路研究了北京话强调焦点句音量比的表现将音量比用于语句的音强分析。石林（2014）、吕玉玲（2015）、闫锦婷（2016）等多位学者都从不同角度对汉语语调音量比进行了考察，丰富了汉语语调的研究成果。目前对语调的研究成果中，多是重视音高和时长的关联，而对于音强表现，并没有过多重视。在语流中对于韵律层级及与重音位置的研究中，也较少关注音强这个变量，本节采用较大样本，针对广州普通话语调中的音强做了专门的实验与分析。

音量比是幅度积的比值，是一个相对化的概念，可以进行语际、人际的对比。幅度积数据可以由南开大学语音软件"桌上语音工作室"自动测出，再由幅度积值可以求出音量比，具体某个字音的音量比计算公式为：该音节幅度积/本句音节的平均幅度积。如果音量比大于1，我们认为它在音量方面出现了相对增幅。

本节拟考察30位广东普通话发音人强调焦点句的音量比表现，通过实验测算分析广东普通话焦点句语调的音量特征，以及不同位置的焦点句语调在音量表现上的不同之处。

二　实验设计

（一）实验发音人

30位发音人，分别是15男和15女。这30位广东人均未受过专业发音训练，父母也都是广州人，年龄在18—28岁之间。教育程度为在校本科生和硕士生。

（二）实验语料

实验语句在沈炯（1985）的实验句的基础上修改，分为四组，分别为四个有强调焦点的陈述句，每一组6句实验句，每句话有10个音节，韵律结构为"3+3+4"模式，句首韵律词为主语，句中韵律词为状语，句末韵律词是一个单音动词加宾语的动宾结构。每个实验句中，第1—3字音为句首韵律词；第4—6字音为句中韵律词；第8—10字音为句末韵律词。第7字是单音动词，可以跟句末韵律词构成动宾结构的韵律短语。

实验语句如下：

焦点句1（焦点放在句首词的陈述句）：

（1）（谁星期天修收音机？）张忠斌星期天修收音机。

（2）（谁重阳节回阳澄湖？）吴国华重阳节回阳澄湖。

（3）（谁五点整写讲演稿？）李小宝五点整写讲演稿。

（4）（谁毕业后到教育部？）赵树庆毕业后到教育部。

（5）（谁五点半写讲话稿？）李金宝五点半写讲话稿。

（6）（谁五时整写颁奖词？）李小刚五时整写颁奖词。

焦点句2（焦点放在句中词的陈述句）：

（1）（张忠斌什么时候修收音机？）张忠斌星期天修收音机。

（2）（吴国华什么时候回阳澄湖？）吴国华重阳节回阳澄湖。

（3）（李小宝什么时候写讲演稿？）李小宝五点整写讲演稿。

（4）（赵树庆什么时候到教育部？）赵树庆毕业后到教育部。

（5）（李金宝什么时候写讲话稿？）李金宝五点半写讲话稿。

（6）（李小刚什么时候写颁奖词？）李小刚五时整写颁奖词。

焦点句3（焦点放在句末词的陈述句）：

（1）（张忠斌星期天修什么？）张忠斌星期天修收音机。

（2）（吴国华重阳节回哪里？）吴国华重阳节回阳澄湖。

（3）（李小宝五点整写什么？）李小宝五点整写讲演稿。

（4）（赵树庆毕业后到哪里？）赵树庆毕业后到教育部。

（5）（李金宝五点半写什么？）李金宝五点半写讲话稿。

（6）（李小刚五时整写什么？）李小刚五时整写颁奖词。

焦点句4（焦点放在句末动宾短路的陈述句）：

（1）（张忠斌星期天做什么？）张忠斌星期天修收音机。

（2）（吴国华重阳节做什么？）吴国华重阳节回阳澄湖。

（3）（李小宝五点整做什么？）李小宝五点整写讲演稿。

（4）（赵树庆毕业后做什么？）赵树庆毕业后到教育部。

（5）（李金宝五点半做什么？）李金宝五点半写讲话稿。

（6）（李小刚五时整做什么？）李小刚五时整写颁奖词。

(三) 实验程序

录音是在相对安静的环境下进行的，录音软件是 Cool Edit Pro 2.0，录音格式为 22050 赫兹，16 位，单声道。请各位发音人事先熟悉录音内容，先以自然状态、平稳语速发音，读出这 6 个句子，作为自然焦点陈述句，以便进行对照。再用括号中的问句引导，请发音人回答时按照不同强调位置说出句子，不要出现情感色彩。录音时每位发音人每个实验句连续说 2 遍，语句之间要间隔 3—4 秒。30 个发音人，组对照句，4 组焦点句，每组 6 个句子，每句读两遍，共得到 30×5×6×2 = 1800 个样品句。

(四) 数据测量与处理

语音软件中显示的波形图是由各个采样点测出的振幅值相连得到的。因此"可以计算一段时间内语音的总能量"即所选音段内随时间而变的各采样点幅度的总和，称之为"幅度积"。"幅度积"综合考虑了幅度和音长两个语音参数。测算过程包括以下步骤：第一步，打开南开大学"桌上语音工作室"软件（Mini-Speech-Lab），分别测量每个音节的幅度积，第二步，把数据输入 Excel，在 Excel 中将每个句子的全部音节幅度积相加，除以音节数继而计算出音节的平均幅度积；最后画出统计图，再进行统计结果检验与分析。

音强的测算是以"音量比"为单位进行的。幅度积的数值可以通过 Mini-Speech-Lab 软件直接测量得到。

幅度积的计算公式为：

$$某段语音的幅度积 = 平均振幅 \times 时长$$

语音幅度积的测量值是由很多因素决定的，如发音人离麦克风的远近，录音设备的设置等情况，为了使各发音人的音强结果具有可比性，剔除个性因素，我们引入音量比的计算方法。音量比用 E 值表示，具体公式为：

$$音量比（E 值）= \frac{某单字幅度积}{单字幅度积平均值}$$

三 实验结果及分析

(一) 广州普通话焦点句 1 音量比总体特征

为使数据更客观，更可信，我们先剔除掉所有音量比数值当中的极端值，然后算出 30 个广州普通话焦点句 1 语调音量比的平均值，可以得到广州普通话焦点句 1 的语调在音强上的总体特征。30 个人的焦点句 1 的语调音量比平均值统计图如图 12—41 所示：

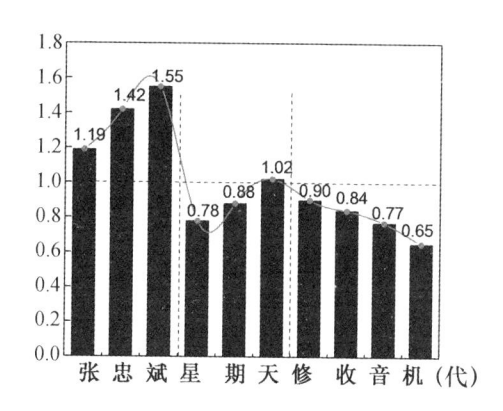

图 12—41　广州–焦点句 1 音量比总体特征图

据图 12—41 可知，焦点句 1 的音量比最大值出现在句首词的末字（第 3 字），为 1.55；最小值出现在句末词的末字（第 10 字），为 0.65，两音节的差值较大，为 0.90。单音动词（第 7 字）的音量比为 0.90。句首词、句中词和句末词的音量比平均值分别为 1.39、0.89、0.75，整体呈下降趋势，音强递降。句首词的音量比（1.19、1.42、1.55）明显大于句中词（0.78、0.88、1.02）和句末词（0.84、0.77、0.65），在图 12—41 中可以看到句首词与句中词音量比的斜率较大，句首词末字到句中词首字是陡降的过程；句中词音量比平均值略高于句末词，折线平缓下降。韵律词内部音量比也有不同的升降趋势，句首词和句中词内部音量比都是呈阶梯状逐渐上升的，峰值在末字（第 3 字和第 6 字）上，都表现出了边界前的音量增强，而句末词的峰值在首字（第 8 字）上。从第 9 字到末字（第 10 字）下降斜率大，从第 7 字到第 9 字下降相对平缓，音强下降的幅度减小，其中，句首词，句中词的末字音量比都大于 1，说明音量在这几个音节处表现为边界前的增强。

从图 12—41 中可以看出焦点句 1 的音量比数据分布与自然焦点陈述句（图 12—42）大体一致，不过句首词的数值要明显大于自然焦点的陈

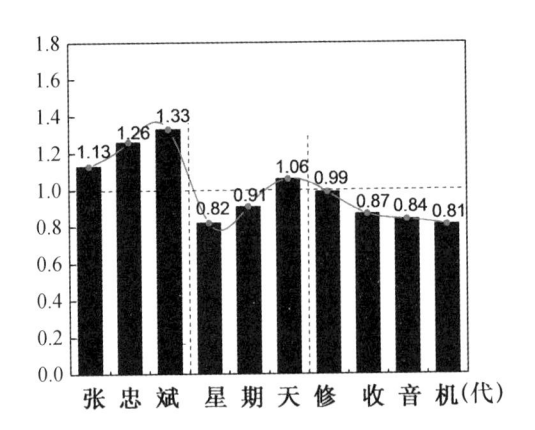

图 12—42　广州 - 陈述句音量比总体特征图

述句，说明发音人在强调的部分加重了语气，即音量加大。而从句中词的音量比数值来看，焦点句 1（这里简称焦点句 1）的数值（0.78、0.88、1.02）略微小于陈述句的数值（0.82、0.91、1.06），同样地，我们发现句末词的情况也是一样，焦点句 1 的句末词音量比数值的平均值是 0.75，而陈述句的是 0.84，单音动词也是焦点句 1 的数值小。由此可以看出，自然焦点陈述句除句首词外的 7 个音节的音量比数值均大于焦点句 1。这可能是因为发音人想在句首焦点词突出强调，所以在其他非焦点词发音的音强就会相应地减弱。

广州普通话焦点句 1 音量比跟北京普通话总体特征对比分析：

我们首先来看图 12—43 中句首词部分，广州焦点句 1（简称广焦 1）和北京焦点句 1（北焦 1）音量数值明显要大于非强调焦点句的两条线，根据各自的数据分析，北京焦点句的音量强度和变化幅度要大于广州焦点句，结合这幅图里显示的结果来看，两地焦点句 1 的句首词部分都大于各自的陈述句数值。说明两地的焦点句 1 都对强调的部分进行了音量增强，例如：北京句首词末字音量比大于陈述句 0.51，广州是大于 0.22。

北焦 1 比广焦 1 焦点词的提高幅度和非焦点词下降幅度都大，两个句子的音量比峰值都出现在句首焦点词末字（第 3 字），但是数值大小不一，北焦 1 最大，广焦 1 次之。从第 4 个音节开始后面音节的音量比都分别小于各自的陈述句对应的音节。在第 7 个字单音动词以后四条折线的

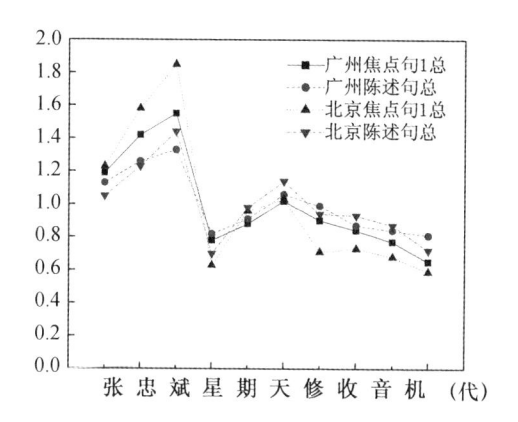

图 12—43　广州北京－焦点句 1 及广州北京－陈述句语调音量比对比图

分散度较大，北焦 1 的数值明显最小，广焦 1 次之，总体来看从第 4 个音节开始北焦 1 和广焦 1 的数值就一直是四条折线中较小的，说明两条焦点句的折线只在句首词的数值大于自然焦点陈述句，表现出焦点的突显。

(二) 广州普通话焦点句 2 音量比总体特征

据图 12—44 可知，焦点句 2 的句首词和句中词内部音量比都是呈阶梯状逐渐上升的，峰值在末字（第 3 字和第 6 字）上，都表现出了边界前音量增强，而句末词的峰值在首字（第 8 字）上，从第 7 字到末字的音量比是呈阶梯状逐渐下降的，不过与句首词的上升幅度相比音强下降的幅度小。句中焦点词的音量比虽然不是最大值，却是比自然焦点的句中词增量最大。

广州普通话焦点句 2 音量比跟北京普通话总体特征对比分析：

图 12—45 中两地的焦点句 2 在句首和句中词后字的音量比都大于各自陈述句的音量比，北京句首词和句中词的增量为 0.21 和 0.34，广州为 0.19 和 0.16。句末短语的音量比都小于各自的陈述句的音量比。表现出焦点句 2 在句中词部分加大音量强度，其他部分也就相应出现了音强减弱现象。北京焦点句 2 是四条线里面抬升和下降幅度最大的一条，这与图 12—44 中北京焦点句 1 的情况类似。虽然，两地句中焦点词不是音量比最大值，但是句中词三字的音量比都大于各自的陈述句。广州普通话的表现不如北京普通话那样显著。

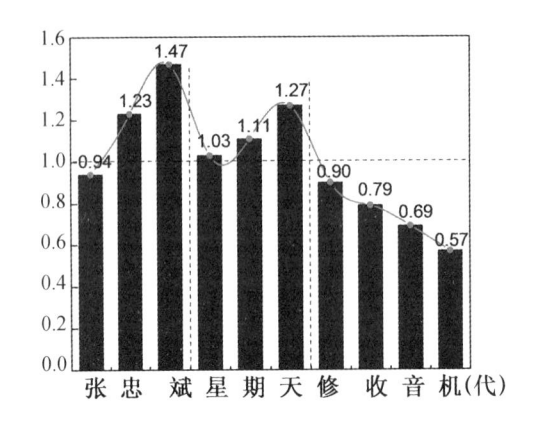

图12—44 广州-焦点句2音量比总体特征图

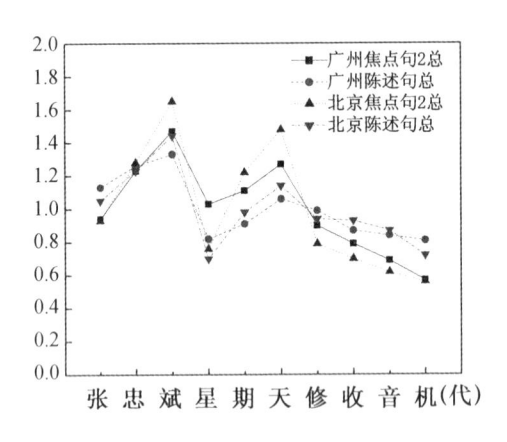

图12—45 广州北京-焦点句2及广州北京-陈述句语调音量比对比图

(三) 广州普通话焦点句3音量比总体特征

观察图12—46可知,焦点句3音量比最大值出现在句首词的末字(第3字),为1.41;最小值出现在句中词首字(第4字),为0.77,这跟陈述句音量比,最小值出现在句末词末字(第10字)的情况不同。单音动词(第7字)的音量比为1.04,比陈述句的0.99要大。焦点句3的句首词、句中词和句末词的音量比平均值分别为1.15、0.92、0.93,整体呈先降后升的趋势,这与陈述句的音强递降有所不同。陈述句的句首词。句中词、句末词的平均值分别是1.24、0.93、0.84,与焦点句3对比可得陈述句句首词和句中词的数值大于焦点句3,但是焦点句3句末词音量比（0.93）显著大于陈述句（0.84）。表现出句末焦点词的突显。

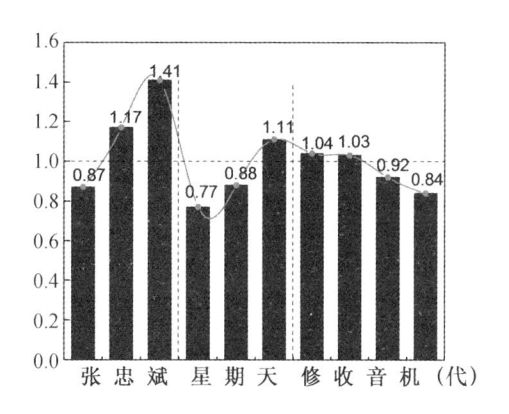

图 12—46　广州 – 焦点句 3 音量比总体特征图

广州普通话焦点句 3 音量比总体特征对比分析：

首先我们来观察这两条线在图 12—47 中的分布情况，从第 2 个音节到第 7 个音节两条线的数值大小比较相近，两条线在好几个点处（第 4、5、6、7、10）出现轻微重合现象。不过需要注意的是广州焦点句 3 的句末词数值明显要大于广州陈述句，还有在句首词首字处广州焦点句 3 的音量比数值明显小于广州陈述句，这可能是发音人有意识地在句首处压低音量，以便着重强调句末焦点词。

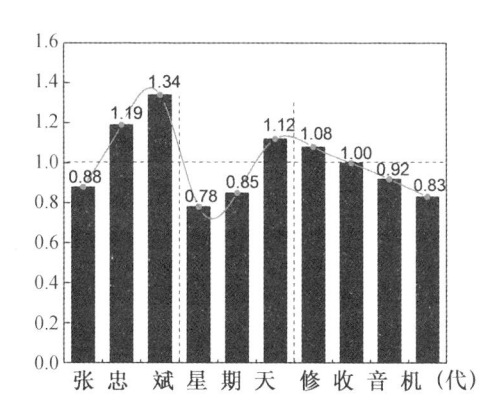

图 12—47　广州 – 焦点句 3 与广州 – 陈述句语调音量比对比图

(四) 广州普通话焦点句 4 音量比总体特征

据图 12—48 可知，焦点句 4 音量比最大值出现在句首词的末字（第 3 字），为 1.34，与陈述句的 1.33 大体相同；最小值出现在句中词的首字（第 4 字），为 0.78，这与陈述句最小值出现在句末词末字有所不同。单音动词（第 7 字）的音量比为 1.08，比陈述句的单音动词音量比数值（0.99）大，也大于焦点句 3 的 1.04。焦点句 4 的句首词、句中词和句末词的音量比平均值分别为 1.13、0.92、0.92，其中句末词大于陈述句的 0.84，说明动宾短语的音量加强使焦点得到突显。

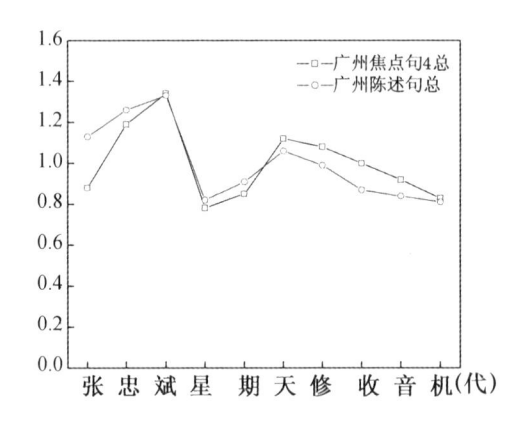

图 12—48　广州–焦点句 4 音量比总体特征图

广州普通话焦点句 4 音量比总体特征对比分析：

观察图 12—49 可以发现，与广州陈述句相比，焦点句 4 的动宾短语的音量强度增大，焦点句 4 句首词首字的音量比小于陈述句，且数值差距较大。从第 2 个音节到第 6 个音节，两条线几乎重合在一起，数值差距很小。句末的动宾短语是为了强调，突出重点，音量增大。而句首词的音量减弱是因为发音人刻意压低声音，以凸显后面强调的焦点部分。

通过上述的分析，可以看出焦点句 3 和焦点句 4 的音量比数据分布的相似度极高，如图 12—50 所示。

通过观察图 12—50，发现两条折线几乎接近重合，仅在第 3 字和第 7 字处的音量比数值差距相对明显。根据上文提到的内容可知焦点句 3 的

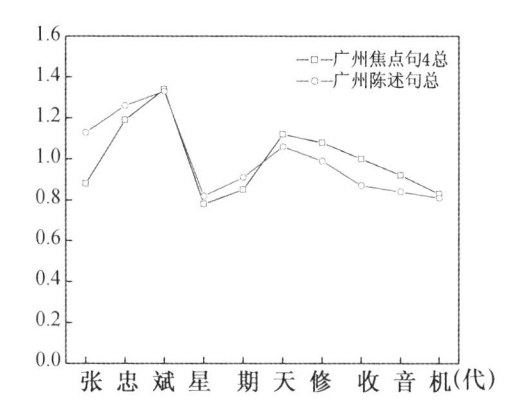

图 12—49 广州-焦点句 4 与广州-陈述句语调音量比对比图

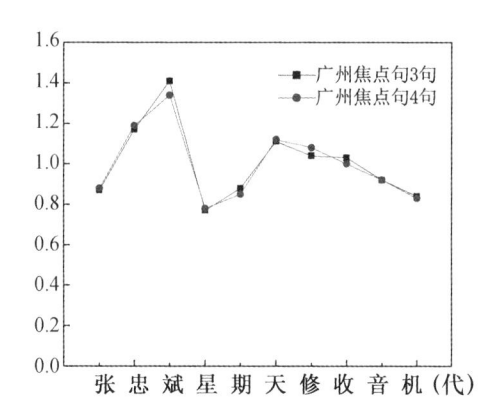

图 12—50 广州-焦点句 3 与广州-焦点句 4 语调音量比对比图

焦点是放在句末韵律词（第 8—10 字）处的，而焦点句 4 的焦点则是放在由单音动词和句末韵律词构成的动宾短语（第 7—10 字）上的，所以焦点句 4 在第 7 字单音动词的音量比数值要大于焦点句 3 的，这是焦点在句末词和焦点在句末动宾语的重要差别。

四 结论

（一）实验结论分析

通过分析广州人及北京人的普通话强调焦点句语料实验数据，可以发现：

(1) 广州普通话的音量强度变化幅度明显小于北京普通话,提高和下降幅度也较北京普通话小,相对来说广州人说普通话较平缓,更柔和,而北京人则相对更有节奏。也就是说北京普通话说起来抑扬顿挫更明显,而广州普通话每个字的音量比变化则较为平稳。这可能是受到广州粤方言语调特征的影响。

(2) 广州自然焦点陈述句语调音强表现为递降,这是由于自然焦点句无特别强调,说话时音强随气流的减弱而减弱。焦点句的音量在非焦点部分比陈述句稍低,而在强调焦点位置会加强语气突显强调的部分。

(3) 四组焦点句都存在句首词和句中词边界前增强的现象,句末词不存在边界前增强,因为句末停顿已经标示出边界了。

实验证明,音量比是研究语调音强特征的有效参数,不仅可以研究汉语的语调,还可以研究不同方言、少数民族语言和不同外语的语调,也可以用来研究留学生在学习第二语言时语调音强方面出现的偏误,具有很好的实证参考价值。

(二) 本节尚待解决的问题

通过对广州普通话音量比的研究,考察广州人说普通话在音强方面的表现特征。发现跟北京普通话的相同点和不同点。也可以为广州普通话学习者在语音学习方面提供参考,并丰富和完善国内对方言地区推广普通话的研究。由于时间和发音人等条件的限制,本次实验发音人局限于单一的年龄段和单一的社会阶层,同时限于特定的实验句,所以并不能全面反映广州普通话语调音强的特征。今后需要进一步考察和完善,在以后的研究中加以继续补充实验。

附录: 广州普通话和北京普通话音量比

	1	2	3	4	5	6	7	8	9	10
广州陈述句总	1.13	1.26	1.33	0.82	0.91	1.06	0.99	0.87	0.84	0.81
北京陈述句总	1.05	1.23	1.44	0.70	0.98	1.14	0.94	0.93	0.87	0.72
广州焦点句1总	1.19	1.42	1.55	0.78	0.88	1.02	0.90	0.84	0.77	0.65
北京焦点句1总	1.23	1.58	1.85	0.63	0.96	1.03	0.71	0.73	0.68	0.59
广州焦点句2总	0.90	1.26	1.52	1.03	1.21	1.22	0.85	0.77	0.69	0.55

续表

	1	2	3	4	5	6	7	8	9	10
北京焦点句2 总	0.92	1.28	1.65	0.76	1.23	1.48	0.80	0.70	0.62	0.56
广州焦点句3 总	0.87	1.17	1.41	0.77	0.88	1.11	1.04	1.03	0.92	0.84
北京焦点句3 总	0.88	1.19	1.49	0.60	0.98	1.20	0.93	0.98	0.92	0.83
广州焦点句4 总	0.88	1.19	1.34	0.78	0.85	1.12	1.08	1.00	0.92	0.83
北京焦点句4 总	0.90	1.16	1.41	0.59	1.04	1.26	1.01	0.91	0.95	0.77

参考文献

Berns, J., A typological sketch of affricates, *Linguistic Typology*, Voc. 18, No. 3, 2014.

Bolinger, Dwight L., *Intonation and its Uses*, Stanford: Stanford University press, 1989.

Chao, Yuenren, *A grammar of spoken Chinese*, University of California Press, 2011.

Chen, M. Y., An areal study of nasalization in Chinese, *Journal of Chinese Linguistics*, No. 1, 1975.

Cho T, Ladefoged P., Variation and universals in VOT: evidence from 18 languages, *Journal of Phonetics*, Vol. 27, No. 2, 1999.

Chuang C. K., Acoustical features and perceptual cues of the four tones of standard colloquial Chinese, *J. Acoustical Soc. America*, Part 1, 1972, 52.

Cruttenden, Alan, *Intonation*, Cambridge: Cambridge University Press, 1997.

Crystal, D., *Prosodic Systems and Crammer in British English*, Cambridge: Cambridge University Press, 1969.

Gandour, J. T., Potisuk, S., & Dechongkit, S., Tonal Coarticulation in Thai, *Optical Engineering*, Vol. 54, No. 2, 2015.

Gussenhoven, Carlos, Focus, mode and the nucleus, *Journal of Linguistics*, Vol. 19, No. 2, 1983.

Henton, Ladefoged & Maddieson, Stops in the world's languages, *Phonetica*, No. 49, 1992.

Howie J., On the Domain of Tone in Mandarin, *Phonetica*, Vol. 30, No.

3, 1974.

Karlsson, F., E. Zetterholm & K. Sullivan, Development of a Gender Difference in Voice Onset Time, *Proceedings of the* 10*th Australian International Conference on Speech Science & Technology.* Macquarie University, Sydney, December 8 to 10, 2004.

Koenig, L. L., Laryngeal factors in voiceless consonant production in men, women, and 5 – year – olds, *Journal of Speech, Language, and Hearing Research*, 2000, 43.

Ladd, R., *Intonational Phonology*, Cambridge: Cambridge University Press, 1996.

Lai, Catherine, Yanyan Sui & Jiahong Yuan, A Corpus Study of the Prosody of Polysyllabic Words in Mandarin Chinese, *Speech Prosody* 2010 – *Fifth International Conference*, 2010.

Li, Fangfang. The effect of speakers'sex on voice onset time in Mandarin stops, *The Journal of the Acoustical Society of America*, Vol. 133, No. 2, 2013, EL142.

Lin Maocan & Yan Jingzhu., Tonal coarticulation patterns in quadrisyllabie word and phrase of mandarin, *Acta Acustica*, 1992.

Mitani, S., Kitama, T., & Sato, Y., Voiceless affricate/fricative distinction by frication duration and amplitude rise slope, *Journal of the Acoustical Society of America*, Vol. 120, No. 3, 2006.

Yip, Moira, *The Tonal Phonology of Chinese*, New York: Garlands. Ph. D. Dissertation. MIT, Cambridge, Massachusetts, 1980.

Morris R. J., Mccrea C. R., Herring K. D., Voice onset time differences between adult males and females: Isolated syllables. *Journal of Phonetics*, Vol. 36, No. 2, 2008.

Nartey, J., *On fricative phones and phonemes*, UCLA: Working Papers in Phonetics, 1982.

Nirgianaki, E., Acoustic characteristics of Greek fricatives, *Journal of The Acoustical Society of America*, Vol. 135, No. 5, 2014.

Potisuk, S., Gandour, J. & Harper, M. P., Contextual Variations in Trisyllabic Sequences of Thai Tones, *Phonetica*, Vol. 54, No. 1, 1997.

Robb M, Gilbert H, Lerman J., Influence of Gender and Environmental Setting on Voice Onset Time, *Folia Phoniatrica et Logopaedica*, Vol. 57, No. 32005.

Ryalls J., Zipprer A., Baldauff P., A Preliminary Investigation of the Effects of Gender and Race on Voice Onset Time, *Journal of Speech Language and Hearing Research*, Vol. 40, No. 3, 1997.

Ryalls J., Simon M., Thomason J., Voice Onset Time production in older Caucasian – and African – Americans, *Journal of Multilingual Communication Disorders*, Vol. 2, No. 1, 2004.

Selkirk, E., *Phonology and Syntax: The Relation Between Sound and Structure.* Mass: The MIT Press, 1984.

Shen, Xiaonan, Tonal coarticulation in Mandarin, *Contemporary Linguistics*, 1992.

Simpson A. P., Phonetic differences between male and female speech, *Language & Linguistics Compass*, Vol. 3, No. 2, 2010.

Svantesson Jan – Olof, Acoustic Analysis of Chinese Fricatives and Affricates, *Journal of Chinese Linguistics*, Vol. 14, No. 1, 1986.

Swartz, B. L., Gender differencies in voice onset time, *Perceptual and Motor Skills*, No. 75, 1992.

Syrdal, A. K., Acoustic variability in spontaneous conversational speech of American English talkers., *Proceedings of ICSLP' 96*, 1996.

Trudgill, Peter, *Sociolinguisitics: an introduction to language and society*, 4th ed. London: Penguin Books, 2000.

Wang, W. S – Y., The Phonological Feature of Tone, *International Journal of American Linguistics*, Vol. 33, No. 2, 1967.

Wang, S – Y. & Li, K. P., Tone 3 in Pekinese, *Journal of Speech & Hearing Research*, Vol. 10, No. 3, 1967.

Whiteside S. P., Henry L., Dobbin R., Sex differences in voice onset time: A developmental study of phonetic context effects in British English, *The Journal of the Acoustical Society of America*, Vol. 116, No. 2, 2004.

Xu Y., Contextual tonal variations in Mandarin. *J. Phonetics*, Vol. 25, No. 1.

Xu Y., Effects of tone and focus on the formation and alignment of f0 contours., *Journal of Phonetics*, Vol. 27, No. 1, 1999.

Xu Y., Production and perception of coarticulated tones, *Journal of the Acoustical Society of America*, Vol. 95, No. 4, 1994.

Yao, Yao, Closure duration and VOT of word – initial voiceless plosives in English in spontaneous connected speech, *UC Berkeley Phonology Lab Annual Report*, 2007.

Yu, Vickie Y., Luc F. De Nil, Elizabeth W., Pang. Effects of age, sex and syllable structure on voice onset time: Evidence from children's voiceless aspirated stops, *Language and Speech*, Vol. 58, No. 2, 2015.

Zubizarreta, Maria Luisa. *Prosody, Focus and Word Order*. London: MIT Press, 1998.

白涤洲：《北京话声调及变化》（1934 年），转引自罗常培、王均《普通语音纲要》，商务印书馆 1981 年版。

鲍怀翘、林茂灿：《实验语音学概要（增订版）》，北京大学出版社 2014 年版。

鲍怀翘：《普通话单元音分类的生理解释》，《中国语文》1984 年第 2 期。

彼得·赖福吉（Peter Ladefoged）：《语音学教程》，张维佳译，北京大学出版社 2011 年版。

曹剑芬：《汉语普通话语句时长分布的基本格局》，《中国语言学报》1995 年第 7 期。

曹剑芬：《汉语声调与语调的关系》，《中国语文》2002 年第 3 期。

曹剑芬：《现代语音研究与探索》，商务印书馆 2007 年版。

陈娟文、李爱军、王霞：《上海普通话与普通话双音节词连读调的差异》，全国现代语音学学术会议，2003 年。

陈娟文：《上海普通话和普通话韵律特征对比研究》，硕士学位论文，浙江大学，2004 年。

陈肖霞、郑方、李净等：《基于标注的上海口音普通话语音变化分析》，载《第七届全国人机语音通讯学术会议（NCMMSC7）论文集》，

2003 年。

陈艳松:《北京话上声三字组变调的实验研究》,全国现代语音学学术会议,2003 年。

陈怡、石锋:《普通话强调焦点句语调的音高表现》,《南开语言学刊》2011 年第 1 期。

陈忠敏:《吴语清音浊流的声学特征及鉴定标志——以上海话为例》,《语言研究》2010 年第 7 期。

邓丹、石锋、吕士楠:《普通话双音节韵律词时长特性研究》,中国语音学学术会议暨语音学前沿问题国际论坛,2006 年。

邓丹、石锋、吕士楠:《普通话四音节韵律词的时长分析》,《世界汉语教学》2007 年第 4 期。

邓丹、石锋:《普通话双音节韵律词的音高分析》,《南开语言学刊》2008 年第 2 期。

邓丹、石锋、吕士楠:《普通话三音节韵律词中字的变调》,《语言文字应用》2008 年第 3 期。

邓丹:《汉语韵律词研究》,北京大学出版社 2010 年版。

邓芳:《普通话语调较大样本实验研究》,硕士学位论文,南开大学,2017 年。

方强、李爱军:《普通话鼻化元音的研究》,全国现代语音学学术会议,2003 年。

冯隆:《北京话语流中声韵调的时长》,载林焘、王理嘉主编《北京语音实验录》,北京大学出版社 1985 年版。

冯胜利:《论汉语的"自然音步"》,《中国语文》1998 年第 1 期。

冯勇强、初敏、贺琳等:《汉语话语音节时长统计分析》,全国现代语音学学术会议,2001 年。

管韫珏:《上海普通话语音调查研究》,硕士学位论文,上海大学,2009 年。

郭蕾、李永宏、丁洪志:《普通话音节鼻化元音的实验分析》,载《第九届中国语音学学术会议论文集》2010 年第 5 期。

韩维新、王萍:《香港粤语无标记疑问句和陈述句语调的对比分析》,《南开语言学刊》2012 年第 1 期。

贺宁基：《北京话二合元音感知中的时间因素》，载林焘、王理嘉主编《北京语音实验录》，北京大学出版社 1985 年版。

胡明扬：《北京话初探》，商务印书馆 1987 年版。

胡明扬：《北京话社会调查（1981）》，载《胡明扬语言学论文集（增订本）》，商务印书馆 2011 年版。

黄靖雯：《上海普通话单字调与双字调的实验与研究》，硕士学位论文，北京语言大学，2017 年。

黄秋华、郭蕾、金雅声：《汉语普通话鼻音声学实验分析综述》，《语文学刊》2015 年第 4 期。

黄秋华、金雅声、郭丹丹、郭蕾：《汉语普通话鼻音声学和生理研究》，《西北民族大学学报》（自然科学版）2015 年第 3 期。

及转转：《普通话三字组连读时音高变化的实验研究》，硕士学位论文，北京语言大学，2017 年。

江海燕：《汉语陈述、疑问基本语调的调位表现》，《南开语言学刊》2009 年第 1 期。

金健、张梦翰：《广州方言长短元音统计分析》，《语言研究集刊》2013 年第 1 期。

金健、胡伟湘、王霞、李爱军：《广州普通话和普通话声调对比研究》，载《中国社会科学院语言所第八届中国语音学学术会议暨庆贺吴宗济先生百岁华诞语音科学前沿问题国际研讨会论文集》，2008 年。

李爱军、王霞、殷治纲：《汉语普通话和地方普通话的对比研究》，载《第六届全国现代语音学学术会议论文集》，2003 年。

李爱军：《普通话不同信息结构中轻声的语音特性》，《当代语言学》2017 年第 3 期。

李爱军：《普通话韵律短语的时长特性分析》，语音研究报告，1998 年。

李思敬：《汉语儿"[ɚ]"音史研究》，商务印书馆 1986 年版。

李小凡：《汉语方言连读变调的层级和类型》，《方言》2004 年第 1 期。

李晓华、陈玉东、邹煜：《普通话四音节组合音高和音长分析》，第七届中国语音学学术会议暨语音学前沿问题国际论坛，2006 年。

梁磊、石锋：《普通话两字组的音量比分析》，《南开语言学刊》2010年第2期。

梁磊：《动态与稳态——汉语声调的共时变异研究》，《中国语文》2014年第4期。

梁磊：《普通话轻声的幅度积研究》，第七届中国语音学学术会议暨语言学前沿问题国际论坛，2006年。

梁源、黄良喜：《北京话的连上变调》，《中国语文》2006年第2期。

梁之安：《汉语普通话中声调的听觉辨认依据》，《生理学报》1963年第2期。

林茂灿、颜景助、孙国华：《北京话两字组正常重音的初步实验》，《方言》1984年第1期。

林茂灿、林联合、夏光荣、曹雨生：《普通话二字词变调的实验研究》，《中国语文》1980年第1期。

林茂灿、颜景助：《普通话四音节词和短语中声调协同发音模式》，《声学学报》1992年第11期。

林茂灿：《汉语语调与声调》，《语言文字应用》2004年第3期。

林茂灿：《普通话二字词变调的实验研究》，《中国语文》1980年第1期。

林茂灿：《普通话语句的韵律结构和基频（F0）高低线构建》，《当代语言学》2002年第4期。

林茂灿：《音高显示器与普通话声调音高特性》，《声学学报》1965年第1期。

林焘、王理嘉：《北京语音实验录》，北京大学出版社1985年版。

林焘、王理嘉：《语音学教程（修订版）》，北京大学出版社2013年版。

林焘：《北京话去声连读变调新探》，《中国语文》1985年第2期。

刘丹青、徐烈炯：《焦点与背景、话题及汉语"连"字句》，《中国语文》1998年第4期。

刘复：《四声实验录》，中华书局1924、1951年版。

刘俐李：《二十世纪汉语声调理论的研究综述》，《当代语言学》2004年第6卷第1期。

刘艺：《粤方言区普通话字音的偏误类型及字音习得的量化分析》，《语言文字应用》2008 年第 1 期。

罗常培、王均：《普通语音学纲要》，商务印书馆 1957、1981 年版。

孟子厚：《单元音共振峰不变特征的初步分析》，中国声学学会 2006 年全国声学学术会议，2006 年。

孟子厚：《普通话单元音女声共振峰统计特性测量》，《声学学报》（中文版）2006 年第 3 期。

倪崇嘉、刘文举、徐波：《汉语韵律短语的时长与音高研究》，《中文信息学报》2009 年第 4 期。

平悦铃：《上海方言单音节声调的声学研究》，载《第四届全国现代语音学学术会议论文集》，1999 年。

平悦铃：《上海方言双音节连读变调声学特征研究》，第五届全国现代语音学术会议，2001 年。

平悦铃等：《吴语声调的实验研究》，复旦大学出版社 2011 年版。

齐士钤、张家騄：《汉语普通话辅音音长分析》，《声学学报》1982 年第 1 期。

钱杨：《自然语流中韵律词时长分布对比分析》，《同济大学学报》（社会科学版）2013 年第 24 卷第 1 期。

钱瑶、初敏、潘悟云：《普通话韵律单元边界的声学分析》，载《新世纪的现代语音学——第五届全国现代语音学学术会议论文集》，2001 年。

冉启斌、段文君、贾媛：《汉语句重音、焦点问题研究回顾与展望》，《南开语言学刊》2013 年第 2 期。

冉启斌、刘晨宁、石锋：《汉语普通话塞音送气/不送气的听辨范畴》，《南开语言学刊》2014 年第 2 期。

冉启斌、石锋：《北京话擦音格局分析》，《华文教学与研究》2012 年第 1 期。

冉启斌、石锋：《从音轨方程考察普通话不送气塞音声母的协同发音》，《南开语言学刊》2006 年。

冉启斌、石锋：《普通话单音节中爆发音的 VOT 分析》，《南开语言学刊》2007 年。

冉启斌、石锋：《塞音的声学格局分析》，中国语音学学术会议暨庆贺吴宗济先生百岁华诞语音科学前沿问题国际研讨会，2008年。

冉启斌：《北京话塞擦音的声学格局分析》，《中国语文》2017年第4期。

冉启斌：《辅音声学格局研究》，《当代外语研究》2011年第9期。

冉启斌：《汉语鼻音韵尾的实验研究》，《南开语言学刊》2005年第2期。

冉启斌：《基于普通话的汉语阻塞辅音实验研究》，博士学位论文，南开大学文学院，2005年。

冉启斌：《元音、辅音的类型学研究与汉语的元音、辅音》，载《汉语语音新探》，中国社会科学出版社2012年版。

冉启斌：《汉语鼻音韵尾的消变及相关问题》，《汉语史研究集刊》，2005年。

任宏谟：《北京话塞音特性研究》，硕士学位论文，中国社会科学院语言研究所，1981年。

沈炯：《北京话上声连读的调型组合和节奏形式》，《中国语文》1994年第4期。

沈炯：《北京话声调的音域和语调》，载林焘编《北京语音实验录》，北京大学出版社1985年版。

沈炯：《汉语音高系统的有声性和区别性》，《语言文字应用》1995年第2期。

沈炯：《汉语音高载信系统模型》，载石锋、潘悟云编《中国语言学的新拓展 庆祝王士元教授六十五岁华诞》，香港城市大学出版社1999年版。

沈炯：《汉语语势重音的音理》，《语文研究》1994年第8期。

沈炯：《汉语语调构造和语调类型》，《方言》1994年第3期。

沈晓楠、林茂灿：《汉语普通话声调的协同发音》，《当代语言学》1992年第2期。

石锋、梁磊、王萍：《汉语普通话陈述句语调的停延率》，载潘悟云、沈钟伟编《研究之乐——王士元先生75华诞庆祝文集》，上海教育出版社2010年版。

石锋、廖荣蓉：《语音丛稿》，北京语言学院出版社1994年版。

石锋、刘艺：《广州话元音的再分析》，《方言》2005年第1期。

石锋、冉启斌、王萍：《论语音格局》，《南开语言学刊》2010年第1期。

石锋、冉启斌：《普通话上声的本质是低平调——对〈汉语平调的声调感知研究〉的再分析》，《中国语文》2011 年第 6 期。

石锋、冉启斌：《塞音的声学格局分析》，载沈家煊编《现代语音学前沿文集》，商务印书馆 2009 年版。

石锋、时秀娟：《语音样品的选取和实验数据的分析》，《语言科学》2007 年第 2 期。

石锋、王萍、梁磊：《汉语普通话陈述句语调的起伏度》，《南开语言学刊》2009 年第 2 期。

石锋、王萍：《北京话单字音声调的分组统计分析》，《当代语言学》2006 年第 4 期。

石锋、王萍：《北京话单字音声调的统计分析》，《中国语文》2006 年第 1 期。

石锋、王萍：《边界调和焦点调》，《中国语言学报》2014 年第 1 期。

石锋、王萍：《汉语韵律层级系统刍议》，《南开语言学刊》2014 年第 1 期。

石锋：《北京话的元音格局》，《南开语言学刊》2002 年第 1 期。

石锋：《广州话的声调格局》，《语文建设通讯》1994 年第 45 期。

石锋：《论五度值记调法》，《语音学探微》，北京大学出版社 1990 年版。

石锋：《普通话元音的再分析》，《世界汉语教学》2002 年第 4 期。

石锋：《实验音系学探索》，北京大学出版社 2009 年版。

石锋：《苏州话浊塞音的声学特征》，《语言研究》1983 年第 1 期。

石锋：《天津方言单字音声调分析》，《语言研究论丛》1987 年第 4 辑。

石锋：《天津方言双字组声调分析》，《语言研究》1986 年第 1 期。

石锋：《语调格局——实验语言学的奠基石》，商务印书馆 2013 年版。

石锋：《语音格局——语音学与音系学的交汇点》，商务印书馆 2008 年版。

石锋：《听感格局——汉语语音感知特征初探》，商务印书馆 2019 年版。

石锋：《韵律格局——语音和语义、语法、语用的结合》，商务印书馆 2021 年版。

石锋：《语调是实验语言学的奠基石——语调论坛总结报告》，《实验语言学》2017 年第 1 期。

石锋：《语音平面实验录》，北京语言大学出版社 2012 年版。

石林：《洋腔洋调实验录》（上），世界图书出版公司，2019 年。

时秀娟、梁磊：《南京话响音的鼻化度——兼论/n、l/不分的实质》，《南京师范大学学报》（社会科学版）2017 年第 2 期。

时秀娟、冉启斌、石锋：《北京话响音鼻化度的初步分析》，《当代语言学》2010 年第 4 期。

时秀娟、冉启斌、石锋：《为什么有的方言 n、l 不分——通音声母的鼻化对比度》，《实验语言学》2012 年第 1 期。

时秀娟、向柠：《武汉话语音的鼻化度考察》，《语言研究》2010 年第 4 期。

时秀娟、杨晓辉：《北京话响音的鼻化度在不同语速中的变化》，《实验语言学》2015 年第 1 期。

时秀娟：《北京话双音节中通音声母及鼻音韵尾的鼻化度》，《实验语言学》2013 年第 2 期。

时秀娟：《北京话音节音联中元音的鼻化度》，载《第九届中国语音学学术会议论文集》，2010 年。

时秀娟：《北京话语流中三字组鼻化度考察》，载《第十届中国语音学学术会议（PCC2012）论文集》，2012 年

时秀娟：《汉语方言的元音格局》，中国社会科学出版社 2010 年版。

时秀娟：《鼻音研究》，中国社会科学出版社 2017 年版。

孙国华：《普通话卷舌元音的声学模式及感知》，《应用声学》1994 年第 4 期。

孙雪、石锋：《自然语音与国际音标元音发音比较分析》，《南开语言学刊》2009 年第 2 期。

孙颖：《汉语北京话强调焦点句语调的停延率》，《中国语音学报》2012 年第 3 期。

田野：《北京话焦点句音量比分析》，《南开语音年报》2009 年第 2 期。

王安红、陈明、吕士楠：《基于言语数据库的汉语音高下倾现象研究》，《声学学报》2004 年第 4 期。

王蓓、杨玉芳、吕士楠：《汉语语句中重读音节音高变化模式研究》，《声学学报》2002年第3期。

王蓓、杨玉芳、吕士楠：《汉语韵律层级结构边界的声学分析》，《声学学报》2004年第1期。

王洪君：《汉语非线性音系学——汉语的音系格局与单字音》，北京大学出版社1999年版。

王晶、王理嘉：《普通话多音节词音节时长分布模式》，《中国语文》1993年第2期。

王理嘉：《音系学基础》，语文出版社1991年版。

王力：《汉语语音史》，中国社会科学出版社1985年版。

王萍、贝先明、石锋：《元音的三维空间》，《当代语言学》2010年第3期。

王萍、石锋、石林：《普通话陈述句中句调域、群调域的同构性》，《南开语音年报》2011年第4期（内部）。后发表于《语言科学》2013年第5期。

王萍、石锋：《北京话一级元音的统计分析》，《中国语音学报》2008年第1期。

王萍、石锋：《汉语北京话疑问句语调的起伏度》，《南开语言学刊》2010年第2期。

王萍、石锋：《汉语普通话基础元音的统计特性》，《南开语言学刊》2014年第2期。

王萍、石锋：《汉语语调的基本模式》，《南开语言学刊》2011年第2期。

王萍、石林、石锋：《普通话陈述句中的音高下倾和降阶》，载鲍怀翘主编《中国语音学报 第3辑》，商务印书馆2012年版。

王萍：《北京话单字调和元音的统计性研究》，博士学位论文，南开大学，2007年。

王萍：《北京话声调和元音的实验与统计》，南开大学出版社2009年版。

王瑞、曹文：《汉语普通话双音节句实验研究》，《清华大学学报》（自然科学版）2009年第s1期。

王轶之、陈忠敏：《吴语全浊塞音声母的感知研究——以上海话为例》，

《语言研究》2016 年第 2 期。

王韫佳、丁多永、东孝拓:《不同语调条件下的声调音高实现》,《声学学报》2015 年第 6 期。

王韫佳、阮吕娜:《普通话疑问句语调的实验研究》,《牡丹江教育学院学报》2009 年第 4 期。

王韫佳:《北京话声调微观变化的实验研究》,博士学位论文,北京大学,1993 年。

王志洁:《英汉音节鼻韵尾的不同性质》,《现代外语》1997 年第 4 期。

吴洁敏、朱宏达:《汉语节律学》,语文出版社 2001 年版。

吴宗济:《吴宗济语言学论文集》,商务印书馆 2004 年版。

吴宗济、林茂灿:《实验语音学概要》,高等教育出版社 1989 年版。

吴宗济:《汉语普通话单音节语图册》,中国社会科学出版社 1986 年版。

吴宗济:《汉语普通话语调的基本调型》,载《王力先生纪念论文集》编委会编《王力先生纪念论文集》,商务印书馆 1990 年版。

吴宗济:《普通话三字组变调规律》,《中国语言学报》1985 年第 2 期。

吴宗济:《普通话语句中的声调变化》,《中国语文》1982 年第 6 期。

吴宗济:《普通话元音和辅音的频谱分析及共振峰的测算》,《声学学报》1964 年第 1 期。

向柠:《不同音联前后普通话元音音质的统计特性》,《遵义师范学院学报》2011 年第 2 期。

向柠:《普通话不同音联级别前后的元音音长实验研究》,《暨南学报》(哲学社会科学版)2012 年第 9 期。

徐焕章:《普通话元音的平均声谱》,《声学学报》1965 年第 1 期。

徐云扬:《自主音段音韵学理论与上海声调变读》,《中国语文》1988 年第 5 期。

许宝华、汤珍珠、钱乃荣:《新派上海方言的连读变调》,《方言》1981 年第 2 期。

许宝华、汤珍珠、钱乃荣:《新派上海方言的连读变调(二)》,《方言》1982 年第 2 期。

许宝华、汤珍珠主编:《上海市区方言志》,上海教育出版社 1988 年版。

许洁萍：《汉语语句重音对音高和音长的影响》，《声学学报》2000 年第 4 期。

许毅：《普通话音联的声学语音学特征》，《中国语文》1986 年第 5 期。

阎锦婷：《洋腔洋调实验录》（下），世界图书出版公司，2017 年。

颜季凌：《北京人普通话塞音格局的大样本统计分析》，硕士学位论文，南开大学汉语言文化学院，2016 年。

杨顺安、曹剑芬：《普通话二合元音的动态特性》，《语言研究》1984 年第 1 期。

杨顺安：《复合元音的指数式动态模型及其在合成中的应用》，《语言研究》1986 年第 2 期。

杨顺安：《普通话音节间的协同调音现象及其合成模拟》，《中文信息学报》1990 年第 4 期。

杨玉芳：《句法边界的韵律学表现》，《声学学报》1997 年第 5 期。

于珏、李爱军、王霞：《上海普通话与普通话元音系统的声学特征对比研究》，《中文信息学报》2004 年第 6 期。

袁毓林：《句子的焦点结构及其对语义解释的影响》，《当代语言学》2003 年第 5 卷第 4 期。

张家騄：《韵律特征研究新进展》，《当代语言学》1995 年第 1 期。

张婧祎：《北京话 CVN 音节鼻尾鼻化度的大样本统计分析》，载《第十二届全国语音学学术会议论文集》，2016 年。

张婧祎：《北京话响音鼻化度的大样本统计分析》，载《国际中国语言学学会第 24 届年会论文集》，2016 年。

张凌：《广州话长短元音的语音实验新探》，《方言》2010 年第 2 期。

张彤彤：《北京普通话语调音长的实验研究》，硕士学位论文，北京语言大学，2018 年。

张妍、石锋：《普通话单字音声调的统计分析》，《中国语音学报》2016 年第 5 期。

赵元任：《北平语调的研究》，载《赵元任语言学论文集》，商务印书馆 2002 年版。

赵元任：《汉语口语语法》，吕叔湘译，商务印书馆 1979 年版。

赵元任：《现代吴语的研究》，清华学校研究院1928年版，科学出版社1956年版。

赵元任：《语言问题》，商务印书馆1980年版。

赵元任：《中国方言当中爆发音的种类》，历史语言研究所集刊1935年，第5本2分。

赵元任：《中国话的字调和语调》，史语所集刊，1923年。

赵元任：《中国言语字调底实验研究法》，《科学》1922年第9期。另见赵元任，吴宗济、赵新那编《赵元任语言学论文集》，商务印书馆2002年版。

赵元任编：《国语留声片课本》，商务印书馆1922年版。

赵元任：《赵元任语言学论文集》，吴宗济、赵新那编，商务印书馆2002年版。

周殿福、吴宗济：《普通话发音图谱》，商务印书馆1963年版。

朱晓农：《汉语元音的高顶出位》，《中国语文》2004年第5期。

朱晓农：《上海声调实验录》，上海教育出版社2005年版。

朱晓农：《说鼻音》，《语言研究》2007年第9期。

朱晓农：《语音学》，商务印书馆2010年版。

祖漪清：《普通话三合元音音节最小时间感知阈及其声学特性》，《应用声学》1994年第2期。